# 两岸共研抗战史论文集

主　编　王建朗　黄炳麟
副主编　林荣趁　高士华

中国社会科学出版社

**图书在版编目（CIP）数据**

两岸共研抗战史论文集 / 王建朗，黄炳麟主编 . —北京：中国社会科学
出版社，2023.9
ISBN 978 - 7 - 5227 - 2569 - 7

Ⅰ. ①两… Ⅱ. ①王…②黄… Ⅲ. ①抗日战争史—中国—文集
Ⅳ. ①K265 - 53

中国国家版本馆 CIP 数据核字（2023）第 165988 号

| | |
|---|---|
| 出 版 人 | 赵剑英 |
| 选题策划 | 魏长宝 |
| 责任编辑 | 安　芳　范晨星　耿晓明　刘　芳　宋燕鹏　吴丽平　张　湉 |
| 责任校对 | 闫　萃 |
| 责任印制 | 李寡寡 |

| | |
|---|---|
| 出　　　版 | 中国社会科学出版社 |
| 社　　　址 | 北京鼓楼西大街甲 158 号 |
| 邮　　　编 | 100720 |
| 网　　　址 | http://www.csspw.cn |
| 发 行 部 | 010 - 84083685 |
| 门 市 部 | 010 - 84029450 |
| 经　　　销 | 新华书店及其他书店 |

| | |
|---|---|
| 印刷装订 | 三河市华骏印务包装有限公司 |
| 版　　　次 | 2023 年 9 月第 1 版 |
| 印　　　次 | 2023 年 9 月第 1 次印刷 |

| | |
|---|---|
| 开　　　本 | 710 × 1000　1/16 |
| 印　　　张 | 48.75 |
| 插　　　页 | 2 |
| 字　　　数 | 712 千字 |
| 定　　　价 | 268.00 元 |

凡购买中国社会科学出版社图书，如有质量问题请与本社营销中心联系调换
电话：010 - 84083683

# 序　言

王建朗　黄炳麟

　　发生在 20 世纪三四十年代的抗日战争，是对近代中国的发展产生了深远影响的一场反侵略战争。那是中华民族饱经苦难的年代，也是中华民族在艰难困苦中奋斗并最终走向胜利的年代。这场战争对中国形成了巨大冲击，从东部到西部，从城市到乡村，从内地到边陲，中国社会发生了前所未有的变化，若干推动社会发展的积极因素由此而孕生。经此战争，中国的国际地位也获得极大提升，由此前屡受侵凌的弱国一跃而为新成立的国际组织联合国的安理会常任理事国，一直徘徊于国际舞台边缘的中国，作为世界"四强"之一进入国际舞台的中心地带。

　　抗日战争是近代以来中国人民第一次取得完全胜利的反侵略战争，它是中华民族由衰败走向复兴的重大转折点，被学界称为"中国复兴枢纽"。抗日战争的胜利，为多灾多难的中国驱散了笼罩百年的阴霾，开辟了中华民族伟大复兴的光明前景。抗日战争暨世界反法西斯战争的胜利还极大地影响了世界的走向。战后七十余年来，尽管局部战争不时发生，但未再发生世界规模的大战，世界出现了一个较长时期的和平发展年代。

　　近代中国是一个积贫积弱的东方弱国，百余年间，她遭受了一次次外来侵略，经历了一次次严重危机。日本发动的侵华战争是中华民族所面临的最大一次危机。面对军力和国力强大的日本，作为一个欠发达的农业国家，中国何以能坚持下来，何以能取得最终胜利？其原因很多，简单说来，至少有两点：

一是在国内，形成了以国共合作为基础的全国各族人民共同奋斗的统一战线。面对深重的民族危机，国共两党化干戈为玉帛，同仇敌忾，合作抗日，形成了既相对独立又互相配合的正面战场和敌后战场。千百万不愿做奴隶的中国人奋起反抗，地无分南北，年无分老幼，全力投身到抗日救亡的洪流中。正是由于全国各族人民的团结抗战，当时国力远远落后于日本的中国顶住了日本侵略军的进攻，将战争拖入持久作战的相持阶段，并最终转入反攻。正是各地区军民的共同奋战，最终使中华民族赢得了抗日战争的胜利。

二是在国际上，中国积极推动形成最广泛的国际反法西斯统一战线。审慎观察国际形势，冷静判定敌我友。凡是一切反对法西斯侵略的国家，我们都尽可能争取为友，争取其对中国抗战的支持。中国不仅为推动建立国际反法西斯联盟做出了积极努力，还派遣精锐部队远征缅甸，为盟军联合作战做出积极贡献。

正是依靠国内的抗日民族统一战线和国际反法西斯统一战线，我们取得了抗日战争和世界反法西斯战争的胜利。中华民族度过了一场严重的民族危机，世界也避免了文明被野蛮征服的巨大灾难。

战后七十余年来，对于这样一场影响深远的抗日战争，人们的研究从未停止，迄今已有相当丰富的成果面世。然而，与中国人民对这场战争的艰辛付出和伟大贡献相比，我们的研究还远远不够。外部世界对中国在世界反法西斯战争中的贡献认识仍有不足，海峡两岸民众对抗日战争的认知上也还存在着差异。

2015 年，在抗战胜利 70 周年之际，两岸领导人举行了具有历史意义的"习马会"。对于抗日战争研究，双方达成了"共享史料，共写史书，共同弘扬抗战精神"的共识。在社会各界的大力支持下，两岸的抗战研究学术团体中国抗日战争史学会和中华民族抗日战争纪念协会（以下一并简称"两学会"）承担起两岸抗战研究学术交流的联络与组织工作。

2017 年 7 月，适逢全面抗战爆发 80 周年，两学会邀请海峡两岸的专家学者与退役将领，在南京紫金山庄召开了首届两岸抗战历史学术研讨会。会议围绕"抗日战争历史定位""抗日战争正面战场""抗日战争敌后战场""抗日战争专题研究"4个主题，共发表了34篇论文。

2018年，在武汉会战爆发80周年之际，两学会在武汉召开了第二届抗战历史研究与抗战精神传承研讨会，研讨"日本前期侵华战争""抗日战争的艰辛历程""抗日战争与台湾""抗日战争之历史意义与国际贡献""抗战历史教育与抗战精神传承"5个主题，共发表了22篇论文。

2019年，在昆仑关大捷80周年之际，两学会在南宁召开了第三届研讨会，研讨"抗日战争历史记忆""抗战历史传承""抗战与台湾""抗战精神升华"4个主题，共发表了26篇论文。

2020年，受限于新冠疫情等因素，两学会各自在北京和台北举办论坛，研讨抗战历史。

2021年，适逢九一八事变爆发90周年，两学会原本规划在沈阳举行第四届研讨会，并拟定了研讨主题，预约了学术论文。但临时又受疫情波动影响，在台人员不便赴会，两学会仍各自举办了学术研讨会。此外，两学会在沈阳联合主办了"铭史承志：九一八事变90周年海峡两岸书画展"。两岸136位名家的书画作品，包括中国国民党前主席连战先生、洪秀柱女士的作品参展，中华民族抗日战争纪念协会总顾问蒋友松先生出席了在"九·一八"历史博物馆举行的书画联展开幕仪式。

2022年，两学会以视讯与结合实体会议的方式，联线合办第四届抗战历史研究与抗战精神传承研讨会，实体会议分别在北京与台北同时举行，通过网络，双方共同研讨"纪念卢沟桥事变85周年""同盟作战与台人抗日史实"2个议题，共发表了10篇论文。

度尽劫波兄弟在，相逢一笑泯恩仇。当海峡两岸专家学者、退役将领相聚在80年前作为抗战战场的南京、武汉、昆仑关，共同回顾那场战争的艰辛与荣耀时，大家感慨万千。作为后来人，大家意识到，今天的我们应该站在一个更高的历史高度，以更为宽广的胸襟来探究那场战争。

在四次研讨会中，我们从诸多方面讨论了抗战历史，大家达成了这样的共识：抗日战争的胜利是全体中华儿女共同奋斗的结果，也是国共两党共同努力的结果。抗战中逐步形成了以中国国民党军队为主体的正面战场和以中国共产党领导的军队为主体的敌后战场，国共两党在不同战场上发挥了不同的领导作用。两个战场形成了相互策应、相互依存的战略配合关系，令日军首尾不能兼顾。可以说，如果没有正面战场，则敌后战场的开辟和坚持是艰难的；如果没有敌后战场，正面战场也是难以长久支撑的。

大家还有这样的共同感受：世界各国对于中国抗战对世界反法西斯战争的贡献，认识是不足的。这在一定程度上也与我们自己的研究和宣传有关。80 年后的今天，我们应该且有可能更多地从全民族视角来观察那场战争。对于世界来说，中国只有一个，中华民族只有一个。中国的荣耀是中华儿女共同的荣耀，中国的耻辱是中华儿女共同的耻辱。所有在那场战争中为中华民族的生存而浴血奋战的中国军队，无论在哪个战场英勇杀敌、为国捐躯，都是中华民族的功臣。他们的历史功绩，应为后人世世代代永远铭记。

当然，两岸与会者在一些具体问题上仍然存在着分歧。但是，我们认为，作为后来人探究历史，不必急于在一些细节问题上争短论长，而应着眼于全局，着眼于大局。抗日战争是中华民族共同的战争，我们应着力于更多地增强共识，求同而存异。

在召开第二届研讨会时，除了继续讨论抗战史事，还增加了一个新的主题，即如何加强抗战历史教育，传承抗战精神。会议邀请来自两岸的青年学生和中学教师参与讨论，发表意见。这样，不仅有助于澄清在抗战历史教育方面的问题，端正历史认识，也有助于传承抗战精神，培养一批具有正确历史认识的青年人才。会议期望他们成为撒向四方的种子，将正确的历史观与伟大的抗战精神传遍两岸。

在五年来的多次研讨中，两岸与会者对于抗战历史不仅取得诸多共识，还形成了良好的合作氛围。这些会议在两岸交流史与学术合作史上留下了重要印记。为记录与保存与会者的努力成果，两学会决定将一部分会议论文结集出版。出版工作获得中国社会科学院港澳台办公室和中国社会科学出版社的大力支持，在此致以衷心感谢！

这里还要特别提及的是，抗战老兵、中华民族抗日战争纪念协会荣誉会长郝柏村先生为两岸抗战论坛做出了特别贡献。他不仅积极促成两岸抗战论坛的设立，还以近百岁高龄之身不辞旅途劳累，参加了在南京和武汉举办的两次会议，并做了鼓舞人心的讲话。郝先生提出了抗战史研究的五个基本立场：站在全中华民族的立场，站在学术良知的立场，站在客观中立的立场，站在战略宏观的立场，站在对人类社会及世界和平影响的立场。他希望两岸研究抗战历史的学者专家能够秉持上述立场，求同存异，共同谱写抗战胜利的民族荣光。郝先生的讲话获得与会者的强烈共鸣。

在武汉会议期间，郝柏村先生约见王建朗和黄炳麟，长谈将近一个小时。郝先生在谈话中多次表达了期待两岸合作得以推进和扩大的殷切希望。他认为，通过两届抗战史论坛，两学会已经初步建立了良好的互动基础。他嘱托我们要密切协作，将两岸抗战论坛持续推进下去。郝先生极为强烈的爱国情怀，令我们十分感佩，也深感责任重大。2020 年，郝柏村先生不幸离世。郝先生在人生的最后时光，仍为谱写中华民族抗战胜利的乐章努力不懈。谨以此论文集纪念郝柏村先生辞世三周年。

抗日战争的硝烟早已散去，我们之所以仍在持续不断地研究这场战争，是因为，抗日战争是中国历史上的大事件，是中华民族起死回生的一个重要转折点。这场战争给后人留下了太多的东西，需要去思考，去总结，去记取。

今天，世界正处于百年未有之大变局中。世界进入了一个新的不稳定时期，中华民族也面临着新的挑战。这一挑战既包括国际关系领域的挑战，也包括两岸关系的挑战。

历史是最好的教科书。抗战的历史告诉我们，民族团结是战胜强敌的巨大力量。在伟大的抗日战争中，正是在以国共合作为基础的抗日民族统一战线的领导下，依靠全体中国各民族人民前仆后继的艰苦奋战，中国赢得了战争的胜利。今天，在世界大变局中，联合一切可以联合的力量，结成最广泛的统一战线，共同维护来之不易的和平与发展的大局，是抗日战争给我们留下的启示，是我们面对变局的最佳选择。

两岸中国人携起手来，共同应对挑战，维持中国的稳定、发展与繁荣，既是两岸中国人的共同责任，也是我们成功应对挑战的重要基础。在中华民族复兴的征途上，两岸人民同心同德，共同努力，必将迎来一个和平、繁荣的明天，迎来中华民族的伟大复兴！

# 目　录

## 大 陆 篇

## 台湾地区篇

大 陆 篇

# 抗战时期中国共产党敌后战场的
# 开辟及其重大意义

张从田

20 世纪三四十年代中国抗日战争的一个突出特点，是在以国共合作为基础的抗日民族统一战线的旗帜下，国共两党军队分别在正面战场和敌后战场这两个相互支撑、相互配合的战场上进行对日作战。其中，敌后战场的开辟，是中日博弈大棋局中具有取势造势作用的关键一着，对于中国共产党领导的敌后抗日军民发挥独当一面的战略作用，塑造有利于发挥人民战争威力的犬牙交错的战争形态；对于形成敌后战场和正面战场两面夹击日军的独特战略格局，从根本上改变敌我双方的战略态势，进而将战争纳入中国设定的持久战轨道并夺取抗战最后胜利，都具有重大的历史意义。本文拟围绕中国共产党敌后战场开辟问题，从其决策、实施和意义等三个方面作些梳理与分析，以求教于学界同人。

## 一 中共中央开辟敌后战场的战略决策

所谓开辟敌后战场，就是人民军队到敌人后方即日军占领区，开辟新的作战地区，创建抗日根据地，并以根据地为依托，开展抗日游击战争，消耗和打击敌人，发展和壮大自己。虽然"敌后战场"这一概念出现的时间较晚①，但实际上早在全国抗战爆发后不久，中共中央即做出开辟敌后战场的战略决策。当时，随着全国抗战热潮的迅速掀起和抗日民族统一战线的即将正式形成，中共中央开始把红军作为全国抗日武装力量的一个重要组成部分，来思考其参战后的作战区域和作战任务问题，是与国民党军队一起进行内线作战，实行阵地防御；还是到日军占领区开展独立自主的游击战争，开辟敌后战场？而选择后者的直接背景，则是国共两党就如何实现共同抗日所进行的一系列谈判和协商。

1937 年 7 月卢沟桥事变发生后，为了推动全国抗战局面的实现，并支援国民党军第 29 军的抗战，毛泽东、朱德曾电示与国民党谈判的中国共产党代表，向蒋介石交涉"红军调赴河北应战"②。国民党方面提出，拟将红军部队编入战斗序列，使用于平绥铁路方向，与傅作义部共同作战。7 月 14 日，毛泽东、朱德等致电在西安的叶剑英，让他通过西安行营转告蒋介石：红军主力准备随时出动抗日，同意担任平绥线国防；愿与防守之友军配合作战，并"愿以一部深入敌后方，打其后方"③。这表明，为使红军能够早日开赴抗日前线，配合国民党军的正面防御作战，毛泽东等开始思考红军移师外线、机动作战的问题，并明确表态愿"深入敌后方"作战。

当时，国民政府军事当局还曾准备将红军作为威胁日军侧背的机动力量，依托内线，使用于察东、热南地区。④ 但国共谈判很不顺利，

① 全国抗战开始后的很长一段时间里，中国共产党方面的文电中一般使用"敌后"和"外线""外线作战区域"等提法。1943 年 7 月 2 日发表的《中国共产党中央委员会为抗战六周年纪念宣言》中，第一次正式使用"敌后战场"概念。1944 年 12 月 15 日，毛泽东在《一九四五年的任务》演说中，第一次提出"解放区"概念。1945 年中国共产党七大会议上，毛泽东在《论联合政府》的政治报告、朱德在《论解放区战场》的军事报告中，开始使用"解放区战场"的提法。

② 《毛泽东军事年谱（1927—1958）》，广西人民出版社 1994 年版，第 187 页。

③ 《毛泽东年谱（1893—1949）》中卷，中央文献出版社 2002 年版，第 2 页。

④ 见《何应钦关于红军抗日部队使用及经路建议书》（1937 年 7 月），载中国第二历史档案馆编《中华民国史档案资料汇编》第 5 辑第 2 编军事（二），凤凰出版传媒集团、凤凰出版社 1998 年版，第 130 页。

蒋介石不肯放松对红军改编后指挥和人事问题上的限制，还在陕甘地区摆下10个师的兵力，却催促红军迅速出动。① 对此，中共中央在保持必要警惕的同时，仍同意在红军主力改编并出动后"担任绥远方面之一线"②。就在国共双方磋商过程中，日军于7月底接连攻占北平、天津。平津地区约10万人的国民党守军竟然如此不堪一击，实在出乎人们的意料。这种情况，促使中共中央对于人数更少、装备更差的红军的作战区域和作战任务问题不能不重新进行思考。

8月1日，即平津失陷后的第二天，毛泽东和张闻天在给与国民党谈判的中国共产党代表周恩来、博古、林伯渠的电报中，提出红军作战的两个原则：一是必须坚持"在整个战略方针下执行独立自主的分散作战的游击战争"，不能在战役战术上受束缚；二是在开始阶段"以出三分之一的兵力为适宜，兵力过大，不能发挥游击战，而易受敌人的集中打击"。③ 4日，毛泽东和张闻天又电告准备赴南京出席国防会议的周恩来、朱德、叶剑英，在对国防问题的意见中指出：总的战略方针暂时是攻势防御，绝不是单纯防御；"正规战与游击战相配合"，以游击战进攻敌人侧面或"威胁敌后方"；"游击战以红军与其他适宜部队及人民武装担任之，在整个战略部署下给与独立自主的指挥权"。同时提出："依现时情况，红军应出三分之一兵力，依冀察晋绥四省交界地区为中心，向着沿平绥路西进及沿平汉路南进之敌，执行侧面的游击战，另以一部向热冀察边区活动，威胁敌人后方。"④朱德、周恩来等在4日给中共中央的电报中，提出我们"要求独立自主担任一方面作战任务，发挥红军运动游击战持久战"等意见。第二天，毛泽东和张闻天在复电中强调：红军担负的作战任务应该是"独

---

① 《周恩来年谱（1898—1949）》（修订本），中央文献出版社2020年版，第372页。
② 《毛泽东军事文集》第2卷，军事科学出版社、中央文献出版社1993年版，第18页。
③ 《毛泽东军事文集》第2卷，军事科学出版社、中央文献出版社1993年版，第20页。
④ 《毛泽东军事文集》第2卷，军事科学出版社、中央文献出版社1993年版，第22—23页。

立自主的游击运动战，钳制敌人大部分，消灭敌人一部"；要求"指定冀察晋绥四省交界地区（四角地区，不是三角地区），向着沿平绥西进及沿平汉南进之敌，以出击侧面的扰乱、钳制和打击，协助友军作战，并便于派一部远出热河"。① 根据中共中央的指示，8 月 11 日，朱德在国民政府军事委员会军政部谈话会上的发言中进一步说明："敌人占领我大片领土后，我们要深入敌后作战。""游击队在敌后积极活动，敌人就不得不派兵守卫其后方，这就钳制了它的大量兵力。"② "最大活动方面，仍为第二战区，此区可用大兵力，策动于敌之后方，即出东三省，亦必由此前进。"③ 显然，中国共产党的上述意见和建议中，包含了全国抗战实行正面作战和敌后作战相结合，红军坚持独立自主原则、依托冀察晋绥四省交界地区、担负敌后作战的战略构想。

为了搞好与国民党友军的关系，并使国共两党军队分工明确和配合紧密，毛泽东还于 8 月 10 日致电中共中央派往山西做统一战线工作的彭雪枫，要他在同国民党山西地方当局接洽时说明："根据山地战与游击战的理由，红军要求位于冀察晋绥四省交界之四角地区，向着沿平绥路西进及沿平汉路南进之敌作侧面的袭击战，配合正面友军战略上的行动。"④

经过磋商，8 月中旬，国共双方在红军改编后的作战区域问题上基本达成一致。8 月 17 日，毛泽东致电正在南京的朱德、周恩来、叶剑英：同意红军改编后"主力集中阳原、蔚县、涞源、广灵、灵丘地域"⑤。但由于国民党方面企图在红军主力改编为八路军后，让两个师由渭南上车，经风陵渡、同蒲铁路至代县附近下车，开往晋东北

---

① 《毛泽东军事文集》第 2 卷，军事科学出版社、中央文献出版社 1993 年版，第 25 页。

② 《朱德年谱（新编本）（1886—1976）》中册，中央文献出版社 2006 年版，第 656 页。

③ 中国第二历史档案馆编：《中华民国史档案资料汇编》第 5 辑第 2 编军事（二），凤凰出版传媒集团、凤凰出版社 1998 年版，第 73—74 页。

④ 《毛泽东军事文集》第 2 卷，军事科学出版社、中央文献出版社 1993 年版，第 28 页。

⑤ 《毛泽东军事文集》第 2 卷，军事科学出版社、中央文献出版社 1993 年版，第 30 页。

灵丘、广灵、蔚县地区集中；另一师则沿陇海铁路转平汉铁路，开往冀东玉田、遵化一带发展游击战。毛泽东等认为这是将八路军"分路出动，使不集中，强使听命"①，包含着很大阴谋，遂决定把八路军三个师都放在山西，以便统一领导，相互策应，避免因力量分散而遭遇不测。8月18日，中共中央在关于同国民党谈判的10项条件给朱德、周恩来、叶剑英的指示中进一步明确：红军充任战略的游击支队；在总的战略方针下，执行独立自主的游击战争，发挥红军之特长。"第一批出动红军使用区域，在平汉线以西，平绥线以南地区，并交阎百川（阎锡山）节制。"② 根据中共中央的指示，周恩来等同国民党方面进行反复磋商。蒋介石和国民政府军政部部长何应钦最终同意主力红军充任战略游击支队，执行侧面战，协助友军，扰乱与钳制日军大部并消灭一部的作战任务。③

可见，此时中共中央关于开辟敌后战场的指导思想已是明确的，即将八路军主力集中使用于山西境内，依托冀、察、晋、绥四省交界地区的恒山山脉，在配合第二战区国民党军作战的同时，发动游击战争，建立抗日根据地。但考虑到国共谈判的情况以及党内的认识状况，仍然认为"此事关系重大，须在洛川会议中慎重讨论"④。

8月22日至25日，中共中央在陕北洛川城郊召开政治局扩大会议。会议深刻分析了抗日战争面临的形势，旗帜鲜明地提出了全面的全民族的抗战路线，确立了持久战的战略总方针。关于军事问题，毛泽东指出："红军在国内革命战争中，已经发展为能够进行运动战的正规军，但在新的形势下，在兵力的使用和作战原则方面，必须有所改变。红军的基本任务是：创造根据地；钳制和相机消灭敌人；配合友军作战（主要是战略配合）；保存和扩大红军；争取共产党对民族

① 《毛泽东军事文集》第2卷，军事科学出版社、中央文献出版社1993年版，第32页。
② 中央档案馆：《中共中央文件选集》第11册，中共中央党校出版社1991年版，第323页。
③ 《周恩来年谱（1898—1949）》（修订本），中央文献出版社2020年版，第376页。
④ 《毛泽东军事文集》第2卷，军事科学出版社、中央文献出版社1993年版，第32页。

革命战争的领导权。红军的作战方针是：独立自主的山地游击战，包括在有利条件下集中兵力消灭敌人兵团，以及向平原发展游击战争，但着重山地。"① 会议经过讨论，决定立即出动红军主力到山西抗战前线，并批准了毛泽东和张闻天提出的关于红军出动后应部署于恒山山脉为中心的冀、察、晋、绥四省交界地区的意见。② 这样，关于开辟敌后战场的问题，最终通过中共中央政治局扩大会议正式确定下来。

中共中央之所以决策开辟敌后战场，主要基于以下几点考虑：

第一，政治上需要。面对日本的大规模侵略，民族利益的一致性促使国共两党停止内战，结成抗日民族统一战线，但阶级利益的不一致性又使得国共两党在各方面存在着显著差别，统一战线内部充满着复杂的阶级矛盾和阶级斗争。曾经的十年内战造成的隔阂，加之蒋介石当时正拖延对共产党及其军队合法地位的承认，使得共产党不能不对国民党保持必要的警惕。为维护统一战线的大局，处理好与国民党及其军队的关系，并防范国民党的不良居心，中共中央只有指导人民军队避开国民党统治区域和正面战场，打破国民党当局的多方限制，到敌人后方去，独立自主地开展抗日游击战争，开辟敌后战场。对于这一点，毛泽东曾在给周恩来、朱德等人的电报中明确强调：应由国民党方面向其各级地方政府及驻军"说明红军之布防及创造游击根据地之任务"，因为"如不明白规定红军之区域及任务，并用通令下达友军及地方，势必因区域不明、任务不定而发生许多纠纷"。③

第二，战略上必要。战争初期，日军凭借强大的实力发动大规模进攻，迅速占领中国广大地区，并从战略上形成对中国军队的包围。敌强我弱的基本特点，决定了中国在军事上单纯依靠正面防御作战难

---

① 《毛泽东思想年编（一九二一——一九七五）》，中央文献出版社 2011 年版，第 162—163 页。

② 《任弼时年谱（1904—1950）》，中央文献出版社 2014 年版，第 345 页。

③ 《毛泽东军事文集》第 2 卷，军事科学出版社、中央文献出版社 1993 年版，第 40—41 页。

以取胜，要真正实现持久战的战略总方针，逐步扭转敌我力量对比的劣势局面，摆脱战略上的被动地位，争取战争主动权，最好的办法就是到敌后，开辟新的作战线，开创广阔的敌后战场，以威胁日军后方安全，从敌后和正面对日军实行两面夹击，变战略上的内线为战略上的外线，变战略上的被包围为战略上的反包围，形成有利于我而不利敌的战争格局。正如毛泽东所说："我们要在这样广大的被敌占领地区发动普遍的游击战争，将敌人的后方也变成他们的前线，使敌人在其整个占领地上不能停止战争。"①

第三，客观上可能。这种可能性表现在两个方面：一方面，日军以少兵临大国，必定顾此失彼，其占领区虽大，却因战线过长、兵力不足，只能控制"点"和"线"即重要城镇和交通要道，在其后方广大农村和小城镇地带留下大片空隙，而国民政府在这些地区原有的统治机构在日军的进攻下已经瓦解，一时形成无政府状态，这就为开辟敌后战场提供了广阔的空间。另一方面，沦陷区的人民群众直接遭受日军的野蛮屠杀和残暴奴役，不愿当亡国奴，怀有更强烈的民族情绪和抗日要求，但他们原来是分散的，只能进行一些自发的难以持久的反抗，所以迫切需要八路军、新四军这样的人民军队深入敌后，组织和领导他们开展抗日武装斗争，保卫家园，从而为开辟敌后战场准备了坚实的群众基础。

第四，实际上必需。当时，八路军、新四军改编后总数不过五六万人，不仅人数有限，且装备低劣；但它政治素质高，"纪律好，且善于做群众工作，能与人民打成一片，随时随地能得到群众之掩护与帮助"②。如何使用这几万人的兵力，既关系到人民军队自身的生存和发展，某种意义上也决定着中国抗战的前途和中国人民的命运。具体说，人民军队的实力状况，决定了它与日军正面硬拼并不起多大作用，因此不适合承担正面战场的内线作战任务。而到敌后开展独立自

---

① 《毛泽东军事文集》第 2 卷，军事科学出版社、中央文献出版社 1993 年版，第 244 页。

② 《彭雪枫军事文选》，解放军出版社 1997 年版，第 44 页。

主的游击战争，在外线牵制和打击日军，开辟敌后战场，能够发挥人民军队善于一面打游击战，一面发动群众的特长，弥补在数量和装备方面的不足，从而有利于在配合国民党友军作战的同时，不断发展壮大人民抗日武装，逐渐改变敌我之间的力量对比，最终使自己成为战胜日本侵略者的决定性力量。所以，在洛川会议前后一段时间，为加深八路军指战员对开辟敌后战场这一战略思想的理解，并使国民党友军也了解和同意这一思想，毛泽东曾多次致电周恩来、朱德等，反复提醒"今日红军在决战问题上不起任何决定作用"，而独立自主的游击战争是其"拿手好戏"。同时强调：红军有"依照情况使用兵力的自由"；"有发动群众创造根据地组织义勇军之自由"；有灵活机动执行南京国民政府规定战略之一切自由；"坚持依傍山地与不打硬仗的原则"。①

因而，开辟敌后战场，是中共中央、中央军委基于抗日战争基本特点和敌、友、我三方具体情况及力量消长趋势的准确把握而做出的战略决策。

## 二 八路军、新四军等分步骤开辟敌后战场

1937 年 7 月至 1938 年 10 月，是全国抗战的战略防御阶段，也是敌后战场的开辟阶段。在此阶段，日军采取"速战速决"的战略方针，妄图三个月灭亡中国。国民党军广大爱国官兵虽浴血奋战，但由于其军事实力的差距及持久战略的考量，因而节节退却。中国共产党领导的八路军、新四军等人民军队，针对日军长驱直入、后方空虚和国民党军迅速撤退、大片国土沦陷的实际情况，按照中共中央、中央军委的战略决策和部署，相继挺进华北、华中敌后，开始了战略上的"敌进我进"，并按照先山区后平原、波浪式发展的方针创建抗日根

①《毛泽东军事文集》第 2 卷，军事科学出版社、中央文献出版社 1993 年版，第 53、44 页。

据地,分步骤开辟了广阔的敌后战场。因此,敌后战场的开辟从一开始就是主动、自觉的战略行动。

全国抗战爆发之初,由于日军的战略计划是以夺取华北为主,八路军三个师未待改编就绪即誓师出征,自1937年8月下旬起相继开赴山西抗战前线,积极参加正面战场的防御作战,先后取得平型关、雁门关、阳明堡等一系列战役战斗的胜利,在战役战斗上直接配合国民党军作战的同时,初步执行了中共中央关于坚持华北独立自主山地游击战争的战略方针和部署,为开辟华北敌后战场做好了必要准备。

11月8日太原失陷后,由于国民党军纷纷南撤,华北的主要交通线和黄河以北大部分地区被日军占领。从此,在华北以国民党军为主体的正规战争宣告结束,以八路军为主体的游击战争上升为主要地位。八路军结束了直接配合国民党军作战的阶段,转而根据洛川会议的决定,挥师挺进日军后方,开辟敌后战场,主要从战略上配合国民党军作战。于是,华北战场就出现了一种奇特的景观:日军大举进攻,步步进逼;国民党军屡战屡败,节节后退;八路军则挺进日军后方,实施战略展开。

八路军实施战略展开的目标首先指向山区。山区具有自然屏障,有利于八路军的隐蔽与机动,却不利于日军发挥机械化的优势,因此中共中央从全国抗战之初就强调要实行独立自主的山地游击战,并确定八路军集中向冀察晋绥四省交界的恒山地区挺进。但鉴于华北敌情发生变化,日军企图以大迂回的战术包抄太原,为避免陷于日军的迂回包围中,并在战略上展开于机动地位,真正进行独立自主的山地游击战争,创建抗日根据地,毛泽东早在1937年9月16日、17日即发出变更八路军战略部署的指示,决定将原来八路军3个师集中配置在恒山山脉一区的计划,改为分散配置于山西省四角的山区。太原失守后,毛泽东又于11月8日、9日和13日连续致电前方,对八路军的任务和部署作出明确指示,指出:八路军当前的任务"在于发挥进一步的独立自主原则,坚持华北游击战争,同日寇力争山西全省的大多数乡村,使之化为游击根据地";为了准备迎击敌人的进攻,八路军各师"须重新部署",除控制一部分兵力用于袭击敌人外,大部分兵力应尽量分散于各要地,以"组织民众武装为第一义"。[①] 这样做的根本目的,正如张闻天所说:"共产党在山西的方针,是把山西成为整个北方游击战争的战略支点,用以抵御日寇对西北与中原的前进。"[②]

八路军按照这一战略部署,采取"麻雀满天飞"的办法,深入敌后各地,分兵发动群众,迅速展开于恒山、五台、管涔、太行、太岳、吕梁山脉地区,及时控制晋东北、晋西北、晋东南、晋西南战略枢纽,开始了创建山区抗日根据地、开辟华北敌后战场的艰苦斗争。至1938年4月,逐步创建了晋察冀、晋西北、晋冀豫、晋西南4块山区抗日根据地。这是八路军开辟华北敌后战场非常重要的一步,不仅实现了在山西四角战略展开的预定目标,形成了向敌占主要城市和交通线取四面包围的态势,使八路军成功地在山区站稳了脚跟,而且为进一步向全华北实施战略展开提供了可靠依托。毛泽东在作《论持久战》讲演时,曾有一个生动的描述:"在山西,我已三面包围了同蒲路(路之东西两侧及南端),四面包围了太原城。""我之包围好似如来佛的手掌,它将化成一座横亘宇宙的五行山,把这几个新式孙悟空——法西斯侵略主义者,最后压倒在山底下,永世也不得翻身。"[③]阎锡山深得其惠,感慨地说:"现在共产党八路军在山西,是有十支洋烛的光,晋绥军是一支洋烛的光,中央军呢,只有一根香火的光。"[④]

当中共中央、中央军委指挥八路军完成在山西四角的展开并初步站稳脚跟后,又将目光从山区转向广大的平原地区。冀鲁平原人

---

① 《毛泽东军事文集》第2卷,军事科学出版社、中央文献出版社1993年版,第114、116页。

② 中共中央党史研究室张闻天选集传记组编、张培森主编:《张闻天年谱》上卷,中共党史出版社2000年版,第524—525页。

③ 《毛泽东军事文集》第2卷,军事科学出版社、中央文献出版社1993年版,第300页。

④ 转引自《任弼时选集》,人民出版社1987年版,第181页。

口稠密，物产丰富，平汉、津浦铁路纵贯南北，战略地位极其重要。这一地区的人民群众在中共中央北方局及各级党组织的领导下，自卢沟桥事变后纷纷建立抗日武装，到1938年春已开展起平原抗日游击战争，但由于缺乏战斗骨干，迫切希望得到主力部队的支援。这时，正值华北日军主力南下参加徐州会战，其后方兵力薄弱，而国民党军队在正面战场的作战又急需敌后战场的配合。于是，中共中央果断决定广泛发展冀鲁平原游击战争，牵制和打击日军，配合正面战场友军作战。1938年4月21日，毛泽东、张闻天、刘少奇向八路军发出指示，要求"党与八路军部队在河北、山东平原地区，应坚决采取尽量广大发展游击战争的方针，尽量发动最广大的群众走上公开的武装抗日斗争"；并划分若干军区、分区，有计划有系统地发展游击战争，广泛组织不脱产的自卫军；在收复的地区建立抗日民主政权。①

八路军总部随即作出部署，以部分主力深入冀南、冀鲁豫边、冀鲁边、冀东等地区。这是八路军在华北实施的战略再展开，表明开辟华北敌后战场的行动又跨出新的具有战略意义的一步。经过几个月的艰苦斗争，各部队在当地人民武装的配合下，不仅开辟和发展了平原抗日根据地，为山区抗日根据地提供了比较雄厚的人力、物力和财力支援，而且把敌后抗日游击战争由山西一隅推向整个华北，实现了山地和平原游击战争的更好结合。

至1938年10月，八路军共作战1500余次，歼灭日伪军5万余人，②接连完成在山西四角和冀鲁平原的战略展开，创建了晋察冀、晋绥、晋冀豫、晋西南和山东等抗日根据地，开辟了山区与平原相互依存、相互策应的广阔的华北敌后战场，部队发展到15万余人，成为华北抗战的中坚力量。1938年11月2日，蒋介石以八路军"忠实

---

① 《毛泽东军事文集》第2卷，军事科学出版社、中央文献出版社1993年版，第217页。

② 转引自军事科学院军事历史研究部《中国抗日战争史（二〇〇五年修订版）》中卷，解放军出版社2005年版，第139页。

奋发，迭予敌重创"致电朱德、彭德怀，对部队"传谕嘉奖"。①

相较于华北，由于新四军改编组建较晚和华中形势更加复杂，华中敌后战场的开辟稍晚一些。1938年春，日军华中派遣军协同华北方面军沿津浦铁路夹击徐州，以另一部沿长江西进攻打合肥，长江下游苏、浙、皖地区大部沦为敌后。然而，国民党吸取放弃华北后八路军在敌后迅速发展的教训，一方面在华中撤退时于苏北、皖中、皖东、皖东北、豫鄂边等地区留置了部分正规部队，并派遣官员，收编游杂武装，企图恢复对敌后的统治；另一方面，则对新四军的活动范围严加限制，企图将新四军"送出到敌区，听其自生自灭，含着借刀杀人的用意"②。为使新四军摆脱国民党的严格限制，迅速开赴敌后，实现对日作战，在徐州会战前后的一段时间，毛泽东先后于2月和5月连续发出指示，要求新四军抓紧时机，建立苏南茅山抗日根据地，并准备分兵一部进入苏州、镇江、吴淞三角地区，再分兵一部渡江进入江北地区。5月14日，中共中央进一步指出："新四军正应利用目前的有利时机，主动的、积极的深入到敌人后方去"，以自己灵活坚决的行动、模范的纪律与群众工作，在大江以南创立游击根据地，扩大新四军的影响。③

据此，新四军各支队自1938年4—5月起，开始挺进长江南北敌后地区。至同年10月，新四军共作战近150次，歼灭日伪军2400余人，④初步实现了在华中敌后的战略展开，开创了苏南、皖南、皖中等抗日根据地，开辟了华中敌后战场，不仅有力地配合了正面战场作战，而且扩大了自身，部队由组建时的1万余人

---

① 中国抗日战争军事史料丛书编审委员会：《八路军·参考资料》（1），解放军出版社2015年版，第247页。

② 中国抗日战争军事史料丛书编审委员会：《新四军·文献》（1），解放军出版社2015年版，第109页。

③ 中央档案馆：《中共中央文件选集》第11册，中共中央党校出版社1991年版，第514页。

④ 中国抗日战争军事史料丛书编审委员会：《新四军·文献》（1），解放军出版社2015年版，第267页。

发展到 2.5 万余人,为进一步发展华中抗日游击战争和华中敌后战场奠定了基础。新四军实施战略展开、开辟华中敌后战场的战略行动,在当时很快引起许多报纸的关注。其中,上海出版的《文汇报》在 1938 年 7 月 18 日以《新四军挺进江南声势浩大》为题报道说:"新四军作战策略,分南北中三部。北部系协助溧阳、溧水方面游击队进攻南京。南部协助天目、莫干山区域之游击队攻袭杭州。中部则联合太湖区及奉贤、南汇、川沙各部游击队以苏嘉铁路及沪杭公路为目标,攻击日军交通线,截断其联络。各部战事,均已相机发展。"①

这样,从 1937 年 8 月下旬八路军誓师出征,到 1938 年 10 月广州、武汉失守,中共中央审时度势,通观全局,指挥八路军、新四军挺进抗日前线,一面配合国民党友军作战,一面动员和组织群众,将山区与平原、河湖港汊的抗日游击战争融为一体,创建了大小 10 余块抗日根据地或游击根据地,开辟了遍及长城内外、黄河上下、大江南北的华北、华中敌后战场。在此之前,东北抗日联军及其前身已战斗在白山黑水之间长达 6 年时间,创建了南满、吉东和北满 3 块较大的抗日游击根据地,开辟了东北敌后战场。华北、华中和东北敌后战场,与即将在战略相持阶段形成的华南敌后战场,并称为中国共产党领导的四大敌后战场。

在开辟敌后战场的过程中,八路军、新四军坚决贯彻全面的全民族的抗战路线,把发动群众、创建抗日根据地作为根本任务。部队挺进敌后之初,首先集中主力积极作战,消灭与驱逐敌人,赢得广大人民群众的信任、拥护和支持;并以一部掩护中国共产党地方组织着手发动和组织群众。在初步打开局面后,即以一部兵力担负对敌作战,而以主要兵力分散协同地方党政干部,深入广大乡村,认真执行中国共产党的各项主张和政策,成立动委会、救国会,建立群众团体,组

---

① 中国抗日战争军事史料丛书编审委员会:《新四军·参考资料》(1),解放军出版社 2015 年版,第 47 页。

织群众武装；同时实行减租减息，废除苛捐杂税，禁止高利贷盘剥，坚持合理负担，改善人民生活；并通过选举成立区、乡、村各级抗日民主政权。群众在政治上、经济上取得一定权益后，亲身感受到共产党和八路军是真正救国为民的，于是抗日热情十分高涨，对共产党和八路军的支持更加积极主动。随着抗日根据地的建立，人民军队获得了赖以长期坚持敌后抗战的坚实依托。

在开辟敌后战场的过程中，八路军、新四军执行"基本的是游击战，但不放松有利条件下的运动战"的军事战略方针，逐步实现了由国内正规战争向抗日游击战争的军事战略转变，创造了机动灵活的人民战争的战略战术。这一时期，日军通常依托交通线和中心城市，以重兵采取分进合击、多路围攻的战法，企图乘八路军、新四军立足未稳加以消灭或驱逐，摧毁初创的抗日根据地。于是，"围攻"与反"围攻"成为敌后军事斗争的主要形式。但由于日军兵力不足、缺乏后续力量，只能对各抗日根据地逐一进行围攻，而且在围攻时只能控制"点"和"线"，难以实现"面"的占领。八路军、新四军针对日军的企图和弱点，采取军民结合、主力兵团与群众武装相结合、内线与外线相结合、广泛的游击战与有利条件下的运动战相结合的方针，在作战部署上一般贯彻"以次要兵力钳制敌之数路，而以主要兵力对付敌之一路"的原则，以达到击破敌之一路、震撼敌之数路的效果，从而多次取得反围攻斗争的胜利。

朱德曾在《八路军抗战的一周年》报告中，对八路军为什么能够开辟敌后战场作了详细说明。他说，敌后抗战的环境是极端艰苦的，"别人无论如何不能把军队放在敌人后方，而我们以实际例子起了好的作用和影响。别人争相退去，而我们则反伸向敌人后方去"。八路军的战术，不是死守的办法，而是独立自主的灵活的行动。但"灵活战争没有人民是不行的"，"有人民才活动自如"。"军民打成一家，灵活战术由此发挥了。"① 军队和人民群众有机地结合在一起，不仅

---

① 《朱德传》（修订本），中央文献出版社 2006 年版，第 562 页。

造就了抗日游击战争的多样性、顽强性、坚韧性，而且使人民战争在形式和内容上都达到了空前的发展高度，这是民族解放战争的本质要求和胜利所在。

这一阶段，日军将战略进攻的矛头指向正面战场，把国民党军队作为主要作战对象。国民党军队实行比较积极的抵抗，曾先后组织淞沪、忻口、徐州、武汉等会战，消耗了大量日军，并将敌人主要兵力吸引在自己周围，使日军在战略部署上忽略了对占领区的控制，从而掩护了敌后游击战争的开展，从战略上支持并配合了敌后战场的开辟。从这个意义上说，敌后战场的开辟，是以国共合作为基础的抗日民族统一战线在军事上的成功体现。

## 三　开辟敌后战场的重大意义

敌后战场的开辟，作为抗日战争战略防御的重要组成部分，是中国共产党及其领导的人民军队为实现全面抗战路线，按照持久战的战略总方针和人民战争的战略战术原则，依托抗日根据地，开展与坚持敌后游击战争的决定性的战略举措。这是充分展示了中共中央、中央军委指导战争、把握战争的非凡气魄和卓越能力，具有重大的战略意义。

敌后战场的开辟，不仅体现了中国共产党人的担当精神，而且表明共产党领导的人民军队及其创建的抗日根据地已经以独当一面的战略姿态屹立于敌后地区。全国抗战初期，国民党军队虽然进行了比较积极的抗战，却未能阻止日军的战略进攻，致使大片国土沦陷。面对日军长驱直入、国民党军正面作战屡屡失利的严峻形势，人民军队究竟如何行动，成为一个亟待解决的重大问题。中国共产党审时度势，领导八路军、新四军迎敌而上，积极向敌后挺进并实施战略展开，这实质上是中国军民在战略防御中向日军实施的带战略性的"反进攻"，是处于被动地位中的主动出击，显示了人民军队英勇无畏的气概。于是，抗战伊始便出现了这样的情形：在战略上处于内线作战的国民党军队是连续败退的；而战略上处于外线作战的八路军、新四军则向着敌占区广泛地进攻。随之，国民党军丧失了的国土又为八路军、新四军所收复。仅就华北而言，迄武汉失守前后，在华北五省敌占区 375 个县、近 100 万平方千米的土地上，八路军活动地区的面积即达到 80%，并且收复过 198 座县城，而没有哪一个县是在日军完全控制之下。由于人民军队从日军手中收复了大片国土，缩小了敌占区范围，使得日军只能对主要城市和交通要道实行"点"和"线"的占领，而无法实现"面"的占领，并使其在占领区内始终不能停止战争，不能"安享其成"，不得不疲于应对无休无止、大大小小的各种挑战。1938 年 9 月，日军华北方面军司令官寺内寿一在向来华北视察的日本天皇侍从武官所作《情况报告》中承认：徐州会战后，"随着占领区的扩大和兵力的减少，敌人游击活动逐渐活跃……其行动极为猖獗。破坏铁路，袭击各地等事件不断发生。所谓治安恢复地区，实际上仅限于主要交通线两侧数公里地区之内"①。这样的战斗天天进行，此起彼伏，由此造成了陷日军于灭顶之灾的汪洋大海。朱德曾形象地指出："在军事活动的全时间内，所有的游击队配合主力军一齐动作起来，就和蚂蚁蛀蚀着朽楼一样，可以倾覆敌人存在的基础，影响到全面抗战的结局。"②

敌后战场的开辟，不仅配合了国民党军队在正面战场上的作战，直接给予日本侵略者以沉重打击，而且迫使日军将原先用于进攻的大量兵力转用于保守其占领区，对于制止日军的战略进攻，稳定全国战局，粉碎日本"速战速决"灭亡中国的图谋，使抗日战争由战略防御转入战略相持阶段，发挥了至关重要的作用。其一，从对正面战场作战的战略配合来看，起到了"拖住敌人，协助正面"③ 的效果。1938 年上半年徐州会战开始后，八路军晋察冀军区部队频繁进攻平

---

① 日本防卫厅战史室编、天津市政协编译组译：《华北治安战》（上），天津人民出版社 1982 年版，第 80 页。
② 《朱德军事文选》，解放军出版社 1997 年版，第 373—374 页。
③ 《毛泽东军事文集》第 2 卷，军事科学出版社、中央文献出版社 1993 年版，第 400 页。

绥铁路线上的南口、怀来、宣化等地，第129师第386旅等则在津浦铁路北段加紧作战，牵制敌人；其他部队还在平汉铁路沿线破坏交通，阻敌援兵南调。当时，新四军第三支队也根据周恩来的指示，在津浦铁路南段配合国民党军李品仙部，牵制由南京渡江北上的日军。据粗略统计，徐州会战期间，仅八路军就进行大小战斗400余次，使日军人力物力严重受损，兵力和物资的南移东运受阻。为此，蒋介石等数次发电嘉奖，赞誉八路军"转战幽燕、撼敌腹心""迭克要城""迭奏奇功"。① 同样，这年4月上旬，日本大本营陆军部在制订武汉会战计划时，原准备以华北方面军一部沿平汉铁路南下，与第11军策应夹击武汉，但由于八路军积极出击敌后，考虑到华北地区"治安不良"，难以抽出兵力而放弃了这一计划。② 其二，从瓦解日军进攻力量来看，敌后战场的作用更加明显。新四军在挺进华中抗日前线后，即积极开展破坏铁路、公路、桥梁和通信设施的行动，造成日军交通屡屡中断，影响了其兵力机动和物资运输，迫使日军不得不从前线抽调兵力维护交通线，于是分散了其进攻力量。粟裕曾说：新四军进入苏南前，交通线上五六十里才有敌人十余个守兵，交通圈内，甚至百十里都没有一个日军；新四军进入苏南后不到一年，交通线上每三五里都筑有敌之碉堡，每个碉堡的敌人守兵由过去三四个人增加到三四十人，每个城市也由五六十人增加到二三百人，日军兵力因此受到极大牵制。③ 武汉会战期间，侵华日军总兵力为27.5个师团（不含关东军，以2个旅团折合1个师团计算），其中9.5个师团参加武汉作战，3个师团参加广州作战，进攻兵力为12.5个师团，约占其总兵力的45%；另以15个师团担任后方守备，占其总兵力的近55%。而在日军担任后方守备的15个师团中，华北占12个师团，其

① 中国抗日战争军事史料丛书编审委员会：《八路军·参考资料》（1），解放军出版社2015年版，第117、119、147页。
② ［日］防卫厅防卫研究所战史室：《中国事变陆军作战》（2），朝云新闻社1976年版，第109页。
③ 《粟裕文选》第1卷，军事科学出版社2004年版，第50—51页。

中八路军抗击 11 个；华中占 3 个师团，新四军抗击 1.5 个。八路军、新四军共抗击 12.5 个师团，占其 15 个师团的 83%。这就是说，在日军以 12.5 个师团进攻武汉、广州的时候，却不得不以同样的兵力对付八路军、新四军。其中的主要原因在于，敌后战场的开辟和八路军、新四军的英勇作战，使日军产生了后顾之忧，不得不大量分兵用于后方守备，由此日军的战略进攻能力遭到分散和瓦解，敌我战略相持的形势乃得以出现。而战略相持阶段是抗日战争的枢纽，是中国由劣势、被动转变到优势、主动和准备反攻的基础。没有战略相持阶段，就不会有持久抗战以及最后的胜利。

敌后战场的开辟，不仅极大地改变了敌我双方作战的"游戏规则"，而且从根本上重塑了抗日战争的战场态势，使中国形成了地域上相互独立、战略上相互配合的两个战场的有利格局，盘活了抗日战争的大棋局。一方面，从敌后战场的作战讲，中国共产党把游击战争提升到战略地位，领导八路军、新四军等人民军队主动、灵活、有计划地执行防御战中的进攻战，持久战中的速决战，内线作战中的外线作战；并探索和形成了以游击战为主要作战形式，以灵活处理集中与分散兵力的关系为枢纽，以敌变我成为指导原则的抗日游击战争的战略战术体系，从而迫使日军放弃擅长的大兵团正规作战方式，不得不回师后方，以高度分散的配置来对付陌生的游击战争。另一方面，从抗日战争全局上讲，全国抗战开始后，处于战略内线的国民党军队在正面战场上进行的防御作战，是以国家总后方为依托的有后方作战，其作战线在与敌占区的交界线；而处于战略外线的八路军、新四军的对日作战，则是脱离国家总后方的无后方作战，其作战线前伸至敌人的后方。在这种情况下，人民军队以自己创建的抗日根据地作为后方，并依托根据地建立非固定的作战线，令日军防不胜防。对此，战后日本防卫厅战史室编的《华北治安战》一书也承认："在传统的正规战中，互相对峙的敌我战线是比较明显的。然而，在治安战期间的华北战场，敌我的势力范围犬牙交错，变化无常。有关敌人准确位置的情报，很不可靠，甚至在我方势力范围内部深处经常潜藏有敌人的军事力量"；敌后战场是"没有战线的战场"。[①] 因此，敌后战场的开辟，从战争形式上打乱了日军作战前线与后方的划分，把日军的后方变成抗日的战场，把敌之战略包围变为我之战略反包围，使中国抗战形成了既相对独立又相互支撑、相互策应的正面和敌后两个战场的战略格局，对日军构成了前后牵制、内外夹击的战略态势，使日军在战略上陷入两线作战的被动地位。这是古今中外战争史上绝无仅有的奇迹，也是国共两党实行军事合作的主要形式和内容，成为中国实现持久抗战的最佳作战模式，奠定了中国最后战胜日本侵略者的战场基础。敌后战场的开辟，是决定抗日战争前途命运的关键一步。

敌后战场的开辟，不仅具有重大的军事价值，而且具有重大的政治和社会意义。中国共产党领导人民军队在开辟敌后战场的过程中，通过广泛的宣传、动员和组织工作，启蒙了民众的民族意识，坚定了民众的爱国情怀，凝聚了民众的抗日力量，鼓舞了民众的必胜信心。更为重要的是，在以各抗日根据地为基点的广大敌后战场内，坚持了抗日民族统一战线的基本政策，建立了各级抗日民主政权，实行了抗日的政治、经济、文化措施，通过对原有生产关系和社会关系的改变，激发了广大人民群众参加抗战和进行各项建设的积极性，于是抗日根据地不但成为敌后战场能够日益发展的重要支撑，而且"象征着中华民族解放的胜利，象征着新中国光明灿烂的前景"而成为"新中国的雏形"。[②] 1938 年 2 月，毛泽东在与到延安采访的美国合众社记者王公达谈话时就曾自信地指出：八路军现在正在四个区域中进行广大的游击战争，分别是晋东北、晋西北、晋东南、晋西南。"从这些区域看来，中国失去的不过是几条铁路及若干城市而已，其他并没有失掉。这一实例给全国以具体的证

---

① 日本防卫厅战史室编、天津市政协编译组译：《华北治安战》（下），天津人民出版社 1982 年版，第 467 页。

② 李公朴：《华北敌后——晋察冀》，生活·读书·新知三联书店 1979 年版，第 1—2 页。

明：只要到处采用这种办法，敌人是无法灭亡中国的。这是将来举行反攻收复失地的有力基础之一。"① 国际著名记者伊斯雷尔·爱泼斯坦（Israel Epstein）在《人民之战》一书中记述：1938年春，美国海军陆战队军官卡尔逊（Evans Fordyce Carlson）上尉深入华北敌后，在对山西和河北西北部的八路军以及晋察冀抗日根据地的五台山地区进行三个月的调查研究后，"他发现了一个新的世界，那里的人民在被'征服'以后起来进行反击"。他认为，"人民之所以起来打日本人，不仅是因为不愿做国奴，而且是因为他们现有的生活比过去任何时候都好。他们不仅是保卫战争以前拥有的东西，而且是保卫他们在抗战过程中得到的东西"。不久，另一个美联社记者汉森（Haldor Hanson）也到冀中抗日根据地采访，并考察了当地各种政策、群众组织和游击队作战情况。结果，这两位外国观察家都认为，"华北的游击队运动是政治、经济、社会、教育进步的一个因素"，共产党在这些地方进行深入的动员和组织，建立了经过严格训练而富有效率的抗日力量，厚植了持续抗战的资本，敌后战场由此成为中华民族解放的战斗堡垒和收复失地、夺取胜利的反攻基地。②

总之，敌后战场的开辟，是抗日战争战略防御阶段的一个极其重大的进展，也是中国共产党在军事上的伟大创举。需要指出的是，当抗战进入战略相持阶段后，日军逐步将主要兵力用于打击敌后战场的人民军队，以保持和巩固其占领区。由此，敌后游击战争成为主要的抗日作战形式，敌后战场的战略地位和作用亦随之进一步上升和提高。

（张从田，军事科学院解放军党史军史研究中心原主任、研究员）

---

① 《毛泽东军事文集》第 2 卷，军事科学出版社、中央文献出版社 1993 年版，第 171 页。
② 伊斯雷尔·爱泼斯坦：《人民之战》，贾宗谊译，新星出版社 2015 年版，第 180—186 页。

# 人情政治下的统一战线：
# 漂移时代的密县故事

## 黄道炫

密县，今河南新密。抗战前期，和郑州、荥阳、新郑等同属河南第一行政区。① 1938 年中国共产党在第一行政区设立地委，地委所在地不在这一地区的中心城市郑州，而是设在密县，密县一时间成为河南中国共产党党组织的中心之一。这样的局面，到 1939 年 8 月戛然而止，中国共产党密县地委遭破坏。

1939 年 8 月 2 日，密县地委一个交通员从河南省委担书到密县，行至密县四区，被当地几个小学教员发现。教员想买书，交通员不卖。四区区长听说后，拘押审问交通员，交通员坚称受雇于新四军。区长将交通员押往县府。在密县城关遇见中国共产党密县县委书记王东旭，王告诉交通员：不要紧，共产党今天并不违法，到县府后你就说给某某人担的。这样，交通员在区署和县里供词不一，让人有文章可做，县府大肆逼供。随后，交通员供出县委组织部部长，县委组织部部长在严刑之下叛变。破坏蔓延到全县，总计被捕二十余人。② 密县地委被破获，形势陡然逆转，抗战前期一直在河南居于发展前列的中国共产党密县党由此一蹶不振。

---

① 河南第一行政区包括郑州、荥阳、广武、汜水、密县、禹县、新郑、长葛、洧川、中牟、尉氏，共 11 县。

② 纪西：《密县地委工作报告》（1940 年），《中共密县党史资料》第 1 集，中共密县县委党史工作委员会 1992 年编印，第 80—81 页。

从全面抗战爆发前后的密县故事中，可以发现结构性裂缝和人情政治两大特征。民初中国，帝制崩溃、儒学瓦解，维系中国国族认同的两根最重要支柱断裂，这种分崩离析的漂移局面既是政治权力分化的结果，也是文化中国崩解后的代价。崩解的局面及随后国民党主导的有限度的修复，留下了政治、社会、文化多方面的结构性裂缝，地居中原的河南，恰处以东南为中心的南京中央板块和散处华北、西北、西南的地方割据板块的结合点上，① 裂缝和对接在这里均有明显的体现。文化中国的崩解带来的另一个现象就是人情政治的肆虐。帝制中国，由于皇帝效忠和儒学修身两个坐标的存在，人情这种次一级的忠诚还能被控制在一定范围内，民国时代，前述两个坐标同时失效，人情成为失范状态下政治、社会活动最重要的润滑剂，放射到社会政治的各个角落。

# 一 基于人情的密县统一战线

全面抗战开始后，国共结成统一战线，这让中国共产党实际上合法化。合法化使中国共产党的公开活动成为可能，在一个政治不透明、传播能力有限、社会普遍存在正统心理的国家，获得这一空间的意义非同寻常。抗战初期，由于中国共产党出版物获得自由流通，教育了大量民众，增加了中国共产党的影响力。当然，由于一党治国的《中华民国训政时期约法》仍然是根本大法，中国共产党合法空间的释出没有法令条规的明确支持，而是来自政策的弹性。不同时段、不同地区、不同环境中这种合法性的获得可能截然不同。在此背景下，中国传统的人情关系常常可以发挥超出想象的作用。具体到密县，中国共产党的发展与该县出现统一战线的机会和人情关系也无法分开。

---

① 抗战时期，黄敬曾描述冀鲁豫地区为"中央势力与地方势力的结合部"[《边区的形势与任务——黄敬同志在区党委高干会上的报告》（1942 年 12 月），《中共冀鲁豫边区党史资料选编》第二辑文献部分（中），河南人民出版社 1988 年版，第 368 页]，黄的这一描述用于整个河南省同样有效。

　　密县的机会首先缘于整个河南省独特的形势。从商震主政河南到抗战初期，河南多种政治力量共存局面一直持续："复兴社以开封绥靖公署主任刘峙为代表，CC派以国民党省党部特派员李宗黄为代表，陇海路上还有一套所谓特别党部。"① 1938年年初，商震卸任河南省政府主席，程潜继任。和商震一样，程潜也是地方实力派出身，与南京中央保持距离。1939年，第一战区司令长官卫立煌兼河南省政府主席。卫与中国共产党关系颇为密切。不仅是程潜、卫立煌，中国共产党和蒋介石核心圈内的刘峙身边人也有联系，例如通过与刘峙的干女儿石青（开封一个小学的校长）建立关系，同她一起开展了发动妇女参加训练班、慰问前方将士、医院伤兵等工作，减小了特务对这些工作的阻力。②

　　在河南，中国共产党军事力量不强，而国民政府内部又存在着巨大缝隙，统一战线（尤其是偏于上层的统一战线）自然而然成为中国共产党工作的重心。中国共产党河南党提出："根据在河南的客观情况，我们觉得要想收到实际的效益，利用各种掩蔽物是需要的，这就是经过他们的组织而执行我们的工作，亦即所谓迂回路线问题。"③经由合法的发展路径，利用、参加各种群众组织，宣传、动员抗战，取得社会乃至政权方面同情，可为自身争取到保护伞。

　　中国共产党河南党对统一战线的重视，在下面一段话中体现得至为明显："省委向豫西党建议，要求全党更大的注意上层统战工作，学习上层统战的艺术。把统战的教育作为党的第一等重要教育。"④ 事实上，上层统战的确在河南产生了良好的效果，到1938年年中，河南的中国

---

　　① 吴平：《河南省委的妇女工作和上层统战工作》，中共河南省委党史工作委员会编：《抗战时期的河南省委》，河南人民出版社1986年版，第331页。

　　② 吴平：《河南省委的妇女工作和上层统战工作》，中共河南省委党史工作委员会编：《抗战时期的河南省委》，河南人民出版社1986年版，第331页。

　　③《河南省委致豫西特委的指示信》（1938年7月10日），《抗战时期的河南省委》（二），河南人民出版社1986年版，第118页。

　　④《河南省委致豫西特委的指示信》（1938年7月10日），《抗战时期的河南省委》（二），河南人民出版社1986年版，第93页。

共产党党员人数已经达到6000多人，较抗战爆发前夕增加了5倍。[①]

中国共产党在密县所处的河南第一行政区走的就是利用人情关系进行上层统战的路线。战前，第一行政区是河南经济社会较为发展的地区，战争爆发后，随着日军迅速南下进到黄河北岸，这一带又成为对日的前方，"不少县长、区长都临阵脱逃了！统制（治）力量薄弱得无法统制，如新郑、洧川，长葛、尉氏、中牟等县，广大无组织无领导的群众，由于三面受敌严重的威胁，他们非常恐慌与不安，激愤的心情，急切要求领导和组织，地主豪绅、资本家们也暂时同意抗战，甚而帮助抗战了"[②]。河南第一行政区专员罗震面对难局，不得不开放政治，努力寻求奥援。此时，中国共产党挺身而出坚持抗战，得到包括罗震在内的许多地方官员的好感。罗震允许中国共产党"到各县组织训练民众"，还在政治上、经济上援助中国共产党，他对中国共产党的开放态度给了中共在郑州地区发展的机会。[③]

罗震，1923年毕业于保定军官学校，1934年投奔其学长刘峙，任南阳县县长。罗震之前，从1927年开始，从未有人在南阳县县长的位置上超过1年，任期最短的仅有两个月，[④] 而罗震在南阳县一任3年，由此可见出他的能力，当然也证明刘峙对他的信任。全面抗战爆发后，罗震调任河南第一行政区督察专员。罗震虽然和刘峙关系密切，但对中国共产党抱有相当同情，1944年他与中国共产党地下党接触，并于1948年策动河南省政府主席张轸起义。

不过，抗战初期，罗震对中国共产党的开放立场，可以说是当时河南地方官员的普遍做法。一份中国共产党报告提道："抗战爆发至

---

① 朱理治：《一年来的河南工作》（1938年9月），《纪念朱理治文集》，中共党史出版社2007年版，第147页。

② 纪西：《密县地委工作报告》（1940年），《中共密县党史资料》第1集，中共密县县委党史工作委员会1992年编印，第55—56页。

③ 纪西：《密县地委工作报告》（1940年），《中共密县党史资料》第1集，中共密县县委党史工作委员会1992年编印，第55—56页。

④ 南阳地方史志编纂委员会：《南阳县志》，河南人民出版社1990年版，第120—122页。

一九三八年冬天以前，不论ＣＣ也好，不论是老法（指复兴社——引者注）也好，不论是地方上其他的小派别也好，他们赞成抗战，并且赞助抗战。他们不但不妨碍我们的活动，他们还和我们在一起作救亡工作。"[1] 传统中国政治通常表现就是处处留情，人情重于原则，在王朝崩溃、效忠对象缺失，而国民党又很难提供中心信仰的背景下，人情的衡量几乎成为许多国民党人的行为准则，何况此时国共双方的确还有共同抗战的基础。

在河南第一行政区中，密县成为中国共产党在该地区重新发展的首选。1938年年初，中共中央陆续派遣党员到密县活动。9月，密县中心县委成立，负责领导郑州周边10个县。12月，中心县委改为地委。密县这一地位的获得，缘于其位于山区的地理条件，利于中国共产党开展游击战争。但更重要的，还在于当地有利于中国共产党发展的政治和社会环境。战前中国共产党密县党就坚持运作。1934年年初的报告说，密县的中国共产党党员共有81人。[2] 1934年10月，关于河南党的报告谈到，河南有中国共产党党员约1250人，群众约3000人，其中密县的党员约100人，群众约300人。[3] 一份中国共产党文件提到："自大革命以来，密县的农民协会组织断断续续存在，只要革命形势一到，就进行革命活动，同地主豪绅、国民党政府作斗争，抗粮抗捐。密县大部分贫下中农参加了农会，会员约万人，密县国民党政府中渗透有不少共产党员，权力基本被我们控制。"[4] 从中可以看出战前密县党在河南所具有的举足轻重地位。尽管由于国民党加紧对中国共产党组织的破坏，密县党不得不渐渐停止活动，但党的

① 《邵文杰关于洛宁地委工作的综合报告》（1940年5月），《抗战时期的河南省委》（二），河南人民出版社1986年版，第336页。

② 《河南省委某同志巡视新郑县、密县的报告》（1934年1月24日），《河南革命历史文件汇集》（甲种本）1934年，中央档案馆、河南省档案馆1984年编印，第41页。

③ 《亚英关于河南党组织问题给中央的报告》（1934年10月21日），《河南革命历史文件汇集》（甲种本）1934年，中央档案馆、河南省档案馆1984年编印，第360—361页。

④ 席国光：《回忆一九三九年密县地委》，《中共密县党史资料》第1集，中共密县县委党史工作委员会1992年编印，第227页。

组织始终存在。有这样的基础，一旦环境变好，中国共产党投入力量，密县迅速再起应在意料之中。

无论是战前还是战时密县党的生存、发展，时任国民党密县县党部书记长的樊百全都是重要助力。樊百全（1897—1960），密县人，地主家庭出身，县立师范毕业。1923年只身赴上海求学，尽管在上海仅仅八十多天，但上海之行打开了他的眼界，他通过阅读进步报刊首次接触了新思想。从上海回到密县后，樊百全开始兴办教育。他和同为密县人的张书印一起，创办平民教育。① 由于遭到当地士绅的反对，教育梦没能继续下去，樊百全转向政治运动。按他自己的叙述："1926年农历一月组建密县青年学社，1927年4月加入国民党，1927年8月，到豫、陕、甘农村组织训练班受训，因'赤化'嫌疑险遭禁闭，翌年春训练结束后，任密县新农村指导员。"② 1937年前，他历任国民党密县县党部委员、书记长，这给了他法理上的保障；同时，他领导农会活动，以地方强人的身份为当地民众争取福祉，也使他成为密县民众精神和事实上的领袖。

中国共产党方面报告，在樊百全领导下的农会，往往在宣传的歌词中讲打倒贪官污吏，不缴捐款，小册子等印刷品上还印有国民党的总理遗嘱。③ 这很能显示樊百全等所从事活动的内在张力。樊参加改组派，坚持广州、武汉时期国民党打倒土豪劣绅的理念，在密县继续组织农会；同时，他又是刘峙暗中扶持的"忠义会"成员。对此，他自己说得很直白："中国的事情很复杂，国民党复兴社也好，CC也好，我们都要和他们搞关系。不然，他们就会直接在这里发展他们的势力。"④

---

① 《樊百全自传》，《河南文史资料》第17辑，第64页。

② 郑州市地方史志编纂委员会编：《郑州市志》第8分册，中州古籍出版社2000年版，第71页。

③ 《中央巡视员抱一巡视河南报告第四号》（1932年5月6日），《河南革命历史文件汇集》（甲种本）1931—1932年，中央档案馆、河南省档案馆1984年编印，第502—503页。

④ 田建勋：《樊百全传》，《中共密县党史资料》第2集，中共密县县委党史工作委员会1992年编印，第326页。

1937 年前，樊百全和中国共产党也若即若离："对于 C、P 不谈不骂，有的说些非驴非马的话来模糊群众的意识"①；"办农民夜校，暗杀豪绅，帮助农民打官司，到处召集农民大会，时常找农民到农会或党部去谈话，故意装出关心和优待农民的样子，说他不反对红军，但一定等到红军来了后才可干"②。中国共产党作为"不合法"的反抗力量挑战既有控制体系，这是本身也与政府权威展开博弈的樊百全乐意看到的，中国共产党后来分析："对樊百全来说，农会和共产党的支持，是他成为最强有力的人物的根本，有了农会和共产党的支持，土豪劣绅才望而生畏，不敢和他较量。"③

应该说，战前中国共产党对樊百全的态度颇为复杂，在密县实地工作的"很多同志以为他确是我们的人"，河南省委则从当时的阶级分析立场出发，认为樊百全是改组派，是革命凶恶的敌人，因此要"在政治上和日常生活中揭穿樊百全的欺骗与罪恶"④。不过，落实到具体层面，密县中国共产党党组织事实上不可能与樊百全这样一个心存善意，且常施以援手的帮助力量决裂，而上级指导机关也很难强令密县党组织执行他们的主张，只能提醒他们"经常派人去巡视"⑤。可见在战前，即便被认为在阶级关系上存在教条判断的中国共产党党内，政治中的人情因素仍会发挥微妙的影响，密县党和樊百全的合作关系始终或明或暗存在。比较尴尬的是，战前无论是樊百全还是密县党，都在相当程度上要背着自己的上级机关与对方往来。抗战爆发

---

① 《河南工委会报告第四十六号——关于密县农会组织与群众斗争》（1933 年 7 月 22 日），《河南革命历史文件汇集》（甲种本）1933 年，中央档案馆、河南省档案馆 1984 年编印，第 227—228 页。

② 《河南（省委关于密县工作的）总报告》（1934 年 7 月 3 日），《中共密县党史资料》第 1 集，中共密县县委党史工作委员会 1992 年编印，第 45—46 页。

③ 胡山：《忆抗战初期密县党组织》，《中共密县党史资料》第 1 集，中共密县县委党史工作委员会 1992 年编印，第 255 页。

④ 《河南（省委关于密县工作的）总报告》（1934 年 7 月 3 日），《中共密县党史资料》第 1 集，中共密县县委党史工作委员会 1992 年编印，第 45—46 页。

⑤ 《河南（省委关于密县工作的）总报告》（1934 年 7 月 3 日），《中共密县党史资料》第 1 集，中共密县县委党史工作委员会 1992 年编印，第 46 页。

后，统一战线的弹性让中国共产党终于可以不再像苏维埃时期那样暧昧对待樊百全，可以纯然正面看待，而樊百全也乐意助推中国共产党的发展，双方合作空前融洽。

樊百全之外，密县新任县长陆建唐成为中国共产党在密县发展党组织的新推手。陆建唐1938年年中到任，和罗震一样，他呕思有所作为，对中国共产党人采取包容和合作的态度。按照中国共产党的分析，陆建唐和罗震都属于刘峙系统，刘峙前方兵败后，对河南的影响力进一步丧失，党务系统被CC系渗透，罗震也离开河南第一行政区，陆建唐却还留在这里。中国共产党方面观察到："罗震调职后，复兴社在整个一行政区，几乎全部瓦解了，代之而起的是CC专政。……密县县长是一个复兴社的根子（和我军有联系），是一个进步县长。"①

比之罗震，陆建唐和中国共产党的关系更非同一般。陆是黄埔军校第七期毕业生，和国民革命时期投身革命阵营的许多青年人一样，虽然他后来厕身国民党政权，但青年时期被熏陶的革命理想一直没有丧失，正因如此，他与中国共产党党人思想上可以沟通，实际上也受到很多影响。当年密县的中国共产党干部回忆，陆建唐的妻子邬励贤和其秘书南醒民都是共产党员，"陆受共产党的影响较大，思想比较进步"。② 因此，陆建唐到密县后，迅速调整了基层行政人员，共产党员受到重用。不过，陆建唐做出这样的举措，并不意味着他已经倒向中共："陆建唐是中央军事政治学校（传承于黄埔军校）第七期毕业生，孙中山的忠实信徒。"③ 国民党在理念上并不像中国共产党那样具有强烈的原则性和信仰排他倾向，因此，国民党人的观念常常兼容并蓄、不无含混，体现出来的就是人情重于理念、原则。

---

① 纪西：《密县地委工作报告》（1940年），《中共密县党史资料》第1集，中共密县县委党史工作委员会1992年编印，第49页。

② 司树森：《忆一九三八至一九三九年党在密县的革命活动》，《中共密县党史资料》第1集，中共密县县委党史工作委员会1992年编印，第237页。

③ 司树森：《忆一九三八至一九三九年党在密县的革命活动》，《中共密县党史资料》第1集，中共密县县委党史工作委员会1992年编印，第237页。

　　陆建唐出身黄埔，战前任河南大学军训处长，在军队和政界有广泛的人脉，离开密县后，一度进入汤恩伯门下，成为"汤幕中有名的能员"①。这和樊百全既参加过改组派，又在刘峙任河南省政府主席时参加有刘峙烙印的"忠义会"可谓异曲同工。自 20 世纪 20 年代以来，河南秘密会社在社会活动中几乎成为不可或缺的角色，根据中国共产党对平汉路郑州站的调查，这里的工人有 60%加入青帮，② 可见秘密会社覆盖之广。陆建唐处身河南，和帮会也有千丝万缕的联系，是青红帮在西安的西华山一脉的总管。③ 陆的这种出身，使之和上下层都保持通联，关系是人情政治下为官和任事的重要润滑剂。

　　陆建唐的关系网的确使之可以放手做事，出任密县县长后起用中国共产党党员就是他敢于做事的一部分，中国共产党党员的献身精神和办事能力及态度可以满足他的要求。同时，陆的作风和行动还和樊百全一拍即合，使之得到密县最具实力的地方力量的支持，而和他起用共产党人一样，与樊百全结合也是其施展县政的一部分。作为对樊百全的支持，陆建唐十分"支持农运工作，他与妻子邬励贤在城南新庄办过农训班，甚至与农训班一起操练"④。

　　在河南这样的地区，很大程度上，统一战线就是对人的活动，乡村士绅作为一个极具影响力的社会阶层，是中国共产党统一战线的重点。一位中国共产党干部在关于地方统战工作的报告提到："乡村统战工作的主要对象应放在士绅身上。这是由于中国半封建的社会性质，形成他们在农村中有很大的实际上的权力，在群众中有威望。他

---

　　① 赵光潜：《回忆大捷日报》，《老城文史资料》第 5 辑，政协洛阳市老城区委员会文史资料委员会 1994 年编印，第 30 页。1949 年陆建唐作为中国共产党地下党奉命去台湾，做策反工作，于 1950 年在台湾东势镇友人家中被国民党特务逮捕牺牲，友人被株连判刑五年。

　　② 《平汉路郑州站铁路调查表》（1934 年 7 月 3 日），《河南革命历史文件汇集》（乙种本）1927—1934 年，中央档案馆、河南省档案馆 1984 年编印，第 426 页。

　　③ 李茹玲：《青红帮在郑州的发展》，《郑州文史资料》第 13 辑，郑州市文史资料委员会 1993 年编印，第 148 页。

　　④ 司树森：《忆一九三八至一九三九年党在密县的革命活动》，《中共密县党史资料》第 1 集，中共密县县委党史工作委员会 1992 年编印，第 237 页。

们掌握县、区内的行政权力，军事权力，教育权力；甚至国民党党部的领导权。"① 争取县长的支持，则是中国共产党统一战线针对行政机关运作极为关键的一环，当时中国共产党文件指出："有了县长的行政上的权力，再配合民众组织、训练，武装工作的积极推进，则未来的成就庶可期待。所以我们最近积极扩大此工作。"② 抗战初期的河南，中国共产党和不少县份的县级领导建立了联系，如国民党清丰县县党部书记长岳图南、国民党濮阳县县党部书记长王兆林等。③ 由于拥有不受干扰的活动空间，密县党大力宣传自己的主张，发展自己的力量，"可以公开宣传八路军的许多好处，可以公开讲抗战的一切问题，许多只要愿意抗战、同情八路军的农民甚至一些地主都被吸收到党内来"④。这里的党得到群众的了解，有深厚的群众基础。事实上，这也是统一战线环境下成长起来的中国共产党党组织的突出特点，中国共产党报告写道："当时（一九三九年五月）在全县有将近四百的党员，领导着号称二万余人的农会，领导着大规模的儿童团和妇女会。"⑤ 如此规模在河南其他地方相当少见，这就是针对地方社会上层的统一战线可以期望达到的效果。统一战线中的人情政治是中国共产党通向掌握更广大群众的桥梁。

随着中国共产党力量的不断发展，统一战线的影响遍及全县，樊百全的力量也渐渐化为中国共产党掌握之下："密县农会原来多在樊百全控制之下，后来骨干领导成员大部分成了我们的党员，连他的警卫员司树森也成了我们的县委组织部长。一、二、四区的权力基本上被

---

① 《张翼关于仁字地委的工作报告》（1940 年 5 月 30 日），《抗战时期的河南省委》（二），河南人民出版社 1986 年版，第 281 页。

② 《河南省委致豫西特委的指示信》（1938 年 7 月 10 日），《抗战时期的河南省委》（二），河南人民出版社 1986 年版，第 116 页。

③ 《直南豫北工作报告（节录）》（1941 年 1 月 23 日），《中共冀鲁豫边区党史资料选编》第二辑文献部分（上），河南人民出版社 1988 年版，第 478 页。

④ 《纪西关于密县地委工作的综合报告》（1940 年），中共河南省委党史工作委员会编：《抗战时期的河南省委》（二），河南人民出版社 1986 年版，第 459 页。

⑤ 纪西：《密县地委工作报告》（1940 年），《中共密县党史资料》第 1 集，中共密县县委党史工作委员会 1992 年编印，第 68—69 页。

我们控制。"① 密县党发展环境如此之好，小气氛的甜蜜甚至使之忽略了自身还不是真正合法政党这一实质，中国共产党党人在密县也放手活动，"不懂得斗争的曲折性、复杂性，使人一看就知道是共产党。……不少群众都知道我们是八路军、共产党"。正如密县党组织被破获后总结经验时谈到的："密县党未遭受破坏前，党内一般同志由于对中国革命基本问题认识的不够，不十分明确了解统一战线内部阶级斗争的发展，及斗争中阶级敌人可能采取的方式，因而他只看见合作了！共产党的领袖公开活动于全国的政治舞台，就以为从此天下太平了，至少再不会有过去坐牢狱和处死刑的事情，他们就没有看到统战内部阶级斗争发展，这样就形成了一些同志的根本忽视秘密工作，不注意公开工作与秘密工作的联系。"② 这是密县党顺利发展所带来的意料之外的问题。

## 二 密县权力结构转变和统一战线的破裂

中国共产党密县党组织大发展的局面发生转折，始于陆建唐调离，而这又是抗战开始后国共关系持续演变的结果。尽管中国共产党被允许公开活动，但国民党方面对中国共产党总有戒备心理，早在1938 年 7 月，蒋介石就令属下查清中国共产党豫西党组织的详情。③ 1939 年 1 月，国民党中央召开五届五中全会，提出溶共、限共、防共，此后，各地对中国共产党活动的限制明显加强。河南成为国共争夺青年的焦点之一。同年 5 月，蒋介石亲下手令，指示："豫西以北各地多有冀鲁与东北青年及临时学校，应注意招收训练。"④ 由于中

---

① 席国光：《回忆一九三九年密县地委》，《中共密县党史资料》第 1 集，中共密县县委党史工作委员会 1992 年编印，第 229 页。
② 《纪西关于密县地委工作的综合报告》（1940 年），《抗战时期的河南省委》（二），河南人民出版社 1986 年版，第 473 页。
③ 《蒋中正电林蔚令豫西等区军事长官查报该区共党主持人姓名地点实情》，1938 年 7 月 1 日，台北"国史馆"，典藏号：002 - 010300 - 00014 - 005。
④ 《手谕招收训练冀鲁等省青年并嘱胡宗南主持政治考核工作》（1939 年 5 月 6 日），《陈诚先生书信集——与蒋中正先生往来函电》上，台北"国史馆"2007 年版，第 383 页。

国共产党"密县委工作的特别突出，其他地方非常落后"①，单兵突进的形势，自然引起国民党方面对密县的高度警觉。形势的变化，樊百全显然有所了解，中国共产党干部回忆：一九三九年农历正月初四，樊捎信叫我到他家去，他的儿子樊浩在家。他对我说："我伯曾告诉我，'共产党就是干革命，你们要干，最好到外县去干'。"我说："我们什么也不干。"樊浩接着又说："共产党除死了不干，只要不死就要干。我伯说，你们还叫他在密县吃这碗饭吧！"②

1939 年 4 月，密县县长陆建唐迫于压力，提出辞职，并很快得到批准。中国共产党对陆建唐的辞职做出明确反应，希望挽留陆建唐，并拒绝新任命的县长孟祥霖。中国共产党地方党很清楚，密县统一战线的局面和陆建唐的态度关系极大，这种通过人际关系运作的社会政治网络，成败往往系于一人。

尽管中国共产党的事后总结认为，面对全国形势的变化，中国共产党这时候恰当的应对方式应该是隐蔽力量，而不是继续主动出击，但是历史现场中的人不可能像事后总结那样洞察秋毫。有先前一系列成功经验做基础，中国共产党密县党组织决定以群众运动的方式挽留县长陆建唐也在情理之中。中国共产党密县党组织号召："发动全县农会、妇女会、各学校、各机关，以请愿的方式赴县府，要求县长打消自己调职意见。"同时，"选派代表，赴省府、专员公署请求收回成命，在内部推数人和县长商讨，使其打消调职之意，并设法经过复兴社小组织关系去活动，加强扩大挽留宣传，多贴标语，并出挽留县长专刊，以便争取更多人的同情和动员广大群众参加"③。

相较共产党积极挽留陆建唐的态度，樊百全的态度略显消极，其

---

① 《纪西关于密县地委工作的综合报告》（1940 年），《抗战时期的河南省委》（二），河南人民出版社 1986 年版，第 468 页。

② 司树森：《忆一九三八至一九三九年党在密县的革命活动》，《中共密县党史资料》第 1 集，中共密县县委党史工作委员会 1992 年编印，第 237 页。

③ 纪西：《密县地委工作报告》（1940 年），《中共密县党史资料》第 1 集，中共密县县委党史工作委员会 1992 年编印，第 71—72 页。

他地方进步人士，参与也不踊跃。① 樊百全之所以对挽留陆建唐态度
暧昧，当然是基于自身的利益和判断。和中国共产党把陆建唐作为统
一战线的重要依靠不同，樊更多将陆视为掌控县政的同盟者。樊乐意
在行政体系内和陆建唐保持合作，但当陆的调令已下时，并不热心去
对抗行政命令。战前当樊百全代表民众反对行政机关及地方土豪劣绅
时，他担负着追求正义的使命。然而，随着其逐渐跻身主流阶层，从
反对地方土劣成为地方势力代表，并掌握着国民党密县县党部的法定
权威时，和县长的合作抑或冲突，某种程度代表的则是地方国民党党
部与行政官僚的折冲。因此，他与行政权力间渐渐演变为博弈关系，
此时，樊百全显然更愿意在程序内运作而不愿冒挑战程序的风险。

　　事实上，有既往与无法合作的县长对抗的经验，樊百全对县长的
更换的确也不那么敏感。从 1927 年设立县长（原为县知事）到陆建
唐任县长时，12 年间，密县经历的县长达 12 人之多，② 平均任期只
有一年，换县长对樊百全已经司空见惯。这些县长中，樊百全和几人
都有交手，"告倒、告跑了反动县长刘元、张国威、陈天煦等人"③。
例如，告倒县长陈天煦，樊百全并没有直接出面，而是通过民众告状
的方式，控告陈"贪图罚款非法滥押"④，"假名派款擅加苛捐"
等，⑤ 连续地告发，让省政府在 1934 年决定调走陈天煦。

　　樊百全等与代表国家权力的县长的争斗，之所以屡屡占据上风，
与战前国民政府在河南的控制力有限有关。尽管和传统中国的知县相

---

① 纪西：《密县地委工作报告》（1940 年），《中共密县党史资料》第 1 集，中共密县
县委党史工作委员会 1992 年编印，第 72—73 页。

② 《民国时期历任知事、县长一览表》，密县地方史志编纂委员会《密县志》，中州古
籍出版社 1992 年版，205 页。密县这种更动状况并非特例，1930—1934 年，江西更动县长
265 人，平均任期 328 日；福建更动县长 289 人，平均任期 284 日。（《县政调查统计·江西
省》，《内政调查统计表》1935 年第 22 期；《县政调查统计·福建省》，《内政调查统计表》
1935 年第 21 期。）

③ 田建勋：《樊百全传》，《中共密县党史资料》第 2 集，中共密县县委党史工作委员
会 1992 年编印，第 321 页。

④ 《重要诉愿事项》，《河南民政月刊》1933 年第 5 期。

⑤ 《重要诉愿事项》，《河南民政月刊》1934 年第 15 期。

比，县长可以动用的组织、人力和物质资源都大大增加，但地方势力仍是政府必须整合的力量。无论是国民党中央还是国民政府，妥协和博弈是其政治运行的重要特征，面对行政权力和地方力量的冲突，他们更多是选择牺牲县长而不是向地方势力下手。民国时期，县长的更替十分频繁，告发县长的案例也屡见不鲜。仅 1933 年 5 月《河南民政月刊》登出的被控县长就达到 31 人，① 而这份按月出版的刊物每期都有县长被控的消息。

正因为有战前县长频繁更替及施政软弱的经验，樊百全对陆建唐的离去并不是十分在意。何况，他也并不想完全附和中国共产党主导的挽留陆建唐的运动。毕竟，樊百全和中国共产党之间，有共同利益，但目标并不完全一致。所以，樊也会规劝亲近的共产党人，离开共产党，跟他干革命。②

樊百全没有想到的是，抗战开始后，国民党中央在河南的控制已经不同于战前。战争是中国民族国家获得强化的机遇期，同时也让国民党中央最大限度强化了其控制的一面，成为中央权威借此获得伸展的关键期。如果说战前国民党的以党治国是以党义治国，战争开始后，国民党更加注意强化党的实质控制。国民党临时全国代表大会通过《改进党务并调整党政关系案》，确定调整党政关系的三项原则："一，中央采取以党统政的形态；二，省及特别市采取党政联系的形态；三，县采取党政融化，即融党与政的形态。"③ 县党部书记长可以出席行政部门会议，并指导地方自治。1939 年 7 月，蒋介石通令各地"县科长以上之文官，必须以党员充任。其未入党者必须令其入党宣誓"④。党对政权的渗透不断加强。尽管国民党强化政党控制的

① 《重要诉愿事项》，《河南民政月刊》1933 年第 5 期。

② 郭德华：《进城探信和离密去洛》，《中共密县党史资料》第 1 集，中共密县县委党史工作委员会 1992 年编印，第 246 页。

③ 荣孟源、孙彩霞编：《中国国民党历次代表大会及中央全会资料》下册，光明日报出版社 1985 年版，第 477 页。

④ 《蒋中正电示蒋鼎文朱绍良黄绍竑等各省县科长以上文官须以党员充任》，1939 年 7 月 11 日，台北"国史馆"，典藏号：002 - 010 - 300 - 025 - 004。

措施由于与行政权力不无龃龉，深入势头受到限制，但其发展方向还是指示着战时国民党追求的目标。

作为战时战略核心区，河南是这种权威伸展的主要着力点之一。战争爆发后，河南战略地位得到凸显，所谓"得到了河南，北可控制冀、晋，南可制长江通巴蜀，东去皖、苏，以通外洋。且有陇海、平汉两铁路横纵贯通"①。河南逐渐成为国民党军驻扎的中心区之一。军队驻扎，加上战时军事权力和政治权力的紧密结合，使政府的控制力大大加强，远非战前可比。随着战争的深入推进，中日两军在前方形成对峙，国民政府借民族战争的正当性强化中央权力有了更好的环境，其表现就是"加强了政权组织，打击了士绅力量"②。这一努力的集中体现就是1939年新县制的推出，这是战时强化基层控制最重要的一项措施，代表之前的央地关系势将重构。密县接下来发生的故事事实上就是这种权力重组的一部分。

由于挽陆行动显得虎头蛇尾，看到大势已去，陆建唐选择了不辞而别，中国共产党发动的挽陆运动无疾而终。新县长孟祥霖微服上任后，开始强化控制。孟祥霖积极活动，"三番五次召集联保主任与保长进行个别谈话。许多平时贪污腐化为其收买利用了，还有一部分动摇的亦为其利用了，这一现象主要在四区和三区，四区区长成了新县长主要的帮凶"③。

在政权、党权、绅权的博弈中，孟祥霖一开始把争夺的焦点对准樊百全。正如孟祥霖在和联保主任谈话中了解到的，"赞成拥护樊派的联保主任占80%"④，这些联保主任很多就是由樊百全推荐担任，⑤

① 《陈冰岩关于河南政治形势及干部、群众武装情况的报告》（1938年8月25日），《抗战时期的河南省委》（二），河南人民出版社1986年版，第110页。

② 《王国华关于豫南特委工作的谈话记录》（1940年4月），《抗战时期的河南省委》（二），河南人民出版社1986年版，第227页。

③ 纪西：《密县地委工作报告》（1940年），《中共密县党史资料》第1集，中共密县县委党史工作委员会1992年编印，第76页。

④ 纪西：《密县地委工作报告》（1940年），《中共密县党史资料》第1集，中共密县县委党史工作委员会1992年编印，第79页。

⑤ 参见宫振民《共产党人的挚友樊百全》，《河南文史资料》第17辑，第89页。

这是樊百全之所以能在密县呼风唤雨的关键，也是孟祥霖要控制密县县政的最大障碍。因此，起初"斗争的中心是县长和樊百全。他们相互在群众公开会议毁谤，并在暗地准备着"①。

中国共产党在孟祥霖与樊百全的争斗中有限度地支持了樊百全。中国共产党方面报告，在全县联保主任和保长训练班上，樊百全"在课堂上加紧暴露新县长的弱点。新县长亦在课堂上公开的反对樊百全。当时樊百全由于政治文化水准不高和讲话技术较差，使新县长的反动言论在群众中发生了相当一些影响。假使不是党在下层不断的揭穿和暴露新县长的真面目，在公开场合的斗争中，樊百全的威信可能在群众中受到损失"②。中国共产党之所以这样做，当然是出于双方利益一致的判断。③

双方僵持不下之际，本文开头提到的交通员事件的发生及发酵迅速打破了平衡。没有确凿资料可以证明这是孟祥霖有预谋的行动，但孟的确抓住机会把这一事件变成了控制密县县政的突破口。即便是在中央政府控制力不断增长的抗战时期，利用政治正确以强权的压迫打压中国共产党，还是比通过权力博弈排除绅权、党权来得轻松和有效。权力的游戏岂能和森严的威权相提并论。随着中国共产党组织被破获，孟祥霖及其背后的国民党政权进一步以"通共"的罪名把矛头指向了樊百全。孟祥霖以"在县党部特派员樊百全室内检出与异党往来函件六种及樊百全亲拟推（摧）毁各级政府计划并进行路线等七件"为由，将"樊在郑州扣押"，"嗣由郑将樊转第一战区军法执行拟监部讯办"④。

然而，戏剧性的反转发生在第一战区。包括樊百全在内被送往第

---

① 纪西：《密县地委工作报告》（1940年），《中共密县党史资料》第1集，中共密县县委党史工作委员会1992年编印，第76页。

② 《纪西关于密县地委工作的综合报告》（1940年），《抗战时期的河南省委》（二），河南人民出版社1986年版，第484页。

③ 《纪西关于密县地委工作的综合报告》（1940年），《抗战时期的河南省委》（二），河南人民出版社1986年版，第481页。

④ 孟祥霖：《报告》（1940年4月9日），《密县文史资料》第1辑，第137—138页。

一战区的被捕者不久均被释放。时任中国共产党密县地委书记的席国光回忆，1939 年秋末冬初，刘少奇等中国共产党高层路经洛阳，同卫立煌交涉把这些人要出来，一部分送新四军，极少数回家。① 第一战区司令官卫立煌亲自出面干预，才是此案得以顺利解决的决定因素，而这正是民国人情政治的体现。

樊百全获释后，回到密县，旋即再遭逮捕。关于此，密县县政府的报告写道："二月十六日奉省政府文午（件）洛秘至密代电，以接准中央党部执行委员会秘书处来电，饬即勒送青年劳动营受训。"② 可见这次逮捕行动是由中央党部下令。此时，孟祥霖正在重庆国民党中央训练团受训，中央党部的命令很可能和他在国民党中央的活动有关系。随后，孟祥霖又个人呈文，声称："樊百全身为国民党党员，在全县居于党的领导地位。无论其是否参加共党组织，或系庇护共党分子，即拟摧毁各级政府计划及进行路线……似此叛党叛国之行为，殊属不法"，要求"电饬第一战区卫长官将该樊百全予以最严厉之处分"③。显然，孟祥霖必欲将樊百全这一主要对手除之而后快。

中国共产党党组织被破坏，樊百全被捕，国民党中央政府对密县的掌控终于可以落实。次年，密县的赋税报解即走在河南前列，核定成绩 80 分以上，孟祥霖记大功一次。④ 樊百全被捕后转押西安，不久又逃脱回到河南。抗战结束时一度以国民党军先遣部队名义进入开封，1949 年后，他随解放军部队南下离开河南，最后定居重庆，并在那里过世。⑤ 樊百全和密县的交集，随着这里中国共产党党组织的被破获，基本已经结束。

---

① 席国光：《一九三九年密县地委》，《中共密县党史资料》第 1 集，中共密县县委党史工作委员会 1992 年编印，第 230 页。

② 《密县县政府破获反动案件经过》（1940 年 3 月 3 日），《密县文史资料》第 1 辑，第 136 页。

③ 孟祥霖：《报告》（1940 年 4 月 9 日），《密县文史资料》第 1 辑，第 137—138 页。

④ 《河南省各县县长奖惩一览表（二十九年度）》，《河南省政府二十九年度行政总报告》，河南省政府秘书处 1941 年编印，第 18 页。

⑤ 郑州市地方史志编纂委员会编：《郑州市志》第 8 分册，中州古籍出版社 2000 年版，第 72 页。

# 三 结论

民国时代，无论是国民政府还是国民党，都充斥着内部的诸多冲突。统一与分裂、民主与威权、传统与现代，诸如此类的对立概念，常常集于政治力量乃至政治人一身。训政的事实和宪政的目标最能显现观念和现实的分裂，而这样的分裂背后又是国家整合能力薄弱、整个社会价值观游移的体现。应该说，国民政府向着组织化的国家方向做了很多的努力，但由于政治资源的限制及中国传统的约束，加上国民政府迟滞通过民主宪政实现国家的有机融合，取得的成效相当有限，中国地方社会遍布着各种各样的裂缝。对于追求控制的统治者而言，这样的裂缝通常都是噩梦，但是对于寻求生存的政治力量，这样的裂缝则为千载良机。1949 年前，中国共产党整个的发展史，可以说就是在裂缝中寻求生存发展的历史。密县的故事再次证实了这一点。

1927—1937 年，中国共产党在夹缝中获得发展和壮大的机会，其失败也和这种夹缝的被弭平不无关系。当他们离开东南来到西北，在西北站下脚跟时，实际来到的是一个更广大意义上的裂缝。中国共产党长期在裂缝中生存的经验，使他们具有在幽暗中寻找光亮的锐敏。抗战时期，无论是统一战线的执行，还是人情政治的运用，中国共产党都可谓炉火纯青。值得注意的是，作为一个阶级政党，中国共产党在运用人情政治时，特别强调自身阶级政党的性质，要求与人情政治划清界限。中国共产党革命文化的建立，相当程度消解了文化中国崩解后的权威缺失问题，让中国共产党人树立起自己的文化权威和效忠对象，这是在人情政治面前随波逐流的国民党无法比拟的。尽管实际政治操作中，中国共产党处理与周围政治力量的关系时，并不排斥利用和驾驭人情政治，但中国共产党在暧昧的（ambivalent）中国社会政治环境下凸显的阶级性和原则性，的确还是显现为当时社会政治的一股清流。

抗战时期，中国共产党依靠统一战线，在许多地区获得了超常规的发展，河南乃至密县都能证明这一点。统一战线不仅带来了中国共产党影响力的扩大，而且由于统一战线是在稳定、公开的环境下展开，群众基础往往超过地下活动乃至战争环境下的根据地。然而，也不能不看到，统一战线造就的这些成果相当脆弱，当国民党改变政策，开始采取限制共产党活动的方针时，统一战线的基础迅速瓦解，先前获得的活动空间和成果很快就被掏空。这样的事实证明，抗战统一战线的确给了中国共产党发展的机会，但如果这样的发展没有和武力结合，在中国的政治环境下，仍然不具有可持续性，这也是中国共产党后来强调不能单纯依靠统一战线的背景之一。

不过，同时不能不承认，抗战之初，像河南这样中国共产党力量不强的地区，统一战线的确又是中国共产党寻求发展的现实路径，这是中国共产党统一战线得以成立的基础。中国共产党革命总是循着效率优先的原则寻找各种可能的途径，至于这些努力是不是尽如所愿，则不是处身历史现场的人们可以完全计及的。事实上，如果仔细观察，中国共产党夺取政权的成长史，时时可以看到统一战线或明或暗的影子，考虑到统一战线对应着的是一个始终在追求统一的中国，这样的坚持尤其意味深长：统一战线希望实现的是多种力量的整合，而力量多歧，正是统一战线可以大展宏图的背景。国家裂缝、地方强人、人情政治，一个原则上贯注着阶级分析立场、实践上却不乏妥协的统一战线，可以让多少头绪联结其中。

（黄道炫，北京大学历史学系教授。本文原载《近代史研究》2017 年第 4 期，收入本书时有改动）

# 八一三淞沪战役新论

马振犊

八一三淞沪战役是 1937 年全面抗战开始后，在战略防御阶段进行的第一场中日军队大决战，双方投入了陆海空军主力，进行了 3 个月的鏖战，其意义与作用在第二次中日战争史上具有重要的地位与影响。

有关八一三淞沪战役的起因、意义和作用的讨论，自 20 世纪 80 年代持续至今，学界并未得出一致的结论。然此问题对于抗战史、正面战场作战史研究意义重大，在有关史料已经基本发掘的情况下，本文拟对此问题作出一次新的梳理与总结，力求以充分的资料与全面客观的分析来探究其中的史实真相。

## 一　八一三淞沪战役源于南京政府的
## 持久抗战思想与对日作战方针

当蒋介石及其国民政府决心抗日以后，其对日持久抵抗战略构想的产生与八一三淞沪战役的发动就有着直接的关系。

作为当时中国的最高决策者，蒋介石本人起初对于武力抗日是持消极与否定态度的。1934 年，他在谈到中国将怎样对付日本时，曾表达过他对现代战争国力总体战思想认识。他说："我们中国没有现代作战的条件，不能够和现代国家的军队作战，如果不待而动贸然作战，那只有败亡而已。"① 这是因为中国现在尚"不成其为现代的国家、现代的社会"。②"日本决不允许我们有一个机会可以准备国防"，所以"不仅是我们现在临时添置武器、整顿国防已来不及"，"就是从现在起大家同心一致，专在这一方面来努力三十年还是不够，到那时候，说我们想靠物质的力量，可以战胜日本，那还是等于做梦"。③日本现在对我国"战而不宣"，若我方对日"宣而无力作战"，则徒予日本"加责任于我之机会"和"恣行无忌之口实"，并同时将"自失其国联盟约非战公约与九国公约之权利"，"与中国以破坏公约破坏和平之责任"。所以"今日政府之外交方针除对日绝交及对日宣战二者之外"，其他方法"皆可择而行之"。"国民唯有信任今日之政府协助政府而且拥护政府之外交政策，无论其用何种方式与行动，无论解决对日外交问题之迟速，皆应予政府以斟酌情势自由运用之余地。"

此外，蒋介石还认为，对日作战绝不会是中国一国之事。他认为，日本的目标不仅是要对付中国而且是要称霸亚洲与太平洋地区，并全面排挤英美各国势力，实现其称霸世界的野心。在达成这最后目标之前，日本想要彻底征服中国并非易事："他现在陆军的目标是苏联，海军的目标是英美，他们的敌人不止中国一国，最大的敌人还在旁边。我们中国在他正面，美国在他后面，……苏联在他右侧面，英国在他左侧面——南洋，最大最强的敌人都在他的侧背，他有什么办法可以拿全力来征服我们中国？"④ 由此，蒋介石乐观地估计，日本在占领中国东三省以后，"现在的目标已转到苏俄"，⑤而且因英美日

---

① 蒋介石：《抵御外侮与复兴民族》，秦孝仪主编：《中华民国重要史料初编——对日抗战时期》绪编（三），台北：中国国民党中央党史会1981年版，第112页。

② 蒋介石：《抵御外侮与复兴民族》，秦孝仪主编：《中华民国重要史料初编——对日抗战时期》绪编（三），台北：中国国民党中央党史会1981年版，第115页。

③ 蒋介石：《抵御外侮与复兴民族》，秦孝仪主编：《中华民国重要史料初编——对日抗战时期》绪编（三），台北：中国国民党中央党史会1981年版，第113页。

④ 蒋介石：《抵御外侮与复兴民族》，秦孝仪主编：《中华民国重要史料初编——对日抗战时期》绪编（三），台北：中国国民党中央党史会1981年版，第109—128页。

⑤ 蒋介石：《抵御外侮与复兴民族》，秦孝仪主编：《中华民国重要史料初编——对日抗战时期》绪编（三），台北：中国国民党中央党史会1981年版，第109—128页。

三国《华盛顿海军条约》在 1934 年年底期满，日本很可能以"最焦急而不能等待"的态度，与英美苏公开对抗而导致世界大战。因此解决中日间矛盾，争取对日作战最后胜利的唯一战略选择就是等待与拖延。目前的国防方针是以能够自保为目的，以便今后寻求反日同盟各国的援助，在未来的世界大战中利用机会最后战胜日本。这也就是说中国在开战后必须实行"拖延式"的持久抗战。

在这种思想指导下，国民政府在制订 1937 年的国防计划时，特别就中日间是否独立开战为区分，拟定了甲、乙两套作战计划，以备分别采用。

国民政府的对日持久抗战从战略提出到确立，经历了一个较长的时期。直至七七事变爆发以后，国民党最高阶层才取得比较一致共识。七七事变发生后，国民政府统帅部决定以"举全国力量从事持久消耗战以争取最后胜利"[①] 为我国"抗战的最高军事战略"，"国军部队之运用，以达成持久为作战指导之基本主旨"。[②] 所谓持久战战略，其具体内容为"针对敌人企图使战争局部化的阴谋，应尽量使战争全面化，针对敌人速战速决的战略方针，应利用我地大物博人口众多的有利条件，实行持久消耗战略"。[③] 在具体应用上包括七个方面的要领："其一，利用地形，坚壁清野；其二，利用时间，旷日持久；其三，利用守势及退避战术，以逸待劳；其四，利用离散及退避作战，以弱胜强；其五，利用他国干涉牵制，以夷制夷；其六，以国力战争为主；其七，努力扩大思想、政治、经济的战线。"[④]

证之后来正面战场的实际，我们可以认为，这种对日持久消耗的战略，是一种符合历史实际的战略，它也是在敌强我弱的形势下，中

---

① 浙江省中国国民党历史研究组编印：《抗日战争时期国民党战场史料选编》，1985 年版，第 49 页。

② 蒋纬国编著：《抗日御侮》第四卷，台北：黎明文化 1978 年版，第 16 页。

③ 中国社科院近代史研究所：《中华民国史料丛稿》，《大事记》1937 年第 23 辑。

④ 曾继远：《政略与战略》，（南京）《大陆月刊》1937 年第 2 卷第 10 期。

国人民不惜牺牲以求得民族生存，反抗法西斯的侵略暴行，为世界和平事业负重竭力的表现。

九一八事变以后，随着日本侵华步伐的加快，形势逼迫中国军政界有识之士开始关心与研讨应付日本侵略的战略战术，并已形成一定的设想，这些设想对蒋介石不无影响，并使之在一·二八淞沪抗战后提出了对付日军侵略的初步战略方针。

1932 年 4 月 12 日，蒋介石在南昌举行的"军事整理会议"上阐述了他的对日作战方针，他说："现在对于日本只有一个法子——就是作长期不断的抵抗。""这样长期的抗战越能持久越是有利。若是能抵抗得三年、五年，我预料国际上总有新的发展，敌人自己国内也定将有新的变化，这样我们的国家和民族才有死中求生的一线希望。"在日记中他也写道："对倭宜卧薪尝胆，朝夕于斯，亦非可矫强"，① 蒋介石主张"强国之国防，重边疆，取攻势，弱国之国防，重核心，取守势"。② 日本"要占领我们一省，至少时间就说是一个月，他们要占领十八省，至少要费十八个月"。③ 这就是蒋氏提出以"长期抵抗"及"消耗战"为原则来对付日本侵略的肇始。

在抗日战争的战术运用指导方面，蒋介石的思想倾向于单纯的防守战略。他说："现在抵抗日本并没有什么大的新技术，仍旧可以用我们'剿匪'的办法，"对付日军仍要"步步为营、处处设防，到一个地方先就要挖好极深战壕，修好极固工事"，然后"固守不退、稳打稳扎"。④ 应当说，这种思想在抗战初期对日阵地阻击战中还有一定作用，⑤ 但如果将它用作整个抗日战争的战术总指导思想，则很容

---

① ［日］古屋奎二：《蒋总统秘录》第 9 册，台北："中央"日报社 1976 年版，第 90 页。
② 张其昀：《党史概要》，台北："中央"文物供应社 1979 年版，第 675 页。
③ 蒋介石：《抵御外侮与复兴民族》，《中华民国重要史料初编——对日抗战时期》绪编（三），台北：中国国民党中央党史会 1981 年版，第 117 页。
④ 蒋介石：《抵御外侮与复兴民族》，《中华民国重要史料初编——对日抗战时期》绪编（三），台北：中国国民党中央党史会 1981 年版，第 124 页。
⑤ 据参加过八一三战役的前国民党十八军十四师四十二旅代旅长郭汝瑰回忆：在八一三战役中，许多中国部队因战前准备不足，只能利用地面障碍物做工事，结果在日军的猛烈炮火下牺牲惨重，而部分修筑战壕工事的守军则伤亡较少。

易演变成阵地消耗战，这对缺乏重武器，缺少严格训练的中国军队来说是得不偿失的、不切实际的。后来八一三淞沪战役的事实证明，中国军队使用这种战术去和在空炮火力和机动速度上占据绝对优势的日军作战，结果直接造成了我军兵力的极大损失和正面战场战事的迅速溃败。

当时在国民党上层领导人物中，对于抗战总体战略中以持久战为原则逐渐形成了共识。而其中又以蒋介石的军事顾问蒋百里的抗战战略思想最具代表性。

蒋百里是我国近代著名的军事学家，他以其对日本了解，对中日两国国力、军力进行了大量深入的研究，对中日间发生战争作出了比较准确的预测，并明确提出了他的关于中国抗日战争战略的见解。

1932 年，蒋百里赴日考察，回国后他总结说：中日之间战事无法避免，拖也拖不得，谈也谈不成。这是因为日本的本意就是"要侵略中国"。① 1935 年他根据日本在华北的种种侵略行径致书蒋介石，指出中日间爆发战争最长不出三四年，中国必须在两三年内加快完成国防基本设施建设。蒋百里在其《日本人——一个外国人的研究》中，曾深刻分析了日本的政治军事状况。他指出日本具有可能称雄于世界的陆军与海军，并且在许多方面都比中国强大。但是日本同时也具备弱点与不足，国内政局动荡，内部陆海军等在思想行动上不一致，经济畸形发展却很脆弱，如同在火山上跳舞，"由日本政治上、经济上及历史上看来，他的失败是必然的"。② 他经过分析思考，指出这场战争将不仅是一场全面战争，而且是一场十年八年的长期战争，在战争开始初期，中国军队在日军猛攻之下会守不住沿海地区而后退，所以应以湖南一带内陆省份为抗战后方基地。③ 虽然中国可能

① 蒋百里在日本会见其留日时期士官学校同学荒木贞夫时，曾当面对他说："不管你们怎么说，说得怎么漂亮，你们的本意，还是要侵略中国。"载曹聚仁《蒋百里评传》第一辑，香港：三育文化图书文具公司 1963 年版，第 39 页。

② 《半年计划与十年计划》，《蒋百里全集》第一辑，台北：传记文学出版社 1971 年版，第 383 页。

③ 曹聚仁：《蒋百里评传》第一辑，香港：三育文化图书文具公司 1963 年版，第 40 页。

会失去上海、南京等大城市，但这并不意味着失败，"中国因为是农业国家，国力中心不在都会，敌人封锁了与内地隔绝的上海，只是个死港，点缀着几所新式房子的南京，只是几所房子而已，它们与中国的抵抗力量，完全没有影响"。中国的抗战"不是'军队打仗'而是'国民拼命'，不是一定短时间内的彼此冲突，而是长时间永久的彼此竞走"。"以国家为主体，将国内一切的一切镕铸"锻炼起来，成功一个的国力。① 他形象地把中日战争比喻成一场马拉松赛，"纵然落到最后也要竭尽能力，用最大的速度前进，这是将来得锦标的唯一条件"。他说中国应充分发挥地大人众的特点，"不战则已，打起来就不能不运用'拖'的哲学"，"把敌人拖倒了而后已"。② "中国人最大的武器就是坚强不屈的意志，敌人可侵占我城市，可屈服我政府，但决不能屈服国的文化，更不能屈服一个民族的意志……最后胜利必属于中国人"。③ 他大声疾呼："胜也罢，败也罢，就是不要同他讲和。"④ 表现了高昂的爱国主义精神。

在抗战战术上，蒋百里提出了正规战与游击战相结合的方针，利用广大农村为基础，全民动员开展广泛的游击战。当然，他这里所指的游击战还是民众自发的游击战，与毛泽东后来提出的广泛动员、组织和发动民众开展敌后游击战的人民战争思想相比，还显得粗浅与不足。

蒋百里的这一套抗日战略思想在国民党上层得到了响应与认同。在蒋介石身边工作时，他曾多次致函、面晤蒋介石，宣传其主张，给蒋介石留下了深刻印象。在他的影响下，蒋介石对持久抗战有了一定的思想准备和认同。当时与蒋百里思想相接近的其他观点，如李宗仁

---

① 《国民皆兵论》，《国防论》，载《蒋百里全集》第二、四辑，台北：传记文学出版社1971年版，第284、200页。

② 陶菊隐：《蒋百里先生传》，中华书局1984年版，第184页。

③ 薛光前：《蒋百里先生的晚年》，《蒋百里全集》第六辑，台北：传记文学出版社1971年版，第108页。

④ 蒋百里：《日本人——一个外国人的研究》，《蒋百里全集》第三辑，台北：传记文学出版社1971年版，第206页。

所倡导的"焦土抗战论",也主张"日本利在速决战,而中国则以持久战困之,日本利在攻占沿海重要城市,而我则利用内陆及坚壁清野之方法以苦之,此中国在战略较日本便于运用者"。① 此外,陈诚、白崇禧、冯玉祥、张学良、蔡廷锴等国民党高官也都认为"持久战"思想是正确的。他们对于蒋介石的"深沟坚守"式攻势防御战术思想并不赞同,相反地,他们都很赞赏毛泽东在1936年提出的抗日中心战略"必须是运动战,而着重依靠游击战术,深垒战必须利用,但这在战略上只是辅助和次要的"原则方针。李宗仁就明确地说过"日本利于主力战,而中国则以游击战扰之"。② 抗战爆发前国内曾出版过许多介绍游击战的书籍,便是这种思想的普及影响的结果。第二次国共合作实现后,国民党还特别邀请中国共产党军事领袖在高级军官训练班上讲授游击战课程,并将之视为抵抗日军的"一个有效的战术辅助手段"。

当然,国民党所谓的游击战的含义,并非完全等同于后来共产党的敌后民众抗日斗争,它仍然是以正规作战军队为基础,在敌人后方进行纯军事性质的扰乱及攻击行为。正因如此,后来留在敌后从事游击战的国民党军队,由于脱离人民群众,逐渐失去了生存力,在日伪打击与分化之下,最终多数瓦解崩溃了。

关于坚持开展对日持久战的地域与路线,是战前国民政府高层考虑的另一个重要内容。

1935年8月20日,国民政府德籍军事总顾问法肯豪森就中国未来抗日战略准备问题向蒋介石呈送了一份《关于应付时局对策之建议》,在这份建议书中,法肯豪森从纯军事的角度,对中国未来抗日战场地域进行了分析。他说:"对海正面有重大意义者,首推长江。敌苟能控制中国最重要之中心点直至武汉带,则中国之防力已失一最重要之根据……于是直至内地,中国截分为二。如果开战后固守南

---

① 李宗仁:《焦土抗战的理论与实践》,武汉:全面抗战周刊社1938年版,第1920页。
② 李宗仁:《焦土抗战的理论与实践》,武汉:全面抗战周刊社1938年版,第1920页。

京、南昌","此种作战方式足使沿海诸省迅速陷落,国外向腹地之输入完全断绝,最要之城市与工厂俱相继陷落,于是陆军所必需战具迅即告罄,无大宗接济来源。川省若未设法工业化能自造必要用品,处此种情况必无战胜希望,而不啻陷中国于灭亡"。"终至四川为最后防地,富庶而因地理关系特形安全之省份,① 宜设法筹备使作最后预备队,自有重大意义。""因南北二大干路更要者为长江……故必华方寸土不肯放弃,仿二十一、二年淞沪及古北口等处成例,方能引起长江流域有利害关系之列强取积极态度。中国苟不于起首时表示为生存而用全力奋斗之决心,列强断不起而干涉。"② 由此可见,法肯豪森是要蒋介石将长江一线作为未来抗日之主战场,首先在上海及长江流域抵抗,而使列强不得不出面干涉,不得已时亦不要固守南京、南昌,而是退保四川,作为最后"抵抗基地"。对于四川,他认为是个"造兵工业最良好地方","由重庆经贵阳建筑通昆明之铁路,使能经滇越路得向外连络,有重要意义"。③

当蒋介石决心抗日之后,可以想见蒋百里、法肯豪森以及其他军政大员们向他提出的持久抵抗战略与抗战战略路线,自然会对蒋产生十分重要影响,起码会在抗日战略路线设计上给他留下深刻的印象。

## 二 八一三淞沪战役源于战前形成的抗日战略设想

随着国民政府政治策略的逐渐变化,自 1936—1937 年,其国防军事战略亦发生了明显改变。具体来说就是逐步地把国防设计与国防战略的立足点由反共转向抗日。从 1936—1937 年两年的"国防计划"中我们可以看出国民政府对于敌情、国力及未来抗战战略、战术计划的具体构想。

---

① 此处档案原件字旁有蒋介石的旁批"最后根据地"字样。
② 《民国档案》1991 年第 2 期。
③ 《民国档案》1991 年第 2 期。

1936 年年初，国民政府制定了《民国廿五年度国防计划大纲草案》《国防设施纲要草案》《1936 年度作战计划》等几份文件。在这些文件中，国民政府一方面承认"现时整个的国家均陷于非常的状态，环境险恶危急"，① 另一方面却依然坚持"安内攘外为现时我国之国是"② 的既定方针，明确在全国范围内划分"抗战区""警备区""绥靖区""预备区"4 种区域，以分别执行"剿共"和"抗日准备"的任务。

关于"剿共"，在《民国廿五年度国防计划大纲草案》及《1936 年度作战计划》中都规定了对陕甘、川黔及浙鄂边区红军的围剿任务，"至小限度在抗日期间务封锁之，不使其外窜"。③ 但鉴于日本侵华严峻局势所迫，国民政府也不得不考虑防范与抵抗日本侵略的办法。在抗日准备方面，1936 年的国防作战计划充分显示了国民政府对当时敌情的分析与抗敌战略思想。

其一，对日本侵略严重性的认识及对日本侵略军力量的估计。《1936 年度作战计划》阐述道："今日我国之预想敌国应以侵略我国最急，加我危害最甚之日本为预想敌国，故凡国防军事一切建设准备，当以日本为对象而筹划之。"④ 对于日本可能动用的侵华力量，这份作战计划推测：一旦战事发生，日军"控制对苏联之兵力必且较侵我者为多"。⑤ 其"所得用于对我侵略者亦不过其一部而已"。⑥ 由此我们可以得出两点结论：第一，南京政府此时已经清楚地认识并充分地估计到了日本侵华的野心与手段；第二，但当局却错误地认为日本目前不会以全力侵华，其陆军大部分兵力将用于对抗苏美等国。事实上，这种过于乐观的估计不久即被战争实际所粉碎。1937 年 7 月，中日全面开战后，日本以在"十月底前结束"战争为目标，投入中

---

① 《民国廿五年国防计划大纲草案》，中国第二历史档案馆馆藏档案七八七全宗。
② 《民国廿五年国防计划大纲草案》，中国第二历史档案馆馆藏档案七八七全宗。
③ 《1936 年度作战计划》，中国第二历史档案馆馆藏档案七八七全宗。
④ 《民国廿五年度国防计划大纲草案》，中国第二历史档案馆馆藏档案七八七全宗。
⑤ 《1936 年度作战计划》，中国第二历史档案馆馆藏档案七八七全宗。
⑥ 《1936 年度作战计划》，中国第二历史档案馆馆藏档案七八七全宗。

国战场的陆军兵力多达 16 个师团，兵力总数量为其部署在我国东北的两倍余，为其部署在本土及朝鲜的 4 倍。① 基于这种估计，国民党当局便错误地把扭转局势的希望寄托于苏美等国，这就使其日后争取抗战胜利的立足点产生了偏误。

其二，对日抗战总方针的确定与战略计划的设计。当时，国民政府最高当局确定对日作战的总方针是："为保全国土完整，维持民族生存起见，应拒止敌人于沿海岸及平津以东与张家口以北地区，不得已时逐次占领预定阵地作韧强抗战，随时转移攻势，相机歼灭之。"② 这一方针之宗旨，即是要拒敌于中原内地之外，依靠阵地阻击战阻止敌军入侵。为此，当局又进一步划出 5 道自北向南的"抵抗线"，并确定以淮阴、徐州、归德、开封、新乡、沁阳、郑州、洛阳、宁波、惠州、广州诸城市一线为"最后抵抗线"，在此线构筑"永久性工事"。另外，为便于指挥起见，在全国抗战区内又划分出冀察、晋绥、山东、江浙、福建、粤桂 5 个防卫区，并详细确定了各防卫区驻军部署及作战线。

《1936 年度作战计划》还就抗战发动的时间作了预计："国军与预想敌国开战时期最好是预想敌国在西伯利亚酣战时，则国军进出黑山白水之间一举将敌歼灭之，复兴民族握东亚之牛耳不难也。但不得已时，受预想敌国袭击时，则抗战区内之国军尽力抵抗，求时间之余裕，以待国际间之变化。"③ 从其作战总方针及对开战时间的预期来看，国民政府在准备抗战的态度上是消极的。也正因为认识与指导思想的错误，其关于抗战指导总方针与开战时间的预计结果都与以后的战争实际相背离。

在《民国廿五年度国防计划大纲草案》有关"作战指导要领"中，国民政府确定"以四川为作战总根据地，大江以南以南京、南昌、武昌为作战根据地，大江以北以太原、郑州、洛阳、西安、汉口

---

① 耿成宽、韦文星编：《抗日战争时期的侵华日军》，春秋出版社 1987 年版，第 4 页。
② 《1936 年度作战计划》，中国第二历史档案馆馆藏档案七八七全宗。
③ 《民国廿五年度国防计划大纲草案》，中国第二历史档案馆馆藏档案七八七全宗。

为作战根据地"。对于这一决策的制定，当局付出过许多努力，以此构成了国民政府抗战战略路线的主体。有关具体工作内容包括：

（1）建立四川总根据地。根据当时中国地理情况，为有效地抵抗由东部及北部入侵的敌人，建立大西南基地便是抗战必由之路。到1935年，国民政府经过多方策划，瓦解了四川地方实力派，掌握了川省政权，在客观上为建立以四川为中心的抗战后方根据地创造了必要的条件。

（2）作为长江南北共同的作战基地，国民政府认为华中重镇武汉是"国防作战中心"。从1935年4月起，当局便在武汉行营内特设"武汉城防整理委员会"，先后由蒋介石委派钱大钧、陈诚主持工作，在武汉周围周长100千米范围内建立了环形防御线，并对深入长江内之日本海军舰只及汉口租界内日方潜伏势力作出了"歼灭性的处理"计划。到1936年8月止，已在武汉周围田家镇、半壁山、阳逻、白浒山、城陵矶等江防要点及葛店至新桥、豹子海、三里界、纸坊、龟山、信阳等陆防要地设立基本的等作战设施和战时通信系统建设。在市区内则秘密完成了对日租界的作战设施，用于武汉国防工事修筑总费用已达913228元。[①]

（3）对于国民党统治中心宁沪地区，由于地处沿海，且必为日军入侵要道，国民政府对其国防设施的建设，予以了相当的重视。1931年起，国民政府就开始在这一地区建设国防战备设施，前后花费了一百几十万元的资财，修成了3道国防线：上海至杭州、吴江至福山（苏福线）、无锡至澄江（锡澄线）。到1937年，全部工程已基本完成。关于具体作战部署，当局在制订1935年国防计划时，就已经规定"在江浙方面：驻江南部队应集结于京沪线及首都附近，一面任淞沪方面之增援，并相机扑灭上海之敌势力，一面防止长江内敌舰之侵扰，以维护首都"。[②] 1936年国民政府还采纳了

---

① 《陈诚私人回忆资料》，《民国档案》1987年第1期。
② 《1935年度国防作战计划》，中国第二历史档案馆馆藏档案七八七全宗。

张治中等人的建议，成立了"京沪警备区"，张治中出任警备司令，开始了以宁沪为核心的抗战准备工作。张治中专门主持制订了"京沪区"防御计划及其实施工作，具体拟定了在紧急情况下采取先发制人的军事进攻手段，消灭驻沪日军后封锁海岸阻敌入侵的作战方案。以后又开展了 5 个师规模演习，同时宁沪铁路沿线各站也布置了军运准备。中方还以增加保安团的名义向上海市区增派了武装部队，① 为以后中国方面发起八一三淞沪抗日战役做了必要的准备。国民政府几年来在长江中下游地区的战备努力及其在《1936年度作战计划》中的设计都向我们展示了一个事实，即国民党当局试图以长江一线作为未来抗日战争的主战场，这项战略意图已为以后的战争实际所验证。

除上述内容外，国民政府在《1936 年度作战计划》中还就重要的工矿企业、学校、机关向西南后方内迁等提出了积极的设想。② 依照这一计划，在次年战争爆发时才演出了中国现代史上宏壮的工矿企业、重要学校机关大规模西迁的一幕。它对于保护国家经济、教育、科研命脉，维持大后方物质供给坚持抗战起到了重要作用。

进入 1937 年以后，国民政府的内外政策发生了明显转变。由于西安事变的影响与促动，蒋介石被迫放弃了他的"剿共"内战，改变了"安内攘外"政策，开始趋向于团结抗日。国民党当局亦逐步接受了中国共产党建立抗日民族统一战线的倡议，在国内实现了第二次国共合作。这一切，促使国民政府在停止内战之后，开始集中精力来考虑抵抗日本侵略的战略与战术。在这样前提下产生的对日国防作战计划即成为未来抗日战争正面战场抗敌战略之主体设计。

1936 年年底，国民政府参谋本部奉命拟订了《民国廿六年度国防作战计划》，次年 1 月完成"甲案"与"乙案"两套草稿，3 月修

① 《张治中回忆录》，华文出版社 2007 年版。
② 《1936 年度国防设施纲要草案》，中国第二历史档案馆馆藏档案七八七全宗。

订完毕。经参谋总长程潜和参谋次长杨杰、熊斌审定后，送交庐山，由军政部次长陈诚转呈蒋介石审阅。此份作战计划之甲、乙两案，根据对日采取消极与积极两种不同作战态势，分别拟定了抗击日军侵略的具体战略任务与各阶段战斗计划。

关于内战，"消极之甲案"的作战指导要领第十四条中规定："作战期间如'赤匪'尚未肃清，则内地未列入战斗序列之国军，继续清剿及绥靖警备之责，并统编总预备军，待命集中。"① 而在其"积极之乙案"内则已完全取消了反共作战的内容，更之为"作战期间，负有绥靖地方之国军未列入战斗序列者，则编为预备军，待命集中"。② 这就说明1937年，国民政府已将其主要精力转向了抗日方面。

1937年国民政府的国防作战计划是一份专门对付日本侵略的计划，我们仅就这份计划甲、乙两案中关于抗战设计的几个要点稍加分析，便可基本了解国民党当局在抗战爆发前夕对于抗日作战的战略战术思想。

《民国二十六年度国防作战计划》（以下简称"计划"）具备以下几个方面的主要内容与特点。

其一，对日方军备力量及随时可能对我国发动侵略的时间、地域做了切实的估计。

关于日军可动用之侵华兵力，"计划"中预测，由于苏美等国在远东的军事力量牵制，即使中日两国发生战争，日军除防俄留守本土等等而外，其可动用侵华的陆军兵力"以十二至十四个师团为最高额"。但若在日苏、日美开战同时首先对华用兵，则在中日战场取攻势时使用35—40个师团，守势时或在20个师团以下。但日海军及空军力量则"足以扰乱我海疆而有余"。③

至于日军可能的侵略路线，"计划"认为："敌国之军备及一切物质上均较我优势，并掌握绝对的制海权，且在我华北造成强大之

---

① 《民国廿六年度国防作战计划（甲案）》，中国第二历史档案馆馆藏档案七八七全宗。
② 《民国廿六年度国防作战计划（乙案）》，中国第二历史档案馆馆藏档案七八七全宗。
③ 《民国廿六年度国防作战计划（甲案）》，中国第二历史档案馆馆藏档案七八七全宗。

根据地，故其对我之作战方针将采积极之攻势而期速战速决。"①
"其主战场以华北为中心，并以有力之一部沿平绥路西进及由山东
半岛、海州等处登陆，截断我南北连络线，策应其主力军之作战，
以囊括我华北全部，同时以一部由扬子江口及杭州湾上陆……威胁
我首都，并以台湾部队向闽粤沿海岸登陆，期助援其主力军作战进
展容易。"②

关于开战时间的预测，"计划"认定，日军如扩大侵略步伐，而
对华北、绥远、山东、福建、淞沪等要地再犯一步时，便可能"以局
部军事行动而揭开战争之序幕"。③

以上这些估计，基本上是切合实际的，特别是有关日军入侵的地
域、方式及对双方实力差距的认识基本上都是正确的，对于开战时机
的认定则充分表明了国民政府决心抵抗日本侵略不再让步的态度。关
于日军侵华兵力的预测，由于受到最高当局错误观念的影响，仍然对
敌手估计不足。事实上日军在开始战争时，除了驻东北之关东军4个
师团而外，1937年9月间便在中国战场投入了16个师团兵力。1941
年太平洋战争爆发后，日军在中国战场取守势时驻兵仍达35个师团，
1945年战争结束时已多达51个师团，占日军外侵总兵力的大半。④
这大大超过了"计划"中的估计。

其二，国民政府对日抗战总方针及作战指导、战略部署概要。

关于对日作战方针，"计划"乙案规定："国军以复兴民族收复
失地之目的，于开战初期，以迅雷不及掩耳之手段，于规定同时间
内，将敌在我国以非法所强占领各根据地之实力扑灭之。并在山东半
岛经海州及长江下游亘杭州湾迤南沿海岸，应根本扑灭敌军登陆之企
图。在华北一带地区应击攘敌人于长城迤北之线，并乘好机，以主力

---

① 《民国廿六年度国防作战计划（甲案）》，中国第二历史档案馆馆藏档案七八七全宗。
② 《民国廿六年度国防作战计划（甲案）》，中国第二历史档案馆馆藏档案七八七全宗。
③ 《民国廿六年度国防作战计划（甲案）》，中国第二历史档案馆馆藏档案七八七全宗。
④ 徐德源：《太平洋战争期间日本法西斯陆军兵力编成与部署变更述略》，《辽宁大学学报》（哲学社会科学版）1986年第2期。

侵入黑山白水之间，采积极之行动而将敌陆军主力歼灭之。"① 而"计划"甲案则以较为保守的观点，以拒止日军在中国沿海登陆，阻止敌人越过"天津—北平—张家口"一线为主要任务，同时明示："不得已时应逐次占领预定阵地，作韧强之抗战，随时转移攻势，以求最后之胜利。"

关于作战指导，"计划"甲案以"守势作战"为原则，制定出"于不得已时实行持久战，逐次消耗敌军战斗力，乘机转移攻势"的方针。此案还计划以平汉路为重点集中兵力，在华北与敌开战，而后逐步后撤预定防线。山东方面最后固守潍河；徐海地区固守运河；上海方面固守"乍浦—嘉兴—无锡"为最后抵抗线。海军因力量不足则协助陆军，以消灭敌在长江内舰队并保卫沿岸要塞为主要任务，另计划以主力空军轰炸敌在外海舰只及其本土目标。对于准备放弃之国土，一方面决定组织守备部队死守大都市，另一方面要求在撤退前彻底破坏一切交通、资源，并组织别动军等民众武装，"采用游击战术，以牵制敌军并扰乱其后方"。②"计划"乙案基本内容与甲案相同，只是没有关于退却计划的安排。

关于战略部署，"计划"根据作战实际需求将全国划为山东、冀察、河南、晋绥、徐海、江浙、闽粤7个作战区及陕甘宁青、湘鄂赣皖、川康、滇黔、广西5个警备区，规定了第一至第五方面军分别在山东、冀察、晋绥、江浙、闽粤各地的具体部署与战斗任务，同时要求第一至第三总预备队分别集中于西安、重庆、南昌，分别为平汉、津浦、江浙、闽粤之援军。"计划"确定最高统帅部位置是南京，并在郑州、徐州、南昌分设行营，编成行营列车以便机动。

比较之下，"计划"甲案中关于作战指导方针与战略部署的设想比乙案中的有关内容更加切合战争实际。首先，在这一时期中国军队陆军总数计达182个步兵师、46个独立步兵旅，9个骑兵师并6个独

---

① 《民国廿六年度国防作战计划（乙案）》，中国第二历史档案馆馆藏档案七八七全宗。
② 《民国廿六年度国防作战计划（甲案）》，中国第二历史档案馆馆藏档案七八七全宗。

立骑兵旅，4 个炮兵旅又 20 个独立炮兵团。但由于治安、训练及装备的原因，其中只有 80 个师的步兵并 9 个独立旅、9 个骑兵师、2 个炮兵旅及 16 个独立团可以开赴第一线作战。[①] 仅就作战兵力而言，欲达成"计划"乙案所规定的目标显然是不切实际的。其次，关于各大战区国防工事修建情形，"依照首都为中心逐次向国境线推进"，"先完成各阵地之骨干……以后逐渐加强"的原则，当局积极进行建设，至 1937 年 2 月止，除冀察、晋绥两区分别由宋哲元、阎锡山负责外，河南区国防工事工程已近全部完成，而国防腹地江浙区国防线的修建亦正在加快速度进行。

表1　　　　　江浙区国防工事修建情况统计（1937 年 2 月）[②]　　单位：处

| 区域 | 阵地 | 预订数 | 已成数 | 未成数 |
|---|---|---|---|---|
| 京沪分区 | 淞沪阵地 | 45 | 17 | 28 |
| | 吴福阵地 | 226 | 157 | 69 |
| | 锡澄阵地 | 297 | 297 | 0 |
| 首都分区 | 首都城厢及沿江及东南地区 | 423 | 402 | 21 |
| | 江西北面地区 | 45 | 45 | 0 |
| | 镇江附近阵地 | 34 | 0 | 34 |
| | 芜湖阵地 | 25 | 22 | 3 |
| 沪杭甬区 | 乍乎嘉阵地 | 840 | 830 | 10 |
| | 海盐—嘉兴阵地 | 112 | 82 | 30 |

---

① 《卢沟桥事变前之中国军备情况》，何应钦对国民党五届三中全会军事报告，1937 年 2 月，载秦孝仪主编《中华民国重要史料初编——对日抗战时期》绪编（三），台北：中国国民党中央党史会 1981 年版，第 351 页。

② 《卢沟桥事变前之中国军备情况》，何应钦对国民党五届三中全会军事报告，1937 年 2 月，载秦孝仪主编《中华民国重要史料初编——对日抗战时期》绪编（三），台北：中国国民党中央党史会 1981 年版，第 351 页。

| 区域 | 阵地 | 预订数 | 已成数 | 未成数 |
|------|------|--------|--------|--------|
| 沪杭甬区 | 乍澉甬海岸阵地 | 150 | 150 | 0 |
| 江北分区 | 南海靖间阵地 | 23 | 0 | 23 |
| | 淮阴附近阵地 | 48 | 0 | 48 |
| | 蚌埠阵地 | 76 | 0 | 76 |
| 徐海分区* | 海州附近阵地 | 87 | 87 | 0 |
| | 徐州附近阵地 | 175 | 175 | 0 |

注：*徐海分区运河阵地因款项无着尚未标定。

　　长江、沿海各要塞炮台也进行了改造与增建。其国防工事建设总支出已达717万余元。就抵抗侵略之防御战争而言，按照"计划"甲案部署，这些国防设施将发挥出至为重要的作用，但还远远不足。再者，关于中国当时海空军建设，空军方面，据1937年10月的统计，共有9个飞行大队26个中队，包括轰炸、驱逐各三大队，侦察二大队，攻击一大队，另外并5个直属中队、4个运输队的兵力。除广西、新疆外，全国有机场262处，另备5所飞机制造厂、6所飞机修理厂。而海军情形更不如空军，"未能作大量之建设"。① 根据这些情况分析，中国的抗战只能是以守势防御为方针。国民党当局后来在战争实际中逐步认清了这一点，这才导致了"以空间换时间""积小胜为大胜"的持久抗战思想的确立。

　　其三，关于抗战时期各方面总动员备战应战部署的设计。除军事规划外，"计划"中还就战时交通、通信、卫生、物资、防空、治安等多项内容进行了计划。②

　　及至卢沟桥事变发生，当局实际上已基本完成了"计划"中所拟

---

① 《民国廿六年度国防作战计划（甲案）》，中国第二历史档案馆馆藏档案七八七全宗。
② 《民国廿六年度国防作战计划（甲案）》，中国第二历史档案馆馆藏档案七八七全宗。

作战后备各项主要任务。总计已在全国设立军需总库 6 所（金陵、蚌埠、信阳、华阴、南昌、武昌），分别负责京浦、京沪、津浦、平汉、陇海、福建、浙江之补给任务，下辖之各分库、独立库达 20 个，又成立野战仓库 15 所，以南昌、武昌为全国核心库。① 由于战争于 7 月初爆发，"计划"所列内容并未能全部完成。

1937 年国民政府的"国防作战计划"，客观上说是一部具体周密的抗日作战方案，其中"甲案"以长期作战为准备，比单纯拒敌入侵之"乙案"更切实可行。因此，国民政府参谋本部参谋次长杨杰在审阅两案后的批示中明确指出了这点，并建议以中日是否单独开战为区别进一步修正这两套方案，使之更加适用。总体看来，两套方案基本点是相同或相近的，它证明国民政府在 1937 年的国防战略思想中已经确立了抗日第一的原则。

通过对 1936 年度和 1937 年度国民政府国防作战计划及其实施情况的对比研究，我们可以清楚地看出，在这两年中随着国民政府在政治态度上的转变，其国防战略也发生了较大的变化。具体可总结为：

第一，关于国民政府真正确立抗战路线的时间，根据这两年国防作战计划内容的变更，我们认为 1936 年年底至 1937 年年初是国民政府真正开始全力致力于抗战的时间界限。在国民政府制订的 1936 年国防计划中，对于抗日准备的条文往往比较简单空泛，只是在长江一线四川、湖北的有关工业建设与国防建设，以及宁沪区、华北等"热点"上的国防措施设计具有实际的作用，但就国防总方针而言，仍以"限期消灭共产党"为其重要内容。到了 1937 年，由于日本侵略迫在眉睫，在经历了艰难的转折后，随着国共二次合作的酝酿与建立，其国防作战计划才以抗日为唯一内容。

第二，国民政府在抗战的准备阶段做了一些实际的工作，其中一些国防建设与设计经以后的抗战事实证明是有远见的。如建设抗战区

---

① 《卢沟桥事变后国民党政府军事机关长官会报记录》（第 16—33 次），中国第二历史档案馆馆藏档案，《民国档案》1987 年第 3 期。

内国防工事；制订对日作战全盘计划；确立四川根据地；部署武汉城防；重要厂矿学校内迁；整军；储备战略物资；实行兵役法及计划训练民众；在抗日战略上立足于打持久战，开展敌后游击战的设计，这些对于争取抗战最后胜利都具有很大的意义。最关键的是这些国防计划与建设都以其统治中心宁沪杭地区为中心和重点，在客观上为八一三淞沪战役创造了条件。至于其明确提出的在抗战初期我国军队应采用"相机扑灭上海之敌势力"先发制人的战略，以清除驻华日军据点的设想，虽未成功，但意义重大，是值得充分肯定的积极设计。

第三，分析两年的国防作战计划，我们还可以看出，国民政府抗日的立足点是不够稳固的。由于其发动抗战的根本原因是受到日本的侵略，是被迫自卫，因而对抗战前途缺乏正确的认识，故而不论何种对日作战计划均将最后胜利希望寄托于"国际形势的变化"，即苏美等国对日的干涉、牵制甚至宣战。其"不得已"发动抗战是为了"等待国际间之变化"，收复失地则更有待于日苏在"西伯利亚酣战"。南京政府不相信、不依靠本国人民的力量，甚至尚不愿发动民众联合国内一切抗日党派共同救国，不仅如此，并且更想通过抗日来削弱异己。这种错误一直或多或少地贯穿在战争全过程中。另外，在战术上主张单纯的阵地战，与强敌拼消耗，片面强调拒敌于国门之外和不求最后胜利的临时性自欺性观点，缺乏对抗战的坚定信念与必胜信心。这些都是由当局战略指导思想错误所造成的必然结果。由于后来战争的爆发实际情况有悖于当局原计划的预计，国民党当局匆忙上阵与准备不足，又掩盖了其对战争预期的失误，我们今天回顾这一点，正是为了实事求是地对其重新作出全面公正的评价。

## 三 八一三淞沪战役源于国民政府对日备战

九一八事变发生后，在日本侵华的严峻形势逼迫下，国民政府不得不开始准备抗日国防。

1933 年，国民政府参谋本部奉令制订该年度国防作战计划，计划中除有关内战条文以外，关于对日国防也作了 8 项措施的军事"应急之处置"。其具体内容包括："第一，开战初期应先行肃清长江内敌舰及各地敌租界之武力；第二，速成江阴—南京陆地防御工事；第三，速成徐海地区之防御工事；第四，对山东潍河两岸防御阵地平时应准备周密之计划并密储充裕之器材；第五，速成平津张防御工事；第六，充实河北北部地方之武力并加紧民众之训练；第七，速成要地及部队防空防毒之准备；第八，作战军平时驻地之确定。"① 该计划对整个国防准备的其他各项主要内容，如武器装备、军需供给、部队训练、编制整理、士兵教育、民众发动等，均表示"暂时无能为力"，对于抗日国防是"不能不于安内同时并预为攘外之准备"，"虽赤氛未平，整个国防无暇建设，然亦不得不就现时之状况而谋应急之处置，以为未雨绸缪之计"。②

1934 年 1 月 20 日，国民党四届四中全会在南京召开。会上通过了一项《确立今后物质建设方针案》。在这份文件中，首次提出了国民政府关于国防建设的全盘设想。该案规定："于经济中心区不受外国兵力威胁之区域，确立国防军事中心地"，"全国大工厂、铁道及电线等项之建设，均应以国防军事计划及国民军事计划为纲领，由政府审定其地点及设备方法"。其具体步骤为：第一，将内地统一于中央政权之下；第二，国家及私人大工业今后避免集中于海口；第三，以各种合作社筹划农业金融，并以政府之力推销农作物，使经济中心区之农业复兴；第四，改订赋税缉纳制度，以保工商业之发达；第五，道路航路之开辟，须首先完成西向之干线，"使吾国于海口外，尚有不受海上敌国封锁之出入"。③ 在这里，已经明确地提出了经济建设须服从未来国防之需要，在未来国防中沿海不可恃而必须经营内地赖以长久支撑的根据地的设想。这里所指的内地，其含义也就是指目前有待"统一"于国民政府之下的西北、西南等"西向"地带。

---

① 《1933 年度国防作战计划》，中国第二历史档案馆馆藏档案七八七全宗。
② 《1933 年度国防作战计划》，中国第二历史档案馆馆藏档案七八七全宗。
③ 蒋纬国编著：《抗日御侮》第一卷，台北：黎明文化 1978 年版，第 93 页。

国民政府根据在南北两大战场层层设防、节节抵抗的抗战指导思想，和以长江流域为主体，在长江流域又以武汉、南京为中心的防卫原则，部署了未来的抗日战备。前者出自蒋介石的对日作战战术指导思想，后者则因为当时中国的客观地理局势之必然。为了保卫自身的生存发展基地，相对而言国民政府对长江线的国防给予了较高的重视。

一·二八战役以后不久，国民政府就开始秘密修筑宁沪间国防工事，以后又对长江沿线的江阴、镇江、南京、马当、田家镇等江防要塞进行了整修与建设。由于长江中下游地区是南京政府直接统治区域，在此区域整军备战相对于此时正处于中日冲突前线且在地方军阀控制之下的北方各省来说更要得心应手些，这就使得长江中下游区域成为国民政府经营国防基础的重点区域。正因如此，在后来的抗日战争中，为了最大限度地发挥优势，以己之长克敌之短，中方主动发起淞沪战事，将日军主力由北方南引，使长江一线成为对日作战之主战场。这是汲取一·二八淞沪抗战时被迫迁都洛阳教训的结果。

1935年，蒋介石亲自督率中央军追剿红军进入西南诸省，他赞叹川、滇、黔等省地域广大，山川险峻，人口繁庶，经济文化潜力深厚。他声称："有我们川滇黔三省作基础，一定可以完成御侮复兴的大业。"[1] "即使我们丢失了中国关内18个省中的15个省，只要四川、贵州、云南在我们控制下，我们就一定能打败任何敌人，收复全部失土。"[2] 蒋介石对具有"天府之国"美誉的四川省给予了特别重视，他称赞"四川因为其有如此伟大的自然环境与悠久深厚的文化基础，实在是我们首屈一指的省份……天然是复兴民族最好的根据地"。[3] 根据他的指示，国民政府立即着手对西南各省加强统制与"统一化"，首先撤销了四川省内由地方大小军阀各霸一方的"防区

---

① 《峨嵋山训练集选辑》，黄埔出版社1938年编印，第79页。
② 张其昀：《党史概要》，台北："中央"文物供应社1979年版，第913—914页。
③ 《峨嵋山训练集选辑》，黄埔出版社1938年编印，第79页。

制"，并在党、政、军各方面进行渗透，迫使川省当局逐步交出权力，以稳定国民政府在四川的统治基础，并着手建设抗日最后根据地的工作。1935 年 2 月 10 日，南京辖下的四川省政府在重庆成立，结束了川境长期分裂的局面。南京方面派遣了以贺国光为首的庞大的"参谋团"和以康泽为首的"军事委员会别动队"2000 余人入川，把握了四川政治军事要害。3 月，蒋介石亲自飞渝，将参谋团改组为"军事委员会委员长重庆行营"，同时又在庐山组训川军军官，缩编川军队伍，接管金融财政。这样，四川逐步落入其手掌之中，以至于 1936 年两广事变和西安事变先后发生时四川方面都未发生异动。1937 年 6 月，蒋介石派何应钦入川，以"缩编军队""军民分治"为目的召开"川军整军会议"，结果达成了缩编川军 1/5，控制"用人""发饷"大权的预期目的。四川基本被蒋控制。① 为加快建设四川国防基地，蒋介石还下令以 3 年为期，完成修筑川陕、川滇、川湘等重要公路干线的任务，以沟通西南西北各省的交通运输。

1935 年 7 月 4 日，蒋介石阐明了他对未来抗日战略路线的设想"对倭应以长江以南与平汉线以西地区为主要线，以洛阳、襄樊、荆宜、常德为最后之线，而以川黔陕三省为核心，甘滇为后方"②。由此确立了他"向西南求出路"的基本路线。

1936 年 1 月，蒋介石再一次对统一西南诸省对未来抗日战争的意义作了明确阐述。他说："国军才以最大的努力，把江西的匪巢一根本摧毁，赤匪路溃窜，由湘入黔，最后入川。我亲自督率军队不断追剿，一面剿匪，一面将向来不统一的川、滇、黔三省统一起来，奠定我们国家生命的根基，以为复兴民族最后之根据地。日本看到这种情形非常不安，以为这三省如果统一起来，中国便有了复兴的根据地，从此不但三年亡不了中国，就是三十年也打不了中国，这就是日本将

---

① 邓汉祥：《四川省政府及重庆行营成立经过》、《刘湘与蒋介石的勾心斗角》，全国《文史资料选辑》第五、三十三辑。中国人民政治协商会议全国委员会文史资料研究委员会编，辽宁人民出版社 1965 年版，文史资料出版社 1963 年版。

② 张其昀：《党史概要》，台北："中央"文物供应社 1979 年版，第 1014 页。

来的致命伤，所以它无论如何，总要想方法来打破我们统一川滇黔三省以奠定整个国家生存之基础的计划。"①

在酝酿设计未来抗日战略的同时，1935 年后，南京政府也比较积极地开始进行实际的抗日准备。除成立资源委员会，开始着手开发有关国防的战略资源以及实施重工业、军工企业生产建设计划外，又成功实行了"币制改革"，在英美帮助下成功地一统了全国货币，整理了财政税收，增强了经济实力，有力地保证了国防建设计划的实施。这些措施使得中国的经济建设在抗战爆发前段时间内达到了空前的复苏，1935—1936 年全国工农商业都出现了增长，为中国抗战创造了一定的物质基础，提供了基本的保障条件。

在交通基础设施方面，战争爆发前，全国公路总长度已从 1927 年的 1000 多千米增至 10.95 万千米，初步形成了沟通全国的交通网络。自 1936 年至 1937 年 7 月止的一年半中，又共计筑成铁路 2030 千米，平均每年修路 1353 千米，是前 8 年内年筑路记录的 6.5 倍。② 这无疑对于未来抗日作战有直接作用。例如粤汉路通车后，从七七事变至广州失陷前的 15 个月中，总计运输抗日部队 200 余万人、物资 70 余万吨，行车最多时全线列车达 140 列，成为中国抗战之大动脉。由于它的重要军事价值，使得日军不断派机对其实行狂轰滥炸，每月轰炸 145 次，平均每天轰炸 5 次。其他如京沪专线在八一三淞沪战役时，3 个月中国共产党开军列 1346 次，运兵 50 个师、装备供给 5 万吨；浙赣铁路除军运外还负担了沿海工矿机关等西迁的重任，在广州、武汉失陷后仍在运行，在 1939 年 3 月前的 15 个月中计开军车 1700 列，运送部队 150 万、军需 23 万吨。③

国民政府国防准备的另一项主要内容是整军备战。军队是国防的

① 蒋介石：《政府与人民共同救国之要道》，秦孝仪主编：《中华民国重要史料初编——对日抗战时期》绪编（一），台北：中国国民党中央委员会党史会 1981 年版，第 745 页。

② 张公权：《抗战前后中国铁路建设的奋斗》，台北：传记文学出版社 1981 年版，第 93—94 页。

③ 张公权：《抗战前后中国铁路建设的奋斗》，台北：传记文学出版社 1981 年版，第 142—144 页。

基础。20 世纪 30 年代，在国民政府名义号令下的全国陆军部队共计有 180 个师、94 个旅、40 余个独立团（新疆、西藏、西康省除外）。这支庞大、混杂的军队大都是旧式编制、缺少装备及未经训练的，但每年花费的军费却占全国财政支出的 70% 以上。[①] 其状况正如陈诚所描述的："以之内哄则有余，以之御侮则不足。"[②] 要对外抗日，则必须实行整军与练武备战。

1934 年 12 月，在完成了对江西中央苏区的围剿以后，蒋介石立即着手制订了整训陆军 60 个师的计划，准备用 3—4 年时间，分 6—8 期进行整训，每期训练 6—10 个师，至 1937 年年底全部完成任务。此次整军与以往缩编扩军均有不同，在其整军原则第一条中即规定："依国防之目的，由中央确定编制。"就是说整军的目标是成立抗日国防军。之所以规定整军数为 60 个师，是因为考虑到日军现有常备军 17 个师团，除驻守国内、伪满、朝鲜外，对华用兵最多预计可达 10 个师团，而我军整编后以两个师抵抗彼一个师团计，60 个师尚 3 倍于日军，这样"可操绝对胜算"。[③]

根据整军原则，每个师一律改为 4 团建制，在集中训练军官干部后实行混编，"以消灭派别系统之弊"。首先整编集中于长江两岸的中央军以及东北军和"已就国防位置的非剿共部队"。

1935 年 1 月 26 日，蒋介石在南京召开全国军事整理会议，部署整军工作。3 月 1 日在武昌成立"陆军整理处"，以陈诚为处长，着手开展工作，同时将整编范围扩展到骑、步、炮等特种兵，由于装备武器一时无法全部更新，此次整军仅限于编制上的调整充实。第一、第二期共整编了 20 个师，第三期在 1937 年上半年又完成了 10 个师，到七七事变发生时，共计整编了近 30 个师，完成全部计划之一半。这次整编计划虽未全部完成，但通过整军使中国军队战斗力有所提

---

① 《陈诚私人回忆资料》，《民国档案》1987 年第 1 期。
② 《陈诚私人回忆资料》，《民国档案》1987 年第 1 期。
③ 《战前的陆军整编》，台北"中研院"近代史所编《抗战前十年国家建设史研讨会论文集》（下册）。

高，美国著名记者斯诺曾评价说，"在 1937 年，中国的陆军是该国有史以来最大最强的。"①

在空军建设方面，1936 年 6 月以前，南京控制的军用飞机只有14 个中队，后在两广事变中蒋介石用重金收买了广东军阀陈济棠的空军，使其 9 个中队的飞机"弃陈投蒋"，造成了南京所宣称的"空军统一"。是年 10 月间，趁蒋介石 50 寿辰之机，国民党在全国掀起了"购机祝寿"活动，这一活动因其国防意义重大得到了海内外中国人的热烈响应，得捐款近 500 万元，购得飞机 68 架。② 1937 年 5月，又划分出全国 6 个空军区，成立了第一（南京）、第三（南昌）两个空军区司令部，全国空军拥有飞机 600 余架，其中可用于作战的飞机 305 架，飞行员 3000 余人。③ 中国空军初具规模。抗战爆发后在华东、华中战场上中国空军表现英勇，取得了不少优异的战绩。但是中国空军是建立在购买飞机的基础上，缺乏再生之力，随着战争的延续，很快便消耗殆尽。

在建立全国的防空体系方面，1935 年 3 月，将首都防空处改组成防空委员会，并成立高射炮营，在市内部署 7.5 厘米高射炮 16 门，是中国防空部队之首创。同时在全国划分 9 个防空区，构成空情监视网。

在海军建设方面，南京政府鉴于敌我力量对比悬殊太大，于是决定把力量投置于购买造价低廉的轻量级军舰与巡逻艇上，以供沿海及长江内河巡逻防守之用。至战前止，国民政府海军共拥有舰艇 6 艘、鱼雷艇 12 艘，总吨位 5.9034 万吨。分为 3 个舰队。战争爆发后退而用于巩固江防。④

为解决兵源补充问题，1936 年国民政府又正式下令实施《兵役法》，"先就豫鄂皖赣苏浙六省划定管区，试办征兵事务。其余各省，

---

① ［美］斯诺：《为亚洲而战》，《斯诺文集》第 3 卷，新华出版社 1984 年版，第 27 页。

② 《蒋总统秘录》第 10 册，台北："中央"日报社 1976 年版，第 126 页。

③ 何应钦：《八年抗战之经过》，台北：1955 年再版，第 34 页。

④ 《何上将抗战期间军事报告》（上册），中国第二历史档案馆馆藏，第 34—35 页。

亦已施行国民兵役，以为征集现役兵之准备"。① 据统计，1936 年 7 月至 12 月，征集入营新兵 5 万人，受过军事训练的壮丁 50 余万，正在训练中的壮丁约百万人。② 这一征兵制度实施不久战争即已爆发，由于前线对兵源需要剧增，为了应急，国民政府采取了征兵与募兵并行的制度。

在培训后备力量方面，主要做了在民众、学生中推行军事训练的工作。1935 年国民政府公布了《壮丁训练实施纲要》《县军训教一官遴选办法》等文件，制订了由中央统一训练军训干部，分派各省开展民众训练工作的方案。到 1936 年年底，共训练民众达 50 余万，正在训练者 100 余万。同时还开展了集中训练高中以上学生的活动，抗战爆发时全国已训练高中学生 22.4 万人，专科以上学生 64340 人，并培养了一批预备役军官干部。这在当时教育落后的中国已经是个可观的数字了。③

此外，国民政府在军事上还做过一些临时性的应战准备，如 1935 年 10 月底，在南京附近集中 11 个师的兵力，由蒋介石亲任总指挥，以中央军校教育长张治中及南京警备司令谷正伦为东、西两军司令，进行对抗演习。④ 这是南京政府向日本进行的前所未有的军力示威，它说明蒋介石已经开始准备以武力来抗击日本的入侵。

到七七事变前夕，国民政府国防准备已初步完成了基础性的工作。正如 1937 年 4 月军政部常务次长陈诚所报告的那样："1936 年一年国防建设的成效，超过了 1932 年至 1935 年四年的总和；而 1932 年至 1935 年四年国防建设的成效，又相当于民国二十年以来的总和。"⑤

---

① 《何上将抗战期间军事报告》（上册），中国第二历史档案馆馆藏，第 34—35 页。
② 何应钦：《日军侵华八年抗战史》，台北：黎明文化事业公司 1982 年版，第 24 页。
③ 何应钦：《八年抗战之经过》，台北：1955 年再版，第 120 页。
④ 《团结报》1985 年 8 月 17 日。
⑤ 孙宅巍：《蒋介石的宠将陈诚》，河南人民出版社 1990 年版，第 119 页。

# 四 八一三淞沪战役源于七七事变后 中方的战略指导

北方战场战事的不断扩大暴露了日军挑起全面侵华战争的企图。国民政府统帅部不得不面对现实，确认现在已不再是谈论是战是和的时候，而是面临着怎样打的抉择。战争的发展制造了一个促使我方下决心改变中日战局的契机，这就是在饱经战火的东南要地又发生了一件既在意料之中又出乎意料的事件，从而点燃了导致中日战争全面升级的八一三淞沪战役的导火索。

八一三淞沪战役的起点是 1937 年 8 月 9 日发生的上海"虹桥机场事件"。为了阐明八一三战役的起因，有必要首先回顾一下 8 月 9 日以前中日双方的军事态势及在上海地区的战备情况。

一·二八事变发生前后，国民政府意识到日军如再由上海入侵，将轻易威胁国都南京，故而对宁沪杭腹地的防御计划给予了相当重视。出于自身防卫的需要，自 1931 年起，国民政府开始在这一地区构筑国防战备设施。经过数年的努力，花费了一百几十万元的资财，修成了 3 道国防作战线，到 1937 年，全部工程已基本完成。毫无疑义，这些战备工作的目的是对付日本的侵略。

1935 年秋，在中国最高军事当局制订的《国防作战计划》中，明确其主要目的之一就是阻止日军在开战后扩大侵华战争。这份计划总方针规定："为保全国土的完整，维护民族生存起见，应拒止敌人于沿海岸及平津张以北之地区，作韧强之抗战。随战争之推移相机转移攻势，将敌人歼灭之。"它将察哈尔、河北、绥远、山西、山东、江苏、浙江、福建及广东 9 省划为抗战区，其中又进一步划为 6 个防卫区。规定："各防卫区如遇敌人袭击应尽全力抵抗以保国土"，"在抗战初期各区应按预定计划在统一指挥下尽力拒止敌人登陆或侵入内地。"计划还具体规定：在郑州、开封、徐州、海州和宁沪杭一带设置防御。郑汴徐海地区由刘峙负责，宁沪杭地区由唐生智负责，并在中央军事委员会内设一执行部主持其事。宁沪杭地区内又设 3 个分区。南京分区（南京至镇江），由南京警备司令谷正伦负责；沪杭分区（浙东沿海至黄浦江以东），由张发奎主持，在嘉兴设立苏浙边区司令部；"京沪"分区（自无锡、江阴至上海），由张治中指挥。并计划以湖南全省和安徽南部、江西北部驻军为京沪杭地区后援部队。《国防作战计划》规定：在浙江方面，驻江南部队应集结于京沪线及首都附近，一面任淞沪方面之增援，并相机扑灭上海之敌势力，一面防止长江内敌舰之侵扰以维护首都……海州、吴淞、乍浦、澉浦、镇江、海门、温州等地各配置海岸守备部队，以防止敌之登陆。① 仅就这一计划具体内容来看，很显然，中国方面对于防御日军侵略是有比较细致的设想的。

中国方面在宁沪杭地区的备战工作并没有仅仅停留于纸面。1936年张治中向国民党最高当局建议，划分全国为若干防区，以宁沪为核心着手准备抗日工作。他的建议被采纳。根据对日作战实际需要，陆续分设了 4 大区域。宁沪杭一带为京沪警备区，由张治中任警备司令（八一三战役后改为第三战区，以冯玉祥、顾祝同为正副司令），其所属有张治中的第九集团军，驻苏州河以北沿黄浦江地区；张发奎的第八集团军，驻苏州河南与浦东地区。张治中上任后，积极着手对日抗战准备工作。他在陆军军官学校内设立了一个"高级教官室"，以军校教育处长徐权为首，专门主持制订"京沪分区"防御计划及实施，以后又扩充组织。为严格保密起见迁往苏州留园办公，改名为"军校野营办事处"，其内部分设政治、军事两个组，陆续对沪宁间各重要地区进行了具体调查，对防御作战的兵力部署、指挥系统、防线设置、兵员补充、后勤供应，甚至发动民众、舆论准备等多方面的问题进行了研究设计。根据综合分析，他们认为：日本发动华战争，上海必然是战场之一，我们不能重演九一八事变和一·二八事变被动挨打的悲剧，应在敌方侵发动战事以前，主动出击进攻，彻底摧毁日

---

① 《国防作战计划》，中国第二历史档案馆藏档案七八七全宗。

军在沪军事据点，然后封锁海岸，确保宁沪安全。他们的这一战略设想得到了最高当局的同意。除此以外，张治中还主持了一些实际备战工作，如曾组织5个师的演习，模拟阻击日军登陆；1936年年底又组织军事参谋人员到苏州、常熟、太仓、浏河、吴淞一带进行考察与布置，同时进行了一些组训民众工作；宁沪铁路沿线各火车站也奉命进行了军运准备。按照《一·二八停战协定》，安亭—太仓—七丫口线以东地区不许中方军队驻扎，因而上海只驻有我方一个保安总团（约二个步兵团）的兵力。为防备不测，张治中提议派加一强旅伪装成保安队进驻上海虹桥地区，建议得以实施。京沪警备司令部还与上海市合作，在市区设置了防御工事，以阻止日军由黄浦江登陆。七七事变后，张治中又提出立即封锁长江水道，围歼长江上游日舰，但这一计划被国民政府行政院秘书、日本间谍黄浚密告日方，使日舰得以迅速逃脱，并将汉口日海军陆战队转运上海，加强了日军驻沪兵力。①种种事实表明，国民政府在宁沪杭地区进行了抵抗日本侵略的先期准备。对于国民党军政当局的这些工作，应当实事求是地给予肯定评价。

华北战事开始后，国民党最高当局立即召开各部会署负责人及军政首脑会议商讨对策，在进行外交交涉的同时，又命令军队保卫国土抵抗侵略。中国统帅部认为：华北是一大平原，有利于日军机械化部队及大兵团活动，并距日方东北补给基地较近，附近又有冀东等伪组织活动，所以形势于我不利。如果全面开战，我方应充分利用在淞沪间既设国防工事，在此投入重兵用以牵制敌人兵力，保卫政治、经济中心，同时还可能使日军触犯列强在华利益引起国际干预。一旦上海开战，应争取迅速歼灭上海日军，封锁海洋。如战事不利，则可退守苏福国防线打持久战，借以待机调停战事，阻止日军侵略。8月7日，各地军事将领云集南京商讨作战计划。

---

① 《张治中回忆录》，文史资料出版社1985年版。又见《八一三淞沪战役纪略》，《上海文史资料》1980年第5期。

中国方面对于淞沪地区抗日的计划与准备，造成了中方发动八一三淞沪战役的基础条件。

## 五　八一三淞沪战役发起时日本并未想在上海大战

1937 年 7 月，华北战争爆发时，以长江方面为"警备区域"的日本海军第三舰队长谷川清司令官正在台湾指挥演习，闻讯后他即赶赴上海。7 月 11 日，他在上海召集了"特别警备会议"，根据日本海军省 7 月 8 日下达的紧急训令，讨论海军"保护日侨问题"。会议决定驻华海军分成 3 组特务舰队。上海方面由长谷川清亲自指挥。7 月 16 日，长谷川向日本海军军令部提出报告，认为有必要在上海、南京带发动战争，全力消灭中国海空军，同时派遣陆军 5 个师团攻占上海与南京，将中国政府置于死地，以尽快结束战事。"如果局限战域，则有利于敌方兵力之集中，深恐将使我方作战困难。为制中国于死命，须以控制上海、南京为最要着。"① 8 月 4 日长谷川又一次请求东京增兵上海。但得到的答复是"要慎重行事"，"待继续观察形势再作考虑"。8 月 7 日上午，日海相米内光政向陆相杉山元送交了准备提交内阁的《请紧急派遣陆军进驻青岛·上海案》，但内阁并没有讨论这一提议。② 直至 8 月上旬末，日方的作战方针仍然是"陆军仅派至华北，为保护日侨可动用海军，勿须陆军出兵上海"。③ 直至"虹桥机场事件"前夕，日本最高军政当局尚未有在上海开战的计划，更没有下达明确的作战命令。然而，日本海军由于急于加入侵华战争，其领导机关与下属舰队不顾一切地开始了在华中、华南的备战。上海地区因地理与历史的原因，是其备战的重点区域。对于日本海军在上

---

① 《中国现代史大事月表》，（1937 年 7 月—9 月本），中国第二历史档案馆馆藏档案。

② ［日］日本防卫厅防卫研究所战史室：《中国事变陆军作战史》第一卷第二分册，田琪之译，中华书局 1979 年版，第 1 页。

③ ［日］日本防卫厅编《日本大本营陆军部》第一部第四章。

海的备战，日本政府与陆军方面并没有表示出积极支持态度，驻在上海的日军只有少量海军陆战队而没有正规陆军，因此日方没有在上海大战的准备。迟至 8 月中旬上海战争全面爆发后，日方才匆忙从各地抽调陆军增援上海。①

长江中下游地区为中国政治、经济重心所在，以经济中心上海与政治中心南京相连的宁沪地区是中国当时的心腹要地。因此，上海便成为中国的东大门及保卫首都的屏障，在战略上具有十分重要的地位。加上地理上接近日本，因而上海一向被日本军阀视为侵略中国的入口要道，成为中日矛盾冲突的敏感地带。1932 年一·二八战役时，日军就曾经攻击上海，借以转移人们的视线，以便巩固其在东北的侵略"成果"。接着又逼迫国民政府签订了妥协让步的《上海停战协定》，借此日军得以在上海地区驻扎大批海军陆战队，修筑了大量战备设施。上海从此成为中日战争又一个潜在的爆发点。

1937 年 7 月 7 日日本发动全面侵华战争后，日本政府与军方确立了吞并华北，彻底击败中国军队，逼降中国政府以实现灭华的最终目标。7 月 29 日，日军参谋本部制订了《中央统帅部对华作战计划》，规定首先占领平津地区完成华北作战，同时准备一部分兵力，预备在"迫不得已"时对青岛及上海发动进攻以"保护日侨"，而所下达的"兵力编制及任务"，也只限于在平津及青岛附近的部署，尚未计划向上海派遣正规陆军。② 7 月 9 日，日军参谋本部更在其《处理华北时局要领》的命令中明确规定："即使抗日行动波及华中华南，陆军仍以不出兵为原则。"③ 日方之所以如此计划，不外乎出于以下的原

---

① 据［日］重光葵《昭和的动乱》一书："对于中国的作战计划，自从 1932 年第一次上海战役以来，海军认为上海及华中扬子江流域应为对华作战的重点，陆军省不赞成，以为中国不是日本的对手，只要动用驻在华北的少数部队便可。"这点证明了日本陆海军之间在侵华途径上存在着分歧。

② 《日本帝国主义对外侵略史料选编（1931—1945）》，上海人民出版社 1975 年版，第 240 页。

③ ［日］日本防卫厅防卫研究所战史室：《中国事变陆军作战史》第一卷第二分册，田琪之译，中华书局 1979 年版，第 156 页。

因：第一，遵循集中全力吞并华北的战略方针。日军准备以"行使必要的实力来收拾事态"，通过逼降中国政府实现"全面地打开重建日华关系新局面"的目的。这说明他们此时尚没有仅凭武力来消灭国民政府的具体部署。第二，对日苏发生军事冲突的严格防备。"参谋本部曾预想到中国事变中对苏作战的问题"，"判断本年11月左右将面临对苏危机"。因此日军不便过久地拖延与扩大对华作战，而只希望以"必要的力量在10月底以前完成对华作战计划"。日方甚至规定"以上作战不能达到目的时，即使当时的形势有所变化，也要停止陆上兵力之积极作战……将必要的部队调到满洲及华北待机，整顿对俄作战的准备"。①

正当华北战事愈演愈烈之时，日本当局又唆使在华军队、浪人到处寻衅闹事，制造冲突纠纷。7—8月，在上海连续发生了日本海军陆战队队员宫崎贞雄"失踪"及"虹桥机场事件"，一时成为中日间新的冲突焦点。特别是在"宫崎事件"被中方妥善应付后，"虹桥事件"的处理结果便成为能否维持上海和平的关键。

一·二八战役后，中国军队按停战协议不能驻扎在上海，但中国人的变通智慧超出了日本的想象。7月下旬，钟松旅长率领第二师补充旅一部以保安队的名义秘密进驻了上海虹桥机场，实际控制了这一要害地点。

虹桥机场位于上海西郊，是上海周边地区最大的一个机场。中国军队换上保安队的制服进驻，引起了日军的注意。

8月9日18时前后，日海军特别陆战队驻沪西第一中队中队长大山勇夫中尉、斋藤兴藏一等兵两人，驾驶一辆军用汽车行驶至虹桥机场，在机场警戒线附近不听中国卫兵的阻止，强行进入机场内部。守卫机场的航空委员会特务团第八连哨兵当场开枪，大山勇夫被击毙，斋藤兴藏跳车逃跑中亦被击毙。事件发生后，中国当局从二人所着之

---

① ［日］日本防卫厅防卫研究所战史室：《中国事变陆军作战史》第一卷第二分册，田琪之译，中华书局1979年版，第30页。

日本海军军服和大山所携名片确认了他们的身份。但是，当上海市市长俞鸿钧于当晚20时前后将此事通知日本总领事冈本季正时，日方却一口否认海军陆战队有人外出。中方一再追问日方是否有大山勇夫其人时，日方继续含糊其辞，只是称大山嗜酒，有酒后驾车外出的可能。

大山与斋藤二人为何会在中日关系如此紧张之时出现在如此敏感的地区，这似乎是一个谜。但这二人死后，从日军将他们按战时阵亡军人的待遇提升一级军阶并从优抚恤，① 我们不难看出，此二人驾车闯虹桥机场绝不会是单纯的酒驾行为，其中一定另有企图。

根据日方最近公布的长达近400小时的原日本海军军官座谈会的录音资料，我们可以发现，在战后审判日本战犯时，日海军方面为了逃避战争罪责，专门研究了如何应对审判的注意事项。当时他们销毁了有关文件，还派人作伪证，为有"东条的跟班"之称的日海军首脑人物岛田繁太郎开脱罪责，宣传"海军是被陆军拖入太平洋战争"的论调，欲将日海军美化成开明、和平的军队。实际上，日本海军一直在与陆军在侵华战争中争功，早在1931年九一八事变发生时，事变的制造者石原莞尔就曾预言"海军必定在上海挑事"。

日本海军是一个组织利益优于国家利益的极具派别意识的集团，"为了对抗陆军，海军司令部想方设法获得尽可能多的军费来扩张，海军只考虑自身……只有海军而没有国家，在海军内部，能够争取到更多人、财、物的军人才会出人头地。为了获得更多军费预算，制造军事冲突的危机是必要的。如果海军的作战计划能被确定为国策，那么海军就能够获得大笔的临时预算"②。因此，"虹桥机场事件"的发生正是日本海军在上海挑起战争的一项阴谋。

事件发生前一天，上海海军特别陆战队大山勇夫中尉接到了司令

---

① ［日］笠原十九司：《大山事件的真相》，《抗日战争研究》2014年第4期。
② ［日］笠原十九司：《大山事件的真相》，《抗日战争研究》2014年第4期。

官大川内传七的口头命令："请你为国捐躯,我们会照顾你的家人",但又被要求行动时"不要攻击"中方,以便将挑衅肇事的责任全部推给中方。①

"虹桥机场事件"发生后,日本当局不得不开始重视上海方面的局势。"海军中央部研究了解决'大山事件'的方案,决定向中国方面提出要求事项,在采取外交措施同时,和第三舰队进行了联络,要求慎重行事。尽管事态的最后解决只能诉诸武力,但在陆军派兵的情况下,攻击开始的时间也须在动员后的 20 天,因此当前要尽可能不使事态迅速恶化。""在 10 日的阁议上……再次确认了就地保护上海侨民的方针,答应准备派遣陆军部队。"②

日本军令部在接到"大山事件"的报告后,提出了中方处理相关责任人并向日方道歉、限制中方保安队人数、装备以及驻军地点,撤去中方阵地内设施等无理要求,并要求设置中日双方的军队委员会对该地区进行监视,取缔一切排日运动。8 月 11 日,日方的这些要求由日本驻上海总领事冈本季正向上海市市长俞鸿钧提出。12 日,国民党中央常务委员会在南京市召开会议,军政部部长何应钦在会上说明了关于虹桥机场"大山事件"日方所提的要求,蒋介石表示不可能接受,同时命令准备向日军开战。8 月 13 日傍晚 5 点,上海特别陆战队司令官大川内下达了《作好全军战斗部署,严密加强警戒》的命令,八一三淞沪战役即将爆发。

8 月 12 日,日海军司令部将原配属华北派遣军的第二航空队改隶第三舰队,长谷川清当即命令第一、第二航空队启程,开往上海东南嵊泗列岛附近的马鞍群岛基地。8 月 13 日夜,日海军下达了派第二空袭部队突袭南京、广德、杭州,第三空袭部队突袭南昌,第十战队及第一鱼雷战队飞机轰炸虹桥机场的命令。日海军由此开始了在上海的作战。

---

① ［日］笠原十九司:《大山事件的真相》,《抗日战争研究》2014 年第 4 期。
② ［日］日本防卫厅防卫研究所战史室:《中国事变陆军作战史》第一卷第二分册,田琪之译,中华书局 1979 年版,第 2 页。

面对已备战多时正全力攻击上海日军的中国军队，日海军认为如没有陆军的支援难以坚守阵地，更谈不上发起全面进攻，因此不惜拉下脸来央求陆军配合。10 日，在日本内阁会议上，陆相杉山答应了海相米内要求派遣陆军的请求，12 日，参谋本部制订派兵方案，当夜，首、陆、海、外四相会议一致同意向上海派遣陆军。日方利用外交谈判拖延时间，从各地调派了 3 个师团的陆军赶运上海。日军参谋本部此时的观点是："上海方面已超出单纯的保护侨民目的以外，具有给中国方面以沉重打击的意义。"① 8 月 13 日夜，日本内阁连夜召开会议，决定出兵上海，8 月 15 日凌晨，发表了要"给南京政府以严厉惩罚"的《帝国政府声明》②。日本因为中国的进攻而改变了原先未准备在上海大战的方针。

# 六 八一三淞沪战役开战令由中方下达

就中国方面而言，在"虹桥机场事件"发生后，即决定了在上海的开战措施与大战计划。事件发生后，在对日采取强硬外交的同时，中国政府宣布从此进入对日抗战，命令参加庐山会议的将领迅速回到各部队，开始全面抗日部署。

8 月 11 日晚，国民政府军事委员会下达命令，决心围歼上海日军："张司令官治中率八十七、八十八师于今晚向预定之围攻线挺进，准备对淞沪围攻。"同时令驻蚌埠的第五十六师、嘉兴的炮二旅调炮兵一个团、炮十团在京的一个营立即开往苏州，归张治中指挥，炮十团的另一个营和炮八团已在苏州、无锡一带。军委会令海军部立即按计划撤除长江上之灯塔、航标，在江阴封锁长江，但该计划被行政院秘书黄浚出卖给日方，由于该计划泄密，使得长江上中游的日本舰队得以迅速下行逃脱而未能实现。

---

① ［日］日本防卫厅防卫研究所战史室：《中国事变陆军作战史》第一卷第二分册，田琪之译，中华书局 1979 年版，第 20 页。

② ［日］笠原十九司：《大山事件的真相》，《抗日战争研究》2014 年第 4 期。

11 日晚，张治中"以已准备之火车、汽车输送现有军队至上海，置重点于江湾、澎浦附近，准备对敌猛施攻击，进占敌军根据地而歼灭之。对各部之处置如下：（1）现在上海地方部队，主力固守真如、闸北、江湾市中心区、吴淞各要点，一部警戒沪西、沪南，掩护军队前进。（2）八十七推进有力一部确占吴淞，主力输送到达，前进展开于大场、江湾以北地区后，再推进至江湾市中心区，准备攻击，另以有力之一部控制罗店、浏河。（3）八十八师（欠 1 团）输送到达，前进展开于真如、大场（不含）之线后，再推进至闸北、江湾（不含）准备反击……"①

8 月 12 日，在淞沪前线的张发奎给蒋介石、何应钦发电称："文白兄方面，似已决心主动。"何在来电上批复："可。已令保安队即开淞江，归张文白指导共同作战。"② 当日晚，张治中令各部队进入预定位置，他从战术角度考虑，准备在日军尚未立足之时给予迎头痛击。张治中致电蒋介石、何应钦请战："本军各部队在本日黄昏前可输送展开完毕，可否于明（元）日（即 13 日）拂晓前开始攻击？我空军明晨能否同时行动？"③ 但蒋介石从政治角度考虑，认为当时各国代表组成的停战委员会正在开会协调中日问题，此时向日军开战，将会造成恶劣影响，因此没有同意张治中的方案："希等待命令，并须避免小部队之冲突为要。"白白错失了制敌良机。④

8 月 13 日上午 9 时许，日海军陆战队的坦克及一队步兵在炮火掩护下，越过对峙线向中方第八十七师驻地进攻，战斗已实际发生。张治中向军委会报告，请求发动全面进攻。蒋介石于当夜复电

---

① 中国第二历史档案馆编：《抗日战争正面战场》上册，江苏古籍出版社 1987 年版，第 264 页。

② 《淞沪会战张发奎文电》，中国第二历史档案馆藏档案七八七全宗。

③ 中国第二历史档案馆编：《抗日战争正面战场》上册，江苏古籍出版社 1987 年版，第 264 页。

④ 中国第二历史档案馆编：《抗日战争正面战场》上册，江苏古籍出版社 1987 年版，第 265 页。

指示："（1）令张司令明拂晓攻击。（2）令空军明日出动轰炸，令海军封锁江阴。（3）令五十七旅派 1 团附炮兵 1 营进至浦东，对浦西之汇山码头、公大纱厂射击。（4）令十八军（十一师、十四师、六十七师）转向苏州输送（该军正由武汉向石家庄运输中）。"① 同时决定将第五十六师主力、第五十七师的一部及独立第二十旅向前推进，采取逼向南下在长江方面作战的敌之侧面的有利态势。② 这份电文实际上就是八一三淞沪抗日之役的总攻令，由此揭开了淞沪百日大战的序幕。

中方发动八一三战役的作战目的是实现"赶敌下海封锁海岸拒敌登陆"的作战计划，中国军队源源不断开赴上海战场。张治中所率领的参加过一·二八战役的部队士气高昂，进入南翔指挥所的一些士兵甚至拒绝下车，要求一直开赴前线参战，而张治中本人也做好了为国捐躯的准备。次日，国民政府发表《自卫抗战声明书》，宣布"实行天赋之自卫权"。

8 月 17 日，蒋介石在日记中写道："上海总攻击，未得奏效，南口危急，尤为可虑……本日沪倭领电东京，希望其陆军早日派沪解决战局，可知其陆军并未决定派沪也。"次日又记道："上海战术，以延烧为主，而以炮兵专集注其攻击前进之道路。"③

8 月 15 日，蒋介石电令陈诚从庐山迅速赶回南京，商讨淞沪战事。3 天后，陈诚到达南京，出任第三战区前敌总指挥。19 日，陈诚、熊式辉到达上海视察，次日又回到南京向蒋介石汇报。陈诚回忆道："返京后，领袖询问视察情形，熊云：'不能打'。又问陈，陈云：'非能打不能打之问题，而是打不打的问题'。领袖问：'何意？'陈云：'敌对南口，在所必攻，同时亦为我所必守，是则华北战事扩大已无可避免。敌如在华北得势，必将利用其快速装备沿平汉路南下直赴武汉，于我不利。不如扩大沪战事以牵制之。'领袖遂云：'一

---

① 《上海作战日记》（1937 年 8 月 13 日），中国第二历史档案馆馆藏档案七八七全宗。
② 《淞沪会战张发奎文电》，中国第二历史档案馆馆藏档案七八七全宗。
③ 《蒋介石日记》，1937 年 8 月 17—18 日，台北"国史馆"2011 年版，第 572—573 页。

定打！'陈又云：'若打，须向上海增兵。'遂发表陈为第十五集团军总司令，并增调队伍赴沪参战，而整个中日战争亦即由此揭开。"①陈诚的这番话从抗战战略全局的高度，点明了发动八一三淞沪战役的战略价值与意义，这就是要以上海的主动出击与扩大战事，来改变日军"在华北得势"后"快速装备，沿平汉路南下，直赴武汉"的战略地理路线，从而避免我军被日军包围在东南地区无法撤退这种"于我不利"的后果。而且，上海是英、美等国在华利益的重点区域，一旦发生战事，列强利益受损，日方势必遭到西方国家的抗议，中国可以得到国际上的同情与支持。

蒋介石在听了陈诚的汇报与建议后，考虑到战略与外交双方面的收益，他立即表示"一定打"。至此，淞沪大战再次升级。

蒋介石"一定打"的决心体现了国民政府最高当局对中日战争的总体战略部署构想。

据此，国民政府于 8 月 20 日连续颁布了关于全面抗战作战指导方案训令 4 件，② 具体部署了八一三淞沪战役的作战。

## 七　有关八一三淞沪战役意义与作用的结论

1937 年 7 月 7 日卢沟桥事变爆发后，日本发动了全面侵华战争。日本政府当时妄图以武力手段迫使中国政府放弃华北。面对咄咄逼人的侵华日军，国民政府军事委员会委员长蒋介石发出了"临此最后关

---

① 《陈诚私人回忆资料 1935—1944 年》，《民国档案》1987 年第 1 期。

② 蒋纬国在其所著《抗日御侮》（台北：黎明文化事业公司 1978 年版）、《八年抗战蒋委员长如何战胜日本》（台北：黎明文化事业有限公司 1985 年版）书中披露了一份"战史档案"——《国民政府军事委员会令》（1937 年 8 月 20 日），其中将全国划分为 5 个战区，并下达了如下作战方针："国军一部集中华北持久抵抗，特别注意确保山西之天然堡垒。国军主力集中华东攻击上海之敌，力保淞沪要地巩固首都。另以最少限度兵力守备华南各港口。"于是，这份"820 作战令"中上述字句之存在与否就成为八一三淞沪战役中国"引敌南下""由东向西"战略存否的关键。据多方考证，这份"820 作战令"中上述字句是后人归纳总结的结论，并不是当时的档案原文。但综合本文论述，亦不能否定中方发起这场战役具有此种战略意图。

头，岂能复视平津之事为局部问题，听任日军之宰割……唯有发动整个之计划，领导全国，一致奋战"的命令。八一三淞沪战役就是其"发动整个之计划"中重要的一环。

在抗战战略上，八一三淞沪战役爆发后，国民政府决心全面抵抗日本的侵略，保卫大上海、拱卫首都南京，守卫长江天堑，中国计划清除长江内的日本军舰，攻击盘踞上海的日本海军陆战队，争取消灭之，而后封锁海岸，拒止日军登陆。淞沪战场的开辟，使日军不得不调整战略部署，将陆军主力部队从华北调往上海，且随着战况的发展，日陆军兵力不断增加，最终，主战场由华北转向华东。淞沪战役使日军的兵力无法集中，无法在地形开阔的华北平原使用机械化部队，部分丧失了优势，并使日军速战速决、以侵占华北迫使中国政府屈服的战略构想无法实现，反而按照国民政府诱其南下沿江西进的战略谋划，得以实现持久战的目标。淞沪会战的结果，客观上中国是战略胜利方，日本是战术胜利方。因此可以说发起八一三淞沪战役是国民政府全面抗战具有决定意义的一步。

在抗战政略上，八一三淞沪战役促进了全民族抗日统一战线的形成。国共两党从 1937 年 2 月开始，进行了 4 轮合作谈判，但一直没有结果。淞沪会战爆发后进行的第 5 轮谈判立即达成了国共第二次合作的具体协议。国共两党团结合作，共同抗击日本侵略，国民党内部的反蒋势力也相继转为拥蒋抗日。在淞沪战场上，不仅有蒋介石的嫡系部队参战，也有桂系、川军等地方部队投入，与日军作殊死的较量。

八一三淞沪战役也给多年来在中国大地骄横肆虐的日本侵略者以迎头痛击！在淞沪战场，日军被迫 4 次大规模增兵，使日军无法将兵力集中使用，减轻了华北战场的压力，日军还被迫取消了山东作战计划。淞沪会战由一场局部冲突逐步演变成中日两国间的大战。淞沪会战使日本侵略者遭遇七七事变以来从未有过的重大败绩。当时，日本侵略者疯狂叫嚣 3 个月灭亡中国，国内某些人也持有抗战必亡国的悲观态度，淞沪会战给日本侵略者以及抗战亡国论者当头一棒。自八一三淞沪战役之后，日本一步步滑入中国持久战的泥淖，走向了灭亡之路。

八一三淞沪战役获得了全中国人民的支持，各界民众和各党派人士积极支援前线，派出劳军，中国人民团结一致，反抗外来侵略、捍卫民族独立的精神得到空前展现，在国际上也扩大了中国的影响，为全面、持久抗战打下了坚实的基础。

从八一三淞沪战役的发生背景、发动经过、战役发展及对抗战正面战场全局的影响等方面综合分析，我们可以得出以下几点结论：

第一，八一三淞沪战役是中国发动的。中方在战事开始时处于主动地位，这一点完全可从中方的作战准备、战略计划以及日方参战经过诸种事实中得到证实。

第二，战役最后，中方没有达到预期的目的，反由主动变为被动，其中原因是多方面的。从宏观角度来看，当时中国的综合国力与军力都比不过日方，暂时的局部的失败在所难免，对于这一点中国最高统帅部是有足够认识的。从具体战役指挥上看，中国方面在如此狭窄的江南水网地带投入70万重兵与强大的敌人开展拼消耗的阵地战，使中方主力战斗部队遭受了巨大的损失，使得接踵而来的南京保卫战严重缺乏参战生力军，很快归于失败，甚至对整个抗战初期正面战场都产生了不利影响。这不能不视为一个重大的失误。因为它违背了保存自己消灭敌人的原则。此外，中方作战指挥系统层次繁多，责任不清，最高统帅蒋介石不顾战事实际，受非军事的诸种因素影响，朝令夕改，甚至插手一团一营的调动部署，使前线指挥官无所适从。特别是对腹背要地杭州湾疏于防守，使日军得以偷袭成功，最终导致战线瓦解溃败。而在指挥退却之时，最高指挥官又下令过迟、指挥无方，使部队脱离掌握，造成毫无秩序的大溃逃，将两道既成国防工事完全放弃，损失惨重，教训深刻。而日本方面虽然战前在上海没有充分准备，也没有形成在上海进行大战的计划，但在开战后随着战事扩大而倾全力参战，上海方面逐步成为其"主战场"。逐步增加兵力并利用在上海周围的胜利准备新的攻势，攻击南京及相邻地区。日本政府内阁的决策也相应地由"在上海附近以击退敌人胜利结束战局"升级为"放弃不扩大方针",最后成为"不以国民政府为对手"。由于不断"扩大作战"的需要,日军从本土、朝鲜、中国东北和台湾地区抽调了大批援军参战,甚至从华北战场抽出了主力部队,并投入了伪满军队。日本政府初期规定的"十月底前结束战事"的时限及"不得越过苏州—嘉兴线以东"的地限也随之废除了,最后日军由此直趋南京。由此可见,八一三淞沪战役的结果是日方从中方手中夺取了战争主动权,变得更为主动。

第三,国民政府发动八一三淞沪战役的目的,依事前的计划,在战术上是以积极的攻势清除日军驻沪部队,封锁海洋,保卫宁沪安全。据史料判断,其统帅部在战役中也形成了吸引华北日军分兵南下的战略意识,最后在客观上也达成了这一目的。[①] 从事后来看,的确达成了"引敌南下",改变日本侵华战略路线从"由北向南"到"由东向西"的战略效果,这是一种客观的结果,对中国持久抗战战略意义重大。但确切地说,在战前与开战之时,这还只是一种中方高层的"战略意识",而不是具体的作战计划与方案。增兵大打而求引敌南下,是在八一三淞沪战役中逐渐形成的决策。若说其是战前就有的高瞻远瞩的预谋和全局战略指导,则缺乏直接的基础史料支持与根据。

国民政府发动八一三淞沪战役的战略目的是向日本及英美各国显示自己的力量,希望以此迫使日本放弃灭华企图;或最小限度拖延战争进程,迟滞日军侵略步伐,同时争取英美的干涉调解,达成妥协停战以阻止日本灭华的政治目的。"中枢除积极准备发动全面抗战外,仍秉不求战而应战之一贯主张,准备彻底牺牲。若寇方能停止侵略恢复7月8日前之状态,则犹可【有】最后一线希望。"

---

① 此期日军在华北与上海两个战场兵力情况变化为:8月,日军在华北为9个师团,上海为2个师团;9月初,华北为8个师团,上海为5个师团;9月5日,日军统帅部决定抽调华北兵力南下,"把主作战转移到上海方面",华北日军减为7个师团,上海日军则增为9个师团。载《抗战史料丛稿》,第十种,《战纪》,"上海之战"第三册,中国第二历史档案馆藏。

第四，八一三淞沪战役的结果，在战争中给予来犯之日军以迎头痛击，大量杀伤了日军，迫使其再增兵，甚至动用了基本主力军。[①]同时亦为中国沿海工业内迁及政府机构转移赢得了宝贵的时间，并极大鼓舞了全国人民的抗战热情。在战略上使日本对华战争陷入持久作战，粉碎了日方"速战速决"的梦想。

这正是八一三淞沪战役的实际作用及最大意义所在。

（马振犊，中国第二历史档案馆研究馆员）

---

① 1937 年，日本总人口约为7063 万，其中役龄男子1693 万，可供征兵的人数约占役龄男子的56.2％，约1000 万，当时日军的总兵力是108.4 万，但八一三战役爆发后陆续调往上海战场的已达 30 余万之众，约占全部兵力的30％，由此可见此战役规模之空前与作用之重要。

# 中国抗日持久战战略几个问题之思考

彭玉龙

1931 年至 1945 年的中国抗日战争，是中国人民反抗日本帝国主义侵略的正义战争，也是中国近代以来抗击外敌入侵第一次取得完全胜利的民族解放战争。中国作为半殖民地半封建的弱国，要战胜帝国主义强国的日本，必须寻找并实行一条弱国打败强国的战争指导方略。在抗战时期，国共两党都制定并实行了持久战战略，对中国人民战胜日本帝国主义，争取抗战最后胜利发挥了重大作用。本文就抗日持久战战略制定和实施中的几个问题，谈点个人看法。

## 一 实行持久战战略，是国共两党的共识

抗日持久战战略有一个提出、形成和逐步完善的过程，是国共两党共同努力的结果。

九一八事变以后，日本对中国的军事压迫日甚一日。全国上下对日本将发动全面侵华战争基本上有了共识，要求抵御日本侵略、确定抗战方略的呼声日益高涨。但对如何抗战的战略却有很大的分歧，"一战论"和"决战论"十分盛行，另外"失败论"和"不战论"也很有市场。

面对日本的侵略，当时国内许多有识之士普遍认识到这样一个客观事实，即中日两国是处在不同发展阶段的国家，中国是一个落后的大国，日本是一个先进的小国，中日两国力量对比客观上存在悬殊差

距。日本的强，表现在它的军力、经济力和政治组织力；中国的弱同样表现在这些方面。这就决定了中国的抗日战争不可能很快取得胜利。日本的小，表现在国度小，其人力、军力、财力、物力均经不起长期战争的消耗。正是基于这个客观现实，国共两党中的许多有识之士不约而同地得出中日战争将是一场持久战的结论，先后提出了"持久战"的战略主张。

在中日战争爆发前，关于持久战的议论和设想已不鲜见。早在1923年，著名军事学家蒋百里就首先预言中日之间必有一场大战，他提出中日交战，日本利在速胜，而中国利在持久。① 此后，蒋百里多次向国民政府建议，以"拖"的战略拖垮日本。因此可以说，蒋百里是最先提出持久战战略主张的人。

作为当时执政的国民党领导人和对中国抗战战略制定有最终决定权的蒋介石，也同样看到了敌强我弱和敌小我大这个基本事实，并逐渐形成了对日抗战持久战战略的初步构想。1932年一·二八事变后不久，蒋介石在军事委员会召开的"军事整理会议"上表示："以时间为基础，与敌相持，在久而不在一时……我们现在对于日本，只有一个法子，就是作长期不断的抵抗，长期的抗战越能持久越有利。若是能抵抗得三年、五年，我预料国际上总有新的发展，敌人自己国内也一定将有新的变化，这样我们的国家和民族才有死中求生的一线希望。"② 这是蒋介石最早发表的关于"持久战"主张的论述。1935年6月，蒋介石就华北事变做出批示，强调："对日本作战以求光复失地，为吾辈军人有生之年最神圣最重要之使命，但一旦开始作战，则非短时间所可能结果，必属长期之战争，故应先有充分之准备，在准备工作未完成前，惟有忍辱负重以待准备之逐步完成。"③ 1936年6月，蒋介石和英国财政专家李兹罗斯（Frederick Leith-Ross）谈话时更明确表示："对日抗战是不能避免的。由于中国的力量尚不足击退

① 参见《蒋百里传》，中华书局1985年版，第96页。
② ［日］古屋奎二：《蒋总统秘录》第9册，台北："中央"日报社1976年版，第90页。
③ 黄杰：《老兵忆往》，台北：黎明文化1988年版，第889页。

日本的进攻，我将尽量使之拖延。……当战争来临时，我将在沿海地区做可能的最强烈的抵抗，然后逐步向内陆撤退，继续抵抗。"① 据此可知，这时的蒋介石虽然还没有说出"持久消耗""以空间换时间"这类语言，但其基本想法已经形成。

1936 年、1937 年国民政府制订的国防计划大纲中，已开始体现持久消耗的战略构想。《1936 年度作战计划》中规定对日作战总方针为："为保全国土完整，维持民族生存起见，应拒止敌人于沿海岸及平津以东与张家口以北地区，不得已逐次占领预定阵地作韧强抗战，随时转移攻势，相机歼灭之。"② 1937 年国防计划大纲更规定作战指导要领为："国军对恃强凌弱轻率暴进之敌军，应有坚决抵抗之意志，必胜之信念。虽守势作战，而随时应发挥攻击精神，挫折敌之企图，以达成国军之目的；于不得已，实行持久战，逐次消耗敌军战斗力，乘机转移攻势。"③ 持久战方针正式写进了国防计划。这一时期，国民党的持久战战略还未也不可能完全定型，其在提出持久消耗方针的同时，对为什么要持久、如何持久都没有明确的想法，基本上还只是一个初步构想，缺乏实际的内涵，还没有从根本上解决持久战战略的理论和实际问题。

与此同时，在日本制造华北事变、中华民族危机不断加深的形势下，中共中央也已预见到这场战争的持久性。1935 年 12 月 25 日瓦窑堡会议通过的《关于目前政治形势与党的任务决议》中，号召全党准备着长时间同敌人奋斗，"为着同敌人作持久战而准备自己的艰苦工作"。在会后召开的党的活动分子会议上，毛泽东在《论反对日本帝国主义的策略》中提出：日本"帝国主义还是一个严重的力量，革命力量的不平衡状态是一个严重的缺点，要打倒敌人必须准备作持久战"④。

① 转引自杨天石《卢沟桥事变前蒋介石的对日谋略——以蒋氏日记为中心所做的考察》，《近代史研究》2001 年第 2 期。
② 《1936 年度作战计划》，中国第二历史档案馆馆藏档。
③ 《民国廿六年度作战计划》（甲案），《民国档案》1987 年第 1 期。
④ 《毛泽东选集》第 1 卷，人民出版社 1991 年版，第 153 页。

这是中共中央和毛泽东第一次明确提出对日实行持久战的思想。

中国共产党的持久战理论一经提出，就具有较强的理论色彩和更为丰富的内涵。1936 年 7 月，毛泽东在会见美国记者埃德加·斯诺时，系统阐述了中国共产党对中日战争发展趋势的基本认识。他在谈到抗战要多久时说，这要视中日双方许多决定的因素如何而定。如果国内、国际许多必要的条件不能很快实现，"战争就要延长"[①]。中国抗战将是长期的，但最后胜利必定属于中国。这是毛泽东根据中日两国特点并结合国内革命战争的经验而做出的科学预见。

1937 年 3 月，毛泽东在与史沫特莱谈话时，再次指出，以中国的资源与自然条件，是能够支持长期作战的，随着战争的持续，中国的抗战力量将一天天高涨，反之，非正义的日本一方则将不断走向衰落。中日战争的结果必然是日本财政、经济以及政权的崩溃。毛泽东的谈话，科学分析了中日战争的发展趋势，提出有效持久抵抗的运动战方法，向外界表明了中国共产党通过持久抵抗战胜日本侵略的坚定信心，对持久战战略的形成起了巨大的推动作用。中国共产党其他领导人也对持久战战略思想进行了探讨。1936 年 4 月，张闻天撰文指出："抗日战争不是几天几个月就能决定胜负的，这是一个持久战。"[②]

综上所述，国共两党的领导人及有识之士在对日持久抗战总的战略构想上是有共识的，这就为全国抗战爆发后国共两党迅速制定中国抗战持久战战略奠定了基础。

## 二　国共两党持久战战略的制定

全国抗战爆发后，确定抗战战略成为当务之急。1937 年 7 月 17 日，蒋介石发表谈话，表示："我们只有牺牲到底，抗战到底，唯

---

① 《毛泽东选集》第 2 卷，人民出版社 1991 年版，第 514 页。

② 《张闻天选集》，人民出版社 1985 年版，第 94 页。

有牺牲到底的决心，才能博得最后的胜利。若是彷徨不定，妄想苟安，便会陷民族于万劫不复之地。"① 8 月 2 日，蒋介石密邀毛泽东、朱德、周恩来即飞南京，参加国防会议，共商国防问题。为了推动和促进国民政府正确制定全国抗战的战略总方针，毛泽东决定派朱德、周恩来、叶剑英 3 人前往。4 日，张闻天与毛泽东商定，将向国民党提出："总的战略方针是攻势防御"，"不能是单纯的防御"，"正规战与游击战相配合"，"发动人民的武装自卫战"等意见。② 中共中央还拟定了《确立全国抗战之战略计划及作战原则案》，9 日，朱德、周恩来等抵达南京，向国民政府提交《确立全国抗战之战略计划及作战原则案》等多项议案，主要内容为：战略方针为持久防御战；基本作战原则是运动战，避免单纯的消耗战；开展广泛的游击战，造成主力运动歼敌之有利时机。③ 11 日，朱德、周恩来、叶剑英共同参加军事委员会军政部谈话会。周恩来发言称：一方面，在正面防御上，不可以停顿于单线及数线的阵地，而应当由阵地战转为平原与山地的扩大运动战。另一方面，则要采取游击战。④ 朱德发言称：抗日战争在战略上是持久的防御战，在战术上则应采取攻势。在正面集中兵力太多，必然要受损失，必须到敌人的侧翼活动。敌人作战离不开交通线，我们则应离开交通线，进行运动战，在运动中杀伤敌人。朱德认为，发动民众甚为重要，在战区应由下而上及由上而下把民众组织起来。游击战是抗战中的重要因素，游击队在敌后积极活动，敌人就不得不派兵守卫其后方，这就牵制了它的大量兵力。⑤ 中共中央代表提出的国防问题意见和战略计划及作战原则方案，进一步阐述了中国共产党关于全面抗战路线和持久战的战略方针等一贯主张。这对于国民政府制定

---

① 秦孝仪主编：《总统蒋公思想言论总集》第 14 册，台北：中国国民党中央党史委员会 1984 年版，第 583 页。

② 《毛泽东文集》第 2 卷，人民出版社 1993 年版，第 3—4 页。

③ 参见《中国人民解放军战史》第 2 卷，军事科学出版社 1987 年版，第 24—25 页。

④ 参见《周恩来年谱》，中央文献出版社 1998 年版，第 383 页。

⑤ 参见《朱德年谱》，中央文献出版社 2006 年版，第 168 页。

全国抗战的战略总方针，起到了积极的作用。

1937 年 8 月 20 日，国民政府以大本营训令颁发了《战争指导方案》，正式确定"以达成'持久战'为基本主旨"，提出，为求中华民族之永久生存及国家主权领土完整，对于侵犯中国主权领土与企图毁灭中华民族生存的日寇，决以武力解决之。国民政府提出以"持久战"为基本主旨，即实行"持久消耗战略"①，其主要依据是中国幅员广大、人口众多，可以支持长期战争。全国抗战开始不久，蒋介石曾过多期望国际的干涉，但也表示中国抗战必须"抱定三年五年如一日的精神……铲除短期得失之念，不致因小胜而浮，因小败而丧气"②。蒋介石认为，敌如欲尽占我四千万方里之土地，宰割我四万万之人民，所需兵力，当为几何？敌之武力，终有穷时。

国民党视持久消耗战略为其最高战略，指出："敌之最高战略为速战速决，而我之最高战略为持久消耗。"③ 其基本思想是："利用我优势之人力与广大国土，采取持久消耗战，一面消耗敌人，一面培养国力，俟机转移攻势，击破敌人，争取最后胜利。"④ 其内容主要有以下几点。一是实行以空间换时间的战略思想。蒋介石认为，"以空间换时间"是"持久消耗战略的精髓"⑤，我们现在与敌人打仗，就是要以长久的时间来固守广大的空间，要以广大的空间来延长抗战的时间，来消耗敌人的实力，争取最后的胜利。二是实行消耗战的战略原则。其实质是通过长期战争从战略上消耗敌人的力量，逐步改变敌我力量对比，积小胜为大胜。蒋介石认为，持久消耗战战略的"要旨在于始终保持我军之战斗力，而尽量消耗敌人力量，使我军达到持久抵抗之目的"⑥。三是实行

---

① 台北史政局：《中日战争史略》上册，台北：正中书局 1968 年版，第 169 页。

② 《陈诚将军抗战言论》，军事科学院图书馆藏。

③ 《何上将抗战期间军事报告》上册，台北：文星书店 1962 年版，第 107 页。

④ 何应钦：《日军侵华八年抗战史》，台北：黎明文化 1982 年版，第 13 页。

⑤ 秦孝仪主编：《总统蒋公思想言论总集》第 15 卷，台北：中国国民党中央党史委员会 1984 年版，第 122 页。

⑥ 张其昀：《先总统蒋公全集》第 3 册，台北：中国文化大学出版社 1984 年版，第 3851 页。

内线固守、分兵把口的作战方针。蒋介石认为，敌人的利器是飞机、大炮和坦克，而我们的利器是深沟、高垒和厚壁，因此，抗战获胜的"要道"是"固守阵地，坚忍不退"，"层层布防，处处据守"①。不过，蒋介石把阻止日本侵略的希望寄托在第三国和国际外交活动上。为此，中国政府致函"九国公约"签字国，蒋介石亲自约见有关国家的驻华使节，希望其居中调停。

总之，国民党对持久消耗战略形成的依据、抗日战争的持久性和争取抗战最后胜利的问题，有一定认识，但其坚持片面抗战路线，决定其不可能实行真正意义上的民族抗战。它主要表现在：一是单纯依赖政府和军队改变敌我力量总的对比，而不是依靠广大人民群众进行抗战；二是过分地强调将"以空间换时间"贯彻抗战的全过程，将内线的单纯的阵地防御战置于不适当的突出地位，造成与强敌拼消耗的不利局面；三是过分地强调依赖列强干涉和外国援助，拖延时日，以待国际形势的变化，即所谓"苦撑待变"；四是在战略阶段的划分上，缺乏艰苦的战略相持的思想。1938 年 11 月南岳军事会议后，国民党把全国抗战分为战略防御和战略反攻两个阶段或称两个时期，而不赞成三个战略阶段，这恰恰忽略了转变敌我力量对比的最为关键的枢纽阶段。

全国抗战爆发后的新形势，要求中国共产党及时地正确地解决如何抗战的问题，并制定出新的路线和方针，这对于抗日战争的前途至关重要。全国抗战爆发后，中国共产党坚定地站在抗日战争的第一线，经过一段时间的探索和实践，逐渐形成了一套完整的持久抗战战略思想，并成为中华民族抗日御侮的理论指导。

抗日战争是在敌强我弱的形势下进行的，只有充分发动和依靠人民群众，进行人民战争，才能取得最后胜利。中国共产党从国家和民族的根本利益出发，在全国抗战一开始就积极主张实行全面的全民族

---

① 张其昀：《先总统蒋公全集》第 1 册，台北：中国文化大学出版社 1987 年版，第 1073 页。

的抗战路线。1937 年 8 月 22 日至 25 日，中共中央在陕西省洛川县冯家村召开政治局扩大会议，正式确定了全面全民族抗战路线。中国共产党抗战路线的本质，不是将抗战胜利的希望寄托于外国援助，而是寄希望于中国人民自身的抗战；不是单纯地依靠正面的消极的阵地防御作战，而是最广泛地动员和组织敌后抗日游击战争，从战略上主动配合正面战场作战；不是单纯地依靠政府和军队的抗战，而是主张最大限度地团结和发动各阶级、阶层、政党和社会团体以及广大人民群众，使之加入到抗日民族统一战线中来，创造克服敌强我弱的有利条件和陷敌于灭顶之灾的汪洋大海，即实行一条全面全民族抗战的人民战争路线。这与国民党不敢广泛发动群众，信奉单纯依靠政府和军队，并依赖外援的片面抗战路线，有着很大不同。能否最大限度地相信、依靠、宣传、组织和武装人民群众，是国共两党两条抗战路线的根本区别。

要取得全国抗战的胜利，还必须实行正确的战略方针。全国抗战爆发后，中国共产党在明确采取什么样的战略方针及其表述问题上，是经历了一个过程的。1937 年 8 月上旬，中共中央在关于抗日国防问题意见中指出：总的战略方针暂时是攻势防御，应给进攻之敌以歼灭的反攻，决不能是单纯防御，将来准备转变到战略进攻收复失地；正规战与游击战相配合，游击战以红军与其他部队及人民武装担任之，在整个战略部署下，给予独立自主的指挥权。中共中央还拟定了《确立全国抗战之战略计划及作战原则案》，进一步阐述了战略方针问题，其要点是："（1）战略的基本方针是持久的防御战，但应抓住适当时机，应予以全线之反击，而根本的把日寇从中国赶出去；（2）在战役上应以速决战为原则；（3）作战的基本原则是运动战，应在决定的地点，适当的时机，应集中绝对优势兵力与兵器，实行决然的突击，避免持久的阵地的消耗战；（4）在必要的战略要点或政治经济的中心，设立坚强之工事，并配置足够的兵力，以钳制敌人；（5）一切阵地的编成，避免单线的构筑，而应狭小其正面，伸长其纵深，任守备部队的作战要领，亦应采取积极的动作，一般地应反对单纯的死守的防御，只有积极地动作起来，才能完成守备的任务；（6）战略的内线，而在战役的指导上，应是外线作战，以求得歼灭敌人；（7）广大的开展游击战争，其战线应摆在敌人之前后左右，以分散敌人，迷惑敌人，疲惫敌人，肃清敌人耳目，破坏敌人之资材地带，以造成有利条件，有利时机，使主力在运动中歼灭敌人。只有在上述作战原则之下，才是保持持久战的有效方法，和消灭敌人取得抗战（胜利）的手段。"① 在洛川会议上，毛泽东指出：卢沟桥事件是大规模全国性战争的开始。由于日本和中国各方面的情况，就决定了我们最基本的方针是持久战，而不是速决战。持久战的结果是中国取得胜利。会议通过的中共中央《关于目前形势与党的任务的决定》中强调抗日战争的艰苦性和持久性，指出"应该看到这一抗战是艰苦的持久战"，从而以共产党组织决定的形式正式确定了持久战的战略总方针。

中共中央在全国抗战开始后的历史关头，确立了全面全民族抗战路线和持久战战略总方针，为动员和指导全国人民以弱国打败强国，准备长期抗战，争取抗日战争最后胜利指明了方向。

# 三　毛泽东的持久战理论

全国抗战开始前后，对于全国抗战的进程及前途，国内舆论中的"亡国论"和"速胜论"相当盛行。为了阐明持久战的问题，驳斥"亡国论"和"速胜论"，拨开人们思想上存在的迷雾，坚定全国抗战的胜利信心，同时回答国际朋友们存在的疑虑，中国共产党和八路军的一些领导人张闻天、朱德和周恩来等，先后发表了一些讲话和文章。毛泽东依据马克思主义的基本原理，结合中国抗日战争的实际，总结古今中外战争尤其是全国抗战 10 个月的经验教训，并集中全党

---

① 中共中央：《确立全国抗战之战略计划及作战原则案》（1937 年），《中共党史资料》2007 年第 3 期。

的智慧，于 1938 年 5 月发表《论持久战》和《抗日游击战争的战略问题》等论著，这是指导中国抗日战争纲领性的文献，集中体现了毛泽东的持久战理论。

毛泽东的持久战理论，内容丰富，博大精深，概括起来，主要是中国抗战为什么是持久战、怎样进行持久战和最后胜利为什么属于中国这三大问题。

关于中国抗战为什么是持久战的基本依据问题，毛泽东着重阐述了两点。一是时代特点。他指出中日战争不是任何别的战争，乃是半殖民地半封建的中国和帝国主义的日本之间在 20 世纪 30 年代进行的一次决死的战争，"全部问题的根据就在这里"。二是毛泽东根据时代特点，分析了中日双方互相矛盾着的四个基本特点：敌强我弱，敌小我大，敌退步我进步，敌寡助我多助。日本是一个帝国主义强国，其军力、经济力和政治组织力虽强，但其国小，人力、物力、财力不足，加之战争的非正义性、野蛮性，必然失道寡助。中国虽是半殖民地半封建的弱国，但处于进步的时代，有共产党及其军队为团结抗战的核心，加之地大物博、人多兵多，以及战争的正义性，必然能得到全民的支持和国际上的援助。

关于怎样进行持久战即如何争取抗日战争最后胜利的问题，毛泽东主要强调了以下几个方面。

第一，论证了持久战三阶段的发展规律，进而科学地描绘出持久战的轮廓，预测了全国抗战的进程。他认为持久战的主要特征在于抗日战争的长期性，并具体表现于三个阶段之中：第一阶段，是敌之战略进攻，我之战略防御阶段；第二阶段，是敌之战略保守，我之准备反攻阶段，即战略相持阶段；第三阶段，是我之战略反攻，敌之战略退却阶段。关于战略相持阶段的理论，是毛泽东持久战理论的核心。他指出，由于中日强弱的悬殊，在敌停止战略进攻后，中国距离战略反攻的程度还相差很远，必须有一个相当长的阶段，继续消耗、削弱敌人的力量，积蓄壮大自己的力量，进一步改变敌我力量的对比，才能造成战略反攻的必要条件。这个重要的第二阶段，即为战略相持阶段，是整个战争的过渡阶段，也将是最困难的时期，然而它是转变敌强我弱力量对比的枢纽。中国将变为独立国，还是沦为殖民地，不决定于第一阶段大城市之是否丧失，而决定于战略相持阶段全民族努力的程度。中国将在此阶段中获得转弱为强的力量，从而演出最精彩的反攻的结幕。全国抗战开始后，国民党先后以南京和徐州的失守作为划分战略阶段的标志，恰恰忽略了战略相持阶段的存在。毛泽东一针见血地指出："如果承认持久战或长期战争，又不赞成三个阶段，那末，所谓持久与长期就是完全抽象的东西，没有任何的内容与现实，因而就不能实现任何实际的战略指导与任何实际的抗战政策了。实际上，这种意见仍属于速胜论，不过穿上'持久战'的外衣罢了。"①

第二，深刻揭示了进行持久战必须正确处理战争和政治的关系，进一步阐述了人民战争的抗战路线。毛泽东指出，抗日战争是全民族的战争，它的胜利离不开战争的政治目的——驱逐日本帝国主义、建立自由平等的新中国，离不开坚持抗战和坚持统一战线的总方针，离不开全国军民的动员。一句话，战争一刻也离不了政治。争取抗战胜利的最基本条件，是全军全民的广大的政治动员。兵民是胜利之本，战争的伟力之最深厚的根源存在于民众之中。日本帝国主义敢于欺负我们，主要的原因在于中国民众的无组织状态。克服了这一点，就把日本侵略者置于中国数万万站起来的人民面前，使日本帝国主义像一匹野牛冲入火阵，非被烧死不可。动员了全国的老百姓，就造成了陷敌于灭顶之灾的汪洋大海，造成了弥补武器等缺陷的补救条件，造成了克服一切战争困难的前提。

第三，深刻阐明了进行持久战的军事目的，进而论述了军事目的与政治目的的两者的辩证关系。毛泽东指出，战争的军事目的是"保存自己，消灭敌人"，这是战争的本质，是一切战争行动的根据。一切技术、战术、战役、战略原则和行动，都要贯彻这个本质，各级指导者都不能离开这个

---

① 《毛泽东军事文集》第 2 卷，军事科学出版社、中央文献出版社 1993 年版，第386—387 页。

目的去指导战争。只有把部分地消灭敌人成绩积累起来，成为大的战略性胜利，才能达到最后驱逐敌人出中国，建设新中国的政治目的。

第四，提出了进行持久战采取的具体作战方针与指导原则。毛泽东指出，敌强我弱的形势决定了在战略上日军是进攻的，中方是防御的；日军处在外线，中方处在内线；日军谋求速决，中国则实行持久。中国抗战必须正确地认识和处理防御与进攻，内线与外线、持久与速决的辩证统一关系，在战略上是内线的持久的防御战，在战役战斗上则必须实行外线的速决的进攻战，变战略上的劣势为战役战斗上的优势；实行外线的速决的进攻战，必须发挥组织指挥上的主动性、灵活性和计划性。在作战形式上，要根据战争发展的不同阶段，正确地运用运动战、游击战和阵地战三种不同形式。就全国抗战来说，战略防御和战略反攻两个阶段是以运动战为主，以游击战和阵地战为辅，而战略相持阶段则以游击战为主，以运动战和阵地战为辅。应尽可能实行歼灭战，执行有利条件下战役战斗的决战，避免赌国家命运的战略决战。

第五，毛泽东还论述了革新军制和现代化对于战胜日本帝国主义的作用问题，指："革新军制离不了现代化，把技术条件增强起来，没有这一点，是不能把敌人赶过鸭绿江的。"

毛泽东所预测的中国的持久战，最光辉和特殊的方面是表现为人类战争史上空前的犬牙交错的战争形态。整个抗日战争处于战略内线的地位，但主力军在内线，游击队在外线，形成夹攻敌人的奇观。各敌后游击区都以自己为内线，以其他各区为外线，又形成夹击敌人的战线。在战略防御阶段，战略内线作战的正规军是后退的，但战略外线作战的军队，则广泛向敌后方大步前进。这样就形成了有后方作战和无后方作战、包围和反包围、大块和小块的复杂形态。"长期而又广大的抗日战争，是军事、政治、经济、文化各方面犬牙交错的战争，这是战争史上的奇观，中华民族的壮举，惊天动地的伟业。"

关于最后胜利为什么属于中国的问题，源于时代特点和中日双方相互矛盾着的四个基本特点，这些特点的竞赛决定了中国全国抗战的进程和结局，"规定了和规定着双方一切政治上的政策和军事上的战略战术，规定了和规定着战争的持久性和最后胜利属于中国而不属于日本"。然而，"亡国论"的实质是盲目悲观，只看到日本的强大，无视中国人民的抗战力量；"速胜论"的实质是盲目乐观，稍有胜利便企望抗日战争可以毕其功于一役，打一场大会战便可扭转中日战局。只看到有利方面而不承认敌强我弱基本事实方面的"速胜论"和只看到敌强我弱的不利方面而看不到有利方面的"亡国论"，均是战争问题上的唯心论者和机械论者。人们对于"持久战"的担心和疑虑都是没有根据的。中日战争所处的时代和双方基本特点，从根本上不仅规定了抗日战争是持久战、不是速决战，而且决定了最后胜利属于中国而不是日本。这样，毛泽东就科学地指出了中国抗战最后胜利的光明前途。

毛泽东对持久战总趋势的论断是，中国进行的这种持久战，不但在战场上改变着敌我之间的强弱优劣形势，而且将逐渐地变化着总的形势，再配合着敌人内部的变动和国际的有利形势，就能使我总的形势走到平衡，再由平衡走到我优敌劣。"中国由防御到相持到反攻，日本由进攻到保守到退却——这就是中日战争的过程，中日战争的必然趋势。"这个战争，不但将影响中日两国的成败，而且将影响到世界，推动各被压迫民族的进步。全中国人民都应自觉地投入这个战争中去，中华民族的解放将从这个战争中得来。"抗日战争是持久战，最后胜利是中国的——这就是我们的结论。"

毛泽东关于持久战理论，是运用辩证唯物主义和历史唯物主义从中国实际出发解决战争问题的光辉典范，是毛泽东军事思想的重要组成部分，是中华民族抗日战争的指南。这一理论彻底批驳了"亡国论""速胜论"和轻视游击战争的错误观点，解答了人们头脑中关于持久战的种种疑惑，从战略、战役和战术各个层次上，提出了一整套克敌制胜的切实可行的具体作战方针和原则，清晰有力地描绘出中国抗战全过程的完整蓝图和抗日游击战争的前途。这一理论发展了弱国战胜强敌的战略理论，对中国尤其是敌后军民坚定抗日信心，坚持持久抗战，争取抗日战争的最后胜利，具有重大的理论指导意义。

# 四 结论

正确的抗战路线和战略方针，是全国抗战取得最后胜利的根本保证。中国抗日战争持久战战略的形成、发展，是许许多多优秀中华儿女思想的汇聚和升华，是全民族团结抗战的智慧结晶，是国共两党共同努力的结果。

全国抗战爆发后，中国共产党在科学分析中日双方战争特点的基础上，提出了实行全面全民族的抗战路线和持久战的战略总方针。这是中国在敌强我弱、敌小我大、敌退步我进步、敌寡助我多助的基本条件下唯一正确的抗战行动纲领。它指引全国军民最大限度地动员起来，陷敌于人民战争的汪洋大海，并在持久抗战中逐步实现战争力量的强弱转化，最终战胜日本帝国主义。

国共两党虽然在抗日民族统一战线的旗帜下合作抗战并实行持久战战略，但由于国共两党的阶级属性和政治目标、军事观念不同，因而在抗战路线和战略、战役指导上也有本质的不同。在充分肯定中国共产党持久战战略指导作用的同时，也必须对国民党的持久消耗战略作出应有评价。客观地看，国民党的持久战战略在对日抗战中也取得了一定成效。抗战初期，国民政府的抗战指导对战争全局有着十分重大的影响，在当时情况下，国民政府贯彻持久消耗战略，组织了忻口、淞沪、徐州、武汉等大规模战役，担负起正面的作战任务。这些战役虽未最后取胜，但粉碎了日军企图迅速灭亡中国的计划，客观上掩护了八路军、新四军的战略展开和敌后战场的开辟。战略相持阶段，又组织了随枣、长沙、浙赣等战役，抵抗了日军的进攻，保持了相对稳定的战线和敌我相持的态势，客观上配合了敌后战场的坚持和发展。另外，西南抗日根据地的稳定及阵地消耗战的艰难、持续进行，也使中国获得了稳定的抗战后方，保证了抗日持久战的平稳发展。这是应该予以肯定的。

（彭玉龙，军事科学院研究员）

# 全面抗战爆发前国民政府对
# 日本侵华军事战略之研判

## 袁成毅

彻底征服中国是日本明治维新以来逐步形成的国策，特别是从20世纪20年代中期起，日本陆海军更是每年都制订年度对华作战计划，由天皇最后裁决定案。① 1927年南京国民政府建立不久，日本先是制造济南事件，阻挠国民政府旨在统一全国的"二次北伐"，继则发动九一八事变和一·二八事变，不断加快全面侵华战争的步伐。国民政府认识到了日本侵吞中国的图谋，深感中日战争势所难免，因此也逐步开始对日本未来全面侵华战争的军事战略展开研判。学界既往对日本侵华军事战略的研究较为充分，② 而较少涉及中国方面对其军事战略所作的研判。鉴于"军事战略"这一概念本身的丰富内涵，本文仅从国民政府对日本可能挑起战争的时间，对日本陆军作战区域和方向、空中和沿海、沿江军事战略的研判入手，通过对事实经纬的梳理，将国民政府的研判过程、结论与同期日本军方制订的作战计划以及中日战争爆发初期的实际战局加以比较，以期检证国民政府研判之当否。

---

① 〔日〕重光葵：《日本侵华内幕》，齐福霖等译，解放军出版社1987年版，第82页。

② 代表性的成果主要有徐勇《征服之梦——日本侵华战略》（广西师范大学出版社1993年版）及鹿锡俊《中美关系与日本侵华战略的变化》（载《探索与争鸣》1995年第12期）。

# 一 国民政府对日本可能挑起战争的时间研判

1931 年发生的九一八事变使中国官方和民间对日本必然发动全面侵华战争形成了广泛共识。中国共产党在谴责日本占领东北的宣言中，指出日本占领东北的目的就是把中国完全变成它的殖民地。① 民间不少评论看法也基本一致，认为九一八事变不过是日本向发动全面侵华战争迈出的重要一步。② 戴季陶等人从日本国民性的角度对日本发动全面侵华战争的必然性进行过系统阐述，③ 而更多的人则是从日本明治维新以来不断推进"大陆政策"的角度来解释这种必然性，④ 这也成为国民党军方后来追溯日本侵华战史的基本模式。如陈诚认为"日本自明治维新以来，基于其传统之野心，以大陆政策为国策，图先占我东北，相继灭亡我国，以为其独霸远东、征服世界之起点"⑤。何应钦认为"盖自十七年济南五三惨案发生，日本帝国主义者……其处心积虑，殆无时无刻不思破坏我国家之统一，制我民族之死命，以达其侵略吞并之迷梦"⑥。这些论述虽然都是事后之言，但的确与战前国人的共识无异。

就日本发动侵华战争可能涉及中国地域的广泛性，战前朝野同样也有相当共识。1933 年下半年，国民政府已认识到，《塘沽协定》签订后日本"已预留乘机再犯之余地，一旦发生事变，势必再及平

---

① 《中国共产党为日本帝国主义强暴占领东三省事件宣言》（1931 年 9 月 20 日），《中共中央文件集》7，中央党校出版社 1991 年版，第 427 页。

② 参见张季鸾为王芸生《六十年来中国与日本》所作序言。王芸生：《六十年来中国与日本》第一卷，生活·读书·新知三联书店 2005 年版，第 13 页；万里：《田中奏折与币原基本原则之互动》，《民众三日刊》1931 年第 1 卷第 5 期；康黎：《日本可亡中国耶？》，《国际周报》1935 年第 10 卷第 12 期。

③ 戴季陶：《日本论》，民智书局 1928 年版，第 85 页。

④ 叶秋：《日本的大陆政策》，《世界知识》1936 年第 3 卷第 10 期。

⑤ 陈诚：《八年抗战经过概要》，台北：史政编译局 1946 年版，第 1 页。

⑥ 何应钦：《对临时全国代表大会军事报告》，载《何上将抗战期间军事报告》，民国丛书第二编 32，上海书店出版社 1990 年版，第 63 页。

津，……江浙闽等省均有被敌攻击之虞"。① 1935 年 6 月 27 日，胡适在致教育部部长王世杰的信中也提道："我们必须准备：一，沿海口岸与长江下游的全部被毁灭，那就是敌人海军的大动员。二，华北的奋斗，以至河北省、山东省、察哈尔省、绥远省、山西省、河南省的沦亡，被侵占毁坏，那就是敌人陆军的大动员。三，长江的被封锁，财政的总崩溃，天津、上海的被侵占毁坏……"② 1936 年 12 月 4 日，陈诚在给蒋介石的函电中还认为日本将来侵华主要区域是在鲁豫苏皖毗连地区、晋绥边境及江浙省会一带。③ 很显然，当时朝野普遍认识到将来日本对华侵略绝不会限于某一个局部区域，正由于此，军政界和学界围绕中国未来国防中心区展开了激烈论争，形成了南京中心说、长沙中心说、洛阳中心说、武汉中心说以及西安中心说等不同观点。④ 国民政府也正是基于对未来战争全面性的估计，认识到战争一旦爆发必然会有大面积国土沦陷，因此中国必须有向战略纵深发展的充分准备，明确中国未来的战略大后方。到 1935 年，随着国民政府统治势力向西南地区的不断深入，蒋介石终于确定将中国未来持久抗战的大后方置于四川。⑤

　　既然朝野对战争爆发的必然性和涉及地域的广泛性有相当的共识，那就提出一个更为现实的问题——日本何时挑起战争？国民政府决策层在对这一问题的研判中始终交织着三个方面因素的考量：第一，日本挑起对华战争势必影响美、英等国在华利益，这些国家为维护自身利益一定会对日本有所制约；第二，未来的战争将是日本与中、美、英、苏等国的多国战争，这场战争既存在日本与多国间同时

----

① 《防卫大纲》（1933 年），中国第二历史档案馆馆藏档案，资料号：787—1971。
② 耿云志、欧阳哲生整理：《胡适全集》（24，书信 1929—1943），安徽教育出版社 2003 年版，第 236 页。
③ 《函呈晋绥抗敌形势并陈条三事请核示》，《陈诚先生书信集——与蒋中正先生往来函电》，台北"国史馆"2007 年版，第 237 页。
④ 方秋苇：《中国国防中心区问题》，《前途杂志》1935 年第 3 卷第 8 期。
⑤ 《先"总统"蒋公思想言论总集》第 14 卷，演讲，台北：中国国民党中央党史委员会 1984 年版，第 653 页。

爆发的可能，也存在日本与其中一国首先开战的可能，而一国之中，日本还有首选中国、苏联或美国为对手的多种可能。第三，中国通过与日本的外交斡旋，在做出适度让步的情况下似可延缓战争的爆发。

从九一八事变到1936年上半年，国民政府主要寄希望国际社会能对日本有所制约，同时也立足于对日外交交涉，希望通过适度的让步，尽可能缓和双方关系，降低战争发生的风险。由于国民政府主观上有一定程度的"忍让"准备，因此这一时期基本的研判结论是中日战争尚不会立即爆发。

九一八事变发生后，蒋介石得知国际联盟将专门为此召开会议，他在10月13日的日记中写道："国际联盟为我东省事开会，如公理得以伸张，倭寇强权能屈服，则东亚与人类之幸。"[1] 事实上，国际联盟虽然对日本进行了道义谴责，但并没有对日本采取实质性的干预措施，[2] 国民政府最多也不过是等来了美国在1932年1月7日由国务卿史汀生发出的同文照会，即所谓"不承认主义"照会[3]，这可视为九一八事变后国民政府争取到的最大外交成果。在稍后不久的一·二八事变期间，蒋介石仍寄希望于英、美等国出面对日本施加压力，而国民党内的不少高级官员如宋子文、顾维钧、吴铁城、蒋光鼐、郭泰祺等甚至还希望借助国际社会的力量将上海事件与东北事件一并加以解决，[4] 但这些期望最终均告落空。

在一·二八事变后的一段时间里，蒋介石一直认为，就中国的国力而言，尚不是日本的对手，而日本与苏、美、英等国的冲突则有可能导致世界大战。他对未来世界大战的时间也有过一个预判："据我看来是公历一九三六年，即中华民国二十五年，那时第二次世界大战

　① 《蒋介石日记》1931年10月13日，斯坦福大学胡佛研究所档案馆藏。

　② ［日］橘秀一编：《国联调查团报告书》（中文版），满洲报出版部1932年版，第78页。

　③ 世界知识出版社编：《中美关系资料汇编》第一辑，世界知识出版社1960年版，第476页。

　④ 中国第二历史档案馆编：《中华民国史档案资料汇编》第5辑第1编外交（二），江苏古籍出版社1994年版，第672—682页。

恐怕就要开始，所以我们可能的准备期间，从今天算起最多是五年。"① 不过蒋介石同时也认识到五年的准备时间对中国来说远远不够，因为日本这个对手过于强大。在他看来，日本的真正目标必然是苏、美、英等大国。1934 年，他提出"（日本）现在陆军的目标是苏联，海军的目标是英美，他们的敌人不止中国一国，最大的敌人还在旁边"②。这一时期，国际和国内的舆论也多认为近期日苏或日美战争先爆发的可能性更大。③ 到 1936 年上半年，蒋介石仍然认为中日战争暂不会爆发。5 月 16 日，他在南京高级行政人员会议上讲道："可以说现在我们国家的危险，比两年以前要减少许多。……国家减少危险的重要原因，就是敌人的破绽与世界的纠纷一天比一天显露与深刻化。"他认为"苏俄与蒙古军事同盟决定发表以后，日本与苏俄的冲突更加尖锐化，日俄的战争，可以说再已无法避免，这也是过去所没有的情况。""远自'九·一八'事变，近从去年中央军由平津撤退以来……无论欧美任何强国，他们的目光，都是直射到远东，时刻注意中日情势的演变，时刻要想来解决远东问题。"④

　　除了对国际因素的乐观估计，蒋介石认为充分发挥对日外交的作用也可暂避中日战争的爆发。在 1936 年 7 月召开的国民党五届二中全会上，他仍然认为"外交的形势，大家相信并未到达和平绝望时期，与其说是和平绝望，反不如说是这半年来较之以前的形势，还有一线的希望，我敢说最近外交途径，并未达到最后关头……"⑤ 同一

---

　　① 《先"总统"蒋公思想言论总集》第 10 卷，演讲，台北：中国国民党中央党史委员会 1984 年版，第 489 页。

　　② 秦孝仪主编：《中华民国重要史料初编——对日抗战时期》绪编（三），台北：中国国民党中央委员会党史委员会 1981 年版，第 109 页。

　　③ 参见袁道丰《日美战争之预测》，《外交评论》1934 年第 3 卷第 1 期；［美］Wihain S. Graues 著，何佳生译：《日俄战争之预测》，《前途》1934 年第 2 卷第 10 期；［美］T. F. Betts 著，叶祥法译：《第二次日俄战争之预测》，《国际周报》1934 年第 9 卷第 5 期。

　　④ 《先"总统"蒋公思想言论总集》第 14 卷，演讲，台北：中国国民党中央党史委员会 1984 年版，第 281—283 页。

　　⑤ 《先"总统"蒋公思想言论总集》第 14 卷，演讲，台北：中国国民党中央党史委员会 1984 年版，第 381—382 页。

时期，国民政府军方也认为"中国现有之各种兵力与日本比较相差悬殊，日本有随时发动之可能，故开战之权不在中国。但在列强均势维持之下，尚能借国际同情之潜势力与暴日以无形之制裁，故目前中国除努力自强，以外交方式借国际势力以迁延暴日发动之时机，便我有整理图强之余裕"①。

1936 年 8 月以后，抗日运动在华北、华中、华南甚至西南地区都呈现出不断上升的势头。8 月下旬，在成都发生了民众为反对日本设立领事馆而捣毁日本商铺及殴毙日人的"蓉案"，9 月初，在广东北海又发生了日人遭袭的"北海事件"。由于这些事件多发生在日本海军在华势力相关地区，日本海军方面立即做出了以战争相威胁的强硬姿态。9 月 26 日，日本海军中央部在《对华时局处理方针》中表明态度，称国民政府中央对所有事件负责，必须迅速采取杜绝排日措施、迅速调整邦交、降低关税等措施，如果国民政府不满足其条件，日本陆海军将协同作战，固守上海、占领青岛；海军负责封锁华中、华南要地，轰炸中国在华中、华南的航空基地；日本陆军出兵华北。②

正是在这一阶段，国民政府感到了战争"随时爆发"的危险，同时也开始作具体的军事应对部署。1936 年 9 月 18 日，蒋介石致电何应钦，要求军事机关积极准备。9 月 24 日，蒋在日记中写道："以倭寇之横逆，决不能避免战争，而倭寇未料及启衅以后绝无谈和之时。"③ 同日，他又致电何应钦："据昨今形势，对方已具一逞决心，各令京沪汉各地立即准备一切，严密警戒，俟随时抗战为要。"④ 9 月 30 日，陈诚在致蒋介石的信函中也表示："就中日问题论，前途终不

---

① 中国第二历史档案馆编：《国民政府筹备抗战档案史料一组》，《民国档案》1997年第 2 期。

② ［日］日本防卫厅防卫研究所战史室：《日本海军在中国作战》，天津市政协编译委员会译，中华书局 1991 年版，第 136—137 页。

③ 《蒋介石日记》1936 年 9 月 24 日，斯坦福大学胡佛研究院档案馆藏。

④ 秦孝仪主编：《中华民国重要史料初编——对日抗战时期》绪编（三），台北：中国国民党中央委员会党史委员会 1981 年版，第 673—675 页。

免一战。""中日间的关系，今日实已至最严重之阶段。"① 10月1日，蒋介石在日记中称："应作随时应战准备，并转入主动地位。"②

在战争有可能一触即发之际，日本驻华使馆不顾国际惯例，指名要求与蒋介石直接谈判。国民政府一开始并不同意，但10月8日，蒋介石最后还是破例与日本驻华大使川越茂进行了会谈，由于日方条件苛刻，蒋对谈判结果并不抱希望。11月7日，蒋在日记中坦露他已有"对倭外交破裂之准备"，并表示"我国已失之主权只有收回，不能再失"③。11月10日，蒋在致外交部部长张群的电文中称："破裂时，宣言须预拟定，望先行电商为要。其中应以完整华北行政主权为今日调整国交最低之限度，否则非特无调整诚意，且无外交可言。须知今日完整华北之主权，乃为中国生死存亡惟一之关键，故须准备一切，以期国交之早日调整，虽至任何牺牲，亦所不恤之意。"④

从以上情形可知，1936年9月以后的确存在中日战争"随时爆发"的可能，台湾学者吴相湘认为"当时情势几乎有使中日战争一触即发，后来事态的缓和由于时任行政院长蒋介石破例与川越茂的会晤，也就是说中日战争因国民政府的忍耐而延迟了十多个月的时间"⑤。

进入1937年，国民政府更加明显地感觉到战争爆发的可能性与日俱增。1月28日，蒋介石在一次演讲中坦言："国际风云日恶，中国处境阽危。"⑥ 这一时期，国民党的其他高层人士也同样感受到了

① 《函呈时弊日亟请迅为根本部署以图挽救危亡》，《陈诚先生书信集——与蒋中正先生往来函电》，台北"国史馆"2007年版，第221—222页。

② 《蒋介石日记》1936年10月1日，斯坦福大学胡佛研究院档案馆藏。

③ 《蒋介石日记》1936年11月7日，斯坦福大学胡佛研究院档案馆藏。

④ 秦孝仪主编：《中华民国重要史料初编——对日抗战时期》绪编（三），台北：中国国民党中央委员会党史委员会1981年版，第679—680页。

⑤ 吴相湘：《中国对日总体战略及若干重要会战》，转自《抗日战争时期国民党战场史料选编》（一），浙江省中国国民党历史研究组（筹）编印，1985年，第269页。

⑥ 《先"总统"蒋公思想言论总集》第14卷，演讲，台北：中国国民党中央党史委员会1984年版，第484页。

战争的迫近。在同年 2 月召开的国民党五届三中全会上，何应钦在军事报告中称："近年国际风云日紧，何时发生战事，殊未可料。"① 国民政府参谋本部在同年 3 月最终完成了《民国二十六年度作战计划》（甲、乙）案的制订，其中既包括对敌情的研判，也有相应的作战预案，其出台距卢沟桥事变的爆发仅仅相隔了三个多月。

卢沟桥事变终于触动了国民政府设定的外交交涉底线，被国民政府认定为中国必须做出牺牲的"最后关头"，中日战争由此全面爆发。不过战端开启后，国民政府也没有完全放弃通过谈判解决问题的努力，在 1937 年 10 月 25 日召开的国防会议上，仍然没有排除通过和谈再争取时间的打算。② 正因为此，国民政府才接受了同年 11 月到 1938 年 1 月德国驻华大使陶德曼的居间调停。因此也有学者认为，从卢沟桥事变到 1938 年 1 月，国民政府作为整体是在反复研判与和、战的过程中走向抗战和实施抗战的。③

## 二 国民政府对日本陆军作战区域和方向的研判

国民政府在设法延缓中日战争爆发时间的同时，基于对日本全面侵华战争必然性的认识，大体上在 1935 年以后开始对日本侵华的具体军事战略展开研判。

在 1935 年制定的《民国二十五年度国防计划大纲》中，国民政府将全国划分为四类区域，其中，察哈尔、绥远、河北、山西、山东、河南、江苏、浙江、福建、广东为抗战区；安徽、江西、湖南、广西为警备区；甘肃、陕西、四川、宁夏为绥靖区；其他省份为预备区。从四类区域的划分来看，国民政府显然已明确判

① 何应钦：《对五届三中全会军事报告》，载《何上将抗战期间军事报告》，民国丛书第二编 32，上海书店出版社 1990 年版，第 36 页。
② 复旦大学历史系中国近代现代史教研组：《中国近代对外关系史资料选辑》下册二分册，上海人民出版社 1977 年版，第 15 页。
③ 吴景平：《蒋介石与抗战初期国民党的对日和战态度》，《抗日战争研究》2010 年第 2 期。

断日本在华作战的主要范围将首先是华北和东南沿海各省。①

1936 年，随着日本侵略势头的不断增长，国民政府军方对日军从陆路进攻的作战意图和重点进攻地区又作了判断，认为日本的作战意图是破坏中国经济中心区、占领中国政治及文化中心区、占领中国丰富区域战略要点。国民政府军方认为，中国经济中心区"现在当在京沪，日本自一·二八以后，即派有特别组织之海军陆战队（兵力在三千五百以上）驻守上海，战机一发可控我脏腑"。中国政治及文化中心"仍在京沪两地，其次则为北平、天津。京沪两地已如上述之危迫，平津二地接近非战区域，汉奸反动势力潜伏，战机一动，立受扰乱"。中国丰富区域战略要点即沿海各省，其中，"苏浙两省，迫近海疆，敌舰随可侵入，福州、厦门与台湾接近，一旦有事，日军登陆占领，易如反掌"。根据以上分析，国民政府军方判断，"京沪一带似为第一重点，平津两地，似为第二重点，浙闽二省，似为第三重点，倘被敌军占领，全局将不堪设想矣"②。

除了对日军重点进攻区域的研判，国民政府军方也研判了日本陆军可能实施对华作战的具体线路和步骤：

> 将现在东北四省之陆军、空军先行集中长城一带，以便一举占领平津地区，并唆使伪军骚动。以陆军第一主力部队，由海上运输进入长江，直达京沪地带。以陆军第二主力部队，由海上运至山东登陆，直取济南，以断中国南北之交通，并威胁我南北之侧。按目前朝鲜及东北各地，尚有义军扰乱日军之后方交通，若由海上运输，则无此患，且较迅速。取得平津以后，即联合各军向南行进，先占有黄河流域，或使东北傀儡入关，重建政府，或扶植汉奸于关内另组华北伪国，攻江南而收

---

① 张宪文等：《中华民国史》第 2 卷，南京大学出版社 2005 年版，第 361—362 页。
② 中国第二历史档案馆编：《国民政府筹备抗战档案史料一组》，《民国档案》1997年第 2 期。

最后之胜。俟华北之占领确实后，然后与长江方面之海陆军相
响应，进占长江流域。①

1937 年 3 月，国民政府参谋本部完成了《民国二十六年度国防
作战计划》（甲、乙两案）的制订，两个方案对日本陆军作战战略又
做出如下判断：

一是在战争爆发的初期，日方不一定会挑起大规模武装冲突，可
能会由局部战斗揭开序幕。如果中日两国进入战争，引起俄日或美日
作战甚至中、俄、英、美联合对日作战，日本陆空军主力应付俄军，
海军主力应付英美，对中国只有一部兵力而已。不过日本方面为获取
资源，巩固作战基础，也可能会以主力先对中国军队取攻势，达到在
短时间内消灭中国抵抗能力与意志的目标。

二是日军进攻的具体方向。第一，在黄河以北，由古北口和山海
关出发，经过北平和天津，沿平汉、津浦两路，分别向郑州、济南和
徐州等地前进。作为对该地区作战的配合，日军或由多伦经张家口、
绥远、河套及大同，或由北平经保定、石家庄向太原前进，取包围山
西之势。第二，在山东半岛，日军会利用其绝对的制海权，在胶州
湾、海州等处登陆，威胁中国军队在黄河北岸作战部队的侧背。第
三，在长江下游太湖附近地区，日军会利用在上海的根据地，以有力
之部队在该地区登陆，协同其海军展开进攻。第四，在杭州湾以南沿
海岸的各个要地，日军可能只会有局部的攻击，但对于福州、厦门、
汕头等地，日军仍有占领的企图。②

国民政府从 1935—1937 年针对日本陆军作战区域和方向的研
判经历了一个不断深化和细化的过程。如果将国民政府的上述研
判结论与日本方面同一时期制订的年度对华作战计划加以对照，

---

① 中国第二历史档案馆编：《国民政府筹备抗战档案史料一组》，《民国档案》1997
年第 2 期。

② 《民国二十六年度作战计划》（甲），中国第二历史档案馆编：《国民党政府 1937 年
度国防作战计划》（甲案），《民国档案》1987 年第 4 期。

可以看出，国民政府的研判结论与日本制订的年度作战方案基本接近。

日本军方在 1934 年制定下一年度对华作战方针时，认为国民政府尚未发挥出统一国家的机能，因此日本与中国似无发生全面战争的可能。若对华用兵可参照过去济南事变和上海事变，以保护日本权益和日本侨民的名义出兵，也可根据中国可能使用兵力的情况做出基本用兵作战计划。当年作战计划中特别值得一提的有以下几方面内容：1. 鉴于满洲事变后对苏作战准备不足，对华作战必须以最小的兵力达到作战目的。2. 在华中（即现华东，下同）、华南作战，考虑到列强特别是英美利害冲突，应尽量避免。为了应对将来对苏作战的需要，陆军应当尽量避免向华中、华南派兵。3. 海军承担保护长江流域日本权益和侨民的任务，除上海外，海军还要向南京、汉口、长沙、重庆等地派出舰艇。4. 考虑到对苏、对美关系，尽量避免从局部战事发展为全面战争。要将作战限制在华北、华中或华南为根本方针。5. 对华作战的目的是占领华北、华中，必要时也包括华南，迫使中国屈服。

根据这些方针，1935 年度日本陆军作战的具体计划是：1. 在华北方面作战时，在平津一带以中国驻屯军、关东军以及由日本国内和朝鲜派来的部队为基干，占领北平和天津附近要地。在山东作战时，陆军与海军协同，在山东半岛和海州附近登陆，占领青岛、济南、海州附近要地。2. 在华中方面作战时，陆军与海军协同在上海附近地区登陆，占领上海附近地区，根据情况，可由华北方面沿京汉线南下与之呼应，沿长江向汉口作战。3. 在华南方面作战时，以主力占领福州，一部占领厦门，如需要还可占领汕头。①

日本军方在 1935 年制订的 1936 年度作战计划基本上沿袭了上年的思路，仍然认为国民政府正致力于加强自己的统治，不大可能冒险

---

① ［日］日本防卫厅战史室：《日本军国主义侵华资料长编》（上册），《大本营陆军部》摘译，四川人民出版社 1987 年版，第 269—270 页。

与日本发生战争。作战计划与上年的主要不同之处是考虑到对苏作战的需要，同时也考虑到国民政府的统治正在逐渐加强，决定暂时取消原定的沿长江向汉口作战的计划。①

1936 年 8 月，日本参谋本部又制订了 1937 年度对华作战计划，更加明确了日本用兵的重点地区和兵力配置：华北方面用 8 个师团占领北平及天津附近要地以及青岛、济南、海州附近要地；华中方面用 3 个师团占领上海附近，用 2 个师团从杭州湾登陆，从太湖南面前进，两军策应向南京作战，以占领和确保上海、杭州、南京三角地带；华南方面用 1 个师团占领福州、厦门和汕头。②

国民政府战前对日本陆军进犯重点和方向的研判与战争初期的实际战局也基本相符。卢沟桥事变发生后，中日两国虽进行了短暂交涉，但交涉期间中日双方都在做全面战争的准备。在华北，7 月 28 日，日军向北平的中国军队发动总攻，很快就占领了北平和天津，接着开始沿平绥、平汉、津浦三条铁路线向华北各地扩大战争。在平绥线方面，日军相继占领南口、张家口、归绥、包头、大同，之后沿同蒲线南下占领太原。在津浦线方面，日军先占领了静海、独流镇、马厂、沧县等地，继则占领德县、济南。在平汉线方面，日军相继占领逐县、保定、石家庄。在华东，国民政府主动开辟了淞沪战场，会战从 8 月中旬持续到 11 月中旬，虽然日军最终占领了上海，但其"速战速决"的设想并未实现。而且由于国民政府主动开辟上海战场，使日本方面暂时放弃了从山东半岛登陆的原定计划。③ 同时也不得不推迟原定对华南福州、厦门、汕头等地的军事行动。

---

① ［日］日本防卫厅战史室：《日本军国主义侵华资料长编》（上册），《大本营陆军部》摘译，四川人民出版社 1987 年版，第 271 页。

② ［日］日本防卫厅防卫研究所战史室：《中国事变陆军作战史》第一卷第一分册，田琪之译，中华书局 1979 年版，第 91—93 页。

③ ［日］日本防卫厅防卫研究所战史室：《中国事变陆军作战史》第一卷第二分册，齐福霖译，中华书局 1981 年版，第 11 页。

# 三 国民政府对日军空中和沿海、 沿江作战战略的研判

较之对日本陆军进攻重点和方向的研判，国民政府对日本空中侵华战略的研判要困难得多，其中一个重要原因是日本航空兵分属于海军和陆军，并不是一个独立的军种，这使得国民政府获取日本航空兵力的具体情报十分困难。诸如日本陆海军航空兵力如何划分作战范围、相互如何配合，这些对于国民政府军方来说都是研判的难题。正因为此，国民政府对日本空中侵华战略的研判重点就只能局限于日军空袭的战略意图、空袭的主要地域范围等。

国民政府军事委员会在 1936 年 3 月制订了《防空作战计划》，其中对日本陆海军航空队将来针对中国的轰炸意图作了五个方面的判断：1. 摧毁我国空军制空权；2. 协助其陆军作战；3. 阻止运输，妨碍国际补充线路；4. 破坏我国军事、政治、经济及工业中心，予我军作战以根本打击；5. 滥施轰炸引起恐怖，动摇我国国民战志，以遂其速战速决。[①]

1937 年 3 月，国民政府参谋本部在《民国二十六年度作战计划》（甲、乙两案）对日军航空作战的战略意图作了进一步判断，认为"其使用对我侵略者，或先以主力轰炸我重要城市及我空军根据地并主要交通线及铁路之要点，而以其一部分协助其陆军作战"[②]。

根据上述研判结论，国民政府军方将以首都南京为中心的东南地区置于未来对日防空的重点区域，将空军飞机（其中能够参战飞机223 架[③]）集中部署于南昌、广德、句容、蚌埠、杭州、南京等地，[④]

---

① 《防空设施及抗战经过概要（附南京成都汉口贵阳市防空图）》（防空学校编印，1945 年），中国第二历史档案馆藏档案，资料号：787–17029。

② 《民国二十六年度作战计划（甲）》，中国第二历史档案馆编《国民党政府 1937 年度国防作战计划》（甲案），《民国档案》1987 年第 4 期。

③ 陈诚：《八年抗战经过概要》，台北：史政编译局 1946 年版，第 14 页。

④ 高晓星、时平：《民国空军的航迹》，海潮出版社 1992 年版，第 249—252 页。

以便使有限的空军兵力能集中配置使用。

日本情报部门对"我国国防军事航空以及政治经济无不调查精详",① 国民政府的上述军事部署日本方面了如指掌。卢沟桥事变爆发后，日本陆军航空队和海军航空队明确了各自的作战范围和对象，② 其中，陆军航空队主战华北，重点是配合地面部队作战，海军航空队主战华东，重点是消灭中国空军，破坏中国空军基地。

在华北，日本方面判断"中国空军及海军于华北方面可能不会对我进行攻击"③。因此陆军航空队的任务是"与地面作战的配合作为关键，对敌（国）航空兵力无需主动去攻击"④。由于国民政府空军在华北的缺失，致使日本陆军航空队在华北前两个月的作战中更加横行无忌。国民政府陆军的作战越来越困难，极盼空军能给予协助，在此背景下，国民政府空军只能从华东一带抽出少量兵力参加在山西的作战。这样，从卢沟桥事变到是年底济南沦陷的五个多月时间里，在华北的日本陆军航空队除在山西与国民政府空军有几次正面交锋外，在其他地方的作战中未遇到任何中国空军的阻力。

在华东，日本驻上海的海军航空队很早就做好了作战准备。卢沟桥事变爆发后，日本国内的海军航空队也开始向济州岛、台北和浙江舟山群岛一带集结。8 月 13 日，日本海军第三舰队司令长官长谷川清向海军航空队下达了"应以全兵力，先发制敌，击破敌空军"的命令，⑤ 但 8 月 14 日上午，中国空军主动袭击了日本海军上

---

① 《国民政府对日情报及意见史料》（下），台北"国史馆"编印 2002 年版，第 350 页。

② ［日］日本防卫厅防卫研究所战史室：《中国事变陆军作战史》第一卷第一分册，田琪之译，中华书局 1979 年版，第 151—152 页。

③ ［日］日本防卫厅防卫研究所战史室：《日本海军在中国的作战》，天津市政协编译委员会译，中华书局 1991 年版，第 167 页。

④ 《支那事变概史——陆军航空作战经过概要》，［日］亚洲历史资料中心（JACAR），编号：C11110470300。

⑤ ［日］日本防卫厅防卫研究所战史室：《日本海军在中国作战》，天津市政协编译委员会译，中华书局 1991 年版，第 214 页。

海特别陆战队本部、吴淞海面的第八战队、日本旗舰"出云"号。①
从 8 月中旬到 10 月，日本海军航空队密集地向上海、杭州、南京、
南昌等地展开轰炸。国民政府空军将轰炸机队的全部兵力用于轰炸
上海日军据点和舰船，驱逐机队主力用于防卫南京、南昌及杭州等
空军基地。② 日军尽管占有对华航空作战的绝对优势，但其对国民
政府空军的作战能力显然过于低估，希望在开战数日内消灭国民政
府空军的作战意图未能如愿，结果差不多用了两个月才完全掌握了
华东一带的制空权。

国民政府研判日本海军在中国沿海和沿江可能采取的作战战略相
对要容易一些，其原因在于日本发动全面侵华战争之前，日本海军早
已活动于中国沿海和内河，特别是 1932 年淞沪战事结束后，日本海
军对中国沿海、沿江地区的骚扰更加频繁，日军舰艇肆意深入长江腹
地，不断在沿江水面停泊示威，日本海军频繁对中国重要的沿江、沿
海水域进行侦查、测量水深。③ 日本海军的露骨行为客观上也为国民
政府研判日本海军的动向提供了可能。

研判结论首先是基于对中日海军实力的比较。战前国民政府海
军的全部力量即使整合起来也不过只有 44 艘军舰，30201 吨的排水
量。④ 江、海防建设同样薄弱，而且"自吴淞因一·二八事变被毁
以来，长江门户洞开，又苏鲁海岸，向少防御设备，万一有事，敌
人可到处上陆，不特海疆受敌威胁，长江腹地，敌舰也横行无
忌"⑤。与中国落后的海军和江、海防建设形成鲜明对比的是，一·
二八事变后日本发展海军的速度更为迅猛。1935 年 10 月，国民政

---

① 日本防卫厅防卫研究所战史室：《日本海军在中国作战》，天津市政协编译委员会
译，中华书局 1991 年版，第 214—215 页。

② 秦孝仪主编：《中华民国重要史料初编——对日抗战时期》第二编，台北：中国国
民党中央委员会党史委员会 1981 年版，第 104 页。

③ 《参谋本部关于外舰在要塞地带航行时暂行处置办法的密令》（1932 年），中国第
二历史档案馆藏，资料号：787—2196。

④ 《海军沿革史》（1912—1941 年），中国第二历史档案馆藏，资料号 787—578。

⑤ 何应钦：《对五届三中全会军事报告》，《何上将抗战期间军事报告》，民国丛书第
二编 32，上海书店出版社 1990 年版，第 17 页。

府外交部驻横滨总领事馆办事处提供的情报是，日本海军拥有主力战舰 9 艘，航空母舰 4 艘，一等巡洋舰 12 艘，二等巡洋舰 22 艘，一等驱逐舰 59 艘，二等驱逐舰 30 艘，潜水母舰 3 艘，潜水舰 52 艘。[①] 到 1937 年中日开战前，日本海军拥有主力战舰 9 艘，航空母舰 6 艘，一等巡洋舰 14 艘，二等巡洋舰 26 艘，驱逐舰 122 艘，潜水舰 70 艘。海军的总舰艇数 247 艘，总吨位为 866704 吨，俨然成为世界海军强国。[②]

鉴于中日海军实力的绝对悬殊和中国江、海防的薄弱，1936 年 5 月，国民政府德国军事顾问团提出加强长江江防的建议，认为中国舰队在海上对于日本舰队毫无抵抗的机会，而长江较之海洋要浅狭得多，日本海军虽然强大，却因其舰身长、吨位大，无法在长江内完全发挥出战斗力。因此，中国海军若能改造装甲防空良好的小吨位浅水炮舰，装置大口径火炮，再以鱼雷快艇和江防要塞配合作战，方可与日海军周旋。[③] 蒋介石对德国军事顾问团的江防建议也深表赞许，指示军政部按照建议书中所列出的江防舰队建设规划向德国、英国购买鱼雷快艇。[④] 不过到 1937 年 2 月国民党五届三中全会召开的时候，"海军方面，为经费所限制，未能作大量之建设"[⑤]。

面对中日海军力量的悬殊，国民政府军方充分估计到日本海军将在未来对华作战中发挥重要作用，于 1936 年针对日本海军作战意图和作战地域做出如下判断：第一，"（日本）以海军封锁中国，使武器与各种需品不得输入，以断中国之外援及海上交通"。第二，"（日本）以航空母舰载运海军航空兵力，最先击破中国空军，以便得到制空权，然后轰炸中国市镇。倘海军航空兵力不足，则联合陆军所属之

---

① 《日本海军阵容概况》，《外交部公报》1935 年第 8 卷第 10 期。

② 《日本之海军实力》，《时事类编特刊》1937 年第 2 期。

③ 《德国顾问关于长江江防建议书》（1936 年），中国第二历史档案馆藏，资料号 787—1978。

④ 马振犊：《抗战爆发前德国军火输华述评》，《民国档案》1996 年第 3 期。

⑤ 何应钦：《对五届三中全会军事报告》，《何上将抗战期间军事报告》民国丛书第二编 32，上海书店出版社 1990 年版，第 37—38 页。

空军以攻击"。第三，"（日本）以一部海军在中国沿海各地施行威胁以牵制中国之陆上兵力，然后择安全地点使其陆军登岸。……日本必以海军联合当地驻军先行占领塘沽、青岛、浦东、上海、舟山岛、福州、厦门等处，故日本有安全之上陆地点"。第四，"（日本）以海军一部游击镇海、宁波（由海上可以炮击宁波）、象山、海门、温州以及福建沿岸，并相机派兵占领要点，以牵制中国兵力，或吸收当地物资"①。

1937 年 3 月，国民政府参谋本部在《民国二十六年度作战计划》（甲）中进一步明确，日本海军在华的第三舰队有 23 艘舰艇，在台湾马公有 4 艘舰艇，"故将利用其海军之优势，行动完全自由，仅以一部协同空军掩护陆军之登陆，余或集中于长江协同陆军作战。或于开战初期，破坏我沿海要地，并袭用其不宣而战之故伎，以阻碍我长江交通"②。

国民政府军方的上述研判与日本海军 20 世纪 30 年代中期以来制订的对华作战预案大体相当。1936 年 5 月，日本海军方面提出的对华用兵方案是"在协同陆军进攻青岛的同时，协同陆军占领上海附近并控制扬子江流域"③。1937 年卢沟桥事变爆发后，日本海军军令部于 7 月 12 日下达了《关于对华作战用兵秘密指示》，对海军的作战提出了更为具体的预案，其主要内容是：海军除运送和护卫陆军并在天津方面协助陆军外，要准备全力对华作战；要确保上海及青岛成为作战基地；以海军航空兵扫荡华中敌空军力量；陆、海军共同努力确保青岛；在长江下游、浙江沿海及其他日本海军兵力所在地附近建立封锁线；在作战初期由第三舰队承担对全中国的作战，第二舰队承担运输和护卫陆军的任务；当出兵青岛方面时，由第二舰队承担华北地区

① 中国第二历史档案馆编：《国民政府筹备抗战档案史料一组》，《民国档案》1997 年第 2 期。

② 《民国二十六年度作战计划》（甲），中国第二历史档案馆编：《国民党政府 1937 年度国防作战计划》（甲案），《民国档案》1987 年第 4 期。

③ ［日］服部卓四郎：《大东亚战争全史》上，张玉祥等译，世界知识出版社 2016 年版，第 200 页。

的作战，由第三舰队承担华中、华南地区的作战。①

全面抗战爆发初期，日本海军除暂时未配合陆军在青岛登陆作战外，基本上依上述预案展开部署和实战。特别是 1937 年 8 月上海战事爆发后，日本海军方面在集中其航空兵力打击中国空军基地的同时，也展开了对国民政府海军的攻击，此外还配合了地面部队的登陆作战，实施了对中国东南沿海海岸的封锁。②

国民政府也正是基于对日本海军作战战略的研判，在战前就明确海军的作战方针是"避免与敌海军在沿海各地决战，全部集中长江，协同陆军扫荡扑灭敌在长江内之舰队，尔后封锁长江口及各港湾，阻止敌舰之侵入"③。在全面抗战爆发初期，国民政府海军的重点是阻防日舰沿长江溯江西上，特别是在江阴一带铲除了航标，通过大量沉船等措施设置阻塞线，推迟了日本海军溯江而上的时间，一定程度上打乱了日本海军的预定作战计划。④

综上所述，全面抗战爆发前，国民政府对日本侵华军事战略的研判，无论是对战争爆发时间，还是对日本陆军作战区域和方向、从空中以及沿海、沿江的作战战略，与日本方面的作战预案以及开战初期日军作战的实践大体上一致，仅仅从战略研判的角度来看，国民政府军方并没有出现明显的误判，这些战略研判对指导作战初期的军事行动起到了重要作用。

（袁成毅，杭州师范大学人文学院历史系教授）

---

① ［日］日本防卫厅防卫研究所战史室：《中国事变陆军作战史》第一卷第一分册，田琪之译，中华书局 1979 年版，第 168 页。

② ［日］外山三郎：《日本海军史》，龚建国等译，解放军出版社 1998 年版，第 111 页。

③ 《民国二十六年度作战计划》（乙），中国第二历史档案馆编：《国民党政府 1937 年度国防作战计划》（乙案），《民国档案》1988 年第 1 期。

④ 陈诚：《八年抗战经过概要》，台北：史政编译局 1946 年版，第 15 页。

# 关于抗日战争时期的沦陷区研究

臧运祜

    1931—1945 年的中国抗日战争时期，日本帝国主义者在广大的中国占领区，扶植诸多伪政权、实施殖民统治，从而形成了近代中国历史上特有的"沦陷区"。与"解放区"（根据地）、"国统区"（大后方）一样，"沦陷区"同样是中国抗日战争史上不可或缺的重要内容。笔者拟在回顾我国学界相关研究的基础上，就其未来的学术发展做些展望，以就教于学界。

一

    中国抗日战争时期的伪政权与沦陷区，是日本帝国主义发动侵华战争并实施殖民统治的必然产物。

    近代日本按照其以中国为主要目标而实行侵略扩张的"大陆政策"，于 1894 年发动甲午战争、1895 年迫使清政府签订《马关条约》之后，割占了中国的台湾岛及其附属岛屿与澎湖列岛，并于 1895 年 6 月 17 日开始在此实行了长达半个多世纪的殖民统治，台湾由此成为中国的"老沦陷区"，台湾人民开始了反抗日本殖民统治的长期斗争，成为中国人民抗日斗争的重要组成部分。

    1931 年日本发动九一八事变，由此开始了从局部到全面、历时十四的侵华战争。日军侵占中国的领土之后，为达到灭华、亡华之目的，转而实行了不同于台湾殖民统治的"以华治华、分而治之"的侵华政策：在中国关内外的广袤的占领地区，扶植中华民族的各色汉奸与败类，组建了一系列在日寇刺刀之下的傀儡政权，以继续实行其对于中国占领区的殖民统治。这些在日伪统治之下的广大地区，从抗战时期以来就被称为中国的沦陷区。

九一八事变后，日本迅速侵占东北三省全境及内蒙古东部的部分地区，1932 年 3 月扶植成立了以逊清皇帝溥仪为首的伪满洲国；1933 年年初侵占热河省与长城以北地区后，又将该地区划入了伪满的界内。在日伪统治之下的东北沦陷区，时间长达十四年之久。根据1933 年 5 月的《塘沽协定》而形成的冀东"非武装区"，成为日本向关内扩张的基地。1935 年日军发动"华北事变"，策划华北和内蒙古西部地区的"自治运动"，企图将上述地区分离于中国本土之外。1935 年年底成立以殷汝耕为首的冀东伪政权，1936 年 5 月成立以德王（德穆楚克栋鲁普）为首的伪蒙古军政府。日本将中国传统上的"华北地区"①，别具用心地一分为二，分别由天津军和关东军主持，进行旨在分裂华北与内蒙古西部地区的"工作"。

七七事变后，日本从华北开始发动一场更大规模的、全面的侵华战争。日军在中国关内的占领区，继续扶植建立一系列伪政权，形成了更加广大的沦陷区。华北方面军陆续侵占华北各地区之后，在北平、天津市"治安维持会"的基础上，于 1937 年 12 月 14 日在北平（后被改称"北京"）扶植成立以王克敏为首的"中华民国临时政府"，1938 年 1 月 1 日就职。该伪政权后来下辖的河北、山西、山东、河南四省以及北平、天津、青岛特别市，即所谓"华北沦陷区"之主体。关东军进占察哈尔、晋北、绥远等地的同时，于 1937 年 9 月 4 日在张家口成立"察南自治政府"，10 月 15 日在大同成立"晋北自治政府"，10 月 28 日在归绥（后被改称"厚和"）成立"蒙古

---

① 据有关学者的考证："华北"一词，是 19 世纪末期在外国势力逐渐深入我国和国人注意维护主权的语境下形成的，20 世纪 20 年代以后其使用频率很高。张利民：《"华北"考》，《史学月刊》2006 年第 4 期。关于 20 世纪 30 年代的"华北"概念问题，参见臧运祜《七七事变前的日本对华政策》，社会科学文献出版社 2000 年版，第 3—5 页。

联盟自治政府"。11月22日,上述三个"自治政府"在张家口组建"蒙疆联合委员会"。1939年9月1日改称"蒙古联合自治政府"。对于伪蒙疆政权下辖的内蒙古西部沦陷区,学界有时单独列论,有时又与华北沦陷区、关内地区一并论述。

华中方面军侵占上海、南京及华东地区之后,1938年3月28日,在南京扶植成立以梁鸿志为首的"中华民国维新政府",其辖区主要是今江苏、浙江与安徽等省以及上海市。后随日军对于武汉、广州等城市的占领,又逐渐扩大到华中、华南的部分地区。1938年年底,汪精卫集团叛国投敌,经过日本方面的统合与协调,伪华北、伪华中两政府均同意组建以汪精卫为首的"中华民国国民政府"。1940年3月30日,汪伪国民政府在南京成立,而华北临时政府改称"华北政务委员会"。汪伪政权继承了"中华民国维新政府"的基础,其辖区随着日军的侵华行动亦有所增加,一般称其为"华中沦陷区",有时也与关内地区一并列论。

综上,中国抗日战争时期的沦陷区,既为日军的占领区,又是日本扶植之下的伪满洲国、华北伪政权、伪蒙疆政权与汪伪政权的辖区,其范围涵盖东北、华北(含今内蒙古西部地区)、华中(含今华东、华南)地区,也可以统称为关内外沦陷区。

在整个抗日战争时期,中国形成了被日伪政权实施殖民统治的"沦陷区"、由国民党与国民政府继续统治下的"国统区"以及中国共产党领导下的"解放区"(或称"根据地")。当时中国最为富庶而被日伪政权统治下的广大沦陷区,有学者称其为战时中国的"半壁江山",其历史自然亦应该成为中国抗日战争史乃至中国近现代史上不可或缺的重要内容。

## 二

早在抗日战争的初期,以毛泽东为首的中国共产党人,就关注到了沦陷区问题的重要性及研究的意义。抗战进入相持阶段以后,为了研究一切重要的时事问题，延安组织了一个"时事问题研究会"，研究讨论之外，着手编辑"时事问题丛书"，共分为四个问题，而"沦陷区问题"即为其中之一。1939 年 10 月 1 日，毛泽东为该会编辑、解放社即将出版的《日本帝国主义在中国沦陷区》一书，专门撰写了"研究沦陷区"的序言，论述了沦陷区问题的意义及其研究的重要性与方法问题。他首先指出："中国沦陷区问题，是日本帝国主义的生死问题。""沦陷区问题，成了抗战第二阶段——敌我相持阶段的极端重要的问题。"因此，"在这种情形下，沦陷区问题的研究是刻不容缓了"。但是在当时的解放区，对于沦陷区的研究却是相当薄弱的："在沦陷区中敌人干了些什么并将要怎样干这个问题方面，抗战干部中没有研究或没有系统研究的，乃是十人有九。这就指明：我们对于这个问题唤起注意的重要性与必要性了。"关于沦陷区问题的研究，毛泽东指出了必须首先详细占有材料的极端重要性，以及从材料中引出结论的这个历史唯物主义的科学方法。① 尽管如此，在戎马倥偬的战争环境之下，包括解放区在内的中国大后方，虽然出于抗战的需要而收集、编印了大量的日伪情报与沦陷区的各种资料，② 但是真正意义的学术研究，在抗战时期还难以真正开展。战后中国政府对于敌伪产业的接收与汉奸的审判以及为此而编辑的资料，无疑也为日后的学术研究奠定了一定的基础。

1949 年新中国成立后的半个多世纪，中国大陆学界关于伪政权和沦陷区的研究，历经曲折但后来居上，终于走上了繁荣与发展之路。在"文化大革命"前的 17 年间，算是起步与缓进阶段；此后直到 20 世纪 70 年代末，是停顿和复苏阶段。20 世纪 80 年代以来的 20 年间，则是大步迈进和走向繁荣阶段：据不完全的统计，这 20 年间，发表论文 500 余篇、学术专著 60 余部，出版资料集 30 余

① 延安时事问题研究会编：《日本帝国主义在中国沦陷区（时事问题丛书之二）》，上海人民出版社 1958 年版，第 1—3 页。

② 国民党中央调查统计局（"中统"）特种经济调查处及国民政府军事委员会政治部等部门，在抗战时期也编辑过一些有关沦陷区的资料。

种，翻译出版外国的专著、史料集和回忆录 10 余部。这些成果既论及日本殖民统治问题，又论述各伪政权的成立与汉奸集团及其重要人物，还涉及沦陷区的政治、军事、经济、文化教育以及民众抗争的方方面面。总体而言，虽然缺少一部系统与全面论述抗战时期整个伪政权与沦陷区的专著，但是在伪满洲国与东北沦陷区、汪伪政权与华中沦陷区的两个主要方面，已经取得了大量而重要的研究成果。①

21 世纪以来，随着中国抗战史研究的继续深化与提高，中国大陆学界一方面继续提高沦陷区研究水平，特别是要细化资料、深化内容、提高理论、推进整体；② 另一方面，针对此前一直处于薄弱甚至于空白状态的华北伪政权、伪蒙疆政权以及华北（含内蒙古）沦陷区，大力加强了研究，取得了令人瞩目的重要成果。关于华北沦陷区及其伪政权，除了相关资料的大量刊布之外，近年问世的四部专著，③代表了一定的学术水平，填补了相关领域的空白。④ 关于伪蒙疆政权的研究，近年问世的四部专著⑤以及《内蒙古师范大学学报》（哲学社会科学版）2009 年第 5 期发表的一组专题研究论文，表明抗战时

---

① 参见金光耀、张济顺《抗日战争时期沦陷区研究介绍》，曾景忠编《中华民国史研究述评》，中国社会科学出版社 1992 年版，第 299—322 页；余子道：《回眸与展望：建国以来的沦陷区和伪政权研究》，《抗日战争研究》1999 年第 3 期；高莹莹：《1949 年以来的沦陷区研究综述》，《兰州学刊》2015 年第 5 期。

② 2010 年 1 月，中国社会科学院近代史所《抗日战争研究》编辑部与哈尔滨师范大学联合举办"抗日战争与沦陷区问题研究"的学术讨论会，相关中青年学者就深化沦陷区研究发表了意见。其笔谈文章，收入《抗日战争研究》2010 年第 1 期。

③ 郭贵儒等：《华北伪政权史稿——从"临时政府"到"华北政务委员会"》，社会科学文献出版社 2007 年版；刘敬忠：《华北日伪政权研究》，人民出版社 2007 年版；张同乐：《华北沦陷区日伪政权研究》，生活·读书·新知三联书店 2012 年版；郭贵儒：《河北沦陷区伪政权研究》，人民出版社 2013 年版。

④ 相关情况，还可参见张同乐《华北沦陷区日伪政权研究综述》，《抗日战争研究》2004 年第 1 期。

⑤ 祁建民：《二十世纪三四十年代的晋察绥地区》，天津人民出版社 2002 年版；金海：《日本占领时期内蒙古历史研究》，内蒙古人民出版社 2005 年版；金海：《日本在内蒙古殖民统治政策研究》，社会科学文献出版社 2009 年版；任其怿：《日本帝国主义对内蒙古的文化侵略活动》，内蒙古大学出版社 2006 年版。

期伪蒙疆政权史是一个方兴未艾、值得奋发有为的领域。[1] 臧运祜、王希亮著《中国抗日战争史》第七卷"伪政权与沦陷区",[2] 是关于中国抗日战争时期该专题研究的最新著作。

与此同时，1949 年以后的我国台湾地区学者以及第二次世界大战后的日本与欧美学界，对于中国抗战时期的沦陷区以及相关的伪政权问题，均有一些研究成果。

台湾地区虽然具有民国时期档案资料的特殊优势，但是对于汪伪政权史的研究，却是在 20 世纪 80 年代才开始。吴学诚的硕士学位论文《汪伪政权与日本关系之研究》（1980 年）首开风气之先，其后又有邵铭煌的博士学位论文《汪伪政权之建立与兴亡》（1990年）。此外，尚有陈鹏仁、陈木杉编辑的有关资料以及关于汪精卫"和平运动"与人物的一些研究成果。[3] 近年较有代表性的著作为：王克文关于汪精卫及其伪政权的研究，[4] 刘熙明关于伪军与强权政治之关系的研究，[5] 罗久蓉关于"汉奸"审判问题的研究。[6] 此外，台湾学界关于伪满洲国与东北沦陷区的学术研究，近年也有较多的成果。[7]

第二次世界大战后的日本学界，对伪满洲国与中国关内的其他傀

---

[1] 臧运祜：《关于抗战时期伪蒙疆政权史的研究（代序）》，《内蒙古师范大学学报》（哲学社会科学版）2009 年第 5 期。

[2] 步平、王建朗主编：《中国抗日战争史》全八卷，社会科学文献出版社 2019 年版。

[3] 邵铭煌：《台湾地区汪精卫政权史料与研究》，"中华民国史"专题论文集（第四届讨论会），台北"国史馆"1997 年版，第 1833—1853 页。

[4] 王克文：《汪精卫·国民党·南京政权》，台北"国史馆"2001 年版。

[5] 刘熙明：《伪军——强权竞逐下的卒子（1937—1949）》，台北：稻乡出版社 2002 年版。

[6] 罗久蓉：《她的审判：近代中国国族与性别意义下的忠奸之辨》，台北："中研院"近代史所 2013 年版。

[7] 蔡雅祺：《制造战争阴影：论满洲国的妇女动员（1932—1945）》，台北"国史馆"2010 年版；许雪姬：《是勤王还是叛国？——"满洲国"外交总长谢介石的一生及其认同》，《"中研院"近代史所集刊》2007 年第 57 期；许雪姬：《在"满洲国"的台湾人高等官——以大同学院的毕业生为例》，《台湾史研究》2012 年第 19 卷第 3 期；林志宏：《"满洲国史专号"导论》，《暨南史学》2014 年第 17 期；林志宏：《有毒的圣杯——满洲国"民族协和"的实践及其困境》，《新史学》2020 年第 31 卷第 3 期。

傀儡政权，分别进行研究。对于伪满洲国的研究，自20世纪70年代以后开始活跃，成果可谓丰硕，但观点也有争论。① 对于汪精卫及汪伪政权之研究，在沦陷区诸伪政权研究中较有代表性；其研究有如下特点：一是在研究范畴上，对于伪政权的研究多置于中国现代史的范畴，对占领区的研究则置于日本史或殖民统治的范畴，且后者的研究成果明显超过前者；二是在研究方向上，经济面胜于政治面，对于占领地经济支配有较为深入的研究成果；三是在研究态度上，对于日本军国主义，批判胜于辩护，对于汪伪政权则同情多于斥责。②

欧美学界早在20世纪70年代就有学者开始探讨战时傀儡政权的问题，③ 20世纪80年代开始，随着民国史研究的开展，对于抗战时期的沦陷区问题开始进行研究。20世纪90年代以后对于沦陷区的傀儡政权之研究也开始兴盛。其成果在普遍肯定"沦陷区研究"的潜力与价值的基础上，分为两类：一是沦陷区的地方经验，偏重社会史和文化史；二是沦陷区的傀儡政权，倾向政治史或外交史，后者又不可避免地涉及抗战时期的所谓"和平运动"④。

# 三

综上所述，近半个多世纪以来，中国大陆学界关于抗战时期的沦陷区之研究，存在以下特点和问题。

第一，从研究历程与现状来看。对于伪满洲国、汪伪政权以及东北沦陷区的研究，开始较早，且已有较为丰硕的成果；而对于华北（含伪蒙疆政权）以及关内诸沦陷区的研究，虽开始较晚但后来居上，最近十多年来才有较多的新成果。上述状况，必然造成关于抗战

---

① 山根幸夫ほか编『〈增補〉近代日中関係史研究入門』，研文出版1997年版，第229—275、497—503頁。

② 许育铭：《日本有关汪精卫及汪伪政权之研究状况》，《抗日战争研究》1999年第1期。

③ ［美］约翰·亨特·博伊尔：《中日战争初期的通敌内幕1937—1945》（上、下册），陈体芳、乐刻等译，商务印书馆1978年版。

④ 王克文：《欧美学者对抗战时期中国沦陷区的研究》，《历史研究》2000年第5期。

时期沦陷区研究的不均衡状态。迄今为止，中国学界还没有一部对于沦陷区进行总体与全面研究的专著。这与我国学界的中国抗战史研究是极不相称的。

与该状况相关联的是，关于沦陷区史料的编辑与出版状况。在抗战时期延安编辑《日本帝国主义在中国沦陷区》之后的相当长的时期里，中国学界系统编辑与出版沦陷区史料的工作，目前还只能说不尽如人意。迄今，只有东北沦陷区的史料较为充足，① 汪伪政权的资料尚有较大差距，② 华北、华南仅有一些资料，③ 总体资料则只有一卷。④ 这种史料状况，不但严重制约了学界研究的开展，其实也是研究不充分之反映。

第二，从研究范围与主题来看。在既有的论著之中，与日本侵华史相关联的诸如伪政权的建立过程与相关人物，以及各沦陷区的经济、教育等方面的内容，成果较为多见，但是关于沦陷区的政治、军事方面的研究仍然相对薄弱，而社会、文化史等方面的研究就更为少见（仅有"沦陷区文学史"算是个例外，但更多的是中国现代文学史的研究成果而非中国现代史的研究成果）。

第三，从研究理论与方法来看。中国学界关于伪政权与沦陷区的研究，目前的成果基本上从属于日本侵华史的范畴，或者说就是前者的注脚。如此，由于学界对于日本侵华史本身的研究既存在诸多的薄

① 中央档案馆、中国第二历史档案馆、吉林省社会科学院合编：《日本帝国主义侵华档案资料汇编》，中华书局1988年版，共计18卷，绝大多数为日本侵略东北的档案资料；孙邦主编《伪满史料丛书》，吉林人民出版社1993年版，共计10卷。

② 复旦大学历史系黄美真、余子道等主编之《汪伪政权史资料选编》，仅出版过《汪精卫集团投敌》《汪精卫国民政府成立》《汪精卫国民政府"清乡"运动》（上海人民出版社1984—1985年版），其余各卷迄今也未见出版。

③ 谢忠厚、张瑞智、田苏苏总主编，中央档案馆、中国第二历史档案馆、河北省社会科学院编《日本侵略华北罪行档案》，河北人民出版社2005年版，共计10册；广东省档案馆编：《日军侵略广东档案史料选编》，中国档案出版社2005年版；《北平伪中华民国临时政府公报》，国家图书馆出版社2010年版，共计14册；《华北政务委员会公报》，国家图书馆出版社2012年版，共计22册。

④ 章伯锋、庄建平主编：《中国近代史资料丛刊》之《抗日战争》第6卷《日伪政权与沦陷区》，四川大学出版社1997年版。

弱和不足，① 再加上沦陷区研究的上述缺陷，其在理论与方法上就更加缺乏，仅以批判和揭露的成分居多。即使与日本侵华史相关的近代日本殖民地统治，在理论与方法上的研究也非常薄弱。

# 四

针对上述状况，借鉴于有关学者的高见②，笔者不揣冒昧，谨对于抗战时期的沦陷区研究，提出以下建议。

## （一）区分"日—伪"关系，提高沦陷区研究的理论水平

日本帝国主义在中国扶植的诸多伪政权与形成的多个占领区，这应该是日本侵华史的范畴，而抗战时期的沦陷区则属于中国抗战史的范畴。两者虽然密切的因果联系，但显然又有所区别。但我国学界的既有成果，经常将以上两者混为一谈，其具体表现就是认为日伪之间"铁板一块"。这样的思维方法与研究模式，固然有利于揭露和批判日本侵华的本来面相，但是在沦陷区的研究上，自然也就容易形成"天下乌鸦一般黑"的脸谱化、标签式形象，而这显然是背离历史真相的。因此，笔者认为在伪政权与沦陷区的研究上，首先就要本着历史唯物主义的态度，在这个重要问题上有所突破。也就是说，既要看到日伪之间的狼狈为奸，也要看到其矛盾与冲突；既要关注到日本在中国占领区的殖民统治，又要看到中国沦陷区本身的历史发展。张生等著《日伪关系研究——以华东地区为中心》（南京出版社 2003 年版），就是中国学者在这方面的一种努力；张宪文先生在序言中指出：该书"对日伪之间既合作、勾结，又有矛盾、冲突的复杂历史作了实事求是的分析"。

其次需要提高沦陷区研究的理论水平。毛泽东同志在 1939 年 10

---

① 关于 20 世纪的日本侵华史研究，参见张振鹍《日本侵华史研究：一个粗略的回顾》，《抗日战争研究》1999 年第 3 期。

② 《笔谈"抗日战争与沦陷区研究"》，《抗日战争研究》2010 年第 1 期。

月 1 日撰写的《研究沦陷区》一文，虽然提出了研究沦陷区问题的"刻不容缓"，但也针对在当时情况下延安的时事问题研究会还只能编辑出版一些并不完全的沦陷区材料，指出："要解决问题就须要研究，须要从材料中得出结论，这是另外一种工作，而在这类书里面是没有解决的。"[①] 但战后 70 多年来，由于中国抗日战争史研究的滞后以及该学科在理论上的薄弱状况，[②] 沦陷区问题在史实研究尚有很大缺陷的基础上，理论水平同样亟须提高。在日本侵华史中，关于近代日本的殖民统治问题及其在朝鲜、中国台湾与大陆的不同情况，[③] 其与西方列强在华殖民统治的比较，以及当代"后殖民主义"对于近代历史研究的影响，中国学界的研究大大落后于日本学界。[④] 此外，关于殖民地与近代化问题的理论探讨，迄今也有很大的缺陷。[⑤] 具体到中国沦陷区，目前还多是分散性的区域研究，如何走出区域研究、[⑥] 在比较台湾与大陆、关内与关外的基础上进行总体论述则十分缺乏；而关于中国的汉奸与伪军等问题，如何在传统的民族主义史观的基础上，寻求更加合理的历史阐释，也在考验着当代中国学者的智慧。[⑦]

---

① 延安时事问题研究会编：《日本帝国主义在中国沦陷区（时事问题丛书之二）》，上海人民出版社 1958 年版，第 2—3 页。

② 刘大年著《我亲历的抗日战争与研究》、王维礼著《中日十五年战争及其他》（中央文献出版社 2000 年版），对于中国抗日战争史的若干理论问题进行了一些探讨。

③ 张洪祥主编《近代日本在中国的殖民统治》（天津人民出版社 1996 年版）、关捷主编《日本对华侵略与殖民统治》（社会科学文献出版社 2006 年版）、陈小冲《日本殖民统治台湾五十年史》（社会科学文献出版社 2005 年版），算是中国学者在这方面的代表作。

④ 20 世纪 90 年代以来，日本学界关于"殖民地史"与"帝国史"的研究开始兴盛。日本殖民地研究会编辑出版了《日本殖民地研究》杂志；有关论著的汇编有：《岩波讲座近代日本と殖民地》（全 8 卷，岩波书店，1992—1993 年版）、《岩波讲座"帝国"日本の学知》（全 8 卷，岩波书店 2006 年版）等。

⑤ 笔者所见，目前仅有高岱、郑家馨著《殖民主义史（总论卷）》（北京大学出版社 2003 年版），对此问题有所探讨。

⑥ 董玥主编：《走出区域研究：西方中国近代史论集粹》，社会科学文献出版社 2013 年版。

⑦ 罗久蓉著《她的审判：近代中国国族与性别意义下的忠奸之辨》（台北："中研院"近代史所 2013 年版）、李志毓著《惊弦——汪精卫的政治生涯》（香港：牛津大学出版社 2014 年版），可以视作中国学者在这方面的一种努力。

### (二) 深化政治、军事史的研究

在中国抗战史研究上，传统史学的政治与军事史，一直是学界研究的重点领域。[①] 在沦陷区的研究上，虽然大致呈现了同样的状态，但同样不容讳言的是，在以上两个方面还有继续深化之必要。

在政治史领域，在既有研究基础上，关于日本对于关内外各伪政权的不同政策、中国抗战阵营各派势力的分化与演变问题、中国汉奸群体形成之政治因素、关内外各伪政权之间的复杂关系以及其对日关系的不同特性、各伪政权的法律体系、伪中央政权之下各基层政权的状况等问题，均可以将研究提升到一个新的阶段。比如：潘敏著《江苏日伪基层政权研究 （1937—1945）》（上海人民出版社 2006 年版），就对日伪时期江苏省的县级以下基层政权进行了深入研究，拓宽了汪伪政权政治史的研究领域；张宪文先生在序言中指出："日本在中国沦陷区先后建立了伪满洲国、伪华北临时政府、汪伪国民政府等。日本对这些伪政权的统治模式、统治策略和政策并不完全一样。我们是否可以探讨一下各伪政权的政治结构、政治生态、人员构成、地方控制、经济结构、意识形态和相互关系等。通过对各伪政权的比较研究和整体性、层次性的解剖，将伪政权史的研究引向一个新的发展阶段。"

在沦陷区的军事史领域，既有研究虽涉及日伪的军事镇压行动和伪军的某些问题，但是关于作为沦陷区军事主体的侵华日军，迄今仅有一些资料性介绍而缺乏深入、细致的研究成果；[②] 对于抗战时期伪

---

① 2015 年 4 月 12 日，在由中国人民大学中国共产党历史与理论研究院、中国社会科学院近代史研究所革命史研究室共同主办的"中国抗日战争史研究的回顾与前瞻"研讨会上，与会的党史界、近代史界专家认为：军事史和政治史仍旧是抗战史的核心，不应忽视。参见《北京日报》2015 年 4 月 27 日第 24 版。

② 耿成宽、韦显文编：《抗日战争时期的侵华日军》，春秋出版社 1987 年版；李惠、李昌华、岳思平：《侵华日军序列沿革》，解放军出版社 1987 年版；天津编译中心编：《日本军国主义侵华人物》，中国文史出版社 1994 年版。

军的形成因素与构成状况，以及其在不同政治势力之间的生态与发展状况，专门研究甚少；① 与此相关，对于伪警察与特务机构的专门研究，就更加缺乏；② 而对于日伪历次军事镇压行动的过程与社会影响等问题，在研究上亦有提升之必要。③

### （三）加强社会、文化史的研究

相较于上述政治、军事以及经济史的既有研究成果，④ 沦陷区的社会与文化史研究，迄今一直是两个薄弱的领域。最近 30 多年来，虽有若干中青年学者在这两个领域进行了极大的努力，但是总体看来，笔者认为仍然需要在克服"碎片化"研究的基础上，继续加强这两个领域的深入与总体研究。⑤

就社会史而言，沦陷区的上层与底层社会状况、1 亿多城市与乡村民众的生活状况，尚有很大的开拓空间；日伪在沦陷区通过"协和会""新民会""大民会"等政治组织实施社会控制的问题，也需要

---

① 刘熙明著《伪军——强权竞逐下的卒子（1937—1949）》（台北：稻乡出版社 2002年版），论述了伪军在抗战期间如何游移于国民政府、中国共产党、日本之间，以获得利益得到发展，以及战后如何在国共内战与苏军压力下逐步瓦解的历史过程。

② 目前只有关于汪伪"七十六号"特工总部的资料和研究：如蔡德金、尚岳编《魔窟汪伪特工总部七十六号》，中国文史出版社 1986年版；蔡德金编《七十六号汪伪特工总部口述秘史》，团结出版社 2007年版；黄美真、姜义华、石源华《汪伪"七十六号"特工总部》，上海人民出版社 1984年版；团结出版社 2010年版。

③ 例如：中国学界研究日军在华北的行动，多数人迄今还要依赖于日本方面的一部著述（［日］日本防卫厅战史室编：《华北治安战》，天津市政协编译组译，天津人民出版社1982年版）。江沛著《日伪"治安强化运动"研究（1941—1942）》（南开大学出版社 2006年版），算是一部中国学界的专著。

④ 关于沦陷区的经济史研究，迄今还是在日本的经济掠夺与统制方面的成果较为明显：除了东北沦陷区之外，关于关内沦陷区较为突出（居之芬、张利民主编：《日本在华北经济统制掠夺史》，天津古籍出版社 1997年版；王士花：《"开发"与掠夺：抗日战争时期日本在华北华中沦陷区的经济统制》，中国社会科学出版社 1998年版；黄美真主编：《日伪对华中沦陷区经济的掠夺与统制》，社会科学文献出版社 2005年版）。而关于沦陷区本身的经济史之研究，成果并不太多（王士花：《日伪统治时期的华北农村》，社会科学文献出版社 2008年版；潘健：《汪伪政权财政研究》，中国社会科学出版社 2009年版）。

⑤ 关于社会史、文化史研究的"碎片化"问题，参考李长莉《中国近代史研究中的"碎片化"问题笔谈：新兴史学与方法论困境》，《近代研究》2012年第5期。

在既有研究上予以加强；沦陷区民众不甘做亡国奴的抗争历史，理应成为中国人民抗日战争的重要内容之一。

就文化史而言，沦陷区的新闻、出版、广播、电影、戏剧、文艺、学术等项文化事业的发展状况，其分门别类和综合性研究的研究成果并不多见，[①] 受当前"新文化史"影响之下的各种沦陷区文化史研究，也是一个值得期待和将有所发展的领域。

### （四）不要忘记中国的"老沦陷区"——台湾

日本在甲午战争打败中国之后，通过《马关条约》割占台湾，在此实行了长达 50 余年的殖民统治，台湾因此成为中国第一个"老沦陷区"。既往中国学界的抗战史研究，基本上是把台湾与大陆分开的，虽然对于日据时期的台湾史已经进行了较为充分的研究，[②]但在中国抗战史研究中，研究伪政权问题不会涉及台湾，研究沦陷区问题则忽略了台湾。笔者认为，由于日本在中国台湾和大陆殖民统治的特性，虽然在伪政权问题上不必要涉及台湾，但是在沦陷区问题上则不应忽略作为中国"老沦陷区"的台湾。这是因为：第一，日本在台湾的直接殖民统治，无疑为其在大陆通过傀儡政权、实施间接的殖民统治，创造了先例和经验；第二，相应地，台湾作为中国之"老沦陷区"的历史，也是中国人民被奴役的"亡国奴"历史的写照，它与抗战时期中国大陆沦陷区的历史既互相重叠，又可以相互比较；第三，台湾人民历时 50 余年不屈不挠的反抗日本殖民统治的历史，参与祖国大陆抗日战争的历史，是中国人民抗日

---

① 除了沦陷区的奴化教育成果相对较多之外，相关成果有：王向远：《"笔部队"和侵华战争——对日本侵华文学的研究与批判》，北京师范大学出版社 1999 年版；任其怿：《日本帝国主义对内蒙古的文化侵略活动》，内蒙古大学出版社 2006 年版；符静：《上海沦陷时期的史学研究》，社会科学文献出版社 2010 年版。

② 1949 年以来中国大陆的相关研究，参见杜继东《1949 年以来中国大陆的台湾近代史研究综述》，《近代史研究》2003 年第 3 期；李细珠《大陆台湾史研究的宏观检讨》，《台湾研究》2014 年第 5 期。台湾学界的相关研究，参见"中研院"台湾史研究所筹备处《台湾史研究的回顾与展望》，《台湾史研究》第 1 卷第 1 期，台北：1994 年 6 月；如今，"台湾史"已然成为台湾史学界的"显学"，日据台湾史又是其重点。

战争史不可或缺的内容。因此，对于日本侵华战争期间在关内外各沦陷区的殖民统治之研究，完全可以与日据台湾史，在诸多方面进行比较研究。①

（臧运祜，北京大学历史学系教授，本文原载《中共党史研究》2015 年第 9 期，收入本书时，有修订）

① 钟放《伪满洲国的法治幻象》（商务印书馆 2015 年版），认为 1932 年以后，日本帝国主义在伪满推进司法建设，历时十三年半的伪满洲国总计立法千余部，构成了比日据时期的台湾地区和朝鲜半岛更为严密的殖民地法律体系。

# 近代日本侵华观念的形成与推展

李少军

近代日本从 1874—1945 年，侵略中国七十多年，给中华民族造成了极为深重的灾难、不计其数的生命财产损失。深挖其根源，对于清算日本军国主义的罪恶、深刻总结历史教训、防止日本重蹈覆辙、维护东亚与世界和平，具有十分重要的意义。所谓日本侵华的根源，包括其相关的思想观念，中外各方人士对此问题已有很多论述，笔者拟主要联系日本近代不同时期几位很有影响的人物的相关言论，揭示近代日本侵华观念形成与推展的大致过程，求教于大方。

## 一　向中国等国扩张以消除自身危机是　日本侵华观念的发端

日本在古代，特别是它的战国时期，曾有侵犯中国等周边国家的行动，相应地，也表现出妄自尊大、图谋统治中国的观念。而到了近代，日本在对外侵略过程中，也曾将这些作为传统因素大加利用。①但从历史过程来看，笔者认为这并非近代日本侵华观念的直接源头。近代日本侵华观念的内涵是芜杂的，究其起点，是在面对列强扩张压力、本国出现严重危机、社会发生巨大变动的情况下，提出侵略中国

---

① 近年学界对这个问题的论述，参见韩东育《日本对外战争的隐秘逻辑（1592—1945）》，《中国社会科学》2013 年第 4 期；冯天瑜、任放《日本对外侵略的文化渊源》，高等教育出版社 2017 年版。

等国以转移危机与矛盾；而长州藩武士吉田松阴的相关言论，则是其标志。

19世纪中期，中国败于鸦片战争，美欧列强不断增大对日本的压力，最终迫使日本于1853年打开国门，致使其国内政治经济陷于严重混乱，德川幕府加速衰亡。在此局面下，一些日本人对本国命运怀有强烈的危机感，掀起"尊王攘夷"运动，直至展开明治维新。同时，在对外问题上，他们面对以往两百多年推行的锁国政策破产，转而图谋仿效列强，通过对中国等国侵略扩张，来消除自身的危机。就此而言，当时"尊王攘夷"派的精神领袖、后被明治政府当权者奉为先驱的吉田松阴，可谓典型代表。他率先冲击锁国禁令而在日本社会掀起波澜，继而竭虑谋划抛弃锁国政策后日本的对外取向，充当了对外侵略扩张的首倡者。在他看来，在德川幕府迫于美国压力订立条约、打开国门后，日本对美欧"屈膝低首，任夷之所为，国之衰自古未曾有"，如果一直"无能举足摇手"，将难逃沦亡的命运。而他在此状况下提出的所谓"保国"之策就是："开垦虾夷、封建诸侯，乘间夺加摸察加、隩都加（即勘察加、鄂霍茨克——引者注）；谕琉球朝觐会同，比内诸侯；责朝鲜奉贡纳质，如古之盛时；北割满洲之地，南收台湾、吕宋诸岛。"[①] 按吉田松阴的逻辑，日本在美欧威胁、压迫下"保国"的必由之路，就是对中国等周边国家侵略扩张；而他所设定的侵略扩张的具体目标，也涵盖了其后日本对外南进、北进的两大方向。日本明治政府一成立，即将扩张锋芒指向朝鲜，紧接着进犯台湾、吞并琉球，乃至于后来挑起甲午战争并割占辽东（因俄法德三国干涉未遂）、台湾与澎湖列岛，通过日俄战争与沙俄分踞中国东北，对朝鲜实行殖民统治，由此挤进列强之中。这个过程，可以说都是对吉田松阴所表达的通过对外侵略扩张来"保国"观念的继承与贯彻。

---

① "幽囚録"，日本山口县教育会编纂《吉田松陰全集》第1卷，岩波書店1936年版，第585、596页。

近代日本借对中国等国侵略扩张来消除自身危机，不只限于对外保持、提升其国家地位的层面，也包括转移自身社会矛盾、维持统治稳定的考虑。1868 年开始的明治维新，本是以中下层武士为基本力量，但在变革中却剥夺了他们过去的特权地位，对其长期的贫困状况也无力扭转，引起大量武士的不满与反抗，给明治政府的统治造成"内忧"，而当权者的对策之一，就是通过对外侵略扩张来转移不平武士的怨恨，近代日本侵华的第一步——1874 年对台湾的进犯，就是为此而发动的。当时，日本的维新仅有数年时间，还谈不上有多强的国力与军力支撑对华挑衅，且大久保利通等权臣经过在美欧多国实地考察，也看到本国与工业社会尚有巨大差距，而宣称在一段时期"内治优先"。然而，出于转移不平武士对明治政府怨恨的需要，大久保利通等还是在推行吞并琉球步骤的同时，做出了出兵台湾的决定。而清政府的软弱妥协，使日本这次原本后继乏力的进犯行动，居然以向中方索取 50 万两白银收场，明治政府也由此强化了其对内的权威。① 此后，日本通过对华挑衅乃至于发动战争来转移国内矛盾，便成了司空见惯的现象；尤其是在昭和时期，日本每次发生兵变，总是以加剧对华侵略作为平息事态的重要步骤。还有大量在本国不得意而又自认为有才能的日本浪人，也往往自发或被怂恿将其能量投向对中国等国的侵略扩张②，其中为增进日本权益、势力起了作用之辈，在国内被赞为所谓"东亚先觉志士"，由对外扩张团体为之树碑立传。③

---

① 参见石井宽治《開国と維新》，小学館 1996 年版，314—320 页；大久保利谦编《明治国家の成立》，山川出版社 1996 年版，94—95 页。

② 按日军对华谍报制度于 1886 年被派到汉口谍报点的陆军少尉荒尾精，纠合一些这类日本浪人，将其谍报范围扩大到长江上下游乃至于中国西部地区，是一个突出事例。参见井上雅二《巨人荒尾精》第 3 章"漢口に於ける梁山泊"。

③ 参见日本黑龙会编《東亜先覚志士記伝》上、中、下各卷相关记述，黑龍会出版部 1933 年、1935 年版；东亚同文会编《对支回顾録》上、下卷及《続对支回顾録》之相关叙述与传记，原书房 1973 年复刻版。

## 二 为自身富强而"割取"中国，反映日本侵华势力持久的欲望

日本从明治维新以后开始推进工业化，但作为狭小的岛国，缺乏很多为工业化所必需的资源，资金也很不充足，加上长时期压榨本国农民而极大限制了市场购买力，因而就将掠夺以中国为主的周边国家、抢夺那里的市场，作为资本原始积累、实现自身富强的重要途径。与此相应，其侵华观念也增添了重要内容。

在近代日本经济史上，1886年是所谓"企业勃兴"开始的年份，而抢夺中国茶叶生丝在欧美的市场以获得硬通货、换取日本急需的机器设备，主要利用中国棉花作为其机器棉纺织业原料，不断扩大各种日本货物在华市场等，都作为日本服务于工业化的重要措施加紧推行。正是在这样的时候，在日本社会舆论中出现了以掠夺中国来使日本富强的毫不掩饰的强盗之声。明治时期日本有名的言论家中江兆民，在1887年发表的一篇流传甚广的文章《三醉人经纶问答》中，假托"豪杰客"之言，将此实录下来，其文曰：

> 亚洲……有一大国……很博大、很富足而又很劣弱……如割取该国一半或三分之一为我国所有，我国就会成为大国，财足人众……可建城垒，可铸巨炮，陆上可出百万精锐，海上可浮百千坚舰，我小国将一变而成俄罗斯、英吉利……落后于他国而要得到文明手段，办法虽多，但说到底不外乎出大钱买来，而小国又拿不出钱，就必须割取一个大国，使自身成为富国。仰赖上天宠灵，眼前就有一个庞然大国，土壤肥沃，兵民软弱，何幸逾之！①

---

① 《兆民文集》，日高有伦堂1909年版，第61—62页。

　　历史证明，如此话语绝非逞快空言，8 年后日本对华强加《马关条约》，便通过割占中国领土并勒索空前巨大的赔款，将此化为现实。此后半个世纪里，"割取"中国以满足自身需要，是日本侵华势力从未消退的欲望与屡见不鲜的行径：只要认为有机会，便占据中国地方，即使遭到中方抵抗、与他国争战也悍然为之；在占领之后，必继之以各种"经营""开发"，攫取资源、扩展日货市场与日人活动空间；即使受制于各种因素不得不停止军事占领（如占据胶州湾 8 年后于 1922 年 12 月将其对华"交还"），仍竭力维护和扩展其根基与地盘，采取各种手段使之成为日本的所谓经济"势力圈"。① 日本竭力增大其对华经济势力的范围，尤其是在一战中抓住良机，促使其在华势力膨胀，成为与美英抗衡的角色。但是，自 1915 年日本对华强加"二十一条"后，面对其接二连三的侵华暴举，中华民族的反抗浪潮不断高涨，且反复以抵制日货乃至于发动"对日经济绝交"的形式展现出来，由此对日本在华利益给予了不同程度的打击。然而，日本侵华势力绝不反思压迫中国之过，反而大造仇华舆论乃至于发出挑衅喧嚣，与此同时，"割取"中国从不停手，经济扩张毫无放松之迹。最典型的事例，莫过于九一八事变后至中日全面战争爆发的 6 年间，日本面对中日矛盾激化、中国民众广泛抵制，把持在中国东北经济各个方面自不必说，在上海以及青岛、天津等地，也将主要机器工业抓在手里，不断扩大日本纱厂产能、压制中国民族企业而占据头号地位②；此外，被日本视为重要战略资源的大冶铁矿石，在此期间按年度计算，对日出口量居然达到了前所未有的高值。③

---

　　① 大量史料证明：日本在对华"交还"胶州湾后，一直到挑起全面侵华战争之前，持续把持胶济铁路及其沿线重要矿山，占据青岛与济南及胶济铁路沿线大量土地，称霸山东制造、交通、贸易、金融各业，相对于美英经济势力明显占据上风。参见拙文《论巴黎和会后日本在山东势力的维护与扩张（1919—1931）》，《近代史研究》2022 年第 5 期。

　　② 参见高村直助《近代日本綿業と中国》之第Ⅲ编"在华纺の中国市场制霸と崩壊"，東京大学出版会 1982 年版。

　　③ 见奈倉文二《日本鉄鋼業史の研究》，近藤出版社 1984 年版，第 90 页。该书还揭示：当时日本在华获取铁矿石的另一重要来源安徽桃冲，1932 年对日输出量有所下降，但其后又逐年增多。见该书第 102 页。

在上述过程中，对于日本政、军、商界来说，"割取"中国以使日本富强，实为他们共同的取向。

日本政府为此制定和推行各种政策且不论，从 19 世纪 70 年代初开始派驻中国口岸、以后不断增多的日本领事，可谓以此为基本职责的实地尖兵。他们除了办理例行业务之外，将最大功夫、最多时间用于刺探所涉区域乃至于更大范围内与日本经济扩张相关的各种信息，百般寻求日本所需的资源，了解和分析涉及日货的市场动向，协助乃至于指挥日商扩展势力，向上提出促进经济扩张之计与应对不利情况之策等，他们就这些事项发出的报告等为数之多，说汗牛充栋，亦非夸张。不仅如此，甲午战争后，日本政府为维护、扩展在华经济利益而对华施压，也成了家常便饭，其蛮横无理也超出今人想象。如在 1925 年，山东当局试图变更中日"合办"鲁大矿业公司（经营淄川、坊子与金岭镇三矿）的中方股权，法理上无可挑剔，也无损于日方权益，但日方为了绝对控制，竟由驻青岛、济南总领事、驻华公使及日本外相，轮番威胁恐吓该省当局、奉系要人及北京政府，横加阻止。[①]

至于侵华日军，既攻城略地、充当以武力"割取"中国的凶暴角色，又大力为对华经济扩张引路导航。甲午战争前在中国大面积铺设的日军谍报网，从清末到民国前期按条约在华驻扎、巡航江海及完全非法盘踞中国地方的日本海陆军，都有为日本经济扩张探路的表现，即都在日常谍报活动中，将中国各地物产、产业、交通运输等方面状况作为探查事项、情报内容。[②] 再者，日本在割占台湾与澎湖列岛、迫使沙俄让出旅大后，分别设立由日军将领掌管的台湾"总督府"

---

① 参见拙文《论巴黎和会后日本在山东势力的维护与扩张（1919—1931）》，《近代史研究》2022 年第 5 期。

② 1882 年由日本海军军务局出版的间谍曾根俊虎所撰《清国各港便览》，内容即涵盖中国军事与社会经济、物产资源等。而荒尾精在从事间谍活动期间，搜集中国社会经济情报的力度更大，在此基础上，他的合作者以"日清贸易研究所"名义编纂了《清国通商综览》3 大册，于 1892 年在日本公开出版。荒尾精还策划在华就地培养日本经济扩张所需人才，成为东亚同文书院实际的鼻祖。到民国前期，日本的关东军、中国驻屯军、华中派遣队等及在江海各通商口岸之间活动的日本海军的谍报，都大量涉及中国资源、社会经济状况。

"关东都督府"；占据胶州湾 8 年，也一直由所谓"青岛守备军""主政"；九一八事变后，关东军成为在东北最大的势力。由此，日军在这些地方成为"战后经营"的主导者，对推进日本经济势力扩张所起作用巨大。① 此外，日本海军为本国经济势力深入长江干支流等中国内河充当前驱，在环境动荡时为本国商船武装护航，也是人们熟知的史实。

近代日本商界是"割取"中国的直接受益者与积极拥护者。因此，明治维新后由日本国家政权扶植起来的三井、三菱、住友、大仓等"政商"，充当了对华"割取"的经济主体，相当主动地听从政府之命、配合其侵华政策、步骤，竭力寻求和攫取中国资源、在华拓展市场、打压扼杀中国民族企业，其自身资本也在这一过程中不断积累。还有与这些"政商"色彩稍异的日本商界巨擘涩泽荣一，对促进本国棉纺织资本打入中国、推动本国航运势力在中国江海扩展所起作用巨大，对日本政府制定、推行侵华经济政策影响至深，也是周知之事。此外，甲午战争以后数十年，为数众多而名不见经传的日本中小商家凭借条约特权，参与对华"割取"，而一旦遭到中国民众反对日本侵略浪潮冲击、利益受损，便成为侵华战争的大肆煽动者。

## 三　以对外弱肉强食的"文明观"为
## 侵华涂抹"正当"色彩

无论是面对外压图谋以对外扩张来"保国"、为转移内部矛盾以巩固统治而策动对华进犯，还是宣扬为本国富强而"割取"中

① 目前已知：日本"青岛守备军"先后实行所谓"军政""民政"，把持胶济铁路及其沿线矿山，占据胶东大量土地并极为廉价地转租给日本人，为日资企业提供种种便利，迅速将日本经济势力引入山东，为将该区域变为日本的经济"势力圈"打下了基础。至于日军在割占台湾、控制辽东乃至于东北后，对日本经济扩张所起具体作用，还有待于深入探究。

国，都体现日本的利益需要与其侵华之因果关系，其观念及相应的行为，都是地地道道的以邻为壑、践踏道义。近代日本侵华势力虽始终循此信条，但也需对之加以装扮。而从明治维新后的日本看，西潮奔涌、西学盛传，随之所谓"文明开化"取得极大话语权，即使在统治者转向厉行专制之后，"西洋文明"也仍被有选择地作为样板，一些西方学说也继续受到崇奉。在此状况下，如将对中国等国的侵略与"文明开化"挂钩，并将西方国家引为榜样、伙伴，就颇有助于为侵华涂抹"正当"的色彩。而适应这种需要、完成这种操作的，就是实地接触西方最早、鼓吹"文明开化"最力、在日本已有全国性影响的言论家福泽谕吉，其标志是他于 1885 年发表的《脱亚论》。

福泽谕吉是日本德川时代洋学家群体的传人，从 1860 年就走出了国门，由此看到美欧的社会发展阶段领先于世界，而将日本、中国、朝鲜都视为"半开化"之国，大力鼓吹"文明开化"，并明确提出"以西洋为目标"。当然，包括他在内的不少日本人，也都了解西方列强侵略成性、向全世界扩张，以至于日本自身也被殃及。然而，1873 年德国"铁血宰相"俾斯麦对日本岩仓使团就丛林法则现身说法，及随后西方进化主义学说传入日本，又使日本统治者及福泽谕吉一类人接受了不同国家、民族之间是弱肉强食关系的观念，进而认为日本学习西方、富国强兵开始取得成效之后，较之于中国等邻国更"文明"、更优越，也由此有了蔑视、压迫中国等国的资格。但令他始料未及的是，在 19 世纪 80 年代中期，他十分支持的日本对朝鲜扩张、渗透活动，遭到中朝两国挫败。在日本侵略势力群起发出仇华、"征韩"喧嚣声中，福泽谕吉发表了一篇《脱亚论》，打"文明"旗号，鼓吹日本与列强为伍，为侵略压迫中国、朝鲜张目，曰：日本"不分朝野，一切万事采行近时西洋文明，不独脱日本旧套，且在全亚洲出一新机轴"。但是，中、朝两国与"文明"背道而驰，使作为近邻的日本也被"西洋文明人"误解、轻视，造成"我日本国一大不幸"。所以，日本"所持主义，唯在脱亚二字"，"我国不能等待邻国开明、为共同兴亚而犹豫，毋宁脱其伍，与西洋文明国共进退"，按西洋人与中国等国打交道之法，来处置与中国等国的关系。①

值得注意的是，以福泽谕吉之能言善辩，却根本说不出当时中、朝两国对日本利益究竟有何具体损害，而是以所谓中、朝之不"文明"使日本遭"文明"的西方人"误解"这荒唐无稽之词，来为子虚乌有的日本"大不幸"解释原因。而他如此强词夺理，只是要引出所谓以敌视中国、朝鲜为实际内容的所谓"脱亚"，表明亟盼与西方列强为伍的心迹，并以"采行近时西洋文明"、照用西洋人与中国等国打交道之法，来为日本侵略中国等国涂抹"正当"色彩。9 年后，当日本处心积虑挑起甲午战争之时，又由福泽谕吉打头，以所谓"文明"的日本征战"野蛮"的清国，大造支持的舆论。而清朝遭到惨败、日本通过《马关条约》在华获得与欧美列强同等地位的结局，又大为增强了福泽谕吉之说对日本社会的影响力，使蔑视中国在日本成为风气，造成了对日本进一步侵华极为有利的氛围。

甲午战争后，中华民族面对深重的民族危机开始了前所未有的觉醒，接连展开维新变法、辛亥革命；到了民国时期，又掀起了更广泛的社会变革，争取民族独立的浪潮此起彼伏。从社会进步的角度看，这些无疑都是追求新的文明的体现。但是，惯于拿所谓中国不"文明"来证明侵华"正当"的日本势力，基于进一步对华扩张以满足日本需要的立场，又为侵华变换新的由头。就此而言，身为学者而在对外态度上充当福泽谕吉后继者的内藤湖南、桑原骘藏，显得十分突出。他们将所谓"文明"的化身由西洋调整为日本，塑造日本作为东洋引领者的形象，并臆断中国缺乏适应时代变化的活力，由此引出中国只能服从、听命于日本的本旨，同时对日本武力侵华也公然强调其"合理"。

按他们的说法，"以甲午战争为界，日本地位提升，反之，中国地位下降，通过马关条约……中国给予日本与欧美各国同样的地

---

① 日本庆应义塾编：《続福沢全集》第 2 卷，岩波书店 1933 年版，第 40—42 页。

位……欧美各国也逐步给予日本高于中国的待遇。过去几千年东亚的霸国中国，由此让位于日本……我国通过日俄战争，进而跻身于世界一等国"①。而在另一方面，日本"通过五六十年来的努力，已积累了西洋文化……将其变为最适合于东洋的形式"，又能对东洋文化进行有益的取舍，在社会经济方面也有英美所不具备的"对中国经济组织从基础上进行改造"的能力，因而"日本在今天正成为东洋文化的中心"。②而与如此"卓越"的日本相比，中国纵然也在革新，但毕竟是"世界最古老国家……就像旷野中的独木自在地成长……由于树木本身的生命周期……逐渐趋于老衰，而从老衰恢复过来，靠树木自身的活力来做到，是难乎其难的。救济它，必须以外部之力去其腐败、或切除其寄生之木才行"。③一直到 1929 年，桑原骘藏言及对中国的看法，还妄言"沉睡的狮子过几十年还是睡不醒的狮子，终究不会觉醒。四千余年来的长梦，在今天还没有充分唤醒"，"中国的前途是不容易显出光明的，只能反复叹息长夜漫漫何时旦"。④按他们的逻辑，日本已然上升到东亚首要地位，甚至还是"世界一等国"，同时还从"西洋文明"的追随者变成了"东洋文化的中心"，而中国已经"老衰"而无活力，只能靠日本来"救济"。所以，他们所认可的状况，是"一切文化都从日本向中国输出""凡事都以日本为榜样"⑤，且强调"以日本为标准谋划的改革乃是根本主义"⑥，声称这是"源于东洋文化发展、历史关系的理所当然的归宿"。⑦

然而，就在他们发出上述言论的时期，日本在华却一再显露野蛮

---

① ［日］桑原骘藏：《東洋史上より観たる明治時代の発展》，《太陽》1913 年第 19 卷第 11 号。

② ［日］内藤湖南：《新支那論》，博文堂 1924 年版，第 62、65—66、84 页。

③ ［日］内藤湖南：《支那の国際管理論》，《表現》1920 年第 1 卷第 2 号。

④ ［日］桑原骘藏：《日支共存共栄について》，《外交時報》1929 年第 52 卷第 1 号。《応答支那論三則》，《外交時報》1928 年第 48 卷第 4 号。

⑤ ［日］桑原骘藏：《東洋史上より観たる明治時代の発展》，《太陽》1913 年第 19 卷第 11 号。

⑥ ［日］内藤湖南：《支那動乱鄙見》，《外交時報》1917 年第 304 号。

⑦ ［日］内藤湖南：《新支那論》，博文堂 1924 年版，第 58 页。

侵略的真实面目，诸如夺占胶州湾、对北京政府强加"二十一条"、通过巴黎和会继承德国在山东权利、深度介入军阀割据混战、大肆推进经济扩张，可谓紧锣密鼓、步步紧逼，也激起了中华民族空前激烈、广泛的反抗。对此，成为列强一员已有年头的日本侵华势力，依恃膨胀起来的经济军事实力，已不满足于先前福泽谕吉的与列强共进退、仿效列强之法之法处置之说，而越来越趋于自行对华动武了。内藤湖南与桑原骘藏对此都极力赞成乃至于大力促动，内藤湖南将此比作开掘田地的沟渠时用大斧乃至炸药除去岩石障碍，称每次武力侵华后都会有"经济上的更大关系"。①

应该说，内藤湖南、桑原骘藏将日本置于东亚最先进位置，发出中国"老衰"不能焕发活力而只能服从日本、由日本决定中国前途未来的妄言，同时公然将武力侵华作为贯彻日本图谋的手段，这与先前福泽谕吉所表达的侵华观念，主旨一脉相承；只是由于当时日本面对着中华民族觉醒，加上与侵华列强的力量对比也起了变化，他们便将日本打扮为东亚"文明"的化身、替代"西洋文明国"放在中心地位，以适应日本进一步膨胀的侵华野心。而这样的变化，更能投合当时日本同类人的胃口、服务于日本与英美争夺以独霸中国的需要。九一八事变主要策动者之一石原莞尔，在侵华观念上与内藤湖南颇多共鸣，曾向他恭敬请教，这是很能说明问题的。

从福泽谕吉到内藤湖南、桑原骘藏，以所谓"采行近时西洋文明"、日本引领东洋来为侵华涂抹"正当"色彩，对日本军国主义横行的确起过很大作用，但对中国绝大多数人却不能收到欺骗、迷惑效果，因为日本对华侵略压迫的野蛮残暴，从未因这些说辞而减少半分。故内藤湖南1917年来华，所到之处都感受到中国人对日本侵华"郁愤难抑"②；时隔12年后，桑原骘藏仍看到"排日风气与排日思想弥漫于中国全国的事实"。③ 但是，日本侵华势力并不改弦易辙，

① ［日］内藤湖南：《新支那論》，博文堂1924年版，第77—78页。
② ［日］内藤湖南：《支那の排日論》，《外交時報》1919年第30卷第354号。
③ ［日］桑原骘藏：《日支共存共栄について》，《外交時報》1929年第52卷第1号。

反倒不断强化对华敌视，认为凭借较中国大得多的物力、武力，相对而言更强的组织动员力，仍可以，也必须将近代屡屡得手的对华侵略持续下去，由此不断激化中日矛盾，直至挑起中国近代以来时间最长、范围最大、对中华民族生命财产造成最大损失的全面侵华战争。而日本侵华势力在这场大搏斗中，也遭到中华民族强韧持久的抗击，最终彻底失败。

综上文所述，可以看出：近代日本侵华观念，是在列强向全球扩张的形势下、在日本自身社会剧变与走向国际舞台过程中，逐步展开与扩充其内涵的。其以邻为壑、损人利己、恃强凌弱的不义之心，不惮形诸文字，作为侵华的内在动机贯穿日本近代始终。归根结底，这是近代日本以牺牲中国来保自身、进而成为一大帝国之需要的反映，从一个方面折射出其对华关系的本质。近代日本大力学习西方是世所周知的，其中也包括学来弱肉强食理论、化为侵华观念的组成部分，就连日本"采行近时西洋文明"较中国走得更快，也被其用来证明侵华"正当""有理"。由此可见日本对于有助于其侵华的思想因素，不分内外兼容并收，并加以引申。至于一旦自认为日本成了"世界一等国""东洋文化的中心"，便强要中国服从、听命，如抵制其侵犯中国领土主权，便视为障碍，以武力相加，不过是以膨胀的侵华野心为底里，而又呈现出涂抹了"文明"油彩的强盗面目而已。近代日本侵华观念与实际步骤，有相当密切的内在联系，且在当时极少受到来自其社会内部的质疑、抨击，由此不仅给中华民族造成巨大灾难，也最终将日本引向深渊。

（李少军，武汉大学历史学院教授）

# 抗战文学里的正面战场

## 张中良

从抗日战争十四年来看，在卢沟桥事变之前，中国军队对日军的正面抵抗有1931年11月的"江桥抗战"、1931年12月的辽西锦州抗战、1932年1月底至2月初的哈尔滨保卫战、1932年1月28日至3月初的淞沪抗战、1933年的长城抗战、1936年11月的绥远抗战等，而通常所说的抗日正面战场则指自卢沟桥事变起中国军队对日军的正面抵抗。为了视点的集中，这里谈的是全面抗战爆发之后的正面战场。

当卢沟桥的枪声响起，作家的爱国激情犹如火山喷发，以多种方式走向抗日正面战场、投身于波澜壮阔的抗日战争。有的到硝烟弥漫的战场采访，有的代表官方或团体去慰问，有的参加战地服务团，有的教授英语和抗战急需的其他专业，有的任职于高级军事机关，有的则担任下级军官，在火线上拼杀血战，还有军中将领也执笔作诗赋文，所见所闻所感所想，付之笔端，挥洒出气势磅礴的抗战文学。文学跳动着民族精神的脉搏，也折射出时代生活的光影，从抗战文学中，就看得见抗日战争正面战场的血火交迸，看得见悲壮的辉煌与问题的阴霾。

## 一 正面战场悲壮的辉煌[①]

抗战文学以浓墨重彩正面表现正面战场，从前线战况到战局的发

---

① "正面战场悲壮的辉煌"，在《涪陵师范学院学报》2006年第1期所载拙作（署名秦弓）《抗战文学对正面战场的正面表现》基础上做了大幅修订而成。

展，从战争细节到整体战略方针，从战事的惨烈到官兵的爱国胸襟和牺牲精神，从战场写实到哲理性的深思，展开了广袤而深邃的空间。

### （一）密切关注战局态势与战场全景

全面抗战期间，举国上下都关注着正面战场的态势。官方媒体与民营媒体纷纷派出记者赴前线采访，有些作家也受聘担任战地记者，记者与作家发表大批战地通讯，追踪前线的战况与战局的发展。举凡正面战场的重要战役，从最初的卢沟桥抵抗到最后收复广西的反击战，从5000千米战线的本土抵抗到远征军两次赴缅作战，从陆军殊死拼杀到海军空军多兵种协同作战，从阵地战到转进及溃退，从火线到伤兵医院，从官兵关系到军民关系、从滇缅公路到军工生产等，战地通讯等文体都有及时而全面的反映。在抗战的战略防御阶段，报纸杂志给战地通讯以大量篇幅自不必说，结集出版之多在现代文学史上也可谓盛况空前。随着战局的变化，从1939年起，带着浓郁硝烟味的战地通讯与纪实性散文的势头虽然有所减弱，但仍然保持着相当的数量，及时传达正面战场的动态。在世界反法西斯战争的欧洲战场、太平洋战场，也活跃着中国战地记者，如欧洲战场有萧乾，写有《进军莱茵》等；缅甸战场有吕德润，写有《战车部队冲克瓦拉本》等；太平洋战场有朱启平，写有《硫黄地狱》等，还有描述1945年9月2日"密苏里"号战舰上受降仪式的《落日——记日本签字投降的一幕》。

### （二）如实表现战争的惨烈

日本发动侵华战争，蓄谋已久，准备充足，而中国政府虽然在1932年一·二八事变后就已意识到中日之战势不可免，国防开支有所增加，1936年加速修筑宁沪之间国防工事，但在政府决策上，"安内"重于且先于"攘外"，国防大业严重滞后。敌我经济、军事实力对比悬殊，我方明显处于劣势。日军采取立体作战方式：先用飞机侦察、轰炸，继而大炮轰炸阵地，然后延伸炮火，掩护坦克突击，坦克后面是步兵。而我军华北战场少有空中优势可言，武汉空战之后，中国空军元气大伤，正面战场几年之中失去制空权，地面缺少钢筋水泥的坚固工事，更少大炮等重型武器，只凭步枪、大刀、手榴弹与少量机枪大炮抵抗，困难可想而知。淞沪会战，国民党军投入精锐部队，士气高涨，作战英勇，但在日军的强大火力之下，伤亡25万余人，歼敌4万余人，敌我伤亡比例约为一比六。全面抗战头16个月，伤亡将士竟达110余万，空军飞机与海军舰艇战斗力损失殆尽。《义勇军进行曲》所唱"把我们的血肉，筑成我们新的长城"，不仅表达了中国人民誓死抗击侵略的决心，而且也是我军以血肉之躯抵抗飞机大炮的真实写照。

文学如实地表现出战争的惨烈，让人为之震撼。阎海萍报告文学《北线归来》记载了平汉线上的几次血战：我军英勇拼杀，攻占平顶山，可是敌人7架飞机投弹扫射，一营官兵伤亡殆尽。敌我反复争夺，我军某师只在平顶山一处，就牺牲了两千多人。由于平顶山之战，使敌人不敢攻击平汉路正面的驻军，敌人通报上，也不能不承认"该方之敌之战斗力甚强"。第二次河西务的血战，两个小时之内，一旅精兵，全部殉国。我军的殊死抵抗，使日军"十月十日以前完成黄河防御线"的计划破产。丘东平《第七连——记第七连连长丘俊谈话》里说，淞沪会战中，在罗店担任作战的某军因为有三分之二的干部遭了伤亡，陈诚将军拍电报到中央军校广州分校要求拨给他150名干部，紧急补充部队。作品描述道，1937年10月24日，第一线宣告全灭，炮火继续着淹没了第二线。眼看着第二线在敌人猛烈的炮火下崩陷下来。敌人威猛的炮火造成了阵地的恐怖，迫使我军第一线的官兵不能不可悲地、狼狈地溃败下来。在炮火来歼灭新的防线之前，前面发生的惊人的情景就可以瓦解我们的战斗力。酷烈的战斗，巨大的牺牲，使得人的生理节奏被完全打乱，连长在一个礼拜的时间中完全断绝了大便，小便少到只有两滴，颜色和酱油无二样。丘东平的另一篇作品《一个连长的战斗遭遇》写道："敌人的炮弹已经开始延伸射击了，密集的炮弹依据着错综复杂的线作着舞蹈，它们带来了一阵阵的威武的旋风，在迫临着地面的低空里像有无数的鸥鸟在头上飞过似的发出令人颤抖的叫鸣，然后一齐地猛袭下来，使整个的地壳发出惊愕，徐徐地把身受的痛苦向着别处传播，却默默地扼制了沉重的叹息和呻吟……"少尉排长高峰带一排人在前方放军士哨，遭遇强敌袭击，手下34名士兵顷刻之间死尽。巴金《火》第一部，也通过剧作家曾明远与文淑的谈话，援引英文《大美晚报》登载的一个外国教士的淞沪前线见闻说，"中国兵冲锋，一排人过去，没有看见敌兵，只见一阵烟，人就全没有了。后面的人再冲上去，又碰着一阵排炮，一阵烟，人又全光了。这样一排一排的死掉，却没有一个人畏缩。那个外国人看到后来，忍不住伤心地哭了。我们是拿人的血肉来跟最新式的炮火拼的"。亲身上过前线的谢冰莹回顾说，"我军的失败，完全是武器不如敌人，他们的大炮，常常把我们的战士几排几连，甚至一团，活埋在战壕里；或者敌机像一群群的蜻蜓，在我们的头上飞叫"①。

张恨水《虎贲万岁》以33万字的篇幅，在表现常德守军拼死抗敌的英雄气概的同时，也反映出战事的酷烈。在常德会战中，敌军出动10万兵力，其中进攻常德的兵力约3万人，300余门火炮，加上飞机坦克，把整个常德城夷为平地，还动用生化武器，守城的74军57师8500余人，在敌我兵力兵器悬殊情况下，孤军奋战，固守孤城12昼夜，城破后巷战4昼夜，最后只突围出去83人，待援军收复常德时，加上隐藏在地下室的官兵，总共也只剩下200余人。阿垅《南京》描写了南京守军抵御强敌的惨烈：宪兵团在炮火下填补被炸开了的城墙豁口，被炮弹击中，官兵的血肉之躯与沙包一道填补到豁口上，一连人又一连人，渐渐地用血肉把缺口填塞起来，构筑成名副其实的血肉长城。直到日本投降前夕，桂林反击战仍然打得惨烈异常。杨魁《桂北烽火线上》记述94军激战一整天，仅仅拿下一个据点，

---

① 谢冰莹：《千秋付与如椽笔》，《抗战时期文学回忆录》，台北：文讯月刊杂志社1987年版，第76页。

两个主攻连长对着受难的弟兄失声而哭。岩山圩战斗前，师长告诉团长写一纸命令传给各层军官签名，死守个人岗位，擅自移动者枪毙。传令兵拿着命令传到各个角落，排长签名，连长签名，遇到班长也签名，官兵上下只有一条心——死也不让敌人冲过来。清扫山洞时，一班长劝降反被日军狙击手打死，连长气得硬了舌头："捉——捉——捉活的，要发洋财的跟我走！"一声令下，一班人立刻征集足数，伙夫、运输兵也加入了七八个，凑成了二十一个人。609 高地第三营守军几乎打光了，三个连长阵亡，一个负伤，其中有一个刚由排长补上就英勇战死。营长报告团长："官兵死伤殆尽，阵地怕没有办法守下去了！"团长说："不能守只有死，绝不能放弃阵地，你是我多年同事的老弟兄，我不愿看你受军法会审，现在就剩下这一条路——死守，等军里的援兵到来。"团长从特务连抽调 20 名增援上去，一个小时之后，这 20 名兄弟只剩下 8 个了。敌炮弹打中团指挥所，饶团长告诉谢营长"我们分头负责，如果敌人冲到我的团部我倒霉，我团长便死在这里，若是敌人冲到你的营部，你也得死在那里。伤兵不准退，就死也得死在火线上"。营长的勤务兵架起轻机枪扫射，身上背着的米袋子被日军机关枪横穿了九个洞，他没受一点伤，可是吓成了精神病。

正面战场的胜利是爱国将士以鲜血与生命换来的，即使是南京保卫战这样的失利之战也伴随着我军的巨大牺牲。失利固然与军队平时的训练不够有关，军队内部派系之间协调不力，有的将领怯战避战以图保存实力，尤其是将领乃至统帅部的指挥失误，都难辞其咎。但其基本背景是在整体上敌方军事实力处于优势地位。敌我军事实力对比悬殊，有的战斗，我方处于无法招架的境地。于逢报告文学《溃退》写道，从前线溃散的一位小兵，诉说自己在前线的经历："那些大炮炸弹好像落雨似的，这里那里都轰隆！轰隆！……我们放枪，但放枪有什么用处呢，都是乱放吧了。"参加随军工作团的师范学校学生责怪小兵，应该抵抗到底，应该冲锋，不应该逃。小兵显然抑制着愤怒，粗野地反问："怎么冲法呢？我问你！""那时候满天都是大炮炸弹，都是火，又看不见敌人，怎么冲法？你真是懵懵懂懂，好像在打瞌睡，什么都不清楚！"学生责怪他为什么不打，小兵反问道："那么，难道跟树林和石头打仗么！"士兵的身体颤动着，他那严厉的声调带着难以抑制的愤怒和不平。小兵与学生的冲突，并非缘于立场和利益的不同，而是因为小兵有过战场亲身体验，而学生不过是"纸上谈兵"。也曾有作家借他人之口，把战场上失败的原因，完全归之于平日吃空饷、战时新兵少训练等"军队里头的黑暗"①。作为一种制度批判的杂文性话语，面对溃败有一点激烈情绪是可以理解的，但作为一种全局性的判断，显然同事实与理性有不小的距离。

### （三）热情讴歌官兵的英雄精神

沧海横流方显出英雄本色，挽狂澜于既倒始见出壮士风采。章泯、尤兢等《保卫卢沟桥》剧本演出前面的代序说："我们深欣政府当局的抗战决心，因为这不仅是洗尽了我们民族过去的羞辱和愤恨，且展示了我们民族复兴的先声，我们更痛感于前线抗敌的士兵们之英勇捐躯，因为他们既以他们的热血捍卫了疆土，且为我们显示了我们民族之间最好的典范。"这些话语代表了文学艺术工作者的心声，他们以充沛的热情，不吝笔墨刻画抗日军人形象，讴歌抗战将士的爱国情怀与牺牲精神。军人形象就其整体而言，自五四文学革命以来，从来没有像在抗战文学中这样熠熠生辉。

北平宛平县长王冷斋《卢沟桥纪事诗》（五十首），有对夜袭敌军的我29军大刀队的赞颂："暗影沉沉夜战酣，大刀队里出奇男。霜锋闪处寒倭胆，牧马胡儿不敢南。"徐盈《战长沙》写道，一位弟兄带着煤油棉花，作为肉弹，跳进房子里，放起火来烧死二十几个日兵。张恨水《大江东去》与阿垅《南京》，不约而同地写到光华门战斗中，两位勇士身缚手榴弹束与敌坦克同归于尽。这样的英雄壮举在正面战场文学中

---

① 聂绀弩：《记一个朋友的谈话》，《聂绀弩全集》第 4 卷，武汉出版社 2004 年版，第 325—326 页。

比比皆是，举不胜举。马君武的旧体诗《抗日纪事诗》五首，其五赞颂淞沪会战中宝山之战姚子青营全体官兵与阵地共存亡："六百余人齐授命，宝山应改号姚营。肉弹机械争强弱，国土官兵共死生。孰信中华真老大，不同东寇共存荣。他年增置东瀛省，酹酒重招勇士魂。"

　　1937 年 10 月 26 日，日军攻陷大场、江湾、闸北、庙行地区，我军主力撤至苏州河以南阵地，第 88 师第 524 团中校团附谢晋元率第一营留守四行仓库，以牵制敌人。仓库西面和北面已被日军占领，东面是公共租界，南面紧临苏州河，对岸也是公共租界。守军实际不到 450 人，但为了壮大声势，谢团长在回答记者的火线采访时说是 800 人，遂有"八百壮士"一说。"八百壮士"以寡敌众，击退了敌人的一次又一次进攻，毙敌 200 余名，奋战至 10 月 30 日，在统帅部命令下退到公共租界。"八百壮士"的壮举，赢得了人民的由衷敬仰，媒体一片赞扬之声。文艺工作者甚为感奋，创作了一批报告文学、小说、话剧、诗词、曲艺、电影等文艺作品。如卢冀野《满江红》："尚有孤军，留最后鲜血一滴，准备着头颅相抵，以吾易敌。蕴藻滨前巨鼓动，苏州河上旌旗色，看青天白日正飞扬，君应识。众口诵，征倭檄，望闸北，儿童泣。问桥头大厦，近来消息，万国衣冠都下拜，千秋付与如椽笔，记张巡许远守睢阳，今犹昔。"巴金《火》第一部描写道："从这一天起半个城市的居民都到泥城桥附近，对着坚守四行仓库的八百孤军遥遥地致诚挚的敬礼。一座洋楼吸引了全上海人的眼光，人们潮涌似地从法租界奔向北方。……（战火点燃的）浓艳像一个巨大的魅影压在全上海人的头上。但是在它的威胁下，一面颜色鲜明的旗帜在四行仓库的无顶上升起来，昂然随着风翻飞。仅仅这一面大旗就使得在闸北天空中飘扬的无数的'日章旗'黯淡无光。这一面旗帜代表一种视死如归的牺牲精神。"流传更广的是桂涛声所作新诗《歌八百壮士》："中国不会亡，/中国不会亡，/你看那民族英雄谢团长。/中国不会亡，/中国不会亡，/你看那八百壮士孤军奋守东战场。/四方都是炮火，/四方都是豺狼，/宁愿死，不退让；/宁愿死，不投降。/我们的国旗在重围中飘荡，/飘荡，飘荡，飘荡，飘荡。／八百壮士一条心，／十万强敌不敢当。／我们的行动伟烈，／我们的气节豪壮。／同胞们起来，／同胞们起来，／快快赶上战场，／拿八百壮士做榜样。／中国不会亡，／中国不会亡，／不会亡，不会亡，不会亡。"太原、上海、南京相继失守后，社会上产生一种悲观情绪，"抗战必亡"论调沉渣泛起。1937 年 12 月的一天，桂涛声把这首诗送到排练场，请作曲家、音乐教育家、时任武汉合唱团团长的夏汉兴（后改名夏之秋）谱曲。夏汉兴为"中国不会亡"所感奋，连夜谱出与歌词相映生辉的气势磅礴的旋律。这首歌曲 1938 年被用作电影《八百壮士》的主题歌，很快便流传开来。后来，夏汉兴指挥中国电影制片厂合唱团在重庆演出时，国民政府军事委员会政治部部长张治中称赞写得好，还提出可否将"中国不会亡"改为"中国一定强"。

浴血奋战的不只于士兵与中下级军官，也包括高级将领。张恨水《虎贲万岁》里作为主人公之一的 57 师师长余程万，既是指挥员，也是战斗员，与全师官兵一道坚守孤城。当敌人攻到指挥部前时，他手持步枪击毙七八个敌兵。最后，在率兵突围接引援军的孙团长受伤的情况下，在官兵的苦求下，余师长才带人出城，突破重重围困，与援军会合，几天后杀回常德。第 33 集团军总司令张自忠将军是抗战中在战场上殉国的最高将领之一，国民政府追晋为上将。关于张自忠的作品涌现出许多，如王冰洋的说唱《杏儿山尽忠》等。其中规模最大的是老舍的四幕话剧《张自忠》。剧作先是叙述张自忠将军去南京报告北平失守实情，官兵热切盼望张将军归来统率大家奔赴前线；接着通过他人之口道出临沂之战的惨烈——茶叶山争夺战打了七天七夜，刻家湖来回夺了四次，临沂一仗光是营长就伤亡了四十来位；继而表现张部四个月苦战而没有得到休整，又接受了掩护撤退的命令；最后直接表现 1940 年 5 月枣宜会战鄂北杏儿山之战中张将军的壮烈牺牲。这部话剧在倾情歌颂张自忠对国家的赤胆忠心与战火中临危不惧的铮铮铁骨的同时，也描述了张自忠治军有方，重视部队精神建设，以爱国精神、爱民精神等题，编印成书，张军中通呼曰"精神书"；张军的纪律不准丢掉一个伤兵，不准动老百姓的一草一木，为了严肃军纪，张自忠忍痛枪毙一个被农民举告因疲累硬要骑驴的士兵。杏儿山之战，群众自发地冒着生命危险上山送野菜、鸡蛋、豆子，铁的纪律所创造的良好军民关系由此可见一斑。

阅读正面战场题材的文学作品，我们仿佛随着指挥员的指挥棒在巨幅军用地图上移动视线，听着他那或亢奋或压抑的解说，清晰地把握了战争的发展脉络，了解了持久消耗、空间换取时间的抗日战争战略方针的形成原因及其贯彻历程，看到了以血的经验教训作为代价的战术进步与战斗力提高，了解了淞沪会战、南京保卫战、台儿庄战役、远征军赴缅作战、常德会战、昆仑关战役等重要战役的基本情况；我们犹如观看一幅抗战人物肖像长轴，上面活跃着前线将士前仆后继的英雄形象；我们恰似聆听一部雄浑的战争交响曲，其中有激越的冲锋号，有震耳欲聋的枪炮声，有沙哑的嘶声呐喊，也有受伤的痛苦呻吟，有悲怆的涕泣号哭，更有胜利的唢呐锣鼓，它的主旋律就是激励中华民族救亡图存的《义勇军进行曲》。

## 二 正面战场问题的阴霾[①]

在近代以来中国反抗侵略的历史上，抗日战争绵延 5000 千米的正面战场，是战线最长、时间最久、抵抗最为顽强、战绩最为辉煌的战场。但是，由于政治、军事、文化、心理等方面的复杂原因，正面战场也暴露出一些令人痛心的弊端与问题。抗战文学在表现正面战场悲壮辉煌的同时，对其阴暗面亦有犀利的揭露与深刻的剖析。

### （一）军纪废弛

正面战场部队构成复杂，有黄埔军校出身的将领所统辖的中央

---

① "正面战场问题的阴霾"，在《陕西师范大学学报》2006 年第 2 期所载拙作（署名秦弓）《抗战文学对正面战场问题的表现》的基础上做了大幅修订而成。

军，也有战时从各地紧急调遣的地方部队，还有临时编入战斗部队的警察、保安部队等。各种部队军事素质与军纪情况差别较大。一般情况下，中央军军纪较好，但战时减员严重，补充兵员训练滞后，军纪难免出现瑕疵；有的部队虽非黄埔嫡系，但将领治军严格，军纪良好。有些地方部队，虽然已经编入国民革命军序列，但并未完成向现代军队的转型，仍然保留着不少旧军队习气。

军纪问题不仅表现在军队下层，而且涉及军队上层，在一定意义上可以说，上层的腐败与下层军纪的混乱有着密切的关联。时任国民政府军事委员会委员长的蒋介石，在 1938 年 1 月 11 日于开封召开的第一、第五战区高级军官会议上，总结"挫败原因"时，指出军队的 12 个缺点，其中高级将领"军纪荡然为第一大罪恶"①。蒋介石并非泛泛而谈，矛头主要指向第五战区副司令长官、第 3 集团军总司令韩复榘。韩复榘本来就因为强索民捐、侵吞公款、强卖鸦片，无论是在军中还是在民间均名声不佳。华北战局紧要关头，他又屡屡抗命，不战而退，连失黄河天险与济南等战略要地，并且公然违反军事委员会"无论在任何情况下，绝对不准离开本战区"的命令，将第 3 集团军的军需辎重及私人财物由津浦线经陇海线转至平汉路，进入第一战区防地，停于漯河，准备全军退至该地。将帅如此昏聩，其所属部队难免弊端丛生。吴组缃小说《铁闷子》写道，守军军纪败坏，抵御无力，节节败退，唐官屯、青州、沧州相继失守。本省军袖手作壁上观，不肯接受司令长官总部的调度，且传闻他们胁逼驻设桑园的总部后撤，声言若不后撤，唯有以炮轰对付。正是在这种背景下，一个逃兵换上便装混上了铁闷子车，被发现后，在他身上搜出了金手镯、金耳环、金戒指、钞票，枪早已丢掉，只留下一把刺刀。经审讯，他在抢劫中还犯有强奸、杀人的罪恶。孽果在逃兵身上，而孽种则可溯至韩复榘之流那里。

---

① 本段文字的两处引文均参照郭汝瑰、黄玉章主编《中国抗日战争正面战场作战记》，江苏人民出版社 2002 年版，第 664 页。

韩复榘被国民政府以军法判处极刑，全军为之震慑。可是，就在爱国将士在正面战场上浴血奋战的同时，仍然有少数军官私欲膨胀，营私舞弊，上行下效，积重难返。罗平《忆东战场》披露，伤员十几天没有换药，吃饭也得不到保障。而军用车装得满满的是并非军用品的桌椅、梳妆台之类。阿垅作品透露，淞沪会战中，某连一些作战勇敢的士兵后来竟然当了逃兵，因为连长与代理连长的排长卷款潜逃，动摇了军心。司马文森的中篇小说《南线》（1940年在《国民公论》杂志连载，1942年4月桂林文献出版社出版单行本时改题为《转形》），也揭露了军队内部的腐败现象：南海岸线守军在军长的"榜样"感召下，"大规模的私运从极度的秘密变成半公开的了，军用卡车一天天的损坏下去，而且上级军官的腰围却一天比一天的大起来。从前只有一个老婆的，现在起码也要有两三个，而且非女学生不要，从前是骑马或者只能跑腿的，现在也改坐流线型的汽车。就连勤务员手上也开始有了金戒指出现"。驻守南海前哨，却不想如何应敌，而是贪图享乐，中饱私囊，大发国难财，如此军队，怎能禁得起如狼似虎的敌军的进攻。"当敌人已进了城……士兵们正在甜睡中，长官还有许多逗留在他的情妇家里的。当他们听见枪声，喊杀声，刚来得及爬起身，已有大半被围困且缴去武装，仓皇突围而出的也是残缺不全，不是仅带着枪没带刺刀的，便是只穿裤子没穿上衣，情形是那样的叫人哭笑不得的。"战事发展到第二天清早，城市已丢了两个，师部还不知道。当他们得知情况，想指挥自己的部队作战，却发生了参谋找不到参谋长，参谋长又找不到师长等一系列混乱现象。作家痛感这种由腐败导致军纪废弛现象的危害性，笔锋流露出义愤与期待，作品后半部分描述战区司令官意识到问题的严重性，整肃军纪，抓紧练兵，借以提高战斗力。一反一正的描写，既是抗战时期军队转型的写实，又是人民心声的传递。

战争是对部队军纪的严峻考验。在枪林弹雨的战场上，前有凶恶的敌人，后有泰山压顶的军令，身边的战友都在拼死战斗，此时即使是胆怯的士兵也能变得浑身是胆、英勇无畏；然而，一旦发生整体性的溃退，军纪则难以保障。吴奚如中篇小说《汾河上》描写太原失守后山西战场上溃散的士兵像洪水一样流了过来，"他们的生命也不值半文钱了。常常为了一点很不值得的小事，彼此就恶毒地口角起来，甚至用刺刀跟炸弹互击。在这人命如此不值半文钱的时候，那些武器弹药更是不算一回事儿了——到处都扔的是"。军队腐败对人民的侵害是间接的，而一旦发生溃乱，部队建制被打散，士兵失去组织与指挥，军纪极易出现滑坡，本来作为防洪的堤坝就会裹进泛滥成灾的洪水，加剧洪灾的危害，平素军纪基础本来就薄弱的部队尤甚，此时对人民的侵害就是直接的了。后者深为政府所痛心，为民众所不齿。淞沪会战中担任排长的阿垅，在受伤以后思念战友时，就曾说，他不担心战友不勇敢，而是担心一旦溃退，失去部队约束，过去军阀部队掠夺百姓的习性会死灰复燃。路翎长篇小说《财主底儿女们》里，具体描述了南京会战溃败的散兵进行变态的破坏，抢劫民财、强奸妇女、杀戮村民，严肃执行军纪的团长下令枪毙了一个抢劫老妇的士兵，竟然被报复射杀。同路逃难的工人朱谷良把手枪对准再次强奸妇女的溃兵石华贵时，奸猾残忍的兵痞石华贵利用了知识青年蒋纯祖的幼稚，反过来将正直的朱谷良杀害。这种疯狂，实在令人触目惊心。

然而，人性在战争的熔炉中经历着酷烈的冶炼，有永劫不复的道德沉沦，也有回头是岸的良知皈依。《铁闷子》里那个本该交付军法处严惩的逃兵，经军中文化人斡旋，暂留车上，得到人道的待遇。他终于良心复萌，当敌机轰炸时，他让司机卸下两节中弹的车厢，将铁闷子开出去，避免了更大的损失。可是，他自己却以爆炸中的殒命去赎罪恶，洗刷给军纪涂抹的污点。《财主底儿女们》里先前参与作恶的几个溃兵，经蒋纯祖巧施计谋，刺激起对带头作恶者的仇恨，从堕落的昏乱中觉醒过来，炸死了罪恶的石华贵，替高尚宽厚、光明正大的朱谷良复了仇。在清除了冥顽不灵、罪大恶极的石华贵之后，几个溃兵重新回到了部队，奔赴新的战场。

### （二）军阀作风

抗日战争给中国军队提供了展示爱国情怀与英雄风采的历史舞台，也使军队中残存的军阀作风暴露出来。派系林立，相互之间缺少应有的协同，不顾全局，只图保存自己部队的实力，这是新式军队里军阀作风的一个重要表征，是困扰各战区长官部直至国民政府军事委员会的一个严重问题，正面战场的一些失利便与此密切相关。前述津浦路作战中韩复榘不战而退、失去济南与黄河天险即是典型的一例。再如，武汉会战前期，马当失守后，正在田家镇要塞视察的军事委员会副参谋总长白崇禧，用电话直接命令驻彭泽的第 167 师薛蔚英师长，沿彭泽至太白湖之路火速驰援香山。可是，薛蔚英为保存本师实力，舍大路而走崎岖小路，贻误战机，后来被查办枪决。对韩复榘、薛蔚英之类，抗战文学并未回避，而是予以客观反映与强烈鞭挞。有的作品在题目上就标示出来，如陶菊隐《韩复榘盖棺论定》（收《新语林》，上海中华书局 1940 年版）等。

乘人之危，将战斗中被打散的友军缴械，扣留在自己麾下、不许归还建制者，也大有人在。东平《一个连长的战斗遭遇》就描述了这样一个事件：第四连战士发现有利战机，未等上级下令，便抑制不住地发起冲锋，连长林青史制止不住，只好顺应情势，奋勇出击，结果与营部失去联系。营长决定如果第四连七时不归队，就宣布林青史的死刑。这次战斗中，第四连战死与失踪 27 人，其中三个排长全都牺牲，全连剩下 87 人，稍后遇到另一队 25 名被打散的士兵，一道行动。归队途中，林青史连抓住战机，伏击一股至少有一个营的敌人。敌军七个步兵野战排、一个附属的通讯分队，除了一小部分逃脱以外，大部被林青史连歼灭。他们又急行军，从侧翼进攻正在与友军战斗中的敌人。当战斗结束以后，林青史带着残存的队伍找到正面作战的 36 团团部，团长说这一仗打得好极了，可是对于整个阵线可以说毫无意义，因为他们的任务是掩护撤退。林青史请求帮助他们三日的粮食，但一点也没有得到。36 团撤退前，迫使林青史的队伍立即缴械，理由是"你们的来历不明"。林青史连自然不肯，于是36团的弟兄们开枪了，他们用了五个连的雄厚的兵力，来参与这个富于娱乐性的战斗。林青史出于自卫，决定给他们来一个逆袭，但他的只有五十几人的队伍太疲劳了，"于是像一簇灿烂辉煌的篝火的熄灭，英勇的第四连就在这个阴翳的晚上宣告完全解体了，而可惜的是，他们不失败于日本军猛烈的炮火下，却消灭于自己的友军的手里"。

林青史死里逃生，他从行进的队伍里发现了熟人的声音，是同一团里的三营的特务长，从他那里得知，营长已经对上峰呈报了林的"罪状"。为了保持林青史的宝贵的战斗历史，为了保持抗日的有生力量，三营特务长劝林青史对那严峻的军法实行逃遁。但是，林青史为了成全自己的人格，他绝不逃遁，坚决地回到营部，在营长面前告了罪。可是，营长不容他将功赎过，而是一见面就立即对他执行枪决。林青史没有战死在同敌人的拼杀中，也幸运地逃脱了友军的火并，但是，这位战功赫赫的英雄最后却倒在了顶头上司的枪口下，这真是一个令人痛心的悲剧。

悲剧的根源在于独断专行、刻板僵硬的军阀作风，在沾染上了这种军阀气的上峰那里，自己的权威高于一切，即使自己的决定与命令出现了错误，或者战况发生了变化，命令已不适宜，下级也要绝对服从，甚至付出生命的代价也毫不顾惜。这种军阀作风同风云变幻的战争实际格格不入，与中华民族讲究变通的传统智慧背道而驰。《易·系辞下》即有："变通者，趣时者也。"《孙子兵法》里也说："故其疾如风，其徐如林；侵掠如火，不动如山；难知如阴，动如雷霆；指向分众，廓地分利；悬权而动，先知迂直之道者胜：此军争之法也。"遗憾的是军阀气冲昏了一些上级军官的头脑，使之忘却了"悬权而动，先知迂直之道者胜"的"军争之法"，做出了错误的处置。抗战文学中，有一批作品揭露与抨击这种荒谬现象，如秋江报告文学《南口迂回线上》，写某连长因敌军炮火过猛，牺牲太大，向后稍稍移动，即被师长下令枪毙，结果整个机枪连全军覆没。再如东平《友军的营长》：国民党所属某部受到敌人的突袭，敌军的企图是在岸边消灭这支中国军队，或者把他们逼进烟波浩渺的长荡湖里，让湖水吞没他们。营长原想据守岸边的一个祠堂，与包抄过来的敌人死战。当侦察兵向他报告找到五只大木船的一瞬间，他拔出了手枪对着侦察兵，斥责说："怎么？你找到了五只大木船？你准备逃吗？……哼，你这个怕死的东西！"在经历了片刻的静肃之后，营长并没有扣动手枪的扳机，"他突然想到没有理由可以枪杀这个侦察兵，他应该率领他的部下利用那五只大木船立即渡河，而不应该在这祠堂里作孤注一掷的无意义的死守"。于是，营长率领剩下的两个连以上的部队渡河，安然地突出了强大敌人的包围圈，保存了有生力量。但是，他这时意识到自己的危险，率部惶急地尽速开到新四军的司令部，请求新四军司令官给他以援救。新四军司令官肯定他的灵活机智。可是，营长却说自己的死日到了，因为在他们的军队里面，到这天为止，还找不出这样解释胜利的"观点"，而是只存在着一味专横暴戾的无情的军纪、一个神圣不可侵犯的定律——生是犯罪的，只有死才得到鼓励和褒奖。这种以无数的"死"字拼成的连坐法"军纪"，就是战略、战术。他希望新四军的司令官收留他，但新四军的司令官劝阻他，认为他是一时神经过敏，事实也许还不至于那样严重。新四军的司令官为那可敬的浙江籍营长给友军的总指挥部拍电报，报告这个营长的战斗遭遇，指出胜利的意义所在，希望这个电报会造成一种热烈的、幸运的空气来环护他，使他获救。然而得到的却是可悲的回应，认为"该营长守土失责，有辱我军人人格，应立即把他解回来执行军纪"。营长把部队带了回去，次日，即被执行了枪毙。守土有责固然是军人的本分，只要是有利于全局，固守乃至死守都是理所应当，即便是在阵地上流尽最后一滴血，作为军人也是死而无憾，重于泰山。抗战文学中，有大量作品歌颂这样为国捐躯的英雄。然而，如果不是出于战略的要求，而是仅仅为了一种"军人人格"，在敌我悬殊、战则必败、守则必失，而退则可以保存有生力量、待机光复的情况下，去死守，岂不等于"守死"、葬送我军有生力量？东平的《第七连——记第七连连长丘俊谈话》，就表现出对那种刻板的"与阵地共存亡"命令的质疑。团长在电话里说："我希望你深切地了解，这是你立功成名的时候，你必须深明大义，抱定与阵地共存亡的决心！"连长表示自己是一个军人，已经以身许给战斗。他带领连队坚守阵地，在战壕里躲避炮火时，对"与阵地共存亡"反思起来："'与阵地共存亡'。我很冷静，我刻刻的防备着，恐怕会上这句话的当。我觉得这句话非常错误，中国军的将官最喜欢说这句话，我本来很了解这句话的神圣的意义，但我还是恐怕自己会受这句话的愚弄，人的'存'和'亡'，在这里都不成问题，而对于阵地的据守，却是超越了人的'存''亡'的又一回事。""我这时候的心境是悲苦的，我哀切地盼望在敌人的无敌的炮火之下，我们的弟兄还能留存了五分之一的人数，而我自己，第七连的灵魂，必须还是活的，我必须亲眼看到一幅比一切都鲜丽的画景：我们中华民国的勇士，如何从毁坏不堪的壕沟里跃出，如何在阵地的前面去迎接敌人的鲜丽的画景。"

东平亲身参加过1932年一·二八淞沪抗战与1937年八一三淞沪会战，1938年春参加新四军。他对变幻莫测、危机四伏的战场有切身体验，对国共两党所属部队的战略战术与军纪都有体验、观察与思考，对国民党军队里上峰以上压下、说一不二、动辄毙人的专制作风有着痛切的感受与强烈的憎恶，全面抗战前在十九路军时，他曾因为擅自解散翁照垣师长"训话"的群众大会，触怒长官，险些被枪毙。因而，他能够在作品中做出真实而深刻的描写，对军阀作风表示出强烈的愤懑。

对部队里的军阀作风予以揭露与鞭挞的不止东平一位作家，其他作家也多有表现。吴奚如短篇小说《萧连长》描述到，由于新兵高度疲惫且缺乏经验，标高一五八〇公尺的我军前进阵地，被敌人占领。扼守K岭正面阵地的王营长向团长报告，以为萧连长临阵脱逃，团长命令马上派人抓回萧连长，把前进阵地夺回来。军情在团长、旅长、师长的电话网中逐级上报，到了保卫K岭的最高指挥官那里，情况却变成了：那个临阵脱逃的萧连长，已经抓住并且枪毙了。殊不知，此时，萧连长率领部下拼死夺回了前进阵地。情况又逐级上报，可是，到了师长那里，师长踌躇了一下，回复旅长说："只有根据已经向上面呈报在案的事实，枪毙他！"旅长向师长求情，许他将功赎罪，或者离开这里。师长则坚持说："这怎末行！……我们既然对上面谎报了一次，若再来一次，将来……被发觉了……岂不是要叫我们的脑袋搬家吗？……"师长要旅长对萧连长在本旅就地枪决，安慰萧连长"可算得既'成功'，又'成仁'了"，将来给其家属加厚地发一笔抚恤金。旅长在要执行师长命令的前一瞬间，最终决定让萧连长化装逃走，回乡当老百姓。萧连长则表示要改名换姓，当个新兵，重返战场。作者 1956 年 10 月补记道："真正的萧连长是被处死了的。但作者在当时发表作品时，为了不给日本帝国主义拿去作不利于我们中华民族的宣传，所以在结尾处留给了他一条生路。这是不得已的虚构，现在应该把这真实情况标出。然而，我倒真希望这个在抗日战争初期的无名英雄萧连长却从此复活了！"① 作家战时（1939 年）的描写与战后的补记，反映出抗战期间正面战场部队军阀作风的严重性与荒谬性。

### （三）指挥失误

如果说军纪废弛与军阀作风多半是给正面战场带来局部性损失的话，那么，各级指挥机关尤其是最高统帅部的指挥失误则会造成全局性的损失。早在 1935 年，蒋介石就曾阐述过对日战争的指导方针："至和平绝望时期，举国力量从事持久消耗战，争取最后胜利。"1937 年 8 月 7 日，国民政府在南京召开最高国防会议，正式制定了"采取持久消耗战略"的方针。而后，蒋介石又多次强调要以持久战、消耗战应对日军的速战速决战略，拖垮敌人，直至取得最后胜利。应该说，这一战略方针是符合中日力量对比的正确决策。但是，在抗战的战略防御阶段，有些战役的实际部署与战术措施却同这一战

---

① 吴奚如：《萧连长》"附注"，《吴奚如小说集》，长江文艺出版社 1984 年版，第215 页。

略方针相抵牾，看重阵地战而忽略运动战，强调硬碰硬的固守，而轻视灵活机动的攻势。我军本来武器装备不如敌人，尤其缺乏重武器，加之不重视工事修筑，不啻雪上加霜。华北战场一般仅挖一条堑壕，缺乏侧防掩体和纵深阵地，亦无掩蔽工事和伪装。以这样的阵地防御，面对日军飞机、重炮、坦克、骑兵与步兵协同作战的立体攻势，难免伤亡惨重。抗战前期许多作品在歌颂我军将士爱国情怀与牺牲精神的同时，都反映了这一问题的严重性。小方报告文学《血战居庸关》说南口这样的军事要地，29 军竟然没有修筑像样的防御工事，有的只是 1926 年国民军与奉军作战时的战绩而已。陈敷报告文学《永定河失守前后》分析我军失守的指挥方面的原因：防御仅有一线阵地，而且既无预备队，也没有增援部队。吴奚如《汾河上》里，八路军战士听完两位从娘子关退下来的士兵述说战况之后，就慨然地发起了议论："哼，这怎么能指导战争？……为什么不争取主动，硬要死守在阵地上挨打呢？为什么不在敌人的运动中打击敌人，偏让敌人去发挥新式兵器的威力呢？"

　　阿垅长篇小说《南京》里，少尉排长关小陶认为，淞沪会战我方"付出了太多的、不必要的高代价，挨打主义，反消耗了自己，一个可怕的数目，六十万人！这样牺牲给了我们一些什么，我们大家不是都有眼的么。怎样呢？它使杭州湾空虚，它使国防线轻易的放弃，虽然那里有经营了三年的钢骨水泥的永久工事，比慌慌忙忙动起手来的上海不知道坚固多少倍，但是那里我们却没有一个兵把守，没有在那里支持过一天；像抛弃一个栗子壳子一样，从苏州到福山的工事我们完全没有用过，本来是预备在这一线决战的。它使敌人飞一样逼近了我们的首都，今天我们才在这里用汽油、火柴、黄色火药动作起来。——这是一个惨痛的教训！"小说人物的批评与事实略有出入，譬如消耗了 60 万兵力的说法就不甚准确。实际上，淞沪会战我方投入兵力 70 余万人，伤亡约 25 万人。虽然付出了如此高昂的代价，但其意义是值得充分肯定的。淞沪会战给日本陆、海军及其航空兵以重创，消灭日军 4 万余人，粉碎了日本要三个月灭亡中国的狂妄野心，也回击了"抗战必亡论"，显示了中华民族顽强不屈的民族意志，使国际社会对中国刮目相看，并且为工厂向后方迁移争取了时间，给长期抗战打下了工业基础。然而，关小陶排长的批评也的确刺中了淞沪会战我方的痛处。中国大本营为了支撑上海战场，将杭州湾守备部队调往上海浦东，造成战线的重大缺漏，致使敌人钻了个空子，在杭州湾登陆，迅速向上海逼近。统帅部曾寄希望于九国公约会议的同情与支持，在淞沪战场已成强弩之末的时候，仍以凭借弱势武器的血肉之躯同拥有强势武器的敌军硬拼消耗。待到我军即将陷入敌军合围之时，才匆匆下达了颇多模糊之处的撤退令。此时，撤退的最佳时机已经错过，且命令下达的手段极其落后，导致撤退陷入混乱，让追击的敌人有机可乘，造成了我军本来可以避免的重大伤亡。由于淞沪战场撤退的慌乱，未能有效地利用吴福线等既成国防工事，阻挡住敌人的进攻势头，导致南京会战仓促展开。正如路翎《财主底儿女们》第二部第一章所写："秋末，中国军退出上海，在南京和上海之间没有能够得到任何一个立脚点，开始了江南平原上的大溃败。"

国防线没有发挥其威力就落入敌人手中，关排长对这一点的批评尤为痛彻。1932 年一·二八事变后，国民政府意识到中日之战势不可免，陆续做了一些防御侵略的战备工作。其中包括修筑锡澄线（无锡至江阴）、吴福线（苏州至福山）、乍嘉线（乍浦至嘉兴）、淞沪、南京等国防工事，筹划江阴附近的长江封锁工程等。锡澄线、吴福线永久性工事设施，从我军现有装备和可能投入兵力的实际情况设计，有轻重机枪掩体、观察哨、通信枢纽、指挥所等，全部为钢筋混凝土结构，射击孔、展望孔、出入口都有钢板门窗，并有密封防毒设备，一旦战事发生，只需挖掘交通壕将掩蔽部连贯起来，即可形成整体防御。但是，这一设计在实施过程中并未完全得到落实，除原有国防永久工事外，步兵掩体、指挥所、瞭望所、交通壕、障碍物、阵地交通路等多未完工。淞沪会战开始后，统帅部多次责成第三战区派部队构筑野战工事，将阵地联结起来，但由于指挥系统紊乱、令出多门、互相推诿，加以部队刚刚到达即被调至淞沪前线，所以工事并未最后完成。而且，既未派留守部队，也没有向导人员与工事位置图，而是把钥匙交给当地保长掌管，战事一紧，保长便逃难走了。从淞沪战场撤退下来的部队奉命进驻既设阵地，可是没有现地工事位置图，很难在短时间内准确地找到为保守军事秘密而用土覆盖的阵地位置，即使找到工事，因为没有钥匙，要想打开使用，也颇费周折，耽误了占领阵地及部署部队组织防御的时间。结果，吴福线、锡澄线很快就被突破，接着，江阴要塞也失守。

南京保卫战固然打得十分英勇而且惨烈，但南京之战在战略部署上存在着严重的问题。从现代战争的角度来看，在海、陆、空立体包围形势与飞机与坦克、重炮等重型武器的火力之下，南京已无险可据；从当时我军的实力来看，淞沪会战伤亡很大，退却匆促，未及补充与休整，一时抽调不出足够的力量参战。所以，统帅部最初讨论南京防守问题时，多数人主张在南京避免进行决战，只是做象征性的抵抗，然后立即主动撤出，以保存实力，长期抗战。但后来，军委会训练总监唐生智认为南京是首都，为国际观瞻所系；又是孙中山先生陵寝所在地，若放弃南京，何以对总理在天之灵；再者，为了掩护前方部队的休整与后方部队的集中，应阻止和延缓敌人的进攻，力主固守。这个意见得到蒋介石的认可，遂决定"短期固守"，预期守一至两个月。12月7日，日军向南京外围第一线防御阵地全面进攻，12日即突破中华门，13日南京沦陷，抵御时间不到一周。战况紧急关头，蒋介石对是撤是守彷徨不定，11日中午指示南京守军相机撤退，12日又希望多守几日。12日下午南京卫戍司令部下达撤退令。然而，此时已错过撤退时机，而且书面命令与口头指示发生矛盾，军队逐渐失去控制，大多没有按照撤退令规定的时间、路线行动，纷纷拥向只留一个门洞（为御敌而堵塞了两个门洞）的挹江门。挹江门与江边守卫部队未能及时接到撤退令，还按照此前的命令阻止撤退，造成自相射杀的悲剧。此前，为坚定背水一战的意志，多数船只已被调走，大部分官兵无船可乘，只好凭借门板等过江，结果江水汹涌，加之敌人轰炸扫射，不少官兵殉难于长江之中。未能撤出的数万名官兵与

20 余万平民共 30 万人惨遭日军疯狂屠杀。就伦理意义而言，南京保卫战是一场悲壮之战。而从战略战术上来看，南京保卫战是一场与"持久消耗战"总战略相背离的失败之战。付出如此惨重的代价，并未起到阻遏日军进攻势头的作用，也没有赢得预期的国际声誉。南京保卫战中的英烈，值得中华民族无限敬仰与永远怀念；而对于战役中暴露出的种种弊端，统帅部后来有所反省，官兵与民众议论纷纷，文学也有真实的反映与深入的思考。阿垅是一位既有实战体验，又有战略眼光的军官，他在《南京》"后记"中指出，南京之战"有防御的可能性，却没有防御的优越性"。防御战最好在外围进行，但是由于淞沪会战收尾的失措，这一企图受到了限制。在现代战争条件下，实行"太平天国的打法"——死守城墙，已经是一个失策；迟疑和动摇比处置错误更不祥。退却有利，退却就不是怯懦和无能；退却假使能够把握着适当的时机，有整个的计划，集中兵力，攻击一点，等敌人麻醉在胜利的满足中和后续部队没有到达的时候突围而出，至少不会有那样惨重的损失，通过这样的退却可能走向胜利。然而，南京保卫战却犯下了一连串的错误，留下了血淋淋的教训。"尾声"里那位力挽狂澜的将军，就对南京保卫战漏洞百出的指挥表示了强烈的不满："打仗哪有这样的打法，退却哪有这样的退却法。十几万大军全走挹江门，没有退却部署，没有船只。"

通过纪实性的艺术描写来表现血淋淋的教训，阿垅倍感沉重，一则他感动于将士的英勇抗敌与悲壮牺牲，二则痛心于失败的灾难性后果，三则担心有人利用他的作品为"抗战必败"的"失败主义"做文章。他唯恐人们对他产生误解，对抗战失去信心，所以，在作品里刻画高级将领决心抗战到底的剪影，讴歌官兵的顽强意志与牺牲精神，最后描写将军指挥两万"铁军"沿江南铁路冲出敌人的包围圈，并且一举歼灭占领芜湖的敌军，克复了芜湖。这一光明的尾巴，大概是想借此来缓解一点悲壮氛围的压抑，给人们以对中国军队的信赖和抗战必胜的信心。他在"后记"里强调说，"南京的一战所产生的消极影响，一方面从南京的失陷开始，一方面又从南京的失陷完结了。

而徐州的一战，使中国在军事上从溃败和混乱的泥潭里振作起来；武汉的一战，使中国收获了有利于持久战的、宝贵的稳定；豫南、鄂北的一战，和最近洞庭湖畔的争夺，胜利的晨光已经开始熹微的、照着中国的军旗了。"①

　　作为作家，他所要表达的意绪应该内含于作品之中，可是，也许是由于南京之战本身与抗战形势的复杂性，阿垅在《南京》的正文之外，写下了长长的"后记"，对南京保卫战的教训加以透彻的分析，对自己描写南京保卫战失利的动机反复申说。泣血之作《南京》，以其战争体验的真切、英雄讴歌的悲壮、问题揭露的犀利之深刻内涵，写实与诗情、题材与语调水乳交融之艺术表现，赢得了文学界的认可，在1939年中华全国文艺界抗敌协会长篇小说征文中获奖。然而，政府当局未能将其标举的"抗战建国"的民主精神完全落到实处，害怕来自文坛代表社会舆论的批评。《南京》中的"暴露"与批评使得应该承担责任的国民政府军事委员会感到十分棘手，不准出版，1940年作者做了一次修改，仍然未能达到官方的要求。领导抗战虽然提升了国民政府在人民心目中的形象，但两千多年的封建专制阴影并未完全消失，有些根本性的缺陷使得政府对待文化建设像战场指挥一样出现了失误。

　　总的来说，抗战文学在正面表现正面战场的同时，对正面战场存在的问题也给予直逼真实的揭露与深刻剖切的分析。作品中虽然有时抑制不住地流露出激愤的情绪，但揭露与批评是缘于对国家与民族的挚爱、对中国军队恨铁不成钢的焦虑，是希望问题能够得到尽快解决，以取得抗战的最后胜利。正如田汉《新战线巡历》所引罗卓英将军之语，"战争是一种'淘汰'，只要我们能毅然改正用战争所暴露的缺点，若干地区的丧失殆无关大局"②。的确，在代表了人民心声的文学与其他舆论的一道推动下，国民政府对政略、战略、战术与

---

① 阿垅：《南京血祭·后记》，《南京血祭》，人民文学出版社1987年版，第217页。由于历史波诡云谲，《南京》直至1987年始得出版，易名《南京血祭》。
② 田汉：《新战线巡历》，《田汉全集》第18卷，花山文艺出版社2000年版，第436页。

军纪等不断加以调整与整顿，使正面战场局势从阴郁走向明朗，与敌后战场协同作战，共同努力，夺得了抗日战争的最后胜利。而有些根本性的缺陷，则讳疾忌医，积重难返，结果导致了内战的发生，直至国民党政权在大陆的失败。

（张中良，上海交通大学人文学院教授）

# 改革开放 40 多年来抗战史影像的整理与研究

李学通

1839 年诞生的摄影技术，让历史的"存在方式"有了迥然不同的新途径和新面貌，开辟了人类历史记录方式的一个新纪元。一个半世纪以来所遗存的大量历史照片、纪录电影片等各种影像资料，是近代历史记录方式与古代历史最重要的区别之一。历史不再是仅存在于"故纸堆"中、枯燥聱牙的文字，而变得生动可见。这些历史影像不仅生动直观地保留下了那个时代的历史风貌，让我们在与昨天的"直接面对"中获得最形象、直观的历史感受，也保存了许多文字所无法描述记录的历史本相，成为传统文字史料以外新的历史研究资源。

自改革开放以来，40 多年间，中国近代史学界主动迎接这种变化，在历史影像的搜集、整理与研究方面取得了丰硕成果，获得长足进步。特别是进入 21 世纪后，随着技术的日臻成熟，影像数字化存储与传播技术的普及，历史影像的获得、展示及传播变得越来越简单方便。

可以肯定，历史影像必将受到越来越多的关注和重视，成为历史研究者的重要参考资料，并对长期以来一直以文字史料为主要研究对象的历史学，产生重要且深远的影响。

## 一 重视抗战历史影像的价值

历史影像不仅反映记录了历史事实，其"合法"的史料地位和价值应当得到更充分的肯定和重视，成为历史学研究的重要史料来源，而且历史影像作为一种特殊的史料，其不可替代的特性和价值更应该得到很好的挖掘和利用。它既具有一般史料记录历史事实的共性，还具有文献史料不可替代的直观、形象等特性。

首先，影像史料是文字史料的重要补充，可填补文字史料的空白，补充文字史料的不足。毋庸讳言，就近代历史而言，文字史料在历史记录中所具备的全面、系统、完整性优势是明显且无法替代的，而且影像形式的历史记录，也经历了随着技术的成熟与普及而逐渐扩大其记录范围的过程。但我们同时还必须意识到，并非所有重要史事都有文字史料的记录，或当时虽曾有文字却因各种原因毁于自然或人为，没能保存下来，或者虽有文字记录史料存留，但简略、稀少、零星，而相关的影像记录，则因其特性而显得更为珍贵。影像史料也可以印证文字史料所描述的历史的真实存在或真情实况；纠正（证伪）有意或无意的错误记录，是历史事实最具说服力的证据。

更重要的是，影像史料直观、可视的特性，是文字史料所不具备和不可替代的。历史影像可以让模糊、抽象，难以用文字描述清楚的事物、人物得到明白展现，也令后人难以理解的文字描述变得清晰、具象，避免或减少因理解歧义而造成的不解、误会及错误。一幅照片、一段影片，胜过千言万语的解说，可以使读者"一目了然"，顿开茅塞。可以说，历史影像是历史的最佳解说者。习近平总书记2015 年在中共中央政治局第二十五次集体学习时强调："深入开展中国人民抗日战争研究，必须坚持正确历史观、加强规划和力量整合、加强史料收集和整理、加强舆论宣传工作，让历史说话，用史实发言。"① 就目前所知，中国近代特别是抗战时期所拍摄且保留下来的历史影像数量相当庞大，且具有很高的学术价值。在长达 14 年的抗

---

① 《让历史说话用史实发言　深入开展中国人民抗日战争研究》，《人民日报》2015年 8 月 1 日第 1 版。

战年代里，中国的摄影家们历经艰辛甚至是生死考验，拍摄了大量新闻照片和影片，出版了许多摄影集和画报。苏联及欧美国家的新闻记者、摄影部队等也拍摄并保留了大量历史照片。日本、伪满洲国及汪伪政府的一些相关机构和个人，也在战争期间拍摄了大量照片和影片。这些历史影像在今天都已成为具有重要学术价值的影像史料，也都应当成为今天我们"深入开展中国人民抗日战争研究"，全面展现 14 年抗战历史风貌的重要史料资源。尽管我们在这方面已经取得了不少的成果，但是也应看到，目前国内已出版或公布的抗战历史影像资料，与实际存世数量相比相距甚远，许多极有价值的影像史料还沉睡在档案馆、图书馆中，不为人知，没有受到应有的重视，甚至遭到不同程度的损坏，进入研究者视野的则更为少见；已出版的或在各地抗战纪念馆中的各种抗战历史影像资料，存在着相互重复的现象；已公布面世的影像史料中，还存在许多不能被准确辨识或张冠李戴的错误。因此，进一步加强对影像史料的重视，强化对抗战时期历史影像资料进行搜集整理，应该成为落实习近平总书记"加强规划和力量整合、加强史料收集和整理、加强舆论宣传工作"讲话精神，推动抗战史研究的一项重要工作。已有相关学者提出，设立国家级的抗日战争历史影像史料库，有系统地搜集抗战时期影像史料，建立共享平台，为研究者与公众提供研究、阅览之便的建议。①

## 二 已出版抗战史影像的主要内容与特点

改革开放 40 多年以来，中国抗战史研究工作也取得了丰硕的成果。而且随着抗战史研究的不断深入和研究水平的提升，学术界对影像史料学术价值和重要性的认识不断提升，抗战时期历史影像的搜集整理工作，也不断发展进步。综览 40 多年来抗战历史影像资料整理出版的成果，大致分为以下几个阶段。

---

① 李学通：《推动对抗战时期影像史料的搜集与利用》，《抗战史料研究》2012 年第 1 期。

第一，20 世纪 80—90 年代是抗战史影像出版的起步阶段，主要成果包括：

中国人民解放军历史资料图集编辑组编辑的《中国人民解放军历史资料图集（抗日战争时期)》，长城出版社 1982 年版。

新华通讯社摄影部编辑的《日本侵华图片史料集》，新华出版社 1984 年版。

中国第二历史档案馆等编辑的《侵华日军南京大屠杀暴行照片集》，江苏古籍出版社 1985 年版。

《太行根据地画册》编辑组编辑的《太行革命根据地画册》，山西人民出版社 1987 年版。

江苏省档案馆编的《江苏抗战》，档案出版社 1987 年版。

侵华日军第七三一部队罪证陈列馆编的《侵华日军细菌部队罪证图片集》，黑龙江人民出版社 1992 年版。

杨克林、曹红著的《中国抗日战争图志》，广东旅游出版社 1995 年版。

张承钧、沈强主编的《中国抗日战争画史》，外文出版社 1995 年版。

中央档案馆、中国第二历史档案馆、吉林省社会科学院合编：《南京大屠杀图证》，吉林人民出版社 1995 年版。

拓晓堂主编《华北抗战——北京图书馆藏近代照片资料集》，书目文献出版社 1996 年版。

王雁主编的《沙飞纪念集》，海天出版社 1996 年版。以沙飞为核心，反映抗战时期中国共产党红色摄影发展历程的图册。

《侵华日军南京大屠杀图集》，江苏古籍出版社 1997 年版。

这一时期所公布于众的抗战史影像，基本形态是历史照片，以纸质出版物的形式面世。其资料来源与内容，主要是反映中国共产党领导的八路军、新四军等人民抗日队伍和敌后根据地，而且以综合性为主。其中杨克林、曹红著《中国抗日战争图志》（广东旅游出版社 1995 年版）共收录了 3000 多幅图片，规模较大，是当时比较全面系统地反映抗日战争历史的影像集。专题性的内容，主要是对侵华日军南京大屠杀史实的揭露取得突破，出版了多部影像资料集。但是，由于这些照片大多是由此前出版物中反复转引翻拍而来，所以画面普遍比较模糊，清晰度不足。

第二，21 世纪的第一个十年（00 年代），抗战史影像资料的整理出版数量明显增多，特别 2005—2006 年，为纪念抗日战争暨世界反法西斯战争胜利 60 周年，出版了一大批反映抗战、揭露日本侵华罪行题材的影像图志、画册类图书，主要有：

伪满皇宫博物院编《伪满洲国旧影——纪念"九·一八"事变七十周年》，吉林美术出版社 2001 年版。

廖大伟、陈金龙主编的《侵华日军的自白：来自"一·二八"、"八·一三"淞沪战争》，上海社会科学院出版社 2002 年版。

杨克林、曹红编著《世界抗日战争图志》，上海画报出版社 2005 年版。

朱少华、周正舒主编的《第二次世界大战史画》，蓝天出版社 2005 年版。

中国国家博物馆、中国现代史学会编的《中国民众抗战画史》，四川人民出版社 2005 年版。

军事科学院军事历史研究所编著的《中国抗日战争史画》，军事科学出版社 2005 年版。

李秉刚等主编《日本奴役中国劳工罪行图证》，中华书局 2005 年版。

郭长建、王鹏主编《侵华日军关东军七三一细菌部队》，五洲传播出版社 2005 年版。

郭长建、朱成山主编《南京大屠杀图录》，五洲传播出版社 2005 年版。

李晓方编著反映侵华日军生物战罪行的摄影集《泣血控诉》（中英文对照），中央文献出版社 2005 年版。

汪力成主编，主要以日寇随军记者的摄影图片，客观再现第二次世界大战期间日寇入侵浙江的罪恶行径《日寇入侵浙江旧影录》，杭州出版社 2005 年版。

孙东升、王根广主编《见证抗日：1931—1945 影像档案》，九州出版社 2005 年版。

沈弘编译《抗战现场：〈伦敦新闻画报〉1937—1938 年抗日战争图片报道选》，中国社会科学出版社 2005 年版，汇集了英国《伦敦新闻画报》的记者从 1937 年到 1938 年拍摄的抗战现场照片。

樊建川编著《抗俘：中国抗日战俘写真》，中国出版集团、中国对外翻译出版公司 2006 年版。

张宪文主编《南京大屠杀史料·历史图像》，江苏人民出版社 2006 年版。

特别是一些省市地方的史志机构，为纪念抗日战争胜利 60 周年，编辑出版了一批反映了各地抗战情况的影像图册，如：

中共北京市委党史研究室等编《北京抗战图史》，北京出版社 2005 年版。

天津市政协、学习和文史资料委员会等编著《天津人民抗日斗争图鉴》，天津古籍出版社 2005 年版。

中共河北省委党史研究室编《河北抗战史图鉴》，中央编译出版社 2005 年版。

董丹、辛巍主编《黑龙江抗日历史图卷》，黑龙江人民出版社 2005 年版。

中国第二历史档案馆编《台湾光复纪实》，江苏人民出版社 2005 年版。

陈建华主编《广州抗战史迹图文集》，广州出版社 2006 年版。

此外还有台湾记者秦风编著的《抗战一瞬间》（广西师范大学出版社 2005 年版）和毕洪撰述、秦风辑图的《1937：淞沪会战》（山东画报出版社 2005 年版）收录的图片内容也较为新颖，影像质量较好，比较完整地保留了历史信息。

特别值得一提的是，东北烈士纪念馆编的《历史的瞬间：苏联红军在东北》（人民出版社 2005 年版）一书，选取了第二次世界大战期间随苏联红军到东北参加作战的摄影记者尼·什库林等拍摄的大量纪实照片，呈现了苏联红军出兵东北，在中国军民的配合下，击溃日本关东军的全过程。书中收录的珍贵历史照片，大多数是首次与读者见面，在一定程度上弥补了历史资料的空白。

郭建荣主编的《国立西南联合大学图史》（云南教育出版社 2007 年版），收录了近 700 张有关西南联大的照片，采用图文并茂的形式，真实直观、形象生动地反映抗战期间西南联大的历史。

此外，这一时期陆续出版的抗战史影像史料还有：秦风老照片馆编《抗战中国国际通讯照片》（广西师范大学出版社 2008 年版）和《影像民国 1927—1949》（广西师范大学出版社 2009 年版）。

顾棣编《中国红色摄影史录》（影像篇），山西人民出版社 2009 年版。

第三，21 世纪 10 年代，抗战史影像的搜集整理也进入了一个"新时代"，在数量和质量上都取得划时代的成果，特别是借纪念抗日战争胜利 70 周年之机，几部大型抗战影像史料集出版和纪录电影片面世，将抗战史影像的整理出版水平提升到一个新高度。

这一时期抗战历史影像图书的出版有了四个明显而巨大的变化，1. 规模大型化，动辄上千幅图片，甚至几万幅。2. 内容丰富，涉及敌（侵华日军）、我（中国正面战场和敌后战场）、友（美国、苏联等同盟国友军），战场与后方等社会各方面活动。3. 来源流传著录明确，史料价值高。4. 图片质量好清晰度高，方便研究利用。5. 纪录电影片更多面世。这些影像的资料来源，既有中国摄影记者拍摄，也有西方记者或来华人士留下的照片，更有不少当时日本随军记者拍摄。

中缅印战场是以往抗战史研究中相对薄弱的环节，由章东磐等主编的《国家记忆：美国国家档案馆收藏中缅印战场影像》（2 辑）①，

---

① 山西人民出版社 2010 年、2012 年版。

从美国国家档案馆中发掘整理了大量反映中缅印战场的珍贵历史影像，多角度地呈现了那段历史，具有极强的视觉震撼力。大量抗战时期影像的整理和出版，在给观者强烈的感观刺激的同时，也为抗战史研究提供了重要的史料来源，比如对战争场景的还原、历史细节的呈现等，亦极大丰富了抗战史料类别。

2015 年出版的几部大型抗战史影像集，使国内抗战史影像的搜集与整理、出版，达到一个前所未有的高度。其中包括：

中国社会科学院近代史研究所编辑，李学通、高士华、金以林主编的《海外稀见抗战影像集》（6 册），山西人民出版社 2015 年出版。该书包括九一八事变到全面抗战，日本社会与侵华战争，中缅印战场，战时中美合作，大后方的社会生活等专题。该书的特点是：时间跨度长，从九一八事变到抗战胜利受降，反映是 14 年抗战的全过程；地域范围广，涉及正面战场到后方社会活动；影像来源广泛，包括敌（日本战时出版的画刊画册）、我（国民政府方面中国共产党敌后根据地）、友（美国等同盟国友军）方面三方影像资料；影像清晰，质量较高。

张宪文主编《日本侵华图志》（25 册），山东画报出版社 2015 年出版。该书按照近代日本侵华的时间顺序和相关专题，分为 25 卷，收录 2.5 万幅图像史料，包括照片、绘画、图表以及 250 万字的文字，全面系统展示和反映日本从明朝倭寇侵犯我东部沿海，1876 年侵犯台湾，1894 年发动甲午战争，1931 年发动九一八事变，再到 1937 年发动全面侵华的七七事变，直至 1945 年战败投降的全过程与主要历史事实。

张宪文、杨天石任总主编的《美国国家档案馆馆藏中国抗战历史影像全集》，化学工业出版社 2016 年版。全书共 30 卷，收录 8000 余幅珍稀图片，绝大部分为抗战时期美国照相兵连拍摄，以中缅印战场为主，涉及战场、训练、军备、医疗、国际合作等内容。每张照片都配有详细的文字说明，史料价值极高。该书因与章东磐主编的《国家记忆：美国国家档案馆收藏中缅印战场影像》资料来源同一，部分内容存在重复。

《1931—1945 抗战记忆——台湾征集图片集》（3 册），重庆出版社 2016 年版。此书为中国民主党派历史陈列馆和重庆红岩联线文化发展管理中心馆藏，从台湾征集的原国民党"中央"通讯社所存历史照片。该书所收照片内容包括：抗战军事、抗日民族统一战线与国民参政会、抗战援助、抗战政治、抗战外交、抗战经济建设、抗战文化教育、全民动员、抗战掠影等专题。这些历史照片题材丰富，内容稀见，质量清晰，是难得的历史记录。

《日本侵华战争自供状：中国事变画报》（10 卷），山东画报出版社 2017 年影印并翻译出版。这是一部全面、深入、系统反映日本全面侵华战争历史的大型影像图书。其日文版原版是由日本大阪每日新闻社、东京日日新闻社编辑，1937 年 8 月创刊的《中国事变画报》（前三辑名《华北事变画报》）。山东画报社的翻译影印本共收录 101 辑《中国事变画报》，约有 1.5 万幅现场照片和 180 万字的新闻报道，详细记录从卢沟桥事变到珍珠港事件爆发，从 1937 年 7 月到 1941 年 12 月，日军所发动所有战役、战斗的全过程，包括侵华日军所经之地的山川地貌、城乡建筑、名胜古迹、民情民俗等多方面的内容，也涉及国共双方、欧美列强、日伪政权等军事、外交、政治、经济、文化活动。该书不仅是研究日本全面侵华战争的重要史料，而且对于研究 20 世纪 30—40 年代有关中国城乡建筑、风物及其历史变迁，也具有一定的参考价值。

特别值得一提的是，除图片史料的整理出版外，纪录片方面也取得突破性成就：以 85 分钟的纪录电影《苦干：中国不可战胜的秘密》（*Kukan*：*The Battle Cry of China*）为代表的历史纪录电影片史料挖掘取得重要突破。这部由美籍华人李灵爱与美国记者雷伊·斯科特于战时合作完成的纪录影片，1941 年获奥斯卡特别奖。它用电影胶片记录了战火中的中国人民不屈不挠、埋头苦干、抵抗侵略的精神，也包括日军对重庆大轰炸的震撼场景，曾在海外产生过重要影响。该片部分内容在重庆电视台所制作的抗战历史文献片《大后方》中得到展现，受到观众极大的欢迎和肯定。

改革开放 40 多年来出版的抗战历史影像集，从内容分类的角度
而言可分为以下几点：

一是总体反映抗日战争历史的综合性影像集。如新华通讯社摄影
部编辑的《日本侵华图片史料集》，杨克林、曹红著的《中国抗日战
争图志》，张承钧、沈强主编的《中国抗日战争画史》，中国国家博
物馆、中国现代史学会编的《中国民众抗战画史》，军事科学院军事
历史研究所编著的《中国抗日战争史画》。

二是反映某一时段、某一事件或某一地区的专题影像集。如沈弘
编译的《抗战现场：〈伦敦新闻画报〉1937—1938 年抗日战争图片报
道选》，廖大伟等主编的《侵华日军的自白：来自 "一·二八"
"八·一三" 淞沪战争》，龙陵县文体局编的《松山战役影像志》。

特别是揭露日本侵华暴行的专题影像比较多，其中又以反映南京
大屠杀历史的图集最多。例如，从 1985 年版中国第二历史档案馆等
编辑的《侵华日军南京大屠杀暴行照片集》，1995 年吉林人民出版社
出版中央档案编辑的《南京大屠杀图证》，1997 年江苏古籍出版社出
版的《侵华日军南京大屠杀图集》，2005 年侵华日军南京大屠杀遇难
同胞纪念馆编五洲传播出版社出版的《南京大屠杀图录》，2006 年江
苏人民出版社出版的《南京大屠杀史料集·历史图像》等。此外，
还有《侵华日军关东军七三一细菌部队》（五洲传播出版社 2005 年
版）、《日本奴役中国劳工罪行图证》（中华书局 2005 年版）、《泣血
控诉》（中央文献出版社 2005 年版）、《为历史作证》（河南大学出版
社 2005 年版）、《抗俘：中国抗日战俘写真》（中国出版集团、中国
对外翻译出版公司 2006 年版）等。

三是反映局部或地方抗战的图册。在区域抗战史方面，有《江苏
抗战》（档案出版社 1987 年版）、《黑龙江抗日历史图鉴》（黑龙江人
民出版社 2005 年版）、《北京抗战图史》（北京出版社 2005 年版）、
《天津人民抗日斗争图鉴》（天津古籍出版社 2005 年版）、《河北抗战
史图鉴》（中央编译出版社 2005 年版）、《广州抗战史迹图文集》（广
州出版社 2006 年版）。

四是反映中国共产党领导的敌后抗战的图册，主要包括：《中国人民解放军历史资料图集（抗日战争时期）》（长城出版社 1984 年版）、《太行革命根据地画册》（山西人民出版社 1987 年版）、《沙飞纪念集》（海天出版社 1996 年版）、《延安革命史画卷》（民族出版社 2000 年版）、《中国共产党抗战图志》（中共党史出版社 2005 年版）。还专门有反映中国共产党红色摄影发展历程的图册，如顾棣编著的《中国红色摄影史录（影像篇）》（山西人民出版社 2009 年版），田涌、田武编著的《晋察冀画报：一个奇迹的诞生》（金城出版社 2012 年版），沙飞等图、黄道炫文的《中国抗战：晋察冀根据地抗日影像》（山西人民出版社 2015 年版）。此外，还有赵大川编的《抗战时期证章图录》（西泠印社出版社 2005 年版）等。

## 三　抗战史影像研究的前景与方向

虽然抗战时期历史影像的整理出版已取得了巨大的成就，有关抗战时期主要的或基本的内容也都有涉及，但抗战历史影像史料的搜集工作远没有完结，还有进一步挖掘整理的巨大空间。

众所周知，苏联是全面抗战爆发后最先支援中国抗战的友邦，而且抗战爆发之初就有许多记者、顾问来华。这些来华的苏联记者、顾问所拍摄的照片和纪录电影，现在基本还没有系统披露面世，更谈不上整理研究。例如，1938—1939 年，苏联中央新闻电影制片厂编导、摄影师罗曼·卡尔曼即来华一年，拍摄有《中国在战斗中》和《在中国》两部纪录片。他从兰州经重庆至武汉，又从湖南到两广，后北上陕甘宁，足迹遍布 11 个省，最后带着 1 万米用过的胶卷离开。① 毫无疑问，俄罗斯相关历史档案部门一定有所保存收藏，有待于我们进一步发现和整理。

---

① 吴雯萱：《用镜头记录中国的苏联摄影师罗曼·卡尔曼》，《光明日报》2021 年 6 月 22 日第 12 版。

再如，日本方面，除朝日新闻社、读卖新闻社还有大量未公开的新闻照片外，当时侵华日军各部队也都曾印行过许多内部照片集、绘画等，还有许多未公开面世；日本随军记者、摄影师拍摄的电影纪录片也还有进一步挖掘余地。据悉，仅日本在长春成立的"株式会社满洲映画协会"（简称"满映"），为美化日本帝国主义的侵略，宣传所谓的"日满协和""东亚共荣""王道乐土"，除拍摄 100 余部故事片外，也曾摄制《满映通讯》《满映时报》《满洲儿童》等大量专题新闻电影纪录片。今天，这些都已成为日本侵华、殖民主义宣传和思想控制的历史罪证，有待历史学者充分利用，深入解析和批判。

西方其他国家驻华记者等各类人物的摄影也还会有新的发现。

中国记者、摄影师或摄影爱好者战时拍摄的照片，还有大量未公开面世。抗战时中国电影工作者拍摄的新闻纪录片，还有待进一步搜集整理。中国电影制片厂，仅 1938 年 1—10 月就摄制了 50 部左右的纪录片，如《抗战特辑》《电影新闻》等。中央电影摄影厂拍摄有《克复台儿庄》《抗战第九月》《武汉专号》《重庆的防空》《敌机暴行及我空军东征》，特别是《活跃的西线》，记录了八路军在平型关等地的战斗。此外，还有重庆时期中国电影制片厂制作的《民族万岁》，中央电影摄影厂拍摄的《抗战实录》，以及西北影业公司的《华北是我们的》等。

中国共产党与敌后抗战根据地方面，《延安与八路军》（未完成）、《生产与战斗结合起来》（南泥湾）、《白求恩大夫》《新四军》《彭雪枫师长追悼会》《新四军骑兵团》《陕甘宁边区第二届参议会》《十月革命节》《延安文艺座谈会》《边区生产展览会》《中国共产党第七次全国代表大会》等新闻纪录片也都有待整理研究。

全面抗战初期，以上海为中心，中国出版的各种各类画报数量相当多，有中文中资的也有英美外资西文的，刊登了相当多的抗战史影像，还有待系统地搜集和整理。例如，大美晚报旗下的 *China In Picture*、《中国画报》《大美画报》《远东画报》，刊载许多国共合作、全民抗战的摄影图片及新闻报道。武汉时期有《武汉日报》的画刊《武汉画报》，《扫荡报》的画刊《扫荡画报》，以及《战斗画报》。重庆时期有美国新闻处办的《联合画报》，最高发行量 4 万多。《中美图画壁报》，以及《大战画报》《星岛画报》等。

目前抗战历史影像的搜集与研究工作，进入了一个新的时期，在继续挖掘历史影像资料的同时，应由以搜集整理出版为主，转向以研究利用为主。笔者在此仅就抗战影像史料的研究，提出以下几点看法：

一是准确识读图像内容，提高整理水平，为研究提供有价值的史料。看见不等于发现，看见也不等于看懂，更不等于看透。我们在欢呼甚至陶醉历史影像带给我们对历史新感觉之时，也千万不要低估在利用历史影像之时所需要面对的困境。应该如何正确整理历史影像，如何准确识读图像内容，恰当解读影像中的历史信息，以发挥历史影像的最大价值，是长期以来习惯于文字史料的史学界面临的巨大挑战。影像史料印证历史活动与人物的真实性，可补文字史料之缺。然而，照片史料的瞬间性特点也决定了它的局限性，表现之一便是记录史事无法像文献史料那样全面、系统、完整。也有不少抗战照片来源复杂，身份不清，文字说明极少甚至没有，画面中的人物、事件等具体内容也模糊含混，甚至或多或少地存在着各式各样著录、标识错误的现象。抗战历史影像搜集整理中也面临着去粗取细、去伪存真的考辨工作。

二是充分利用和研究影像史料，推动相关研究。虽然抗战影像史料还有待进一步挖掘整理，但已经面世的这些历史影像远没有被充分利用研究。尽管不少抗战史专业学者们也开始在著作中利用影像史料，或专门讨论视觉史料文献（如战时电影史研究），但是总体而言对抗战影像史料的利用基本尚停留在插图阶段，更缺少从史料学角度专门对影像史料的系统探讨。希望有更多的学者在抗战史研究中利用影像史料，与文献史料相互补充和印证，乃至专门研究影像史料，解读其历史价值，以推动相关专题的抗战史研究向纵深发展，开创新的学术增长点。

三要更多关注以影像为核心的抗战研究成果发表，相关学术期刊要为影像研究提供更多讨论和发表空间。不可否认,抗战历史影像研究成果较少的重要原因之一,是研究者面临成果发表难的困境。抗战照片、电影研究论文在纸质期刊发表除期刊本身局限外,也期待学术期刊更加重视抗战历史影像研究,并提供更多发表空间。

另外,这一时期海外特别是台湾地区有关中国抗战历史影像的整理出版与研究也取得了相当丰硕的成果,虽然数量无法与大陆相比,但其不一样的历史经验、特有的史料来源和独到的认知视角也使得这些成果自有其特别可观之处。

除时报文化编辑委员会编纂出版的《珍藏20世纪中国》(2000年版),立虹出版社的10卷本《台湾影像历史系列》(1996年版)等这类综合性影像著作外,也有不少抗战历史专题的影像类图书。为纪念抗战胜利50周年,由中国国民党党史会李云汉主编,刘维开编辑,近代中国出版社出版的《中华民国抗日战争图录》(1995年版),从九一八事变到台湾光复,反映中国抗战历史全过程。台湾"中央"通讯社编纂出版的《我们的烽火岁月》(2011年版),从1915年的"二十一条"至1946年胜利还都、日俘日侨遣返,精选了重要历史节点的关键影像。2014年,台湾"中央"通讯社又与商周出版编辑部合作出版了《影像·中国1911—1960》丛书,其中《对日抗战》卷主要利用"中央"通讯社典藏的照片档案中随军记者拍摄的作品,兼及社会经济与民生面貌,其中记录不少一线作战场面照片,1938年6月9日花园口黄河大堤爆炸现场照片为以往所未见。

台北知兵堂文化传媒公司出版的《帝国兴亡下的日本·台湾》和《战火下的中国写真:战争前后军事、政治、经济、文化与工业》(2015年版),既记录了"烽火下的台湾与民众",也包括"陷入胶着的中国战场"和"八路军根据地的敌后战场"等内容。

台北旅读中国出版社出版的《国家记忆——美国国家档案馆收藏中缅印战场影像》(2015年版),实际是章东磐等主编山西人民出版社2015年版《国家记忆:美国国家档案馆收藏中缅印战场影像》的台湾繁体字版。

  "中研院"历史语言研究所出版的《龙头一年：抗战期间昆明北郊的农村》（2007 年），收录了史语所学者石璋如 1938—1940 年拍摄的 351 幅珍贵历史照片，生动清晰地记录了昆明北郊龙泉镇"一年"间周而复始的社会生活，内容涉及战时后方农村社会的方方面面，不仅是抗战史研究极好的影像史料，也颇具社会学和人类学研究价值。与台湾地区所保存的抗战历史影像总体数量相比，已整理面世的抗战史影像篇幅虽然不足以言多，但整理者对影像史料的选择颇为精到，展现出抗战时期丰富多元的社会风貌，可与大陆出版的相关史料相互补充。

  与此同时，台湾部分学者在许倬云主持的《现代中国的形塑》研究计划下，致力于《从影像看二十世纪中国》研究项目，并举行以历史影像研究为核心的专题学术研讨会，出版相关学术论文集，因此在历史影像尤其是抗战史影像研究方面也有不少成果问世。刘维开主编政治大学出版社 2020 年出版了论文集《影像·纪录》，分"动态影像篇"和"静态影像篇"两册，收录了海峡两岸暨香港澳门学者相关专题论文 20 篇。因阅读有限，上述介绍难免有挂一漏万之嫌，我们也期待未来两岸学术界在"共享史料、共同研究"，建立共同的抗战历史记忆方面，有更多的交流与合作。

  总之，经过众多专家学者们的努力，改革开放 40 多年来我国学术界在抗战历史影像的搜集整理和出版工作中，取得了许多重要的成果。虽然有待进一步深入挖掘的抗战史影像资料尚多，但目前的成果已经为抗战历史影像研究的开展奠定了相当厚重的基础，也为拓宽整个抗战史研究视野、开创新的学术增长点打开了一扇新的大门。相信随着抗战时期历史影像的不断面世、整理、汇集，抗日战争史的研究也一定会呈现出新的面貌和新的方式，甚至是新的方向。

  （李学通，中国社会科学院近代史研究所研究员）

# 战时国民政府对缅关系及对印缅民族独立运动的关注*

左双文　刘　杉

在战时中国的相邻国家和地区中，英属缅甸具有特殊的重要地位，是在我国东南沿海的重要外援通道被日军截断后，一条极其重要的战略物资输入管道，在战争后期也一度成为盟军在西线与日军作战的重要战场，中国派出精锐部队组成远征军入缅作战。在缅华侨对祖国抗战也十分关注，踊跃捐输，涌现了像梁金山那样对祖国抗战做出巨大贡献的爱国侨商。抗战期间，中缅两国人民相互支持，国民政府对中缅关系也给予了相当程度的重视，积极拓展与缅甸各方的友好交往与合作。

由于当时缅甸尚未独立，属于英国殖民地，战时的中缅关系，对中国而言，与对象国是拥有主权的一般国家不同，须面对不同的交往主体和侧面，其交往具有一定的特殊性和复杂性，其处理涉缅事务及对缅交往活动，最主要的是与英方及其在缅管治机构打交道；其次是与缅甸社会各界例如文化界、新闻界、佛教界、实业界的联系；最后是与盟军在缅军事机构有关军事作战、军事合作的关系。①

---

* 近年学术界研究较多，本文的研究将主要侧重前两个部分。本文系左双文主持的国家社会科学基金重大项目"华南抗战历史文献的整理与研究"（16ZDA137）的阶段性成果。

① 关于战时中缅关系的研究，现有成果不多，较早的一篇论文为王介南的《第二次世界大战期间的中缅关系》，（《印度支那》1987 年第 4 期），勾勒了一些重要的线索。专著有余定邦著《中缅关系史》（光明日报出版社2000年版），该书第八章第六节第二目

# 一　战时对缅关系日渐重要

抗战开始后，由于中国东南沿海各要地陆续沦陷，西部通道的开辟就显得十分重要，到 1940 年 6 月，中国与法属越南的交通断绝后，滇缅公路甚至成为唯一的外援通道，中国各种战略物资的输入都需要得到英属缅甸方面的配合，这种关系的重要性自然是不言而喻。连接中国昆明与缅甸腊戍的滇缅公路全长 1146 千米，中缅双方各负责其境内路段的修筑，该路一共分为三段，昆明至下关（今大理市）一段原属云南省道，在 1935 年已修通，其余中方境内下关至畹町部分于 1937 年年底开始陆续展筑，1938 年 7 月底基本建成。[①]从畹町至缅甸腊戍全长 187 千米，缅方也加紧赶筑，全路于 1938 年 8 月正式通车。滇缅公路在腊戍与缅甸铁路衔接，由此通往南部的仰光港。中国从各国获得的战略物资，由海路运至仰光后，转铁路运至腊戍，然后经滇缅公路转运大后方。1938 年 11 月，有数船苏联援华军用物资到达仰光，12 月初第一批军品经腊戍、畹町

---

"1937—1948 年的中缅交往"，梳理了战时中缅关系的有关情况；林锡星著《中缅友好关系研究》（暨南大学出版社 2000 年版）对战时的中缅经贸、缅甸华侨与祖国抗战等作了述论。最近的一篇论文是王文隆所撰《抗战时期中国国民党对缅甸的接触与政策》（载中国社会科学院世界历史研究所编《再认识与再评价：二战中的中国与亚洲民族独立运动》，北京，2016 年版），此文根据国民党文传会党史馆的相关档案，重点研究了战时中国国民党在缅甸开展党务的状况及中英在缅甸的情报合作尝试，中国国民党与缅甸独立运动较为疏离的关系，与本文的研究互有侧重。

　　① 谭伯英：《抗战以来之滇缅公路》，《抗战与交通》1940 年第 33 期。滇缅路全路的修筑为 1937 年 8 月龙云参加庐山谈话会时向蒋介石建议，为蒋介石所采纳，由中央政府补助，云南省负责实施。龙云回到云南后，1937 年 9 月向省公路总局特别发布训令，要求加快修筑。令称："现在中日战争日渐扩大，我国海岸近亦被封锁，今后我对内对外之交通多取道于滇桂两省，曾经中央暗内决定在案，惟滇省关系尤重，除滇黔滇桂两省道迅即通车外，至滇缅一线由大理至腾冲一段更刻不容缓。……应速加工赶修，火速办理。"云南省档案馆档案，影印件见云南省龙陵县政协等编《滇缅公路》，云南民族出版社 2013 年版，第 4 页。

抵达昆明，是为滇缅公路运输之始。[1]

　　为加强管理，国民政府交通部于 1938 年 10 月 26 日在昆明设立滇缅公路运输管理局，由谭伯英出任局长，安钟瑞为副局长，除局本部机关外，还在各地设立段、站、修车厂、材料厂及训练所等。[2] 该局专办客货运输，而由西南运输处主持军品运输。1941 年 11 月，成立中缅运输总局，次第接管西南运输处及滇缅公路运输管理局的业务，此后机构设置又续有调整。货运方面，出口以复兴公司的桐油与资源委员会的钨砂为主，进口除运该局自用国外材料外，以装运航空器材及兵工署物资为主。在滇越铁路阻断后，该路运量激增，每日往来车辆 300 至 800 辆以上。[3] 据统计，在西南运输处主持期间的货物运入量，1939 年为 27980 吨，1940 年为 61394 吨，1941 年为 132193吨。1942 年，自 1 月 1 日至日军入侵滇缅路运输截断的 2 月 20 日，共从缅甸抢运物资入境 52000 余吨。故滇缅路自开通至 1942 年被日军截断，一共运入物资约 273567 吨。[4]

　　随着中国抗战重心的逐步西移与滇缅公路的打通，中缅关系的重要性日益显露，相关业务增多，1938 年 1 月，国民政府交通部官员到访仰光，交涉有关交通事务。1939 年 1 月，中国银行在仰光设立了经理处，于 14 日开业，云南兴文银行驻仰光办事处于同年 5 月开

---

　　① 龚学遂：《中国战时交通史》，上海商务印书馆 1947 年版，第 94 页。据 1938 年 12 月 1 日（东电）宋子良致蒋介石电报，苏联载运军火到缅的"戍"船及 KARAGOLA 船于 11 月 21 日起至 29 日止，全部安全清卸完毕，西南运输处准备"先提重机枪 100 箱运入滇境作初次试验，藉以视察沿途桥梁路基"（《宋子良等电蒋中正》，台北"国史馆"，典藏号：002 - 080200 - 00504 - 203）。

　　② 瞿韶华主编：《中华民国史事纪要》1938 年 7—12 月，台北"国史馆"1993 年版，第 585 页。

　　③ 龚学遂：《中国战时交通史》，上海商务印书馆 1947 年版，第 65、141 页。

　　④ 龚学遂：《中国战时交通史》，上海商务印书馆 1947 年版，第 99—100 页。龚著统计西南运输处自 1938 年至 1941 年年底共运入货物 369161 吨，但这是包含了广九粤汉、桂越、滇越几路的总运量，而不是单独滇缅一路的输入量。李华甫《亚太战场的两条重要运输线》（《世界知识》1985 年第 18 期）一文称从 1939 年到 1942 年春缅甸沦陷，滇缅公路共承运物资 40 多万吨，另有学者称整个抗战时期总运量达 49 万吨。参见云南省龙陵县政协等编《滇缅公路》，云南民族出版社 2013 年版，第 142 页。

业，交通银行、华侨银行也在仰光设立了办事机构。7 月，重庆—昆明—仰光的长途电话开通；10 月，重庆—昆明—腊戌—仰光航线正式通航。1939 年 8 月中国驻仰光领事馆升格为总领事馆。①

此时虽然通过法属越南的滇越铁路和桂越公路可以运入物资，但因法国异常害怕日军报复损及法方利益，不允许军品转运通过，故自粤港线中断之后，只剩滇缅公路这一条军品入口通道。不过，英属缅甸运入货物最初限制极多，非常不便，税费也重。中缅交通开办之初，"最困难者为港务及关务问题，因缅甸过去并无大量货物转运过境之经验，所持政策，墨守成规，处处顾全其自身之权益便利，规定各种纷繁复杂之手续，颇足以障碍我物资转运；又复严格检查，物资到埠时，必须抽验百分之五，提货时必须先经港务局之点验，暂存码头之物资延期不提，则须缴纳极重之延期费，缴付过境税时又须另具保单，保证货物自报关之日起，六个月内运入华境，届期不能清运，则须补缴全税，困难枝节，不胜枚举。越政府对我过境物资不收过境税，缅政府则规定收进口税之八分之一为过境税，再三折冲，减为进口税之十六分之一，复由外交部与英政府洽商，得减为进口税之百分之一。实行将及三载，仍在不断交涉"②。但无论如何，将军用物资设法尽快运入，以应中国抗战急需才是当务之急，故 1939 年 2 月 6 日，宋子良电告蒋介石向缅方交涉税收减免的情况，末称"在税则未定税款未付前，存仰物资实难启运"，请蒋介石令外交部予以协助交涉。③ 为争执税款多少的问题导致国内急需的军火运输停顿，自然是因小失大的做法，故蒋介石接阅呈报后，即电复西南运输处处长宋子良，告知不必与对方争执过境税的高低问题，首要的问题，是迅速将军火运回国内："缅甸军火过境税不必争执，只要先使各货能速起运

---

① 参见王介南《第二次世界大战期间的中缅关系》，《印度支那》1987 年第 4 期；余定邦：《中缅关系史》，光明日报出版社 2000 年版，第 280 页。
② 龚学遂：《中国战时交通史》，上海商务印书馆 1947 年版，第 94 页。
③ 《宋子良电蒋中正》（鱼电），台北"国史馆"藏，典藏号：002-080200-00514-042。

候用，切勿再为小失大。所有军火，务望于面定期限内运完为盼。"①

由于中缅交通此时在军品运输上的这种唯一性与极端的重要性，加强中缅联络，处理好与英缅的关系就显得非常重要了，这种性质，国民政府不可能不注意到。经过中方的努力争取，中方与英缅的关系多有改善，至1941年6月，英缅政府同意中方物资抵埠后，先付海关1%，即行提转。付税数额虽未减少，转运手续则已有改良。7月，缅方再改为按物资平均每吨价值征收，不再按箱报关计税，更为简便。铁路运输方面，缅原限制危险品运输，规定每次列车限载13吨，也经磋商改为每列车装运25吨，普通军品则可装50吨。②

除了外交与国际关系因素的干扰和限制，由于自然条件及技术上的原因，中缅交通也时时受到限制，也须经过反复交涉才能有所改善。腊戌至畹町的187千米公路，"在开运时颇为陋劣，雨后泥深且滑，非俟路基干固，重车绝难行驶，后轮且皆绊铁链，嗣以运输增多，缅政府乃重事修筑，至二十八年全路加铺柏油，行车始无困难"。八莫至畹町的公路，较腊戌至畹町的公路略短，路面不良，且有国内国外两线，外线经南坎、木姐至九谷，全段都在缅境，雨季即遭封锁，限制行驶，经中方一再交涉，始获允许按手续请领特别通行证，由缅方审察天气，认为良好，即可通车。1939年年初，"缅甸国防部曾声明南坎公路工程未竣，本年未便开放，盖因南坎至木姐一段，路线弯曲，路面狭窄，单向行车运输确有不便，嗣经外交部迭向英缅政府商洽，始予改善"。内线经南坎越过边界至垒允，通至畹町。垒允畹町段规定由交通部负责修筑，因工料缺乏，至1941年5月方能土路通车。③

1941年9月，在中缅物资过境运输的问题上，英方又给予了中方

---

① 《蒋中正电嘱宋子良缅甸军火过境税不必争执使军火能限期运完》，台北"国史馆"，典藏号：002 - 010300 - 00020 - 024。

② 龚学遂：《中国战时交通史》，上海商务印书馆1947年版，第94页。

③ 龚学遂：《中国战时交通史》，上海商务印书馆1947年版，第96页。

以更为实质性的优惠，"英政府决定我贷借物品通过缅境，不再征税，由英补偿缅政府每吨十卢比。……查此事英内阁驻新代表古拔过美时出力最多，请钧座电谢并欢迎赴渝"①。中国外长郭泰祺"于接获英国大使上项通知后，日前曾致函英大使，表示中国政府对于英国政府此种密切合作暨友谊态度之热烈谢忱，并对英大使个人促进此事之协助，表示欣感"②。

1942 年 2 月 7 日，蒋介石电告俞飞鹏，前与（英国驻缅军总司令）胡敦将军见面，交涉自仰光增加铁路运量事，"每日以一列开往腊戌一列开往曼特勒……顷据复称已允照拨，特此知照"③。

## 二 中缅友好交往的增多

缅甸自 1886 年完全成为英国的殖民地之后，一直在英印当局的管治之下，直到 1937 年 4 月，才实行印缅分治。在英国人担任的总督之下，由缅甸人出任总理，组成内阁。一方面是继续着英国对缅甸的殖民统治；另一方面，是缅甸各界人士对缅甸社会的影响逐渐扩大，争取缅甸民族独立的呼声日益高涨，缅甸的社会及政治状况呈现着十分复杂的局面。但国民政府对缅外交最核心的目标，是维护和提升这条至关重要的国际交通要道，当务之急并不是推进缅甸的独立运动，也不是泛泛的礼尚往来。因此，这一交往首先是尊重缅甸现实的政治格局，主要是与其统治当局及主流社会打交道，尽力争取对方采取有利于中国抗战的态度和立场，给予我国抗战事业以必要的支持与协助，这是战时中缅友好交往的前提。因此，这期间相互之间友好往来的主要活动有以下内容。

① 《宋子文电蒋中正英国政府决定中国贷借物品通过缅境不再征税》，台北"国史馆"，典藏号：002 - 020300 - 00015 - 095。

② 《经缅物资免税，郭外长向英大使致谢》，重庆《中央日报》1941 年 9 月 12 日第 2 版。

③ 《蒋中正电俞飞鹏据胡敦将军复允拨车事》，台北"国史馆"，典藏号：002 - 090106 - 00016 - 140。

### （一）缅甸亲善代表团访华及中缅文化协会的成立

1939 年 12 月 12 日，以仰光谬马中学校长宇巴伦为团长，内务部长吴梅昂的女儿都弥亚辛（一译"杜妙盛"）为副团长，团员有宇巴雀、德钦努、宇麻、甘早新、苏德隆等 9 人组成的缅甸亲善代表团访问中国。对这个代表团，国民政府给予了极高规格的接待，在其一行到达机场时，组成的欢迎阵容为：中国各团体欢迎总代表、国民外交协会名誉主席吴铁城，中国国民党中央党部、国民政府行政院、外交部的代表，重庆市党政机关代表、重庆卫戍总司令刘峙，重庆市国民党党部主任委员洪兰友，重庆市市长代表及各团体代表邵力子、王芸生、朱学范等 5000 余人，搭有彩牌坊三座。宇巴伦下机后，对欢迎人群致热情洋溢的谢词。①

12 月 14 日，重庆《中央日报》发表社论《欢迎缅甸访华团》，指出：中缅两民族，休戚与共，痛痒相关，中国人民的抗战，也得到了缅甸人民的同情和支持，最近缅甸《理笃报》发表《要保卫印度与缅甸即应援助中国》，"识见卓越，尤可钦佩"，"过去缅甸，并且常以医药接济我们，这都是我们所深深感念的"。社论指出，中国的抗战建国，建设抗战大后方，对两国的经贸往来、利益共享，都会发生极好的效能。社论也揭露了日本在缅甸利用缅甸人民的佛教信仰进行的欺骗宣传，指出日本法西斯的黩武主义与爱好和平的佛教信仰绝无共同之处。② 代表团参观了中央训练团、党政训练班、童子军、儿童保育院等处。12 月 17 日中午，蒋介石宴请了代表团全体成员，各院、部、会长官作陪，宾主相互致辞。晚上，交通部部长张嘉璈宴请全体成员。③ 对此次缅甸代表团到访，蒋介石视为国势有所提升的象

---

① 《缅甸访华团昨抵渝，各界代表五千人热烈欢迎，渝市今晨举行欢迎大会》，重庆《中央日报》1939 年 12 月 13 日第 2 版。战时报刊对缅甸人的姓名常常译为"宇某某"，今人著作则译为"吴某某"，如吴巴伦、吴巴雀、吴麻等，德钦努即独立后曾任缅甸总理的吴努。参见余定邦《中缅关系史》，光明日报出版社 2000 年版，第 280 页。

② 《欢迎缅甸访华团》，重庆《中央日报》1939 年 12 月 14 日第 2 版。

③ 《缅甸访华团昨谒领袖夫妇致敬，团长致颂词并献赠礼品，委员长亲致答词》，重庆《中央日报》1939 年 12 月 18 日第 2 版。

征，"缅甸访问团及顾孟余来渝，有朋自远方来，可知名声与国势渐著，足慰寸衷也"①。

1939年12月20日，重庆举行中缅文化协会成立大会，到会100余人，除来访的缅方人员外，中方有朱家骅、邵力子、周钟岳、陈铭枢、谷正纲、潘公展、洪兰友等出席，国民党中央组织部部长朱家骅、社会部部长谷正纲、国民政府内政部长周钟岳、宇巴伦先后致辞。中缅文化协会《成立宣言》提到，中缅文化交流历史悠久，以迄近世。抗战以来，"始则督修滇缅公路，继则接通中缅航空，近更规划滇缅铁路之兴筑，而缅甸士女亦多关心中国，声援抗战"，此前已有宇恩庆访问中国，今次又有宇巴伦一行到访，深感中缅文化协会的建立已不容再缓，故此共同发起，缅甸代表团回国后，还将设立缅中文化协会。会上选出协会名誉会长有朱家骅、邵力子、陈立夫、王世杰、吴铁城、龙云、宇巴伦等，会长罗家伦，副会长张维翰、都弥亚辛，秘书长杭立武，副秘书长甘甲新、曾虚白，及理事若干人。②

### （二）戴季陶访问缅甸、印度

1940年10月19日，被英国封锁三个月之久的滇缅路重新开放，国民政府考试院院长戴季陶启程赴缅甸、印度作两个余月的访问。行前的14日，中印学会与中缅文化协会举行欢送茶会，戴季陶致辞称：此行虽有私人游历的性质，但"复秉承中央的意志，对印度和缅甸的国民做诚挚的访问，切祷今后格外增进中印中缅间的交谊"。重庆《大公报》亦发表短评称："在世界动荡中，亚洲已占重要地位，中国抗战的意义由是而益显。戴院长此行，是表示中国看重印度及缅甸，而亦表示中国在亚洲大局上有举足轻重之力。"③ 17日，蒋介石

---

① 《蒋介石日记》，1939年12月16日，未刊稿。
② 《中缅文化协会成立，缅甸访华团今飞蓉，都弥亚辛昨谒蒋夫人畅论妇女运动》，重庆《中央日报》1939年12月21日第2版。
③ 瞿韶华主编：《中华民国史事纪要》1940年7—12月，台北"国史馆"1994年版，第456、458页。

又与戴季陶见面谈其"赴印缅使命",并于 19 日日记中称："季陶报聘印缅,亦一要事也。"① 戴到缅甸后,受到缅甸各界及侨胞的热烈欢迎,20 日在仰光的全侨欢迎大会,侨众参加者达 2000 余人,其后数日,缅中佛教会、缅中文化协会均举行欢迎活动。24 日的仰光缅甸各界欢迎茶会,有仰光市长、总检察官、国防部副秘书等各界要人参加。② 10 月 31 日,戴季陶在缅甸无线电台发表题为《向缅甸民众致亲善之意》的广播演讲,热情赞颂了中缅人民的友谊。③ 直至 12 月 23 日,戴季陶才经仰光飞返昆明。不过,对戴季陶此行的活动,王世杰的评价颇有保留:"戴季陶先生访问缅甸、印度返渝。其访印度之目的为礼佛,亦自会有若干联络感情意味。惟实际上印人之信佛者占极少数,其新起人物尤不信佛。戴先生今日在某欢迎会上盛言佛事,予闻之不禁发闷。"④ 戴季陶此行的相关演讲稿,确实较多关于佛教的内容。

### (三)缅甸记者团访华

1940 年 12 月 24 日,缅甸记者团一行 8 人到华访问,先到昆明,团长为曾任仰光市长的仰光太阳报总经理兼总编辑宇巴格里,副团长为仰光进步报总编辑宇敦丹,成员包括仰光新光报代表宇朴加里,伦敦新闻学会会员、印度合众社驻仰光代表李达芝,仰光公报记者汤普逊及仰光邮报巴达查芝,仰光太阳报宇巴丹,中缅文协仰光分会秘书曾克念等。12 月 27 日,重庆《中央日报》发表了《欢迎缅甸报界诸君》的社论,社论指出,中缅两大民族不仅在文化上有许多相同之点,即在事实上也有许多相依之处,两大民族的民族性,彼此甚易于

---

① 《蒋中正总统档案:事略稿本》第 44 册,台北"国史馆"2010 年版,第 454、474 页。

② 《戴院长在缅甸,各方欢迎情况热烈》,重庆《大公报》1940 年 10 月 30、31 日第 2、4 版。

③ 《戴院长在缅播讲"向缅甸民众致亲善之意"》,重庆《大公报》1940 年 11 月 8 日第 2 版。

④ 王世杰 1941 年 1 月 3 日日记。林美莉编辑:《王世杰日记》上册,台北:"中研院"近代史所 2012 年版,第 319 页。

了解，地理上的接壤关系，更不用说了。最近数年来，两大民族交往甚繁，彼此的理解也更形深切，相信一定能够做到互信、互敬、互助。我们东亚民族如果能够本着互信、互敬、互助的信念，团结一致，东亚的局面一定可以改观，至少可以开辟出一个防御外来或内部侵略的新天地。社论表示期待缅甸报界朋友的来访，可以对中国的抗战建国与日寇的残暴欺诈有更为切实的体认和了解，向缅甸人民传递更为确切的资讯。①

同日，重庆《大公报》也发表了《欢迎缅甸记者团》的社评，对战时中缅交通的重要性更作了高度的评价，也对日本法西斯的野心给予了有力的揭露。②

26 日，缅甸记者团在昆明参观了西南联大、云南大学，蒋梦麟、梅贻琦、熊庆来等设午宴招待，下午拜会云南省主席龙云。28 日，记者团飞抵重庆，重庆各报、各机关、台湾侨民及朝鲜、越南、印度代表 200 多人到机场欢迎，上午拜会行政院副院长孔祥熙、外交部部长王宠惠、英驻华大使卡尔（Archibald Clark-Kerr）。中午应国民党中宣部宴请，由部长王世杰、副部长董显光、潘公展亲自主持，王世杰致欢迎词。下午记者团出席了英驻华大使卡尔的茶会。29 日上午，蒋介石接见了记者团一行。代表团接着参观中央日报、时事新报等报社，下午出席东方文化协会改组会议，由监察院长于右任、立法院副院长覃振出任正副会长。该会原仅中韩两国人士三四十人组成，改组后包含中、韩、日、越、缅、印等 300 余人。③ 于右任在致词中称：中国的抗战建国，不仅为救中国，也为救日本，东方文化协会的任务，一方面是为着打倒日本帝国主义，"另一方面还要与东方整个人民，发扬东方文化，来救东亚救世界"④。战时重庆成立了联络各反

① 《欢迎缅甸报界诸君》，重庆《中央日报》1940 年 12 月 27 日第 2 版。
② 《欢迎缅甸记者团》，重庆《大公报》1940 年 12 月 27 日第 2 版。
③ 《缅甸记者团晋谒总裁，呈献恳挚之祝词》《东方文协会成立，选于院长为会长》，重庆《中央日报》1940 年 12 月 30 日第 3 版。
④ 《东方文化协会成立会祝词》，重庆《新华日报》1940 年 12 月 29 日第 2 版。

法西斯国家人民情感、增进相互了解与交流的若干类似公共外交团体，例如国民外交协会、中苏文化协会、中美文化协会、中英文化协会等。此时东方文化协会的扩充，在一定程度上反映了国民政府对拓展与相邻各国关系的重视，以及对中国在东亚反侵略斗争中较为突出作用的进一步体认。

### （四）缅甸政府代表团访华

1941年1月，英缅方面决定派遣政府代表团来华访问，行前的1月9日，缅甸总督郭古伦致函蒋介石介绍该代表团的使命及组成人员，函称："自缅甸在英帝国内实行分治以来，敝政府派遣代表团来华访问，尚属第一次"，特令代表团团长、缅甸总督府参议考罗面呈此函，"表示敝政府促进与坚认中缅两国间悠久传统之友谊与善意之愿望"。代表团成员还有：工商部部长宇巴丹、工务长尼可生、工商部秘书潘祺。[①] 15日，代表团由腊戌乘中航飞机到达重庆，到访目的为与国民政府商讨中缅交通及商务事宜。前往机场迎接的有国民政府外交部、交通部的代表凌其翰、潘光迪，中英文化协会及中缅文化协会秘书长杭立武，英大使代表包克本等20余人。17日晚，蒋介石接见了代表团，会见由英国大使卡尔等陪同。[②] 24日，《大公报》并发表社论，论述中印缅等国进一步加强合作的意义。[③]

缅甸政府代表团到访期间，与中方就公路问题、统制交通问题、过境税问题、铁路建筑问题及其他商务合作问题等交换意见，达成了双方合作或进一步商洽的意向。[④]

而与此同时，正在东南亚从事抗战宣传活动的中国国民党海外部

① 《缅甸总督郭古伦拟派遣代表团来华访问上蒋中正书》，台北"国史馆"，典藏号：002 - 080106 - 00076 - 001。

② 《缅代表团昨抵渝，商促进中缅交通商务》，重庆《大公报》1941年1月16日第2版。《缅政府代表团谒总裁致敬，中缅商谈顺利进行》，重庆《中央日报》1941年1月18日第2版。

③ 《中缅关系与南洋》，重庆《大公报》1941年1月24日第2版。

④ 《中缅交通即将改进》，《申报》1941年3月2日第4版。

部长吴铁城于 1 月 16 日由马来亚抵达仰光访问，分别拜访了缅甸总督、总理，会见了华侨代表，24 日发表了广播演讲，呼吁东亚各民族联合，打倒共同的敌人日本帝国主义。①

不过需要说明的是，英国在中缅交通问题上既有对中国的支持和帮助，也有其自己的利益诉求。1941 年 2 月 17 日，英国驻华大使卡尔致函蒋介石，专门报告英国政府对修筑滇缅铁路计划的意见。该函指出，英国已深为了解修筑滇缅铁路对于中国抗战的重大意义，"英国政府确认中国政府除借道缅甸外，别无通海之道，并知中国政府今正急需运入大量笨重器材，而公路崎岖，万难应此运输，故急需建筑铁路"。接着，该函提出，英国要在中方对其所提第三、第五、第六、第七各点要求作出令英方满意的答复之后，才会开始启动此项计划。其中最重要的是第三点，其具体内容为："英国政府深信中国政府为报偿其协助完成此铁路之贡献起见，必能同意按照缅甸政府前所建议之界线，解决滇缅边境悬而未决之划界问题。建筑此项铁路，缅甸政府虽不负出其资源之责任，然该路兴建之中，必有若干新生义务加诸该政府之身。此路最后之税入如何，前途尚甚渺茫，若不能按照该政府所建议之界线，将萨尔温河以东之地区划归该政府管辖，满意解决，则欲该政府接受此项新生义务，苦难得激励之方策。"这就是说，要将双方有争议的"萨尔温河以东之地区"划归英缅政府管辖。在中国对滇缅交通极其依赖的时刻，将划界问题与铁路修筑问题捆绑一处交涉，反映了英国外交的顽固的扩张性的一面。卡尔并在函中要求，请慎勿将双方关于该问题的交涉外泄。②

几经交涉，到 4 月间，修筑滇缅铁路的协议大致达成，英方同意对修建该路缅甸境内的部分给予补助，"该路全长 650 英里，计缅甸

---

① 《吴部长在缅播讲，东亚各民族联合起来，粉碎暴日的南进政策》，重庆《中央日报》1941 年 1 月 26 日第 3 版。《吴铁城部长由仰光飞昆明，在机场小憩续飞香港》，重庆《中央日报》1941 年 2 月 5 日第 2 版。

② 《卡尔呈蒋中正英国政府对进行滇缅铁路计划之意见》，台北"国史馆"，典藏号：002－020300－00039－058。

境内 120 英里，中国境内 530 英里，其中数段业已完成"。中国方面稍后并公布了发行修筑滇缅铁路公债的决定，预计争取两年之内完工。① 至于双方划界问题，6 月份有报道称，已按照尽量照顾各自诉求的精神获致基本解决。② 但因年底太平洋战争爆发及次年日军攻占缅甸，滇缅铁路计划未能如期实现，滇缅路南段划界及重新竖立界桩之事亦因之延搁。③

### （五）中国代表团访缅

随着日本对中国外援通道的进一步封锁，对华南沿海一批次要港口和出海通道的攻陷，中缅通道的重要性更为突出，国民政府乃进一步采取措施加强对缅工作。1941 年 8 月 28 日，蒋梦麟（时任北京大学校长、西南联大常委）率领中国访缅团飞赴仰光，开始对缅甸的访问。副团长曾养甫（滇缅铁路督办公署督办）、缪嘉铭（云南富滇新银行总经理），秘书长杭立武（中英及中缅文化协会秘书长），成员有张维桢、陈纪彝、缪培基、汤德臣、金龙章、谢仁钊、窦学谦等。杭立武在临行前表示，该团在中英、中缅关系进入新阶段之际前往缅甸访问，目的是促进中缅之间的相互了解与合作。访缅期间，代表团受到缅甸总督、缅甸内阁、缅甸各界及我国侨胞的热烈欢迎和招待，参观了仰光大学、缅甸炼油厂、炼钢厂、船坞工程等。副团长曾养甫在扶轮社阐述了修筑滇缅铁路在战时及战后的重要意义，并称日前英国已允出款修建该路的缅境内一段。④ 9 月 5 日转往曼德勒市访问，7 日到腊戍，均受到当地市政当局和侨胞的热烈欢迎。⑤

---

① 《滇缅铁路两年内可完成，全路长六百五十英里，造价将超过一万万元》，《申报》1941 年 4 月 24 日第 4 版。《滇缅铁路金公债条例，国民政府昨日明令公布，七月一日开始发行》，重庆《中央日报》1941 年 5 月 22 日第 2 版。

② 《滇缅划界及炉房矿区，中英换文原文发表，历年争持区域均经划归中国，炉房矿产中英共同投资开采》，《申报》，1941 年 6 月 20 日第 3 版。

③ 《滇缅南段勘测疆界延期》，重庆《中央日报》1941 年 12 月 26 日第 3 版。

④ 《访缅团在缅行踪，昨由仰光赴曼德勒，曾副团长讲滇缅铁路之价值》，重庆《大公报》1941 年 9 月 5 日第 2 版。

⑤ 《访缅团返渝，杭立武谈幸完成使命》，重庆《大公报》1941 年 9 月 9 日第 2 版。

此外，在 1942 年 3 月 8 日，重庆各界举行了盛大的"缅甸日"，各报发表关于中缅合作的专论，市区张贴宣传标语。因此时正值日军发动侵缅行动之际，下午 2 时，在上清寺广播大厦召开了民众援缅大会，有吴铁城、张治中、陈立夫、谷正纲、罗家伦、太虚法师、杭立武，缅甸旅渝名流宇巴格里，英国驻华大使馆代表等与会，中外代表多人致辞，会议通过了慰劳赴缅远征将士、在缅侨胞电、告缅甸民众书等。① 另据《中央日报》报道："中国政府业已欣然同意缅甸政府派遣代表来华驻节……缅甸政府已决定派福格德氏为首任驻华代表，福氏曾任南北掸部行政专员（当地最高行政长官）。闻福氏将于日内启程来渝。"②

由于中缅通道的维系必须取得英方的支持与配合，出于这种可以理解的原因，国民政府对缅交流所接触的主要是英国管制当局及与之关系较为密切的上层人士，而且，这种往来接触也是为英方所掌控和认可的，如缅甸记者团等的访华还得到英国驻华大使卡尔的招待。这与稍后一个时段中英出现新的分歧之后，国民政府的对印立场使英国颇感紧张似有不同，而带有其自身的特点。

其实，日本于 1939 年在华南沿海占领了汕头、海南岛、南宁等地之后，要想更进一步地封锁中国，自东向西，就必须动中国香港、法属印度支那、缅甸、印度，只有这样，才能大致完成对中国的大包围、大封锁，以图基本解决"中国事变"。而其中中国香港、缅甸、印度都是当时英属区域，这样的话，"南进"就比"北进"更具有现实的迫切性，与英美的冲突和对抗就会越来越尖锐。尽管英国由于面对德国的巨大压力其实很不愿意东西同时作战，一再对日忍让，包括在 1940 年 7 月封锁滇缅路 3 个月。但如果英国不愿对日本人彻底妥协，而日本人又一定要踏着英国的旗帜横扫东南亚，

---

① 《昨日"缅甸日"开援缅大会，渝市民众踊跃参加，中外代表多人致词》，重庆《中央日报》1942 年 3 月 9 日第 3 版。

② 《缅甸将派代表来华驻节，业经我政府同意》，重庆《中央日报》1942 年 3 月 12 日第 2 版。

双方之间的开战就不可避免，中国就可以由此摆脱单独抗日的局面，这对中国来说是一个极其重要的战略转折。因此之故，中国有必要尽可能与英国保持友好的关系，而不是疏离这种关系，自然就不适宜在这个时候因为积极而公开地介入英属殖民地的反英活动而影响中英之间并不稳定的合作关系。就此而言，国民政府此时的对缅方略，大致上还是正确的。

## 三　对印、缅等国独立运动道义上的同情与关注

抗战期间，尽管中国自身还面临着严峻的对日作战及其他方面的巨大压力，还十分需要英、法等殖民地宗主国的帮助与合作，但对印、缅等周边民族争取独立或自治的斗争都或多或少给予了道义上的同情和支持，并采取了较为切合不同国家实际的立场和策略。对于缅甸人民争取平等自由的斗争，也尽可能表示了一定的同情与关注，如曾来华访问的德钦党领导人德钦努于 1940 年 8 月被英国殖民当局逮捕，中国方面得悉这一情况，即以中缅文化协会的名义致电缅中文化协会，"代为慰问，并相机营救"①。1942 年 1 月 1 日，蒋介石在日记中胪列本年 10 项"重要工作"，其中第九、第十两项为："九、朝鲜复国之策动与承认；十、印度民族自治之促成。"②一个是"复国之策动"，一个是"自治之促成"，既体现了对亚洲其他民族摆脱压迫事务的相当关注，又可看出对于朝鲜和印度的政策是有明显区别的。

1942 年 1 月 7 日，蒋介石又特别致电罗斯福，就英缅当局扣械事件所感，陈述亚洲西南部被压迫国家和人民的民族心理，以及应如何争取他们积极参与反法西斯斗争的途径，指出只有使他们感到参与到这个斗争有利于他们摆脱殖民压迫，才能将他们吸引过来，

---

① 余定邦：《中缅关系史》，光明日报出版社 2000 年版，第 287 页。
② 《蒋介石日记》，未刊本，1942 年 1 月 1 日。

如果是支持一个旧的西方的殖民统治者来抗拒新的外来侵略，他们是不会有兴趣的，认为这才是具有"根本重要性政治关系"的。电称："太平洋战争，今在英荷殖民地区域中日增严重，当地民众久受西方帝国之统治，统治者与被统治者间，经济、社会与政治，皆无平等可言。若闻人言日本之残酷，自易指为宣传之夸大，及身受而悔悟，已无及矣！然彼等将谓为保卫目前之统治者，以御未来之统治者，此种牺牲，意义何在？欲彼等忍受长时间之轰炸，以及其他战地所加之暴行而牺牲，若我中国人民者，必有其本身与民族历史切肤关系之得失，始足鼓励其同仇敌忾之心。……本人深切期望阁下能劝勉英荷……以改其旧日之态度。倘民众敌忾之心不能及时产生，甚至为敌人所煽动或利用，则战事延长，局势之危机，恐随之而日甚矣！"① 事实证明，蒋介石担忧的这种情况在印度、缅甸都出现了。②

1942 年年初，蒋介石决定访问缅甸、印度，并认为这对于"将来亚洲前途，必发生大影响也，故更应戒慎自重"③。表明他已经在主观上有了中国应在亚洲事务中发挥作用的体认。蒋介石访印之行，先到了缅甸的腊戌，与英缅军总司令胡敦会见然后转飞加尔各答。在旅途中，矜于其战时中国元首的身份，蒋介石感叹，所经之处都是中

---

① 吕芳上主编：《蒋中正先生年谱长编》第七册，台北"国史馆"2015 年版，第 7—8 页。

② 一些国家争取独立运动的领导人，为了达到摆脱西方殖民统治的目的，极力寻找各种机会，进行各种尝试，在走投无路、看不到希望的时候，甚至不惜与狼共舞、认敌为友，走过了不少弯路。如缅甸的领导人昂山就曾寄希望于日本法西斯，在 1940 年与日本人达成秘密协议，接受日本的装备与训练，以配合日军进攻缅甸，日军则承诺将帮助他们从英国人手中取得独立。1941 年，昂山等 30 余人到日本受训，太平洋战争爆发后，他们组织的缅甸"独立军"从泰国曼谷出发，带领日军分三路攻入缅甸。但日本占领缅甸后当然不会兑现承诺，日本人将"独立军"改为"国民军"，人数也从 15000 人裁减到 3000 人，完全置于其严密控制之下。昂山等人认识到日本法西斯侵占和掠夺缅甸的真实面目后，才醒悟过来，重新投入反对日本侵缅的斗争。在印度，则有国大党部分激进的民族主义分子在博斯的领导下，公然与日军合作以对抗英国的殖民统治，博斯等人当时手中曾握有一支"印度国民军"，接受日本的军事援助，并且在沦陷后的仰光和新加坡等地，替日本政府扮演维持秩序和政治宣传的积极角色。

③ 《蒋介石日记》，未刊本，1942 年 1 月 31 日。

国旧有属地，在其年幼之时一一丧失，从而生发出一种要致力改变东亚民族被外族奴役之现状、恢复本民族光荣历史的愿心："初次经缅抵印，所经之地皆为我旧日之国土。披阅缅、暹、越南史地，不禁增我失土之耻，又念唐明建国之大，东亚民族之盛，不得不自负此重任，以报我列代祖先，恢复我民族光荣史也。"①

在印期间，蒋介石与尼赫鲁数度接触，表达了对于印度民族解放运动的同情和支持，并表明了他个人对"印度革命"应取何种策略的看法："详告其印度现下革命应取之策略，应取渐进而不宜过于极端之意。"② "告以中、印两民族革命环境不同，印度不宜进行武力革命。"③ 这种对于印度独立运动有保留的支持的立场，自然是因为顾及战时中英同盟的因素。在中国抗战极其艰难的岁月，蒋介石一行还向印度有关单位作了捐赠，其中给诗人泰戈尔在圣地尼哥丹创办的国际大学5万卢比，中国学院3万卢比。其中中国学院图书馆的图书，"盖皆先生往昔在南京时所赠送者"④。

1942年10月初，经过中国方面的努力争取，美英先后表示愿意废除在华不平等条约，且在10月10日国民政府国庆前夕予以公布，这标志着中国的国际处境在形式上获得重大改善，国家的地位较此前有了较大的提升。10月29日，蒋介石在国民参政会第三届第一次会议上，谈到将来中国在东亚的政策，要按照孙中山总理的理想，不是像日本帝国主义那样，奴役和压迫弱小民族，也不是要领导他们，而是要尽力加以扶助，帮助他们实现争取独立自由的目标。"我们中国在这一次世界大战之后，无论对印度、缅甸、越南、暹罗，以及南洋

---

① 《蒋介石日记》，未刊本，1942年2月7日。数日之后，他在印度与阿富汗边境出席阿富立提等族的欢迎会，并记下类似感慨："盖此等民众，三十年以前，皆为我之国民，大部以不丹、锡金人为多也，故余不禁称之为同胞，有年老至八十岁者，彼必知其为中国人了，惜彼此皆不通语言，且有省长在坐，余亦不便详问，而余此次来印，以此为唯一之快事也。"《蒋介石日记》，未刊本，1942年2月13日。

② 《蒋介石日记》，未刊本，1942年2月15日。

③ 吕芳上主编：《蒋中正先生年谱长编》第七册，台北"国史馆"2015年版，第37页。

④ 吕芳上主编：《蒋中正先生年谱长编》第七册，台北"国史馆"2015年版，第39页。

各地民族，都应该一视同仁，尽力扶助，不好存一点'民族优越'的心理！……我们不好蹈日本帝国主义者的覆辙，说我们中国应该作亚洲各国的领导……因为我们中国国民革命，最终的目的，是在求世界民族一律平等，不是和现在轴心国家一样，有了武力就以领导者自居，压迫其他的弱小民族，作他的奴隶，这种侵略主义的思想，必须打破。我们国父创导三民主义，对于亚洲所有弱小民族，只主张扶助其独立自由，而不是要自居于领导。"① 在 1943 年 2 月，当英印关系恶化，印度独立运动领袖甘地绝食抗议时，蒋介石先后致电中国驻印度加尔各答总领事保君建、驻印度专员沈士华表示关切及令转达对甘地的慰问，还让在美访问的宋美龄面商罗斯福"从速设法切劝英国政府"立即释放甘地，"以确保联合国为民主、为人类作战之信念也"②。

另据杭立武回忆，在抗战时期，中国邀请缅方 70 多人组团到访重庆，一住 3 年多，对于增进中缅友谊发挥了重要作用："在抗战时期，缅甸对我国的关系是很重要的，当时就组织了'中华民国访缅团'，由蒋梦麟先生担任团长，我则是访问团的秘书长，事实上主要业务是由我负责的。到了缅甸以后，与缅甸人接触，当时看样子战事会延续扩大至缅甸，所以便邀请了缅甸重要人士到重庆访问，一行有七十多人，每天食宿皆由我负责。而当时中缅基金会的经费便是由中央党部吴铁老（即吴铁城——引者注）所拨下来的。结果七十多人一住就是三年多，才回缅甸，组织了政府，所以说第二次世界大战以后，中缅关系亲密，可以说是吴铁老的远见。在当时供给七十多人的花费是很不容易的，而有此气概拨付的人恐怕也不多了。"③ 这个回

---

① 秦孝仪主编：《总统蒋公思想言论总集》第 19 卷《演讲》，台北：中国国民党中央党史委员会 1984 年版，第 347 页。

② 吕芳上主编：《蒋中正先生年谱长编》第七册，台北"国史馆"2015 年版，第296—297 页。

③ 《吴铁城先生百年诞辰口述历史座谈会纪实》，"杭立武发言"，陈鹏仁主编：《百年忆述——先进先贤百年诞辰口述历史合辑》第 2 册，台北：近代中国出版社 1997 年版，第339 页。

忆没交代具体时间，但文中说的估计战事会蔓延到缅甸一语，应该是在1941年8月蒋梦麟率团访问缅甸至1942年日军侵缅之前邀请的，3年抗战胜利后回国，时间大体可以吻合。只是并未提到具体的人名，这批人中是否也有一些不满英国殖民统治的人士，是否确有人参与到战后独立政府的机构之中，还有待研究。

对战时泰国的动态，蒋介石也有所关注。一个时期以来，在日本当局的诱惑下，泰国与日本签订了同盟协定，甚至为虎作伥。1942年1月，蒋介石曾就"对泰国有否宣战之必要"进行权衡，认为不能因为其是小国而对之忽视，一是泰国华侨众多，二是泰族在我国滇桂及缅甸分布较广，"如我对亚洲之敌仅限于倭寇，则将来团结东方各民族，实有重要意义也"①。其后，随着局势的发展与对中泰关系问题的理解，蒋介石判断泰国的状况必会有所改变。"滇泰边境倭驱泰军向滇猛犯，皆能击退，未为所侵。泰倭内部冲突日多，将来倭寇在缅泰一带败退时，必致片甲不返，乃可断言。"② 至1943年2月，"暹罗军长派使求和，并愿共驱倭寇"，蒋介石认为"此乃东亚重要关键也"③。1943年2月27日，蒋介石乃发表《告泰国军民书》，表示了对泰国军民的理解和期待："自从前年12月11日泰国和日本签订同盟协定之后，我对你们保持着缄默，一直到现在。论理一个毗邻的国家和我们正在作战的敌国缔结同盟，我不能完全沉默。所以我沉默，因为我了解你们当时处境的艰窘。""现在的情形完全不同了。这次世界战争已逐渐进入决定的阶段了。"这个战争是"反侵略者与侵略者的斗争，是正义与暴力的斗争，是光明与黑暗的斗争。我们深切了解你们前此处境的困难，现在我们却深切期待你们迅速负起自救与救世界的责任。我们盼望你们了解中国国民对泰国亲爱的情感，并且珍视这种情感。我们盼望你们以忠勇爱国的行动，恢复泰国在国际的信誉，从而争取

---

① 《蒋中正总统档案：事略稿本》第48册，台北"国史馆"2011年版，第188页。
② 《蒋介石日记》，未刊本，1943年1月31日。
③ 《蒋介石日记》，未刊本，1943年2月21日。

泰国在战后国际社会中发言的地位"①。对于泰国所采取的这种态度，还是较能体现中国的大国风范的。数日之后，蒋介石在日记中对其所为也甚觉满意："发表告泰国军民书，实有历史意义也。""自余对泰国告书发表后，倭泰之互相疑惧更明矣。"②

这些情况说明，战时中国始终尽力支援着亚洲各国争取民族自由和反抗外族侵略的斗争，在一定程度上体现了一个传统大国在争取本民族复兴的艰难过程中，也不忘记周边国家人民的苦难及梦想的立场和胸怀。

（左双文，华南师范大学历史文化学院教授；刘杉，广州中医药大学教师。本文原载《社会科学研究》2018 年第 5 期，限于篇幅收入本书时有删节）

---

① 秦孝仪主编：《总统蒋公思想言论总集》第 32 卷，《书告》，台北：中国国民党中央党史委员会 1984 年版，第 25—27 页。

② 《蒋介石日记》，未刊本，1943 年 2 月 28 日；3 月 7 日，上星期反省录。

# 国共两党在抗日战争中的地位与作用

蒋建农　曹子洋

　　关于中国国民党和中国共产党在抗日战争中的地位和作用问题，虽然涉及抗战时期国共两党自身及其各自所领导武装队伍的状况、国民党统治区和抗日民主根据地的状况等多方面，但从根本上讲，主要表现在国共对抗日战争进程的作用力与影响力如何。抗日战争长达14年，随着战争进程的发展，中国国民党和中国共产党作为中国最重要的两支政治力量，各自的实力、地位在变，方针政策在变，所发挥作用的深度和广度也在变。因此，必须动态地、系统地、全方位地进行考察，才有可能得出比较符合实际的结论。必须首先强调的是：日本帝国主义发动侵华战争，是要征服整个中国和全体中国人民，而不是只针对中国的某一区域、某一政党或某一部分中国人；而中国人民抗日战争不是某一政党或某一部分中国人的事，正如蒋介石所谓"地无分南北，年无分老幼，无论何人，皆有守土抗战之责任，皆应抱定牺牲一切之决心"。国共两党作为不同阶级利益的代表，虽然在许多问题上存在原则性的分歧，甚至存在根本对立的一面，但是它们在中华民族面临亡国灭种的危急时刻，都以抗日为第一要务，其合作是主要方面；它们分别主导的正面战场和敌后战场，是中国人民抗日战争的两个有机组成部分，互为依存、相辅相成、缺一不可。中国人民抗日战争的胜利是包括国共两党在内的全体中国人民牺牲奋斗的结果，是中华民族共同谱写的辉煌篇章。

# 一 以国共合作为基础的抗日民族统一战线是 夺取抗日战争胜利的根本保证

日本帝国主义对华侵略的步步深入，造成中华民族的生存危机同时也促成中国人民的空前觉醒，团结抗日成为各阶级、各党派和海内外除极少数汉奸卖国贼以外所有中国人的共同心声。中国共产党率先倡导和建立抗日民族统一战线；在"攘外必先安内"政策迭遭碰壁和全国军民日益高涨的抗日浪潮推动下，中国国民党逐渐调整政策，抗日民族统一战线终于在全面抗战爆发后得以实现，并在国共合作的基础上不断得到巩固和发展，成为全民族抗战最有效的组织形式，成为抗日战争能够取得完全胜利的决定性因素。

第一，中国共产党建立抗日民族统一战线的努力与国民党政策的转变。九一八事变爆发后，中共中央立即发表《中国共产党为日本帝国主义强暴占领东三省事件宣言》。与国民党政府当时的"不抵抗主义"形成鲜明对照的是，1932 年 4 月 15 日，刚刚成立不到半年的中华苏维埃共和国临时中央政府正式对日宣战，号召全国工农兵及一切劳苦群众，"驱逐日帝国主义出中国，反对帝国主义瓜分中国，彻底争得中华民族真正的独立与解放"[①]。1933 年 1 月，中国共产党方面进一步发出宣言，表示愿意在立即停止进攻苏维埃区域、保证民众的民主权利和武装民众三个条件下同任何武装部队订立共同对日作战的协定。这些宣示了中国共产党誓死抵抗日本侵略和捍卫国家主权与领土完整的坚强决心，也是中国共产党建立抗日联合战线的最初尝试。

需要指出的是，当时的中共中央受"左"倾教条主义的影响，在党的宣言、决议和实际工作中，存在着"左"倾关门主义的错误，在一个时期里曾经干扰了抗日民族统一战线的建立。1935 年华北事

---

① 《建党以来重要文献选编（1921—1949）》（第 9 册），中央文献出版社 2011 年版，第 245 页。

变后，面对民族危机进一步加深的严峻形势，中国共产党置长期遭受血腥屠杀、围追堵截的阶级仇恨于身外，在10月1日公开发表的《八一宣言》中再次呼吁，"无论各党派间在过去和现在有任何政见和利害的不同，无论各界同胞间有任何意见上或利益上的差异，无论各军队间过去和现在有任何敌对行动，大家都应当有'兄弟阋墙外御其侮'的真诚觉悟，首先大家都应当停止内战，以便集中一切国力（人力、物力、财力、武力等）去为抗日救国的神圣事业而奋斗"[①]。同年12月在瓦窑堡召开的中共中央政治局扩大会议，正式确立抗日民族统一战线的新策略。这些对于调动全国人民的抗日热情，团结一切可以团结的力量，形成一致对外的声势，产生重要的推动作用。1936年9月1日，中共中央进一步改变"反蒋抗日"的政策，提出"逼蒋抗日"的方针。12月12日，西安事变发生后，中共中央从民族大义出发，促成了西安事变的和平解决，成为时局转换的枢纽。在国民党五届二中全会召开前夕，中国共产党向国民党提出著名的"五项要求和四项保证"。卢沟桥事变爆发后，中国共产党和红军将领当即向国民政府发出通电，表示"愿即改名为国民革命军，并请授命为抗日前驱，与日寇决一死战"[②]，并向国民党提交了《中共中央为公布国共合作宣言》。中国共产党的上述举动，给予国民党方面极大的触动，进一步解除了他们的顾虑。事实表明，中国共产党是抗日民族统一战线的积极倡导者和最有力的推动者。

在上述历史过程中，中国国民党及其政府也在缓慢地发生转变。它由九一八事变后的不抵抗，到一·二八事变后的"一面抵抗，一面谈判"，再到长城抗战时第一次有组织地进行较大规模的抵抗；由武力镇压主张抗日的福建人民政府和察哈尔抗日同盟军，到只敢陈兵威胁，但最终被迫用和平的方式解决两广事变和西安事变。它一方面顽

---

① 《建党以来重要文献选编（1921—1949）》（第12册），中央文献出版社2011年版，第265页。

② 《建党以来重要文献选编（1921—1949）》（第14册），中央文献出版社2011年版，第361页。

固坚持"攘外必先安内"的反动政策,一再屈辱地接受日本侵略者的停战条件,并对中国共产党和其他抗日进步力量进行镇压;另一方面,召开国难会议,制订国防计划,修筑军事防线,恢复中苏邦交,准备抗日。随着日本侵略的加深,在中国共产党和全国人民风起云涌的抗日热潮推动下,它开始与中国共产党和其他地方实力派,以及其他政治上的异己力量进行接触、谈判,逐步地有条件地接受中国共产党关于建立抗日民族统一战线的主张。七七事变后,蒋介石发表对日态度强硬的庐山谈话。1937 年 9 月 22 日,国民党中央通讯社公开发表《中共中央为公布国共合作宣言》;次日,蒋介石发表《对中国共产党宣言的谈话》。这标志着以抗日为共同目标的第二次国共合作的正式形成,也标志着抗日统一战线的正式形成。

第二,国共双方围绕抗日民族统一战线的分歧和斗争。中国的抗日民族统一战线,既包括中国共产党领导的工人阶级、农民阶级、小资产阶级,又包括民族资产阶级、开明士绅和地方实力派,以及台港澳同胞和海外华侨中的广大爱国人士,更有国民党蒋介石集团的亲英美派大资产阶级。参加统一战线的各阶级和各阶层,既有合作抗日的共性,又有各自的个性,甚至存在着某些方面的根本对立。中国共产党和中国国民党分别代表着抗日民族统一战线的两翼,国共之间的分歧及其相应政策实行后的结果将直接关系到抗日民族统一战线能否巩固与发展,决定着抗日战争的前途和中华民族的命运。毛泽东当时就深刻地指出:"中国是否能由如此深重的民族危机和社会危机中解放出来,将决定于这个统一战线的发展状况。"[1]

全面抗战爆发后,出现了举国一致团结御敌的可喜局面。国民党方面部分地改变了反共、反人民的政策,承认各党派的合法地位,开放言论,吸收过去的政治反对派参加政府和军队,设立国民参政会,制定《抗战建国纲领》,抗日民族统一战线得到初步的巩固和发展。从而在战场上打破了日本帝国主义三个月灭亡中国的狂妄梦想,鼓舞

---

[1] 《毛泽东选集》第 2 卷,人民出版社 1991 年版,第 396、763 页。

了全国人民的斗志，为抗日战争的持续发展赢得宝贵的时间。

当抗日战争进入相持阶段后，国民党方面由于在战略防御阶段正面战场的严重失利和对中国共产党及其他进步力量迅速发展的疑忌，加上日本政治诱降和英美对日实行绥靖主义政策的影响，在其内部出现对日妥协、动摇和警惕、敌视中国共产党力量的动向。继国民党副总裁汪精卫在"共同防共"旗帜下公开叛国投敌之后，1939 年 1 月国民党五届五中全会确定"防共、限共、溶共、反共"的方针。而后又陆续制定《防制异党活动办法》《共党问题处置办法》等一整套反共的具体政策和措施。于是，国民党顽固派的反共活动迅速加剧，并持续弥漫于抗日战争的后两个阶段，时而收敛，时而剧烈。

对此，中国共产党进行了坚决的斗争。在创建抗日民族统一战线之初，中国共产党就旗帜鲜明地提出保持党的独立性和争夺领导权的问题。针对党内同志因大地主、大资产阶级把持全国政权，共产党的力量不居支配地位而产生的对争夺领导权问题的疑惑，毛泽东在1937 年 5 月就提出实现无产阶级政治领导任务的四条具体原则：根据历史发展进程提出基本的政治奋斗目标；共产党的组织和党员成为实现奋斗目标的模范；在不失掉确定的政治目标的原则上，与同盟者建立联盟；共产党队伍的发展、坚强和思想统一。随后，又制定了"发展进步势力，争取中间势力，孤立反共顽固势力"的总方针。他根据各阶级对抗战的态度，把参加抗日民族统一战线的各阶级和各阶层分为左、中、右三个集团。其中，他认为大地主、大资产阶级是右翼集团，"是民族投降主义的大本营"。他们一方面害怕战争对他们财产的破坏，另一方面害怕民众起来。他们中间有些人暂时地加入民族统一战线，是被迫的、勉强的。"我们的任务是坚决地反对民族投降主义，并且在这个斗争中，扩大和巩固左翼集团，争取中间集团的进步和转变。"① 毛泽东将其概括为"又团结又斗争，以斗争求团结"的原则。针对国民党方面的动摇、分裂、倒退倾向，中国共产党中央

---

① 《毛泽东选集》第 2 卷，人民出版社 1991 年版，第 396、763 页。

提出"坚持抗战到底——反对中途妥协!""巩固国内团结——反对内部分裂!""力求全国进步——反对向后倒退!"① 在八年全面抗战的实际斗争中,随着敌后抗日根据地的扩大和人民抗日武装的不断壮大,中国共产党对抗日民族统一战线的领导逐步得到实现,成为坚持和发展抗日民族统一战线的中坚力量。从而遏制了国民党方面的投降、分裂势头,最大限度地维护了抗日民族统一战线的团结与统一。

第三,一切以中华民族的根本利益为重,维护抗日民族统一战线巩固和发展。尽管矛盾和冲突不断,但是国共双方都把抗日救国摆在最重要的位置。中国共产党方面始终恪守在致国民党五届二中全会电中提出的"五项要求和四项保证",坚持不在国民党统治区发展游击战争和其他旨在推翻国民党统治的活动。毛泽东曾反复告诫全党,由于这次国共合作是对立阶级的合作,所以国共之间的斗争是严重的、是不可避免的,但也不能因斗争而放弃统一。他说:"统一战线中统一是基本的原则,要贯彻到一切地方一切工作中,任何时候任何地方不能忘记统一。"② "统一是统一战线的第一个的基本的原则。"③ "一定要坚持抗日民族统一战线,坚持国共长期合作,凡是可以多留一天的,我们就留他一天,能够争取半天一夜都是好的,甚至留他吃了早饭再去也是好的。"④ 他提出"有理、有利、有节"的原则与"以斗争求团结"的原则相配合,以防止统一战线的破裂。在国民党方面,虽然反共和发动反共战争不断,但是在日本侵略者当前的情况下,不得不有所收敛,像十年内战那种全国规模的反共战争始终未敢发动。国民党蒋介石集团先后掀起三次反共高潮,虽然危害严重,但三次相

---

① 《为抗战两周年纪念对时局宣言》,《建党以来重要文献选编(1921—1949)》(第16册),中央文献出版社 2011 年版,第 440 页。

② 1938 年 9 月 24 日,毛泽东在中共中央政治局会议上的讲话。见《毛泽东思想年谱》(1921—1975),中央文献出版社 2011 年版,第 206 页。

③ 1939 年 2 月 5 日,毛泽东在中央党校关于《反对投降主义》的讲话。见《毛泽东思想年谱》(1921—1975),中央文献出版社 2011 年版,第 221 页。

④ 1939 年 7 月 9 日,毛泽东在陕北公学的讲话,《毛泽东年谱》(1893—1949)中卷,中共文献出版社 2013 年版,第 132 页。

加时间不超过半年；抗战期间，国民党包围陕甘宁根据地的军队基本上是 30 万人，动用兵力发动直接军事进攻人数最多的一次是皖南事变，动用军队 8 万人，这在当时国民党几百万军队中也还是少数。需要强调的是，抗战期间的国共摩擦，国民党一直居于攻势，既有在政治上、军事上的挑衅，还有在经济上的封锁，1940 年 11 月还完全停止了本来就数量微小的军饷、弹药、被服等物资供应。处于守势的中国共产党，主要是通过原则性与灵活性相结合的斗争策略，揭露国民党的阴谋，并采用有限的军事对抗以粉碎国民党顽固派的倒行逆施，从而保证了抗日民族统一战线始终没有破裂，使得国共两党绝大部分的军队在八年抗战中一直是投入在抗日的战场上。这在根本上捍卫了中华民族的利益，使绝大多数的中国人都聚集在抗日民族统一战线的旗帜下，为驱逐日本帝国主义出中国、为争取中华民族的独立和尊严而战。

## 二　持久战的战略总方针是中国军民战胜日本侵略者的基本遵循

抗日战争是一场持久战，这是国共两党的共识。社会舆论对究竟是中国共产党还是国民党最早提出持久战战略思想的问题，非常关心，并且争论不已。客观地讲，是国民党方面最早提出持久战的观点。1933 年 4 月 12 日，蒋介石在南昌军事整理会议上提出："现在对于日本，只有一个法子——就是作长期不断地抵抗……这样长期的抗战，越能持久，越是有利。若是能抵抗得三年、五年，我预料国际上总有新的发展，敌人自己国内也一定有新的变化，这样我们的国家和民族才有死中求生的一线希望。"[①] 我们认为，问题的关键不在于谁最先提出持久战的称谓，而在于如何进行持久战的措施。对此，双方的主张却大相径庭。

---

① ［日］古屋奎二：《蒋总统秘录》第 9 册，台北："中央"日报社 1978 年版，第 90 页。

　　国民党方面关于如何进行持久战的主张可以概括为两点，一是"以空间换时间"。1938 年 2 月 7 日，蒋介石在《抗战必胜的条件与要素》演讲中明确指出："我们现在与敌人打仗，就是争时间。我们就是要以长久的时间，来固守广大的空间，要以广大的空间，来延长抗战的时间，来消耗敌人的实力，争取最后的胜利。"① 二是"苦撑待变"。1938 年 1 月 27 日，蒋介石在《认识抗战真谛与建立必胜基础》的演讲中指出："只要我们能自强自立，能持久抗战，就天天可以促起日本利害相反的各国来包围日本；如此，国际形势不变也要变，各国不助我也就是助我。"② 因此，太平洋战争爆发对国民党来说简直是天大喜讯，蒋介石在 1941 年 12 月 8 日的日记中写道："抗战政略之成就，至今已达于顶点。"③ 基于上述认识，国民党方面将整个抗日战争划分为两个阶段。蒋介石认为："第一期的任务，在于尽量消耗敌人的力量，掩护我们后方的准备工作，确立长期抗战的基础，完成我们第二期抗战战略与政略上的一切布置。第二期的任务，就要承接前期奋斗的成绩，实施我们第一期中所布置的一切计划，发挥我们抗战的力量，以达到抗战胜利与建国成功的目的。"④ 与此相关，国民党方面虽然不乏"全民战""总动员"之类的口号，但实际上执行的却主要是正规战、阵地战、防御战、消耗战，是单一依靠其正规军的片面抗战路线，不敢实行放手发动群众的人民战争。

　　中国共产党方面则是在全面考察中日双方在政治、经济、军事、外交和战争性质及其基本国情的基础上，提出持久战的战略。毛泽东指出："中日战争不是任何别的战争，乃是半殖民地半封建的中国和

---

　　① 《抗战必胜的条件与要素》（1938 年 2 月 7 日），张其昀主编：《先"总统"蒋公全集》第 1 册第 2 卷，台湾中国文化大学中华学院编印 1984 年版，第 1132 页。

　　② 《认识抗战真谛与建立必胜基础》（1938 年 1 月 7 日），张其昀主编：《先"总统"蒋公全集》第 1 册第 2 卷，台湾中国文化大学中华学院编印 1984 年版，第 1109 页。

　　③ ［日］古屋奎二：《蒋总统秘录》第 12 册，台北："中央"日报社 1978 年版，第 200 页。

　　④ 《以事实证明敌国必败及我国必胜》（1939 年 1 月 21 日），张其昀主编：《先"总统"蒋公全集》第 1 册第 2 卷，台湾中国文化大学中华学院编印 1984 年版，第 1207 页。

帝国主义的日本之间在二十世纪三十年代进行的一个决死的战争。全部问题的根据就在这里。"① 他接着分析了中日双方存在着互相矛盾的四个基本特点，即敌强我弱，敌退步我进步，敌小我大，敌失道寡助我得道多助。这些特点，决定了中国在抗日战争中既不会亡国，也不会速胜，只有经过持久战，才能达到最后胜利。中国共产党关于持久战的战略思想，和蒋介石国民党有许多原则性的区别：

第一，毛泽东科学地预见了抗日战争将经过战略防御、战略相持和战略反攻三个阶段。把相持阶段视为持久抗战转入最后胜利的枢纽，是毛泽东持久战理论的精髓。他认为，"这个第二阶段是整个战争的过渡阶段，也将是最困难的时期，然而它是转变的枢纽。中国将变为独立国，还是沦为殖民地，不决定于第一阶段大城市之是否丧失，而决定于第二阶段全民族努力的程度。如能坚持抗战，坚持统一战线和坚持持久战，中国将在此阶段中获得转弱为强的力量。中国抗战的三幕戏，这是第二幕。由于全体演员的努力，最精彩的结幕便能很好地演出来"②。针对国民党蒋介石把抗日战争划分为两个阶段的观点，毛泽东一针见血地指出："如果承认持久战或长期战争，又不赞成三个阶段，那末，所谓持久与长期就是完全抽象的东西，没有任何的内容与现实，因而就不能实现任何实际的战略指导与任何实际的抗战政策了。实际上，这种意见仍属于速胜论，不过穿上了'持久战'的外衣罢了。"③

第二，中国共产党以独立自主作为自己全部理论和实践的立足点与出发点，把抗战胜利的希望寄托于全体中国人民。和国民党把抗战胜利的希望寄托于外援或消极地等待国际局势的变化不同，毛泽东在1936年7月16日会见美国记者斯诺时就明确指出：抗日战争的最终胜利，主要依靠全体中国人民的联合作战。他强调，"战争的伟力之

① 《毛泽东选集》第 2 卷，人民出版社 1991 年版，第 447 页。
② 《毛泽东选集》第 2 卷，人民出版社 1991 年版，第 465 页。
③ 《抗日民族战争与抗日民族统一战线发展的新阶段》（1938 年 10 月 12 日），《毛泽东军事文集》第 2 卷，军事科学出版社、中央文献出版社 1993 年版，第 386—387 页。

最深厚的根源，存在于民众之中。日本敢于欺负我们，主要的原因在于中国民众的无组织状态。克服了这一缺点，就把日本侵略者置于我们数万万站起来了的人民之前"①。他坚信，只有"动员了全国的老百姓，就造成了陷敌于灭顶之灾的汪洋大海，造成了弥补武器等等缺陷的补救条件，造成了克服一切战争困难的前提"②。

第三，中国共产党系统地阐明并具体组织实施一条全面的抗战路线，这是实现持久战战略目标的根本保证。和国民党的单纯依靠政府和正规军的片面抗战路线相反，中国共产党认为："今天争取抗战胜利的中心关键，在使已发动的抗战发展为全面的全民族的抗战。只有这种全面的全民族的抗战，才能使抗战得到最后的胜利。本党今天所提出的抗日救国的十大纲领，即是争取抗战最后胜利的具体的道路。"③ 中国共产党主张不仅要进行全国军事的总动员，还要全国人民的总动员，并具体地提出一系列开放党禁、开放言论、改造政府、驱逐亲日分子、实施民主政治和发展经济、改善民生、优待抗属、抚恤军烈、赈济灾荒、废除苛捐杂税、减租减息、惩治贪腐，以及实行有力出力、有钱出钱、有枪出枪、有知识出知识和联合各少数民族等共同抗战的政策主张。中国共产党明确指出："今天的抗战，中间包含着极大的危险性。这主要的是由于国民党还不愿意发动全国人民参加抗战。相反地，他们把抗战看成只是政府的事，处处惧怕和限制人民的参战运动，阻碍政府、军队和民众结合起来，不给人民以抗日救国的民主权利，不去彻底改革政治机构，使政府成为全民族的国防政府。这种抗战可能取得局部的胜利，然而决不能取得最后的胜利。"④

第四，中国共产党制定了一整套与持久战战略相配套的战略方针

---

① 《毛泽东选集》第 2 卷，人民出版社 1991 年版，第 511—512 页。

② 《毛泽东选集》第 2 卷，人民出版社 1991 年版，第 480 页。

③ 《建党以来重要文献选编（1921—1949）》（第 14 册），中央文献出版社 2011 年版，第 473—474 页。

④ 《建党以来重要文献选编（1921—1949）》（第 14 册），中央文献出版社 2011 年版，第 474 页。

和战役战术原则。1937 年 8 月，应邀到南京出席国防会议的周恩来、朱德、叶剑英等代表中共中央提交《全国抗战之战略计划及作战原则案》。提案认为：对日战略的基本方针是持久的防御战，但应抓住适当时机，应予以全线之反击；在战役上应以速决战为原则；作战的基本原则是运动战，应在决定的地点，适当的时机，应集中绝对优势兵力与兵器，实行决然的突击，避免持久的阵地的消耗战；战略的内线，而在战役的指导上，应是外线作战；大力开展游击战争，其战线应摆在敌人之前后左右，以分散敌人，迷惑敌人，疲倦敌人，肃清敌人耳目，破坏敌人之资材地带，以造成有利条件，有利时机，使主力在运动中歼灭敌人。[①] 在中国共产党方面建议的影响下，南京国防会议正式确定采取"持久消耗"的战略方针。虽然国民党在以后的抗战中实行片面抗战路线，使这一战略方针未能得到很好的贯彻，但它在广大爱国人士和部分国民党将领中产生了良好影响，对于坚定国民党军队的抗战信心，推动正面战场坚持抗战发挥了积极作用。

第五，中国共产党提出的抗日游击战战略和广泛开展的抗日游击战争，把持久战战略和全面抗战路线有机地融合为一，创造了以人民战争取得弱国战胜强国的光辉范例。在以往战争史上，游击战往往只是一种辅助性的作战形式，在战役、战斗中对于正规战起着配合的作用。而中国共产党却从"中日战争是大而弱的进步中的中国抵抗小而强的日本帝国主义"这一基本特点出发，首次将它提高到战略地位，使之具有全局性意义。毛泽东分析指出："敌人在我们这个大国中占地甚广，但他们的国家是小国，兵力不足，在占领区留了很多空虚的地方，因此抗日游击战争就主要地不是在内线配合正规军的战役作战，而是在外线单独作战；并且由于中国的进步，就是说有共产党领导的坚强的军队和广大的人民群众存在，因此抗日游击战争就不是小规模的，而是大规模的；于是战略防御和战略进攻等等一全套的东西

---

① 参阅军事科学院军事历史研究部《中国抗日战争史（2005 年修订版）》（中卷），解放军出版社 2005 年版，第 55 页。

都发生了。"① 毛泽东从主动地、灵活地、有计划地执行防御战中的进攻战，持久战中的速决战和内线作战中的外线作战；和正规战争相配合；建立根据地；战略防御和战略进攻；向运动战发展；正确的指挥关系这六个方面阐述了抗日游击战争的具体战略问题。他和中共中央指挥八路军、新四军等抗日武装，"敌进我进"，深入敌后，放手发动群众，采用主力军、地方武装和民兵三结合的武装力量体系，广泛开展独立自主的游击战争，开辟了广阔的敌后战场。进入战略相持阶段后，敌后战场上的八路军、新四军和华南人民抗日游击队以游击战抗击了 58%—75% 的侵华日军和几乎全部伪军，成为敌我力量彼消我涨和时局转换的枢纽。1943 年夏，敌后战场率先对日伪军展开局部反攻，随后又发动春季攻势、夏季攻势，成为全面反攻的前沿阵地和战略基地，抗日游击战向运动战和攻坚战转换，中国共产党领导的抗日武装成为战胜日本法西斯的主力军。在全面抗战路线指引下蓬勃开展的抗日游击战争，是完美演绎持久战总战略的核心和关键，是从中国实际出发在抗日战争条件下对农村包围城市革命道路的新实践和新发展。

## 三　正面战场和敌后战场的相互配合是驱逐日本帝国主义出中国的制胜法宝

对于国民党军主导的正面战场和中国共产党领导的抗日武装主导敌后战场，分别在抗日战争中的地位和作用问题，一直是社会舆论比较关注的话题。我们认为：

第一，正面战场进行的会战、战役和大小战斗，是中华民族抗日战争乃至世界反法西斯战争的重要组成部分。国民党掌握着政府，有几百万正规军，可以调动全国的资源和人力，在全面抗战爆发后，其主要力量是用于抗击日本侵略者的，其贡献表现在：

---

① 《毛泽东选集》第 2 卷，人民出版社 1991 年版，第 405 页。

其一，必须充分肯定国民党军在战争爆发初期是抵抗日军的主力军，并且在整个战略防御阶段，正面战场也是抗击日本侵略的主战场。虽然正面战场在一年多的时间里失地 100 多万平方千米，但客观地讲，这主要是因为中日之间实力悬殊。毛泽东在武汉失守之后，就曾判断日军还想向广州、西安、宜昌、长沙、衡州、梧州、北海、南昌、汕头、福州等地进攻。"我要停止敌之进攻，还须给一个很大的努力。把战局过渡到敌我相持的有利局面。"① 必须看到，在战略防御阶段，国民党军队在正面战场组织进行过一些大规模的战役，如平津、淞沪、太原、徐州、武汉等会战中，给予日军以沉重打击，歼灭日军 45 万余人，打破了日军速战速决企图三个月灭亡中国的梦想。不仅为经营西南、西北大后方争取了时间，而且为八路军、新四军等深入敌后开展游击战争，开辟敌后战场，创造了有利条件，发挥了不可替代的作用。

其二，1938 年 10 月以后，正面战场长期处于相持状态。为抵御日军的进攻，国民党军队除发动了 1939 年冬季攻势外，主要是进行了一些防御性的会战，如随枣、常德、长沙、中条山、衡阳、滇缅等。正面战场与正面战线的日军呈胶着状态，其在抗日战争中的主战场地位，逐渐为敌后战场替代。尽管如此，必须充分肯定正面战场的抗击，进一步遏制了日军进攻的势头，歼灭日军的大量有生力量，掩护了八路军和新四军等在敌后的战略展开，其对日军的牵制和构成严重威慑方面的作用不能低估。

其三，进入相持阶段后，国民政府 1938 年 11 月召开的南岳军事会议还特别在敌后划定苏鲁战区和冀察战区，有 13 个师参战。为加强敌后的作战，国民政府专门在南岳衡山举办了 4 期游击干部训练班。蒋介石亲自兼任主任，汤恩伯任教育长，叶剑英任副教育长，薛子正、边章伍、李涛等 30 多个共产党员担任军事、政治教官等工作。

---

① 《抗日民族战争与抗日民族统一战线发展的新阶段》，《毛泽东军事文集》第 2 卷，军事科学出版社、中央文献出版社 1993 年版，第 392—393 页。

虽然他们有很大一部分力量是用于同中国共产党领导的抗日武装搞摩擦，虽然其囿于正规战战术和传统的后勤补给体系的制约，以及不能和当地民众融为一体而从中获得支持等原因，在1943年以后，或是瓦解，或是撤出，甚至是投降日军，不复存在。但是，必须充分肯定他们在配合中国共产党领导的抗日武装全面开辟敌后战场、牵制和抗击日军方面所发挥的积极作用。

其四，必须充分肯定正面战场在极其困难的情况下，国民政府两度派遣主力军队（分别为10个师和20多个师）深入缅甸对日作战，影响并改变了那里的战局，为世界反法西斯战争的胜利做出重要贡献。

其五，在敌后战场已经转入对日局部反攻阶段后，尽管在正面战场由于国民党当局的腐败和一些高级将领的消极颓废，遭受豫湘桂战役的大溃败，失地千里。但是，必须充分肯定，1945年春，正面战场在缅北、云南、广西、湘西等地区转入反攻，成为最终战胜日本侵略者的有力一击。

其六，尽管在日本宣布投降后，国民党方面出于一己私利严禁日本军队就近向中国共产党领导的抗日武装受降，有碍沦陷国土的早日光复和沦陷区人民的早日解放。但是，日本宣布投降后，国民政府及其指挥的军队，毕竟主导并完成了中国战区127万侵华日军的缴械投降，光复了包括台湾在内的全部沦陷国土。

在整个全面抗战时期，数以百万计的国民政府军队士在抗战中英勇杀敌，壮烈牺牲，涌现出佟麟阁、赵登禹、张自忠、戴安澜等著名的抗日英烈和"八百壮士守四行"那样的英雄群体。抗战期间，中国军队共伤亡320万人之多。

第二，没有正面战场，敌后战场难以迅速开辟和得到有力的支持；单有正面战场也难以完成驱逐日本帝国主义出中国的任务。

如前所述，正面战场在中国抗日战争的三个阶段，对敌后战场形成、发展和壮大，都曾发挥重要的作用与影响。特别是在全面抗战爆发前后，国民党和国民政府顺应全国人民的意愿，开放党禁，承认中国共产党的合法性，承认陕甘宁边区政府，这对八路军、新四军的改编和其他中国共产党领导的抗日力量的存在和发展，都有过十分重要的作用。1939年1月，毛泽东曾高度评价正面战场和国民政府军队在抗战中的重要作用，他指出：如果"没有正面主力军的英勇抗战，便无从顺利地开展敌人后方的游击战争；没有同处于敌后的友军之配合，也不能得到这样大的成绩"，"八路军的将士应该感谢直接间接配合作战的友军，尤其应该感谢给予自己各种善意援助与忠忱鼓励的友军将士"①。

但是，从整个全面抗战的历史看，特别是在进入相持阶段以后，国民党在政治民主、发展经济和改善民生方面的缺陷，影响了对抗战力量的发动和组织；国民党对共产党领导的武装力量的限制、打击，对敌后抗日民主根据地的封锁、围困，对国内其他进步民主势力的束缚、压制，削弱和制约了抗日力量的发展；国民党执行的片面抗战路线和军队组织指挥体系等方面存在的问题，及其阵地战、防御战的战役战术和后期消极避战等待国际局势变化的战略方针，在一定程度上阻碍了抗日战争胜利进程的早日到来。

以相持阶段的敌后抗战为例。战争初期被抑留和陆续开赴敌后战场的国民政府军队，与八路军、新四军等中国共产党抗日武装一起抗击着日寇的"扫荡""清乡"，分担着敌后抗战的重任。但是，与中国共产党领导的人民武装相比，他们除装备为优外，其他在思想觉悟、政治素质和游击战战略战术素养方面都存在明显的差距，其中最根本的问题是他们执行的片面的抗战路线，得不到人民群众的支持。他们与大后方隔绝，处于日伪军的包围之中，又不依靠人民群众，生存维艰。为了保存实力和地盘，不少将领率部投降日本。1941年到1943年，伪军人数由1940年的35万人剧增至81万人。剩余的不是被消灭，就是溃不成军。到1943年，在敌后战场已经没有成建制的国民政府军队存在。而抗击日军数量远远超过这些国民

---

① 《毛泽东文集》第2卷，人民出版社1993年版，第140、444页。

政府军队的八路军和新四军，在日军的强力"扫荡"下虽然也遭受了严重的损失，八路军和新四军由 1940 年的 50 万人减少到 1941 年的 44 万人，不少抗日民主政权被摧毁，根据地面积萎缩，根据地人口由一亿减少到不足 5000 万人。但是，由于得到和广大人民群众的真心拥护和大力支持，并由于实行正规军与地方武装、民兵相结合的武装力量体系和灵活机动的战略战术，终于在敌后战场站稳脚跟，并且很快得到恢复发展。在最困难的 1941 年至 1942 年，八路军、新四军和游击队、民兵共作战 4.2 万余次，毙伤俘日、伪军 33.1 万余人①。

再如，1944 年春在世界反法西斯战场全面转入反攻，国内的敌后战场也已经转入对日局部反攻阶段后，在正面战场却由于国民党当局的腐败和一些高级将领的消极颓废，遭受豫湘桂战役的大溃败，失地千里。这也从一个方面反映出国民党的抗战政策存在严重的问题。

第三，中国共产党领导的抗日武装在抗日战争的不同阶段成为战胜日本侵略者的生力军、主力和决定性力量。

在局部抗战阶段，中国共产党参加并且积极推动各地抗日救亡运动的发展，比如向察哈尔抗日同盟军派出以吉鸿昌为代表的 300 多位共产党人参加并作战，特别是在东北地区领导开展了抗日武装斗争。1933 年年初，当东北地区自发的抗日武装东北义勇军等的斗争趋于失败时，中国共产党直接领导的抗日武装力量先后在"南满""东满""北满"和吉东等地崛起。从 1933 年 9 月至 1936 年 2月，先后成立了东北人民革命军第 1 军至第 6 军。后又陆续被改编为东北抗日联军第 1 军至第 11 军，3 万余人。他们在极为困难的条件下同日本侵略者进行了英勇顽强、艰苦卓绝的斗争，牵制了大量日军，阻挡和干扰了日军的侵略步伐，鼓舞和坚定了全国人民争取

---

① 参阅汪文庆《中国人民抗日战争胜利的历史原因和伟大意义——访中共中央党史研究室主任曲青山》，《中共党史研究》2015 年第 4 期。

抗战胜利的决心。辽阔的白山黑水大地成为中国共产党领导的抗日武装直接对日作战的第一个战场。

在战略防御阶段，中国共产党领导的军队配合友军参加了正面战场的作战。在太原会战中，八路军从出师到1937年11月太原失守，以不足3.2万人的兵力和劣势装备（整个太原会战中国参战军队总数为58万人），作战100余次，其中特别是取得首战平型关的重大胜利，极大地鼓舞了全国人民的斗志。随后，中国共产党领导八路军、新四军等人民抗日武装渐次深入敌后，到1938年年底，在地方武装和群众的支援下，对日军作战1600余次，歼敌5.4万余人，八路军已发展到15.6万人，新四军发展到2.5万人，并在华北和华中创建了晋察冀、晋绥、晋西南、晋冀豫、冀鲁豫、冀鲁边、山东、苏南、皖南、皖中、豫东等抗日根据地。敌后抗日根据地和游击区的总人口达5000万以上。虽然侵华日军已由战前的17个师团增加到34个师团，但只能局促于主要城镇和主要交通沿线地区。广阔的敌后战场极大地钳制了日军的作战，有力地配合了正面战场的作战，加快了战略相持阶段的到来。敌后战场的开辟，形成与正面战场相互依存共同抗敌的战略格局，打乱了日军作战前线与后方的划分，变战略内线为战略外线，变被动为主动，和正面战场对敌人构成了两面夹击的有利战略态势。

与正面战场常规作战的一次次战役不同，敌后游击战的重点是面而不是点，是持续发生、时刻存在而不是间歇性的，是整体而不是个别，是战略的而不是战役的，实质上是抗日战争中规模最大、持续最久的一场特殊的战略大会战。1941年和1942年，日军对华北敌后根据地进行了五次"治安强化运动"。1941年出动兵力千人以上的"扫荡"69次，1万人到7万人的大"扫荡"9次，1942年日军出动千人以上的"扫荡"77次，1万人至5万人的大"扫荡"15次。据十八集团军总司令部的初步统计，从1938年1月至1942年11月底，华北各敌后根据地遭受"扫荡"的时间合计为2430日，平均每两天有三块根据地遭受"扫荡"，日军每次"扫荡"一块根据地投入兵力的总平均数为 9800 人。① 单就双方投入的兵力而言，虽然这些"扫荡"和反"扫荡"每一次投入的兵力（敌后根据地军民投入反"扫荡"的人数没有统计），可能没有正面战场国民党军队进行的 22 次会战多，但就战争的强度、密度和艰苦性、残酷性，以及其辐射面、人员的伤亡、物资的损耗同战果、影响等的综合比较来说，丝毫也不逊色于前者。这表明，1938 年 10 月中国抗战相持阶段到来后，敌后战场逐渐成为抗击侵华日军的主要承担者。敌后游击战成为消耗日军力量最为恰当的攻势战略，也成为消耗日军胆略与士气最为有效的心理战略，对改变中日战争力量对比，使中国熬过最为艰难，也最为重要的相持阶段发挥了决定性作用。

1940 年 3 月，汪精卫伪政权正式在南京粉墨登场，投降、妥协空气甚嚣尘上；面对日军在正面战线的逐步蚕食和正在酝酿的进攻西安，正面战场的军队疲于应付；而国际上因为英、法等国对日妥协，滇越铁路和滇缅公路被封闭，苏联又在与日本酝酿签订《日苏互不侵犯条约》，中国的国际通道几乎断绝。在中国抗战出现极其严峻的形势下，八路军组织 105 个团（20 多万兵力）于 8 月 20 日到 1941 年 1 月 24 日，发动百团大战，以伤亡 17000 多人代价，共进行 1824 次大小战斗，毙伤日军 20645 人（日军自己承认伤亡数 17842 人），伪军死伤 5155 人，俘虏日军 281 人、伪军 18407 人。有力地回击了国外的绥靖阴谋和国内的投降分裂势力，遏制了日军进攻西安和分割中国西南、西北的企图，给予正面战场重要支持，并极大地鼓舞了全国人民的斗志，

到 1940 年年底，中国共产党已经在敌后建立起拥有近 1 亿人口的 16 块抗日民主根据地，以及 50 万正规军。据统计，侵华日军 1938 年为 68 万人，其中敌后战场抗击人数为 40 万，占 58.8%；1939 年为 86 万余人，敌后战场抗击人数为 54 万，占 62%；1940 年为 80 万

---

① 《五年来敌扫荡华北的情况》（1941 年 12 月），中国人民解放军国防大学党史党建政工教研室编：《中共党史教学参考资料》第十七册，1985 年。

人，敌后战场抗击人数为 47 万，占 58%；1941 年为 61 万人，敌后战场抗击人数为 46 万，占 75%；1942 年为 55 万人，敌后战场抗击人数为 33.2 万，占 63%；1943 年为 60 万人，敌后战场抗击人数为 35 万，占 58%；1944 年为 73 万人，敌后战场抗击人数为 46.8 万，占 64%；1945 年为 108.85 万人，敌后战场抗击人数为 75.87 万，占 69%①。毛泽东在中国共产党七大上不无自豪地宣布：中国共产党领导的人民武装，"按其所抗击的日军和伪军的数量及其所担负的战场的广大说来，按其战斗力说来，按其有广大的人民配合作战说来，按其政治质量及其内部统一团结等项情况说来，它已经成了中国抗日战争的主力军"②。这些充分显示了中国共产党及其领导的抗日武装在坚持抗战中的中流砥柱作用。

在战略反攻阶段，中国共产党领导的八路军和新四军等冲破黎明前的黑暗，1943 年夏季率先在敌后战场发动局部反攻；和国民政府军 1944 年在与湘桂战役中失地 20 万平方千米、损兵 50 余万的大溃败形成鲜明对照，中国共产党相继派出河南人民抗日军和八路军南下支队，分别挺进刚刚沦陷的豫西和湘粤边地区，开辟新的抗日战场；1945 年春夏，中国共产党领导的八路军、新四军和华南抗日武装连续对日寇发动春季攻势和夏季攻势，努力扩大解放区，缩小沦陷区，共收复县城 70 余座，歼灭日伪军 40 余万人，基本上扫清了敌后根据地内的日伪军据点，把日伪军压缩到大中城市和主要交通线上；同年 8 月到 9 月，中国共产党直接领导的各抗日武装（正规军 91 万和民兵 220 万）发动全面反攻，构成对日寇的最后一击，共歼灭日伪军近 40 万人，收复县级以上城市 250 余座，切断了北宁、平绥、津浦、平汉、同蒲、胶济、德石、正太、陇海和广九等铁路线，使残余日军的大部和几乎全部的伪军，都处在拥有 100 万

---

① 刘庭华编著：《中国抗日战争与第二次世界大战系年要录·统计荟萃（1931—1945）》（修订本），海潮出版社 1995 年版，第 313 页。

② 《论联合政府》，《毛泽东在七大的报告和讲话集》，中央文献出版社 1995 年版，第 32 页。

平方千米面积的 19 块解放区和一亿人口的解放区军民的包围之中。中国共产党所领导的解放区及其军民成为中国战场最终战胜日本侵略者的决定性力量。

第四，国民党领导的正面战场与共产党领导的人民武装开辟的敌后战场既相区别又互为依存，形成共同对敌的态势。虽然中国共产党领导的抗日武装曾参加了正面战场的对日作战，国民党指挥的抗日队伍也曾参加敌后战场的对日作战。① 但是在总体上，正面战场是由国民党主导的，敌后战场则是由中国共产党起主导作用。对于两个战场互为依存的关系，毛泽东当年就明确指出是"互相需要、互相配合、互相协助"②。1943 年 7 月，中共中央发表《为纪念抗战六周年宣言》进一步指出："整个中国战场上，六年来的作战，实际上是被划分为正面与敌后两大战场，这两大战场的作用，是互相援助的，缺少一个，在目前就不能制止法西斯野兽的奔窜，在将来就不能驱逐这个野兽出中国，因此必须增强这两个战场互相援助的作用。"③ 两个战场互为依存共同抗击日本侵略者，首先是在 20 世纪三四十年代中日战争的特定历史条件下的特殊产物，是由中日的国情和双方的力量对比所决定的。其次，国共两党的因势利导和主观努力不可或缺，特别是中国共产党方面的积极倡导和艰苦实践。此外，1927 年大革命失败以来在国共双方政治军事力量较量中所形成的历史特点，也对两个战场的出现和共存产生重要的影响。正是由于两个战场都歼灭和牵制了大量日军，所以才能共撑抗战大局，才能保证抗日战争由相持阶段向战略反攻阶段转化。如果缺少任何一个战场，另一个战场和整个抗战的局势，都是不堪设想的。两个战场共同抗敌是中国人民抗日战争克敌制胜的最佳形式，是国共合作的结晶，是抗日民族统一战线最重要的成就。

① 参阅汪文庆《中国人民抗日战争胜利的历史原因和伟大意义——访中共中央党史研究室主任曲青山》，《中共党史研究》2015 年第 4 期。

② 《毛泽东军事文集》第 2 卷，军事科学出版社、中央文献出版社 1993 年版，第 427 页。

③ 《建党以来重要文献选编（1921—1949）》第 20 册，中央文献出版社 2011 年版，第 386 页。

# 结语：中国共产党的中流砥柱作用是
# 中国人民抗日战争胜利的关键

一个政党、一支军队和一个阶级，在一个历史时期所发挥作用的大小和优劣，不能简单用统计数字来反映。比如抗日战争时期中国军民共歼灭日军 150 多万人，其中中国共产党领导人民武装共歼灭日军 52.7 万人，那么，是不是就可以由此推论，国民党的作用要大于共产党呢？再看另一组数字。抗战 14 年间，中国总共有 275 万多平方千米国土沦陷，而中国共产党在日本投降前已经在敌后共开辟了 100 万平方千米的抗日根据地（其中陕甘宁边区的 13 万平方千米不是从日本侵占区收复的），除去东北 128 万平方千米外，中国共产党收复的国土面积占关内沦陷国土面积的一半以上。那么，是否也可以由此断定，中国共产党在抗战中的作用远远大于国民党呢？统计数字可以说明一些问题，但不能说明问题的全部。问题的关键在于能否代表中华民族的根本利益，反映人民的意愿，顺应时代的发展潮流。

面对 20 世纪三四十年代日本帝国主义强加于中国人民的这场深重的民族灾难，中国国民党和中国共产党放弃前嫌，携手并肩承担起拯救民族危亡的历史重任，在正面战场和敌后战场形成了共同抗击日本侵略者的战略局面。在这场战争中，国共两党军队中国共产党有 380 万名[1]优秀儿女献出了宝贵生命，他们都是真正的民族英雄，都不愧为中华民族的优秀子孙。这些牺牲将士"无不给了全中国人以崇高伟大的模范。中华民族绝不是一群绵羊，而是富于民族自尊心与人类正义心的伟大民族"[2]。国共两党为抗日战争胜利所做出的卓越贡献及其展现的爱国激情，绝不会因岁月的流逝而失去光彩，"中国军队在民族公敌面前，互相忘记了旧怨，而变为互相援助的亲密的朋

---

[1] 刘庭华编著：《中国抗日战争与第二次世界大战系年要录·统计荟萃（1931—1945）》（修订本），海潮出版社 1995 年版，第 316 页。

[2] 《毛泽东文集》第 2 卷，人民出版社 1993 年版，第 113 页。

友，这是中国决不会亡的基础"①。以国共两党合作为基础的全民族抗战，是近百年来中华民族反对外来侵略取得全面胜利的成功范例，将永远铭刻于中华民族的历史丰碑。

毋庸讳言，中国国民党和中国共产党除一致抗日的共性外，由于各自所代表的阶级利益不同，他们在抗战的坚定性和彻底性，在实行什么样的抗战路线，即全面的抗战路线，还是片面的抗战路线？在采用什么样的战略战术，即是持久战，还是速决战？是游击战、运动战，还是正规战、阵地战？以及在抗战的外交、抗战时期的政治改革和战时的经济政策等诸多方面，存在着严重的分歧。国共双方都想以自己的路线和方式领导全国抗战。事实上，中国共产党的全面抗战路线、持久战的战略方针和游击战的战略战术，以及在抗日民主根据地行之有效的一系列民主民生政策，对国统区、对国民党军队、对国民党本身，都产生了积极的影响。不仅如此，中国共产党和其他进步力量对国民党方面的动摇、专制、腐败等的监督、批评和揭露，也是扼制国民党进一步妥协、分裂、倒退的重要因素。相反，在国民党方面，由于得不到广大人民群众的支持，他们对于中国共产党及其领导的抗日武装和抗日民主根据地的影响极其有限。他们的公开破坏活动，也因中国共产党的坚决斗争而被极大地限制。

习近平总书记在纪念抗日战争胜利 69 周年座谈会上的讲话中深刻指出："近代以后，中国人民历次反侵略战争失败的一个重要原因，是政治统治集团的腐朽无能和民族内部软弱涣散。在内忧外患中诞生和成长起来的中国共产党，自成立之日起就把实现中华民族伟大复兴作为自己的历史使命，捍卫民族独立最坚定，维护民族利益最坚决，反抗外来侵略最勇敢。"② 以历史唯物主义为世界观的中国共产党人深信，战争胜利最深厚的伟力来源于广大的人民群众。中国共产党在倡导和推动建立起最广泛的抗日民族统一战线之后，坚持动员人民、

---

① 《毛泽东文集》第 2 卷，人民出版社 1993 年版，第 140 页。

② 习近平：《在纪念中国人民抗日战争暨世界反法西斯战争 69 周年座谈会上的讲话》，人民出版社 2014 年版，第 8—9 页。

依靠人民，制定并坚定地贯彻全面抗战路线，提出和实施持久战的战略总方针和一整套人民战争的战略战术，广泛开展伏击战、破袭战、地雷战、地道战、麻雀战等游击战的战术战法，使日本侵略者陷入了人民战争的汪洋大海之中。中国共产党领导的人民抗日武装逐步发展成为抗击日军的主力军，中国共产党领导开辟的敌后战场逐步成为抗击日军的主战场，中国共产党领导建设的各抗日民主根据地成为坚持抗战、坚持团结、坚持进步的示范区和核心区。无论条件多么艰苦、形势多么险恶、战争多么残酷，中国共产党始终同各爱国党派团体和广大人民一起，同来自境内外的一切投降、分裂和倒退的反动行径进行了坚决的斗争，共同维护团结抗战大局。中国共产党人以自己的政治主张、坚定意志、模范行动，支撑起全民族救亡图存的希望，引领着夺取战争胜利的正确方向，成为夺取战争胜利的民族先锋。

（蒋建农，华南师范大学历史文化学院教授；曹子洋，中央党史和文献研究院第二研究部副主任、副研究员。本文原载《中国特色社会主义研究》2015 年第 4 期，此次做了少量调整和修改）

# 战后国民政府对日本战争犯罪的调查与审判

## 宋志勇

1945 年 8 月 15 日，日本政府接受《波茨坦公告》，宣布无条件投降。中国人民终于迎来了抗日战争的最后胜利。中国是日本侵略战争的最大受害国，又是盟国四强之一，且对抗日战争的胜利做出了巨大贡献，因此，战后中国将采取什么样的对日政策受到了国际社会的广泛关注。国民政府及蒋介石从中日关系的长远出发，制定了消除军国主义，建立和平、民主新日本的对日政策目标，并提出了涉及日本政治、经济、法律、教育、文化等各领域的一整套改革方案。惩治战争犯罪是战后日本政治改革的重要组成部分，是消除军国主义根源的重要手段。中国人民深受日本侵略之害，要求严惩战争罪犯的呼声很高。国民政府根据《波茨坦公告》的精神和人民的要求，对外参加东京对日本甲级战犯的国际审判，对内进行日本乙丙级战犯的审判，惩治了一批罪大恶极的战争罪犯，伸张了人类正义和公理。

## 一 战后初期中国对日基本政策

日本全面侵华战争前期，中国以微弱国力独立支撑抗日战争，局面极为艰难，无暇顾及战后问题。直到 1941 年 12 月太平洋战争爆发后，局势才出现根本改观。

中国政府开始认真考虑制定对日政策的契机是开罗会议的召开。1943 年 11 月，中、英、美三国首脑决定在开罗举行首脑会谈，商讨对日协同作战、战后对日政策、战后国际新秩序的建立等重大国际问题。此次会议事关战后中国及远东政治格局，又是中国首次作为大国出席列强会议，关系重大，深为国民政府和蒋介石所重视。会前，国防最高委员会参事室、秘书厅及史迪威将军都奉命为蒋介石出席会议准备了政治、经济、军事等方面的提案。

11 月 23 日，蒋介石和罗斯福总统在开罗举行晚餐会，就面临的重大国际问题特别是战后对日处置问题交换了意见。会前，中方就谈话内容准备了四大纲目，其中对日处置问题提出了四点：

1. 由中、英、美三国议定处置日本的基本原则与惩处日本战犯的办法。

2. 承认朝鲜独立。

3. 日本应归还从中国侵占的中国东北、台湾及澎湖列岛等中国领土。

4. 太平洋方面的其他领土问题处理。

此外，中方还提出了日本对华赔偿等要求，希望得到美方的支持。蒋、罗就中方提出的上述四点及赔偿问题达成了共识。除此之外，双方还谈到了天皇制存废等问题。蒋介石提出，此次日本战争祸首，实只几个军阀，应先将军阀打倒，至于国体问题，宜由日本人民自己解决，以免构成民族间永久之错误。关于对日军事占领问题，罗斯福希望以中国为主导。蒋介石以中国力量不足，难当此任为由婉言回绝，并提出由美国主导，中国尽力襄助。至于日本民政，则宜由日本人民自己管理。① 从对待天皇制及军事占领问题上可以看出，蒋介石在处理战后对日政策方面是极为谨慎的，看得也比较长远，事实上美国只是探询一下中国的态度，它不会把对日政策主导权让给中国，后来的事态发展也证明了这一点。

---

① 梁敬錞：《开罗会议》，台湾商务印书馆 1974 年版，第 111—112 页。

从开罗会议上中方提出的一系列文件及蒋介石与罗斯福的谈话中可以看出，在战后对日政策上，中国最为关心的有四条，一是日本必须归还被其强占的中国领土；二是日本战犯必须依法惩处；三是日本应对发动侵略战争给中国造成的损失予以赔偿；四是朝鲜要恢复民族和国家独立。其中收回被日本侵占的领土，恢复中国的领土完整和主权是中国人民浴血奋战、梦寐以求的奋斗目标，是全中国人民的最高要求，也得到了国际社会的广泛同情和支持。抗战胜利在望和中国国际地位的提高，为中国提出和实现上述战后对日政策目标创造了条件。但是，也应该看到，在天皇制及对日占领政策问题上，蒋介石采取了宽容政策，并形成了战后国民政府对日政策的基础。

1945 年夏，在盟国的猛烈打击下，日本已经无路可退。7 月 26 日中、英、美发表《波茨坦公告》，敦促日本立即无条件投降。抗战胜利在即，中国也开始制定具体的对日政策方针。8 月 12 日国防最高委员会审定通过了《处理日本问题意见书》，作为对日政策参考资料。这可能是中国最初的具体的对日处理方案。意见书力陈处理好日本问题的重要性，指出，"关于日本问题之处理，其成败不仅关系远东安全，抑且影响世界和平，而我国实首当其冲，故我政府应积极有所主张与行动"。该意见书分别就处理日本问题的基本原则和政治、经济、教育、法律等问题提出了建议。关于处理日本的基本原则，意见书提出要根据《波茨坦公告》和蒋介石的指示，"重新改造日本，使之真能实现民主，爱好和平，了解中国及盟邦，而能与世界爱好和平之国家合作"。意见书在政治问题中首先提出天皇制的存废问题，希望按盟国的共同意见处理，同时提议"先从修改其宪法入手，将天皇大权交还于日本人民；其有违反民主精神者，则应予以废除"。意见书认为神道及武士道是日本"侵略之源泉"，应从思想及组织上"予以根除"。同时"扶植日本有志于自由民主之人士，建设一和平民主自由之国家"。意见书还专门讲到了对日处理机构问题，提议选派熟悉日本情况又具国际声望的"大员"及日本问题专家参加盟国远东委员会，同时提出"今后一切对日工作，应以政治、外交、文化、学术等机构团体之名义行之，其名称及方式，应尽量避免引起日人之反感"①。《处理日本问题意见书》提出了非常具体的对日政策方针，尤为注重战后民主改革及根除军国主义，其中的一些建议、主张在日后的中国对日政策中得到了体现。

如何处置天皇和天皇制，是盟国对日政策的一个焦点问题，也是战犯审判上的一个焦点问题。在处理天皇及天皇制问题上，国民政府内及舆论界要求审判天皇、废除天皇制的呼声很高。1943 年 8 月，英国外交部向正在访英的中国外交部部长宋子文征询对战后天皇制的意见时，宋子文提出应废除天皇制。② 立法院院长孙科更是强烈主张废除天皇制，1943 年 10 月他在重庆的英文报纸上发表了《废除天皇》的文章，要求追究天皇的战争责任，"必须打倒日本帝国，然后建立共和国的日本，只有采取这种形式，才能把真正的民主主义引入日本，才能维护世界和平"③。《大公报》也发表社论指出，《波茨坦公告》应加入废除天皇制的内容，因为天皇正是需要根除的"欺骗及错误领导日本人民使其妄欲征服世界"的权威④。

尽管国民政府内部和舆论界要求废除天皇制、惩办天皇的呼声很高，但蒋介石却不主张由盟国强行废除天皇制和惩办天皇，而是希望由日本人民对于天皇制和天皇做出选择。蒋介石早年留学日本，对天皇与日本国民的关系、天皇制与侵略战争的密切关系是了解的，但他还是不希望用外力的方式来解决这一问题。蒋介石在参加开罗会议时就明确表示日本的国体由日本人民自己决定解决。在 1944 年元旦献词中蒋又进一步表示，日本将来的国体，"最好待日本新进的觉悟分子自己来解决"，如果日本国民能起来革命，推倒侵略主义的军阀政府，消除军国主义的根源，"那我们就应该尊重他们国民自由的意志，

---

① 秦孝仪主编：《中华民国重要史料初编——对日抗战时期》第七编，台北：中国国民党中央委员会党史委员会编印 1981 年版，第 638 页。
② 《顾维钧回忆录》第五辑，中华书局 1987 年版，第 358 页。
③ ［日］山极晃等编：《资料·日本占领·天皇制》，大月书店 1990 年版，第 197 页。
④ 《大公报》（重庆）1945 年 7 月 28 日。

去选择他们自己政府的形式"①。从上述讲话可以看出，蒋介石虽然不喜欢天皇制，但他还是希望由觉悟起来的日本民主势力和人民站出来推翻天皇制，而不是靠外部力量强行推倒。中国既没有将日本天皇列入提交给盟军最高统帅的战犯名单中，也没有支持澳大利亚提出的将天皇列入战犯进行审判的建议，而是追随美国，将天皇排除在战犯名单之外。

国民政府及蒋介石的对日政策，表现为有所为，有所不为。所为者，收复被日本侵占的国土，在战后国际新秩序中占有一席之地。所不为者，在处置日本的问题上，要宽宏大量，不报复、不歧视，避免中日结下不解之仇。蒋介石虽然是基督教徒，但其思想主流还是儒学王道思想。还在抗战激烈进行的 1944 年，蒋介石就在元旦献词中表示，"我们这一次战争的胜利，不但要解放所有的被敌寇侵略奴役的民族，同时也要拯救日本国内善良无辜的人民"②。1945 年 8 月 15日，日本战败投降，蒋介石发表的抗战胜利宣言，更是以"以德报怨"而闻名于世。他提醒国民，"'不念旧恶'及'与人为善'为我民族传统至高至贵的德性"，"我们一贯声言，只认日本黩武的军阀为敌，不以日本的人民为敌"，如果我们"以暴行答复敌人从前的暴行，以奴辱来答复他们从前错误的优越感，则冤冤相报，永无终止，决不是仁义之师的目的"③，这就是蒋介石也是国民政府战后对日政策的基点。在这个基点下，国民政府没有要求废除天皇制和惩办天皇，最终没有派遣占领军参加对日占领，在惩治战争犯罪方面也采取了宽大的政策。应该说，大部分日本人对国民政府的宽大政策还是感激的，这是中国对日政策的成功之处。但是，战后初期国民政府的对日宽容政策也带来了一些负面影响，与日本朝野一再否认日本侵略战

---

① 万仁元、方庆秋主编：《中华民国史史料长编》（63），南京大学出版社 1993 年版，第 20 页。

② 万仁元、方庆秋主编：《中华民国史史料长编》（63），南京大学出版社 1993 年版，第 20 页。

③ 万仁元、方庆秋主编：《中华民国史史料长编》（66），南京大学出版社 1993 年版，第 710 页。

争性质、否认战争责任是有一定的关联性。

## 二 战争犯罪的调查

日本在侵华战争期间，违反国际法，犯下了杀人、放火、抢劫、强奸等累累罪行，给中国人民造成了深重灾难，使中国人民蒙受了巨大损失。九一八事变及七七事变之后，国民政府及民间机构都曾对日本的侵略战争罪行进行过调查，但当时的调查只是为了揭露日本的罪行、唤起全国人民和国际舆论支持中国抵抗日本的侵略，并非有意为战后审判做准备，因而从机构设置到调查活动都不是很系统。

1943 年下半年盟国开始对日反攻，日本战败已是大势所趋。在此形势下，中国及其他盟国开始考虑战后审判发动侵略战争的元凶并为审判做准备。1943 年 10 月，经美、英提议，盟国在英国伦敦商定正式设立盟国调查战争罪行委员会，开展对德、意、日法西斯战争犯罪的调查工作。中国驻英大使顾维钧作为中国代表参加了会议。11月 1 日，英、美、苏又发表《莫斯科宣言》，表示要严惩战争罪犯，并声明"对于主要罪犯的案件绝不偏袒；他们所犯的罪行既无地理上的区分，应该由同盟国政府去共同审判治罪"，表明了盟国将通过国际法庭审判战争元凶的构想。国民政府对《莫斯科宣言》表示欢迎和支持，并在同月召开的开罗会议上，提出了"由中英美三国议定处置日本之基本原则，与惩处日本战犯祸首及暴行负责人之办法，一如莫斯科会议惩处意德办法之规定"的建议。① 开罗会议虽然没有详细讨论惩罚战犯的问题，但《开罗宣言》表示："我三大盟国此次进行战争之目的，在制止及惩罚日本之侵略。"1945 年 7 月 26 日，中、美、英三国发表《波茨坦公告》，敦促日本立即无条件投降。公告提出要根除"欺骗及错误领导日本人民使其妄欲征服世界之权威及势力"，驱逐黩武主义，建立世界和平与正义的"新秩序"；对于惩罚

① 梁敬錞：《开罗会议》，台湾商务印书馆 1974 年版，第 110 页。

战争罪犯，公告明确表示，"吾人无意奴役日本民族或消灭其国家，但对于战犯，包括虐待吾人俘虏者在内，将处以严厉之法律制裁"①。这是盟国第一次明确表示将对日本战争罪犯进行惩处。上述盟国的重要决议尤其是《波茨坦公告》，日后成为东京法庭设立及审判的重要依据之一。而中国的对日罪行的调查工作也随着审判战犯政策的具体化而逐渐展开。

日本全面侵华战争爆发后，关于日本战争犯罪的调查主要由国民政府外交部负责。为了强化对日罪行的调查，1943 年 6 月国民政府决定设立由行政院直属的敌人罪行调查委员会，调查日本在中国所犯一切罪行。行政院令司法行政部会同外交部、军政部拟定了《敌人罪行调查委员会组织规程》。1944 年 2 月 23 日，敌人罪行调查委员会在重庆正式成立。经行政院任命，司法行政部部长谢冠生、行政院参事管欧、原外交部部长王正廷为调查委员会常务委员。内政部参事刘燧昌、外交部亚东司司长杨云竹、军政部司长王文宣、教育部参事杨兆龙、中央设计局调查室主任薛光前等 11 人为委员，委员会直属行政院。②

敌人罪行调查委员会设秘书处另三个小组。秘书处分管文件收发、撰拟记录及档案证据保管、典守印信、职员的考核、款项出纳及预决算的编制等。第一组负责调查计划的拟定、罪行事实的审核、罪行证据的搜集其他有关敌人罪行的调查。第二组负责罪行的登记与统计，案件的编辑。第三组负责将敌人罪行案件译成外文，编写提交国际组织的各种报告。

敌人罪行调查委员会成立后，设定了 13 种具体调查项目，对日本在华违反战争法及国际惯例的罪行进行调查，这些具体项目是：

1. 谋杀、屠杀及有组织有计划的恐怖行为；

---

① 《国际条约集（1945—1947）》，世界知识出版社 1961 版，第 77—78 页。
② 胡菊蓉：《中外军事法庭审判日本战犯：关于南京大屠杀》，南开大学出版社 1988 年版，第 111 页。

2. 强奸妇女、掳掠妇女，或强迫妇女为娼；

3. 强迫占领地区民众服兵役；

4. 抢劫；

5. 实行集体惩罚之行为；

6. 滥炸不设防城市或非军事目标的财物；

7. 未发警告攻击商船；

8. 故意轰炸医院及其它慈善教育文化机关；

9. 破坏红十字会及其它有关规则；

10. 使用毒气，散布毒菌及其它毒物；

11. 杀害战俘或伤病军人；

12. 制造贩卖运输毒品，强迫栽种罂粟，开设烟馆供人吸食及其它毒化行为；

13. 在占领区的非法设施，及其它违反战争规约与惯例的罪行等。①

1945年3月5日，行政院决定敌人罪行调查委员会与抗战损失调查委员会合并，改属内政部，但遭到内政部和外交部抵制。5月，敌人罪行调查委员会被裁撤，有关业务分转司法行政部和外交部办理。② 敌人罪行调查委员会从成立到合并存在了一年多的时间，但由于资料的限制，其活动情况和调查成果尚不清楚。

1945年8月15日，日本无条件投降。审判日本战犯提上了议事日程，也促使对日本战争罪行的调查工作加紧进行。9月14日，行政院公布了《敌人罪行调查办法（修正案）》，使调查工作更加法制化和规范化。调查办法规定，司法行政部为主管机关，各战区司令长官部、各级党部和县市政府协办。地方具体调查机关由司法行政

---

① 胡菊蓉：《中外军事法庭审判日本战犯：关于南京大屠杀》，南开大学出版社1988年版，第111页。

② 张连红：《战时国民政府对日军罪行的调查——以"敌人罪行调查委员会"为中心》，《江海学刊》2015年第2期。

部指定地方法院检察署、县司法处及兼理司法县政府负责，各调查机关要将调查敌人罪行之主旨、调查表及注意事项公布于众，接受人民申诉；除此之外，调查机关的检察官、审判官及承审员，要直接进行调查活动。高等法院检察署要指派专员下去督察敌罪行的调查情况，"以期周密而获得有力证据"（第 7 条）。调查的基本方式是填写调查表。调查办法对填表做出了具体规定，如"罪行人及所属长官姓名，务须详确；罪行人不明时，必须填明其所属长官；关于罪行人及所属长官均不明时，应就函请军事机关设法查明，或将罪行之日期地点注明，不得漏填"（第 8 条）。调查人员调查完毕后，要迅将调查表及相关资料送交地方法院首席检察官等主管初步审核后，转报司法行政部核定（第 10 条）。办法还广泛动员群众参加调查活动，规定"凡知悉敌人罪行事实或知悉被害人或证人者，不论何人，得径行填表，或转请该被害人或证人填表，送请司法行政部核办"（第 11 条）。① 经过一年多的努力，调查取得了很大成果。据司法行政部长谢冠生在战犯处理委员会上的报告，截至 1946 年 10 月 24 日，司法行政部共受理日本战争犯罪案件 171152 件，② 为其后的审判工作打下了基础。

中国的日本战争罪行调查一直与盟国的战争犯罪调查机构保持着密切的联系和合作。1944 年 1 月盟国调查战争罪行委员会（简称 UN-WCC）在伦敦正式成立。根据中国代表的提议，同年 5 月在中国重庆设立了调查战争罪行委员会远东—太平洋分会，主要调查日本的战争罪行。该分委员会由中、英、美、法、澳、荷等 11 国代表组成，原国际法庭法官王宠惠博士担任了首任主席。中国是日本侵略的最大受害国，对日本的犯罪事实最了解，自然就成了这个委员会的主角。中国大量的战犯调查资料经外交部转交给了该分会。在该分会处理的案件中约 90% 是由中国提出的。

---

① 司法行政部编印：《司法法令汇编》第二册，1946 年 5 月 1 日，第 279—281 页。
② "中华民国"外交问题研究会编印：《中日外交史料丛编》第七编，台北 1966 年版，第 457 页。

远东—太平洋分会下设秘书处、财务委员会、事实与证据委员会，其工作程序是：分会受理的案件（主要来自中国）首先送交秘书处，然后转事实与证据委员会审查；事实与证据委员会审查后，报分会通过，然后由秘书处编制成战犯名单，送交伦敦总会。据统计，从 1944 年 5 月成立到 1947 年 3 月解散，该分会共提出战犯名单 26 批，共计 3147 名。其中美国提出 218 名，澳大利亚提出 18 名，法国提出 345 名，英国提出 43 名，中国提出 2523 名。① 除此之外，中国还向东京国际军事法庭提交了两批共 33 名重要战犯名单，其中有 12 名是蒋介石亲自确定的，有 15 名成为东京审判的被告即被法庭认定为甲级战犯②。

随着调查审判工作的深入，1945 年 12 月 26 日，蒋介石签署国民政府命令，批准设立战争罪犯处理委员会。该委员会由军令部、军政部、外交部、司法行政部、行政院秘书处、UNWCC 组成，由军令部负责主持。③ 战争罪犯处理委员会是中央专门处理战犯的机构。其主要职责是颁布逮捕战犯的命令，调查、编审、提出战犯名单，审核审判执法情况，引渡战犯，审查战犯名单等。委员会成立初期由军令部次长刘斐负责主持。后为提高工作效率，制定了"组织规程"，并在 1947 年 1 月新组领导班子，任命国防部次长秦德纯为主任委员，加强了该委员会的工作。

对战争罪犯处理委员会来说，最大的困难是犯罪的调查和经费。从 1931 年九一八事变到 1945 年日本投降，日本所犯罪行时间长、地域广，案件多，尤其是一般的被害者对犯罪者的姓名、部队番号不甚了解，许多犯罪证据因时间太长不复存在或找寻困难，此外调查活动

---

① 胡菊蓉：《中外军事法庭审判日本战犯：关于南京大屠杀》，南开大学出版社 1988 年版，第 95 页；［日］粟屋宪太郎：《东京审判论》，大月书店 1989 年版，第 72 页。

② 秦孝仪主编：《中华民国重要史料初编——对日抗战时期》第二编，台北：中国国民党中央委员会党史委员会编印 1981 年版，第 417 页。蒋介石亲自确定的 12 名战犯是：土肥原贤二、本庄繁、谷寿夫、桥本欣五郎、板垣征四郎、谷廉介、东条英机、和鹰知二、影佐祯昭、酒井隆、喜多诚一、佃俊六。见《蒋介石日记》，1945 年 10 月 14 日。

③ 外交部档案：《战争罪犯处理委员会案》（172－1－0894），台北"国史馆"藏。

还需要大量经费。为解决这些困难，推进战犯处理工作，战争罪犯处理委员会一方面制定了政府调查与群众检举相结合的工作方针，另一方面向政府申请经费支持。为支持战争罪犯处理委员会的工作，行政院在 1947 年度拨出 3 亿元专款，用于战犯罪行的调查，使调查工作得以顺利进行。①

日本投降后，国民政府采用了多种形式开展日本战犯罪行的调查工作。除以往的做法外，1947 年 7 月，国民政府还通过公布重要战犯名单的方式，征求罪证，并指示地方政府进一步开展战犯罪行的调查工作。国民政府公布的这个战犯名单共 261 名，附有每人的军衔、职务、主要犯罪事实等。②

如上所述，为揭露、惩罚日本侵略中国、残害人民的罪行，严惩战争罪犯，国民政府采取了多种形式，对日本侵华罪行进行了长时期、大规模的调查、取证工作，取得了很大成绩。尤其对重大犯罪案件如南京大屠杀、九一八事变、卢沟桥事变等进行了深入广泛的调查，搜集到了许多有力的证人、证言和证据。这些证人、证言和证据为东京国际军事法庭和中国军事法庭证明被控战犯的罪行做出了巨大贡献。当然，从调查工作的整体看，也有许多不尽如人意的地方。这主要表现在：第一，由于日本侵华时间达十几年之久，时间和空间的变化都很大，许多受害者已死亡或流落他乡，一些人证物证已不复存在，影响了调查取证工作的顺利进行。第二，抗战胜利后，国共内战随之爆发，调查工作难以正常和全面进行。第三，日本投降时，销毁了一切可以销毁的罪证，给调查取证工作造成了很大困难。虽然调查工作存在着上述不足之处，但总的说来，中国对日战犯罪行的调查工作是认真负责的，其成绩也是不容否定的。

---

① "中华民国"外交问题研究会编印：《中日外交史料丛编》第七编，台北 1966 年版，第 445—446 页。

② 《北京档案史料》1990 年第 1 期。

# 三　法庭审理及法律的适用

根据《波茨坦公告》和中国的有关法律，从 1946 年 4 月开始，中国各地的最高军事机关分别在北平、上海、南京、汉口、广州、沈阳、太原、徐州、济南、台北 10 个城市开设了军事法庭，开始对日本乙丙战犯进行军事审判[①]。

大规模审判国际战犯在中国的审判史上还是第一次，无先例可循。鉴于包括中国在内的各盟国进行的对日军事审判与东京审判是战后惩处日本战争犯罪的两大组成部分，两者具有有机的联系，中国最大限度地遵循东京审判的基本原则，制定了相应的战犯审判的特别法令、法规，依此指导战犯审判工作。

1945 年 12 月 3 日，国民政府军事委员会制定并公布了《战争罪犯处理办法》《战争罪犯审判办法》。1946 年 2 月，在各军事法庭设置前夕，军事委员会又颁布了《战争罪犯审判办法实行细则》。上述三法规经军事委员会委员长蒋介石核准后，分别于 1946 年前后开始实施[②]。这是中国战后最初的战犯审判法规。

《战争罪犯处理办法》共十五条，主要对战犯的逮捕做了如下规定：

1. 战犯的逮捕，在日军受降后，由军令部呈请军事委员会委员长颁令执行。

---

① 一般称远东国际军事审判为甲级战犯审判（Class A war Criminals），国际上称 A 级战犯审判；而对在中国国内及其他盟国进行的战犯审判为乙、丙级战犯审判，国际上一般称之为 B、C 级战犯审判。以上称呼，实际上并无法律和国际文件依据，而是学者和新闻报道对其进行的分类，后来成为习惯称呼。探其语源，可能源于《国际军事法庭宪章》第 6 条和《远东国际军事法庭宪章》第 5 条，将战争罪行分为 A、B、C 三类，即破坏和平罪、普通战争罪和违反人道罪，而中国则按照中国的习惯，称之为甲、乙、丙级三类。但在实际执行过程中，除东京审判全面追究被告上述三类罪行外，由各同盟国进行的审判只以 B、C（乙、丙）级罪行为追究对象，而两者彼此联系紧密，有时难以区分，故大都将两者合二为一进行审判，其追究的罪行也基本上是"普通战争罪"。

② 秦孝仪主编：《中华民国重要史料初编——对日抗战时期》第二编，台北：中国国民党中央委员会党史委员会 1981 年版，第 397—401 页。

2. 犯罪事实确凿，或由人民群众告发且罪证属实的战犯，可由战区司令长官部等立即逮捕。

3. 日本政府系统的战犯，由战犯处理委员会转饬日本占领军最高统帅逮捕后交付我国；东北地区战犯，转饬苏联远东红军总部逮捕后交付我国。

4. 在逃战犯，由军令部行令通缉；如逃出国外，由外交部交涉逮捕。

《战争罪犯审判办法》共十条，主要规定了审判的管辖范围，法庭的组成、审判程序、适用法律等。其主要内容有：

1. 日本战犯，除应由东京特设法庭审判者之外，依本办法审判。

2. 日本战犯由陆军总司令部或战区司令长官部等设置军事法庭进行审判。

3. 军事法庭由所属的军事机关选派军法官三人及所在省区司法官二人组成。

4. 军事法庭的庭长及审判长由司法官担任。

5. 军事法庭审判案件，须呈请军事委员会委员长核准后执行。

6. 审判适用法律为国际公法、国际惯例、陆海空军刑法、其它特别刑法及刑法。

《战争罪犯审判办法施行细则》共十六条，对法庭军法官、军法检察官的推荐、任命，军法检察官的权限，被告的辩护、搜查权的行使，公诉人、审判公开等作了较为具体的规定。

1. 军事法庭之军法审判官（五人）和军法检察官（一人），分别由所属军事机关和省区高等法院遴选，分别报请军政部、司法行政部，提请战争罪犯处理委员会，呈请军事委员会委员长任命。

2. 军事法庭所属之军事机关及所在省区高等法院，准备适当人选，在军法审判官或军法检察官因故缺席时补充之。

3. 军事检察官执行职务时，适用刑事诉讼法中关于检察职权的规定。

4. 被告须依照中国律师法选任律师为辩护人出庭辩护；其未选

任者，应由法庭所在地法院公设辩护人为之辩护。无公设辩护人设置时，由审判长指定律师充之。

5. 战犯案件概由军法检察官提起公诉。

6. 法庭的辩论和宣判，应公开进行。

7. 机关团体或地方人民，可于审判时推派代表到庭陈述意见。

8. 军事法庭必要时可派军法审判官三人及军法检察官一人，赴犯罪地就地审判。

由于中国没有国际军事审判的经验，没有现成的适用法律，加之时间仓促，制定的上述三法规在适用时就出现了一些问题，表现为原则性较强，但缺乏操作性，如战犯概念不明确、量刑基准不清等，这给审判工作带来了一定的困难。为此，国防部迅速与司法行政部、外交部、行政院秘书处协商，紧急对三法规进行了修订，于同年 8 月制定了《战争罪犯审判办法修正草案》，经法律专家审议后，提交国防最高委员会、立法院审议通过。该草案经修正后定名为《战争罪犯审判条例》，于 10 月 23 日以国民政府令的形式发表（1947 年 7 月对第25 条和第 32 条作了修改）并在公布之日起生效。①

《战争罪犯审判条例》与前述三法规相比，在严密性、可操作性上前进了一大步。该条例共由 35 条 81 项组成。其特点和主要内容有：

1. 明确了战犯的概念。对战犯的认定做了 4 项规定，规定犯有下列罪行之一者为战犯：

（1）违反国际法，参与发动或支持对中华民国之侵略或其他非法战争者；

（2）违反战争法规及惯例，直接或间接实施暴行者；

（3）为奴化摧残或消灭中华民族而进行的"杀害饥饿歼灭奴役放逐，麻醉或统治思想，推行散布强用或强种毒品，强迫服用或注射毒药或消灭其生殖能力，或以政治种族或宗教之原因，而加以压迫虐待，或有其他不人道之行为者"；

---

① 《国民政府公报》1947 年 10 月 23 日，第 2657 号。

（4）除前三款外，根据中华民国刑事法规应处罚者。

战犯概念的明确化，使战犯审判机关在确定战犯时有法可依，易于操作，既提高了效率，也提高了办案的准确性。

2. 对普通战争罪即违反战争法规及惯例，直接或间接实施暴行的犯罪行为做了详细规定。条例将这些犯罪行为细化为 38 项，使犯罪行为的定性更具操作性和准确性。如规定凡有下列行为之一即为违反战争法规及惯例之暴行：

（1）有计划的屠杀谋杀或其它恐怖行为；

（2）抢劫；

（3）强奸；

（4）使用非人道之武器；

（5）掳掠儿童；

（6）虐待俘虏或受伤人员；

（7）故意轰炸不设防地区、医院；

（8）未发警告且不顾乘客与船员之安全而击毁商船或客船；

（9）发布尽杀无赦之命令；

（10）掠夺历史艺术或其他文化珍品等。

3. 对犯罪行为的追诉期间做了明确规定。条例规定普通战争罪的发生时间为 1931 年 9 月 18 日以后至 1945 年 9 月 2 日以前。但关于战犯规定的第 2 条（类似于破坏和平罪）中的第 1 款及第 3 款（类似于反人道罪）的行为，虽发生在 1931 年 9 月 18 日以前，亦可追诉。

4. 犯罪责任不可免除事项的规定。条例规定，战犯不因下列事由而免除其责任：

（1）犯罪之实施系奉其长官之命令。

（2）犯罪之实施系执行其职务之结果。

（3）犯罪之实施系推行其政府既定之国策。

（4）犯罪之实施系政治性之行为。

此项规定十分重要。否则，战犯就会以所犯罪行并非主观意志，而是奉命行事等为由，将责任层层上推，最后推到天皇那里不了了之。

5. 指挥者责任的追究。条例规定，战犯处于监督指挥地位，"而就其犯罪未尽防范制止之能事者，以战争罪犯之共犯论"。

6. 量刑基准的确立。根据罪行轻重，设置了从七年有期徒刑直至死刑的量刑标准。

7. 对军事法庭的设置、构成、管辖、权限等做了更为具体的规定，还特别规定军法司法官和军法检察官"一律专任"。

8. 加强了对判决结果的审核。规定法庭有罪判决之案件，须报请国防部核准后执行；但处死刑或无期徒刑者，要由国防部呈请国民政府主席核准后执行。国民政府主席或国防部认为原判决违法或不当者，得发回复审；认为处刑过重者，得减轻其刑。

9. 调整了适用法律。条例规定，战犯的审判和处罚，除适用国际公法外，适用本条例；本条例无规定者，适用中华民国刑事法规。

中国的战犯审判在法律适用问题上，遵循了国际公法的原则，同时渗入了东方儒教的宽容伦理，采取了有别于国内军事审判的做法，表现了中国对日政策的宽大。

依据国际法和《战争罪犯审判条例》及《中华民国刑法》，中国从1946年4月至1949年1月开设了10所军事法庭对日本战犯进行了审判。中国是受日本侵略时间最长、遭受损失最大的受害国。从1931年九一八事变到1945年日本战败投降，数以千万计的人民死于日本的侵略战火，直接财产损失达到数百亿美元，日本侵略者罪行累累，罄竹难书。据战犯处理委员会统计，到1946年10月，该会共收到战犯案件171152件，拘留战争嫌疑犯2435人[①]。

如何处置这些手上沾满了中国人民鲜血的战争罪犯，是全国人民和国际社会共同关注的问题。遭受日本之苦的中国人民和舆论都要求严惩战争罪犯，还国际正义，告慰数以千万计的死难同胞。但是，国民政府及蒋介石却从未来中日关系考虑，采取了"以德报怨"的宽

---

① "中华民国"外交问题研究会编印：《中日外交史料丛编》第七编，台北1966年版，第469页。

大政策，这对战犯审判带来了决定性的影响。1946 年 10 月 25 日，战争罪犯处理委员会召开了对日战犯处理政策会议。会上，国防部部长白崇禧强调要遵循蒋介石的对日方针，"本'仁爱宽大'，'以德报怨'之精神"制定"宽而不纵，使正义公理与民族情谊，兼筹并顾"的政策，为会议定下了调子。会上，战犯处理的主要负责部门国防部第二厅提出"对日应高瞻远瞩，处理战犯宜从大处着眼，不必计较小节，并迅速结束战犯处理业务"的提案。其主要理由是"为确立中日两国将来永久和平，昭示我国以德报怨之精神，对国际国内最重要之日战犯，应予依法审处，以为惩一戒百外，其他普通战犯，宜从宽处理，以示我宽大之态度"。会议基本采纳了这个提案，决定除对南京等地的大屠杀首犯"从严处理"外，对日本普通战犯的处理，"以宽大迅速为主眼"，要求对已拘留的战犯，要在 1946 年年底前审理完毕，"若无重大之罪证者，予以不起诉处分，释放遣送返日"①。

在国民政府的这一方针指导下，军事审判虽然历时三年多时间，但除一小部分罪大恶极、证据确凿的主犯如南京大屠杀的主要责任者谷寿夫等受到严惩外，绝大多数战犯都得到了宽大处理，更有大批血债累累的战犯逍遥法外，逃脱了应有的惩罚。据统计，到 1949 年年初，中国 10 所军事法庭共判处日本战犯死刑 145 名，有期及无期徒刑 300 名②，而这仅仅是被拘留战争嫌疑犯总人数的约五分之一，被判死刑人数也仅占盟国乙丙级战犯审判所判日本战犯死刑总数的六分之一，其他战争嫌疑犯或不被起诉，或宣布无罪，或作为非战犯遣送回国。与此相比，美国法庭判处 143 名日本战犯死刑，1033 名有期或无期徒刑；英国分别为 223 名和 556 名；荷兰分别为 236 名和 733 名；澳大利亚分别为 153 名和 493 名③。当然，我们与其他盟国在判

---

① "中华民国"外交问题研究会编印：《中日外交史料丛编》第七编，台北 1966 年版，第 355—359 页。

② 判决结果统计有不同说法，本统计数字采自国防部战犯法庭庭长石美瑜公布的数字，见《大公报》（上海版）1949 年 1 月 27 日。

③ 东京审判便览编集委员会编：《东京审判便览》，青木书店 1989 年版，第 219 页。

决结果上做比较，只是想说明中国在对日本战犯的审判中采取了极为宽大的政策，并非说其他盟国的判决不当或过重。

受蒋介石对日观和当时国际形势的影响，国民政府在战后初期采取了坚持恢复国家主权及领土完整，在对日处置问题上"以德报怨"的对日宽大政策，这在天皇制、天皇战争责任、对日军事占领及战犯审判问题上表现得尤为突出。

中国对日本战犯的审判是一场正义的审判。在整个审判过程中，审判当局在国民政府对日宽大政策的指导下，忠实执行了国民政府及蒋介石提出的"以德报怨""宽大迅速"的审判方针，在进行了广泛调查、认真审理之后，依据国际法和中国的相关法律，除对极少数罪大恶极的战犯处以极刑外，对绝大多数战犯进行了宽大处理。国民政府在很短的时间内制定出了审判条例，并不断进行修改完善，最大限度地保证了审判的严肃性和公正性。遗憾的是抗战胜利后不久，国民党政府发动内战，造成时局混乱，中国对日军事审判的成果没有广泛地为中外社会所了解，没能发挥其应有的政治影响。对于中国政府的宽大政策，大多数日本人特别是当事者是抱感激之情的。但也有相当一部分日本人没有善待中国的宽大，而是"以怨报德"，不再认这笔历史重账，有的还抱着为日本侵华翻案的心理，攻击中国的军事审判"不公正"。对此，我们史学工作者应进一步加强对日本战犯审判的研究，以更充足的证据回击日本右翼分子的恶意攻击，还历史以真实面目。

（宋志勇，南开大学日本研究院教授）

# "中国正处在十字路口"

## ——战时在华西方人士对中国抗战的观察与评论

卞修跃

    1980 年，新华出版社翻译出版了一本《中国通——美国一代外交官的悲剧》。这本书的作者伊·卡恩是美国《纽约人》周刊的撰稿人。在书中，他根据大量的档案文献资料和自己对当事人及其后人的调查采访，叙述了一批战时在中国的美国年轻外交官们对中国的抗战形势、国民党政局、国共关系、中美关系和经济、社会、文化等方面的评论，他们写给美国国务院等机构的报告，以及他们与中国国内政治力量尤其是国共两党的接触与观察。在卡恩所记录到的这些"中国通"中，有著名的"四个约翰"中的三个约翰：约翰·谢伟思、约翰·戴维斯、约翰·费正清。① 此外还有约翰·卡特·文森特、欧文·拉铁摩尔、雷蒙特·卢登、约翰·埃默森、奥利费·埃德蒙·柯乐布、霍勒斯·史密斯、菲利浦·斯普劳斯、阿瑟·林沃尔特、詹姆斯·彭菲尔德、罗伯特·巴尼特、约翰·弗里蒙特·梅尔比、富尔顿·弗里曼、埃弗雷特·德鲁姆赖特、爱德华·赖斯等。当然，在书中，卡恩也写到了在战时与这些"中国通"关系密切或在中国问题上观点相对立的著名人物，如史迪威、陈纳德、赫尔利、高斯、威尔基、华莱士、魏德迈、马海德、弗丽达·厄特利等。

---

① 另一个约翰指的蒋介石，因汉语"蒋"字的读音与"JOHN"谐音。在国民党政权大陆败亡后，美国有些人曾将"美国失去中国"的责任归咎于此"四个约翰"。

其实，在中国人民抗日战争和第二次世界大战期间，在华或来华的西方人士，不仅仅只有美国人。由于此前近百年中国被迫"门户开放"和中外不平等条约体系的建立及其对外国人在华特权的赋予与保护，这期间来到中国的外国人恰如过江之鲫，鱼贯而入。论职业，他们中间有外交官、军人、商人、冒险家、传教士、文化工作者；论国别，则有英国人、法国人、俄国人、美国人、德国人、意大利人，等等。这些人深入中国社会的方方面面，在攫取丰厚物质利益的同时，也以其禀赋的异质的文化背景、思维方法和认知方法，对中国进行了几乎是全方位的观察与研究，发表评论和见解，为后世留下了丰富的透过"第三只眼"看中国的文字记述、图像照片等。中国抗日战争期间，来到中国的外国人，同样人数众多，国别不同。他们对中国战时经济、社会、政治及中国抗战作用与战略地位等，进行了多角度、多层面的观察与评论。

本文拟选择若干具有代表性的、战时在华的部分英、美等国人士对中国抗战局势、国内政治等方面的观察与评论，进行简单的考察。

# 一　居里的第一次访华

在日本发动对中国的全面侵略战争后不久，蒋介石便一直期望着国际社会尤其是美国政府对日本施加压力，以迫使其放弃侵略中国的政策。为此，1938 年，蒋介石在不同的场合曾多次呼吁英、美等国关注日本的意图，并企盼获得它们的支持和支援。蒋介石还多次致函美国总统罗斯福，或向美国报纸发表谈话，指出日本的阴谋"超出中国国界之外，实欲独霸太平洋，并进而支配世界"。而中国人的抗战，也是对世界和平秩序的捍卫："吾人战胜日本，则国际间之法律与秩序均将恢复，否则，太平洋全局之和平与安全将遭整个破坏。"① 一

---

① 章伯锋、庄建平主编：《抗日战争（资料集）》第四卷，《抗战时期中国外交》，四川大学出版社 1997 年版，第 293—284、287—288 页。

时间，"中国为世界而战"的观点，通过官方宣传、媒体舆论和学者著述，逐渐向西方社会传播。美国自 19 世纪末以来国际地位迅速提高，在华权益逐年扩张。其对列强在中国的权益争夺及中国内部局势的变化，始终予以高度关注。同样，在日本挑起全面侵华战争之际，美国也一直密切地关注着中国与日本之间战争局势的发展。当时在中国的一些美国的外交官员或驻华军事人员，通过各种渠道，向国内报道中国的战争境况、日本的战略意图，建议或敦促美国政府采取必要的手段，遏制日本的扩张意图，防范可能对美国产生的潜在危险。当时，任美国驻华陆军武官的史迪威在一份报告中分析了中国抗战的局势，指出中日之战最终可能出现的趋向。他认为，中日之间的战争，很可能出现久拖不决的局面。他同时指出，日本人很难轻松地征服中国。①

　　随着战争局势的发展，中国面临着严重的对日抗战军事压力、财政困难和政治动荡。1941 年 1 月，美国总统罗斯福决定将租借法案提交国会审议。蒋介石通过宋子文向罗斯福提出建议，请其派遣特使到中国做短期考察，借以达到中国能从美国租借法案中受益的目的。在整个战争期间，美国政府始终对中国的抗战局势、国内的政治局面予以高度关注。皖南事变发生后，出于对国共可能出现分裂局面的担心，罗斯福决定派遣私人代表访华考察，了解以蒋介石为首的中国国民政府的抗战决心、中国的经济形势和国共两党未来关系发展趋向等方面的实际情况，从而增进美国对战时中国的认知，决定美国对华政策的取向。

　　1941 年 1 月，罗斯福派遣他的行政助理居里博士（Dr. Lauchlin Currie，1902—1993）作为其私人代表来华考察。2 月 7 日，居里到达重庆，在中国共停留了 21 天，2 月 27 日离开重庆回国，这是他的第一次访华。在华期间，居里先后与蒋介石进行了 12 次会谈，并与

①　"The Ambassador in China（Johnson）to the Secretary of State", March 4, 1938, *FRUS, Far East*, Vol. 3, pp. 115 – 116.

国民政府军事、外交、经济、财政、交通等重要部门的负责人和当时在华的部分外国人进行了会谈。回到国内后，他于 3 月 15 日向罗斯福提交了一份详细的访华报告。在报告中，居里对中国的对日抗战、政治局势、财政经济状况和国共关系等，系统地提出了自己的看法与见解。关于对日抗战，居里认为，蒋介石有坚定的抗战意志，并表达出了绝不向日本单独媾和的决心。中国抗战士气高昂，中国军事力量和装备都值得肯定。如果向中国提供足够的物资援助，中国将获得对日抗战的最终胜利；关于中国国内的政治状况，居里在报告中认为，重庆的政治氛围是不健康的，知识分子没有言论自由，一部分中国人感到幻想破灭，情绪沮丧，中国实际上还处在独裁政治的局面当中；关于国共两党关系，居里指出，目前国共两党的关系现状根源于两党的历史恩怨与纠葛。在中国，共产党是唯一能够赢得民众支持的政党，蒋介石和国民政府对中国共产党的发展壮大日益警觉，试图采取种种方法来对抗和压制中国共产党力量的崛起。因此，他敏锐地认识到，中国的军事力量，实际上有很重要的一部分并未有效地用在对日抗战上，而是消耗在两党的对抗中。虽然蒋介石向他明确保证不会与中国共产党发生内战，他自己也感觉到中国共产党不会在战时与国民党发生决裂，但居里还是怀疑战后中国的政局能够保持稳定。居里还对中国的财政经济状况予以了高度的关注，认为中国面临着严峻的经济封锁、运输困难，通货膨胀问题更是令人担忧，中国的经济状况已到了非常危险的境地。因此，他在报告中对中国的地税改革、币制稳定、交通管理、物资供应等提出了建议；对于中国未来的政治走向，居里认为，中国正处在一个十字路口，它可能发展成一个军事独裁的国家，也可能发展为一个真正民主的国家，如果美国能够对之发挥明智的影响，助其进行政治、社会和经济的改革，则中国就有向后一种方向发展的可能。[①]

---

① "Mr. Lauchlin Currie to President Roosevelt", March 15, 1941, *FRUS*, *Far East*, Vol. 4, pp. 93 – 95.

居里是战争期间罗斯福向中国派遣的第一位特使。在战时罗斯福对外所遣特使中，其重量级人物均为派往英国、苏联者，居里与这些特使相比，地位并不算高，影响也不算大。但是，他对中国的考察，他在报告中对中国各方面局势的评论与观点，促进了美国政府对中国抗战意志与国内政局的了解与认知，对罗斯福的战时对华政策起到了影响，也在一定程度上对美国援华政策的确立起到了推动作用。

## 二　陈纳德对空军援华的鼓吹

早在中国全面抗战爆发之前，1937 年 5 月 29 日，陈纳德（Claire Lee Chennault，1893—1958）即来到了中国，他是战时较早来到中国并积极投身援助中国抗战事业的美国军人。在宋美龄的推荐下，他被委任为国民政府航空委员会顾问，并着手开始调查中国空军现状与作战能力，协助训练中国空军飞行员。中国对日全面抗战爆发后，1938 年 8 月，陈纳德在昆明市郊筹建航校，训练中国飞行员，协助中国空军对日作战。

经过全面抗战初期对日作战的消耗，中国空军力量丧失殆尽，中国失去制空权，日军飞机在中国的上空横行无忌，给中国军民造成巨大危害。1940 年滇缅公路封闭后，中国获得外援的主要国际通道被切断。陈纳德建议蒋介石请求美国向中国提供一支空军部队，夺回制空权，摧毁日军基地，袭扰日军海上通道与日本本土，甚而把战争打到日本本土去。这个建议对蒋介石很有吸引力，于是蒋正式向罗斯福提出了提供空中援助的请求。

向中国提供一定规模的军事物资援助，使中国坚持抗战，把日军牵制在中国战场上，这是美国军政两界在太平洋战场爆发之前便已形成的基本共识。1941 年 4 月，罗斯福签署一项行政命令，允许预备役军官和陆海军退役人员参加援华志愿航空队，并同意向中国售卖100 架 P‑40 型战斗机。为此，陈纳德回美招募飞行员，组建成中国空军美国志愿援华航空队，此即有名的"飞虎队"。太平洋战争爆发后，美国政府于 1942 年 7 月 4 日命令解散在华的美国志愿航空队，改编成立美国第 23 战斗机大队，升陈纳德为准将并任该战斗机大队指挥官。1943 年 3 月，美国政府将第 23 大队扩编为第 14 航空队，仍由陈纳德任司令官。

陈纳德乃飞行员出身，热爱飞行。在军事战略观点上，他是空军能够对战争趋向与结局起到关键作用的积极鼓吹者与践行者。在中国，他始终向蒋介石主张要加强空军力量，从空中对日军予以严厉打击，协同陆军部队地面作战，扭转战局。他也经常向美国政府和军事部门呼吁，加强美国对华空中力量援助，并声称从空中对日军进行打击，是最有效的，而且是美国援华物资使用最经济划算的途径。

在长期的在华战斗与生活过程中，陈纳德也对中国当时对日作战情况、国民党政治状况、苏联对华军事援助等各个方面进行了观察与评论。对苏联援华，他注意到，"从抗日战争开始的 1937 年至 1942 年底，苏联是中国最大的援助来源。有件事情耐人寻味，那就是在这个过程中，日本对苏联的行为容忍到了视而不见的程度，却频频对洁身自好的英、美等国大加指责。要知道，就在苏联拼命援助中国的同时，美国方面却卖给了日本大量废钢铁和航空汽油，这些东西为日本轰炸中国提供了丰厚的物质基础"。他得出结论认为，"事实证明，日本人真的欺软怕硬"。在自己的回忆录里，陈纳德对苏联在华同行们给予了高度的评价："虽然平时表现不怎么样，不过苏联人打起仗来还真不含糊。他们有铁的纪律，与备勤时经常溜号、打牌的美国飞行员不同，这些家伙会一直坐在驾驶舱里，纹丝不动，直到自己的执勤时间结束。为了充分利用机场，苏联人总是把自己的飞机呈圆环形状排列在机场周围。这样一来，只要防空警报拉响，他们就可以从各个方向一窝蜂似的同时起飞。这么做当然有点儿冒险，我也看见他们的飞机撞到一块。不过话说回来，我宁可直接挨日本人的炸弹，也不愿意起飞时候站在这帮疯狂的家伙中间。"①

---

① 〔美〕克莱尔·李·陈纳德：《战士之路》，曹磊译，时代文艺出版社 2014 年版，第 63 页。

在整个战争期间，陈纳德对美国政府的援华政策和美国陆军方面有关在华对日作战的策略，一直持批评的态度。1941 年陈纳德回到美国招募飞行员时，向各方游说对华进行空军援助。但是，"那时的美国人明明知道战争就在眼前，却仍然采取鸵鸟战术，自欺欺人地希望置身事外。即便其中有那么几个爱管闲事的人，他们的目光也只是集中于欧洲战场，集中于正在浴血抵抗的英国那边，对于东方根本不在意。当时的政府提出了很多援助英国的方案，数以百计的美国人越过边境进入加拿大，通过志愿参加加拿大皇家空军的办法，投身欧洲战场，却没有人考虑过志愿参加中国抗战的可能性。所有听说了我的计划的人，都觉得我根本是在痴人说梦"[①]。关于他的空军援华方案，他写道："我计划将一支规模虽小，但装备精良的航空部队送入中国。要知道日本同英国一样，命脉系于海洋，而先削弱它的海上命脉，再直捣其核心地带，能够更容易击败他。中国的航空基地可以攻击日本所有的重要补给线和各前进中转基地。这个计划及时开始，而且能够得到足够支持的话，一次从中国发动的空中攻势，就能在日军离开本土港口和各中转地区之前，粉碎他们的南进攻势。遗憾的是，在1941 年，当时的军事计划对我的以中国为基地进攻日本的设想并没有太大兴趣。直到 1943 年三叉戟会议后，有关方面才真正开始认真考虑这个计划的可行性。这还要归功于罗斯福和丘吉尔这两位领导人的直接干预。"[②]

陈纳德也观察和记录了中国民众对抗战的贡献和所遭到的苦难，并在似不经意间对他一直给予相对正面评价的国民政府的腐败予以批评。他在自己的回忆录中写道："杜立特轰炸东京后三个月的时间里，正面战场的日军向中国东部的心脏地带挺进了 200 英里，占领了 2 万平方千米的土地，破坏了大量可以用于飞机起降的场地，消灭了人数

---

① ［美］克莱尔·李·陈纳德：《战士之路》，曹磊译，时代文艺出版社 2014 年版，第 93 页。

② ［美］克莱尔·李·陈纳德：《战士之路》，曹磊译，时代文艺出版社 2014 年版，第 97 页。

可观的潜在的抗日力量。杜立特航空队飞行员们曾经逗留过的村庄被日军夷为平地，男女老幼遭到无情屠杀。有座小城的居民因为自发修理城郊附近的机场上的弹坑，被日军冠以通敌的罪名，遭到了惨绝人寰的屠城。衢州、玉山、丽水等地的机场在日军空袭中受损严重，失去继续使用的价值。除此之外，日军还对中国军队的战线发动了总计600架次的突袭，25万名军人和平民因此丧命。总之，由于杜立特这次实际意义不大的行动，中国人付出了高昂的代价，可他们从来也没有抱怨过。相反，这些善良的人们继续为我们提供无私的帮助，甚至不惜牺牲自己的生命。据战后统计，至少有上百名美国飞行员因为中国军民的及时援救保住了性命。这些军民中的很多人因此牺牲了自己，乃至亲朋好友的生命。即便如此，重庆方面仍有不少官僚抱怨自己的百姓自私自利，不肯为抗战出力。"①

　　虽然陈纳德对空军援华作战予以积极的鼓吹，并对中国抗战的前途怀着乐观的态度，但他对中国抗战所面临的实际困难与危险也有着清醒的观察与认识。他后来回忆说，虽然在1943年华盛顿三叉戟会议上第一次讨论了亚洲战场的战略调整问题，但是，"这一系列的调整来得确实有些晚。就在这次大会召开前一年的时间里，由于盟军在亚洲战场的连续失利，中国战场的态势已经发生了明显的变化。特别是在缅甸陷落后，蒋介石曾经奉行的以空间换时间的战略已经完全失去了可行性，被迫两线作战的中国基本上失去了与日军进一步周旋的空间。与此同时，英美两国却没能及时援助自己的盟友，也没能及时针对亚洲战场的最新局势提出新的战略战术，中国方面在缺少外部援助的情况下，变得日益疲软，难以对日军发动有效的反击。日军的攻势除了带来直接损失外，还对中国经济造成了负面的影响，抗战爆发五年，中国国内的通货膨胀已经达到令人发指的程度。即便是在抗战胜利两年后的1947年，这种糟糕的状况也

---

① ［美］克莱尔·李·陈纳德：《战士之路》，曹磊译，时代文艺出版社2014年版，第169—170页。

没有得到明显的改善……由于领土大面积沦丧，耕地不足，使得饥荒在当时的非沦陷区成为家常便饭。个别商人的囤积居奇、倒买倒卖，更令这一情况雪上加霜。1943 年 2 月，我在东部战场各航空基地视察的时候发现，由于饥荒，那些地方的多数居民已经沦落到吃草根、啃树皮的悲惨境地。在这场经济危机中遭受打击的还有许多政府的基层公务人员。超乎想象的通货膨胀率令他们本就微薄的薪水迅速贬值，为了活下去，人们只好另辟蹊径，于是贪污腐败成为公开的秘密"。而且，经济状况的恶化，直接导致军队后勤补给的匮乏，即便是那些装备最精良的部队也不能幸免，这造成了中国军队战斗力的严重下降。"更糟糕的是，后勤补给的缺乏使得军队被迫与驻地百姓争夺当地有限的资源，引发了一系列的摩擦，也损害了政府和军队的形象……中国军队由于缺医少药造成的非战斗减员，甚至比战场上损失的人数还多。所有这一切逐渐激化了的社会矛盾，正在慢慢压垮中国。"① 陈纳德虽系行伍出身，但心思机智，感觉敏锐。他对中国抗战局势的观察、分析与评论，在我们今天看来，也还是较为客观公允的。当然，这与他长期生活、工作在中国，长期混迹于中国各界，且他自己能够驾着飞机满中国地飞，对中国社会各方面的情况较为熟悉，有着较大的关系。

## 三　史迪威的抱怨

与陈纳德和国民政府军政有关部门、蒋介石本人采取积极主动的配合态度不同，史迪威（Joseph Stilwell，1883—1946）将军在太平洋战争爆发后受罗斯福委派重新来到中国后，他与蒋介石的个人关系，及其与中国军事、政府有关部门之间的关系，相处得一直不是非常融洽。他对中国抗战局势的观察，对中国军队状况的评价，对中国国内

---

① ［美］克莱尔·李·陈纳德：《战士之路》，曹磊译，时代文艺出版社 2014 年版，第 211—212 页。

政治形势的看法，以及对蒋介石个人的认识，都表现出另样的见解。

史迪威是典型的中国通。他性格倔强耿直，曾多次来华，通晓汉语，熟悉中国国情与政治生态。早在中国全面抗战爆发之初，史迪威即曾给美国政府提交过报告，认为中国人的抗战意志坚定，日本很难轻易迫使中国屈服。1942 年 1 月底，美国正式派遣史迪威来华，并确定其职责为：监督和管理一切在华美国军事援助事宜，担任中国战区司令长官蒋介石的参谋长，负责指挥在华美军和蒋介石授权他指挥的中国军队，维持和管理中国境内滇缅公路运输事宜等。

在飞越万里海涛奔向中国的旅途中，史迪威在日记中记下了他对自己此行的期待。其中有他对中国的悠悠情结，也有对维护和平与结束战争灾难的担当，以及他作为美国军人的那种拯救苦难的英雄主义情怀。但一来到中国，在与蒋介石的共事中，两个具有强烈个性的人，在战时维护各自国家利益和个人情感尊严等方面，通过指挥权的争执、美国援华物资支配权的控制、对日军作战策略的主张等方面，爆发了激烈的冲突，并最终导致两个人不欢而散，也使史迪威所肩负的使命，未能得到很好的实现。

来到中国后，史迪威很快就敏锐地发现蒋介石有些惧战的心理。他在日记中写道："他要我记住，中国军队由于武器、装备和运输方面的不足，需要三倍于日军的兵力才能与之抗衡，在这种情况下发动进攻根本是不可能的。至少要以五倍于日军的兵力发动进攻，才能有一丝成功的可能。"对于蒋介石给他的警告，史迪威评论认为："这就是中国军队一向奉守的信条，大元帅带了这样一个头，因此一些胆小鬼和无能之辈总能找到撤退的理由。这也符合中国指挥官们保存自己实力的愿望。"①

在华期间，史迪威对中国军队指挥官们的指责与蔑视是从来不加掩饰且与日俱增的。在他的日记中，中国的将军们常常被写得如

---

① *The Stilwell Papers*, William Sloane Associates, Inc, New York, 1948, p. 68；中文版参见《史迪威日记》，郝金茹译，哈尔滨出版社 2016 年版，第 66 页。

此的不堪："像以往一样，他们敷衍了事。廖将军，第22师总指挥，一个毫无特色的家伙，他在等第96师。我想，第96师的总指挥应该还会等第55师，等等。一大堆借口——日军阵地是怎样坚固，多少增援部队正在赶来等。两天前完成这项工作应该还算容易，但是现在……他们会继续拖延，整天无所事事。除非我能强迫他们战斗。"[1] 他在日记中，对中国将领们的称谓，最常见的用词是懦夫、杂种之类。对于蒋介石事事插手的指挥方式，他也十分不满：在上任参谋长后，"信件开始如雪片般飞来了。给杜的，给林蔚的，给我的。每封信都有新的指示，我看过的连一半都不到。只要战争形势稍有变化，指示就会通过信件迅速送达并做出巨大调整。中国的指挥官们情绪阴晴不定，一会儿极其乐观，一会儿又陷入深深的沮丧。他们认为，最要紧的是让大元帅高兴。如果他们认为我的意见或建议会与大元帅的意图相左，那么他们就会提出无数的反对理由。如果我驳斥他们的理由，他们就会进一步采取措施。比如，他们会停止军队的调动，等到可以调动的时候为时已晚。有时他们会干脆不下达命令，有时即使下达了命令但同时也会附带许多如果，以及之类的。在被催促时，他们会直接告诉下级军官拖延或不执行命令。有时会假装采取行动，然后报告说敌人太强大"。他很无奈地说："我既不能枪毙他们，也不能开除他们。然而，仅口头与他们讲道理根本就是无济于事。因此，最终的结果是，我像小丑一样干最累的活儿，还要承担一切责任。"[2]

当然，史迪威性格中有很强烈的情绪因素，所以他对中国军事统帅的评价和对中国将领们的指责也多含有情绪化的东西，以及伴随他作为一个美国人的傲慢与成见所导致的认知偏差，他在个人日记中所用的近乎歇斯底里的语言对与自己意见相左的人做出的评论，往往是

---

[1]  *The Stilwell Papers*，William Sloane Associates，Inc，New York，1948，p.75；中文版参见《史迪威日记》，郝金茹译，哈尔滨出版社2016年版，第72页。

[2]  *The Stilwell Papers*，William Sloane Associates，Inc，New York，1948，p.76 - 77；中文版参见《史迪威日记》，郝金茹译，哈尔滨出版社2016年版，第73—74页。

偏执的、不完全准确的。不过，史迪威作为一个与中国军队各级人员直接打交道的美国职业军人，对中国军队当时实况的记录，在一定程度上，还是切中要害的。在中国远征军第一次入缅作战遭到惨败后，史迪威与部队失散，徒步走出缅甸，进入印度，他在日记中所记的也只能是其所亲见的或亲历的事情，无法反映整个战事的全局。至于失败的原因，前人学者和军事专家们也多有讨论。史迪威所记下的他与中国军队各级军官之间以及与蒋之间关系的不洽、中国军队的散漫惧战、蒋的公开或背后的插手干预等，可能也是此次远征失利的因素之一。

对战时中国政府运行状况及政治实态，史迪威也在日记中记录了他的看法："中国政府是一个恩威兼施的机构，掌握在一个无知、专制、顽固的人手中。它与家族、财团关系密切，一旦与之脱离，这个政府非常容易垮台。面对危急情势，它除了硬撑下去之外别无选择。即使有必要的爱国之心占据着支配地位，盘根错节的势力一个也不会出面接管和进行内部的清洗，更何况没有这种爱国心。只有外来的影响能对中国起作用——或是被外来侵略打得四分五裂，或是形成一些新观念并立刻实施。"① 不能不说，史迪威对当时中国政治形态的观察是深刻而且切中要害的，但同时，他出于成见与偏执所设想的解决方案难免是尖刻的或是操切难以短时间实现的。

他也注意到了战时中国所面临的严重的经济危机。"中国政府的税收已经枯竭。没有关税，没有盐税，没有土地税和征税的办法。这样怎么能够为军队提供军饷和粮食呢。回答是：印钞票。印得越多，钞票越贬值，但法定的比价是固定的，于是他们从我们美国人这里买美金，20 比 1，而实际比价至少是 100 比 1。价格上涨而比价不变，什么东西也进不来，所以外国奢侈品的价格高得让人吃惊。代用品的价格也在上涨，如此循环。他们钞票印得越多，价格涨得越高，农民

---

① *The Stilwell Papers*, William Sloane Associates, Inc, New York, 1948, pp. 115 - 116；中文版参见《史迪威日记》，郝金茹译，哈尔滨出版社 2016 年版，第 111 页。

要吃饭，但政府要收一定的税以养活军队，所以造成了粮食短缺，粮价上涨，等等。"① 应该说，史迪威的这种观察，与当时中国经济状况是基本吻合的，特别是法币与美元之间的比价变动问题，一度成为中美两国财政部门重点交涉的问题。在经过了五年左右的艰苦抗战后，中国的半壁山河陷于侵者铁蹄之下，东部繁华之区，江南赋税之地，尽非国民政府所有，当时中国的财政、金融状况已经到了极其危险的地步，社会经济几乎到了崩溃的边缘。

虽然不吝时时以尖刻的词汇对中国的将军们加以指责，但对中国的士兵们，史氏的评价却大多是正面而积极的。在缅甸、印度、缅北战役中，他与中国军队同吃同住，甚至直接到战斗前线。他对在兰姆加的中国军队的训练情况基本上是满意的。1942 年 8 月 30 日，史迪威在给其夫人的信中写道："中国军队学得很快，我想这将证明我的观点：如果得到适当的训练，他们会和别人一样棒。"② 但在他的眼里，中国军队的现状确实是令人担忧的："这些部队装备很差，没有医疗设施，没有运输工具，病号很多。大部分新兵是征募来的，是被绑在一起运来的。"他也记录了中国征兵过程中的一些恶劣情况："征募是件丑陋的事情。只有那些没钱没势的人才会被抓来，许多到了参军年龄的年轻人还在中学读书，这类学生的一个例子是，一个 26 岁的男青年，结了婚，有了三个孩子，但他是个保长的儿子。"③ 缅甸溃败后，史迪威念念不忘的就是要反攻回去，夺回缅甸，一雪耻辱。但此时英国人和罗斯福把战略中心放在欧洲北非战场，蒋介石则在太平洋战争发生后，无意主动出击，只是一味地被动应战，且对美国援华物资的兴趣，远远高于击退日军。史迪威无奈，只得从整训中国军队入手，希望由此建立一支能由他亲自训练、亲自指挥的中国军

---

① *The Stilwell Papers*, William Sloane Associates, Inc, New York, 1948, p. 128；中文版参见《史迪威日记》，郝金茹译，哈尔滨出版社 2016 年版，第 122 页。

② *The Stilwell Papers*, William Sloane Associates, Inc, New York, 1948, p. 140；中文版参见《史迪威日记》，郝金茹译，哈尔滨出版社 2016 年版。

③ *The Stilwell Papers*, William Sloane Associates, Inc, New York, 1948, p. 159；中文版参见《史迪威日记》，郝金茹译，哈尔滨出版社 2016 年版，第 150 页。

队，并在合适的时机发动反攻，收复缅甸。

史迪威对中国有着特殊的情结。他喜爱中国的山川风景、建筑名胜，对北京更是梦萦魂牵。他同情中国基层民众，痛恨日本对和平的破坏。他性格刚毅、倔强、直率、暴躁，同时也很感性、随和、固执，甚至还有柔情的一面。所以，他从此次肩负使命来到中国开始，即对其所见所闻，一路指责，从未改变，表现出典型的美国式的狂傲与自负、天真与直率。也由于此，他与中国的同事们，几乎无一人能够融洽合作。史迪威对中国的政治生态与运作内情，既熟悉又隔阂，他对蒋介石人格的鄙视，对中美战时关系的不全面理解，及其个性因素，都注定了他这一次中国之行的结局不可能圆满。同时，按照史迪威的观点，他所与之作战的，并不只是日本军队，耗费他更大精力的是当时中国、英国腐朽体制中的政客、军官们的自私偏狭、固执怯懦、贪婪无耻、忘恩负义、拖延误事等。另外，这并不仅仅是当时中国、英国政治的顽疾，也不仅仅是蒋介石和丘吉尔等个人的顽固。美国改变孤立主义国策，确立租借法案，提供援助物资，除具有抽象意义上的道义坚持与和平信念外，更多的是出于美国战略目的与国家利益的考虑。史迪威作为美国国家意志的执行者，无论是他指挥军队作战，还是支配援华物资，或是对中国事务进行观察与评论，他的行动立足点与认知支点，都只能是美国的国家利益。但是，在远离美国本土的缅甸战场上，他既得不到全面精确的关于美国国家政策、中美关系等方面的情报信息，也不能以全面的眼光看到整个战争局势与中美关系，因此，很多事情也都超出了他的视界所及和判断理解。尽管如此，他对中国政治现状的批判，对蒋介石的指责，虽显尖刻直率，但是又往往具有很高的精确性。这正是他从亲见亲历的事实中，通过敏锐观察感受而得到的。

## 四　丘吉尔对中国抗战的贬毁与
## 薛穆对中国共产党的关注

虽然在军事观点及对日战略上，陈纳德与史迪威的观点几乎完全相左，两个人在中国的合作很不协调——这反映了美国政府内部、美国各军事部门之间甚至是罗斯福总统在不同时期对中国战略地位与抗战局势的不同判断与相应措施的不同——但在对英国在亚洲地区的政策战略、英国军队的表现、英军将领的评价上，两人又几乎口吻一致地、毫不客气地加以批评与指责。

与美国政府、罗斯福总统一直关注中国抗战局势的发展、对中国人民的抗战予以较高的同情，并始终对中国抗战之战略地位予以较高评价不同，英国当局和英国首相丘吉尔虽然对中国和亚洲的抗战局势予以高度关注，但基本策略与理念却是以老牌殖民主义和帝国主义国家维护其在亚洲和中国的殖民侵略权益为出发点的。丘吉尔在其著名的回忆录中曾经说过："在开始的时候，同蒋介石发生了一些误会，这虽然没有影响事态的发展，却牵涉到微妙的政治关系。在华盛顿时，我已经发现中国在美国人的心目中，甚至在上层人物的心目中，具有异乎寻常的重大意义。我意识到有一种评价标准，把中国几乎当作一个可以同英帝国不相上下的战斗力量，把中国军队看作一种可以同俄国军队相提并论的因素。我向总统表示，我认为美国舆论对中国在这场全面战争中所能做出的贡献估价得过高了。他大不以为然：中国有五亿人民，如果这样众多的人口能像日本在前一世纪里那样蓬勃发展起来，并且取得现代化武器，那时候会怎样呢？我答道，我只是说当前的战争，目前要打下去已经是十分吃力的了。我说，我对中国人当然总是乐意帮助，而且也会以礼相待的，因为我对中国人这样一个民族是钦佩的，喜爱的；对他们那种极端的政治腐败则感到遗憾……当我认为某一评价标准完全不切合实际的话，千万不要指望我去采用它。"[1]

这是丘吉尔对中国抗战作用和战略地位的基本判断，充分表现出一种刻薄、不屑、蔑视，甚至在整个战争期间，丘吉尔在许多场合

---

[1] 参见［英］温斯顿·丘吉尔《第二次世界大战回忆录》第七卷，《日本的猛攻》，卢继祖、丁岳、冯刚译，译林出版社 2013 年版。

下，都在诋毁中国抗战不力，贬低中国抗战的贡献，他还不失时机地在中美两国之间搬弄是非，耍弄伎俩，并把战争的祸水和战后苏联对远东地区的图谋引向中国。他的这个思想，在整个战时基本上是一贯的、不变的。这也是蒋介石在战时对英国人一直十分厌恶、视若仇雠的直接原因之一。1944年秋，国民党军队在豫湘桂战役中遭到溃败，于是，丘吉尔又一次抓住了贬低中国抗战作用的机会。1944年9月底，他发表了题为《战争和国际形势》的讲话，他指责中国军队一溃千里，损兵折将。他说道："我非常遗憾地注意到，尽管中国过量地得到美国的援助，但这个伟大的国家由于被七年的战争弄得精疲力竭，所以遭到了严重的军事失败。其中损失了陈纳德的美国飞行大队所需要的无价的飞机场。这十分令人失望和不安。"同时，他无视中国军队在缅甸战役中的贡献，却对溃不成军的英军在缅甸战场的作用大肆吹嘘。丘吉尔的这次讲话，激起了中国各界的强烈反感，甚至遭到了其国内一部分有识之士的反对，美国国内舆论也对他这篇讲话的不符合实际予以了批评，并对中国抗战贡献予以肯定。

战争期间，英国政府内部对援助中国抗战问题一直处在争论之中。一部分英国官员认为，国民党及其政府腐败无能，国民党军队在抗战中表现不佳；但是，如果中国政府在日本的引诱下放弃抵抗，退出战争，则显然不符合英国利益，因此主张援助中国。与此相对立，一部分英国人则认为，从以往中国军队抗战表现来看，援助中国是没有什么用处的。更有以丘吉尔为代表的顽固坚持殖民主义思想的人，则从避免战后中国变成远东地区的大国强国，妨害英国远东地区殖民主义利益的观点出发，反对给中国以援助。因此，整个战时，英国对中国的援助，谈谈停停，零零星星，不爽不快，直至战争结束也没谈出个头绪，两国关系一直处在不温不火的状态之中。蒋介石对英国的防范之心也从未松懈过半分，并在战争结束之际明确拒绝了英国军舰随美国舰队进入中国水域的请求。

在当时，也不是所有的英国人对中国抗战的地位和作用与丘吉尔持相同的看法与评价。战时英国驻华大使薛穆（Horace Seymour）多次向其国内报告了中国国内的局势，即对中国抗战的前途提出了很有见地的分析。

1942年4月初，薛穆向英国政府报告认为，自从他担任驻华大使以来，很少听到国民政府与日本妥协的谣言和失败主义的论调。同年9月初，他在给英国政府的两份报告中，针对英国政府就中国局势向他提出的若干问题，进行了详细的回答。他认为，蒋介石在重庆的地位是稳定的，在重庆之外地区，蒋的地位也在改善，而蒋的地位稳固与否，则取决于他是否坚持抗日政策。蒋介石地位的稳定，对中国坚持抗战是必要的。他和全体驻华大使馆的人员都认为，中国的抗战不会崩溃，国民政府在不出现重大的危机情况下，也不会停止抗日。同时他也指出，虽然国民政府不会投降日本，但也不会积极抗日。国民党军队只在相信自己不会遭到重大损失时，才可能对日本发动大规模的战斗。而英、美在东南亚地区的不断失败，动摇了国民政府的抗战信心。所以，给中国以积极的援助是十分必要的。他认为，如果英、美能够给予中国以空军支持，那么国民政府的抗战会变得更为有力。薛穆对国民党军队的评论，与史迪威通过观察得出的结论，倒有几分吻合。他的报告，对英国政府确立援助中国、支持抗战的政策，产生了较为积极的影响。

薛穆也是较早关注并向英国政府介绍中国共产党的英国人。战争期间，他在报告中多次积极评价中国共产党的政策方针、陕甘宁边区不同于国统区的崭新气象。1943年7月，他在给英国外交部的报告中说，在延安根本看不到腐败、投机、妓女和吸食鸦片的现象，在边区，人民的生活水平得到极大的改善，人民安居乐业，这是国民党统治区内根本办不到的。对于八路军，薛穆也给予很高的评价。他认为，八路军有着严格的纪律，深受人民的爱戴。他甚至预言，未来，延安政府将是取代国民政府的唯一政府。

随着抗战接近尾声以及中国共产党影响的逐步扩大，更多的英国人士，如林迈可、冈瑟·斯坦因、李约瑟等人，深入解放区进行考察，都对解放区的政治气象、人民生活和文化教育，给予了积极的评价。在抗战后期，薛穆甚至公开表达了自己对中国共产党的支持。这些英国人士对中国共产党领导下的抗日根据地的视察，以及他们在报告中所做出的对中国共产党及其领导下的民主政权的客观积极报道与评价，对英国政府逐步改变过去仇视中国共产党的立场，进而确立中立态度，并在战后乃至中华人民共和国成立后，顺应历史趋势，对华采取积极的外交政策，也都产生了良好的作用。

## 五 戴维斯对国民党腐朽的批评与谢伟思对中国未来的预测

在战时来华的美国人士中，戴维斯（John Paton Davies Jr.，1908—1999）和谢伟思（John S. Service，1909—1999）是后来被美国政府和其国内舆论认为对"失去中国"负有重要责任的四个约翰中的两个。他们因为战时对国民政府腐败、国民党军队抗战不力的批判和主张美国应与中国共产党建立军事合作，在战后美国麦卡锡时代受到排挤和迫害。他们二人是著名的中国通，也是重要的中国问题专家，在战争期间，供职于美国驻华大使馆。他们精通中文，熟悉中国社会，并且具有敏锐的观察力和活跃的思维力，战时曾向美国发回许多报告，提出他们对中国军事、政治及国共关系的观察与主张。

在史迪威使华期间，戴维斯曾担任他的特别外交事务助理。因此，他对中国军队状况、中国抗战地位等方面的看法，与史迪威基本持一致观点，某些方面甚至较史迪威走得更远。他对史迪威的性格特点和处事作风也十分清楚，并在许多时候曾对史迪威的一些做法提出过婉转的建议。

对于中国（国民政府）在抗战中的战略地位，戴维斯自其1942年2月被国务院指派参加史迪威军事代表团时，即有微词。他认为：当时关于中国的传说普遍存在，"这意味着美国在制定战时对华政策时，有点罔顾事实和混淆逻辑了。对中国的过度的情感依附使得中国在我们的战略规划中的重要性大大提高，这与中国真正的军事和直接政治价值不成比例。罗斯福在其关于地缘政治的推测中提出，中国战后会成为强国，因此中国在战时应当被视为一个强国，蒋也应当被列入丘吉尔、斯大林之列。这使得中国的重要性被进一步提高"①。他还在另一场合，表达了相同的观点："有一种传说甚为流行，说中国人坚持英勇抗战，只要给他们以武器，他们就能把日军赶到海里去。而在此之外，美国人则有一种羞辱感，我们不是去援助受到侵略的英勇的受害者，而是向日本人提供财力去损害中国人。最后，蒋夫人、宋子文和重庆政府的其他代表，机敏地利用了美国官员的这种感情上的是非不分。"② 他的这个说法，显是针对陈纳德的主张所提出的，倒是与丘吉尔的某些观点有些暗合——只是，丘吉尔是出乎老牌的殖民主义加帝国主义者的双料偏执，戴维斯则是基于其对中国政治、军事及社会情况的长期的观察做出的评论。对于蒋介石，戴维斯的评价也不高，尤其是对于蒋之插手前线的军事指挥，他的评论更是与史迪威的说法如出一辙，这显然是受到史迪威的影响："蒋介石的防守意识强烈得近乎病态，最致命的表现在于他的静态防御，把进攻先机拱手让敌。更要命的是，他沉迷于囤积物资，保存军力，极不愿意把军队派出去打仗，等真派兵的时候，也是一点儿一点儿地派。"③

对于陈纳德与史迪威之间的不洽，戴维斯同样十分注意。不过，他对陈的评价倒是相对客观公允："陈纳德是个飞行员，终究是不大愿意做老步兵史迪威的下属。由于蒋的偏爱，他享有特权，能直接和蒋介石、蒋夫人见面。他相信，单凭空军力量就可以打败日本，地面的兵力投入可以降到最小，这和蒋氏夫妇的观点颇为一致。并且，陈纳德的内心也很笃定，自己是完成这项伟业的唯一合适人选……陈纳德有点自负，觉得自己无所不能，并一而再再而三地谋划篡夺史迪威

---

① 〔美〕约翰·帕顿·戴维斯：《未了中国缘：一部自传》，张翔、陈枫、李敏译，社会科学文献出版社2016年版，第55页。

② 〔美〕约翰·佩顿·戴维斯：《抓住龙尾——戴维斯在华回忆录》，罗清、赵仲强译，商务印书馆1996年版，第154页。

③ 〔美〕约翰·帕顿·戴维斯：《未了中国缘：一部自传》，张翔、陈枫、李敏译，社会科学文献出版社2016年版，第58页。

的位置。这使他与史迪威一直不合，还把蒋氏夫妇和白宫卷入其中。"① 当然，戴维斯所观察到的史迪威与陈纳德之间的关系，也受到其个人认知范围的局限，显然把波诡云谲的国际关系、政治关系和军事战略简单化了。

对于中国军队和中国军官的看法，戴维斯与史迪威几乎是同一口吻：中国军队的指挥官们"变身企业家，他的部队就是他的资本，于是他不再热衷于搞任何降低其盈利或冒风险的动作……这场战争的敌人是个热衷侵略的外国死对头，所以谨慎是十分必要的。通过撤退来保存物资和人力。如果临近的部队陷入麻烦，不要让自己的部队也陷入危险境地。一定要在他们之前撤退。如果他们先行撤退，你就会暴露出来，易受攻击。大多数中国将军的这种防守、消极的态度因蒋的策略而进一步强化了。从 1937 年日本侵华开始，蒋的策略就是基于这样一种假设：中国不可能战胜日本；希望等美国或苏联最终卷入对日战争时，日本会从中国撤兵；蒋坚信抗日战争结束后，一定会与中国共产党发生内战，他必须为内战储存物资。日本偷袭珍珠港，对蒋和他的国民党来说简直是天赐良机。他的愿望可以圆满实现了，可以依靠美国人来消灭日本人了。并且，作为盟友，他可发向华盛顿要求大量的武器，他可以把这些武器囤积起来，日后用来与共产党一决胜负"②。

戴维斯对蒋介石和国民党军事官僚们的批评，虽然没有史迪威那样尖酸刻薄，但因其较史迪威更具有思想的深刻与表达的技巧，所以也显得更具有攻击性与打击力度。他进而批评道："中国军队和中国政府处处充斥着政治和胡作非为。任何想调解、驾驭中国政治的美国军人会很快发现自己深陷其中，而且都在做些无用功，最后便被挤出局外……我还是同意这个看法的：中国军队不会因为甜言蜜语或是慷

① ［美］约翰·帕顿·戴维斯：《未了中国缘：一部自传》，张翔、陈枫、李敏译，社会科学文献出版社 2016 年版，第 61 页。
② ［美］约翰·帕顿·戴维斯：《未了中国缘：一部自传》，张翔、陈枫、李敏译，社会科学文献出版社 2016 年版，第 65 页。

慨捐赠的装备物资而去和日本人打仗的。中国人急需清教精神，中国人自身并不能产生清教精神。某种意义上，他们将希望寄托于蒋。如果中国军队要改头换面，那就必须通过史迪威将军。"① 与史迪威一样，在面对国民党政府及其军事官僚们的腐朽时，戴维斯同样具有美国人的那种自负与偏执，缺少了一些务实的、直面现实、解决问题的理性思考与实践耐心。

在对国民政府和国民党军队的腐败进行批判的同时，戴维斯也注意到了英、美对华政策的不同之处，并对丘吉尔的对华政策的阴暗面做了总结。此外，他还敏锐地观察到香港问题、东北问题、台湾问题、日本无条件投降问题、中苏战后关系问题和日本殖民地处置问题等。

在谈到开罗会议上美国的军事家们对中国抗战地位有限的肯定时，戴维斯再一次表达了自己对中国军事地位的质疑。他认为："对中国牵制日本兵力的关切与美国政府上层一直以来的一个迫切愿望有关。那就是让中国一直能参与战争。然而，造成中国在美国总体政策中的重要性逐渐增加的原因则是罗斯福固执地认为中国应该被视作超级大国，和美国、英国、苏联享有同等地位。所以，尽管其军事重要性日益下降，中国仍然在美国政府的政策考量中占有与其作用不相称的重要地位。"② 这种评论，基本是戴维斯对中国抗战地位的评价。戴因受到史迪威的影响，对蒋氏的评价不可避免地带有偏见，也使得他对中国抗战地位、中国军队对日作战所具有的作用与贡献予以刻意的忽视。

在严厉批评国民政府腐败和贬低国民党军队的抗战作用时，戴对中国共产党领导下的民主政权和人民武装倒是给予了正面的、积极的评价："军阀思想在省级部队的司令官中间泛滥，在中央军的司令官身上也有这种思想的残留。但是，在共产党的部队中，却不存在这种

---

① ［美］约翰·帕顿·戴维斯：《未了中国缘：一部自传》，张翔、陈枫、李敏译，社会科学文献出版社 2016 年版，第 107 页。

② ［美］约翰·帕顿·戴维斯：《未了中国缘：一部自传》，张翔、陈枫、李敏译，社会科学文献出版社 2016 年版，第 182 页。

思想。"① 1944 年 10 月下旬至 11 月初，戴维斯对延安作了 16 天的访问。访问结束后，他起草了三份报告，题目分别是《中国共产党究竟有多么激进?》《中国共产党人和列强》和《共产党人将会接管中国吗?》，都是他对中国共产党人的政治评价。他当时认为，中国共产党人"不怎么激进"，"他们现在已经向右摆得很远了，只有在国内外反动势力不可抗拒的压力下，才会转回到革命道路上来"。不过他也承认，"我在备忘录中可能低估了思想意识对共产党行动的影响"。他还说明，"共产党人不再觉得，他们的存亡取决于外国的援助或进攻了……美国的物资援助将加速共产党扩大对中国的控制。与此同时，共产党人最担心提我们，因为我们给蒋的援助越多，他发动内战的可能性就越大，而共产党统一中国的努力就会被拖延，并付出更大的代价"。对于中国政局未来的发展和国共两党关系的结局，戴维斯在备忘录中道：共产党人已经扩大了，具有非凡的活力和实力，其原因是"既明白又带根本性的，这就是群众的支持，群众的参与。在中国近代史上，共产党政府和军队是第一个得到积极而广泛的群众支持的。他们之所以得到这种支持，是因为政府和军队真正是人民的。蒋只有在争取到像日本入侵中国那种规模的外国干涉的情况下，也许能够打垮共产党人。但是，这样规模的外国干涉看来不大可能。不过，依靠他的士气涣散的疲惫军队，他的颓废腐败的官僚机构，他的乏味的政治说教，和他能够得到这种神经质的外来支持，委员长还是可以将中国投入一场内战的。然而，他不可能取胜……对他来说，共军已经太强大了……如果委员长既不发动一场内战，也不和共产党人达成一项谅解，他仍然会面临着失败。蒋的封建的中国，不可能和一个现代的、生气勃勃的华北人民政府长期并存下去"②。历史的发展，证明了戴维斯的这番推测。

---

① ［美］约翰·帕顿·戴维斯：《未了中国缘：一部自传》，张翔、陈枫、李敏译，社会科学文献出版社 2016 年版，第 64 页。

② ［美］约翰·佩顿·戴维斯：《抓住龙尾——戴维斯在华回忆录》，罗清、赵仲强译，商务印书馆 1996 年版，第 345—347 页。

　　谢伟思作为"四个约翰"之一，同样是典型的中国通。他自幼在中国长大，更精通汉语，对中国社会也更熟悉。与戴维斯一样，谢伟思战时也供职于美国驻华大使馆，后在美军总部任职，与戴维斯等人互相影响，其对中国国内局势、国共关系和抗战形势的认识，在许多方面具有一致性。谢伟思特别关注国共关系问题，注意与中国共产党代表接触，并多次向美国国务院发回报告，建议美国政府关注中国共产党统治区域力量的发展。他认为，中国共产党领导的军队对取得战争的胜利具有积极的军事价值。而且，如果美国政府长期无视中国共产党的存在和力量的发展，且任其得到苏联的支持，一旦其在战后得势，其态度将必然倾向苏联，这对美国利益必将造成不利的影响。所以，他在1943年1月即曾建议美国政府做出努力，关注中国国内政治局势，促使调整国共关系，以符合美国利益。1944年7月22日，谢伟思参加美军观察组，飞赴延安。谢伟思等在延安与中国共产党军政各界领导人进行了广泛的接触与会谈，并到中国共产党领导下的各解放区进行实地考察，与中国共产党建立了良好的合作关系。谢伟思等根据自己的亲见亲闻，向美国政府提交了大量的报告，对根据地的实际情况进行了详细的汇报。他在报告中，对根据地的情况进行了非常细致的描述。对于初到延安的印象，谢伟思报告说，"我们走进了一个不同的国度，遇到了一群不同的人民"，这里与重庆有着强烈反差，这里没有贫极无望的苗头，街上看不见乞丐，大家都"士气昂扬，没有失败主义，有的是决心和信心"，官兵平等，官民平等，蓬勃向上，"重庆官场上常见的保镖、宪兵、奢靡浮华，在这儿一概全无"①。1944年8月3日，他在《陕北的经济状况》中写道，陕北根据地经济繁荣，民众生产热情高涨，中国共产党经济政策灵活，实行减租减息，经济状况较中国其他地区更好。中国共产党军队供给和士气也都较国民党军队好。关于中国共产党，谢伟思认为其是一个民主

---

　　① ［美］琳·乔伊纳：《为中国蒙难——美国外交官谢伟思传》，张大川译，当代中国出版社2014年版，第67页。

的政党，它将成为一种谋求有秩序地、民主地趋向社会主义的党，而不是一个煽动立即起来进行暴力革命的党。共产党坚强坦率，具有自我批评精神，统一廉洁。而反观国民党，则不是一个民主的政党，国民党应该进行整顿，国民政府必须进行改组。对于中国的未来，谢伟思与戴维斯一样，很有远见地预言，中国共产党已经得到广泛的群众支持，要消灭它是不可能的。共产党在未来的中国，必将占有一定的重要地位。他写道，等抗战结束，"如果国民党在政治、经济改革上不及共产党深入，那么要不了几年，共产党一定会成为中国的主导力量"①。他的这个观点，与戴维斯的结论是完全一样的。

# 六　小结

在战时来华的西方人士中，也有不少文化界人士，如拉铁摩尔、李约瑟、费正清等。他们也都对中国的战时社会、政治经济、文化教育、对日抗战等进行了深入细致的观察，并分别向其各自本国政府发回报告，提出自己的看法与建议。另有些军政人物，如赫尔利、魏德迈等人，虽然在对中国抗战的地位判断和对国共关系的认识上，与前面我们提到的几位人士不尽相同，甚至完全相左，但是，他们都对中国战时社会的方方面面予以了高度的关注，并在改善中国战时困难、促进国共关系调和、维持中国抗战局面等方面，或多或少地做出过一些努力。

总体而言，战时来到中国的西方人士，对当时中国的观察与评论，多聚焦于对中国抗战战略地位的研判与评论、对国民党政权的观察与批评、对蒋介石个人政治生活的评价、对战时国共关系的观察与分析、对中国战后趋向的研究与预测等几个方面。

显而易见，战时在华西方人士人数众多，国别多样，来源纷杂，

---

① ［美］琳·乔伊纳：《为中国蒙难——美国外交官谢伟思传》，张大川译，当代中国出版社 2014 年版，第 80 页。

层次迥异，利益相侵，观点互扰。其中也有不少人，更是深度介入中国社会的军事、政治和经济生活，对中国的抗战和社会政治经济发展走向与进程，产生过一定程度的影响，这些影响又在更多的时候，超越了其个人的意图与好恶，代表着其所属国家的意志。这些来华人士在面对或处理对华关系或具体的实际问题时，或互相协调或尖锐冲突，也在不同的层面上反映着其所背靠的不同国家之间、同一国家不同集团之间的利益的协调与冲突。这种情况，在中国抗日战争期间，对中国的抗战局势、中国国内的政治局势、战时乃至战后中外关系，也都产生了不同程度的影响。同时，他们在观察中国抗战局势和国家发展趋向时，不同的观察者在不同的时间里，一再发出的"中国正处在十字路口"——是战胜日本侵略者，还是被侵略者征服；是发展成为一个真正的现代民主国家，还是依旧作为一个军事独裁国家而存在——的警告，既对引起国际社会关注中国抗战与政局发展产生了重要作用，也基本准确地预示了战后中国政治的发展方向。历史的事实早已揭开了结局，证明了一切。

（卞修跃，中国社会科学院大学教授，中国社会科学院近代史研究所编审，博士生导师）

# 战时江南水泥厂的命运与
# 汪伪政权的角色[*]

## ——以日方强拆机器为中心的考察

## 张连红

　　1944 年 2 月 3 日，延安中共中央机关报《解放日报》第 2 版以《敌"没收"沦陷区工厂》为题报道了日军强行"借用"江南水泥厂机器消息，报道称："敌近以前线缺乏水泥，企图没收，唯在'新政策'实施期中，乃以'借用'名义向该厂接洽，并声称如不应允，即由国家（即汪伪）没收，以供军用。"[①]《解放日报》这一报道非常及时准确。最近几年来，在研究南京大屠杀的过程中，南京沦陷初期江南水泥厂德国人昆德和丹麦人辛德贝格营救难民的壮举受到社会关注，但有关战时江南水泥厂的研究并未能引起学术界的重视。[②] 笔者有幸搜集到一批江南水泥公司未刊第一手珍贵史料，内容大都为江南水泥公司董事会来往函件，研究价值极高。本文以这批第一手资料为主，试图通过江南水泥公司董事会同汪伪政权、日方之间的往来函

　　* 本文为 2010 年度教育部人文社会科学重点研究基地重大研究项目"日伪统治下的民族资本家"（项目批准号：10JJD770026）阶段性研究成果。

　　① 《敌"没收"沦陷区工厂》，《解放日报》1944 年 2 月 3 日第 2 版。

　　② 目前有关这一课题相关的成果主要有：陈克宽、陈克俭编著《"洋灰陈"传略》（上海三联书店 2001 年版）和陈克澄编著《爱国实业家陈范有》（苏州大学出版社 2004年）。这两本书的作者均为陈范有的子女，均以介绍江南水泥公司常董陈范有的传记事迹为主。另有一篇笔者指导的硕士学位论文《抗战时期的江南水泥公司》（张朔人，南京师范大学 2005 年）。最新研究成果是戴袁支著《1937—1938：人道与暴行的见证——经历南京腥风血雨的丹麦人》（江苏人民出版社 2010 年版）。

电，以日方强拆江南水泥厂的机器设备为中心，考察汪伪政权在这一过程中的角色，不当之处，多请专家指正。

# 一 南京沦陷前江南水泥厂的应对

九一八事变后，东北三省很快沦陷，启新洋灰公司的北方销售市场由于受到"一货两税"（关内和关外均要征收统税）的影响而被极大削弱。为了应对挑战，启新决定在江南设立新厂，加强南方市场的开拓。在时任国民政府驻苏大使颜惠庆的努力和陈立夫的帮助下，1935 年 3 月，国民政府军事委员会正式批复同意在南京栖霞山一带设立江南水泥厂。同年 5 月，江南水泥股份有限公司（以下简称"江南水泥公司"）正式成立，颜惠庆为董事长，袁心武①、王仲刘②和陈范有③为常务董事，董事会设在天津，而江南水泥厂的创建工作则由陈范有负责主持。江南水泥公司董事会成立后，积极向外商订购制造水泥的最新机器，通过招标，江南水泥厂分别向丹麦史密斯公司、德国禅臣洋行订购年产 20 万吨的水泥设备和电气设备。其后，江南水泥厂筹建工作十分迅速。

1937 年 7 月，正当江南水泥厂设备安装和生活设施基本完成之时。日本发动全面侵华战争，8 月 13 日，淞沪战役打响，战事很快波及长江流域。起初，江南水泥厂仍想抓紧试机，争取生产水泥，"以为巩固国防之用"④，11 月 4 日，江南水泥厂试机成功，投产在即。但由于日军从杭州湾登陆，上海很快失陷，南京告急。面对即

---

① 即袁克桓，袁世凯的第六子。

② 号称中国水泥大王王锡彤之子。王锡彤曾应袁世凯之邀，与北方最大实业家周学熙一起在京津等地办实业，充当袁的亲信幕僚。王先后充任京师自来水公司协理、天津启新洋灰公司协理、天津华新纺织公司协理、华新公司唐山纺纱厂专务董事、卫辉纱厂董事、棉业公会董事、兴华资本团董事等职。

③ 天津启新公司协理陈一甫之子，为陈立夫北洋大学的同学。

④ 陈范有：《江南水泥公司之历史与内容及拟为政府部分加工之建议》，1949 年 12 月 31 日，南京师范大学南京大屠杀研究中心藏。2006 年，笔者搜集到一批散落在民间收藏家手中的江南水泥厂资料。以下未注明出处者均为南京师范大学南京大屠杀研究中心收藏。

将来临的战事，江南水泥公司董事会立即商讨应对举措。由于制造水泥的机器笨重，无法跟随国民政府内迁，因此，公司要求江南水泥厂拆散重要水泥机件，设法藏匿。所有厂中重要机器图样账册等文件，分装七箱，与一部分职工西迁汉口，寄存于启新公司汉口办事处。①

为了确保南京江南水泥厂机器能得以保全，不落日军手中，江南水泥公司董事会决定以机器设备未能安装完成、机价仍有二成未付清为由，商请丹麦和德国两公司以江南水泥公司债权人的身份派员到江南水泥厂，对厂产进行保护。因德国同日本有同盟关系，丹麦是中立国，江南水泥公司试图此举能"以夷制夷"，从而达到保护江南水泥厂机器设备的目的。江南水泥公司的请求获得了丹麦史密斯（又译"史密芝"）公司和德国禅臣洋行的同意，丹麦史密斯公司立即在上海招募伯恩哈尔·阿尔普·辛德贝格②（又译兴伯格）前往南京，江南水泥公司董事会商请启新公司唐山磁厂经理德国人卡尔·昆德③（又译京特）以德国禅臣洋行的名义前往南京江南水泥厂。江南水泥公司的请求也得到了丹麦和德国两国政府的支持。1937 年 12 月 1 日，德国驻华大使馆和驻沪总领事馆给昆德开出证明："查本国侨民昆德，奉派前往南京附近江南水泥厂驻守，以便保护上海德商在该厂的利益，合行给照，证明须至执照者。"④ 同日，丹麦驻沪总领事雪尔和史密斯公司上海分公司尼尔生也给辛德贝格开出英、日文的证明："持函人兴伯格，丹麦国籍，定于一九三七年十二月二日，由沪启程前往南京栖霞山江南水泥厂。兴伯格代表敝公司，驻在该厂，以看管

---

① 1939 年 9 月 21 日，这批资料在西迁湘西过程中遭到日军飞机的轰炸，不幸全被焚毁。

② 伯恩哈尔·阿尔普·辛德贝格（Bernhard Arp Sindberg），1911 年 2 月 19 日生于丹麦王国的奥尔湖斯城，1983 年去世，1937 年 12 月接受丹麦史密斯公司聘请前往江南水泥厂保护工厂。

③ 卡尔·昆德（Karl Eduard Günthr），德国人，1903 年 8 月 11 日，出生于中国河北唐山。其父汉斯·昆德为 1900 年唐山细棉土厂（即后来的启新洋灰有限公司）聘请的德籍技师。

④ 《德国大使馆和驻沪总领事馆给京特博士的证明信》，1937 年 12 月 1、7 日，载陈谦平、张连红、戴袁支编《德国使领馆文书》，江苏人民出版社、凤凰出版传媒集团 2007 年版，第 267 页。

敝公司所有制造水泥机械之利益。"①

1937 年 12 月 5 日，在日军攻至南京前夕，在江南水泥公司翻译的陪同下，昆德和辛德贝格从上海冒着生命危险抵达江南水泥厂，在江南水泥厂区内升起两国国旗，代表各自公司驻守护厂。

## 二 日军占领南京后对江南水泥厂的觊觎

南京沦陷之后，江南水泥厂由于同德国和丹麦的利益关系，加上昆德和辛德贝格的极力守护，成为南京郊外最大的难民所，收容保护郊区难民 15000 余人。② 虽然日军没有立即强行接收，但日军一直在调查江南水泥厂的背景，三井洋行上海分社屡次派人询问调查。并"时常由电话如往究问公司工厂一切事项，追根问底，俨同法官"③。1938 年 1 月 10 日，日本军官护卫东京商会副会长岩崎的秘书斋藤（J. Saito）前来江南水泥厂参观调查。1938 年 2 月 3 日，日本三井洋行（物产株式会社）人员 Oto（无法译出姓名——笔者注）和小野田水泥株式会社的增田贯一从上海专程前来江南水泥厂调查。5 天后，日本小野田水泥株式会社的支配人渡部生一及三井洋行水泥经售主任米泽嘉次郎专程由日本来到上海江南水泥厂办事处，提出"优先合作产销等事"，并要求江南水泥公司常务董事由天津到上海"商洽此事"④，遭到江南水泥公司董事会的拒绝。

1938 年 3 月初，日本三菱洋行和小野田水泥公司分别向史密斯公司驻东京办事处接洽，了解江南水泥公司与丹麦关系及款项事宜，试图接管江南水泥厂，丹麦史密斯公司总部将这一情况电告上海的江南

---

① 《史密芝公司上海分公司派辛德贝格来江南水泥厂时的证明及丹麦驻沪总领事馆的证明》，1937 年 12 月 1、7 日，载陈谦平、张连红、戴袁支编《德国使领馆文书》，江苏人民出版社、凤凰出版传媒集团 2007 年版，第 343—344 页。

② 南京沦陷之初，江南水泥厂收容难民的人数另有 3 万人之说。

③ 《事变后江南水泥公司大事记》，南京师范大学南京大屠杀研究中心藏。

④ 戴袁支：《1937—1938：人道与暴行的见证——经历南京腥风血雨的丹麦人》，江苏人民出版社 2010 年版，第 199 页。

水泥公司办事处，办事处旋于 3 月 30 日将此情况报告了江南水泥公司的董事会。

1938 年 3 月 14 日，三井洋行在天津向江南水泥公司董事会提出"协定书"和"约定书"，以彼此联络、共存共荣为借口，单方面提出与江南水泥厂缔结"产销优先合作"的协定书 5 项和约定书 20 条。协定书内容称："第一，三井协力促进江南社之开始工作。第二，江南社与小野田洋灰制造株式会社作技术上之提携，三井愿尽力斡旋之。其详细约定另行协议定之。第三，江南社将所制水泥销售在华之日本人方面者委托三井一手经办，其一切细目由江南社与三井另订契约。第四，江南社对于中国方面同业中之圆满协调当努力实现，三井亦愿居间效劳斡旋，以冀进行顺利。第五，江南社于工场让渡或变更其组织并营业时须预先与三井相商协议之。"① 江南社即江南水泥公司。协定书无疑要垄断江南水泥厂的销售，约定书 20 条则对江南水泥厂的产销及水泥品质进行了十分详细的规定，其控制江南水泥厂的动机则更为露骨。面对三井洋行的无理要求，江南水泥公司董事会以"筹备开工事项正在调查之中，目下尚无须协助之必要，未便签订任何协定"等语②给予婉拒。虽然三井洋行遭到拒绝，但日军却委托三井洋行对江南水泥厂实行军事管理，尽管三井洋行事实上一直未能对江南水泥厂进行实质的军事管理。

1938 年 10 月，日军相继占领广州、武汉。为了军事需要，日军大肆修筑铁路、码头、飞机场，急需大量水泥。因此，为了扩大水泥生产，沦陷区内的重要水泥厂如启新公司、上海华商和南京龙潭的中国水泥厂均被列为军管对象，由日方统一管理生产销售。1939 年 1 月，日方再次派人同江南水泥公司董事会洽商开工生产。1939 年 11 月 24 日、30 日，日方以小野田水泥株式会社常董朝枝信太郎、三井洋行水泥部副部长西田宫兴等为代表，同江南水泥厂的常董袁心武、

---

① 《日本三井物产株式会社上海支店拟订的协定书及约定书》，1938 年 3 月 14 日。
② 《事变后江南水泥公司大事记》，南京师范大学南京大屠杀研究中心藏。

陈范有等，就江南水泥厂是否在近期开机出货问题进行了二轮会谈。日方表示小野田、三井愿意与江南水泥厂合作，亟盼其早日开机。江南水泥公司则称："江南水泥厂以中国人自营为原则，至于开工，因受战事影响，安装尚未完毕，电力、原材料均无办法，只能等到明春再行酌办。"[①] 以此搪塞推延。

1940年3月20日，汪伪政权宣告正式成立。汪伪政权成立后一个重要事件是同日方沟通，解除沦陷区内民营工矿企业的军事管理并予以发还，此事由当时工商部部长梅思平负责。1940年7月，日本军事管理工厂整理委员会召集军管各厂开会讨论发还事宜，当时由三井洋行负责通知江南水泥厂参加。江南水泥厂强调其不在军事管理之列，"本厂从未开机出货，既未经军管，亦未与任何其他外商签订合作契约，并无被任何洋行代管之事实"[②]。但三井洋行称，日本军部早已委托三井通过签订协定然后进厂管理，虽然三井未派人进厂管理，并非江南水泥厂不在军管之列。日本军事管理工厂整理委员会也宣称：日商（对于工厂）绝无据为己有之私欲，军部亦无长期占领之意。劝令各厂正式具呈申请加以发还。汪伪政府接受工厂委员会主管人员也催促江南水泥厂迅速办理，并规定（1940年）10月末为最后期限，要求江南水泥厂根据事实办理申请手续，填具书表，以符主管官厅的规定。江南水泥厂考虑到问题意义重大，经数次交涉，欲保持本厂未被军管之立场。接受工厂委员会成员为此作出解释为：凡日军占领区之工厂，概归军管，莫能自外。1940年9月26日，江南水泥公司董事会不得不作出议决：立即办理，申请发还。在江南水泥厂填报申请之后，日本军事管理工厂整理委员会要求调阅江南水泥公司负债、有关各项购买机器合同以及股东名册的副本。1941年2月28日，江南水泥厂解除军管，但被要求答应两个条件：一是与友邦同业同一步骤；二是服从各种

---

① 陈克澄编著：《爱国实业家陈范有》，苏州大学出版社2004年版，第26页。

② 张朔人：《抗战时期的江南水泥公司》（指导教师张连红），硕士学位论文，南京师范大学，2005年未刊，第23页。

统制。[1] 日方通过此举已清楚了江南水泥厂同外商的关系，这为日本以后不必顾忌德、丹外资关系而拆迁江南水泥厂机器埋下了伏笔。事实上，这从江南水泥厂解除军管后日方十分重视厂内悬挂的德、丹国旗事件亦可窥见一斑。

江南水泥厂解除军事管理后，汪伪政权工商部突接到日本军事管理工厂整理委员会来函，称："该公司虽已于昭和十六年（1941年）二月二十八日解除军管，然现在仍有德商禅臣洋行及丹商史密斯洋行之债权，因此之故，该工厂房屋内，仍悬挂德、丹两国旗，一见有如第三国权益之物件。此次之解除军管理，系日本军确认江南水泥股份有限公司之所有权而为者。故关于卸下该第三国国旗事，请贵部即速设法使正当权利者与外商总公司代表者交涉为荷。"认为"该厂既经解除军管，权利业已恢复所有因欠德丹各商洋行机价，仅系债务关系，不应仍悬德丹国旗"[2]。江南水泥公司虽经多次交涉，厂内悬挂的德、丹国旗最终还是被迫卸下。

## 三　江南水泥厂请求汪伪政权出面斡旋

1941年12月8日，日本偷袭珍珠港，太平洋战争爆发。随着日本战线的扩大，日军飞机损失严重，急需制造飞机的金属铝。1943年7月14日，驻北平日本大使馆突然约见江南水泥公司常董袁心武，称山东张店制铝需要江南水泥公司的主要机电设备，拟着手拆迁，望速与日本轻金属公司商定合作或租借契约。日方希望江南水泥公司协力赞助"大东亚战争"，虽然袁心武当即予以婉拒，但此次日方以军事需要为理由，并不是敦促江南水泥厂开工生产水泥，而是要拆借江南水泥厂的机器，江南水泥厂如不能开工生产，拒绝借用机器的难度显然很大，江南水泥厂面临重大困境。

---

[1] 张朔人：《抗战时期的江南水泥公司》（指导教师张连红），硕士学位论文，南京师范大学，2005年未刊，第24页。

[2] 《为通知该厂不得仍悬德丹国旗仰即遵照》，工商部工字第20号，1941年4月4日。

1943 年 9 月 6 日，驻南京日本大使馆（日本驻汪伪大使馆设在南京，本文以下除特别注明外，凡涉及日本大使馆者皆指驻汪伪大使馆）奥田经济部部长在上海访问江南水泥公司董事长颜惠庆时，面交初步条款六条，提出江南水泥厂需要交出设备范围及拆借方式。条文规定："回转炉及其所附属之破碎机、粉碎机、受电设备与不需要之建筑材料全部供给交出，但采取石灰石之设备则保留之。"① 9 月 14 日，日本大使馆特命全权公使田尻爱义亲自出面，专程致函颜惠庆，称"为慎重起见，以书面送请查照"，以正式公函方式将奥田面交的条款送达，同时将原来六条增为七条，即此次拆迁机器"移搬及设立工作全部以军事需要看待"，这一条背后的含义不言自明。同时函件称"本案拟于九月中旬予以解决，九月之内着手拆迁"②。字里行间，不容江南水泥公司再有任何拖延，否则以军事强制行事，也可以军法逮捕违抗人员。9 月 22 日，日本大使馆翻译中田访问颜惠庆，了解董事会股东会议的意见。11 月 4 日，以制铝为目的华北轻金属株式会社在北平开创立会，11 日其负责人越智访问颜惠庆，催促拆迁工作。越智称："外国人债务方面，日大使馆可代清理，请贵公司不必担心，毫无问题。"③ 越智称他是代表日本大使馆和日本军部，但颜惠庆以实业部部令为由，希望直接同日本华北轻金属公司洽谈，以求两全其美之策。11 月 25 日，日方"使馆方面派员到天津访江南董事龚仙舟、袁心武，值袁常务董事去唐山，龚董事患病，由周修曾代见"。日方表示其军方对江南水泥公司股东坚持反对拆迁机器深有怒意，似有抗日嫌疑，已令宪兵搜捕拷问，"被该使馆拦住，希望贵方速猛省"④。11 月 29 日，日本华北轻金属公司越智和绫

---

① 《日本大使馆经济部长奥田访问江南水泥公司董事长颜惠庆递交条款》，1943 年 9 月 6 日。

② 《日本大使馆特命全权公使田尻爱义致江南水泥公司董事长颜惠庆函》，1943 年 9 月 14 日。

③ 《华北轻金属有限公司建设事务局长越智与江南水泥有限公司董事长颜惠庆初次洽商记录》，1943 年 11 月 11 日。

④ 江南水泥公司编：《事变后江南水泥公司大事记》，南京师范大学南京大屠杀研究中心藏。

部与江南水泥公司常董陈范有、俞君飞和赵庆杰总工程师在北京六国饭店会谈时，称如再拖延将江南水泥厂再次收为军事管理以"便宜处置"为要挟，下最后通牒："此事不能一分钟之延长，延长一分钟即误军事一分钟。"① 12 月 23 日，日本派军队进入江南水泥公司，12 月 26 日，华北轻金属公司率领大批日本技工开始强行拆迁机件。

面对日方步步紧逼和恫吓威胁，江南水泥公司董事会一方面坚持全体股东会议反对拆迁，以事拖延。同时通过各种渠道向日方陈述拆迁利弊，希望日方停止拆迁江南水泥厂机器。另一方面则将希望寄托于汪伪政权，利用各种关系寻求汪伪实业部的大力支持。

1943 年 7 月 20 日，上海办事处的庾宗淮经理向汪伪实业部报告此事，希望能由其出面拒绝。8 月 23 日，江南水泥公司专程致函汪伪实业部长梅思平，② 请求帮助，梅思平答应尽力拒之。9 月 15 日，全体董监事致函汪伪政府，以实业部催促开工制造水泥，要求日本应考虑避免刺激一般人心理为由，请求汪伪政府出面拒绝日本借用江南水泥厂的机器。与此同时，颜惠庆曾专门致函汪精卫，请求谋求两全之策。汪精卫对江南水泥公司股东大会反对拆迁的决议表示谅解，并答应转告日方。③

为了亟谋保全江南水泥厂两全之策，10 月 18 日，启新公司董事长龚心湛亲自出马，以私人身份致函新任汪伪实业部长陈君慧，并由胡慕伊持函面陈，信中说："广东厂及日本厂之机器均系调用各该厂机器之一部，最多不过四分之一，而对于江南厂所责独重，强征其大部分机器，使之完全消减，则较待遇他厂未免悬殊。"龚希望陈能出面寻求两全之策，"由国内各水泥厂再加日本各厂分供机器，以全力

① 《在北京六国饭店华北轻金属公司越智总经理、绫部小郎及常董荫山如信、立山雪两君与江南陈范有常董和俞君飞常董会谈择要记录》，1943 年 11 月 29 日。

② 1940 年 3 月成立工商部，由汪精卫亲信梅思平担任，1941 年 8 月 16 日工商部与农矿部合并成立实业部，1943 年 9 月 10 日梅思平转任内政部部长，工商部长由建设部部长陈君慧接任。

③ 《二十九日接沪董事长来急电》内容有："陈部长说与使馆方面接洽希望即在沪开技术会议，馆方面推野为代表。汪主席对股会表决谅解，允转告使馆。"此文件没有年月日。

分担之事宜使各厂平均担负，众手易举，可速观成，俾江南厂仍能维持开工制造水泥，于华中建设亦有裨助"①。11 月初，江南水泥公司派副经理孙伯轩直接同汪伪政权中"有力者"协商，又提一建议，希望日方转借启新一部分窑磨制铝，仍未获日方同意。

12 月 3 日，江南水泥公司董监会再次呈文汪伪实业部，从技术层面、经济角度加以分析，拆迁江南机器得不偿失，以期保全，希望汪伪政府妥筹两全办法。② 同一天，日方水野中佐与江南水泥公司的代表庾宗湛和孙伯轩二人在汪伪实业部在上海的办公地点召开座谈会，陈君慧部长及翁次长参加，在会上，陈君慧建议："鉴于江南机器共有两套，提议拆迁一半，留一半给江南厂自造水泥，所缺一半机器另在其他水泥厂取用补充之。"③ 但未获日方同意。

12 月 6 日，颜惠庆以私人身份再向陈君慧写了一封信，并派留守江南水泥厂副经理孙伯轩晋谒面陈。信中说："大部通知，即转达津沪董监事，希望遵照通知洽商。旋由于津龚仙舟、周润田两先生以调人资格与北京日本大使馆接洽，建议觅取两全办法，讵知馆方口头表示此事业经汪主席同意，碍难变更，调停遂告中止。敝公司虽仍愿与轻金属公司洽商，但两周以来该公司从未派员前来商洽，而据报告不断派技术人士到厂参观并研究拆迁机器，时员工食宿及安全问题，似是误解大部通知意旨，拟烦于咨复外交部时，请其函请日本大使馆转知华北轻金属公司派员与敝公司在津洽商，以谋解决此案。"④ 其后，江南水泥公司董事会一直同汪伪实业部保持密切联系，但结果未能摆脱拆迁的命运。

## 四　汪伪政权的尴尬：面对日方的要求

太平洋战争爆发后，日本为了进一步拉拢汪伪政权，1943 年 1 月

---

① 《龚心湛致陈君慧函》，1943 年 10 月 18 日。
② 《呈为接奉钧部通知妥备两全办法仰祈鉴核施行事案》，1943 年 12 月 3 日。
③ 《江南水泥公司庾宗湛、孙伯轩与日方水野中佐座谈会纪录》，1943 年 12 月 3 日。
④ 《颜惠庆致陈君慧函》，1943 年 12 月 6 日。

9 日，率先同汪伪政权签订协议，归还租界。同年 10 月 30 日，签订
《中华民国日本国间同盟条约》，加强日汪新关系建设，在经济上，
特别强调两国"以互惠为基调，实行两国间紧密之经济提携"①。因
此，尽管江南水泥公司采取一切可能措施，拒绝同意拆迁江南水泥厂
的机器，日方亦未贸然采取强硬手段，而是通过汪伪政权施加压力，
以伪政权的名义下令拆迁江南水泥厂设备。

1943 年 9 月 25 日，日本特命全权公使堀内干城致函汪伪实业部
新任部长陈君慧，② 随函送上"本月十四日田尻公使致该公司董事长
颜惠庆函一件"③，将日本政府决定拆迁江南水泥厂机器运往华北制
铝的方案"送请查照"。与此同时，日本特命大使谷正之也致函汪伪
外交部："查江苏省江宁县栖霞山江南水泥股份有限公司'水泥回转
炉'二机及其附属设备并广东省政府所有'水泥'工场之'水泥回
转炉'一机及其附属设备，作为近在华北预定建设之中国普通法人华
北轻金属股份有限公司（暂称）矾土工场之用，以加强'铝'之紧
急增产，不论投资或出卖，谨请查照，赐予协助。"公函特别强调查：
"盖在完遂大东亚战争之立场上认为有绝对之必要，且以军事协力之
主旨祈予赞同。"④

10 月 13 日，在南京汪政府召开的最高国防会议上，议决"依照
日本使馆意见办理"，决议称："事关大东亚战争应予协助，该公司
自以中日共同作战之立场双方协助之本旨，对于栖霞山工场之机件，
日方既急需拆迁，时间迫切，应速洽商办理"⑤。10 月 22 日，汪伪实
业部依据国防会议的决议，以业工字 0002 号通知江南水泥公司与华

---

① 《中华民国日本国间同盟条约》（1943 年 10 月 30 日），载章伯锋、庄建平主编
《抗日战争·日伪政权》，四川大学出版社 1997 年版，第 871 页。
② 1943 年 9 月 10 日梅思平转任内政部部长，实业部部长由建设部部长陈君慧接任。
③ 《日本大使馆特命全权公使堀内干城致伪实业部部长陈君慧第三一六号函》，1943
年 9 月 25 日。
④ 《为该公司栖霞山工场机件日方限期拆迁仰速洽商办理由》，业工 0002 号通知，
1943 年 10 月 22 日。
⑤ 《为该公司栖霞山工场机件日方限期拆迁仰速洽商办理由》，业工 0002 号通知，
1943 年 10 月 22 日。

北轻金属公司迅速"洽商"。

在日方要求拆迁江南水泥厂机器过程中，江南水泥公司董事会通过各种关系，敦请汪伪政府能够抵制日方的要求，但最后汪伪实业部在 12 月 13 日还是发给江南水泥厂厂业工字 0301 号交出机件的训令："案查日方拟拆卸该公司栖霞山工场机件，移往华北制铝一案，本部前准日本堀内公使暨外交部转准日本谷大使先后来函，业于本年十月二十二日抄译，以业工字第二号通知该公司在案。嗣据该公司派员来部申叙困难情形，复经本部召集双方一再磋商，终未得结论。现时间紧迫，不容再缓，仰该公司迅将指定制铝所必需之机件交出。至于拆卸后的补偿办法，日方所提之条件内已有开列，如该公司有何希望尽可提出，本部自当力为设法洽商办理。"① 当天下午，汪伪实业部代表和日大使馆代表一起前往江南水泥厂开始查看机器，实业部一位姓尤的"技监"对日方代表说：此次拆机有三点希望友方注意：一是所拆机器以造铝所必需者；二是不要使江南厂受损太大；三是市面若能买到者则不拆。

12 月 17 日，汪伪实业部再发"业工字 0025 号"，要求江南水泥公司董事会交出机件详单的通知。经过数月的抗争，最后江南水泥厂还是不得不交出相关机器。董事长颜惠庆 12 月 18 日与来访的日大使馆奥田经济部长谈话时所强调的："拆迁江厂机件截至今日止，江厂股东始终未同意。实业部训令已经奉到，乃是由实业部决定如此。"② 12 月 19 日，轻金属公司在汪伪实业部人员以及日军的护卫之下，以寺坂为首的 4 人入驻江南水泥厂，同时日方派遣小工先在厂外搭棚备工人住宿之用。12 月 23 日，日方派员工 20 余人开始拆卸机件，后增加到 50 余人，加大拆迁速度。

1944 年 4 月 20 日，在日方尚在拆迁第一批江南水泥厂机器之时，日本大使馆水野调查官又给汪伪实业部送来需要增加拆迁的第二批、

---

① 《实业部业工字 0301 号训令》，1943 年 12 月 13 日。
② 《上海日本大使馆奥田经济部长访问颜董事长谈话纪录》，1943 年 12 月 18 日。

第三批机件。5月8日，汪伪实业部向江南水泥公司董事会提出增加拆迁第二、第三批机件。面对日方的再一次豪夺，江南水泥公司态度坚决，5月17日，天津举行董监会议，反对增加拆迁机件。7月3日，汪伪实业部再次下发"业工字第921号"，训令按日方要求提供第二、第三批增拆之机件。7月4日，华北轻金属公司开始拆卸增拆机件，到8月17日，增拆江南水泥公司的机件全部被拆完毕。9月4日，增拆机件运往张店的运输事宜全部结束，随后不久，所有日方在栖厂拆卸员工全部离开江南水泥公司。① 至此，具有远东最新生产设备、生产能力最强的江南水泥厂，由于日本的侵略，尚未正式开机生产，而其重要设备已被拆迁一空矣！

# 五　余论：汪伪政权的角色

在江南水泥厂机器被拆迁的过程中，江南水泥公司董事会、汪伪实业部、日大使馆及华北轻金属株式会社三者之间进行了长达五个月的角力折冲，但结果，江南水泥厂的机器未能如愿获得汪伪政权的保护，最终几乎完全按照日方旨意全部被拆迁运至山东张店。那么汪伪政权在其中充当了什么样的角色呢？

江南水泥公司在沦陷前夕，充分利用德国禅臣洋行和丹麦史密斯公司的关系，以款项未付清为由，商请两公司派遣昆德和辛德贝格前往江南水泥厂驻厂保护，采用的是"以夷制夷"之策，在全面抗战初期成功地保护了工厂机器。但在汪伪政权建立后，日方利用归还军管工厂之机，弄清了江南水泥厂的产权，德、丹两国公司同江南水泥公司只是债权关系。因此，当日方提出拆迁江南水泥厂机器设备时，驻守江南水泥厂的昆德声称要报告德国驻华使馆："我洋行尚未履行合同中之条件，因机未装完，亦未试车，又未曾正式交货于江南。我洋行不能清理债务，请注意之。我因责任问题已报德使馆，使馆意应

---

① 《日方拆迁江南水泥公司机器大事记》，1943年7月14日—1944年9月4日。

由日使馆签字给我。"但日方根本不予置理，称："日使馆非收受处此机器者，收集者为中国政府实业部，实业部再交与轻金属公司，收据应由彼等出具之。""如中国政府不愿交出此项机器者，日使馆决不能强其交出。"①"以夷制夷"招数失灵，江南水泥公司只能利用股东大会集体决议反对来拖延时间，而将求助的重点放到汪伪政权方面。

从笔者搜集到的江南水泥公司董事会往来书信和电报来看，由于董事会成员如颜惠庆、龚心湛、袁心武、陈范有、王仲刘、庾宗湘等均为民国时期较具实力影响的人物，他们都能通过各种关系同汪伪政权核心人物如汪精卫、梅思平、陈君慧等取得较好的联系，特别是颜惠庆同陈君慧的联系十分密切。包括汪精卫在内都曾或多或少为江南水泥公司说项，陈君慧甚至为其出谋划策。实际上，江南水泥公司对汪伪政权寄予很大期望："希望政府方面仍继续爱护华中重工业，本大无畏之精神，尽力折冲于可能范围内，可予协助，务使华中元气损失至甚少。"② 江南水泥公司甚至为汪伪实业部提出具体应付日方的对策："（1）对方仍采用和平情商方式进行交涉，政府应镇静处理，似可采取同样方式应付之，不必过分力予便利，使之得寸进尺。（2）应对敌公司密切接洽，免受欺诈威迫。（3）发出任何方式之文字表示，希望采用含混及不勘定辞意，使能向对方洽商有利条件，减轻损害，保国家大气与和缓各方舆论也。"③ 在江南水泥公司同汪伪政权人员的联系过程中，江南水泥公司基本上能理解其困难之处："仰见我政府委曲求全并顾兼备之至意。"④ 但，毕竟汪伪实业部最后还是被迫训令江南水泥厂交出机器，其结果令江南水泥公司失望："不幸政府诸公胆小畏惧，竟先将我店机件双手奉送，议决案谓'依

---

① 徐莘农：《日本大使馆 Jarasaka 在江南水泥厂与昆德谈话经要》1943 年 12 月 22 日，载陈谦平、张连红、戴袁支编《德国使领馆文书》，江苏人民出版社、凤凰出版传媒集团 2007 年版，第 316—317 页。

② 《庾宗湘在沪面交王树春谈话摘要》（日期不详）。

③ 《庾宗湘在沪面交王树春谈话摘要》（日期不详）。

④ 《呈为接奉钧部通知妥备两全办法仰祈鉴核施行事案》1943 年 12 月 3 日。

对方意见办理'，所谓野鸡毛作令箭之意，可叹孰甚？"①

面对民族企业的求助，汪伪政权在日方的强烈要求下，显得十分无奈和无力。笔者搜集有一份汪伪实业部未发表的部令，从中管窥一斑："现在日方以拆除计划已定，毫无更改余地，一再来部催促实行，本部重负维持工业之责，然以事关军事需要之增产，当此大东亚战争紧急之际，我国为参战之一，不得不舍小顾大，以求最后之胜利。况此案经最高国际会议已表示同意，该公司当以中日共同作战之立场，破除成见，迅照田尻公使提交之要领七项，先将指定之机件交出，其余各项本部自当力予斡旋，幸勿再延为要。"② 诸如此类材料甚多。

其实，日方也明白汪伪政权同江南水泥公司的密切关系。1944 年 6 月 6 日，日大使馆调查官陆军中佐田边新之同庚宗淮谈话时说："我已到过江厂视察，见有一部分机件用木板隔除，不允许人查视，十分不满意，此足表示实业部与江厂方面均不真心协助轻金属公司。"③ 但碍于表面平等的日汪关系，日方又不得不由汪伪政权出面协调。

从战时江南水泥厂的命运来看，汪伪政权的角色确实颇具悲剧色彩。

（张连红，南京师范大学历史系教授。本文原载《抗日战争研究》2012 年第 1 期）

① 《庚宗淮致毕华弟函》1943 年 10 月 19 日。
② 《为日方拟迁卸该公司栖霞工地之机件迅照田尻公使提出要领七项处理勿延为要由》1943 年 12 月 11 日。
③ 《庚宗淮在上海日本大使馆与田边调查官座谈记录》1944 年 6 月 6 日。

# 美国文本记录的南京大屠杀

## 张　生

南京大屠杀前后，居留南京的美国人士和其他关心这一事件的美国人士，围绕南京大屠杀，进行了大量报道、记录、分析和政策指示，构成本文所说的"美国文本"。

美国文本，构成了我们今天可以看到的关于南京大屠杀的第三方资料中最丰富的部分。它们不仅在战后东京审判和南京审判时起了重要作用，而且，成为今天进行南京大屠杀史学术研究，破除各种否定或变相否定南京大屠杀谬论的基石之一。梳理美国文本的人员构成、形式和形成过程，分析其传播范围、内涵和价值，透视美国文本背后的国家利益，具有重要的学术价值。

本文为前人基础上的进一步研究①，不妥之处，敬请方家指正。

## 一　美国文本的人员构成和留宁动机

美国文本的制作人员，可以分为三类：一是新闻媒体记者，他们是美联社记者叶兹·麦克丹尼尔（C. Yates McDaniel）、《芝加哥每日新闻报》记者特洛简·斯提尔（Archibald Trojan Steele）、《纽约时

① 南京大屠杀史研究的学术史，可参见 C. X. George Wei, "Politicization and De-politicization of History: The Evolution of International Studies of the Nanjing Massacre", *The Chinese Historical Review*, Vol. 15, Fall 2008. 另可参见魏楚雄《历史与历史学家：海外南京大屠杀研究的争议综述》，《历史研究》2009 年第 5 期。

报》记者提尔曼·杜丁（Frank Tillman Durdin，不同资料中，或译蒂尔曼·德丁）、派拉蒙新闻摄影社记者阿瑟·孟肯（Arthur Menken，不同资料中，或译门肯）。南京沦陷时，这4人都在南京。其中，麦克丹尼尔12月16日乘坐日本军舰由南京去上海，此前一天，其余3人与路透社记者史密斯（L. C. Smith）搭乘美国军舰"瓦胡"号（O-ahu）去了上海。另有美国《纽约时报》驻上海记者哈立德·阿本德（Hallett Edward Abend，不同资料中，或译埃邦德）和《密勒氏评论报》主编约翰·鲍威尔（John B. Powell），南京大屠杀期间，他们不在南京，但亦对此事件保持了关注。

二是以美国驻华大使馆人员为主体的美国官方人员，他们是大使馆三等秘书爱利生（John Moore Allison，不同资料中或译为阿利森）、副领事詹姆斯·埃斯皮（James Espy）、工作人员麦克法恩（A. A. Mc-Fadyen）。1938年1月6日，他们从上海返回南京。外交人员中，美国驻华大使詹森（Nelson T. Johnson）、驻日大使格鲁（Joseph C. Grew）、美国驻上海总领事高斯（C. E. Gauss）大屠杀期间均不在南京，但因为工作关系，接触到较多的相关资料。国务卿赫尔（Cordell Hull）和总统罗斯福（Franklin Roosevelt），作为决策者，对日军在南京的暴行有原则和立场的宣示。另有美国驻日本大使馆武官卡伯特·科维尔（Cabot Co-ville）和美国海军亚洲舰队司令哈利·雅纳尔（Harry E. Yarnell，不同资料中，或译为亚奈尔、亚内尔）等，对南京形势十分牵挂。

三是以南京安全区国际委员会（1937年11月29日宣告成立，1938年2月改组为国际救济委员会）和红十字会南京分会（1937年12月13日成立）成员为主体的美国民间人士，其中，主要是金陵大学、金陵大学医院（即鼓楼医院）、金陵女子文理学院的教师和工作人员，包括查尔斯·里格斯（Charles H. Riggs，中文名林查理）、舍尔·贝德士（Miner Searle Bates，也有译为贝茨）、刘易斯·史迈士（Lewis S. C. Smyth，也有译为斯迈思）、C. S. 特里默（C. S. Trim-mer）、罗伯特·威尔逊（Robert O. Wilson）、格蕾丝·鲍尔（Grace Bauer，中文名鲍恩典）、伊娃·海因兹（Iva Hynds）、詹姆斯·麦卡伦（James H. McCallum，中文名麦克伦）、明妮·魏特琳（Minnie Vautrin，中文名华群）等人，这些人多为教会背景，来到中国系受各差会派遣。另有专职的传教士和神职人员，如欧内斯特·福斯特（Ernest H. Forster）、休伯特·索恩（HuberbtL. Sone，中文名宋煦伯）、约翰·马吉（John G. Magee）、普拉默·米尔士（W. Plummer Mills，有资料译为米尔斯）、乔治·菲奇（George A. Fitch，中文名费吴生）等。美孚洋行商人皮克林（J. V. Pikering）在大屠杀前后也居留于南京，但较少见诸史迹①。金陵大学植物学教授艾伯特·斯图尔特（Albert N. Steward，中文名史德蔚）大屠杀高潮期过后来到南京，亦有记述。上述三个部分的美国人士，以南京大屠杀期间身处南京的人士为相关文本的主要制作者。

美国人士留驻或进入南京的原因和动机，大体可以分为四类：

1. 职业精神使然。A. T. 斯提尔是《芝加哥每日新闻报》派驻南京的记者。就在南京沦陷前夕，他从济南出发，抵达徐州，然后逆着奔逃的人流于 12 月 2 日来到南京。斯提尔南下时，南京已经"注定要完蛋"，② 但这没有阻碍他深入险地。

2. 保护教会财产，传播基督教义。在宁美国人士多笃信教义。福斯特在南京沦陷前致信家人，表示："我们所能做的只有祈祷，做基督信徒理应承担的忠实见证。我们是无助的，但上帝不是。"③ 12 月 12 日上午，南京沦陷前的一刹那，教会紧急委员会还在鼓楼教堂

---

① 据安全区档案，南京安全区国际委员会中的美国人有史迈士、马吉、皮克林、贝德士、米尔士、特里默、林查理 7 人。国际红十字会南京分会中的美国人有马吉、W. 洛、福斯特、威尔逊、特里默、麦克伦、贝德士、史迈士、米尔士 9 人，戴籁三夫人虽出生在美国，但已改入中国籍。见张生等编《英美文书·安全区文书·自治委员会文书》，张宪文主编：《南京大屠杀史料集》第 12 册，江苏人民出版社、凤凰出版社 2006 年版，第 271—272 页。

② ［美］A. T. 斯提尔：《因害怕日军大批难民逃难》，《芝加哥每日新闻报》1937 年 12 月 2 日，张生编：《外国媒体报道与德国使馆报告》，张宪文主编：《南京大屠杀史料集》第 6 册，江苏人民出版社、凤凰出版社 2005 年版，第 31—32 页。

③ *Forster's Letters to His Wife*（December 5, 1937），RG8，Box263，Fold 9，The Archives of the United Board for Christian Higher Education in Asia, Yale University Divinity School Library Special Collections.

做了布道①。实际上，即使在大屠杀最高潮时期，传教士们"每天或隔日"出去巡视教会财产。② 他们判断，"南京地区基督教服务事业的需求和机遇是巨大的"③。

3. 受美国政府指派，保护美国利益。美国外交人员重返南京时，立即调查美国利益的受损情况，他们顶住日方的干扰，在大使馆内架设了"配备操作员的无线电台"④。不久，爱利生和林查理一起调查日军从金陵大学掳走妇女的事件，遭受了被日军士兵打耳光的侮辱。尽管如此，外交人员代表美国政府的行动，还是对日方产生压力。到卡波特·科维尔1938年4月视察南京时，爱利生已经获得日方各类赔偿6000美元和10000元。⑤

4. 救助南京居民，弘扬人道关怀。美国大使馆安排侨民撤退时，魏特琳当即表示："我不能离开金陵女子文理学院的同事和邻居，他们需要我。"⑥ 南京沦陷前，贝德士告诉朋友们，他把在极端的危险中"为人们的生命战斗""捍卫真理与人道"，当作"精神的激励与震撼"⑦。

---

① *Minnie Vautrin's Diary*（December 12，1937），Box 134 of YDL Record Group NO. 11，The Archives of the United Board for Christian Higher Education in Asia，Yale University Divinity School Library Special Collections.

② ［美］麦卡伦：《致家人函（1937年12月29日—1938年1月15日）》，章开沅编译：《美国传教士的日记与书信》，张宪文主编：《南京大屠杀史料集》第4册，江苏人民出版社、凤凰出版社2005年版，第204页。

③ M. S. Bates and W. P. Mills，*Preliminary Report on Christian Work in NanKing-Winter 1937*（February 18，1938），RG8，Box263，Folder8. The Archives of the United Board for Christian Higher Education in Asia，Yale University Divinity School Library Special Collections.

④ *Forster's Letters to His Wife*（January 24，1938），RG 8，Box 263，Fold 9，The Archives of the United Board for Christian Higher Education in Asia，Yale University Divinity School Library Special Collections.

⑤ 《卡波特·科维尔的南京旅行记》，张生等编：《英美文书·安全区文书·自治委员会文书》，张宪文主编：《南京大屠杀史料集》第12册，江苏人民出版社、凤凰出版社2006年版，第80页。

⑥ *Minnie Vautrin's Diary*（November 19，1937），Box 134 of YDL Record Group NO. 11，The Archives of the United Board for Christian Higher Education in Asia，Yale University Divinity School Library Special Collections.

⑦ ［美］贝德士：《致朋友的传阅函》（1938年11月29日），章开沅编译：《美国传教士的日记与书信》，江苏人民出版社、凤凰出版社2005年版，第51页。

1937 年 12 月 3 日，美国大使馆发布最后一次撤离警告，要求美国侨民做最后的抉择，福斯特和马吉选择了留下，福斯特说，"我们觉得应有尽可能多的外籍人士合作，以保证中立区计划的顺利实施，这是能提供给我们工作人员和信徒的惟一办法。而且，我们留下的决定也能鼓舞护士和卫生员们忠于职守"①。大屠杀高潮之后，史迈士在反省自己的作为时表示："我恨日本人吗！不。……如果我重新面临一次这样的时刻，对日本人做我们曾为 250000 中国人、妇女和儿童做过的一切，我会同样地再做一遍。"②

美国在宁人士的大多数，在大屠杀期间与南京市民休戚与共，没有明确可期的名和利，但他们大多受到过高等教育，对国际形势和中国局势有较为敏锐的观察力，具有在复杂局势中把握分寸、采取适当方式的能力，从而能与南京日本各种势力折冲，比较有效地运转了预设的救助平台和机制，最终超出他们自身预期，获得了巨大的人道救援效果③。

需要说明的是，美国人士的上述动机在很多情况下是重合的，比如，传教士不仅积极保护教会财产，也保护了其他美国财产，更是当时南京国际救援的主力，有效地减轻了日军对中国军民施暴的程度。

## 二　美国文本的内容及其传播

上述南京内外的美国人士制作的美国文本，可分为六类：

---

①　*Forster's Letters to His Wife*（December 3，1937），RG 8，Box 263，Fold 9，The Archives of the United Board for Christian Higher Education in Asia，Yale University Divinity School Library Special Collections.

②　［美］史迈士：《致朋友函》（1938 年 3 月 8 日），章开沅编译：《美国传教士的日记与书信》，江苏人民出版社、凤凰出版社 2005 年版，第 281—282、285 页。

③　美国教会人士引用《波士顿环球报》对南京美国人士的评价称："日本人进攻南京时，一小群外国人，主要是美国人，组织了安全区委员会，希望创建一个非军事人员可以免遭攻击的聚居地。委员会成员是大学职员和差会成员，他们是教授和教区牧师。这是一个非常理智的组合。正是这些举止优雅有修养的人，出现在文明遭到破坏的地方和当口。" *John W. Wood to Irving*（December 13－27，1937），RG 10，Box 102，Folder 862，The Archives of the United Board for Christian Higher Education in Asia，Yale University Divinity School Library Special Collections.

1. 安全区档案。南京的美国民间人士与其他西方国家人士在报告、制止日军暴行，救助中国民众的过程中，即时做了大量的记录，并收集一些中国人士的目击证言，这些结集为《南京安全区档案》（*Documents of the Nanking Safty Zone*），1939 年由燕京大学教授徐淑希编译出版。该书收录 69 个文件，其中包括安全区委员会与日本使领馆人员，英、美、德等国外交官，伪南京自治委员会等交涉的信件、报告、文书；安全区委员会管理的难民所状况备忘录；并记录了 1937 年 12 月 15 日到 1938 年 2 月 7 日发生在安全区和附近地区的 444 个日军暴行案例。

应当指出的是，由于当时国际委员会对制止日军有组织的搜捕和屠杀无能为力，更需要日方最小限度的合作以便拯救难民，除少量案例外，安全区档案对日军大规模屠杀记载甚少，而集中于强奸、抢劫纵火以及与难民生活有关的粮食、燃料、药品等问题上，这是"美国视角"的一个特点。[1]

2. "耶鲁文献"（Yale University Divinity School Library Special Collections）。金陵大学历史教授贝德士曾两次因在大屠杀期间为南京市民服务被国民政府授勋[2]。他认为，"以积极的方式揭露暴行真相乃是一种道德义务"，全世界人民"有权知道我们时代经历的有意义的篇章"[3]，由其形成的文本在"美国视角"中占有特殊地位。现与其他相关文献一起，藏于耶鲁大学神学院图书馆，笔者统称其为"耶鲁文献"，在中国最早由章开沅先生编译出版。

"耶鲁文献"同时收集了贝德士为中外多家媒体所写的报道，《南京安全区档案》《拉贝日记》《魏特琳日记》的主要或全部内容，福斯

---

[1] 《南京安全区档案》，张生等编：《英美文书·安全区文书·自治委员会文书》，张宪文主编：《南京大屠杀史料集》第 12 册，江苏人民出版社、凤凰出版社 2006 年版，第 269—388 页。

[2] *Biographical Information*：*Dr. Miner Searle Bates Professor of Mission*，RG10，Box126 Folder1132. The Archives of the United Board for Christian Higher Education in Asia, Yale University Divinity School Library Special Collections.

[3] ［美］贝德士：《致朋友的传阅函》（1938 年 4 月 12 日），章开沅编译：《美国传教士的日记与书信》，江苏人民出版社、凤凰出版社 2005 年版，第 35 页。

特等人所摄照片，亚洲基督教高等教育联合董事会有关档案，给美国驻南京外交人员的报告，美国差会基于传教士报告形成的文件，美国和其他西方国家人士与日方的来往电文。贝德士战前就中日关系发展趋势做了大量的分析，还秘密调查了日军占领南京后有组织、有系统的贩毒活动，日本对南京的经济独占，中国民众对日军占领的反应，沦陷后南京的市民生活，国际救济委员会的活动，等等。"耶鲁文献"是南京大屠杀期间以贝德士为代表的美国在宁人士集体记忆的结晶。

3. 美国外交文件。南京沦陷之前，留守南京的美国外交人员向詹森大使和国务院递交了很多报告，其中包括南京安全区国际委员会的建立过程。① 返回南京后，他们又撰写了许多目击证词和分析报告。同时，其他西方人士在与日方函电往来时，多向美国大使馆备份，大使馆有选择地向其国内发送，很多文件有罗斯福总统、国务卿赫尔等人的批示，成为美国政府对日交涉的依据。战后，其中一小部分被提交给远东国际军事法庭。

4. 《芝加哥每日新闻报》《纽约时报》《读者文摘》《华盛顿邮报》《生活》等美国报刊的新闻报道，多数由前述美国记者撰写。另有一些美国记者根据在宁美国人士的书信、报告等撰写了一些报道。

5. 贝德士等人在远东国际军事法庭的书面宣誓证词，及接受质证的内容。1946 年 5 月，东京审判开庭以后，贝德士、威尔逊、马吉三人作为控方证人出庭，接受检察官、控方律师和辩护方律师的质证，对南京大屠杀的许多细节提供证言，并驳斥了辩护方律师对控方证据的故意歪曲和攻击。威尔逊、史迈士、费吴生、麦克伦的宣誓证词被法庭接受为书证。②

---

① *The Second Secretary of Embassy in China（Atcheson）to the Secretary of State*，December 6，1937. *Foreign Relations of the United States*（以下简称"*FRUS*"），Volume Ⅲ，pp. 768 – 769；*The Second Secretary of Embassy in China（Atcheson）to the Secretary of State*，December 9，1937. *FRUS*，Volume Ⅲ，pp. 781 – 782.

② 参见杨夏鸣编《东京审判》，张宪文主编：《南京大屠杀史料集》第 7 册，江苏人民出版社、凤凰出版社 2005 年版；张生、杨夏鸣编：《东京审判书证及苏、意、德文献》，张宪文主编：《南京大屠杀史料集》第 71 册，江苏人民出版社、凤凰出版社 2010 年版。

6. 其他。英国《曼彻斯特卫报》记者田伯烈（H. J. Timperley）1938 年在纽约、伦敦出版 *What War Means, the Japanese Terror in China*（中文版译名为《外人目睹中之日军暴行》，同年出版），国际影响很大。贝德士为此书的写作牵头奔走，允诺提供史迈士信件，栖霞山报告，魏特琳日记，马吉、福斯特和威尔逊尚未打印的新闻报道稿，以及费吴生和贝德士的信件。① 此后，贝德士就田伯烈的书稿提出 18 个方面的具体修改意见②。马吉在南京拍摄了纪录电影，由费吴生秘密带出南京，在上海洗印后，在中国、美国放映，并被辗转送到德国。又，史迈士 1938 年春带领学生对南京周边地区进行田野调查，并出版 *War Damage in the Nanking Area, December, 1937 to March, 1938*（中文译名为《南京战祸写真》，也有译为《南京地区战争灾祸》）一书，由于调查在日军和伪自治委员会的眼皮底下进行，"调查报告里所报道的损失，只是这场战争所造成生命财产损失总数的百分之一二"③，但仍提供了很多宝贵的资料。另外，鲍威尔的回忆、费吴生的回忆和卡伯特·科维尔的南京视察报告也是"美国视角"的有机组成部分。

美国民间人士在宁活动的范围，是美国文本的空间基础。他们虽是中立国人士，但其活动受到日军的严厉限制，甚至生命威胁。1937 年 12 月 16 日，日军在难民营里搜寻中国士兵，林查理一再对日军进行解释，以免其把平民作为军人抓走，结果被日军军官三次用刺刀威胁并殴打。④ 麦克伦被日本士兵刺伤脖子。其他西方国家在宁人士也

---

① *Bates to Timperley*（*March* 14, 1938）, RG10, Box 4 Folder 65, The Archives of the United Board for Christian Higher Education in Asia, Yale University Divinity School Library Special Collections.

② *Bates to Timperley*（*March* 21, 1938）, RG 10, Box 4 Folder 65, The Archives of the United Board for Christian Higher Education in Asia, Yale University Divinity School Library Special Collections.

③ ［美］贝德士：《〈南京地区战争灾祸〉前言》，姜良芹、郭必强编：《前期人口伤亡和财产损失调查》，张宪文主编：《南京大屠杀史料集》第 15 册，江苏人民出版社、凤凰出版社 2006 年版，第 2 页。

④ 拉贝 1937 年 12 月 18 日日记，［德］拉贝：《拉贝日记》，刘海宁、郑寿康、杨建明等译，张生修订，张宪文主编：《南京大屠杀史料集》第 13 册，江苏人民出版社、凤凰出版社 2006 年版，第 164 页。

有类似的遭遇。这就使他们的日常活动局限在安全区及周围，而安全区本身只占南京城区面积的1/8。只在有中国人跑来求救等特殊情况下，才会有所突破。因为担心传播不利于日军的消息，他们轻易不被允许离开南京城①。

外交官活动范围稍大，但需要遵守日军"规矩"，并被日军士兵"陪同"，而可看地区早经"清理"。德国使馆政务秘书罗森（Rosen）在给德国外交部的报告中提道："德国人和美国人为我提供的消息说，外国代表重返南京的意图公布之后，紧张的清理工作随即开始，平民百姓、妇女和儿童无辜被杀害的尸体和路上横七竖八躺卧的骨瘦如柴的尸体统统被清理干净。"②

从市中心的鼓楼沿着中山路（今中山北路）前往下关火车站和码头，是南京内外交通的孔道，美国人士进出南京的必经之路，作为安全区的东北外缘，其范围稍稍超出安全区。马吉曾出城到德国、丹麦人士主持的南京郊区江南水泥厂难民营考察，作为美国人士伸出的触角，是"美国视角"的重要例外。

综上所述，"美国视角"的覆盖区域客观上受到限制，屠杀特别集中的长江岸边草鞋峡、幕府山、燕子矶、上新河、三汊河等处，在"美国视角"中罕见提及，而且处于"听说"状态③。这就是说，在南京的美国人士虽是现场目击者，也没有全面掌握南京大屠杀的史实。这是美国文本的另一个重要特点。

美国文本传播范围很广。第一是"国统区"。笔者在中国第二历史

---

① ［美］贝德士：《致朋友函（1938年1月10日）》，章开沅编译：《美国传教士的日记与书信》，江苏人民出版社、凤凰出版社2005年版，第19—20页。

② 《罗森给德国外交部的报告》（1938年1月15日），张生编：《外国媒体报道与德国使馆报告》，张宪文主编：《南京大屠杀史料集》第6册，江苏人民出版社、凤凰出版社2005年版，第326页。

③ 如1938年2月16日，一位幸存者颜先生来见魏特琳，他"听说"：南京沦陷初期，三汊河地区日军屠杀1万人，燕子矶屠杀2万—3万人，下关也屠杀1万人。魏特琳把他的"听说"记录在日记里，没有去查证。*Minnie Vautrin's Diary*（February 16，1938），Box 134 of YDL Record Group No. 11，The Archives of the United Board for Christian Higher Education in Asia，Yale University Divinity School Library Special Collections。

档案馆中，发现了贝德士的一封密信，内称："盖游散兵士，侵袭民居，搜掠财物，蹂躏妇女，一处一日遭十次，一夜遭六次以上者，实不可胜数。……此间及全城民众饥寒所迫，有趋向极端之势，盖彼等之食粮与金钱既已尽为兵士所攫夺而去，彼等之衣服被褥又同遭洗劫，不能耐严寒之侵袭，大都已病不能愈。不知日本当局将若何解决此项问题？"①"国统区"的媒体，如《大公报》援引纽约泰晤士报（笔者按：《纽约时报》）驻沪记者报道称："中国境内一部分日军几已毫无纪律，其种种暴行，较之中国从前之土匪有过之而无不及。"② 田伯烈的著作出版后，国民政府立即组织人手进行翻译，印刷以后，国际宣传处即奉送20册给蒋介石，又分送各机构和要人，反响强烈。需求数量一加再加，1938 年 8 月 20 日，国际宣传处复战地文化服务处函件称："贵处函为兹送《外人目睹中之日军暴行》一万七千余册，经分交各办事处转发，现已积存无几，尚第四八两战区及各地游击队保安团均未送发，拟请再行增印三万册左右送处，以便继续担负散发等由，准此，自应照办，因武汉方面印刷数量有限，兹拟在本月底以前，至少先行印上五千册送上，并当尽量设法于最短期内印送三万册，以供需要。"③

第二是中国共产党抗日根据地。1939 年，延安时事问题研究会编印《日本帝国主义在中国沦陷区》一书，内中第三编第三章第一目，根据安全区国际委员会向日方的抗议，叙述了日军在南京的暴行，特别是对美国权益的侵袭。毛泽东为此书作序，名为《研究沦陷区》，并题写书名，简称为《日本在沦陷区》④。

---

① 《关于日寇对中国政治经济的评论，在东北的军事准备，侵华暴行及日本战时经济危机等向蒋匪的译呈件》，中国第二历史档案馆藏国民党中央宣传部档案，档案号：七一八（五）/14。

② 《美报揭露敌军暴行纽约泰晤士报驻沪访员详电引起美国人士深刻印象》，汉口《大公报》1937 年 12 月 25 日。

③ 《国民党中央宣传部国际宣传处为推荐英记者田伯烈所著〈外人目睹中之日军暴行〉一书和各部门的往来函件》，中国第二历史档案馆藏国民党中央宣传部档案，档案号：七一八（四）/4711。

④ 延安时事问题研究会编：《日本帝国主义在中国沦陷区》，解放社 1939 年版，上海人民出版社 1958 年重印出版。

第三是欧洲。英国从美国文本中得到很多关于南京大屠杀的信息。1938 年 5 月，英国财政部佩德勒将萨金特神甫的信寄给了外交部的豪尔，此信附上了费吴生的 1937 年圣诞节日记，豪尔表示，"我们已经从其他消息来源得到了几乎相同的情报"①。德国方面，贝德士和斯提尔的报告，被作为副本，由驻北平的德国大使馆办事处寄往德国驻汉口大使馆②。马吉拍摄的电影和解说词，被收入《拉贝日记》和罗森的外交报告中。罗森还特地请求希特勒观看这部影片，因为这是"一部令人震惊的时代文献"③。苏联方面援引美国媒体报道。《真理报》报道说："……《纽约时报》记者杜丁都报道了有关日军在南京的暴行。杜丁写道，在日军占领南京之后的 2 天，大规模抢劫、强暴妇女、杀害平民，以及枪杀已成俘虏的中国军人。南京变成了恐怖的城市，街道上遍布尸体。"④

第四是美国，这是美国文本最主要的传播空间。美国主流媒体、外交报告、差会报告和私人通信反映了大屠杀的各个侧面，已如前述。《外人目睹中之日军暴行》英文版是在伦敦和纽约同时出版的，发行量达 30 万册⑤；国民党中宣部国际宣传处的海外工作人员英国人李复（Earl H. Leaf）与美国哈蒙基金会的布雷迪小姐取得了联系，策划放映马吉电影。⑥

---

① 《佩德勒先生（财政部）致豪尔先生的电报》，张生等编：《英美文书·安全区文书·自治委员会文书》，张宪文主编：《南京大屠杀史料集》第 12 册，江苏人民出版社、凤凰出版社 2006 年版，第 238—240 页。

② 《寄往德国驻华大使馆（汉口）的报告》（1937 年 12 月 30 日于北平德国大使馆办事处），该文首次使用了"Nankinger Massacre"一词。张生编：《外国媒体报道与德国使馆报告》，张宪文主编：《南京大屠杀史料集》第 6 册，江苏人民出版社、凤凰出版社 2005 年版，第 288—295 页。

③ Rosen, *Filmdokumentzu den GreueltatenjapanischerTruppen in Nanking* ( *Nanking, den 10, Februar 1938* )，Aktz, 2722/1113/38, Politisches Archiv des AuswatigenAmts, Berlin.

④ 《日本占领者在中国的暴行》，《真理报》1937 年 12 月 30 日，张生、杨夏鸣编：《东京审判书证及苏、意、德文献》，第 241 页。

⑤ 《国民党中央宣传部国际宣传处为推荐英记者田伯烈所著〈外人目睹中之日军暴行〉一书和各部门的往来函件》，南京中国第二历史档案馆藏，国民党中央宣传部档案，档案号：七一八（四）/4711。

⑥ 《第 37 号报告》（1938 年 4 月 2 日），文俊雄译注，《民国档案》2002 年第 4 期。

费吴生的赴美宣传，是"美国视角"在美国广泛传播的范例。1938年1月24日，费吴生从南京赶到上海。3月初，他抵达加州，进行了两三场演讲，他说，"其中一次演讲会上，我给大家看了影片，引起了很大的轰动"。并接受了《洛杉矶时报》记者钱德勒及欧文·拉铁摩尔等人的采访。4月，费吴生抵达华盛顿特区，会见了美国副国务卿豪恩贝克（Stanley Hornbeck）以及中国驻美大使王正廷等，他给美国国会下院外交委员会、战时情报局、记者等放映了影片。在场的日本人对费吴生进行威胁，"他给东京外务省的报告里加入了一份有关我的文件"。相关美国人士则高度评价了费吴生的报告。此外，费吴生还在纽约、芝加哥等地进行了几次演讲。①

## 三　美国文本的核心：大屠杀的真相

本来，美国人士猜测，占领南京的日军将恢复日常秩序，用魏特琳的话说，"好像所有的一切都行将结束了"②。但日军的大屠杀，使他们看到"一座人间地狱"③。

首先，美国文本记录了日军进行的屠杀。

斯提尔离开南京时，估计有5000—20000名军人被屠杀。④"最后看到的是沿岸附近城墙前被处决的一伙中国人，有300人。那里已经

---

① 《关于菲奇就南京事件进行的巡回演讲》，张生等编：《英美文书·安全区文书·自治委员会文书》，张宪文主编：《南京大屠杀史料集》第12册，江苏人民出版社、凤凰出版社2006年版，第185—188页。

② *Minnie Vautrin's Diary*（December 1，1937），Box 134 of YDL Record Group No. 11，The Archives of the United Board for Christian Higher Education in Asia，Yale University Divinity School Library Special Collections.

③ 费吴生语，见《斯特拉博尔吉爵士致哈利法克斯爵士》，张生等编：《英美文书·安全区文书·自治委员会文书》，张宪文主编：《南京大屠杀史料集》第12册，江苏人民出版社、凤凰出版社2006年版，第246页。另参见宋煦伯《给上海普莱士博士的信》，章开沅编译：《美国传教士的日记与书信》，江苏人民出版社、凤凰出版社2005年版，第354页。

④ 《记者描绘战争屠杀场景》，《芝加哥每日新闻报》1937年12月17日；《日军屠杀成千上万》，《芝加哥每日新闻报》1937年12月15日，张生编：《外国媒体报道与德国使馆报告》，张宪文主编：《南京大屠杀史料集》第6册，江苏人民出版社、凤凰出版社2005年版，第96、92页。

堆了没膝高的尸体。""从下关出城时，记者的汽车不得不从堆积了 5 英尺厚的尸骸上通过。日军的卡车和大炮也这样通过。"① 斯提尔的报道，被杜丁证实，他写道："大部分已经缴械、准备投降的中国军人已是求助无门，他们被有组织地搜捕并处决。……有 20000 名中国军人被处决是极有可能的。"② 1938 年 1 月 3 日，威尔逊医生记录了一个 17 岁男孩的证言：1937 年 12 月 14 日，约 10000 名年纪在 15 岁到 30 岁的中国男人被带到轮渡码头附近的江堤杀害，3 个人死里逃生。这 10000 人中，约 6000 人是士兵，4000 人是平民。③

美国官方也得到了南京大屠杀的信息。1938 年 1 月 21 日，美国驻华大使詹森（驻汉口）向南京留守人员通报了得自英国方面的秘密情报，情报称："紧随日军进入南京的日本大使馆的官员们，看到日军在难民营内外公开地酗酒、杀人、强奸、抢劫，感到十分震惊。他们未能对军官们施加影响，后者漠然的态度很可能出于把放纵士兵作为对这座城市的惩罚，而且由于军队的控制，他们对致电东京要求控制军队感到绝望，日本大使馆官员们甚至建议传教士设法在日本公布事态真相，以便利用公众舆论促使日本政府管制军队。"④ 2 月 2 日，在南京现场的爱利生等人向美国政府提出详细报告说，"所有前中国士兵和那些被怀疑是的人均遭到系统地杀戮。尽管得不到准确的报告，但据估计，远超过 2 万多人以这种方式被处决"⑤。

---

① ［美］A. T. 斯提尔：《目击三百人被处死》，《每日邮件》1937 年 12 月 15 日，张生编：《外国媒体报道与德国使馆报告》，张宪文主编：《南京大屠杀史料集》第 6 册，江苏人民出版社、凤凰出版社 2005 年版，第 87、88 页。

② 《中国指挥官逃走，日军暴行标志着南京的陷落》（1938.1.9），《纽约时报》1938 年 1 月 9 日，杨夏鸣、张生编：《国际检察局文书·美国报刊报道》，张宪文主编：《南京大屠杀史料集》第 29 册，江苏人民出版社、凤凰出版传媒集团 2007 年版，第 516—517 页。

③ *Letter from Dr. Wilson to his family*（January 9，1938），RG11，Box229，Folder 3875，The Archives of the United Board for Christian Higher Education in Asia，Yale University Divinity School Library Special Collections.

④ *IMTFE EXHIBIT NO.* 328，RG238，Entry14，Box137，Location：190/10/21/03. National Archives II of USA，Maryland.

⑤ *IMTFE EXHIBIT NO.* 328，RG238，Entry14，Box137，Location：190/10/21/03. National Archives II of USA，Maryland.

死亡数字不断上升。1938 年 3 月，汉口的美国刊物提出："到目前为止，南京的日军至少杀害了 8 万中国人。"① 魏特琳 1938 年 4 月记录道：南京的慈善组织红卍字会从 1 月中旬到 4 月 14 日，在城区掩埋 1793 具尸体，其中 80% 是平民；在城外，掩埋 39589 具尸体，约 2.5% 是平民。"这些数字不包括下关和上新河地区在内，我们知道那里还有可怕的人命损失。"②

除此之外，1938 年年初，美军情报机构破译了一些日本外交电文。其中，日本外相广田弘毅 1938 年 1 月 17 日转引英国记者田伯烈的电讯稿向日本驻美使馆发出训令，电讯稿称："自从几天前回到上海，我调查了日军在南京及周边地区所犯暴行的报告。可靠的目击者的口述记录和信誉毫无疑问的人士的信函提供了充分证明，即日军的所作所为及继续其暴行的手段使人联想到阿提拉及其匈奴人。至少 30 万名中国平民遭到屠杀。"③

其次，美国文本记录了日军的性暴行。

威尔逊医生毕业于普林斯顿和哈佛。每天要做几十台手术的威尔逊经常要和其他美国人一起，去金陵女子文理学院值夜班，保护

---

① ［美］维克里·莱比：《日军在南京的"死亡舞蹈"》，《中国论坛》，张生编：《外国媒体报道与德国使馆报告》，张宪文主编：《南京大屠杀史料集》第 6 册，江苏人民出版社、凤凰出版社 2005 年版，第 184 页。

② *Minnie Vautrin's Diary*（April 15，1938），Box 134 of YDL Record Group NO. 11，The Archives of the United Board for Christian Higher Education in Asia，Yale University Divinity School Library Special Collections.

③ *Hirota to Washington*，National Archives Ⅱ of USA，Maryland. 原件藏美国国家档案馆二馆，本影印件由美国"抗日战争史实维护会"王鄂（Mr. Ao Wang）先生提供，括号及内中文字系英文原档所有。孙宅巍认为：此电文"不能直接作为侵华日军在南京大屠杀中屠杀 30 万以上中国同胞的证言，但是其电文所载田伯烈的'特别消息'，对于研究侵华日军暴行以及南京大屠杀，仍有十分重要的价值"。而且，当时广田并未"对其内容加任何否定性的按语"。见孙宅巍《澄清历史——南京大屠杀研究与思考》，江苏人民出版社 2005 年版，第 272、273 页。"广田电报"的相关研究可见杨大庆《1938 年 1 月 17 日"广田电报"考证》，《民国档案》1998 年第 3 期。另据查，英国记者钱塞勒（Chancellor）向田伯烈提供了一篇发往伦敦的新闻报道报道，报道援引了上海南市难民区负责人法国人饶神父的话，"他非常肯定中国平民遇难者 300000 这一数字是正确的"。*Timperley to Bates*（March 28，1938），RG 10，Box 4，Folder 65，Yale University Divinity School Library Special Collections.

避难妇女，但 1937 年 12 月 17 日晚上，日军士兵翻墙强奸了 16 名妇女①。1938 年 1 月 3 日，一位 40 岁左右、脖子被日军砍了 4 刀的妇女告诉他：1937 年 12 月 31 日，日军诡称找人帮军官洗衣服，将 6 个妇女从难民营带走，她们白天洗衣服，晚上被轮奸，其中 5 人每晚被强奸 10—20 次，另一个年轻漂亮的每晚要被强奸 40 次左右。②

1937 年 12 月 17 日，中国妇女告诉魏特琳：从 12 岁的少女到 60 岁的老妪都被强奸。丈夫们被迫离开卧室，怀孕的妻子被刺刀剖腹。就在魏特琳祈祷"要是有良知的日本人知道这些恐怖的事实就好了"的时候，日军到金陵女子文理学院大楼里挑选妇女，"被抓走的妇女们哭喊着"③。她还记录道：日军士兵在抓不到年轻姑娘时，甚至找青少年男孩。④

强奸产生严重后果。其中一名妇女经历惨痛："12 月 13 日，日本士兵抓走了她的丈夫，她被带到城南某处，并被关在那里。她每天晚上被强奸 7—10 次，只是到夜里才让她睡一会。她染上了 3 种性病：梅毒、淋病和软下疳，这几种病非常厉害。"⑤ 安全区档案记述了被强奸致死的案例："一个茶馆老板的 17 岁的女儿被 7 名日本士兵轮奸，并于 12 月 18 日死亡。……在平安巷，一名姑娘被日本士兵强

---

① *Letter from Dr. Wilson to His Family* (December 18, 1937), RG 11, Box 229, Folder 3875, The Archives of the United Board for Christian Higher Education in Asia, Yale University Divinity School Library Special Collections.

② *Letter from Dr. Wilson to His Family* (January 3, 1938), RG 11, Box 229, Folder 3875, The Archives of the United Board for Christian Higher Education in Asia, Yale University Divinity School Library Special Collections.

③ *Minnie Vautrin's Diary* (December 17, 1937), Box 134 of YDL Record Group NO. 11, The Archives of the United Board for Christian Higher Education in Asia, Yale University Divinity School Library Special Collections.

④ *Minnie Vautrin's Diary* (February 7, 1938), Box 134 of YDL Record Group NO. 11, The Archives of the United Board for Christian Higher Education in Asia, Yale University Divinity School Library Special Collections.

⑤ 《当前局势备忘录》（1938 年 1 月 31 日），张生等编：《英美文书·安全区文书·自治委员会文书》，张宪文主编：《南京大屠杀史料集》第 12 册，江苏人民出版社、凤凰出版社 2006 年版，第 211 页。

奸致死。"① 强奸还导致很多妇女怀孕。史德蔚（Albert N Steward）记述道："最近几个月，有许多不幸的妇女前来大学医院求助……大夫为她们卸掉了不受欢迎的'包袱'。"② 除了这些显性的伤害，强奸还造成被侮辱妇女长期遭受 PTSD（Post Traumatic Stress Disorder，中文译为"创伤后应激反应障碍"）的隐形折磨③。

第三，美国文本记录了日军的抢劫、纵火等罪行。

贝德士指出："……这种掠夺现在变成了由日军高级军官指挥的，有组织地对商店进行大面积的破坏。"④ 史迈士告诉朋友们："12 月 20 日，费吴生和我傍晚开车前往城南地区，看见日军正在有组织地从店铺拿走剩余物品，装进军用卡车，然后再放火焚烧这些房屋。我们意识到这是蓄意毁掉这座城市，绝非偶然所为。"⑤

1937 年 12 月 25 日，美国政府得到信息：日军事实上侵入了除由外国人居住的每一栋建筑，系统地洗劫居民和商店，对滞留城中、包括难民营中的中国人进行大规模的侵犯，不加区别地射击和杀戮。⑥

抢劫和纵火造成严重财产损失。南京国际救济委员会报告称："南京 31% 的建筑被烧毁；店铺被烧毁的百分比更高；因军队在南京毁坏及抢劫所造成的直接损失达到了 1 亿元；靠近南京的主要公路沿线的农村地区几乎被洗劫一空，并陷入缺少种子、牲畜、劳力和工具

---

① 《安全区内日本士兵的暴行案件》（1937 年 12 月 19 日存档），张生等编：《英美文书·安全区文书·自治委员会文书》，张宪文主编：《南京大屠杀史料集》第 12 册，江苏人民出版社、凤凰出版社 2006 年版，第 296 页。

② ［美］史得蔚：《日记选译》（1938 年 12 月 10 日—1940 年 3 月 23 日），章开沅等编译：《美国传教士的日记与书信》，江苏人民出版社、凤凰出版社 2005 年版，第 299—300 页。

③ 参见拙文《南京大屠杀受害者 PTSD 初步研究》，《抗日战争研究》2009 年第 4 期。

④ 《寄往德国驻华大使馆（汉口）的报告》（1937 年 12 月 30 日），张生编：《外国媒体报道与德国使馆报告》，张宪文主编：《南京大屠杀史料集》第 6 册，江苏人民出版社、凤凰出版社 2005 年版，第 290 页。

⑤ ［美］史迈士：《致朋友函》（1938 年 3 月 8 日），章开沅编译：《美国传教士的日记与书信》，江苏人民出版社、凤凰出版社 2005 年版，第 278 页。

⑥ The Ambassador in China（Johnson）to the Secretary of State, December 25, 1937, FRUS, Volume IV, pp. 414–415.

的困境中，他们播种的粮食作物仅为平常年份的 10%。"①

第四，美国文本揭露了日军进行有组织的毒品买卖、开设"慰安所"的行为。

贝德士是日方进行有组织的毒品买卖的主要记录者。据其估计，日本"每月至少要从这个地区已经非常贫困的民众那里攫取 500 万元"。贝德士指出，日军特务部门与海洛因贸易关系密切，并加以保护，他讽刺说："这个地区中日合作的第一位的和最伟大的成就乃是毒害普通民众。"② 他还敏感地记录了日军公开张贴的慰安所广告。广告称，慰安所系"兵站指定"，位于"第四日支亲善会馆"，内有"支那美人"。贝德士就此评论说："沦陷区居民知道，日军离开邪恶即无法存在，而且愈加增多。"③

第五，美国文本记录了日军对南京人居环境的破坏。

当时，"城内外被敌日残戮之军民，遗尸遍地，臭气熏天，既碍卫生，又违人道……兵燹之后，疫疠丛生，公私医院诊所，均未恢复，患病之人，无处治疗"④。史迈士担心道，"池塘受尸体的污染，大大减少了或者说破坏了安全区的水源。这种状况的危险性在长时间的干旱时期尤其是这样"⑤。驻扎南京的日军对此加以证实："晚上用

---

① *War Relief in Nanking*（April 30，1938），RG 10，Box 102，Folder 868，The Archives of the United Board for Christian Higher Education in Asia，Yale University Divinity School Library Special Collections.

② ［美］贝德士：《关于毒品问题的公开信》（1938 年 11 月 22 日），章开沅编译：《美国传教士的日记与书信》，江苏人民出版社、凤凰出版社 2005 年版，第 42—45 页。

③ 《关于"慰安妇"的新闻发布稿》，章开沅编译：《美国传教士的日记与书信》，江苏人民出版社、凤凰出版社 2005 年版，第 36 页。

④ 《世界红十字会南京分会民国 26 年至 34 年慈善工作报告书节录》（1945 年），南京市档案馆 1024－1－34512。该分会由美国人马吉主持，其中的成员 W. 洛、福斯特、魏特琳、威尔逊、芒罗—福勒、特里默、麦克伦、贝德士、史迈士、米尔士等 10 人为美国人，见《国际红十字会（南京分会）成员名单》，张生等编：《英美文书·安全区文书·自治委员会文书》，张宪文主编：《南京大屠杀史料集》第 12 册，江苏人民出版社、凤凰出版社 2006 年版，第 272 页。

⑤ ［美］史迈士：《当前局势备忘录》，张生等编：《英美文书·安全区文书·自治委员会文书》，张宪文主编：《南京大屠杀史料集》第 12 册，江苏人民出版社、凤凰出版社 2006 年版，第 326 页。

饭盒煮饭的时候，发现小河里的水红红的。也没有办法，就这么煮了饭，饭也是红红的。吃了下去。第二天早上才看见小河里全是尸体，水被血染成了一片红。"①

第六，美国文本记录了日军对大屠杀罪行的掩盖措施。

史迈士记述了一幕闹剧："我们也更加了解了日本的新闻宣传！在他们滥施淫威的1月份，日本新闻小组在城里演出给小孩发糖和一个日本军医给20名孩子检查身体的闹剧，但这些举动在照相机不存在时为什么没有重复呢！"②日军还通过其控制的《新申报》，美化处于大屠杀之中的南京，这一点，美国人士同样记录在案。③魏特琳对《新申报》1938年1月8日题为《日军使难民沸腾起来，南京城和谐气氛令人高兴地发展中》的文章辛辣地讽刺说，文章25句话，只有4句是真的，"即关于太阳的一句、鼓楼的一句、有关宪兵的一句和日本国旗位置的一句"④。

第七，美国人士在东京审判和南京审判中提供了关于南京大屠杀真相的证言。

东京审判中，史迈士提供书面证词确认：在日军占领南京后的6周间，他和拉贝几乎每天都就日军虐待中国平民和解除武装的士兵，向日本驻华大使馆发出两封抗议信，抗议信由其与拉贝轮流签署，通常一封由他们亲自提交，一封由信使送出。他和拉贝几乎每天会晤日本大使馆，而后者"从未否认过这些报告的准确性"⑤。费吴生的书

---

① 《原日本士兵井户直次郎关于日军焚尸灭迹的证言节录》，［日］松冈环编著：《南京战·寻找被封闭的记忆》，上海辞书出版社2002年版，第244—246页。

② ［美］史迈士：《致朋友函》（1938年3月8日），章开沅编译：《美国传教士的日记与书信》，江苏人民出版社、凤凰出版社2005年版，第283页。

③ Nanking Nan Ming Chu，*Order Recovered*，*All Shops Opened for Business*，RG10，Box 102 Folder 864，The Archives of the United Board for Christian Higher Education in Asia，Yale University Divinity School Library Special Collections.

④ *Minnie Vautrin's Diary*（January 21，1938），Box 134 of YDL Record Group NO. 11，The Archives of the United Board for Christian Higher Education in Asia，Yale University Divinity School Library Special Collections.

⑤ *IMTFE EXHIBIT NO. 306*，RG238，Entry14，Box137，Location：190/10/21/03. National Archives II of USA，Maryland.

面证词说，数以百计的无辜百姓当着他们的面，被任意抓走枪杀，或被"用作练习刺杀的靶子"；1937 年 12 月 15 日，不顾他们向日军指挥官提出抗议，全副武装的日军把将近 1300 名穿着平民衣服的男子分成约 100 人一组，从安全区总部附近的一个难民营捆走枪杀；日军开车运载抢劫自商店的赃物；手上有老茧或额头上有帽子压痕的被当作当过兵的处死；他看到中国人的尸体遍布池塘、大街、房屋内，大多数是男人，但也有一些是女人。①

南京审判时，史迈士提供 3 件案例、林查理提供 3 件案例、费吴生提供 22 件案例，由各人签名证实，被作为谷寿夫之罪证。② 另有两位当时在难民区工作的"金陵大学美籍教授"出庭作证，证明其所写文件和报告中日军的暴行均系事实。③

## 四　美国文本与美国利益

无论如何高度评价南京大屠杀期间美国人士的人道贡献，都不过分，笔者愿意同时指明：美国文本的思虑基点是美国利益。

如前文所述，美国人士的活动范围局限于安全区和周边地区。一个重要原因是，美国当时在南京的财产集中于这一地区，其中包括教会大学、中学、小学，医院，教堂，美国大使馆，多处私人住宅，商务机构及其设备、财产。英国人希尔兹（Shields）曾列名安全区国际委员会，但未参加实际工作，由于自己的工厂未能划入安全区，他抱怨说：设立安全区"真正的目的是保护美国人、德国人、富裕中国人

---

① *IMTFE EXHIBIT NO.* 307，RG238，Entry14，Box137，Location：190/10/21/03. National Archives II of USA，Maryland.

② 《战犯谷寿夫罪行总表》，胡菊蓉编：《南京审判》，张宪文主编：《南京大屠杀史料集》第 24 册，江苏人民出版社、凤凰出版社 2006 年版，第 79—80 页。

③ 《〈中央日报〉关于许传音等在军事法庭作证的报导》（1947 年 1 月 25 日），胡菊蓉编：《南京审判》，张宪文主编：《南京大屠杀史料集》第 24 册，江苏人民出版社、凤凰出版社 2006 年版，第 352 页。这一文献中未提姓名，推测为贝德士和史迈士。

的财产"①。这是几近诽谤之词，但从反面道出了美国财产多位于安全区内的事实。

1937 年 12 月 16 日至 27 日，贝德士连续致函日本驻华大使馆，抗议日军暴行。按时间顺序，一一罗列函件内容如下：14 日，日军撕毁金陵大学农业经济科前的美国国旗和美国驻华大使馆告示，进行抢劫。15 日，日军在金陵大学藏书楼强奸、强掳妇女，类似案件 100 余起。16 日，日军在农业经济科强奸妇女 30 余人。17 日，日军在藏书楼抢劫难民，侮辱妇女；殴打美籍职员、看门人；侵入挂有美国国旗、贴有美国大使馆告示的美侨私宅。18 日，日军在金陵大学附中校园杀、伤幼童各 1 人，殴打职员，侮辱妇女 8 人，撕毁美国国旗，另在大学各处侮辱妇女 6 人，并掏枪威胁贝德士。21 日，日军在藏书楼掳走 7 人；在头条巷 4 号日本驻华大使馆门口（笔者按：毗邻金陵大学）轮奸妇女 1 人；闯入贝德士家中抢劫；在大学隔壁安乐里打伤 3 人、强奸妇女 1 人，并进行抢劫；在高家酒馆（笔者按：离金陵大学约 500 米）；闯入金陵大学鼓楼医院；在五台山（笔者按：毗邻金陵大学和金陵女子文理学院）掳掠少女；在五台山美国小学撕毁其国旗。22 日，在金陵大学图书馆拉走 11 人；刀刺看门人；抢劫大学宿舍；日军 7 人闯入铜银巷金陵大学女子圣经教员讲习所奸污妇女；破坏小桃源之金大农业经济研究所、抓走看门人；在大学蚕桑系难民中放枪 3 次。25 日，日军闯入金陵大学，抢劫难民，开走汽车；每天在蚕桑系强奸妇女 10 余起；殴打美国同事、撕毁其臂章；日军视日本大使馆告示为无物。27 日，日军拿走金陵大学专修科美国国旗；在校园内带走女性 3 人奸污，其中 1 人才 11 岁；拉走大学仆役和看门人数人；闯入两处美国人住宅；另有 300 余日军闯入女子圣经教员讲习所，分批奸污女性 27 人。可以看出，上述日军暴行绝大多数发生在安全区内金陵大学等美国产业里，即美国利益所在，他的抗议旨

---

① 《卡波特·科维尔的南京旅行记》，张生等编：《英美文书·安全区文书·自治委员会文书》，张宪文主编：《南京大屠杀史料集》第 12 册，江苏人民出版社、凤凰出版社 2006 年版，第 82—83 页。

在提醒日军当局信守"保护外侨财产之保证"①。

安全区外的美国产业同样牵扯了美国人士极大的精力。以福斯特为例，他参加了国际红十字会南京分会的工作，参与管理鼓楼医院，十分忙碌。其所属差会——圣公会在南京白下路有一处住宅区，在太平路有一处教堂区，均位于安全区外。据其统计，1937 年 12 月 11 日、12 月 14 日、12 月 17 日、12 月 23 日、12 月 26 日，1938 年 1 月 10 日、1 月 15 日、1 月 17 日、1 月 26 日、1 月 27 日、2 月 2 日、2 月 3 日，福斯特亲自去查看了 12 次，这还不包括 1938 年 1 月 17 日至 26 日记不清确切次数的"几次"，2 月记不清具体日期的 1 次。福斯特确凿地报告美国驻华大使馆："我坚定地确信对我们建筑的损毁和抢劫均系日本人而非中国人所为"，其所报告的损失包括自行车、钢琴、浴缸、床、床垫和椅子，等等。② 身处中国人的生命被予取予夺的南京，福斯特具体到家具的记录，今天难免觉得不那么协调，但恰恰说明了福斯特对美国利益的高度关切。

美国在宁人士着意的教会利益是美国利益的重要组成部分。就主观思考而言，他们把战乱中的南京看成开展教会工作的机遇。魏特琳权衡了留下的风险，提出："我们最大的投资是与年轻的教会成员保持朋友般的联系与合作的关系，当人们最需要我们的时候，如果我们离开，在我看来将是丢掉一次我们提供服务的绝佳机会。"她对留下来的使命极为自豪："在我的传教生涯中，一个长期以来期待的日子终于来到了——担负特别责任的妇女得到了与担负同样责任的男子相同的待遇。"③ 她还提道：史迈士用"逃跑"这个宋美龄使用过的字

---

① 《关于日寇对中国政治经济的评论，在东北的军事准备，侵华暴行及日本战时经济危机等向蒋匪的译呈件》，中国第二历史档案馆藏，国民党中央宣传部档案，档案号：七一八（5）/14。

② *Forster to American Embassy* （March 10，1938），RG 8，Box 263，Fold 8，The Archives of the United Board for Christian Higher Education in Asia，Yale University Divinity School Library Special Collections.

③ *Minnie Vautrin's Diary* （September 18，1937），Box 134 of YDL Record Group No. 11，*The Archives of the United Board for Christian Higher Education in Asia*，Yale University Divinity School Library Special Collections.

眼，谴责那些奉美国驻华大使馆和国务院命令从南京撤退的传教士。[①]
贝德士自知"身处乱世"，他很清楚，"在这种情况下，我的授课不
会很有趣，但此时此刻有许多特殊的传教工作可做"[②]。

就实际行动而言，传教工作贯穿绝大多数美国文本的始终。一一
列举他们的传教工作，为篇幅所不允许，仅以魏特琳 1938 年 4 月日
记为例，就可看到，3—6 日、8 日、10—18 日、24 日、25 日、28
日，安排了数十场宗教活动。[③] 可以说，美国在宁人士的人道救助和
宗教活动是紧密联系在一起的，这是"美国视角"体现美国利益的
一个重要特点，割裂地理解，易陷入神话或求全责备的两极中。

美国官方对美国利益的强调，与民间、教会人士别无二致。1938 年
1 月 21 日，罗斯福总统就爱利生关于日军在南京暴行的报告指示说："几
乎没有美国人能够反对我们保护美国人免遭一支军队的侵扰，而该军队
已经不受其国内的民事政府的控制。"[④] 2 月 12 日，詹森援引赫尔和格鲁
的批示，向南京发出处理日美纠葛的指令，前者的批示授权向日本外务
省发出正式照会，指出：日军的行为使其不能被当作管控得当的军事组
织，美国财产遭受的损失和破坏必须得到"全面、彻底的赔偿"。[⑤]

值得注意的是，美国政府不仅要求日本尊重其在华权益，同样也
要求中国政府这么做，1937 年 8 月 25 日，美国驻华大使詹森向国务
卿赫尔请示：英国大使已经向中国外交部提出，英国保留因中国军队

---

① *Minnie Vautrin's Diary*（September 18，1937），Box 134 of YDL Record Group NO. 11，
*The Archives of the United Board for Christian Higher Education in Asia*，Yale University Divinity
School Library Special Collections.

② *Bates to Lilliath*，（November 14，1937），RG 10，Box 1，Folder7，The Archives of the
United Board for Christian Higher Education in Asia，Yale University Divinity School Library Special
Collections.

③ *Minnie Vautrin's Diary*（April，1938），Box 134 of YDL Record Group No. 11，*The Ar-
chives of the United Board for Christian Higher Education in Asia*，Yale University Divinity School Li-
brary Special Collections.

④ 《罗斯福总统致国务卿》（1938 年 1 月 21 日），杨夏鸣编：《美国外交文件》，第
366 页。

⑤ *IMTFE EXHIBIT NO. 328*，RG 238，Entry 14，Box 137，Location：190/10/21/03. Na-
tional Archives II of USA，Maryland.

行动造成其损失要求赔偿的权利，美国是否要采取类似的步骤？①1938 年 1 月 10 日，詹森根据爱利生的建议，致函中国外交部部长，要求中国空军对南京采取行动时注意保护美国财产。② 可以说，在美国利益面前，中、日并没有被差别对待。

　　然而，美国在宁民间人士和美国政府虽都强调美国利益，他们之间并非没有分歧。原因有三：第一，民间人士身处南京，他们自称"南京老市民"③，对南京居民遭受的苦难有直观的观察和切身的感受，希望形势有迅速的改观。第二，民间人士就近观察中日关系多年，对日本的侵略扩张野心有更深远的判断。贝德士早在 1936 年 10月就中日关系的紧张和全球影响评论说："这两个国家的每一位朋友仍然在期望理智、时间和协商。一旦双方选择战争道路时，东方世界就会无可避免地走向长达几十年的一系列可怕的冲突，直至中日两国都被毁灭。一个不小的危险是俄国的卷入，或许还有其他一些在太平洋地区有着巨大利益的国家最终加入战争，同时，日本和德国采取的共同政策使之与躁动的欧洲产生令人焦虑的联系。"④ 费吴生就南京大屠杀评论道："缺乏基督教理想主义的日本军队现在已变成一支残暴的、破坏性的力量。它不仅威胁着东方，而且将来某一天终究会威胁到西方。"⑤ 相比之下，美国官方在其利益已经受到日本侵犯时，仍尽力绥靖之。1937 年 12 月 26 日，雅纳尔致长函给松井石根称：

---

　　① *The Ambassador in China（Johnson）to the Secretary of State*，August 25，1937. FRUS，Volume Ⅳ，p. 281.

　　② 《美驻华使馆三等秘书（阿利森）致国务卿》（1938 年 1 月 10 日），《美驻华大使（詹森）致国务卿》（1938 年 1 月 11 日），杨夏鸣编：《美国外交文件》，第 312—313 页。

　　③ 《本册说明》，章开沅编译：《美国传教士的日记与书信》，江苏人民出版社、凤凰出版社 2005 年版，第 5 页。

　　④ Bates，*National Affairs*（October，1936），RG 10，Box 87，Folder 690，The Archives of the United Board for Christian Higher Education in Asia，Yale University Divinity School Library Special Collections.

　　⑤ 《读者文摘记录日军暴行》，张生编：《外国媒体报道与德国使馆报告》，张宪文主编：《南京大屠杀史料集》第 6 册，江苏人民出版社、凤凰出版社 2005 年版，第 202 页。原文称作者系"基督教男青年会一名职员"，当时参加南京国际救援工作的基督教青年会美方人员仅该会秘书费吴生一人。

"我听说，日本真正的政策是把除己之外的所有商业利益驱逐出上海。我不能相信这一点，因为这和日本政府的反复声明直接相悖。"① 第三，直接刺激美国民间人士神经的是，当时南京存在一个显而易见且极不道德的事实：美国政府高层虽在口头上严厉谴责日军的肆无忌惮，但仍为日本战争机器的运转提供了关键的助力。②

美国政府何以如此？关键在于其国内强大的孤立主义势力。这一点，日本洞若观火。日本驻美国大使馆致东京的密电指出："美国公众的态度一直是，现在仍是，美国必须不惜一切代价避免卷入外国战争中。"③ 1937 年 10 月 13 日，蒋介石和宋美龄会见詹森，提出：他坚定地相信，布鲁塞尔会议的决定取决于美国政府的立场；他很清楚，英国政府等待追随美国的领导④。1937 年 11 月 8 日，蒋介石对新闻界表示，中国抵抗侵略者的决心不变，直到国际条约的神圣不可侵犯性和国际正义得到重建。⑤ 而罗斯福总统指示赫尔说：应该尽一切可能寻找途径，避免被视为左右袒护。⑥

1937 年 12 月 12 日下午，日军将美国炮舰"巴纳"号炸沉于南京附近江面。美方认为，"巴纳"号事件实属"史无前例和意料之外"的暴行⑦。日方也承认这是严重的大错⑧。但真正出人意料的是，

---

① *The Commander in Chief of the United States Asiatic Fleet* (*Yarnell*) *to the Secretary of State*, December 26, 1937. FRUS, Volume IV, pp. 416 – 417.

② 《美驻华大使馆三等秘书（史密斯）致国务卿》（1938 年 11 月 18 日），杨夏鸣编：《美国外交文件》，第 471 页。

③ 《日本驻华盛顿大使馆致东京电报》，杨夏鸣编：《美国外交文件》，第 509 页。具有讽刺意味的是，此电报被美国破译，但美国政府当时无法做出改变。

④ *The Ambassador in China* (*Johnson*) *to the Secretary of State*, October 14, 1937. FRUS, Volume IV, pp. 75 – 76.

⑤ *The Ambassador in China* (*Johnson*) *to the Secretary of State*, November 8, 1937. FRUS, Volume IV, pp. 166 – 167.

⑥ *President Roosevelt to the Secretary of State*, November 30, 1937. FRUS, Volume III, p. 736.

⑦ 《美国亚洲舰队司令（亚内尔）致海军部长（斯旺森）》（1937 年 12 月 23 日），杨夏鸣编：《美国外交文件》，第 246—249 页。

⑧ *The Secretary of State to the Ambassador in Japan* (*Grew*), December 13, 1937. FRUS, Volume IV, p. 496.

1938 年 4 月 22 日，美国收下日本的赔偿支票计 2214007.36 美元①。"巴纳"号事件的处理过程和结果显示，美国政府此前的强硬照会只是虚张声势，而决心在中日战争中置身事外。

美国官方的隐忍，助长了日军的嚣张气焰，并投射到南京。据报告，日军南京警备司令天谷在招待驻宁各国外交官时表示："在南京，外国人的干涉，鼓励了当地中国居民反日情绪的延续，阻碍了中国人返家的正常进程，大批中国人仍然住在所谓的'安全区'内。他特别指出，'某个国家'公民的报告和活动损害了日本与那个国家（显然，他指的是美国）的关系。将军表示，他不喜欢外国人以法官自居的态度，警告说，他们的批评和对中日两国人民关系的干涉，会激恼日军，导致某些不愉快事件的发生。"②

对美国政府隐忍、姑息的态度，贝德士愤然指出："日本甚至可能轻蔑地将已经支离破碎的九国公约彻底撕毁。它依赖于美国的孤立政策，还有美国心甘情愿向其出售基本的必需品（只要给钱，卖给魔鬼都行）。"③福斯特虽希望美国不卷入战争，但他觉得，"如果英国和美国采取其他措施——例如经济或政治压力，那么日本永远不敢走得像今天这么远"。而且，这种行动在九一八事变之后就应当开始。④美国传教士赤手空拳与日方交涉、制止日军暴行，不畏艰险向国际社会传播南京大屠杀的真相，是这种积极"干预"思想的体现。可见，美国民间人士与官方虽都以美国利益为依归，但就如何保护美国利益，却有不同的思路。正因如此，在日方评估"巴纳"号事件和南

① 《美驻日大使（格鲁）致国务卿》（1938 年 4 月 22 日），杨夏鸣编：《美国外交文件》，第 309 页。

② *IMTFE EXHIBIT NO.* 328，RG 238，Entry 14，Box 137，Location：190/10/21/03. National Archives II of USA，Maryland.

③ Bates，*Public Affairs*（November，1938），RG 10，Box 87，Folder 690，The Archives of the United Board for Christian Higher Education in Asia，Yale University Divinity School Library Special Collections.

④ *Forster to His Family*（February 10，1938），RG 8，Box 263，Fold 8，The Archives of the United Board for Christian Higher Education in Asia，Yale University Divinity School Library Special Collections.

京暴行对美国公众情绪转变的作用时，"来自在中国的传教士对公众思想所施加的影响"，被日本视为美国社会中"反日情绪加剧"的重要原因。①

# 余论

美国文本对南京大屠杀的记录，在事件发生的当时，作用即已显现。曾任日本外务省东亚事务局局长的石射猪太郎在东京审判时说，日军占领南京后，南京代理总领事福井淳从上海到任后的第一份电报就是关于日军在南京暴行的，该电报立即被送交日本陆军省军务局局长。当时外务大臣看到电报十分警觉和担忧，要他立即迅即掩盖这些不体面的事情。后来，福井淳的书面报告送达，报告由南京的第三方人士用英语写成。军方表示已对当地日军发出严厉警告。次年1月，本间雅晴少将被派往南京，暴行才终止。他还听外务大臣广田弘毅说，曾要求陆军大臣杉山元就南京事态采取重大紧急举措。② 在接受质证时，石射猪太郎表示："我们把这些报告当作事实接受。"③ 美国人士参与完成的报告被日方作为事实接受，说明美国文本在暴行发生时就让日方"发现"了南京大屠杀。

但1938年夏天以后，美国方面已甚少提及大屠杀。太平洋战争爆发后，美国重新"发现"南京大屠杀，并将日本在中国的暴行与其征服美国的阴谋联系起来。④ 战后，美国在日本首先揭示南京大屠杀，各种形式的美国文本被提交给东京和南京，成为清算日本侵略历

---

① 《日本驻华盛顿大使馆致东京电报》，杨夏鸣编：《美国外交文件》，第509—510页。此电报被美国破译。

② *IMTFE EXHIBIT No. 3287*，Rg238，Entry14（PI－180），Box290，Location：190/10/24－25/5－1，National Achieves Ⅱ of USA，Maryland.

③ 《证人出庭作证与回答质证：石射猪太郎》，杨夏鸣编：《东京审判》，第509、519页。

④ *The Editors*，United States Defense Savings Bonds and Stamps，*Jap Beasts and His Plot to Rape the World*，1942. the Library of Congress，Washington DC.

史和战争责任的重要依据。① 美国文本由此超越中国历史的范畴，具备了世界意义。

随着冷战的发生，美国不再揭露南京大屠杀期间日军的暴行。而中国大陆方面，随着朝鲜战争的爆发，对大屠杀期间西方人士尤其是美方人士作用的认识发生颠覆性变化②。美国文本再次被尘封。20世纪80年代以后，美国文本再次被美、日、中学者全面"发现"出来，引领南京大屠杀史研究不断深化③。

可以说，美国文本与南京大屠杀史本身一样，经历了反复的"发现"与"再发现"，最终成为人类关于战争的共同记忆的一部分。

（张生，南京大学中华民国史研究中心教授。本文原载《历史研究》2012年第5期，收入本书时有修改）

---

① 《战犯谷寿夫罪行总表》，胡菊蓉编：《南京审判》，张宪文主编：《南京大屠杀史料集》第24册，江苏人民出版社、凤凰出版社2006年版，第79—80页。*IMTFE EXHIBIT NO. 309*，RG238，Entry14，Box137，Location：190/10/21/03. National Archives II of USA，Maryland. 《起诉方有关日军南京大屠杀的证据》，杨夏鸣编：《东京审判》，第41、77、110页。

② 参见刘燕军《南京大屠杀的历史记忆（1937—1985）》，《抗日战争研究》2009年第4期。

③ 这一次的"发现"，涉及更多细微的层面。比如，在美国国家档案馆里，保存着一份日军士兵的阵中日记，内中提到：1937年11月29日，他们在常州郊外某处，"奉命"用机关枪射杀平民80余人。这说明，"屠杀令"早在占领南京前即已存在。但在文件收档时，审查人员认为"不具重要性"。*Field Diary Kept by Member of Japanese Medical Corps*，RG 153，Entry 180，Box 5，Location：270/2/23/7，National Achieves II of USA，Maryland.

# 中国共产党敌后抗战军事
# 战略指导的特色

周小宁

全国抗战时期，中共中央、中央军委和毛泽东等领导人，从实际出发，立足敌、我、友、民等客观情况，充分发挥己之优势，利用敌之弱点，对敌后抗战实行了正确而高超的军事战略指导，为夺取抗日战争的胜利发挥了巨大作用，在世界战争史上留下了浓墨重彩的一页。这一军事战略指导的鲜明特色，主要体现在以下五个方面。

## 一 立足"兵民是胜利之本"的思想，实行全面全民族的抗战指导路线

动员和团结一切可以动员和团结的力量，特别是动员和团结广大人民群众积极参军参战和支援战争，组成敌后抗战强大的战略力量，实行全面全民族的即人民战争的抗战路线，是敌后抗战得以坚持、发展和胜利的根本原因和关键所在，是弱国打败入侵强国唯一正确的战争指导路线。全国抗战一开始，中国共产党就指出，实行人民的全面的战争，抗战就会胜利，否则就会失败，"民族战争而不依靠人民大众，毫无疑义将不能取得胜利"，"兵民是胜利之本"，"战争的伟力之最深厚的根源，存在于民众之中"[①]。为了动员和团结最广大的力

---

[①] 《毛泽东选集》第2卷，人民出版社1991年版，第347、477、511页。

量，实行人民战争的抗战路线，中国共产党实行了一系列正确的政策和办法。

首先，是进行普遍深入的政治动员。全国抗战一开始，中国共产党就强调必须进行全国军队的总动员和全国人民的总动员，如此伟大的民族战争，没有普遍和深入的政治动员，是不能胜利的，抗日的政治动员"这一着是关系绝大的；武器等等不如人尚在其次……动员了全国的老百姓，就造成了陷敌于灭顶之灾的汪洋大海，造成了弥补武器等等缺陷的补救条件，造成了克服一切战争困难的前提"，"要胜利又忽视政治动员，叫做'南其辕而北其辙'，结果必然取消了胜利"①。

其次，是实行真正的民主政治和改善人民经济生活。在政权问题上，中国共产党主张各党、各派、各界、各军的联合专政，即统一战线政权，在敌后消灭敌伪政权建立抗日政权时，采取"三三制"，无论政府人员中或民意机关中，共产党员只占三分之一，其他主张抗日民主的党派和无党派人士占三分之二。② 本着合理负担的原则，中国共产党制定和实行了减租减息和交租交息的政策，以及财政、税收、生产、劳动和教育等政策，既给广大劳动人民以看得见的政治的和经济的利益，同时也照顾到统一战线内开明士绅和工商业者的利益。这就有力地调动了广大军民的抗战积极性，形成了真正的全民抗战的局面。朱德在《论解放区战场》中深有感触地总结道："没有真正的民主政治和对人民经济生活的改善，就不可能有人民战争……实行了民主政治和对人民经济生活作了改善，就必能实行人民战争。"③

再次，是爱惜民力财力和努力减轻人民负担。中国共产党深刻认识到，"如人民（主要是农民）经济趋于枯竭，我党即无法生存"④，因此，高度重视这一问题。特别是在抗战进入困难时期后，中国共产

---

① 《毛泽东选集》第 2 卷，人民出版社 1991 年版，第 480、481 页。

② 《毛泽东选集》第 2 卷，人民出版社 1991 年版，第 760 页。

③ 《朱德选集》，人民出版社 1983 年版，第 150 页。

④ 《毛泽东军事文选》第 2 卷，军事科学出版社、中央文献出版社 1993 年版，第 698 页。

党坚决实行精兵简政政策，并推动八路军、新四军利用战斗和训练的间隙，从事粮食和日用必需品的生产，达到军队自给、半自给或部分自给之目的，借以克服经济困难，改善军队生活和减轻人民负担。①1942 年 12 月，毛泽东在陕甘宁边区高干会议上作了《抗日时期的经济问题和财政问题》的报告，着重地批判了那种离开发展经济而单纯在财政收支问题上打主意的错误思想，和那种不注意动员人民、帮助人民发展生产渡过困难而只注意向人民要东西的错误作风，提出了党的"发展经济，保障供给"的正确方针。在这个方针之下发展起来的陕甘宁边区和敌后各抗日根据地的生产运动，得到了巨大的成绩，不但使根据地军民胜利地度过了抗日战争的最困难时期，而且给中国共产党在后来对于经济建设工作的领导积累了丰富的经验。②

最后，是采取主力军、地方军和民兵自卫军三结合的武装力量体制。这是进行人民战争最有效的体制。主力军可以随时执行超地方的作战任务；地方军的任务则固定在协同民兵、自卫军保卫地方和进攻当地敌人方面；民兵和人民自卫军，配合主力军、地方军作战。在敌后抗日根据地内，一切青年、壮年的男人和女人，都在自愿的民主的和不脱离生产的原则下，组织在抗日人民自卫军之中。抗日人民自卫军中的精干分子，除加入军队和游击队者外，则组织在民兵的队伍中。这种体制有利于主力军的发展，在主力军的带领下，地方军经过战争的锻炼，军政素质和战斗力逐步提高，将逐步上升为主力军；有利于发挥三种武装力量各自的长处，相互配合，协同作战；有利于适应斗争形势，灵活地改变组织形式，在斗争形势严重时，主力军可实行地方化和群众化，加强地方军和民兵游击队，以便大力开展群众性的游击战争，当形势有利于根据地发展时，则地方军又可转化为主力军，执行扩大根据地的任务。

---

① 《毛泽东选集》第 3 卷，人民出版社 1991 年版，第 1040 页。
② 《毛泽东选集》第 3 卷，人民出版社 1991 年版，第 891—892 页。

## 二 从敌强我弱的实际出发，执行持久战的 战略总方针和基本上是游击战的 军事战略方针

战略方针是指导战略行动的总原则、总纲领，是战争时期进行战略行动、赢得战略全局胜利的基本准则。在一定的客观条件下，战略方针的正确与否，对于战略行动的成败具有决定性的意义。战略方针按其适用的范围和时间，区分为战略总方针和具体战略方针。

中国共产党一再强调，统管抗日战争全局和全过程的战略总方针是"持久战"。早在 1936 年 7 月同美国记者斯诺的谈话中，毛泽东就已经一般地估计了中日战争的形势，提出了争取胜利的各种方针，指出战争长短取决于争取胜利的国际国内条件是否具备，但无论战争长短，"结果还是一样，日本必败，中国必胜"，"我们的战略方针，应该是使用我们的主力在很长的变动不定的战线上作战"①。1937 年 8 月 4 日，毛泽东指示前往南京出席国防会议的周恩来、朱德、叶剑英提出如下意见："总的战略方针暂时是攻势防御，应给进攻之敌以歼灭的反攻，决不能是单纯防御。将来准备转变到战略进攻，收复失地。"② 8 月 11 日，朱德在南京举行的国民政府军事委员会军政部谈话会上指出：抗日战争在战略上是持久的防御战，在战术上则应采取攻势。并强调抗战开始以后，应当根绝各种和平妥协言行，坚持持久抗战。③ 在 1938 年 5 月的《论持久战》中，毛泽东精辟地分析了为什么是持久战和最后胜利是中国的原因，预计到抗日战争将经历战略防御、战略相持、战略反攻三个阶段，提出了怎样进行持久战和争取最后胜利的办法。他不仅强调抗日的一般的、总的战略方针是持久

---

① 《毛泽东选集》第 2 卷，人民出版社 1991 年版，第 443—444 页。
② 《毛泽东军事文选》第 2 卷，军事科学出版社、中央文献出版社 1993 年版，第 22 页。
③ 《朱德年谱（1886—1976）》（新编本）中卷，中央文献出版社 2006 年版，第 656—657 页。

战，还明确提出了进行持久战的具体方针："在第一和第二阶段即敌之进攻和保守阶段中，应该是战略防御中的战役和战斗的进攻战，战略持久中的战役和战斗的速决战，战略内线中的战役和战斗的外线作战。在第三阶段中，应该是战略的反攻战。"① 这些具体方针，适用于正面战场和敌后战场。

中国共产党敌后抗战的军事战略方针，是随着敌后抗战形势的发展，而逐步形成和完善的。八路军即将开赴华北抗日战场之际，在1937 年 8 月 22—25 日于洛川召开的中共中央政治局扩大会议上，毛泽东指出，红军的战略方针是：独立自主的山地游击战，包括在新条件下消灭敌人兵团与在平原发展游击战争，但着重于山地。② 9 月 12日，毛泽东指示彭德怀向国民党"着重解释我军'独立自主的山地游击战争'这个基本原则，取得他们的彻底了解与同意"；"此原则中包含：（一）依照情况使用兵力的自由……（二）红军有发动群众创造根据地组织义勇军之自由，地方政权与邻近友军不得干涉……（三）南京只作战略规定，红军有执行此战略之一切自由。（四）坚持依傍山地与不打硬仗的原则。"③ 这一方针，与当时八路军的作战地域主要在山西及晋察冀、晋冀豫边区的山区是一致的。到 1938 年春八路军开始挺进冀、鲁、豫平原时，这一方针发展为"独立自主的游击战争"。毛泽东在《论持久战》中将这一方针表述为："基本的是游击战，但不放松有利条件下的运动战。"④ 1940 年 12 月 25 日毛泽东在《论政策》中做了最完整的表述："在军事战略方面，是战略统一下的独立自主的游击战争，基本上是游击战，但不放松有利条件下的运动战。"⑤

---

① 《毛泽东选集》第 2 卷，人民出版社 1991 年版，第 484 页。
② 军事科学院军事历史研究部编著：《中国人民解放军战史》第 2 卷《抗日战争时期》，军事科学出版社 1987 年版，第 27 页。《毛泽东年谱（1893—1949）》中卷，人民出版社、中央文献出版社 1993 年版，第 15 页。
③ 《毛泽东军事文选》第 2 卷，军事科学出版社、中央文献出版社 1993 年版，第 44 页。
④ 《毛泽东选集》第 2 卷，人民出版社 1991 年版，第 496、500 页。
⑤ 《毛泽东选集》第 2 卷，人民出版社 1991 年版，第 763 页。

八路军、新四军实行这一军事战略指导方针，是客观形势的需要，是敌后战场的基本特点决定的，是洞察中日战争全局而做出的英明战略决策。这样才能同敌情、友情、我情、民情以及任务相符合。

只有这样，才能正确地处理民族矛盾和阶级矛盾的关系。所谓"战略统一下的独立自主的游击战争"，就是指八路军、新四军要服从整个国家、整个民族的战略目标，与正面战场配合与协调。毛泽东在洛川会议上说，所谓"独立自主"，是在统一战线下相对独立自主的指挥。当然，这绝不是要服从国民党的所谓"统一政令、统一军令"。这一军事战略指导方针，也就决定了战略部署、具体方针。比如，在战略发展方向上，八路军、新四军坚持向敌后发展，反对向国民党后方行动，不仅如此，即使是敌后，也十分注意协调与友军的关系，根据实际情况来决定要不要去发展、何时去发展。1941 年 5 月，日军进攻第一战区卫立煌部驻守的中条山，中条山成为敌后，但在某些地区仍有部分国民党军活动，八路军准备尽快南下。6 月 8 日，中共中央书记处、中央军委指示八路军及第 129 师：当此中央军在中条山溃败，我们对蒋方针着重在拉，而卫立煌在拉蒋抗日问题上有更大作用，因此，你们所提建立太岳军区及派兵南下的计划，在目前时机是不适当的，这一计划暂不应执行。①

只有这样，才能充分发挥八路军、新四军游击战的特长，开辟广阔的敌后抗日根据地，击中日军兵力不足、部署前紧后松的弱点，削弱其军事上的优势；才能在党的一元化领导之下，动员和组织敌后各阶级的抗日人民，打破日军的"总力战"和"以华制华""以战养战"的阴谋企图，予全国持久战以最大贡献。相反，如果八路军、新四军在正面战场中"独当一面"，凭八路军、新四军的武器装备，抗战初期那么少的部队，不仅很难对抗战发挥多大作用，而且既受制于友军的消极约束，又客观上适应了日军速战速决的侵华方针，将严重

---

① 《毛泽东年谱（1893—1949）》中卷，人民出版社、中央文献出版社 1993 年版，第 304 页。

损害中国持久抗战的前途和命运。八路军、新四军深入敌后，开展抗日游击战争，敌情方面虽较严重，但比在敌前同友军一道并受其指挥反要好些，方便些，放手些。

只有这样，才能有效地利用山地、青纱帐季节、黑夜这些对八路军、新四军相对有利的条件，综合运用游击战与有利条件下的运动战及必要时的阵地战，给敌以最大的打击。游击战是主要的，但有利条件下的运动战也是必要的。运动歼敌，足以震撼敌胆，使敌不敢轻易进犯根据地，同时给中国民心士气以极大鼓舞。

到1940年年底，八路军、新四军由出师时的5万多人，发展到50多万人，创造了拥有1亿人口的根据地（包括一面和两面负担的人口），华南人民抗日游击队也得到重大发展。这充分显示了八路军、新四军等人民军队军事战略指导方针的正确性。

日本作为侵略国家，利在速战速决。在敌强我弱差距悬殊的情况下，如果人民军队企图速胜，过多地进行正规战，则正是敌人最希望的，恰恰中了敌人毒计。

八路军、新四军在局部反攻开始后，运动战、攻坚战逐渐增多。1945年党的七大提出准备战略上由以游击战为主到以运动战为主的转变的任务之后，尤其是大反攻开始之后，向以运动战和阵地战为主转变的步伐大大加快。

"有什么枪打什么仗，对什么敌人打什么仗，在什么时间地点打什么时间地点的仗"，是人民军队一贯的用兵主张。[①] 敌后抗战军事战略指导方针的形成、坚持和演变，就是对这一主张的活用，这就从全局上、从根本上保证了敌后抗战军事战略指导的正确性。

## 三 波浪式发展，有序推进敌后抗日根据地的战略布局

中国共产党高度重视建立敌后抗日根据地。毛泽东强调：游击战

---

① 《朱德选集》，人民出版社1983年版，第168页。

争的根据地"是游击战争赖以执行自己的战略任务，达到保存和发展
自己、消灭和驱逐敌人之目的的战略基地。没有这种战略基地，一切
战略任务的执行和战争目的的实现就失掉了依托……没有根据地，游
击战争是不能够长期地生存和发展的，这种根据地也就是游击战争的
后方"①。抗日战争时期，中国共产党最终建立了广大的抗日根据地，
北起内蒙古，南至海南岛，大部分日军所到之处，都有八路军、新四
军、华南人民抗日游击队活动或者建立根据地。人民军队所总结的创
建敌后抗日根据地的基本指导原则，是"波浪式发展"。这是对于人
民军队先发展晋察冀、晋西北、晋冀豫、晋西南山地，继而发展冀、
鲁、豫平原；先华北，后华中，再华南一步一步发展的形象说法。20
世纪 50 年代初，原晋察冀军区司令员兼政治委员聂荣臻，在一次答
复有关方面提出的询问时，曾结合创建晋察冀抗日根据地的体会，将
其具体内容归纳为："建立根据地，巩固根据地，依靠根据地，扩大
根据地，既要反对右倾保守，又要反对'左'倾冒险主义。"②

　　抗日战争战略防御阶段，日军采取速战速决的战略方针，对正面
战场实行战略进攻，进攻的重点在正面战场。这个时期，日军在后方
"恰恰是采取了与正面相反的方针，也就是战略防御的方针"③，这就
便于八路军、新四军创建和发展抗日根据地。于是，八路军、新四军
围绕创建抗日根据地这个中心环节，实行战略展开。

　　从 1937 年 8 月 31 日起，八路军第 115、第 120、第 129 师先后东
渡黄河，挺进华北抗日前线。洛川会议，曾决定八路军全部集中于以
恒山山脉为中心的冀察晋绥四省交界地区。9 月 17 日，毛泽东判断：
日军总的战略方针，是采取右翼迂回，右翼日军的企图是夺取太原，
"过去决定红军全部在恒山山脉创造游击根据地的计划，在上述敌我
情况下，已根本上不适用了。此时如依原计划执行，将全部处于敌之
战略大迂回中，即使第二步撤向太行山脉，亦在其大迂回中（设想敌

　　① 《毛泽东选集》第 2 卷，人民出版社 1991 年版，第 418 页。
　　② 《聂荣臻回忆录》（中），解放军出版社 1986 年版，第 580 页。
　　③ 《徐向前军事文选》，解放军出版社 1993 年版，第 103 页。

占太原之情况下），将完全陷入被动地位"①。为战略上展开于机动地位，中央军委随即将部署改编为八路军 3 个师分别依托恒山、管涔山、太行山、太岳山和吕梁山，展开于晋东北、晋西北、晋东南和晋西南四区，向着进入中心城市及交通要道之敌，取四面包围的态势。这一变更，具有重大而深远的战略意义。它有利于八路军摆脱敌之迂回包围，扩大回旋余地，迅速实现战略展开；有利于黄河两岸山西前线八路军与陕甘宁边区后方保持联系，巩固共产党和人民军队的总后方——陕甘宁边区。八路军在山地站稳脚跟后，又从 1938 年春起，有步骤、稳健地深入冀、鲁平原，创建平原根据地。

日军攻占武汉、广州后，抗日战争转入战略相持阶段。在这一历史关头，中共中央在 1938 年 9 月 29 日至 11 月 6 日召开的六届六中全会上提出了"巩固华北、发展华中和华南"的方针。其中，"发展华中"是这一时期最为突出和紧迫的问题。为此，中共中央在组织上撤销了王明任书记的长江局，设立刘少奇任书记的中原局，领导华中长江以北地区；接着，确定了至关重要的战略发展方向。

东南局、新四军某些领导人当时倾向于在皖南、江南发展。1939 年 2 月，中共中央派周恩来到皖南新四军军部，与新四军领导人商定：新四军执行"向北发展，向东作战，向南巩固"的方针。1939 年年底 1940 年年初，中原局确定以苏北为战略发展方向。到 1940 年 10 月，新四军和八路军南下部队协同开辟了苏北敌后抗日根据地，使华北与华中，八路军与新四军打成一片。"巩固华北、发展华中和华南"这一方针的贯彻，使敌后抗日游击战争获得了空前发展。北起大青山，南到海南岛，敌后抗日根据地普遍建立。

1944 年 4 月至年底，日军中国派遣军实行打通大陆交通线作战，其结果是，一方面新占领了大片中国国土，另一方面敌后战场日军兵力减弱。此时，八路军、新四军已度过严重困难时期，得到恢复和发展，军政素质大为提高。八路军、新四军审时度势，展开大规模的局

---

① 《毛泽东军事文选》第 2 卷，军事科学出版社、中央文献出版社 1993 年版，第 47 页。

部反攻，努力扩大华北、华中敌后抗日根据地，同时，向豫、湘粤边、苏浙皖边区发展，创建新的敌后抗日根据地，并力图打通华北、华中、华南敌后抗日根据地的联系。尽管由于抗日战争胜利结束，这一战略行动未能完成和达到预期目的，但它对于策应华北、华中敌后抗日根据地内线的攻势作战，对于夺取抗战的最后胜利，仍然具有重要的战略意义。

## 四　胸怀战争全局，把握战略枢纽

战略是指导战争全局的。战争的胜败主要取决于对全局是否观照得好。"指挥全局的人，最要紧的，是把自己的注意力摆在照顾战争的全局上面。"① 而要统筹全局，就必须抓住战略枢纽，即必须抓住对战争全局具有决定意义的关节点。

抗日战争时期，中国共产党善于从全局考虑问题，善于将国际与国内，太平洋反日阵线与抗日民族统一战线，正面战场与敌后战场，我、友与敌，战略防御、战略相持与战略反攻，内线的持久的防御战与外线的速决的进攻战，正规战与游击战，华北、华中与华南敌后抗日根据地，抗战与建国等联系起来看，作为一个整体加以考虑和处理，而不偏废和忽略任何一个方面。

中国共产党同样善于抓住那些对于全局来说最重要最有决定意义的枢纽和关键环节。一方面，从空间角度出发，关注重要的作战地区、战略要点、主要战略方向等。抗战初期，毛泽东极为关注黄河河防的巩固和山西敌后抗日根据地的布局，亲自予以十分具体的部署，因为这既事关中共中央所在地陕甘宁边区的安危，前方与后方的联系，还关系到八路军的退路。在当时，日军是否进攻兰州、八路军能否在华北敌后立足等问题，尚未见分晓。万一日军进攻兰州或者八路

---

① 《毛泽东选集》第 1 卷，人民出版社 1991 年版，第 176 页。

军不能在华北立足，八路军主力就可能不得不退回陕甘宁边区等地。①抗战中期，毛泽东特别重视河南、华中、山东的作用。1940年3月19日他指出："至于发展皖豫鄂三省，特别河南是我们全国长期抗战的枢纽地带，目前虽尚无大发展可能，但应极力准备之。"②1940年4月5日他指出："华北敌占领区日益扩大，我之斗争日益艰苦，不入华中不能生存"，"在可能的全国性突变时，我军决不能限死黄河以北而不入中原，故华中为我最重要的生命线。"③1942年7月9日，他指示刘少奇："须估计日本战败从中国撤退时，新四军及黄河以南部队须集中到华北去，甚或整个八路新四须集中到东三省去，方能取得国共继续合作的条件……如此则山东实为转移的枢纽。……故掌握山东及山东的一切部队（一一五师、山纵、杨苏纵队）造成新四向北转移的安全条件，实有预先计及之必要。"④抗战后期，毛泽东又将目光转到向河南、湘粤边、苏浙皖边区发展，力图将华北、华中、华南敌后抗日根据地打成一片。

另一方面，从时间角度出发，关注那些对战争结局具有决定性影响的阶段或过程。抗战时期，中国共产党特别注意抓住战略相持阶段这个战略枢纽。1938年5月，毛泽东在《论持久战》中指出，中国抗日战争将经历战略防御、战略相持和战略反攻三个阶段，而以相持阶段为最为重要，"第二阶段是整个战争的过渡阶段，也将是最困难的时期，然而它是转变的枢纽。中国将变为独立国，还是沦为殖民地，不决定于第一阶段大城市之是否丧失，而决定于第二阶段全民族努力的程度。如能坚持抗战，坚持统一战线和坚持持久战，中国将在此阶段中获得转弱为强的力量。中国抗战的三幕戏，这是第二幕。由于全体演员的努力，最精彩的结幕便能很好地演出来"⑤。

---

① 《毛泽东军事文选》第2卷，军事科学出版社、中央文献出版社1993年版，第134页。
② 《毛泽东军事文选》第2卷，军事科学出版社、中央文献出版社1993年版，第525页。
③ 《毛泽东军事文选》第2卷，军事科学出版社、中央文献出版社1993年版，第542页。
④ 《毛泽东军事文选》第2卷，军事科学出版社、中央文献出版社1993年版，第681、682页。
⑤ 《毛泽东选集》第2卷，人民出版社1991年版，第465页。

敌后抗战的战局，果然如毛泽东所预计的那样，在战略相持阶段、特别是 1941 年和 1942 年，进入"最困难的时期"。在这两年间，日军进一步集中其主力于中国共产党领导的根据地的周围，实行所谓军事、政治、经济、文化的"总力战"，进行频繁的大规模的"扫荡"，其中千人以上至万人的"扫荡"达 132 次，1 万人以上至 7 万人的大"扫荡"达 27 次，并继续进行"蚕食"和封锁，实行残酷的"三光"政策，在华北进行"治安强化运动"，在华中进行"清乡"。敌后抗日根据地面积缩小，到 1941 年 10 月华北敌后抗日根据地已比一年前缩小了 1/6，[①] 1942 年夏，冀南、冀中平原抗日根据地又相继"变质"，即成为敌占区或游击区。敌后抗日根据地人口由 1 亿人降到 5000 万人以下，八路军、新四军由 50 万人减至近 40 万人，干部损失很多，财政经济极为困难。[②]

为渡过严重困难，中国共产党实行了著名的"十大政策"：对敌斗争，精兵简政，统一领导，拥政爱民，发展生产，整顿三风，审查干部，时事教育，三三制，减租减息。[③] 其中在对敌斗争方面，最重要的是创造性地提出了"敌进我进"的对敌斗争指导方针。这一方针是客观形势逼出来的。八路军、新四军不能向大后方退。如果敌后抗日根据地一再退缩，八路军、新四军最终将无立足之地。"敌进我进"，最早是 1940 年 4 月 21 日刘伯承在中共中央北方局黎城会议上所作的《党军建设问题》报告中提出来的。他说："今天敌进我退是打磨盘问题。这里包含了一个问题，正规军队屁股磨不得，一磨就垮。现在对囚笼的粉碎，一退再退，退到何处，现在就是敌进我进，打磨盘应磨敌人的屁股"[④]。1941 年，八路军开始注意向敌占区开展游击活动，但各地对此了解较少，收效不大。1942 年成立武装工作

---

① 《彭德怀军事文选》，中央文献出版社 1988 年版，第 105 页。

② 军事科学院军事历史研究部编著：《中国人民解放军战史》第 2 卷，军事科学出版社 1987 年版，第 346 页。

③ 《中共中央文件选集》第 14 册，中共中央党校出版社 1992 年版，第 101 页。

④ 《刘伯承军事文选》（一），军事科学出版社 2012 年版，第 296 页。

队，认真地注意了面向敌占区、面向交通线，提出与加强格子网内的斗争，特别是 1942 年 5 月 4 日中共中央北方局、中央军委华北分会联合发出《关于反对日军蚕食政策的指示》① 之后，收效很大。"一九四二年五月以前，根据地还始终是退缩的，五月以后则完全改观。"② 根据敌之行动特点，实行"敌进我进"，主要采取了三种组织形式与斗争方式。第一，为反"蚕食"，派出武装工作队和小部队深入敌占区。第二，在反"扫荡"时，主要表现为敌向我根据地进攻，我则向敌后方进攻。第三，在敌对我这一根据地"扫荡"时，我相邻的其他根据地军民则对当面之敌展开进攻。实践证明，"敌进我进"是变内线为外线、变被动为主动的有效的作战指导方针。八路军、新四军贯彻执行这一方针，并创造出与之相适应的组织形式和斗争方式，特别是武工队的形式，这是得以扭转被动局面，坚持敌后抗战的重要因素。

## 五　依据战争情况的重大变化，积极稳妥地推进军事战略转变

法国著名战略学家安德烈·博弗尔（Andre Beaufre，1902—1975）上将说："战略不能是一种单一的，一成不变的原则……每一种情况都有适合于它的一个特殊的战略。任何一个特定的战略，在某些情况下可能是最好的，而在其他情况下则可能是最坏的。"③ 这就是说，当客观情况发生变化时，应该适时地推进军事战略的调整和转变。

全国抗战初期的 1937 年秋季，人民军队实现了由国内正规战争

---

① 《八路军·文献》，解放军出版社 1994 年版，第 795 页。
② 《邓小平军事文选》第 1 卷，军事科学出版社、中央文献出版社 2004 年版，第 272—273 页。
③ ［美］约翰·柯林斯：《大战略》，柯林士、钮先钟译，台北：黎明文化事业公司 1975 年版，中国人民解放军战士出版社 1978 年版，第 149 页。

向抗日游击战争的转变。这次战略转变，是把过去的正规军和运动战，转变成为游击军（说的是分散使用，不是说的组织性和纪律性）和游击战。这样一个转变，在现象上表现为一个倒退的转变，因此这个转变应该是非常困难的。然而人民军队却相当顺利地实现了这个转变。这是由于广大干部适时地接受了中共中央的正确指导和灵活地观察情况而获得的。"这一转变关系于整个抗日战争的坚持、发展和胜利，关系于中国共产党的前途非常之大。"①

中国共产党还积极准备着在全国抗战后期由游击战向正规战转变。1938年5月，毛泽东在《抗日游击战争的战略问题》中论述了抗日游击战争的六个具体战略问题，其中第五个战略问题就是"向运动战发展"②。1938年11月6日，他在中国共产党六届六中全会上表示："在抗日战争的过程中，就我党的军事任务说来，也将大体上分为两个战略时期。在前期（包括战略防御和战略相持两个阶段），主要的是游击战争；在后期（战略反攻阶段），主要的将是正规战争。"抗日战争后期的正规战争"是设想在装备了新式武器之后，军队和作战将要起一个大的变革而说的。这时的军队将获得高度的集中性和组织性，作战将获得高度的正规性，大大减少其游击性，低级的将变到高级的，中国型的将变到世界型的。这将是战略反攻阶段中的事业"③。

八路军、新四军自1944年攻势作战开始，即逐渐由分散的游击战向集中较大兵力的正规战过渡。在作战规模上，出现一次集中七八个团乃至十几个团的兵力，进行较大规模的战役、战斗；在作战范围上，逐步由内线转向外线，使战场不断扩大；在作战形式上，攻坚战、运动战逐渐增多，出现了步炮、步工、步骑和大量民兵同时参战的新情况。1945年4月25日，朱德在中国共产党七大所做的军事报告《论解放区战场》中指出："解放区的今后的军事任务，其一个总

---

① 《毛泽东选集》第2卷，人民出版社1991年版，第551页。
② 《毛泽东选集》第2卷，人民出版社1991年版，第407、432页。
③ 《毛泽东选集》第2卷，人民出版社1991年版，第549、550页。

的趋向，也即是其所必须准备的中心战略任务，概括地说，这就是毛泽东同志早在抗战初期所已指出了的：八路军、新四军要准备在抗战后期实行从抗日游击战争到抗日正规战争的战略转变。现在已临到在实际工作上逐渐地去准备实现的时机了。我们全军干部必须善于在思想上、工作上准备实行这种转变，以迎接这抗日大反攻的战斗。"①

不过，八路军、新四军所设想的后期的军事战略转变实际上并没有完成。这是由于八路军、新四军并没有得到预期的新式武器，加上抗战胜利结束得比预料的时间早。总之，向正规战转变的条件不具备。尽管如此，人民军队在全国抗战后期仍然进行了独具特色、卓有成效的局部反攻和大反攻。

一是积极而慎重地推进局部反攻。其独特战法是：（1）确立在华北、华中敌后扩大解放区的同时，向南（豫、湘、粤、苏浙皖边区）、向北（东北）两翼发展的方针。（2）采取由内向外、逐步推进的作战指导原则，把攻势作战目标，首先指向残留在抗日根据地内部和边沿区的敌军据点，尔后向敌占区推进。同时，集中主要兵力于主要进攻方向和主要攻击目标上，造成局部的绝对优势，并采取先攻弱点、后攻强点，先打伪军、后打日军的原则。1944 年 10 月 14 日，中央军委指示八路军："我在可能条件下，应乘虚尽量消减伸入根据地内之伪军、顽军及敌军小据点，扩大根据地，但一般的暂时不打交通要道及较大城市（敌人扫荡时破袭交通要道与袭击大城市在外）。"②（3）强调里应外合，军事、政治攻势相结合夺取敌占城市和据点。1944 年 6 月 5 日《中共中央关于城市工作的指示》指出："各局各委必须把城市工作与根据地工作作为自己同等重要的两大任务"，"里应外合的思想，是我党从大城市驱逐敌人的根本思想"③。局部反攻中，许多城市都是里应外合夺取的。如晋察冀军区用这种方式，在1944 年成功地攻克和袭入了任丘、肃宁、深泽、定襄、武强等县城。

---

① 《朱德选集》，人民出版社 1983 年版，第 180—181 页。
② 《中共中央文件选集》第 14 册，中共中央党校出版社 1992 年版，第 377—378 页。
③ 《中共中央文件选集》第 14 册，中共中央党校出版社 1992 年版，第 243、244 页。

二是根据形势变化，毅然改变大反攻目标。日本即将彻底崩溃之际，1945 年 8 月 6 日、9 日，美军向日本投下两颗原子弹，9 日苏军出兵中国东北，加速了抗战胜利的进程。中共中央、中央军委抓住时机，果断命令敌后抗日军民立即转入大反攻。8 月 10 日，中共中央指示：以正规部队占领大城市和交通要道，以游击队、民兵占领小城市。8 月 15 日，日本宣布投降，但国民党命令日伪军只能向国民党交枪，不准向人民军队缴械。在此情况下，如继续执行原定方针，势必难以达成预定目的。因此，中共中央和中央军委于 8 月 22 日毅然放弃夺取大城市的方针，改为夺取中小城市和控制广大乡村，使人民军队在战略上始终处于主动地位。

（周小宁，军事科学院军队政治工作研究院解放军党史军史研究中心研究员，博士研究生导师）

# 日本帝国的大陆政策

史桂芳

明治维新后，日本迅速发展成亚洲唯一资本主义强国。与此同时，日本奉行对外扩张的大陆政策，不断在对外战争中获得利益，形成侵略惯性。1937 年 7 月 7 日，日军挑起卢沟桥事变，开始了全面侵华战争。卢沟桥事变是近代以来日本大陆政策发展的必然结果，正所谓"冰冻三尺非一日之寒"。

## 一　觊觎中国大陆由来已久

日本大陆政策起源于明治维新时期，正式形成于 19 世纪末，日本以国家力量推进大陆政策，其近代化发展始终伴随着对外扩张与掠夺。提及大陆政策，人们自然会联想到那个著名的"田中奏折"。关于"田中奏折"的真伪，学界一直在争论。本文无意加入奏折存在与否的讨论，而是通过史料解读、分析，阐明即使没有"田中奏折"这个文本，日本大陆政策也是无法否认的，其对外侵略的步骤是沿着大陆政策的目标实施的，首先侵占朝鲜半岛、中国东北，进而统治全中国。20 世纪 30 年代日本发动九一八事变、卢沟桥事变，走上全面侵华道路，就是推行大陆政策的必然结果。

1868 年日本明治维新，开始了向近代方向发展的历程。3 月，日本天皇宣布"朕安抚尔等亿兆，终欲开拓万里波涛，布国威于四方"①，其中隐含着对外彰显武力、实行扩张的企图。日本制定"富国强兵""殖产兴业""文明开化"等基本国策，从政治、军事、经济、文化等各个方面推进社会改革。"富国强兵"是日本社会改革的重要内容，山县有朋认为"富国强兵"的目的是"内压草贼，外张势力"②，也就是说建立近代化军队，除确保日本社会安定外，还要在对外关系中彰显武力。1872 年日本颁布《征兵告谕》，要求"人人尽心尽力以报国"③。1873 年 1 月，日本政府发布《征兵令》，规定日本人不分士族与平民都有服兵役的义务。日本还建立起陆军省、海军省，设立从幼年军校、少年军校到陆军大学等各级培养军事人才的专门学校，组建起近代意义上的常备军。

1890 年，日本首相山县有朋发表《外交政略论》，提出了著名的"主权线""利益线"，他认为"所谓国家独立自卫之道有二：一是守卫主权线，不容他人侵犯；二是确保利益线，不失自己有利之地位。何谓主权线？国之疆土也；何谓利益线？与邻国接触地势，与我主权线之安危密切相关之区域是也。大凡为国，不可没有主权线，也不可没有利益线"④。具体说到日本的"利益线"之所在？山县有朋认为，就是朝鲜半岛和中国的东北。国内学界普遍认为山县有朋的"主权线""利益线"论，"标志着近代大陆政策作为日本的国策正式形成"⑤。日本通过"守卫主权线""确保利益线"为核心的大陆政策，把对外侵略扩张冠以"师出有名"的"正当"行动，这是非常荒谬和危险的。在国际关系中，一个国家将自己的所谓"利益线"划到本国领土之外，打着"确保利益线"的名义，对外出兵，必然危害他国主权。日本大陆政策直接威胁着中国的主权与安全。日本大陆政策提出后，中国实际是面临着来自西方列强和东方日本两个方向的威

---

① 《明治文化全集》第 2 卷，日本评论社 1926 年版，第 33 页。
② ［日］在邦夫等：《日本的近代》，梓出版社 1989 年版，第 21 页。
③ 《法令全书》1872 年 11 月 28 日。
④ ［日］大山梓编：《山县有朋意见书》，原书房 1960 年版，第 185 页。
⑤ 沈予：《日本大陆政策史（1868—1945）》，社会科学文献出版社 2005 年版，第 53 页。

胁，民族危机更加严重。

然而，清政府当时并不十分了解明治维新后日本社会的变革，更缺乏对日本扩张进行必要的防备，甚至还对日本持有"天朝上国"的盲目自大心理，对日本的扩张缺乏必要应对准备。日本则从官方和民间两个渠道，准备推进大陆政策，做向中国用兵的准备。1890年日本政府出资4万日元，在上海开设"日清贸易研究所"。这个研究所名为从事中日贸易，实际是培养通晓中文的间谍，刺探中国的军事、经济情报。日本选拔100多名学生到上海接受训练，甲午战争前这些学生利用懂中文的优势，收集中国经济、军事等方面的情报，为战争提供信息支持。

# 二 推行大陆政策形成侵略"惯性"

1874年4月，日本借口琉球渔民被台湾岛住民所杀事件，出兵中国台湾。清政府向日本提出抗议。后经英国出面调停，10月，中日两国代表签订了《北京专条》《会议凭单》。清政府承认日本出兵为"保民义举"，付白银五十万两作为"被害难民之家"抚恤银和日军在台"修道建房等"的补偿，日军撤出台湾。《北京专条》的签订，中国不仅付出了巨额赔偿，而且在国际上造成琉球岛民属于日本之假象，为后来日本侵占琉球提供了一定的有利条件。

为继续"开拓疆土"，日本把扩张目标指向琉球。1875年7月，日本强迫琉球国王停止向清政府朝贡。1879年3月31日，日本派遣军队占领琉球都城首里，并将琉球国王尚泰强行迁移到东京。4月4日，日本通告在琉球废藩置县，琉球改称冲绳县，强行将琉球并入日本国土。

1894年中日甲午战争爆发，1895年中日签订《马关条约》。条约规定："中国认明朝鲜国确为完全无缺之独立自主，故凡有亏损独立自主体制，即如该国向中国所修贡献典礼等，嗣后全行废绝"，"增开沙市、重庆、苏州、杭州为通商口岸，中国割让台湾岛及其附属各岛屿、澎湖列岛与辽东半岛给日本，赔偿日本 2 亿两白银，允许日本在通商口岸建厂"① 等。《马关条约》严重损害了中国的主权和领土完整，中国赔款共计 2 亿 3 千万两白银，折合日元约 3 亿 5 千万，为日本年度财政预算的 4 倍以上。时任日本驻朝鲜公使的井上馨说："一想到现在有 3 亿 5 千万日元滚滚而来，无论政府或私人都顿觉无比地富裕。"② 日本利用《马关条约》获得的巨额赔款，扩充海军和陆军，扩大军事工业生产，朝着军事大国方向发展，积蓄发动新战争的力量，东亚各国面临着来自日本更为严重的威胁。因为有了《马关条约》的巨额赔款，1897 年日本确立了梦寐以求的"金本位"制，日本货币开始纳入国际货币金融体系，其经济实力和商品输出、资本输出能力大大增强。

甲午战争及《马关条约》大大加深了中国半殖民地化程度，也对中日关系、东亚格局产生了深刻影响。中国承认朝鲜为"完全无缺之独立自主国"，意味着朝鲜脱离了东亚传统国际秩序中与中国的册封关系，日本对朝鲜政治的影响力强化。中日两国在东亚的国际地位大逆转，日本开始构筑以自己为核心的新的"华夷"秩序。甲午战争后，日本社会普遍认为战争可以发财、一夜暴富，这刺激了日本继续对外扩张的野心。

《马关条约》签订后，日本在俄、德、法三国干涉之下，被迫"归还"辽东半岛给中国。"还辽"消息传到日本，国内舆论哗然。德富苏峰认为："归还辽东半岛一事，将对我一生的命运产生影响。自听到这个消息，我的精神仿佛已经丧失。这件事说明我国国力不够强大，我深信如果力不如人，无论何种正义、公道都毫无价值。我自己一刻也不想在返还他国的土地上逗留，准备搭船回国。临行前，我在旅顺口的沙滩上，捡一些小石头和沙子，用手绢包好带回

---

① 王芸生编：《六十年来中国与日本》第二卷，生活·读书·新知三联书店 1980 年版，第 306 页。

② 王晓秋：《近代中日关系史研究》，中国社会科学出版社 1997 年版，第 374 页。

国去，以纪念这里曾经一度为日本领土。"① 日本并不甘心把到嘴边的肥肉吐出来，要以"卧薪尝胆"的精神，积蓄力量，"夺回"中国东北。

1900 年中国爆发义和团运动。西方列强以"保护侨民"名义，向中国派兵。日本政府认为："以政略观之，英法德皆出师远征，终不能派很多兵。俄国虽与中国接壤，但有西伯利亚相隔，不可能立即派大军前往。唯日本有向中国北方派出大军便利。……现在各国的援兵未到，日本可乘各国在天津大沽为敌军所苦之时，速派大军赴援，解彼地之重围，进而平定北京之乱，则拨乱之功，皆归于我，各国将永念我德。……无论是从军事策略上，还是从政略上，我国迅速出兵极为有利。应先令已经动员的一个师团立即出兵。"② 八国联军为镇压义和团运动，共向中国派遣了 7 万多人，其中日本向中国派遣了2.2 万多人，是出兵最多的国家，不仅数量超过了位于第二的沙皇俄国，而且派遣的是日本战斗力最强的第五师团。日本出兵最直接的目的是夺取中国东北。义和团运动中，日本与西方列强打着"文明"的旗号，占领了北京，使古都遭受了一场浩劫。1901 年清政府与西方 11 个国家签订《辛丑条约》。日本通过《辛丑条约》从中国攫取3400 多万两白银，占赔款总额的 7.73%。日本再次从对外战争中获利，伺机扩大侵略，获得更多的利益。

1904 年 2 月 8 日，日军向驻扎在旅顺军港的俄国舰队发起突然袭击，日俄战争爆发。1905 年 9 月 5 日，日俄在美国签订了《朴次茅斯条约》。条约规定：俄国将 1898 年所取得的租借期为 25 年的旅大租借地以及该租借地内的一切权益、公产都转让给日本人；俄国将宽城子（长春）以南至旅顺口的铁路及一切支线，连同附属财产，煤矿，得到清政府的同意后，无偿转让给日本；俄国将库页岛北纬五十度以南及其附近的一切岛屿永久让与日本；两国撤兵以后，可留守备

---

① ［日］德富猪一郎：《苏峰自传》，中央公论社 1935 年版，第 310—311 页。
② ［日］本外务省编纂：《日本外交年表及主要文书（上）》，原书房 1978 年版，第 193—194 页。

兵，保护在东北的铁道，守备兵的人数，每千米 15 人①等内容。通过《朴次茅斯条约》，日本取得了中国东北的大部分利益。

1914 年 6 月，奥匈帝国皇储费迪南大公夫妇在萨拉热窝被枪杀事件成为第一次世界大战的导火索。日本从大战爆发之日起，就密切关注着欧洲战局的进展，伺机乘欧洲各国忙于战争之际，夺取他们在中国的利益。8 月 2 日，日本外务省发表《关于欧战之最初宣言》，称"万一时局转变，英国投入战涡，以日英协约目的或濒危境，日本以协约义务，必至执必要之措置"②。日本政界元老、原外务大臣井上馨向首相大隈重信建言："这次欧洲大战，对于日本的国运发展来说，是大正新时代之天佑。在大战中，日本要进一步加强与英、法、俄三国的合作，以确立日本在东洋的利权。"③ 8 月 23 日，日本天皇发布对德宣战诏书，宣告"陆海军亦极力从事战斗，朕之百僚有司，宜率循职务，勉达军国之目的，于国际条规范围之内，尽一切手段，必期其无遗算"④。日本以遵守国际条约为名对德宣战。日本对德宣战后，并没有派兵到欧洲战场，而是向德国在山东的势力范围胶州湾进兵，抢占德国在中国的利益。日本还乘西方列强无暇东顾之际，1915 年 1 月，以支持袁世凯称帝为诱饵，向袁世凯提出了"二十一条"。第一次世界大战爆发后，日本全力推进"大陆政策"，日本舆论普遍认为，第一次世界大战，是日本做"亚洲盟主"、领导"东洋和平"的好机会。日本各主要报刊接连发表支持扩张日本权益的社论，鼓吹"当次欧洲战乱之际，列强急于各自国家的防卫，无暇顾及东洋。此时，能够有力地确保东洋和平者，唯我日本"，"吾人当以最紧张的精神和充实的准备，肩负东洋和平，使中华民国国民信赖日本"，

①　参见［日］日本外务省编《日本外交文书及主要年表》上，原书房 1978 年版，第 239 页。
②　王建朗主编：《中华民国时期外交文献汇编（1911—1949）》第一卷（中），中华书局 2015 年版，第 871 页。
③　［日］井上馨侯传记编纂会：《世外井上公传》，原书房 1968 年版，第 367 页。
④　王建朗主编：《中华民国时期外交文献汇编（1911—1949）》第一卷（中），中华书局 2015 年版，第 873 页。

"日本国民对东洋负有重大责任"①，也就是说，以保卫东洋和平的名义，扩大在中国的侵略利益。第一次世界大战后，列强在巴黎召开和平会议。中国代表拒绝在《凡尔赛和约》上签字，日本没有取得继承德国在山东权益的"法理"依据，但是，日本始终没有放弃对外扩张的大陆政策，伺机进行新的侵略。

1929 年资本主义世界爆发了空前的经济危机，1930 年春危机波及日本。经济危机造成日本社会矛盾激化，法西斯势力乘机活动，鼓吹以战争手段解决经济、社会危机，以对外扩张转移国内矛盾。1931年 1 月，前满铁副总裁松冈洋右提出"满蒙是我国的生命线，其重要性不言而喻，满蒙政策的危机现在比任何时候都严重"②，提出中国东北的利益是日本付出"十万生命、二十亿国币"而得到的"生命线"。现在"满蒙生命线"受到中国排日运动的威胁，日本应不遗余力地保卫"生命线"，解决危机。"满蒙生命线"成为当年的"热词"，日本报纸、电台争相报道，进行蛊惑宣传。1931 年关东军制造九一八事变，并迅速占领中国东北，再次从对外扩张中得到巨大利益，转移了国内矛盾。

日本在东北扶植建立伪满洲国后，日本移民大量进入中国东北。日本的所谓"满蒙开拓团"，打着建设"民族协和"新天地的旗号，抢占中国农民的土地。从 1932 年到 1936 年，日本政府共有计划地向东北进行了 5 次武装移民，共移民 2785 户、7000 多人。这些移民配备步枪，屯垦队还配备了迫击炮、机关枪。除政府组织的官办移民外，日本民间团体也组织"自由移民"。日本移民大量侵占中国农民的耕地，参与政府的军事行动和武力镇压。③ 1936 年 5 月，关东军司令部制订了《满洲农业移民百万户移住计划》，计划从 1937 年起的 20 年的时间里，分四个阶段再向东北移民 100 万户，使日本人口占到东北总人口的五分之一，不仅在军事上而且在人数上占据有利地

---

① 《欧洲战乱と支那》，《东京朝日新闻》1914 年 8 月 11 日。
② 满洲国史编纂刊行会编：《满洲国史史论》，1980 年，第 86 页。
③ 解学诗：《伪满洲国史新编》，人民出版社 1995 年版，第 336—337 页。

位，实现"五族协和"的"理想"。1937 年 9 月 1 日，日本成立"满洲拓殖公社"。1939 年 12 月，日本政府制定《满洲开拓政策基本要纲》，从资金、组织到政策等各方面鼓励日本人移民中国东北。

日本侵占东北并扶植伪满洲国傀儡政权后，侵略野心进一步膨胀，要以伪满洲国为基地，向长城以南的中国地区继续扩张。日本通过 1933 年的《塘沽停战协定》以及 1935 年的《何梅协定》《秦土协定》等，向长城以南扩张势力。1937 年 7 月，日军挑起卢沟桥事变，发动了全面侵华战争。卢沟桥事变是近代以来日本向亚洲推行大陆扩张政策的结果，其发生具有历史必然性。

综上所述，日本明治维新时期的"富国强兵"就包含着对外扩张企图，19 世纪末日本形成了完备的大陆政策，并以武力加以实施。日本以武力推进大陆政策，并屡屡得手，刺激了其侵略野心，形成了对外侵略惯性。

# 三 以多种手段实施大陆政策

直接发动对外战争是日本实施大陆政策最重要的手段。此外，日本与中国相比，其国土小、人口少、资源匮乏。因此，日本对外战争要集中所有力量以"一次决战"或者"一击"打败对手。日本政府重视政治宣传和舆论思想控制，动辄"以国运相赌"的方式，煽动民众支持战争。日本近代以来的对外侵略战争具有疯狂性、举国性和速决性等特点。甲午战争、日俄战争概莫能外。20 世纪 30 年代，日本侵华战争之初同样企图"速战速决"，短时间达到目的。然而，此时中国人的民族意识、民族精神已有重大提升，以持久战略粉碎了日本的图谋，最终战胜了侵略者，取得近代以来民族独立战争的首次胜利。

军队是日本对外扩张的工具，日本政府一直重视对军人的精神控制。1878 年，日本发布《军人训诫》，规定军人应有"忠义""勇敢""服从"的"武士道"精神，绝对忠于天皇。1882 年天皇发布

《军人敕谕》，规定军人必须具备五种素质："军人以尽忠节为本分；军人须正礼仪；军人尚武勇；军人重信义；军人须以俭朴为宗旨。"①军部要求军人全文背诵《军人敕谕》，甚至有"陆军将校结婚时，要求新婚妻子将《军人敕语》全文背诵下来"②。陆军大臣田中义一说"军人之精神必须成为国民之精神"③，要向全国普及武士道精神。可见，日本虽然建立了近代军队，而军队管理、军事教育等方面却存在着许多封建残余，以"忠君爱国"的名义，控制军人的思想，使其成为推行大陆政策的工具。

山县有朋提出日本的"富国强兵"关键在于军备和教育。这里的教育不仅是指知识的传授，还包括"忠君爱国"思想的灌输。近代日本政府将家庭教育、学校教育和社会教育全部纳入军国主义轨道。1870 年，日本颁布"大教宣布"诏书，宣布神道为国教，把日本传统的宗教与现实政治统治相结合，形成了"皇国史观"这一主流意识形态。关于"皇国史观"，日本学界做过大量的分析研究，《广辞苑》认为："基于国家神道，将日本历史描写成万世一系现人神天皇永远君临的万邦无比的神国历史。十五年战争期间作为正统历史观而处于支配地位，在统合、动员国民方面，发挥了巨大作用。"④《日本国语大辞典》的定义是"以万世一系天皇统治为日本历史特色的观念。把古事记、日本书纪的神话当作历史事实。是日中战争到太平洋战争时期军国主义教育的强有力后盾"⑤。日本其他国语辞典、历史辞典的解释大同小异。所谓"皇国史观"，就是以日本是"神国"为前提，将古代传说与日本现实政治结合起来，以"忠君"和"神国"观念为核心的思想体系，是近代日本对国民实行思想统制的工具，也

---

① 《法令全书》1882 年，第 532 页。

② ［日］百赖孝：《事典 昭和战前期の日本》，吉川弘文馆 1990 年版，第 267 页。

③ ［日］依田憙家：《日本帝国主义和中国》，卞立强等译，北京大学出版社 1989 年版，第 148 页。

④ ［日］新村出编：《广辞苑》（第五版），岩波书店 1989 年版，第 860 页。

⑤ ［日］日本国语大辞典第二版编集委员会、小学馆国语辞典编集部编：《日本国语大辞典 第二版》第五卷，小学馆 2001 年版，第 274 页。

是推行内外政策的理论基础。

1899 年日本颁布《大日本帝国宪法》，以法律的形式肯定了"天皇主权论"，天皇作为"现人神"具有绝对的权力。《大日本帝国宪法》公布后，日本出现"国体学"研究热。"国体学"认为日本由"万世一系"天皇统治，有不可比拟的"国体尊严"，"创造了八纮一宇这个成语，把神武天皇的御诏用八纮一宇这样的语言表达出来"①，论证建立天皇为核心的东亚秩序的合理性。1890 年，天皇颁布《教育敕语》，要求日本人在家作"孝子"，在国作天皇的忠臣，在战时要为天皇"义勇奉公"，"国恩宏大，在天孙开辟之国，一切都是天子之物。生则沐浴天子之水，死则葬于天子之地，食之谷米、穿之衣物皆产于天子之土地"②，人民应该充满对皇恩的感谢，并准备为天皇献出一切。"忠君"思想是最高的道德境界，为天皇献出生命是最高尚和英勇的行动。1891 年起，日本政府把誊写的《教育敕语》和日本天皇、皇后的照片，送到日本中小学校，规定在重要节日时，学校师生应该面对天皇、皇后照片行礼，中学生应全文背诵《教育敕语》。"忠君爱国"成为主流意识形态，日本政府驱使年轻人成为对外侵略的工具。

日本政府加强对报纸、广播等媒体的控制，渲染极端民族主义思想，鼓动民族的排外情绪。甲午战争爆发后，福泽谕吉发表《日清战争是文明与野蛮的战争》，认为甲午战争是"文明开化进步者与妨碍进步者之战"③。福泽谕吉发起捐款军费运动，劝诱民众在经济、精神上支持战争，并带头捐款 1 万日元支持战争，当时日本全国捐款在万元以上的只有 5 人④。甲午战争爆发后，日本的小说、诗歌、歌曲、漫画等文学作品中，充斥着神化天皇、赞美战争、鄙视中国的内容，

---

① ［日］石原莞尔：《维新期に於おける人と物》，《东亚联盟》1942 年第 4 期。

② 《京都府下人民告谕大意》1868 年 10 月，载《明治文化全集》杂史篇，第 488—489 页。

③ 《时事新报》1894 年 7 月 29 日。

④ 沈才彬：《论福泽谕吉的民族主义思想》，载《日本史论文集》，辽宁人民出版社 1985 年版，第 170 页。

甚至小孩子做游戏时都唱"支那（原文如此，引文不翻译，以下'北支'等亦如此）佬，拖辫子，打败仗，逃跑了，躲进山里不敢出来"① 等轻侮中国人的歌谣。日本军人在战争中的"英雄"事迹还被编进中小学教科书，极端民族主义思想弥漫于社会中。

日俄战争后，大肆宣扬日本代表了"亚洲的勇气"，再次证明日本的实力、社会文明程度已经远远超过中国，这是日本的荣耀和骄傲，"我日本国民从过去的黑人之上、支那人之下一跃位于支那人之上"②，中日两国的地位已不可同日而语，中国要获得民族解放与国家独立，必须得到近邻日本的"帮助"与"领导"，为扩大侵略造势。

日本侵华战争时期更是形成了疯狂的排华浪潮。九一八事变前，日本各大报刊刊登鼓动国民关注日本在中国东北的利益，支持政府采取断然措施、保卫国家的生存的文章，要求日本人要关心国防，在后方做军队的后盾。九一八事变后，日本国内出现了空前的疯狂"侵华排外"狂潮。有青年报名参军，要求到中国东北去"保卫祖国"。有的士兵因所在部队没有被派到中国东北，不能"报国"而走上极端道路，"两名第8师团的士兵因未被派到满洲而自杀。大阪一名24岁青年因未出征满洲，从新世界通天阁上跳下"③。"在乡军人会"到全国各地举办演讲会、报告会，向听众讲述出征士兵在冰天雪地里为"捍卫"日本"合法"利益而浴血奋战的故事，引起日本人关注九一八事变。不明真相的日本人还为军队捐款、捐物、慰问士兵家属、到神社祈祷，在"铳后"支持政府"膺惩"中国的决策。就连在家"相夫教子"的妇女，也有很多人走出家门参与各种支持战争的活动。1932年3月，日本大阪的家庭主妇组成国防妇人会，1934年年

---

① ［日］依田憙家：《日本帝国主义和中国》，卞立张等译，北京大学出版社1989年版，第24页。

② ［日］德富苏峰：《日露战争の副产物》，载草野茂松、并木仙太郎编《苏峰文选》，民友社1915年版，第766页。

③ ［日］日本历史学会编：《太平洋战争史》第1卷《满洲事变》，东洋经济新报社1956年版，第333页。

底已经有 123 万会员。还有个别妇女以极端方式来表达"爱国"情。大阪步兵井上清一的新婚妻子井上千代子，为让即将出征东北的丈夫无牵无挂，用短刀自刎身亡。她在遗书中写道："唯一的希望就是能够保佑大家平安，为国效力"①，希望他丈夫不要有后顾之忧，勇敢作战。井上千代子"为国献身"的事迹经报纸、电台广泛传播，成为"忠君爱国"的模范，被誉为"昭和烈妇"，祭祀在靖国神社。有一些年轻女性已经不满足于"后方支援"了，要求去前线，从事战地救援、服务伤病等工作，直接为保卫"国防"做贡献。

卢沟桥事变发生后，7 月 11 日，日本政府发出《派兵华北的声明》，认为"对抗日运动高涨的中国给予一击，就能打开局面"②。所谓打开局面，就不仅使华北脱离国民政府的管辖，还要打倒国民政府，控制全中国。为了迅速结束战争，日本还进行了空前的战争动员。1937 年 8 月 24 日，日本通过《国民精神总动员计划实施纲要》，要"增强举国一致，尽忠报国的精神，无论事态如何发展，战争如何长期，都要靠坚忍持久克服困难，实现所期之目的。希望增强国民的决心，为此，实行彻底的国民实践"③。9 月 11 日，日本首相近卫文麿在国民精神总动员大会上演说，要求国民尽忠报国、坚忍持久，支持战争。10 月，日本成立了半官半民性质的国民精神总动员中央联盟，并在各道、府、县成立相应的组织，各级行政长官兼任会长。1938 年 4 月，日本政府颁布《国民总动员法》，以立法的形式将国民卷入战争体制。

全面侵华战争是日本推行大陆政策的最高也是最后阶段。在日本政府、报纸电台等媒体的蛊惑下，日本再度出现支持战争狂热。《朝日新闻》《每日新闻》等报社发起了"国防捐款"活动，在社会得到

① ［日］日本历史学会编：《太平洋战争史》第 1 卷《满洲事变》，东洋经济新报社 1956 年版，第 330 页。

② ［日］日本防卫厅防卫研究所战史室编：《战史丛书 86 中国事变陆军作战 1》，朝云新闻社 1975 年版，第 113 页。

③ 国民精神总动员中央联盟编：《昭和 12 年度国民精神总动员中央联盟事业概要》，1939 年，第 299 页。

广泛响应，"在北支风云险恶之时，全国出现了高昂的爱国热。人们捐款、慰问出征官兵，表达一片赤诚之心。（1937 年 7 月）14 日早晨到中午 4 个小时的时间里，送到陆军省的恤兵金就达到 23110 元 33 钱的巨资"①。1937 年 12 月 13 日，日军占领南京的消息传到日本，带来了股价暴涨，出现了不少"南京成金"（暴发户）。12 月 14 日，日本东京 40 万人上街，举行庆祝攻占南京的提灯游行活动，全国小学放假一天以示庆祝。日本著名的钟纺株式会社社长津田信吾得意地说："期望军队打到南昌、汉口、成都，直到蒋介石举手投降，我们将提供部队所需要的一切。"② 全面侵华战争时期，日本的产业报国会、农业报国会、商业报国会、海运保国会、大日本青少年报国会等行业"报国"组织，极大地支持了战争。

当然，日本国民支持战争是由于受到"忠君"思想的毒害，且战争时期日本严格管制舆论，普通日本民众无从知晓真相。而战争动员体制下，普通人的生活服从战争需要。日本人民不应对战争负主要责任。

# 四　结语

日本大陆政策伴随其近代化形成发展，明治维新日本推行"殖产兴业""文明开化""富国强兵"过程中，与强者为伍是其基本目标，由此，日本对亚洲邻国渐生鄙视心理，认为朝鲜、中国在"西力东渐"之风潮中，不可能维持独立，不出数年其国将亡，其领土将为世界文明诸国所分割。"我日本国土虽在亚细亚之东，但国民之精神已脱亚细亚之固陋，移至西洋文明"③，"为今之计，我国不可再犹豫踌躇、坐等邻国之文明开化而与之共同振兴亚洲，毋宁应脱离其行列，去与西方文明诸国共进退。我国对待支那、朝鲜之法，无须因其为邻

---

① 《国民の胸の躍》，《朝日新闻》1937 年 7 月 15 日。
② ［日］江口圭一：《大系日本历史》，小学馆 1989 年版，第 265 页。
③ 《福泽谕吉全集》第 10 卷，岩波书店 1960 年版，第 239 页。

国而有所顾忌，只有按照西洋人对待彼等之方式方法加以处理"①。"与西方文明诸国共进退"，一方面是要具有与西方相当的经济、政治实力，另一方面是要参加西方列强对亚洲的侵略和瓜分，成为宰割亚洲的"食者"。这是日本制定大陆政策的理论基础。也就是把自然界的丛林法则，用于人类社会、用于对邻国的关系。日本从大陆政策中频繁获益，野心越来越大，最终害人害己。

总之，日本大陆政策起源于明治维新的"富国强兵"，打着"保卫利益线"的幌子，为侵略战争张目。日本实施大陆政策过程中频繁"获利"，又刺激了其继续扩张的野心，形成了对外侵略的"惯性"，最终走向全面侵华战争之路。然而，多行不义必自毙，日本发动侵略战争最终难逃失败的命运。

（史桂芳，首都师范大学教授）

---

① 《福泽谕吉全集》第10卷，岩波书店1960年版，第240页。

# "牺牲已到最后关头"

## ——卢沟桥事变后全国一致抗日局面的形成

## 汪朝光

    1937 年 7 月 7 日卢沟桥事变爆发，日本悍然发动全面侵华战争。7 月 17 日，国民党和国民政府首脑蒋介石在庐山发表演说，警示"卢沟桥事变的推演，是关系中国国家整个的问题，此事能否结束，就是最后关头的境界"；同时郑重宣示，"如果战端一开，那就是地无分南北，年无分老幼，无论何人，皆有守土抗战之责任，皆应抱定牺牲一切之决心"。[①] 8 月 7 日，蒋介石在南京主持召开国防联席会议，决定实行对日抗战。8 月 14 日，国民政府发表《抗暴自卫声明》，严正宣示："中国为日本无止境之侵略所逼迫，兹已不得不实行自卫抵抗暴力。"[②] 不过一个多月的时间，事态的急速演进和发展，使中国上上下下、各界各方，无论地域，无论阶级和阶层，无论党派及其政治立场，都深切体认到，这一次中国再无退路，"牺牲已到最后关头"，[③] 从而由过往分散

---

    ① 朱汇森主编：《中华民国史事纪要》（1937 年 7—12 月），台北"国史馆"1987 年版，第 147 页。

    ② 朱汇森主编：《中华民国史事纪要》（1937 年 7—12 月），台北"国史馆"1987 年版，第 300 页。

    ③ 语出麦新作词、孟波作曲的著名抗战歌曲，歌曲唱道："向前走，别退后，生死已到最后关头！同胞被屠杀，土地被强占，我们再也不能忍受！亡国的条件我们决不能接受！中国的领土一寸也不能失守！同胞们，向前走，别退后！拿我们的血和肉，去拼掉敌人的头，牺牲已到最后关头！向前走，别退后，生死已到最后关头！拿起我刀枪，举起我锄头，我们再也不能等候！中国的人民一齐起来救中国，所有的党派，快快联合来奋斗！同胞们，向前走，别退后！拿我们的血和肉，去拼掉敌人的头，牺牲已到最后关头！"

的、地方的、少数的局部抗战，迈向如今集体的、国家的、全民族的全国抗战之路。①

# 一 地方当局拥护中央政府抗日

中国俗语有谓，分久必合，合久必分。此语形象地表现出传统中国分合、治乱循环往复的历史演进模式。中国既有中央政权高度统一治理的历史传统和心理积淀，也有中央政权衰弱时期的地方强权兴起及其各自为政。经历了元明清三代连续数百年的统一历程，在内外环境的共同挤压作用下，近代中国似乎又一次出现了由合而分的发展趋势。清末地方督抚势力的逐渐兴起，使地方表现出对中央政权的离心倾向，随之又在由帝制向共和转型的过程中，因为武人势力的坐大，军阀割据一方，刺激了地方离心倾向的进一步发展。及至国民党通过北伐推倒北洋武人统治，复又开始由分而合的艰难历程。不过，在1927年以后的南京国民政府统治时期，中国虽然名义上是统一国家，然在实际上，地方实力派仍然各据一方，各说各话，各行其是，南京国民政府的许多施政措施无法推广施行。1931年东北沦陷、1932年上海战事、1933年长城战事、1935年华北危机，等等，国民政府的妥协退让，虽然反映出国民党的自身弱点，但也在一定程度上反映出国民党治下的分裂离心、不能一致对外。蒋介石有言，"不仅对于地方的行动中央不能干涉，甚至地方常以军事的实力威胁中央，以命令的方式来要挟中央"；"封建割据的实际，仍旧潜伏在形式的统一之下"；所以，他恨恨地说："当今中国的病源，就是地方割据。"② 但是，随着中日关系日渐紧

① 有关本主题的研究，各种通论性著述中均有涉及，请参阅相关论著。中国共产党一直高扬全民族抗战的旗帜，致力于推动全民族抗战局面的形成。卢沟桥事变爆发后，面对日本的全面入侵，国共两党捐弃前嫌，最终实现第二次国共合作，携手抗日；八路军出师华北抗战前线，中国共产党领导的抗战民众动员和宣传活动有声有色。这都是全国一致抗日局面形成的重要方面，但由于论文篇幅的原因，本文不讨论这方面的情况，留待另文讨论。

② 忻平：《灾难与转折：1937》，上海大学出版社2008年版，第93页。

张，民族危机日渐深重，中国的民族主义情绪日渐高涨，国人统一的心理及趋向，在外部压迫下，克服内在的种种张力，不断复苏、发展、壮大。卢沟桥的抗战枪声，为近代中国追求自身独立、反抗外来压迫，克服地方分裂，一致对外抗战，造就了难得的契机，不分地域、阶层、党派、立场的全国一致抗日局面的出现，便是其重要的象征。

卢沟桥事变发生后，蒋介石在准备对日抗战时，也在考虑"征求各省长官意见"。① 而据时人的观察，蒋的抗战决策使"全国人心极为振奋"，"自蒋先生宣布决意应战后，全国人心均一致拥护，……在对日作战之前提下，已是举国一致"。② 原先对国民党中央政权离心离德或者面和心不和的地方实力派领袖，一反过去对南京国民政府的背离疏远或不即不离，纷纷对南京中央政权表示支持，其中尤为突出的是当年曾经站在反蒋第一线、全国抗战爆发时仍有较强实力和地盘的晋系阎锡山和桂系李宗仁、白崇禧的态度。

7月9日，蒋介石在卢沟桥事变发生后的第一时间即致电军事委员会副委员长、太原绥靖公署主任阎锡山，通报"此间于昨日得到卢沟桥冲突消息后，即电军委会通令全国戒严，并准备全部动员，以防事态之扩大"；同时征询阎锡山意见，"至对于此事如何应付，尚祈见示为盼"。11日阎锡山回电蒋介石，称"对方利用形势，野心爆发，我方必须有抗战之决心，或可有和平之希望"。12日，蒋介石电告阎锡山，"当在不求战而必抗战之决心下努力一切"。③

山西东接河北，西邻陕西，位于东向出击华北前线、西向拱卫

---

① 《蒋介石日记》，1937 年 7 月 19 日，斯坦福大学胡佛研究院档案馆藏，下同。
② 《王子壮日记》第 4 册，1937 年 7 月 13 日、8 月 2 日，台北："中研院"近代史所 2001 年版，第 194、214 页。
③ 《蒋介石阎锡山往来电》，1937 年 7 月 9 日、11 日、12 日，《〈阎锡山档案〉选录——卢沟桥事变史料》，台北《"国史馆"馆刊》2001 年复刊第 31 期。

西北后方的关键位置，战略地位非常重要。平津沦陷后，山西成为日本在华北下一步侵略的直接目标。面对如此局面，一向习于闭关自保的阎锡山，为保存在山西的统治基础，对蒋介石的呼应也较积极。对于自己的亲近下属之一徐永昌"再忍半年，较为有利"的提议，阎锡山则认为，"弱国如弱女，临难非有决心不能转变对方"。①据徐永昌观察，"阎副委员长向极持重，今亦一变其常态，屡次来电，颇注意明轩（宋哲元）之决心如何"。实则反映出"中国人心，除殷汝耕外，凡稍有心肝者，决不易走入丧权失土之妥协"，正所谓"举国争言抗日，人心似极可恃"。② 也正是因为阎锡山明确表示了自己的态度，蒋介石认为他可以在决策抗战大计时有所借重。7月31日，蒋介石致电山西省政府主席赵戴文转阎锡山，邀其参加国防会议。电文称，"国事危急，大计待决，请代邀伯公提前晋京，面商以期"。③ 8 月 1 日，阎锡山飞南京前写道："病体未痊国难来，轻身为国理当该，扶病南行参国计，但求此去不空回。"3日，在国防会议召开前，蒋介石一天中两见阎锡山，征询抗战决策事宜。7 日，阎锡山在参加国防会议的当天提出："作战为手段，统制为目的，今欲打破敌人统制之目的，必须改作战方式变武力战为政略战。"④

参加国防会议回到太原后，阎锡山在对外发布的文告中说："自七月七日日军在卢沟桥开衅以来，占据我平津，残杀我人民，日日进兵，处处挑战，势非马上并吞华北灭亡我国不止。我们处在这大难临头千钧一发的时候，只有决心牺牲，才能保住我们的国家。要知现在的战争，不是单纯军队的战争，是全民总动员的战

---

① 《徐永昌阎锡山往来电》，1937 年 7 月 14 日，《〈阎锡山档案〉选录——卢沟桥事变史料》，台北《"国史馆"馆刊》2001 年复刊第 31 期。

② 《徐永昌致蒋介石电》，1937 年 7 月 21 日，赵正楷、陈存恭编：《徐永昌先生函电言论集》，台北："中研院"近代史所 1996 年版，第 48 页。

③ 阎伯川先生纪念会编：《民国阎伯川先生锡山年谱长编初稿》第 5 册，台湾商务印书馆 1988 年版，第 2018 页。

④ 《阎锡山日记》，1937 年 8 月 7 日，九州出版社 2011 年版，第 156—157 页。

争。不仅是前线的战争，是连同后方一齐动作的战争。……所以有钱的要出钱，以集中物力；大家要出力，以集中人力。然后才能守土抗战，以挽救国家的危亡。"8月16日，阎锡山又发表《告山西全省人民书》，声明："日本军阀用武力来侵略我们，想要亡我们的国，灭我们的种；我们为保卫我们的国家，保卫我们的民族，所以发动了这次的抗战。"① 此时此刻，中国军队正在山西外围的平绥线和平汉线与日军展开激战，日军从北、东两线步步进逼山西，为了抵抗日军的入侵，阎锡山不仅接受南京国民政府的领导，而且积极与进入山西的八路军合作，筹划抗战。山西即将成为华北抗战的主要战场之一。

桂系李宗仁和白崇禧的态度也为蒋介石所看重。卢沟桥事变发生后，蒋介石即电邀李宗仁和白崇禧同赴南京，共商抗战大计，得到了李、白的积极回应。7月21日，广西绥靖公署主任兼第五路军总司令李宗仁、广西绥靖公署副主任兼第五路军副总司令白崇禧、广西省政府主席黄旭初联名发表通电称："顷读蒋委员长在庐山第二次谈话会发表关于卢沟桥事件之谈话，宣示政府对日方针，并明白昭示吾国应坚守四项原则，词严义正，实为代表我全国民众公意，循环朗诵，感奋莫名。窃维卢案发生，我始终爱护和平，一再容忍，日方着着进逼，近更大举增兵，恣意挑衅。宗仁等欣聆国策已决，誓本血忱，统率第五路军全体将士暨广西全省一千三百万民众，拥护委座抗战主张到底，任何牺牲，在所不惜。"② 24日，军政部政务次长陈诚致电李宗仁表示："值兹国策既已决定，国土主权必须确保，无论中途如何演变，终当努力以求贯彻也。承示委座电令对倭抗战方针，已屡电详告，而尊处则未接到一节，此中情形，当再详查奉告。惟以委座对公之诚笃，决无所隐，或者电中仅

---

① 阎伯川先生纪念会编：《民国阎伯川先生锡山年谱长编初稿》第5册，台湾商务印书馆1988年版，第2027、2030页。
② 秦孝仪主编：《革命文献》第106辑（上），台北：中国国民党中央委员会党史委员会1986年版，第282页。

能及抗战之概略方针，而于抗战之详细计划，则繁复机密，多非面洽不可。前电拟请我公与健生兄抽暇赴京一行，意亦在此。未审究能命驾否：盼切盼切。"① 李、白随后复电南京称："中央既已决心抗战，我辈势当拥护到底"；白崇禧"遵命首途，听候驱遣"；李宗仁则暂留桂林，"筹划全省动员事宜，一俟稍有头绪，亦即兼程北上，共效驱驰"。②

8月4日，白崇禧飞抵南京，当晚即与蒋介石共进晚餐并讨论时局。蒋介石对桂系尤其是白崇禧的态度颇为满意，认为"白健生（白崇禧）到京，团结可喜，其形态皆已改正矣"。其后他调白崇禧任副参谋总长，参与抗战军机决策，并表示"对白应精诚相待"，"团结内部，信任健生"。③桂系对发动抗战的积极态度，对当时面临国民党内各种不同意见而又必须作出决策的蒋介石是有力的支持。过后，国民党内有人认为："因此次战事而最得全国之佩服者，莫如广西之李、白。……军队方面尽量开出，协助中央，……且其军队吃苦耐劳，勇敢善战，军事负责者无不赞其能，以此成绩方不愧多年之训练。以前与中央有抵牾者正以政策故，今知中央确实抗日矣，即不顾一切以助之。此真近代有政治思想者。"④ 作为民间舆

---

① 《陈诚致李宗仁电》，1937年7月24日，何智霖编：《陈诚先生书信集——与友人书》上册，台北"国史馆"2009年版，第117页。

② 《李宗仁回忆录》下册，广西壮族自治区政协文史资料研究委员会1980年版，第688页。

③ 《蒋介石日记》，1937年8月4、6日，10月5日，12月11日。后来蒋介石还提到，"信用健生，使之为国效忠"。（《蒋介石日记》，1938年3月25日）显然，蒋介石此时对白崇禧比对李宗仁更为信任，而白崇禧也比李宗仁对蒋介石更为拥戴，这其中反映的可能是李宗仁这样的军人政治家和白崇禧这样的职业军人之间的差异。据白崇禧回忆，1937年8月2日，蒋介石电召他入京共赴国难，李宗仁、李品仙、夏威、廖磊、黄旭初等广西领导人，"皆反对我入京，唯恐中央对我不利"，但白崇禧"力排众议，毅然入京"。这大概也是蒋介石对白崇禧更为看重的原因之一。至于有人说，冯玉祥、阎锡山、刘湘等到南京与白入京有关，白崇禧认为"未必然，因为抗日已是全国一致之要求"。此当为持平之论。（贾廷诗等：《白崇禧先生访问纪录》上册，台北："中研院"近代史所1984年版，第98—99页）

④ 《王子壮日记》第4册，1937年11月5日，台北："中研院"近代史所2001年版，第309页。

情的反映，傅斯年的态度颇具代表性，他认为："两广对出兵助战之卖气力，可算一百分。广西军大批北上，全省总动员，广东军在上海战，死伤数万人，看来历年的'人事问题'，算一扫而空了。"①

晋系和桂系的对日态度实为当时多数地方实力派对日态度的共同反映，阎锡山身处山西，地邻平津，与平津安危密切相关，无可逃避。即便是身处偏远西南的李宗仁和白崇禧，亦深知国家危亡实关地方利益，也表示出对日抵抗的同仇敌忾之心。卢沟桥事变发生后李宗仁和阎锡山的往来电，反映出双方在抗战方面的一些共同想法。李宗仁致电阎锡山，认为"卢沟桥事件显系日人有步骤有计划之侵略行动，与昔年九一八事件实抱同一策略。查华北日驻屯军闻已有数万之众，年来恃不平等条约之便利，在平津一带到处侵驻，已同附骨之疽。连日其关东军又大举入寇，到处寻衅，势尤猖獗。我二十九军孤军应战，情势极为可危，似非发动举国一致之抗战，实不足戢日寇之野心"。阎锡山电复李宗仁，表示"日本无理寻衅，冀图大举入寇，诚如尊见非发动举国一致之抗战，不足以戢其野心。鄙意亦以为，在我必须有抗战之决心，或可有和平之希望。自当在全国一致之抗战决心下，努力一切也"。李宗仁再电阎锡山，强调"此时应集中国力与敌决一死战，以期死里求生，如再蹈以往覆辙，打头头应，打脚脚应，忍令山河破碎，则国将不国矣"。②

不仅是晋系和桂系，其他与国民党中央和蒋介石此前不无龃龉的地方实力派，乃至发动过直接反蒋行动的国民党党内反对派，此时也多表示对国民党中央和蒋介石抗日决策的拥护和参加抗战的热忱。在地理位置上作为抗战大后方的四川，地方实力派错综复杂，

---

① 《傅斯年致胡适》，1937 年 10 月 11 日，王汎森、潘光哲、吴政上主编：《傅斯年遗札》第 2 卷，社会科学文献出版社 2014 年版，第 626 页。

② 《李宗仁阎锡山往来电》，1937 年 7 月 13 日、15 日、20 日，《〈阎锡山档案〉选录——卢沟桥事变史料》，台北《"国史馆"馆刊》2001 年复刊第 31 期。

统一内部尚且不易，但卢沟桥事变发生后，7月15日，川康绥靖公署主任兼四川省政府主席、川系首脑人物刘湘即电南京，"主张于委座整个计划之下，同德一心，共同御侮。自当漏夜整军方案赶速改编，以期适于抗敌之用。拾师之数，决当遵办。川省应负责任，不惟不敢迟误，且思竭尽心力，多所贡献也"。①8月7日，刘湘飞抵南京，参加国防会议，报告川康整军实施情形，并言"迩来国难严重，已到最后关头，全面抗战，誓不可免，筹划对策，权在中央，本人除敬聆蒋介石及中枢各长官训示外，倘有所见，亦当尽量贡献，以供采择。国家民族已到最后关头，唯一生路只有抗战。举国民众慷慨激昂，已充分表现精诚团结、共赴国难之精神。多难兴邦，殆已明验。敌虽强暴，我必争得最后之胜利也。四川为国家后防，今后川省所负之责任极巨，现时军队整理业已就绪，人力财力无一不可贡献于国家。个人此来，即欲陈明此意，在蒋介石领导之下作准备，以纾中枢之忧，而慰国人之望"。②同日，成都10万市民举行大会，决议请中央即刻发动全民抗战，保全领土，收复失地。③8月26日，刘湘发表《告川陕军民书》，提出四川"七千万人民所应担荷之责任，较其他各省尤为重大。我各军将士，应即加紧训练，厉兵秣马，奉令即开赴前方，留卫则力固后防。……在国家统一指挥之下，整齐步调，严整阵容，在整个民族解放战线上作最前进之先锋，在实际战事上为前方之后盾。如此军民一心，上下共济……置身家性命于脑外，只知抗敌是目前唯一的中心，只知抗

---

① 《顾祝同致蒋介石电》，1937年7月16日，中国第二历史档案馆编：《中华民国史档案资料汇编》第5辑第2编军事（2），江苏古籍出版社1998年版，第85—86页。

② 《中央日报讯》，1937年8月8日，载章伯锋、庄建平主编《抗日战争》第3卷（上册），四川大学出版社1997年版，第63页。

③ 朱汇森主编：《中华民国史事纪要》（1937年7—12月），台北"国史馆"1987年版，第240页。中国青年党首领、川人曾琦其时告刘湘：抗战前途，不外胜败两字，败固同归于尽，但此结果不大可能；假使抗战胜利，而川军未曾出兵，那真成了"国人皆曰可杀"的对象，那时中央只须一纸明令讨伐，阁下纵有雄兵百万，其将奈何？（陈正茂编著：《曾琦先生年谱》，台北"国史馆"1996年版，第138页）此语形象地说明了在当时国内高扬的抗日气氛之下，地方军系首领能够作出的抉择边界何在。

敌解放中国是唯一的坦道，排除一切歪曲的认识，克服一切事实的障碍，前仆后继，百折不挠……誓站在国家民族立场，在中央领导之下，为民族抗战而效命"①。

偏处西南边陲的云南，云南省政府主席龙云在 7 月 28 日发表谈话，申明"在此安危绝续之交，务须无远无近，无老无幼，应以最大之决心，准备为国牺牲，以求延续我国家民族五千年之历史"。② 8 月 2 日，龙云致电蒋介石，表示时局至此，"非集我全民力量，作长期抗战之计，无以救危亡"，并"誓为国牺牲之愿"。蒋复电称龙"忠贞谋国，至深赞佩"。③ 9 日，龙云抵南京，这是他在云南当政 10 年后首次进京。他在南京与各方人物会见，同时对外公开发声，

---

① 丁成明、胡金玉主编：《抗战时期的四川——档案史料汇编》（中），重庆出版社 2014 年版，第 488 页。因为四川作为抗战大后方的重要性，又因为四川与国民党此前并无太深的渊源（晋系和桂系与国民党的渊源胜过川系），即便是川系表态支持抗战，蒋介石仍对川系抱有更多的顾虑和警惕。他在日记中写道："注意：川刘与共党及各反动派勾结，其人私心自用，最无智识，死期当不远矣。"（《蒋介石日记》，1937 年 10 月 14 日）此并非蒋个人独有的看法，国民党中不少人亦持相同看法。1938 年 1 月 20 日，刘湘在汉口病逝，王子壮在日记中写道："自中央迁川，时闻刘湘不稳之传说，但观其出兵抗战，始则迟疑，既仅派六师（川共派十二师，余六师非刘湘系），川省军尚保有廿余万，且较精，绝非如广西之开诚相与，蜚语之来，盖亦有自。外传彼与韩复榘有默契，今韩以不努力抗战，被逮来汉，将予以军法审判，刘之不起殆亦因此，中央当此抗战之际，西顾之忧，得以消除，亦幸事也。"（《王子壮日记》第 4 册，1938 年 1 月 20 日，台北："中研院"近代史所 2001 年版，第 384 页）另据李宗仁回忆，抗战发动之初，蒋介石电邀各地实力派进京共商大计，刘湘曾有电致李宗仁和白崇禧，大意为：中央预备对日抗战是否出于诚意，尚在未知之数，殊未可轻易入京，万一抗日不成，反而失去自由，则国家将因此愈益多事，务盼深思熟虑云云。他认为，蒋介石的为人最尚权诈，万一借抗日之名，将李、白骗往中央，加以羁押，则广西省政必为蒋系所控制，唇亡齿寒，川滇两省也将岌岌可危。李宗仁在回电中告他，"今日的局势只有两条路可循，不是抗战图存，便是投降亡国，中央纵有意拖延，日本侵略者也未必容许，如中央仍无心抗战，则全国军民不能同意，因此，中央和蒋先生除抗战外，实无他路可走，希望秉先国难而后私仇的大义，拥护中央，参加抗战，切勿迟疑不决，致贻吾人不愿共赴国难的口实"。（《李宗仁回忆录》下册，广西壮族自治区政协文史资料研究委员会 1980 年版，第 689—690 页）不过，考虑到南京政府时期中央与地方的关系，以及蒋介石借机吞并地方的可能性，地方对中央存有一定的戒心也是可以理解的，这并不妨碍刘湘和四川地方当局对支持抗战作出的贡献。

② 李新总编：《中华民国史大事记》第 8 卷，中华书局 2011 年版，第 5526 页。

③ 《龙云致蒋介石电》（1937 年 8 月 2 日），《蒋介石复龙云电》（1937 年 8 月 4 日），《滇军抗战密电集》，云南省档案馆 1995 年编印，第 1—2 页。

称"现在国难异常严重，已属最后关头"，明确表示"竭诚拥护既定国策，接受命令"，"现应少说废话，多负责任。身为地方行政负责者，当尽以地方所有之人力财力，贡献国家，牺牲一切，奋斗到底，俾期挽救危亡"。①

1932 年一·二八淞沪抗战名将、后在 1933 年发动福建事变、武装反蒋的前十九路军领导人陈铭枢和蒋光鼐，于卢沟桥事变爆发后自香港回到广州，向国民党中央和蒋介石表示了参加抗战的心愿。陈铭枢说："现在举国对日抗战，决心唯委座之命是从，不谈政治，恢复军人本色，拟俟任潮（李济深）到粤，即日赴京，纵为罪因，或坐冷板凳，亦所心愿。"蒋光鼐说："此次决心赴京，有如奔丧，到京有无孝服，在所不计。"②

在卢沟桥事变刚发生时，国民党内还有人担心，"可虑者，地方与中央未能完全一致，地方对中央若尚存疑虑，则敌人各个击破之技售矣"。③ 但是，过后的事实充分说明，面对日本的侵略，各地方当局、哪怕是曾经武力反蒋的地方实力派，与南京国民政府的抗战决策保持了一致的立场，并有支持抗战的实际行动，表现出兄弟阋于墙、外御其侮的昂扬抗日姿态。所以，蒋介石也认为，"国内军人团结精神较前增强，是抗战之效果也"。④

当然，即便是在抗战的大环境之下，地方实力派还是有他们各自利益的考量以及由此而致的地方性诉求。他们对于南京国民政府抗战决策的支持，随着时间和形势的变化而变化，其坚定性和持久性，也未必那么一贯和无间。如徐永昌观察，"惧日又不能不抗日，疑中央

① 朱汇森主编：《中华民国史事纪要》（1937 年 7—12 月），台北"国史馆"1987 年版，第 247 页。实际上，龙云与蒋介石之间，在一致抗日的大前提下，也存在一定的互相戒备的关系，蒋介石时时企图将云南纳入国民党中央政府的紧密控制下，龙云则希望维持地方的某种自主性，双方之间的张力限界，恰恰反映出民国时期中央与地方关系的微妙性和复杂性。

② 《陈诚致何应钦电》，1937 年 9 月 4 日，何智霖编：《陈诚先生书信集——与友人书》上册，台北"国史馆"2007 年版，第 120 页。

③ 《陈克文日记》上册，1937 年 7 月 13 日，社会科学文献出版社 2014 年版，第 79 页。

④ 《蒋介石日记》，1937 年 10 月 23 日。

又不能不赖中央，今日中国之拥有重兵者无不然"①。不过，地方实力派与中央政府关系的摆动幅度和边界，也只能局限在抗战的大框架之中，并由抗战的终极目标所决定。一旦越出这个框架和边界，地方实力派（其实也包括国民党内各派）的诉求将不再具有政治和道德正当性，其最有可能的结局，是被认定为卖国求荣的"汉奸"，这是和战前地方实力派与中央政府矛盾冲突中那些反反复复而又能够最终和解的过程和结局有根本区别的方面。

## 二　社会各界对抗战的支持

卢沟桥事变发生之后，不仅地方当局一改过去对南京国民政府的离心倾向和冷漠态度、一致拥护南京国民政府实行抗战，媒体舆论、知识文化界包括国民党体制外曾经的反对派也多要求迅速发动抗战，支持对日本采取强硬立场。

《大公报》作为当时社会舆论的代表，在卢沟桥事变发生后连续发表评论，强烈呼吁全国一致，抵抗日本侵略，表明了媒体人的立场。《大公报》在社论中表示，"日本此次举动，实有武力攫夺华北的决心，我们除非甘心放弃中国北部各省，否则除守土自卫外，还有什么路径可走？时急矣，事迫矣，日方若果进逼不已，希望中央当局审度时势，领导全国，共走此不能不走的一条道路！"②《大公报》还强调，"表面和谈，固不可恃，局部妥协，尤无可能。此时负责当局须上承中央意旨，下徇全国舆情，立定脚跟，沉毅应付。苟安必不可求，寸土不容放弃。这是国民一致的要求，因为此外我们也没有第二条路可走！"③ 蒋介石发表庐山谈话之后，《大公报》发文表示支持，提出"我们政府方针是求和，不求战。但无论

---

① 《徐永昌日记》第 4 册，1937 年 8 月 11 日，台北："中研院"近代史所 1991 年版，第 100 页。
② 《我们只有一条路》，上海《大公报》1937 年 7 月 11 日第 2 版。
③ 《国民一致的要求》，天津《大公报》1937 年 7 月 16 日第 2 版。

如何，不能放弃国土，不能坐视我们部队受攻击而不救。我们前天已说过，中国绝无再退再屈之余地，再退就是弃地亡国，所以今天的中国是被置在不得不奋斗不得不拼命之境遇中。这种情形，全军全民，人人了解，更盼望绝对共同认识中国是万不得已，是无所选择"。① 不过，对于蒋介石的"不求战"说法，《大公报》的评论有所批评，认为"时局形势如此，所以我政府只标榜'不求战而应战'，已不够应付，因为那是态度，不是方针，方针是多含主动成分的，是应当有积极意义的"。②

7月底，当日本不断扩大侵略，平津面临危急存亡之时，地处天津的《大公报》总部在天津沦陷被迫停刊前的几期报纸的社论中，坚定地呼吁政府和国民："这多少天来，全国的空气是一致拥护蒋先生的演辞，大家对于演辞全文的精神，想必一致了解。现在既到最后之一秒钟，国家怎样行动，需要政府明白决定"；"政府责任现在万分重大，其负责的对象，不但是现在的国民，并且是未来的历史！"③《大公报》上海版在7月28日发表的社论说得更加干脆明白，易读易懂："最后关头到了。我们全国人心，倒是从此安定。只有亿兆一心，保卫国土，应援前线，其他一切，不必谈了。"④ 次日的社论又写道："老实说，除非日本相逼，中国是永不会与日本战争的；而且寻常的逼迫，还打不起来。这个理由，极容易了解，因为交战是整个在我们领土内，一切的战祸，都是我们受。所以即使我们国防充实，当然要尽力避免破坏。"但是，"这二十天的卢沟桥事件，证明对方逼着要打，怎样回避，也避不开"；"所以今番的特色，不是条件问题，而是任何条件换不来免于挨打的问题"。"我们军队在忍无可忍退无可退之后，昨天只有悲愤应战。因为中国今天整个是背水阵，要想独立自由，就必须拼命，不然，就必须降服，并且降了还不给留余地。日

---

① 《时局到最紧关头》，天津《大公报》1937年7月19日第2版。
② 《国家的重大时机》，天津《大公报》1937年7月24日第2版。
③ 《和平绝望的前一秒钟》，天津《大公报》1937年7月27日第2版。
④ 《和平绝望》，上海《大公报》1937年7月28日第2版。

本是侵略邻国，毫无不得已的理由，中国是生存问题，只有彻底牺牲，才能自救。"① 言为心声，这些毅然决然、坚定执着的言辞，传达着媒体人，也是媒体所代表的中国人一致的心声！

国民党曾经的反对派也对国民党的抗战决策表示了支持。中国青年党领导人曾琦在四川成都发表的广播演讲中认为，不论从财政、粮食、封锁、武器、战斗经验、指挥人才、动员各方面去分析，日本必败；另就民族意识、国家观念、国际情势、精神方面去看，日本亦无成功之理由。因此他估计"抗战一年，有六成胜利把握；二年有八成把握；三年有十成把握。我们且把握此千载难逢的机会，争取必能获得的最后胜利！"② 中国青年党另一领导人左舜生致函蒋介石表示，"仅有与国民党共患难一念，此外都非所计"。国家社会党领导人张君劢亦致函蒋介石表示，"对于国民政府至诚拥护"。③ 7 月 16 日，张君劢在庐山谈话会发言，表示"现在中国的问题，除了生死存亡问题之外，再没有其他意见。我们除了维持民族生存保障民国独立以外，没有第二个希望"。"在现在国难的时候，党与党之间，个人与个人之间，决无争执之必要，亦无争执之可言。否则中华民族不能生存，还有什么党争可言。"④

知识文化人对形势的变化更为敏感，表达自己抗日诉求的愿望也更为强烈。身处抵抗日本侵略最前线的北平，北京大学教授在 7 月 24 日发表《对卢沟桥事变之宣言》，声明："我民族纵爱好和平，但不能放弃卫国的职责，更不能坐视人道和正义的被摧残而不奋起维护。现在和平的希望，已到了绝续的关头了。我们的政府，仍本着'求自存与共存'的政策，始终一意爱护和平。……倘使日本还不悔悟，那么我们举国上下惟有牺牲一切，抗战到底，不幸到了那个时候，我们

① 《艰苦牺牲的起点》，上海《大公报》1937 年 7 月 29 日第 2 版。
② 陈正茂编著：《曾琦先生年谱》，台北"国史馆"1996 年版，第 139 页。
③ 马齐彬主编：《国共两党关系史》，中共中央党校出版社 1995 年版，第 656 页。
④ 秦孝仪主编：《革命文献》第 106 辑（上），台北：中国国民党中央委员会党史委员会 1986 年版，第 299—300 页。

就要为抵御暴力而战，为保其国土而战，为人道和正义而战，为人类的自由而战，为世界的和平而战。"① 南京各学校学生则通电全国，声明"我们忍辱负重已经六年了，现在不能再失去寸土寸地，我们要做政府坚强后盾"。② 著名作家茅盾写道："现在半个中国已经响彻了炮声。这就是中国民族求独立自由的伟大怒吼！我们愿意流尽最后一滴血，但我们所得的代价将是日本帝国主义的崩溃和中国民族的解放自由。"另一位著名作家巴金则在为淞沪抗战发动而特别创办的新刊《呐喊》上写道："一个人的生命是容易毁灭的，群体的生命就会永生。把自己的生命寄托在群体的生命上，换句话说，把个人的生命连系在全民族（再进一步是全人类）的生命上面，民族一日存在，个人也不会灭亡！"③

不过，值得注意的是，与多数文化人对抗战的热烈支持相对比，部分与南京国民政府关系较深的知识界人士对抗战却有比较持重的态度。时任教育部部长，与知识界人士多有往来的王世杰，在其日记中对此有一段细致生动且形象的记载："首都一般人士，均深感大战爆发后之危险。无知识或无责任之人，感觉身家危险，有知识者则对国家前途不胜恐慌。故政府备战虽力，而一般人之自信力仍日减。今日午后与胡适之先生谈，彼亦极端恐惧，并主张汪（精卫）、蒋（介石）向日本作最后之和平呼吁，而以承认伪满洲国为议和之条件。吴达铨（吴鼎昌）今晨向予言，战必败，不战必大乱，处此局势，惟有听蒋先生决定而盲从之。今日午后约胡适之、吴达铨、周枚荪（周炳琳）、彭浩徐（彭学沛）、罗志希（罗家伦）、蒋梦麟诸人在家密谈。胡、周、蒋均倾向于忍痛求和，意以为与其战败而求和，不如于大战发生前为之。达铨则仍谓战固必败，和必乱。余谓和之大难，在毫无保证；以日人得步进步为显然事实；今兹求和不只自毁立场，徒

① 朱汇森主编：《中华民国史事纪要》（1937年7—12月），台北"国史馆"1987年版，第191页。
② 李新总编：《中华民国史大事记》第8卷，中华书局2011年版，第5490页。
③ 忻平：《灾难与转折：1937》，上海大学出版社2008年版，第312—313页。

给敌人以一、二月或数月时间，在华北布置更强固，以便其进一步之
压迫。"胡适为这些人士的代表，后来他还将其意见面告蒋介石。①
所以，才有 8 月 7 日国防会议上蒋介石对胡适的"讥讽"和程潜"指
摘胡氏为汉奸"之言辞。其实，就这些知识界人士之前和之后的表现
而言，他们也愤恨日本的侵略，同时主张维护中国的主权和独立，无
亏于抗日立场的大节，但在当时，他们可能比较多地考虑到中日国力
对比的差距，顾虑一些现实的困难，自认为不能如同文化人那般"浪
漫"，而是应该讲求知识人的"理性"，所以主张对日持重，不主张
立即对日开战，或出于可以理解的缘由，而且也对当时某些过分的
"乐观论"形成反弹。②当全国抗战发动之后，他们也都积极投身于
抗战，并在各自不同的位置，为抗战的最终胜利作出了他们的贡献。

　　对于那些过去反对和批判国民党，因而被压制甚至被捕被通缉的
左翼人士，在全国抗战发动之后，国民党和蒋介石也在一定程度上改
变态度，采取了一些缓和措施。蒋介石认为，"紧急时更须宽缓，此
治国平乱对敌惟一之道也"，并考虑对"文艺界之接见与联络"。③

　　著名的反蒋左翼人士郭沫若，1927 年 5 月被国民党通缉，后流亡
日本长达 10 年。全国抗战爆发后，1937 年 7 月 27 日，郭沫若克服种
种困难自日本回到上海。28 日，国民党中央执行委员会知照行政院、
司法院和军委会，取消对郭沫若的通缉令。随后，郭沫若担任上海文
化界救亡协会主办的救亡日报社社长，投身于抗日洪流。淞沪抗战打

---

① 林美莉编辑校订：《王世杰日记》上册，1937 年 8 月 3 日、5 日，第 28 页。日记中
提到的人物，胡适为北京大学教授，吴鼎昌曾任大公报社社长，时任实业部部长；周炳琳
为教育部常务次长，彭学沛为交通部常务次长，罗家伦为中央大学校长，蒋梦麟为北京大
学校长。

② 中日开战之初，蒋介石认为，"日本的财政非常困难，现在已大不如我们"。[《南
京国民政府国防联席会议记录》，1937 年 8 月 7 日，载章伯峰、庄建平主编《抗日战争》
第 2 卷（上册），第 81 页]阎锡山认为，"日军除运用火力外，他无所恃。其军官士兵，一
生活优裕，二感觉战争无意义，故在战斗上，只要避开其火力，使其火力不能充分发挥，
必可取得胜利"[《卢沟桥事件第 27 次会报》，1937 年 8 月 6 日，《中华民国史档案资料汇
编》第 5 辑第 2 编军事（2），第 53 页]。这些看法倾向于"速胜论"，对于中日实力对比的
估计显然都过于乐观，未能预见到战争的长期性和持久性。

③ 《蒋介石日记》，1937 年 7 月 18 日、12 月 19 日。

响后，郭沫若在日机轰炸下写成《我们为什么要抗战》，疾呼抗战是"为保卫自己的祖国，为保卫世界文化，为保卫全人类的命运"。① 1938 年，郭沫若在武汉担任军事委员会政治部第三厅厅长，活跃于武汉时期的政治和文化舞台，成为抗战文化宣传方面的代表性人物之一。

全国抗战开始后，为集合各方人才一致抗日，国民政府决定修订《危害民国紧急治罪法》，删去原规定中"宣传与三民主义不相容之主义"为"危害民国"之犯罪的条款，着重惩处那些"私通敌国""勾结叛徒""泄露秘密""动摇军心"的犯罪，并在 9 月 4 日公布。② 该法的修订，使过去曾经反对国民党的不少"政治活动者"得以恢复自由，其中便包括陈独秀。1934 年 6 月，陈独秀以"危害民国"的罪名被处 8 年徒刑。1937 年 8 月 21 日，国民政府发令，以其"爱国情殷，深自悔悟，似宜宥其既往，藉策将来"，决定"依法宣告减刑"。③ 23 日，陈独秀被释放出狱。被关押在南京等各处监狱的数百名中国共产党党员也在抗战开始后经国共交涉而被陆续释放。

全国各界救国联合会领导人沈钧儒、王造时、李公朴、沙千里、章乃器、邹韬奋、史良，因为主张停止内战联共抗日，反对国民党政府的妥协内战政策，以"危害民国"罪于 1936 年 11 月被逮捕并起诉，1937 年 6 月开庭审理，史称"七君子"案。此案引起相当大的社会反响，招致舆论和国民党党外人士的批评，使国民党颇为被动。不过，国民党党内也有主张以温和方式解决此案者。还在卢沟桥事变发生前，7 月 1 日，陈诚致函蒋介石，请求"可否请由钧座准予先行交保，调至庐山受训之处"。④ 卢沟桥事变发生后，在准备对付日本

---

① 李新、陈铁健主编：《中国新民主主义革命史长编·全民抗战气壮山河》，上海人民出版社 1995 年版，第 140 页。

② 《危害民国紧急治罪法》，1937 年 9 月 4 日修订公布，《国民政府公报》第 2450 号，1937 年 9 月 6 日。

③ 《国民政府令》，1937 年 8 月 21 日，《国民政府公报》第 2439 号，1937 年 8 月 23 日。

④ 《陈诚呈蒋介石》，1937 年 7 月 1 日，何智霖主编：《陈诚先生书信集——与蒋中正先生往来函电》上册，台北"国史馆"2007 年版，第 281—282 页。

入侵、全国抗战发动在即的形势下，为联络各界力量，对外展示国民党的政治新姿态，蒋介石考虑从速解决此事，以"保释"的方式，早日"了结"此案。尚在江苏高等法院看守所等候判决的"七君子"，亦联名致电蒋介石，支持抗日，称赞其庐山谈话"义正词严，不胜感奋"，深信"必能使全国人心，团结愈固，朝野步骤，齐一无间"。7月30日，江苏高等法院以"各被告危害民国一案，羁押时逾半载，精神痛苦，家属失其赡养"为由，决定予以交保释放。① 31日，沈钧儒等"七君子"获保释。② 1938年1月1日，国防最高会议决定，"现在反省院受反省处分者，准予取保释放，反省院裁撤"。同年11月19日，明令废止《反省院条例》，希图以此显示抗战时期对于过往"政治犯"的"不咎既往"，以实现团结一致的抗战。③

## 三　抗日民众运动的兴起

卢沟桥事变及全国抗战爆发后，原先对民众运动比较警惕的国民党，也在一定程度上放松了管制，以得到民众和舆论对抗战的支持，并借以营造民众支持政府抗战、政府领导民众抗战的气氛。往年有些寂寞冷清的"九·一八"，"为避免敌人借口，不举行任何仪式，几于提及'九·一八'一词，亦在不许之列。今年始扩大宣传，到处开会宣誓，誓驱倭寇，收复失地"。④ 尤其是在战争重心从华北移至淞沪地区后，以上海为中心的民众抗战动员活动一时颇为热烈，无论政治立场的左中右，社会各界都积极投身于抗日救亡活动之中。

---

① 周天度、孙彩霞：《救国会史（1936—1949）》，群言出版社2008年版，第166页。
② 1939年1月26日，四川高等法院第一分院据修改后的法律，认为"被告等虽属组织团体，号召民众，但其所谓抗敌御侮及联合各界救国各节，均与现在国策不相违背，不能认为以危害民国为目的。该被告等之行为自属不罚之列"。决定对"七君子"撤销起诉。[周天度、孙彩霞：《救国会史（1936—1949）》，群言出版社2008年版，第169页]
③ 《中国国民党中央执行委员会公函》，1938年1月1日，中国第二历史档案馆编：《国民党政府政治制度档案史料汇编》下册，安徽教育出版社1994年版，第684页；孔庆泰等：《国民党政府政治制度史》，安徽教育出版社1998年版，第507页。
④ 《陈克文日记》上册，1937年9月18日，第106页。

　　7月8日，卢沟桥事变发生的次日，当时消息刚刚传到上海，而国民政府决策未定，国民党上海市党部组织部部长吴开先即访晤知名大佬杜月笙，希望他出面重组一·二八淞沪抗战时期的上海市抗敌后援会，发动民众，支援前线将士。其后，由杜月笙、虞洽卿、钱新之等社会知名人士发起，上海市抗敌后援会在12日成立。① 22日，国民党上海市党部又组织商会、地方协会、工会、农会、教育会、妇女会、银行公会、钱业公会、律师公会等15家团体，共同发起成立上海市各界抗敌后援会，由王晓籁、杜月笙、钱新之、潘公展、黄炎培等组成主席团，发表宣言，号召"凡属国人，皆当奋起，统一组织，集中力量，以铁血求生存，作抗敌之后援，一心一德，念兹在兹，各竭其能，各尽其力，非达到国土完整、民族复兴之目的，誓不稍懈"。② 上海市各界抗敌后援会主要由国民党操控，具有强烈的官方色彩，但在发动民间力量支援前线作战、救治资助难民以及宣传鼓动等方面，发挥了一定的作用。28日，上海文化界救亡协会成立，国民党元老蔡元培、代表官方的右翼文人潘公展、代表民间的左翼文人胡愈之共同担任常务理事，并出版《救亡日报》，由郭沫若任社长，国民党的樊仲云和中国共产党的夏衍共同出任总编辑。

　　上海的工商界，无论是资本家还是工薪阶层，都参加到支援抗战的工作之中。8月12日晚，就在淞沪战事即将爆发的前夕，上海市商会主席王晓籁发表广播演讲，声言："诸位同胞，现在真到了最后关头了。每个人只该埋头工作，有力的出力，有钱的出钱，我觉得为了国家，流血、流汗、捐钱、捐物，都是最光荣、最有价值的行动。我们大家不愿做奴隶，不愿做汉奸，人同此心，心同此理，还有什么话说！"大战爆发后，在各方抗日热情的激励下，9月2日，上海市商会发表通电，号召大家踊跃捐输，提出："此次对日抗战关系全国存亡，政府发行救国公债伍万万元，实为厚集财力，持久制胜之准

---

① 李新总编：《中华民国史大事记》第8卷，中华书局2011年版，第5478—5479页。
② 《上海抗日救亡运动资料选编》，上海市中共党史学会1985年编印，第285页。

备，意义重大。"为此成立上海市商界劝募总队，各商店以其资本额承购 5%、公积款项承购 10% 为标准，店员月薪满 50 元者承购 10%，不及 50 元者自由认购。上海市商会及银钱业同时宣布对日实行经济绝交。① 上海多家日商工厂的工人举行反日罢工，不少日本洋行的华人雇员辞职离岗。"日人大起恐慌，多允增加工资，而各职员及雇工，毅然不受金钱诱惑，断然告退。"② 10 月 1 日，上海市商会举行执监委员联席会议，发表《国民对日经济绝交宣言》，提议"国人为自卫计，为协助政府长期应战，消耗敌人实力计，实有速行国民对日经济绝交之必要"。宣言发表后，得到上海全市一百数十家同业公会的一致响应。③

与上海的抗日动员相呼应，全国各地的抗日动员活动也都在逐渐展开。7 月 14 日，全国商会联合会通电各省区商会联合会，迅速联合当地各界，组织抗敌将士后援会，劝告各界自由捐输，并转知各商店工厂，先捐一日营业额十分之二，汇往慰劳前线将士。④ 8 月 1 日，中国妇女慰劳自卫抗战将士总会在南京成立，宋美龄发表演说："我们要保全国家的完整，保护民族的生命，应该尽人人的力量，来抵抗敌人的侵略。我们妇女也是国民一分子，虽然我们的地位能力和各人所能贡献的事项各有不同，但是每人要尽量的贡献她的能力来救国。……打仗的时候，男子都要上前线去杀敌，后方工作是我们妇女的责任，我们须要鼓励着男子，使他们知道我们有我们的方法来拥护他们，使他们无后顾之忧，不是来阻碍他们；我们也能够牺牲一切，就是我们的生命也能牺牲，来拥护我们前线的忠勇将士。"⑤ 早前，

---

① 上海社会科学院历史研究所编：《"八一三"抗战史料选编》，上海人民出版社 1986 年版，第 313—316 页。

② 延安时事问题研究会编：《抗战中的中国政治》，中国现代史资料编辑委员会 1957 年版，第 209 页。

③ 李新总编：《中华民国史大事记》第 8 卷，中华书局 2011 年版，第 5619 页。

④ 李新总编：《中华民国史大事记》第 8 卷，中华书局 2011 年版，第 5486 页。

⑤ 秦孝仪主编：《革命文献》第 106 辑（上），台北：中国国民党中央委员会党史委员会 1986 年版，第 286—287 页。

宋庆龄、何香凝等妇女界人士，在上海成立妇女抗敌后援会，由何香凝任主席，中国妇女慰劳自卫抗战将士总会在南京成立后，上海妇女抗敌后援会于8月4日改名为中国妇女慰劳自卫抗战将士总会上海分会。如宋庆龄所言，在当时的上海，大家"并肩在火线上一起工作。千千万万妇女都出钱出力或者既出钱又出力"；"人民成立了志愿队，将伤兵从前线抬回来，替伤兵们缠绷带，缝织伤员的衣服，看护他们，替他们写信和组织娱乐活动"。[①]

为了配合军队在前方战场的作战，各种宣传方式尤其是那些通俗易懂的宣传方式迅速流行开来。何香凝、胡愈之、史良等发起成立了上海战时壁报工作服务团，"每天把抗战的消息、战时应有的知识、后方民众应尽的义务，经过壁报来贡献于市民，并经过壁报来辅助其他工作团体进行工作"。[②] 壁报曾经对"八百壮士"坚守四行仓库的壮举这样写道："他们八百勇士不愿撤退，誓与倭寇拼性命，誓与闸北共存亡，忠勇的八百勇士呀，你们是中国的抗战中勇士，你们光荣的牺牲精神，将掀起抗战复仇的决心！"[③]

文化界是抗日宣传的主力。卢沟桥事变刚刚发生，上海左翼文化人便集体执笔创作了三幕话剧《保卫卢沟桥》，由100余位电影话剧演员参加演出，在卢沟桥事变发生1个月之后的8月7日搬上了舞台。剧中主题曲唱道：

> 敌人从哪里来，把他打回哪里去。中华民族是一个铁的集体！我们不能失去一寸土地！兵士战死，有百姓来抵！丈夫战死，有妻子来抵！中华民族是一个铁的集体！我们不能失去一寸土地！敌人从哪里来，把他打回哪里去！

---

① 宋庆龄：《中国妇女争取自由的斗争》，《宋庆龄选集》，人民出版社1966年版，第159—160页。

② 《上海战时壁报工作服务团缘起》，上海市档案馆编：《上海档案史料研究》第1辑，上海三联书店2006年版，第309页。

③ 《八百勇士守闸北歌》，上海市档案馆编：《上海档案史料研究》第1辑，上海三联书店2006年版，第325页。

此时此刻，全场观众无不热血沸腾，齐声欢呼！卢沟桥，这座横亘于北平郊外永定河上默默无言、饱经沧桑的八百年古桥，已然成为此时此刻中国的象征，"保卫卢沟桥"，也是在那些不眠夏夜中，无数关心国家民族前途命运的中国人发自内心的心声！

过去因为软弱妥协的对日政策被外界所诟病批评并屡屡处于被动地位的国民党文宣系统，在战争爆发后也表现出一定的积极态度。国民党上海市党部对外发布的"抗日问答十项"中有下面这样的问答式表述：

> 我们现在为什么要抗日呢？
>
> 日本要灭亡我们的国家，我们已忍无可忍，让无可让，非抗他不能生活了，所以我们非起来抗日不可。
>
> 不抗日可不可以呢？
>
> 不可，不抗日就要当亡国奴了。不仅自己当亡国奴，子子孙孙都要当亡国奴的。
>
> 什么叫亡国奴呢？
>
> 亡国奴就同高丽人那样，任人欺侮，任人劫夺，任人宰杀。祖宗的坟墓不能保，田园庄宅不能保，金银财宝不能保，生活真是连猪狗都不如。
>
> 怎样才能不当亡国奴呢？
>
> 只有信仰我们的中央政府，帮助我们的国家军队，拥护我们的军事领袖，大家一致起来抗日，才能不当亡国奴。[①]

上述问答的语言明白晓畅、通俗易懂，主旨在以可能成为"亡国奴"的悲惨前景和悲情意识，唤起国人同仇敌忾的抗日之心，表现了

---

① 《市党部颁发抗日问答十项》，《申报》1937年10月13日第6版。据冯玉祥言，此项抗日宣传问答是他早先以此意面陈蒋介石，"荷蒙采纳，属将此项宣传文字写出"。由此可知，国民党高层当时也曾介入抗日宣传的部署。（陶英惠辑注：《蒋冯书简新编》，台北：学生书局2010年版，第288—290页）

宣传的动员力。虽然其中"信仰我们的中央政府""拥护我们的军事领袖",凸显了国民党力图垄断抗战解释权的立场,但是,这样的宣传出自国民党文宣系统之手,不仅表示出全国抗战爆发之初国民党一定的积极抗日态度,而且与左翼文化人的抗战宣传互为呼应,表示了左、中、右不同政治立场的各派力量当时在抗日救亡方面的一致性。不当"亡国奴",也是贯穿整个抗战期间最能打动国人心弦的宣传主旨之一。

# 四　结语

自7月7日卢沟桥事变发生,到8月13日淞沪抗战爆发,全国抗战成为事实,不过短短1个月的时间,中华民族积数千年历史而形成的坚韧性和中国民众为抵抗日本侵略起而保家卫国的正当的、理性的、热烈的民族主义和爱国主义情感得到空前的发抒和释放,并在广阔的时空层面,超越了地域、阶层、党派、政治立场的差异,表现为"中国人民大众已经觉醒起来了"。① 这样的"觉醒"得到了当时社会各界的共同认可。傅斯年称赞:"国内抗战之意识有增无减,老百姓苦极而无怨言,上海前敌兵士,真是再好也不能了。""我们是以血肉抵抗飞机、大炮,不消说死伤之多,数目听到吓死人。但千古未有之勇敢,完全表见。这是抗日训练大成功。"② 国民党中央监察委员会秘书长王子壮注意到:"我方自蒋先生宣布决意应战后,全国人心均一致拥护,如向日稍有违异,亦均一致主张,如广西白崇禧、李宗仁之请缨,上海沈钧儒等七人之释放,郭沫若之取消通缉返国,均表示绝对拥护中央抗战之主张,是在对日作战之前提下,已使举国一致,今后苟能于战事方面支持长久,不致为敌人所屈服,我国转弱为

---

① 宋庆龄:《中国是不可征服的》,《宋庆龄选集》,人民出版社1966年版,第120页。

② 《傅斯年致胡适》,1937年10月11日,王汎森、潘光哲、吴政上主编:《傅斯年遗札》第2卷,社会科学文献出版社2014年版,第626页。

强、复兴国家之机会，亦在于此矣。"① 即便是一向因民众动员可能
溢出控制而小心谨慎的国民党，在全国抗战初起时也体认到民心之力
量和民气之可用。蒋介石能够决策抗战的动因之一，便是他体认到，
"平津既陷，以民荼毒，至此虽欲不战亦不可得，否则国内必起分崩
之祸。与其国内分崩不如对倭抗战，以倭内部之虚弱及其对华之横暴
以理度之，不难制胜也"。② 所以，蒋介石在对军队进行抗战动员时
也难得地谈到民众动员之力量："任何战争得到民众帮助的，一定胜
利。这次抗战，尤其应该发动全国各地方全体民众的力量，来和敌人
拼命。但是要希望民众和军队合力一心，合拍应手，一定先要对民众
表示亲爱精诚，得到他们的信仰，才能达到希望。"③ 而在日本之外
的世界各国，也都注意到中国因对日抗战而迸发的高昂民气。美国
《时代》周刊写道："所有一切意味着日本人对中国的野蛮侵略，在
上周已使全中国空前地团结起来了，明显比以往团结得多。"④ 法国
左翼《人道报》的评论更为鲜明："许多年以来，我们英勇的中国同
志所不倦地呼吁的民族精神、统一精神，在这迷途的侵略者之前，突

---

① 《王子壮日记》第 4 册，1937 年 8 月 2 日，台北："中研院"近代史所 2001 年版，
第 214 页。

② 《蒋介石日记》，1937 年 8 月 31 日。不过，蒋介石虽有此言，但实际上蒋介石和国
民党在抗战中不仅未能充分动员民众，且因其政策和施政的不当而逐渐失去民心。蒋经国
承认，这是因为"工作中心没有将广大群众的利益，尤其是农民的利益，作为重点"。（蔡
盛琦、陈世局编辑校订：《胡宗南先生日记》上册，1945 年 3 月 1 日，台北"国史馆"
2015 年版，第 438 页）所以蒋介石曾"浩然长叹"，"如果长此下去，不但死无葬身之地，
且亦将'生无葬身之地'"。（《王子壮日记》第 8 册，1943 年 11 月 24 日，台北："中研院"
近代史所 2001 年版，第 454—455 页）在国民党军队于 1944 年的豫湘桂战役中一败涂地之
时，毛泽东为《解放日报》发表的社论《衡阳失守后国民党将如何》加写了这样几句话，
一针见血地指出了国民党的问题所在："一切问题的关键在政治，一切政治的关键在民众，
不解决要不要民众的问题，什么都无从谈起。要民众，虽危险也有出路；不要民众，一切
必然是漆黑一团。国民党有识人士其思之。"（《一切政治的关键在民众》，1944 年 8 月 12
日，《毛泽东文集》第 3 卷，人民出版社 1996 年版，第 202 页）

③ 朱汇森主编：《中华民国史事纪要》（1937 年 7—12 月），台北"国史馆"1987 年
版，第 243 页。

④ 李辉：《封面中国：美国〈时代〉周刊讲述的中国故事（1923—1946）》，东方出
版社 2007 年版，第 194 页。

然像一道现代的新万里长城似地矗立了起来。"① 完全可以这么说，1937 年 7 月 7 日深夜，中国军队为抵抗日军侵略而在卢沟桥发出的划破夜空寂静的自卫枪声，是中华民族在艰难重压下追求民族独立和复兴的重生号角！也是近代以来中华民族凤凰涅槃的复兴之路迈向转折的重要标志！

（汪朝光，四川大学文科讲席教授）

---

① 上海社会科学院历史研究所编：《"八一三"抗战史料选编》，上海人民出版社1986 年版，第 560 页。

# 中国人民抗日战争的世界意义

## 高士华

在世界反法西斯战争的历史进程中，中国人民的反法西斯行动开始时间最早、持续时间最长，中国战场是抗击日本法西斯的主要战场之一，对日本侵略者的彻底覆灭起到了不可替代的作用。因此，中国人民抗日战争不仅对中华民族的解放意义重大，而且对拯救人类文明、保卫世界和平意义重大。

## 独立东方，顽强抵抗

1931年九一八事变，成为中国人民抗击日本法西斯的起点，揭开了世界反法西斯的序幕。白山黑水间抗联的英勇抵抗，长城抗战中大刀队的奋起反击，让日本侵略者见识到了中国人民的威武不屈。

1937年的欧洲已是腥风血雨。西班牙内战进入第二个年头，在德意法西斯支持下，佛朗哥叛军进逼马德里。面对法西斯势力在欧洲的急剧膨胀，英法袖手，美国观望。在局部抗战中苦苦支撑近六年的中国，举目四顾，依然只能依靠自己的力量独立进行抗战。七七事变爆发后，不愿做奴隶的中国人民，迎着日军的枪炮，从血泊中奋起，展开全民族抗战。美国总统罗斯福当时说，"中国人民在这次战争中是首先站起来同侵略者战斗的"。[①] 牛津大学教授米特也认为，"中国

---

① 关在汉编译：《罗斯福选集》，商务印书馆1989年版，第361页。

是最早抗击轴心国侵略的国家"。①

中国人民的全面抗战比英法的反法西斯战争早了两年，比美国参战早了四年。到 1941 年太平洋战争爆发，中国一直是东方唯一的反法西斯战场。在极端困难的条件下，正像美国总统罗斯福所说的那样，"多年来，她为反对侵略而孤军奋战"。②中国军民独立东方，浴血奋战，绝不投降，赢得世界各国人民的尊重，极大鼓舞了世界各国人民战胜法西斯的勇气和信心。

1942 年，罗斯福说，中国人民"在十分不利的情况下，对于在装备上占极大优势的敌人进行了差不多五年坚决抗击所表现出的顽强，乃是对其他联合国家军队和全体人民的鼓舞"。③千百万的中国人民"顶住了轰炸和饥荒，在日本武器和装备占优势的情况下仍然一次又一次地打击了侵略军"。④中国军队所进行的英勇抵抗，"已经赢得美国和一切热爱自由民族的最高赞誉"。⑤他对中国人民"在极端不利的条件下始终坚持英勇的斗争"⑥表示敬佩，"我们也忘不了中国人民在七年多的长时间里怎样顶住了日本人的野蛮进攻和在亚洲大陆广大地区牵制住大量的敌军"，⑦他称赞中国人民"树立了牺牲精神的崇高榜样"。⑧

当时来华的外国人士对中国人民顽强抵抗、誓死不降的决心留下深刻印象。曾经访问华北前线的著名记者詹姆斯·贝特兰（James Bertram）说，"一个最明显的因素，在日本人的计划里都被忽略了，这就是中国人民持续不断的抵抗斗争。日本只有在中国人民放弃斗争

---

① ［英］米特：《中国，被遗忘的盟友》，蒋永强等译，新世界出版社 2014 年版，第 11 页。

② 关在汉编译：《罗斯福选集》，商务印书馆 1989 年版，第 444 页。

③ 关在汉编译：《罗斯福选集》，商务印书馆 1989 年版，第 345 页。

④ 关在汉编译：《罗斯福选集》，商务印书馆 1989 年版，第 344 页。

⑤ 关在汉编译：《罗斯福选集》，商务印书馆 1989 年版，第 345 页。

⑥ 关在汉编译：《罗斯福选集》，商务印书馆 1989 年版，第 444 页。

⑦ 关在汉编译：《罗斯福选集》，商务印书馆 1989 年版，第 480 页。

⑧ 关在汉编译：《罗斯福选集》，商务印书馆 1989 年版，第 345 页。

的时候才可以取胜。但是，中国人民决心战斗下去"。① 埃文思·福·卡尔逊（Evans Fordyce Carlson）作为第一个亲赴延安和敌后根据地考察的美国军官，曾三次和八路军一起越过日军封锁线，考察八路军的抗战，他写信给罗斯福总统说，"我简直难以相信，中国人民在这样危急的时刻是那样地齐心协力，就我在中国将近十年的观察，我从未见过中国人像今天这样团结，为共同的事业奋斗"。②

美国学者易劳逸（Lioyd E. Eastman）指出，当时"无论是空袭还是封锁都未能摧毁中国人的抵抗意志"。③ 日本想用武力压服中国、让中国人民投降的做法是徒劳的。国、共领导下的正面战场和敌后战场牢牢地拖住了日军，使其不能再疯狂。

团结起来的中国人民是不可战胜的。日本昭和天皇在 1940 年 10 月 12 日说，中国的强硬"出乎意料"，日本"对事变的预测完全是错误的"。后来，他又几次发出"日本轻视了"中国，中国"不是那么容易地被击败"的哀叹。④

# 全力阻止法西斯合流

世界反法西斯战争是一个不可分割的整体，但无论是英美还是苏联，都奉行"先欧后亚"战略，希望中国拖住日本，阻止其与德意法西斯合流，以便集中精力战胜德意，然后回首东向，彻底消灭日本法西斯。中国人民以巨大的民族牺牲为代价，筑起抗击日本侵略者的万里长城，在战略上策应和支持了欧洲战场，为世界反法西斯战争的最终胜利做出巨大贡献。

罗斯福、丘吉尔都对中国抗战的战略价值有着清醒认识。太平洋

---

① ［英］詹姆斯·贝特兰：《不可征服的人们——一个外国人眼中的中国抗战》，李述一等译，求实出版社 1988 年版，第 334 页。

② 马雅丽：《"这是一支为民族的生存而战斗的军队"——记卡尔逊对抗日根据地的访问》，《党的文献》1995 年第 5 期。

③ ［美］易劳逸：《毁灭的种子》，王建朗等译，江苏人民出版社 2010 年版，第 124 页。

④ ［日］纐缬厚：《何谓中日战争？》，申荷丽译，商务印书馆 2012 年版，第 2—4 页。

战争爆发后，罗斯福最担心的是日本打到印度洋，同德军在中东会师。他说，"假如中国被打坍了……他们可以马上打下澳洲，打下印度……他们并且可以一直冲向中东……日本可以和德国配合起来，举行一个大规模的夹攻，在近东会师"。① 丘吉尔也承认，"中国一崩溃，至少会使日军十五个师团，也许会有二十个师团腾出手来"。② 如果日本进军印度洋，"必然会导致我方在中东的全部阵地的崩溃"，③"听任德国人和日本人在印度或中东携手，对盟国的事业必然要引起无法衡量的灾难"。④

整个第二次世界大战期间，日本陆军主力由于受到中国牵制，始终无力发动对苏作战。1941 年 6 月苏德战争爆发后，日本过半兵力深陷中国战场，不得不放弃与德国两面夹击苏联的企图，苏军因此得以把 30 多万部队调往欧洲战场。斯大林十分明白中国的重要作用。他说，"只有当日本侵略者的手脚被捆住的时候，我们才能在德国侵略者一旦进攻我国的时候避免两线作战"。⑤

从 1942 年到 1944 年，中国还先后两次派出近 30 万部队进入缅甸作战，在付出 10 余万人伤亡的代价后，与英美盟军一起清除了缅甸日军，彻底粉碎了日军占领印度并与德意法西斯合流的图谋。

丘吉尔认为，"在同日本人交战的军队当中，中国军队算是最成功的"。⑥ 易劳逸认为，中国军队"在与一个在组织、训练和装备上占有绝对优势的敌军的战争中坚持了八年"，而法国只抵抗了 6 个星

---

① ［美］伊利奥·罗斯福：《罗斯福见闻秘录》，李嘉译，新群出版社 1949 年版，第 49 页。

② ［英］温斯顿·丘吉尔：《第二次世界大战回忆录》第 4 卷，北京编译社译，商务印书馆 1975 年版，第 266 页。

③ ［英］温斯顿·丘吉尔：《第二次世界大战回忆录》第 4 卷，北京编译社译，商务印书馆 1975 年版，第 262 页。

④ ［英］温斯顿·丘吉尔：《第二次世界大战回忆录》第 4 卷，北京编译社译，商务印书馆 1975 年版，第 472 页。

⑤ ［苏联］崔可夫：《在华使命——一个军事顾问的笔记》，万成才译，新华出版社 1980 年版，第 36 页。

⑥ ［英］温斯顿·丘吉尔：《第二次世界大战回忆录》第 4 卷，北京编译社译，商务印书馆 1975 年版，第 80 页。

期，"中国军队的抵抗是一个决心和自立的奇迹"。①

## 国际抗日战争不可分割

参与抗日战争的不仅有中国，还有美国、苏联、英国、自由法国（流亡政府）、澳大利亚、法属印度支那（现在的越南、老挝、柬埔寨），还有菲律宾、马来西亚、新加坡，新西兰、缅甸、英属印度、荷兰、荷属东印度（印度尼西亚），朝鲜半岛（现在的朝鲜、韩国），还有加拿大，把这些所有参加抗日战争国家合在一起，可以称为"国际抗日战争"。

这些抗日国家可以分成四部分：第一部分是第二次世界大战前已经成为日本殖民地的朝鲜半岛，即朝鲜与韩国；第二部分是受到日本侵略，但没有被占领的国家，比如苏联、印度；第三部分是参加了抗日战争，但本土并没有受到日本侵略的国家，包括美国（夏威夷受到了攻击，但不是本土）、英国（主要是在东南亚的殖民地）、法国（主要是法属印度支那）、荷兰（主要是荷属东印度）、澳大利亚、新西兰、加拿大；第四个部分是最重要的，即被长时间侵略占领的中国、东南亚国家（马来西亚、新加坡、菲律宾、缅甸、越南、老挝、柬埔寨）。这些国家的对日战争，各有考量，各有特点，其中，被长时间侵略占领的中国、东南亚国家之间具有相当大的可比性。

相比中国的抗日战争，东南亚地区的抗战有其局限性，一方面当时的东南亚处于英、美、法、荷殖民统治之下，这些宗主国对人民力量认识不足，没有大规模发动人民，日本军队发动战争时，没有进行充分的战前动员，同时也没有组织起有效的抵抗，比如像马来西亚、缅甸，英国殖民者认为，守卫国土是英国军队的责任，他们很少征集和训练当地人的武装力量。另一方面因为宗主国的压制，东南亚各国没有建立起强大的政治组织，没有像中国国民党组织起大量的正规部

---

① ［美］易劳逸：《毁灭的种子》，王建朗等译，江苏人民出版社 2010 年版，第 120 页。

队，也没有像中国共产党建立起大片的敌后抗日根据地，与日本法西斯展开全面对决。牛津大学教授米特说，"1937 年到 1945 年间，中国国民党和中国共产党是东亚地区唯一坚持反抗日本帝国主义的两大政党"。① 这说明中国正是有了两个比较强大的抗日政党才使中国的抗日战争这么有声有色，富有成果。

正是在这两大政党合作之下，建立了广泛的全国抗日统一战线，正面战场和敌后战场互相配合，相得益彰。正面战场在国民党领导之下，在物资、装备都大大低于日军水平的情况下，发扬爱国主义精神，一寸河山一寸血，进行了殊死抵抗；敌后战场在中国共产党领导下，动员人民，依靠人民，展开游击战争，建立了大片敌后根据地。这两个战场相互支援、呼应，消灭和牵制了大量日军有生力量，取得了中国抗日战争的伟大胜利。

美国历史学家马克·塞尔登（Mark Selden）曾说，"中国的抗战在 15 年内将大约 200 万日军困于中国战场，并予以重创，对日本在太平洋战争中的最后失败贡献非凡"。②

德意日法西斯不是败于某一政权，也不是败于某一国家，而是败于全世界反法西斯统一战线，败于全世界反法西斯势力的合力抵抗。同盟国内部虽然各有利益和矛盾，但都在法西斯的疯狂进攻面前，进行了殊死抗战，很好地完成了自己的任务，而中国因际会，因地理，扮演了拖住日本、阻止德意日法西斯合流的角色。

自鸦片战争以来，中国一直不停地反抗外敌入侵，为民族独立和尊严浴血奋战，在抗日战争中，中国人民更是不畏强暴，绝地反击，出色地完成了这个任务，伟大的抗战精神也成为我们的宝贵财富。

（高士华，苏州城市学院特聘教授）

---

① ［英］米特：《中国，被遗忘的盟友》，蒋永强等译，新世界出版社 2014 年版，第 362 页。

② ［美］马克·赛尔登：《革命中的中国：延安道路》，魏晓明、冯崇义译，社会科学文献出版社 2002 年版，第 261 页。

# 国际关系视野下的中国抗日战争研究

陈谦平

习近平同志指出："中国人民经过长达十四年艰苦卓绝的斗争，取得了中国人民抗日战争的伟大胜利，宣告了世界反法西斯战争的完全胜利。"[1] 至此，学术界持续了 60 余年之久的 14 年抗战还是 8 年抗战的争执最终有了定论。本文仅就国际关系对中国抗日战争发展进程的影响以及中国抗战与国际抗战的关系问题谈几点看法，不当之处，敬请批评指正。

## 一　局部抗战形成的国际背景及其影响

中国局部抗战的局面是如何形成的？其形成的主因是什么？我觉得同这一时期国际关系的影响至关重要。九一八事变无疑是将美、英构建的华盛顿体系捅了一个大窟窿。国民政府期待英、美等国能够依照《九国公约》来维持华盛顿体系，制止日本对中国东三省的侵略。但深陷于 1929 年经济危机中的英、美、法等国此时均已自顾不暇且补天乏术。尤其是英、法两国甚至想利用日本对北满的控制来牵制苏联。美国政府原想联合英国向日本施加外交压力，但因英国的装聋作哑而作罢。苏联虽然在舆论上强烈谴责日本对中国的侵

---

① 习近平：《在纪念中国人民抗日战争暨世界反法西斯战争胜利 70 周年大会上的讲话》，《人民日报》2015 年 9 月 4 日第 2 版。

略，但由于担心"苏联领土将遭到日军的直接进攻"，遂决定采取不干预政策。①

九一八事变以后，国民政府对日外交采取的是一边交涉、一边抵抗政策。

1. 蒋介石利用英美干预政策与局部抗战局面的形成

一·二八淞沪抗战爆发时，蒋介石已于当晚就任国民政府军事委员会委员，负责指挥对日作战事宜。他当即确定了"积极抵抗""预备交涉"的对日外交方针。②该项政策的着眼点在于抵抗，抵抗的目的是迫使英、美等西方列强共同出面干预日本对华的进一步侵略。为了增援第19路军作战，蒋介石将由德国军事顾问训练的第87师和第88师组成第5军，以第19路军名义驰援上海，投入作战。蒋介石之所以要在列强利益最为集中的上海地区实施较大规模的作战，其目的就是逼迫英、美出面调停。

中日两国在淞沪地区的军事作战果然引起了西方列强的不安和反对。淞沪抗战爆发以后，英、美驻沪总领事立即出面调停，要求"日方退回原防，退出地段暂由中立国军队警备，作为缓冲，以待解决"③。美国国务卿史汀生（Henry Lewis Stimson）做出了向上海增兵的决定，美国海军巡洋舰和驱逐舰各1艘，于1月30日搭载一个团的海军陆战队从菲律宾驶往上海。④

在此形势下，日本外相芳泽谦吉请美国驻日大使向美国政府发电报，要求美国"帮助缓和危局"⑤。美国政府则于2月2日同时递交通牒，要求中日两国政府"迅速展开交涉，使两国间一切的纷争都以

---

① ［日］绪方贞子：《满洲事变：政策的形成过程》，李佩译，社会科学文献出版社2015年版，第94页。

② 周美华编注：《蒋中正总统档案·事略稿本》第13册，台北"国史馆"2004年版，第87页。

③ 《蒋中正总统档案·事略稿本》第13册，台北"国史馆"2004年版，第121页。

④ 《蒋中正总统档案·事略稿本》第13册，台北"国史馆"2004年版，第160—161页。

⑤ 《芳泽谦吉致泽田节藏电》（1932年2月1日），日本外务省编：《日本外务文书·满州事变》第二卷第一册，外务省发行1979年版，第37—38页。

巴黎协定及 12 月 9 日国联决议的精神为基础进行解决"①。国民政府当晚即接受了美国政府的劝告。但日本强调中日"两国间现存的一切纷争",不能包含"满洲事件"。②

2 月 23 日,史汀生在致参议院外交委员会主席的信中强调:"九国公约实为缔约国间一个自制的约束,意在放弃任何倾向于干扰中国发展的侵略政策。"史汀生因此建议其他国家与美国"联合一起,不承认任何中日两国所成立的……任何情势、条约或协议"③。这就是说,《九国公约》完全适用于在东北和上海发生的事件。

史汀生这封信所引起的反应,对于英国政府和国联来说,都是非常重要的。1933 年 2 月 24 日,国际联盟全体会议通过国联调查团报告书以及日本随后退出国联的举动,导致日本在外交上陷于被动。"上海事变后的国际环境对于日本来说极为不利。而且,当看到不仅美国,甚至国际联盟成员国也采取了不承认'满洲国'的方针时,日本政府为防止对外关系恶化,行动更加谨慎……来自国内外的压力,使日本政府陷入极端的窘境中。"④

一方面是由于国民革命军在淞沪地区对日本侵略的顽强抗击,迫使日本不得不停战,以避免事态恶化。另一方面则是以美国为首的欧美列强的强力干预与斡旋,终于达成了《淞沪停战协定》的签订。

因此,一·二八淞沪抗战是九一八事变以来中国政府和军队抗击侵华日军的最经典战役,它提升了中国人民抗击日本侵略、保家卫国的民族主义激情。蒋介石利用当时的国际局势,利用英美继续以《九国公约》维护其在华利益的愿望,暂时阻止了日本对中国的进一步军

---

① 《出渊胜次致芳泽谦吉电》(1932 年 2 月 3 日),日本外务省编:《日本外务文书·满州事变》第二卷第一册,第 86 页。

② 《芳泽谦吉致泽田节藏电》(1932 年 2 月 4 日),日本外务省编:《日本外务文书·满州事变》第二卷第一册,第 100—101 页。

③ 《史汀生致参议院外交委员会主席波拉函》(1932 年 2 月 23 日),《中美关系资料汇编》(第一辑),世界知识出版社 1961 年版,第 88—89 页。

④ 〔日〕绪方贞子:《满洲事变:政策的形成过程》,李佩译,社会科学文献出版社 2015 年版,第 190—191 页。

事入侵。中国对日局部抗战的局面因此形成。

2. 华北危机与中国第二次边疆危机

世界经济危机的进一步恶化，加剧了英、法、德、日等国经济的严重衰退，而英国扶德抑法的政策，导致纳粹党在德国掌权。1935 年，希特勒公然撕毁《凡尔赛条约》，进行扩军备战，使得欧洲战云密布。美国则因传统孤立主义外交政策的影响，愈加孤立于欧亚事务之外。

在这种国际大环境影响之下，美英在东亚遏制日本侵略中国的能力逐渐衰弱。1932 年 5 月 15 日，日本少壮派军人发动政变，新内阁积极推行夺取热河的政策。1933 年 2 月，日军攻占热河后，为了阻止日军进入华北，保卫平津，国民政府先后调集 28 个步兵师、5 个骑兵师、4 个骑兵旅和 6 个炮兵旅，在长城沿线各关隘部署军队，凭险固守，阻击日军 2 个师团及 2 个混成旅团对长城沿线进攻。

为了吸引国际注意力，蒋介石再次派出了由德国军事顾问训练的 3 个德械师（第 2 师、第 25 师、第 83 师）到长城沿线作战。不过，长城抗战持续近 3 个月，英美根本没有出面干预之意。因担心引发全线战事，蒋介石只好决定停战，命令徐庭瑶、宋哲元、商震等各部放弃长城一线，5 月中旬指示黄郛到北平就任行政院政务整理委员会委员长，同日本代表进行谈判。华北危机由此开始。

不过，从本质上讲，长城抗战以后国民政府采取的对日交涉与妥协退让政策，也是为了争取时间来延缓日本侵略中国的步伐，赢得时间来进行对日抗战的准备，并等待国际局势的变化。

如果从国际关系的宏大视野来看，我们更应该重视日本侵占中国东北对中国边疆地区带来的严重后果。九一八事变和伪满洲国的建立，引发了欧洲列强对中国边疆进一步的侵吞与蚕食行动。1933 年 4 月上半月，法属印度支那殖民当局出动 3 艘军舰，先后占领了中国南海南部海域中的 9 座岛屿①，并于同年 7 月 25 日宣布这些岛屿"现属

---

① 即今属南沙群岛的南威岛、安波沙洲、鸿庥岛、太平岛、中业岛、南钥岛、杨信沙洲、南子礁和北子礁。

于法国主权之下"①。自西姆拉会议后，英印政府一直试图侵占西藏地方政府所属喜马拉雅山南麓平原地区的领土，即西藏东南门隅、珞隅与察隅各地区。华北危机之际，英印当局落井下石，利用1935年4月发生的"华金栋事件"②，乘机向西藏地方政府提出根本不存在的所谓"麦克马洪线"。现在看来，加强抗战时期法、英侵占中国南海诸岛和西藏东南地区领土之研究，有着非常重要的历史意义与现实意义。此外，局部抗战时期苏联在外蒙古和新疆的控制与渗透亦值得深入研究。

## 二　德国与中国的抗战准备

抗战时期的中德关系研究在国内并没有得到足够重视，研究成果更是少之又少。③

早在1927年发动四一二清党前，蒋介石即派留德博士朱家骅帮忙联系聘请德国军事顾问。从1927年12月初蒋介石聘用德军退役上校鲍尔（Max H. Bauer）起，先后有5位德国人在国民政府军事委员会担任军事总顾问。其中佛采尔④（GeorgWetzell）、塞克特（Hans von Seeckt）和法肯豪森（Alexander von Falkenhausen）对中国抗战影

---

① Research Department Memorandum: The Spratly Islands, 27 January 1972. FCO 51/246/4-E-1785/11342132, The National Archives, London, UK.

② 英国剑桥大学自然历史学教授华金栋（F. Kingdon Ward）于1935年5月初闯入西藏门隅达旺地区，沿雅鲁藏布江东下，到达工布、波密和察隅地区。华金栋的使命实际上是英印政府授意的，由于非法入境，他被西藏地方政府扣留。英印政府乘机公开提出所谓"麦克马洪线"问题，指责西藏地方政府侵占了英印的"领土"。参见陈谦平《抗战前后之中英西藏交涉（1935—1947）》，生活·读书·新知三联书店2003年版，第226—230、243—245页。

③ 民国时期中德关系的研究成果有马振犊、戚如高《蒋介石与希特勒——民国时期的中德关系》（台北：东大图书公司1998年版）；周惠民《德国对华政策研究》（台北：三民书局1995年版）；柯伟林著、陈谦平等译《德国与中华民国》（江苏人民出版社2006年版。该书最早中译本为《蒋介石政府与纳粹德国》，中国青年出版社1994年版）；陈仁霞《中德日三角关系研究（1936—1938）》（生活·读书·新知三联书店2003年版）。史料集有中国第二历史档案馆编《中德外交秘档（1927—1947）》，广西师范大学出版社1994年版。

④ 亦译魏采尔。

响最大。他们最初来到中国的目的是担任军事总顾问，帮助中国建立新式军队及军火工业。当他们来到中国以后，发现中国的经济状况非常差，因而提出帮助中国建立现代化工业、现代化交通和现代化军队的构想。

塞克特是这一设想的主要设计者。作为第一次世界大战时期最杰出的德军将领、魏玛（Weimar）政府时期德国国防军的首任总司令，他答应来华任职的最重要目的，就是要同蒋介石达成用中国钨砂等特有矿品交换德国军火的易货贸易。他在任时间不到一年，但他致力于中国的国防工业建设、交通建设、军队整编和江海防工事的修建。在后任总顾问法肯豪森持续努力之下，德国顾问团为国民政府的抗战准备做出了极大贡献。

1. 整编军队。1931—1933 年，佛采尔共计整编了 6 个教导师，后来编成第 5 军和第 17 军，分别参加了一·二八淞沪抗战和长城抗战。从 1935—1937 年 6 月，由法肯豪森主导，国民政府整编陆军 30 个师约 30 万人。每师辖 3 个旅，每旅辖 2 个团，师直属一个炮兵营、3 个榴弹炮连、1 个坦克防御炮连、1 个高射炮连以及工兵、通讯、辎重、特务各一个营，军队的独立作战能力大大加强。整编师大部装备了全套德式武器。此外，在德国帮助下，国民政府军事委员会还成立了几个炮兵团和一个装甲车营，配有 15 厘米口径重榴弹炮和坦克。德械师的战斗力亦非昔日可比。"整师整师的（中国军队），从步枪、坦克到钢盔，都是由我们德国国防军使用过的德式军品装备起来的。"①

2. 中国军火工业的建立。在德国的帮助下，国民政府对原有军工企业进行改造，使得中国的步枪、轻重机关枪、迫击炮及其弹药制造已能自给。而株洲兵工厂则是由全新的德国设备组装而成的火炮生产线，可以制造各种口径的榴弹炮及炮弹。该厂后来迁往重庆。中国

---

① ［美］柯伟林：《德国与中华民国》，陈谦平、陈红民等译，江苏人民出版社 2006 年版，第 248 页。

军火工业的自给自足，为战略相持阶段中国军队抗击日本侵略者提供了重要保证。

3. 德国军火的输入。自 1934 年以来，德国对华武器出口大大增加。根据德国官方的统计数字，1935 年德国交付给中国的武器和弹药价值 6458 万马克，1936 年为 2375 万马克，而 1937 年则达到 8279 万马克。从德国购买的武器中包括德制 8.8 厘米口径高射炮、7.5 厘米口径的克虏伯榴弹炮和亨舍尔坦克，还有战斗机、潜水艇和军舰等。①

4. 德国投资对局部抗战时期中国工业现代化和经济建设做出了重要贡献。1932 年 11 月成立的国防设计委员会和 1935 年 4 月成立的资源委员会开启了由国家开发并经营为主导的、以国防工业为核心的中国重工业和矿业发展计划。由于这两个机构均由蒋介石兼任委员长，中国新的工业战略得以迅速实施。这些工矿企业主要用于国防需要，并由经过训练的专家朝着"计划经济"方向进行管理，其特点是将"重工业发展与原料开采及新能源生产能力"联系在一起。② 此外，外国的投资和援助必不可少，而中国特有的钨、锑、锡等金属矿品的出口为这一计划提供必要的外汇。

其一，重工业建设。在德国克虏伯公司（Friedrich Krupp AG.）的帮助下，资源委员会同德国合步楼公司（HAPRO）合作，启动了在湖南湘潭建设中央钢铁厂的三年计划，20 多名青年和数十名技术人员于 1936 年 6 月前往德国埃森接受培训。后因抗战爆发，工厂停办，设备和人员转移到云南。此外，在德国的帮助下，昆明的中央机器制造厂、中央铜厂，四川巴县的油田、四川内江的中国酒精厂，重庆的中央电器制造厂均开始兴建。③

---

① ［美］柯伟林：《德国与中华民国》，陈谦平、陈红民等译，江苏人民出版社 2006 年版，第 249 页。

② ［美］柯伟林：《德国与中华民国》，陈谦平、陈红民等译，江苏人民出版社 2006 年版，第 107 页。

③ ［美］柯伟林：《德国与中华民国》，陈谦平、陈红民等译，江苏人民出版社 2006 年版，第 243—245 页。

其二，交通运输建设。德国汉莎航空公司（LuftHansa Co.）早在1930年就同中央航空公司合作，成立了欧亚航空公司，开辟了中国经由西伯利亚飞往柏林的航线。后来在德国经济部部长沙赫特（Hjalmar Schacht）的支持下，德国工业巨头奥托·沃尔夫（Otto Wolff）于1934年在上海设立了沃乐孚钢铁公司（Otto Wolff Koeln, China Branch），同年6月签订修建浙赣铁路的合同，不久又签订修建湘黔铁路与修补平汉铁路的合同，并向中国方面提供贷款，用于购买铁路器材、机器和军事装备。该公司还同德国荣格赐飞机制造厂（Junkers–Flugzeugwerk AG.）合资在南昌建立飞机制造厂。同德国戴姆勒－奔驰公司（Daimler–Benz AG.）合作，在湖南建立一座汽车制造厂，组装载重汽车。该厂1939年秋迁往桂林。①

总之，局部抗战时期中国的国际援助主要来自德国。南京国民政府时期，德国同中国在政治、经济、军事与文化方面的关系均很密切。九一八事变发生以后，德国政府对国民政府的各种援助，使得中国的抗战准备工作取得了较大成就。而德国对中国陆军的整编、对中国国防工事的修建、对中国国防工业的整理、对中国交通系统（铁路、公路）的完善，均为局部抗战和全面抗战做出了重要贡献。客观地讲，如果没有1930—1938年以钨砂为核心的、以中德易货贸易为形式的中德军事、经济和文化合作，中国很难同日本进行军事对抗。在德国国防军部和经济部的支持下，德国军事顾问所主导的中德军事和经济合作，使国民政府得以有效地进行对日抗战准备，使日本三个月内灭亡中国的叫嚣成为笑柄，并使日军同中国军队形成近三年的战略相持局面。

# 三　苏联援助中国抗战

总的来讲，国内学界对于抗战时期的中苏关系研究相对比较薄

———

① ［美］柯伟林：《德国与中华民国》，陈谦平、陈红民等译，江苏人民出版社2006年版，第225—232页。

弱，尤其是尚待挖掘的俄文史料非常多。

西安事变的和平解决使国民政府同苏联关系有了极大改善。全面抗战爆发后，苏联表现出积极的援华态度。1937 年 8 月，苏联主动向中国提供价值 1 亿美元的武器订单，包括伊–15 飞机 45 架、伊–16 飞机 94 架和中型轰炸机 62 架。① 在向英美求援成效不大的情况下，蒋介石当然无法拒绝。8 月 21 日，《中苏互不侵犯条约》由时任中国外交部部长王宠惠和苏联驻华大使鲍格莫洛夫签订。

1. "生死关头"——南京保卫战与蒋介石期待苏联对日宣战

1937 年 8 月下旬，国民政府派出以军委会参谋次长杨杰为团长的"苏联实业考察团"赴莫斯科，专门负责办理购买军火事宜。八一三抗战爆发两个月以后，蒋介石对英美出面干预日本侵华的幻想已经破灭。经过长时间思考，他于 10 月 22 日要杨杰向苏联最高当局询问苏联参加对日作战的可能性：如"我国用军事抵抗到底，苏俄是否有参战之决心，与其时期，盼坦白相告"②。

为了激励中国政府抗击日本侵略者的士气，斯大林在 11 月 11 日下午接见杨杰和张冲时，称赞"中国现在抗战甚力，且有良好成绩"，并保证"若中国不利时，苏联可以向日开战"。③ 伏罗希洛夫 11 月 10 日晚在送别宴上请张冲、蒋介石：如果中国抗战"到生死关头时，俄当出兵，决不坐视"④。他在 11 月 12 日亦向杨杰表示："苏联参战，一举即可奠定东方和平之基础……但苏联敌人甚多，东方开战，西方亦必接踵而起，东西兼顾恐无胜利把握"，不过，他仍称苏

---

① 《苏联空军马利奇科夫致国防人民委员会兰格沃伊函》（1937 年 9 月 9 日），俄罗斯国家军事档案馆档案，档号：33987/ 3а/1051，第 1 页（РГВА，Фонт № 33987/Опись № 3а/Дело № 1051/Лист № 1）。

② 《蒋介石致蒋廷黻转杨杰电》（1937 年 10 月 22 日），秦孝仪主编：《中华民国重要史料初编——对日抗战时期》第三编，台北：中国国民党中央委员会党史委员会 1981 年版，第 333 页。

③ 《杨杰、张冲致蒋介石呈》（1937 年 11 月 12 日），《中华民国重要史料初编——对日抗战时期》第三编，台北：中国国民党中央委员会党史委员会 1981 年版，第 336 页。

④ 《张冲致蒋介石电》（1937 年 11 月 18 日），《中华民国重要史料初编——对日抗战时期》第三编，台北：中国国民党中央委员会党史委员会 1981 年版，第 338 页。

联正在积极准备出兵参战。①

张冲回到南京后，于11月28日向蒋介石转达了斯大林和伏罗希洛夫的口信。在此前后，蒋介石分别于26日、28日和29日给杨杰连发三电，要其向斯大林表示：中国政府虽已迁都，但决心"固守南京，不放弃长期抗战主旨"。中国唯一的期待就是盼望"友邦出兵相助"。但因"南京防御工事殊嫌薄弱，恐难持久"，故请杨杰询问苏联政府"究能何日出兵？十日内能否实现？"②

11月30日，蒋介石信心满满地致电龙云："我军决固守南京，部署已定，必能持久，以决最后胜负。最近期间，俄必出兵助我，国际形势亦将大变，此乃确有把握，望兄力促永衡③率部兼程，赴京增援"，并表示他本人正在南京"策划一切"。④

同日，蒋介石致电斯大林：指日本为中苏两国之"共同惟一之敌"，且"中国今为民族生存与国际义务，已竭尽其最大最后之力量"。现"不得已退守南京"，"当此存亡之交"，"惟待友邦苏俄实力之应援。甚望先生当机立断，仗义兴师，挽救东亚之危局"。⑤ 不过，斯大林此时绝不会对日本宣战，蒋介石盼苏联出兵也只是一厢情愿。斯大林于12月初致电蒋介石，宣称如果苏军"不因日方挑衅，而即刻对日出兵"，将会被认定为"侵略行动"。他表示只有在"九国或其中主要一部，允许共同应付日本侵略时，苏联就可以立即出兵"⑥。

---

① 《杨杰致蒋介石报告》（1937年11月12日），秦孝仪主编：《中华民国重要史料初编——对日抗战时期》第三编，台北：中国国民党中央委员会党史委员会1981年版，第337页。

② 《蒋介石致杨杰电》（1937年11月29日），台北"国史馆"，典藏号：002-010300-00007-040。

③ 即第60军军长卢汉。

④ 《蒋介石致龙云电》（1937年11月30日），台北"国史馆"，典藏号：002-010300-00007-042。

⑤ 张世瑛编辑：《蒋中正总统档案·事略稿本》第40册，台北"国史馆"2015年版，第821—822页。

⑥ 《史达林等致蒋介石电》（1937年12月？日），秦孝仪主编：《中华民国重要史料初编——对日抗战时期》第三编，台北：中国国民党中央委员会党史委员会1981年版，第339页。笔者依照前后电文判断，该电报发电应在12月3日或4日。

蒋介石于 12 月 5 日接到斯大林的这份回电，大感失落，称"此与杨杰、张冲所报告者完全相反"。自觉"苏联出兵，殆已无望"①。

如果说八一三淞沪抗战，国民政府投入包括全部德械师在内的 70 万大军同日军浴血奋战近三个月，是为了让英美再次出面调停。但令人没有想到的是，蒋介石调集从淞沪战场撤下来的 15 万残军死守南京，竟是为了用南京保卫战来争取苏联对日出兵。在"斯大林复电亦到，出兵无望"的情况下，蒋介石于 12 月 7 日清晨即离开南京，飞往江西庐山休憩。② 此情此景，令人唏嘘不已。

2. 苏联军事援华与苏械化师的建立

在期待苏联出兵援华的希望破灭之后，蒋介石遂于 12 月 6 日致电斯大林，期望苏联"能予中国以实力援助，早奠东亚和平之基础"③。12 月 30 日，蒋又致电杨杰，请求苏联立即供给中国 20 个师的军事装备。苏联政府立即同意提供除步枪之外的全部 20 个师的重型装备，包括 11.5 厘米重炮 80 门、7.6 厘米野炮 160 门坦克防御炮 80 门及各种炮弹 36 万发，重机关枪 300 挺，轻机枪 600 挺附机枪子弹 1000 万发。此外，苏联还紧急援助中国所急需的双翼驱逐机 62 架并附武器及弹药。此前，苏联已于 1937 年年底将 62 架驱逐机运送到哈密进行装配。现又"允让六十二架"，可编为 4 个大队。④ 此外，苏联已派空军志愿参战人员一个大队约 150 人到中国参战。

1938 年 3 月 1 日，中苏签订第一次信用借款合同，借款总额 5000 万美元。同年 7 月 1 日，中苏又签订了第二次信用借款合同，借

---

① 《蒋中正总统档案·事略稿本》第 40 册，台北"国史馆"2015 年版，第 843 页。
② 《蒋中正总统档案·事略稿本》第 40 册，台北"国史馆"2015 年版，第 846—848 页。
③ 《蒋介石致史达林等电》（1937 年 12 月 6 日），秦孝仪主编：《中华民国重要史料初编——对日抗战时期》第三编，台北：中国国民党中央委员会党史委员会 1981 年版，第 340 页。
④ 《杨杰呈蒋介石工作报告》（1938 年 1 月 5 日），秦孝仪主编：《中华民国重要史料初编——对日抗战时期》第三编，台北：中国国民党中央委员会党史委员会 1981 年版，第 472—473 页。

款总额 5000 万美元。1939 年 6 月 30 日，中苏签订第三次信用借款合同，借款总额 1.5 亿美元。

截至 1940 年 10 月，苏联共向国民政府提供各类飞机 1000 余架、飞机备份发动机 200 架、坦克 82 辆、各类火炮 1200 余门、轻重机关枪近万挺、汽车 1500 余辆、步枪 5 万余支以及其炮弹 180 余万发、子弹 1800 万发。[①]

武汉会战期间，以苏式重武器武装起来的苏械化师在同日军的激战中，发挥了重要作用。

1941 年年初以后，中苏关系在某种程度上受到损害。这一方面是由于国民党发动皖南事变，导致苏联不满；另一方面则是由于苏日在 1941 年 4 月签订的《中立条约》侵犯了中国主权。同年 6 月苏德战争爆发，苏联自顾不暇，已不可能援助中国抗战。从苏联的国家利益来讲，它不能够得罪日本，甘冒东西两面受敌的政治风险。当然，对于苏联提供的 2.5 亿美元的信用贷款，国民政府用了数量巨大的钨砂等矿品和茶叶等农副产品来偿还。

## 四 太平洋战争与中国国际抗战局面的形成

1941 年 12 月 7 日，日本海军突袭美国珍珠港，太平洋战争由此爆发。关于太平洋战争爆发后中国同美、苏、英各国的政治、外交、军事等方面研究成果已经相当丰富，在此不再累述，仅就国际抗战谈几点看法。

第一，中国融入"国际抗战"。笔者之所以要把太平洋战争爆发后的中国抗战称为"国际抗战"，是因为此时中国抗战已同国际反法西斯战争结为一体。如前所述，自八一三淞沪抗战以来，蒋介石一直期待美国、英国和苏联对日宣战。以当时中国的现状，单靠中国一己之力，根本无法击败日本，这是中日之间一直没有宣战的主要原因之

---

[①] 系笔者根据各种中苏史料综合而成。

一。当美国对日宣战以后，蒋介石立即向美、英、苏各国表达了中国的建议：（1）太平洋反侵略各国成立由美国领导的同盟。（2）美、英、苏各国与中国一道对德意日宣战。（3）在太平洋战争结束以前，联盟各国不得单独对日媾和。① 国民政府也于 12 月 9 日对日本、德国和意大利正式宣战。蒋介石深知中国抗战只有融入国际抗击德意日轴心国的国际抗战中去，才有获胜的可能。因此由美、英、苏与中国一起共同对日作战，成为蒋介石追寻的主要目标。

当时蒋介石最大的愿望，还是期望苏联对日宣战。12 月 10 日，他密电斯大林，请苏联立即出兵。但斯大林以"苏联现负担抗德战争之主要任务……目前似不宜分散于远东"而拒绝，并恳请蒋介石"勿坚持苏联即刻对日宣战的主张"。②

1941 年年底，罗斯福与丘吉尔在华盛顿举行军事联席会议，决定在中国战区（包括越南、泰国）成立最高统帅部，以蒋介石为统帅，统一指挥"现在或将来在中国境内活动之联合国军队"③。中国军队在国际抗战中最重要的一个亮点，即是太平洋战争爆发后在缅甸进行的两次作战，中国官兵的英勇作战恰恰彰显出中国军队在太平洋战场的重要性，充分体现出作为东方主战场的中国对第二次世界大战做出的重要贡献。

第二，反攻缅北与中美英军队联合作战。1942 年 4 月，蒋介石任命史迪威为中国驻印军总指挥，并将由缅甸退入印度的中国远征军第 5 军所部 9000 余人调往印度东北部比哈尔（Bihar）邦的蓝姆伽（Ramgarh）训练营接受军事训练。从 1942 年 9 月至 1944 年 1 月，接受训练的中国官兵共有 32293 人，这支部队后来扩编成新 1 军，下辖

① 周美华编辑：《蒋中正总统档案·事略稿本》第 47 册，台北"国史馆"2010 年版，第 606—607 页。

② 《史达林致蒋介石电》（1941 年 12 月 12 日），秦孝仪主编：《中华民国重要史料初编——对日抗战时期》第三编，台北：中国国民党中央委员会党史委员会 1981 年版，第 57 页。

③ 《罗斯福致蒋介石电》（1941 年 12 月 31 日），秦孝仪主编：《中华民国重要史料初编——对日抗战时期》第三编，台北：中国国民党中央委员会党史委员会 1981 年版，第 97 页。

新22师、新30师、新38师以及若干个炮兵团、工兵团、汽车兵团和坦克营、高射炮营、通信营等特种部队，为收复缅甸北部，打通滇缅路交通做准备。

1943年1月举行的卡萨布兰卡会议决定收复缅甸。同年2月，中、美、英高级将领在印度加尔各答开会，商定了由中国驻印军、中国远征军反攻缅北、滇西，最终会师于密支那（Myitkyina）的作战计划。为了配合中国驻印军的反攻作战，罗斯福和丘吉尔决定成立特种部队，以小规模兵力深入丛林，进行渗透，攻击日军后方。英军为此建立了3000余人的"钦迪特"（Chindits）远程突击部队。该支部队于1943年2月被空投到缅北日军后方，分成若干纵队进行游击战和袭扰战。①

美军建立的特种部队为第5307混成部队（the 5307th Composite Unit），代号"加拉哈德"（Unit Galahad），人数亦约3000人。由于指挥官为麦瑞尔（Frank Merrill）准将，故又被称为"麦瑞尔突击队"。1944年2月，这支部队分成6个战斗分队进入缅甸，深入后方，任务是切断日军的补给与交通线。②

中国驻印军新38师（师长孙立人）与新22师（师长廖耀湘）于1944年1月初发动缅北作战，3月5日攻占缅北门户孟关（Maingkwan）。在攻击瓦鲁班（Walawbun）时，新38师恰遇麦瑞尔突击队一部在迂回进攻瓦鲁班途中遭到日军两个中队的袭击。孙立人即派第113团前往救援。经过昼夜的急行军，该团于3月6日占领瓦鲁班东北2000米的拉于卡，击退压迫美军的日军，麦瑞尔突击队一部得以解围。③

在新38师和新22师进攻加迈（Kamaing）时，孙立人命令第

---

① Chindits: Special Force Burma1942 – 1944（《钦迪特：1942—1944年在缅甸的特种部队》），http：//www. wolftree. co. uk/Burma4. html.

② Merrill's Marauders, A Memorandum from the Operations Division（OPD）of the War Department dated 18 September 1943（《麦瑞尔突击队：美国陆军部作战处1943年9月18日备忘录》），OPD 320. 2, United States Army Center of Military History（美国军史中心藏），1990（1945），CMH Pub, 100 – 4.

③ 《中国驻印军新1军新38师司令部虎关区作战经过概要》（1944年11月14日），中国第二历史档案馆编：《抗日战争正面战场》下，江苏古籍出版社1987年版，第1449页。

114 团于 5 月 28 日进入原始森林，经过 4 天不分昼夜的急行军，该团出其不意地攻占加迈以东要地拉芒卡道（Lamongahtawng），15 日又将孟拱（Mogaung）和密支那之间的要道巴稜杜（Parentu）占领。其时在孟拱城东南 2 英里处有一支英印军"钦迪特"部队。由于孤军作战，该军一直受到日军的包围攻击，伤亡重大。该旅"当派少校参谋 Ty - Acke，于十七日到达本师，请求支援"。孙立人遂命令第 114 团"星夜向孟拱东北地区秘密开路，强渡南高江，支援英军，并攻击孟拱"。该团主力于 20 日晨向孟拱南部外围据点实施攻击。而救援英军的该团第 1 营终将英军解困。①

第三，中美混合联军突袭密支那。1944 年 4 月，史迪威组编了一支中美混合联军，下辖 3 个支队。联军的总人数为 6000 人，其中中国驻印军 4000 人，美军麦支队 1400 人、英军克钦族侦察队 600 人。该联军的任务是翻越库芒山，直插密支那，占领机场和城市。② 中美联军第 1 支队和第 2 支队于 4 月 29 日分别从太克里（Taikri）出发，依靠克钦族向导的引路，翻越海拔 2000 米的库芒山，于 5 月 16 日秘密抵达密支那的西飞机场，并于 17 日占领之。

日军在密支那城四侧构筑的坑道式地下工事犬牙交错，坚固抗炸，易守难攻。联军指挥官麦瑞尔准将麻痹轻敌，坚信密支那城内日军只有"步兵 300 名"。19 日，他仅派第 2 支队所属第 50 师的两个营冒险进攻。由于缺乏重武器，加之官兵疲劳，突击队遭受重大损失。日军随即由孟拱和八莫派出援军，城内日军已达 4600 余人。尽管史迪威亲临密支那，并多次换帅，但中美联军依然伤亡严重，进攻受挫。③ 6 月

---

① 《中国驻印军新 1 军新 38 师司令部卡盟区作战经过概要》（1945 年 1 月 15 日），中国第二历史档案馆：《抗日战争正面战场》（下），江苏古籍出版社 1987 年版，第 1464 页。

② C. Peter Chen, Battle of Myitkyina, 10, Mar. – 3 Aug. 1944［彼得·陈：《密支那战役（1944 年 3 月 10 日至 8 月 3 日）》］. The World War II Database is Founded and Managed by C. Peter Chen of Lava Development, LLC（彼得·陈 Lava 公司开发管理的第二次世界大战数据库）。

③ C. Peter Chen, Battle of Myitkyina, 10, Mar. – 3 Aug. 1944. The World War II Database is Founded and Managed by C. Peter Chen of Lava Development, LLC（译文同上）；［日］日本防卫厅防卫研究所战史室：《缅甸作战》下，天津市政协编译委员会译，中华书局 1987 年版，第 53—55 页。

25 日，新 38 师在攻占孟拱时歼灭了从卡萨前往密支那增援的日军第 56 师团第 148 联队主力和独立炮兵联队一部，并派第 113 团从孟拱直捣密支那。而新 1 军军长郑洞国也于 26 日接管了密支那攻坚战的指挥权。他针对日军依托坑道与工事进行作战的特点，针锋相对地提出"掘壕推进，分割包围，逐个歼灭"的作战方针，经过两个半月激战，中美联军终于 8 月 3 日将密支那攻占。①

由于中国驻印军控制了胡康河谷、孟拱、密支那等地区，使得由雷多经新平洋、于邦家、孟关、孟拱到密支那的中印公路成功修通。1945 年 1 月 10 日，从雷多至密支那长达 426.5 千米的双线公路筑成通车，运输队每月可以载运 7 万—8 万吨物资到中国。另外，直径为 4 英寸的中印输油管道也于 1945 年 1 月铺设到密支那，每月向中国输油几千吨。

## 五　钨砂贸易与国际抗战

钨是生产合金钢的重要原料，用于制造装甲板、穿甲弹、枪炮管和飞机上坚硬的抗高温部件，第一次世界大战后成为最重要的合金材料。中国当时的钨砂产量占世界产量的 50% 左右，尤其是江西大庾（今称大余）蕴藏量大，钨砂含钨量达 70% 以上。在 20 世纪 30—40 年代，赣钨遂成为欧美各国争相竞逐的重要矿品。

抗战前后，德国、苏联和美国对中国的军事援助，要求中国用于偿还债务的主要物品，就是钨砂。德国是资源严重缺乏的国家，纳粹政权建立以后，德国军方急切需要从中国购买钨砂，钨砂贸易成为中德合作的基础。而苏联和美国的钨砂蕴藏量均有限，且品质不如赣钨。

1. 中德钨砂贸易。德国与中国在 1934 年和 1936 年先后签订了

---

① ［日］日本防卫厅防卫研究所战史室：《缅甸作战》下，天津市政协编译委员会译，第 69 页；《攻克密支那街市战斗经过》（1944 年 8 月 21 日），中国第二历史档案馆编：《抗日战争正面战场》下，江苏古籍出版社 1987 年版，第 1468—1469 页。

《中德易货合同》和《中德信用借款合同》，即由德国政府向中国政府提供 1 亿马克信用贷款，中国每年可以动用 2000 万马克在德国购买军火、机器和其他工业品，但每年只需用中国出产的价值 1000 万马克的钨砂、锑、锡和棉花、茶叶等农矿产品来偿还。[①]

抗战时期，国民政府代德购运的钨砂总数没有完整、准确地记载。笔者通过对资源委员会的各种统计数据加以分析，认为 1934 年至 1938 年的对德钨砂出口总量大概在 23000 吨以上。[②] 但根据德国方面的档案统计，德国同期从中国进口的钨砂总量为 29384 吨。[③] 究其原因，1936 年以前德国合步楼公司（HAPRO）同广东地方政府进行的钨砂贸易以及来自民间的走私交易没有统计在内。

从 1938 年起，德国对华关系发生了逆转。由于戈林（Hermann Wilhelm Göring）于 4 月 28 日下令禁止向中国运送战争物资，加之德国政府又召回了在中国服务的德国军事顾问，同年 5 月，国民政府停止向德国输出钨、锑等矿产品。由于德国对钨砂的需求猛增，新任经济部部长冯克（WalterFunk）派傅义德（HellmuthWoidt）来重庆交涉，并同孔祥熙达成协议：德国对华再提供 1 亿马克信用贷款；德国将在最近 4 个月内向中国交运 2.2 亿发步枪子弹，数万发炮弹，而中国应在 4 个月内供给德国三四千吨钨砂以及锑、锡[④]等矿品。不过，由于德国政府于 1939 年 4 月再次下令停运输华军火，中国对德国的钨砂供应基本停止。自中国停运钨砂以后，由于缺少钨砂，德国的军

---

① 《中德信用借款合同》（1936 年 4 月 8 日），中国第二历史档案馆编：《中德外交秘档（1927—1947）》，第 329—335 页。

② 由笔者根据下列档案初步统计：孙拯编制《中德贸易数量统计表》（1929—1934 年）、《叶琢堂报告 1936—1937 年度中德贸易状况致翁文灏函》（1937 年 2 月 4 日），参见中国第二历史档案馆编《中德外交秘档（1927—1947）》，第 208—217、251—253 页；中国第二历史档案馆藏《资源委员会国外贸易事务所二十六年度交砂数量及售价一览表》（资源委员会国外贸易事务所档案，档号：二六四/449）、《中央信托局局长叶琢堂、副局长张度向财政部报告中德合步楼购料情况》[财政部国库署档案，档号：三六七（2）/201]。

③ OKW/Wi Rue Amt, Zug1/66, No. 32. Bundesarchiv – Militaerarchiv, Freiburg. 转引自[美]柯伟林《德国与中华民国》，陈谦平、陈红民等译，江苏人民出版社 2006 年版，第 241 页。

④ 《齐焌致蒋介石呈》（1938 年 10 月 10 日），《民国档案》1995 年第 3 期。

工生产面临困境。1943年年底，德国储备的钨砂即将用尽，德国军工部门负责人甚至提出应该到重庆去用黄金购买中国的钨砂。[①]

2. 中苏钨砂贸易。1938年5月以后，由于苏联军火的大量援华，根据中国政府同苏联政府签订的协议，苏联援华军火，其半数要用钨、锑、锡等特矿产品偿还。从1939年3月起，到1946年3月27日止，资源委员会同苏联驻华商务代表处一共签订了8份《对苏矿产交货合同》。国民政府应向苏联运送的钨砂总量应为31500吨。根据档案统计，从1941年3月至1945年1月底，资源委员会通过香港、仰光、哈密、昆明、猩猩峡、兰州和宜宾，总计向苏联运送的钨砂达25241吨。[②] 实际上，在1938年3月中苏第一次信用借款合同签订以后，中国政府对苏联的钨砂供货即已开始。根据钱昌照的回忆，抗战时期中国交运给苏联的钨砂总量已达31177吨。[③]

3. 中美钨砂贸易。太平洋战争爆发前，美国已在积极购买中国钨砂。资源委员会于1940年10月22日同美国金属准备公司签订《售钨合约》，借款总额美金5000万元，以中国钨砂作抵押，七年还清。合同规定中国平均每年应运钨砂7000吨来偿还债务。[④]

太平洋战争爆发后，美国对中国战略矿产资源的需求猛涨。美国政府希望中国政府于1942年内"运美偿债钨砂，百分之七十五由美付我现款，百分之二十五作为还债"。美方甚至提出1942年内运美钨砂数量20000吨的要求。[⑤] 可见美国政府对于钨砂的需求多么急切。翁文灏认为，美国是盟国，且钨砂系军火制造的重要原料，"彼方既

---

① ［美］柯伟林：《德国与中华民国》，陈谦平、陈红民等译，江苏人民出版社2006年版，第290页。

② 此数字由笔者根据台北"国史馆"所藏国民政府"矿业管理（七）"档案整理而成。档号：1131/1032.01－07/249/001113100A007。

③ 钱昌照：《国民党政府资源委员会始末》，全国政协文史资料研究委员会工商经济组编：《回忆国民党政府资源委员会》，中国文史出版社1988年版，第6页。

④ 《翁文灏致蒋介石呈》（1940年9月27日），陈谦平编：《翁文灏与抗战档案史料汇编》下册，社会科学文献出版社2017年版，第576页。

⑤ 《翁文灏电呈美国欲增加运美钨砂至二万吨情形》（1942年1月10日），陈谦平编：《翁文灏与抗战档案史料汇编》下册，社会科学文献出版社2017年版，第592页。

属急需，我国自亦应尽量供给"。不过，令翁文灏感到为难的是，中国 1942 年钨砂产量原定为 12000 吨，如果增加产量，连同库存钨砂在内，1942 年最多只能供应 20000 吨左右。但中国必须每年供应苏联钨砂 4000 吨。英国大使薛穆（SirHorace J. Seymour）亦称"英国需钨甚急，盼我在不影响对其他各国偿债需要之范围内，尽量供给"。翁文灏不得不决定再供给英国"一千至二千吨"。即便在这样的情况下，国民政府仍决定按照每年 15000 吨的标准，对美国"尽量筹运"[①]。

据笔者不完全的统计，1941 年 1 月至 12 月，国民政府向美输钨砂总量为 4800 吨。而 1942 年 1 月至 1944 年 3 月，中国运往美国的钨砂总量则已达到 14186 吨。[②]

作为制造重型武器不可或缺的战略原料，钨砂的重要性无可替代。由于中国拥有蕴藏量巨大且品质优良的钨矿，中国则成为当时国际钨砂主要的供货来源。抗战时期，中国抗击日本侵略者所需的飞机、坦克、重炮和其他先进武器，主要依靠钨砂来交换。因此，中国的钨砂出口不仅为中国抗日战争的胜利提供了重要物质保证，也为苏联、美国战胜德国纳粹和日本军国主义发挥了重要作用。正如柯伟林（William Kirby）所评论的那样："如果说中国人在美国找到了武器和信贷的新来源，他们的钨砂也输往美国的话，那么德国人就再也无法找到这种战略矿砂的替代来源。"[③] 因此，中国政府自 1939 年下半年起完全停止对纳粹德国的钨砂供应，造成德国军工生产由于钨砂来源枯竭而陷入危机，对于纳粹德国的覆灭也做出了重要贡献。

如果将中国抗日战争置于国际关系的大背景下进行考察，可以发现，中国抗日战争的各个历史阶段都不同程度地受到国际关系的影

---

① 《翁文灏电呈美国欲增加运美钨砂至二万吨情形》（1942 年 1 月 10 日），陈谦平编：《翁文灏与抗战档案史料汇编》下册，第 592 页。

② 此数字由笔者根据台北"国史馆"所藏国民政府"矿业管理（二）"档案整理而成。档号：1131/1032.01－02/244/001113100A002。

③ ［美］柯伟林：《德国与中华民国》，陈谦平、陈红民等译，江苏人民出版社 2006年版，第 289—290 页。

响。一·二八淞沪抗战在英美的调停下暂时遏制了日本进一步的军事侵略，但世界经济危机的进一步加深和纳粹德国在欧洲扩张，使英美对日本在中国的扩张束手无策。德国军事顾问和中德易货贸易对中国全面抗战准备起了重要作用。苏联出于遏制日本的战略考虑，在全面抗战前三年提供了巨大的军事援助。而由于德、苏援助的停止和英、美对日退让，中国抗战进入了战略相持阶段。全面抗战时期中国的钨砂出口不仅为中国抗日战争的胜利提供了重要物质基础，也为第二次世界大战的胜利做出了重要贡献。太平洋战争爆发以后，中国抗日战争同世界反法西斯战争结为一体，中国抗日战场成为第二次世界大战的东方主战场，中国成为战后亚太国际秩序的制定者，抗日战争遂成为中华民族全面振兴与发展的起点。"国际抗战"既是一种研究视角，亦是全面抗战发展到太平洋战争后的一个新阶段。从中国抗战角度看，它是中国全面抗战的一个组成部分；从世界反法西斯战争观察，它是以中国抗战力量为主体、以中国为主战场的国际性抗战。

（陈谦平，南京大学特聘教授，南京大学中华民国史研究中心学术委员会主席。本文发表于《史学月刊》2021年第3期）

台湾地区篇

# 九一八事变前后的中国困境

何世同

## 一 前言

日本明治维新后侵略中国的基本战略思考，大致是先"蚕食"、后"鲸吞"两种手段。一开始的时候，因受限本身国力，和列强为维护其各自在中国"利益均等"原则下的干预，以"蚕食"为主，"逐步分批"完成控制中国的梦想；后来变成"鲸吞"，乃情不得已。其转折点，即在1936年12月12日的西安事变；其展开行动的时间点，就是1937年7月7日的卢沟桥事变。

自1894年的甲午战争，到1937年的七七事变，约50年的时间，是日本蚕食中国的阶段，采取的基本策略，就是弱化中国中央政府的统治权力，扶植军阀，收买汉奸，支持地方割据势力，进而煽动建立傀儡政权，使其脱离中国。亦即压迫中央，制造分裂，用"小口吃"的方法，最后达到征服全中国的目的。中国由于积弱，无力与日本对抗，从清末到北洋政府时期，一直容忍妥协；及至北伐成功，进入国民政府时期，中国才订定"先安内，后攘外"的政策，一面建设国家，一面准备抗战。

## 二　日本对张作霖的扶植、暗杀与张学良的易帜

1928 年 4 月 18 日，国民政府遵照孙中山先生遗志，正式定都南京；① 6 月 8 日，国民革命军进入北洋政府首都北京，并于 6 月 20 日更易其名为北平。② 至 1937 年 11 月 20 日，"淞沪会战"国军战败，国民政府又西迁重庆作为"陪都"。在这十年期间，国民政府领导下的中国，不论内政、外交、经济、财政、农业、教育、文化、边疆政策、基础建设与国防军事上，都有一定的成就，称"十年建设""十年建国"，亦称"南京十年"。③ 日本深知，长此以往，中国必然强大；又见"西安事变"后，中国已建立了领导中心，这样下去，就会永远失去侵略中国的机会，故只好在七七事变之后，改采"速战速决"的"鲸吞战略"，以迫使中国屈服。

东北地大物博，又邻近日本，后者觊觎久矣，遂成为其侵略中国"蚕食战略"的首要目标。所用手段，就是扶植东北地方性的军阀政权，先成其傀儡，再进行并吞；所选定的代理人物，即"奉系"军阀首领张作霖。

张作霖在 1920 年的直皖战争中，支持"直系"；后者获胜后，"奉系"势力进入山海关内，并占领北京。④ 1922 年，张作霖在"第

① 史政编译局编：《抗日战史》册 1，台北：史政编译局 1985 年版，《总论·战前一般情势·完成北伐统一全国》，第 109 页。按史政编译局编撰之《抗日战史》，有两个版本，每版本区分若干册，出版时间不同，故以下引用《抗日战史》数据时，均列出版时间，以作区别。

② 史政编译局编：《抗日战史》册 1，台北：史政编译局 1985 年版，《总论·战前一般情势·完成北伐统一全国》，第 111、113 页。按 1914 年 10 月 4 日袁世凯定北京为中华民国首都，国民革命军进入北京后，于 1928 年 6 月 20 日中国国民党中央政治会议第 145 次会议中，更名为北平。见丁中江《北洋军阀史话》，册 4《东北易帜全国统一》，台北春秋杂志社 1977 年版，第 651 页。

③ 国民政府"南京十年"的国家建设，可参薛光前《艰苦建国的十年（民国 16—26 年）》，台北：正中书局 1971 年版。

④ 丁中江：《北洋军阀史话》，册 3《奉军入关助直》，台北春秋杂志社 1977 年版，第 338—345 页；及《直皖的三天战争》，第 345—356 页。

一次直奉战争"中战败,退回关外。① 1924 年,张作霖在"第二次直
奉战争"获胜,再次入关;② 1926,又击败冯玉祥,全面控制北洋政
府,成为最有实权的北洋军阀。③

当时张作霖的"奉军",是唯一拥有陆海空军、战力最强的军阀。
其兵力一半驻关内,一半驻关外,后者约有:陆军步兵旅 30、步兵
团 7、骑兵旅 6、骑兵团 6、炮兵团 4、工兵营 6;总兵力约 170950
人,火炮 94 门。空军大队 4、飞机 300 余架;海军海防舰队 2、江防
舰队 1,各型作战舰艇 27 艘。④ 此外,张作霖并在沈阳设有大规模的
兵工厂,每月可造各种炮弹 6 百颗,枪弹 5 万粒,步枪 150 支。⑤ 张
作霖也有培育干部的眼光,于 1919 年,恢复光绪三十二年(1906
年)由"盛京将军"赵尔巽创立、民国成立后停办的"奉天讲武堂"
于沈阳,比照日本士官学校的模式,聘请日本教官授课,时间早于黄
埔建校 5 年,其子张学良即第 1 期学生。⑥

不过,张作霖虽是一介军阀,初时曾受日本扶植,但具有民族思
想,当其势力成长后,即不愿再听命于日本。日本人见控制张作霖不
成,乃于 1928 年 6 月 4 日,在关东军高级参谋河本大作一手策划和
指挥下,利用张作霖乘坐北宁铁路火车由北京返回奉天机会,以预埋

---

① 丁中江:《北洋军阀史话》,册 3《第一次直奉战争》,台北春秋杂志社 1977 年版,
第 546—544 页。

② 丁中江:《北洋军阀史话》,册 4《第二次直奉战争》,台北春秋杂志社 1977 年版,
第 205—216 页。

③ 丁中江:《北洋军阀史话》,册 4《奉军入关击冯》,台北春秋杂志社 1977 年版,第
376—383 页。

④ 史政编译局编:《抗日战史》册 6,台北:史政编译局 1966 年版,《全战争经过概
要(一)·东北之军事与政务》,第 3—4 页;史政编译局编:《抗日战史》册 1,台北:史
政编译局 1985 年版,《总论·九一八事变侵占我东北》,第 49 页;唯载飞机 260 架,与前
书略异。郭汝瑰、黄玉章:《中国抗日战争正面战场作战记》上册,江苏人民出版社 2001
年版,第 109 页。载:九一八事变前夕,在东北的正规军 16.5 万,非正规军 4 万,总计约
20 万人。

⑤ 史政编译局编:《抗日战史》册 1,台北:史政编译局 1985 年版,《总论·九一八
事变侵占我东北》,第 49 页。

⑥ 张学良 19 岁进入东北讲武堂第 1 期肄业,在学期间即升任东北军第 3 旅第 2 团团
长;见窦应态《张学良遗稿》,作家出版社 2005 年版,第 46 页。

炸药将其炸死于沈阳东南的皇姑屯车站（南满铁路与北宁铁路交会处），史称"皇姑屯事件"。①

张作霖死后，其子张学良继承其在东北的军政大权，就任东北（边防）军司令官。唯张学良基于国仇家恨，也不听命于日本。② 更于 1928 年 12 月 29 日，张学良通电全国，宣布服从国民政府领导；并于 1929 年 1 月 1 日，降下北洋政府"五色旗"，改悬中华民国"青天白日满地红"旗，北伐因而结束，中国归于统一。③ 日本在一片错愕中，发现在东北已无傀儡可供驱使，只好制造借口，自行强占东北，于是"设计"了九一八事变。

## 三　日军发动九一八事变与
## 张学良下令"不抵抗"

1931 年 9 月 15 日，日本关东军宣称，所部中村镇太郎大尉等人，被中国东北军兴安屯垦公署第 3 团团长关玉衡（原名关瑞玑）"杀害"。按，中村系以"黎明学会干事"名义，强行进入兴安岭禁止外人游历地区，调查绘制军用地图之资料；声明中，完全不提中村潜入

---

① 郭汝瑰、黄玉章：《中国抗日战争正面战场作战记》上册，江苏人民出版社 2001 年版，第 95 页。丁中江：《北洋军阀史话》，册 4《日本军阀炸死张作霖》，台北春秋杂志社 1977 年版，第 632—641 页，对事件始末有详载。又根据：［日］防卫厅防卫研究所战史室编：《从日俄战争到卢沟桥事变》，《日军对华作战纪要丛书 19》，曾清贵译，台北：史政编译局 1989 年版，《九月十八日在柳条沟开火》，第 436 页记载："……而其（按指张作霖）乘坐列车于四日晨欲进入奉天时，于五时二十三分，在南满与京奉（按，即北宁）铁路交叉的铁桥下被炸毁。张作霖身负重伤，不久便死亡……"未提日本是事件的制造者。

② 张作霖被日本人谋杀后，张学良即与后者有"不共戴天之仇"，原本计划在张作霖举丧之日，借机袭杀前来吊唁之日本关东军司令官，以祭其父，但为张辅忱、王维宙两人密为劝阻。《张学良遗稿》，第 66、74—75 页。

③ 《张学良遗稿》，作家出版社 2005 年版，第 75 页，载张学良遗稿："……日方再三阻挠，我虽不理，但不得不慎密行事，防其滋生事端……在新年前一天，令被服厂厂长连夜赶制青天白日满地红的国旗六千面……元旦拂晓，令沈阳警察所长，将此六千面青天白日满地红的国旗分发与沈阳市民，立即悬挂。十八年元旦清晨，青天白日满地红的国旗，飘扬于沈阳全市。"东北易帜始末，可参丁中江《北洋军阀史话》册 4，《东北易帜全国统一》，台北春秋杂志社 1977 年版，第 650—651 页。

我国禁区，绘制军用地图是间谍行为。[①]

9 月 18 日 22 时，日本关东军驻虎石台部队，在沈阳北面柳条湖东"南满铁路"上，炸毁了一小段轨道，诬指东北军所为。[②] 就在柳条湖爆炸声响起 1 分钟后，事件策划者关东军高级参谋坂垣征四郎大佐，立即根据关东军司令官本庄繁中将之企图，以电话向辽阳（沈阳南 50 千米）第 6 师团师团长多门次郎中将，传达紧急出动命令，炮轰东北军"北大营"，并进攻机场和沈阳城。[③] 这就是九一八事变，也是日本武装侵略中国土地的开始。吾人由柳条湖"南满铁路"破坏 1 分钟后，日军即出兵沈阳看来，九一八事变完全是日本一手策划的"按表操课"行动。[④]

九一八事变发生时，东北军司令官张学良卧病于北平协和医院，副司令官张作相在锦州奔丧，北平职务由热河省主席万福麟代理，东北职务由参谋长荣臻负责。[⑤] 据张学良回忆：当时他正和英国公使观赏梅兰芳的平剧演唱，由于并不了解状况，也不知事态的严重性，故

① 史政编译局编印：《抗日战史》册 5，台北：史政编译局 1966 年版，《战争起因·日方制造中村事件》，第 68—69 页；及史政编译局编印《国民革命军战役史第四部——抗日》册 1，台北：史政编译局 1994 年版，《九一八事变侵占东北·事变序幕——万宝山及中村事件》，第 74—75 页，所载同。根据日方说法：7 月 1 日韩侨被杀的长春"万宝山事件"，及 9 月 15 日宣称的"中村大尉被射杀"事件，是"柳条沟开火"的导火线，并在宣传上扮演重要角色；［日］防卫厅防卫研究所战史室编：《从日俄战争到卢沟桥事变》《九月十八日在柳条沟开火》，曾清贵译，台北：史政编译局 1989 年版，第 470 页。

② 据郭汝瑰、黄玉章：《中国抗日战争正面战场作战记》，第 110 页所载："1931 年 9 月 18 日晚，关东军独立守备队第 2 大队第 3 中队副河本末守中尉带领 7 名士兵，到北大营西南 800 米的柳条湖（又称沟），将 42 包黄色炸药设置在南满铁路的轨道上。10 时 20 分，轰隆一声巨响，炸坏一米半长的一段钢轨和两根枕木，然后诬称是中国东北军所为。"

③ 史政编译局编印：《抗日战史》册 1，台北：史政编译局 1966 年版，《总论·九一八事变侵占我东北》，第 48 页。

④ 柳条沟距铁路东侧北大营 800 公尺，距沈阳城北门 1500 公尺；见日本产经新闻社编辑《蒋总统秘录：中日关系八十年之证言》，"中央"日报译，台北："中央"日报社 1976 年版，册 8，第 1—2 页。

⑤ 窦应泰：《张学良遗稿》，作家出版社 2005 年版，第 81、83 页。及史政编译局编印《抗日战史》册 1，台北：史政编译局 1985 年版，《总论·九一八事变侵占我东北》，第 49 页。

其第一时间的指示，只是重申前令，避免冲突扩大而已。① 当时张学良的想法是："打是打不过日本的，以不抵抗对付之，不使事端扩大，以待国际来解决。"②

所谓前令，是指 7 月 6 日张学良致电东北政务委员，谓："此时若与日本开战，我方必败；败则日本将对我要求割地偿款，东北将万劫不复。"③ 又于 9 月 6 日，电令负责守备沈阳的第 7 旅旅长王以哲中将："无论日人如何寻事，须万分容忍，不与反抗，以免事态扩大"；④ 这就是所谓"不抵抗主义"的源头。

故当 9 月 19 日凌晨，日军一开始炮轰北大营，荣臻就下令全面撤退；第 2 天日军即占领了沈阳；⑤ 其后，就演变成东北军"按站撤退"，关东军"按站占领"的异常现象。⑥ 接着，东北军又陆续退出辽宁、吉林；唯第 3 旅旅长马占山（后兼黑龙江省代主席、黑河镇守使）拒不撤兵，统一指挥在黑龙江的东北军 3 万余人，与日军、伪军（张海鹏部）血战 2 个月，双方损失都很重；最后退出国境，绕道苏联回国，并结合"东北义勇军"继续抗战。⑦ 九一八事变后，马占山将军率领东北军的抗日行动，应是中国"局部武装抗战"的开始。

---

① ［日］臼井胜美：《张学良の昭和史の最后证言》，角川书店，第 120—121 页；转引自黄自进《九一八事变时期的日中政治动员与军事作战》，收入《台湾政治大学历史学报》第 26 期，台北：政治大学历史系，2006 年，第 201 页。另，史政编译局编印：《抗日战史》册 6，台北：史政编译局 1966 年版，《全战争经过概要（一）·九一八事变及辽吉黑三省之陷落》，第 12—15 页，可参。

② 窦应泰：《张学良遗稿》，作家出版社 2005 年版，第 82—83 页。

③ 梁敬錞：《九一八事变史述》，香港：亚洲书局 1994 年版，第 109 页。

④ 郭廷以：《近代中国史纲》下册，台北：晓园出版社 1994 年版，第 741 页。史政编译局编印：《抗日战史》册 1，台北：史政编译局 1985 年版，《总论·九一八事变侵占我东北》，第 49 页，所载略同。

⑤ 史政编译局编印：《抗日战史》册 6，台北：史政编译局 1966 年版，《全战争经过概要（一）·九一八事变及辽吉黑三省之陷落》，第 5—7 页。

⑥ 黄自进：《九一八事变时期的日中政治动员与军事作战》，收入《台湾政治大学历史学报》第 26 期，台北：政治大学历史系，2006 年，第 206 页。

⑦ 有关马占山与东北义勇军之抗日行动，可参史政编译局编印《抗日战史》册 6，台北：史政编译局 1966 年版，《全战争经过概要（一）·九一八事变及辽吉黑三省之陷落》，第 7—11 页。另，黄自进：《九一八事变时期的日中政治动员与军事作战》，第 212—222 页，亦可参。

当时张学良在东北的兵力有 170950 人，马 32800 匹，火炮 94 门，飞机 260 架；日军仅有 10400 人，约为东北军的 1/16。东北军"战略态势"可谓"绝对优势"，却"不抵抗"，致有利态势迅速落空，让日军在一天之内就占领了整个南满之地；我沈阳兵工厂所有机械、武器与飞机，就此拱手让人。[①] 中国在此事变中，"非战损失"之巨，动摇国本之大，殆无法估算。

## 四　当时中国正面临严重的分裂危机

1928 年国民革命军北伐成功，国民政府正式统一全国；但这只是以黄埔嫡系中央军为后盾，并用武力、谈判、妥协、容忍、收编等手段，所形塑的脆弱统一局面。当时南京国民政府能有效治理的地区，实际上只有长江中下游的江苏、浙江、安徽、江西、湖北、湖南等富裕省份，及黄河中游的关中与河南而已。国民政府在几个省份中，才可以任免官吏，试行新县治，征兵征粮，并从事大规模建军工作。[②]

在这几个省份以外的广大地区，则完全由拥有"地方势力"的军阀控制，彼等接受中央粮饷，表面上服从中央，甚至加入中国国民党，却拥有自己的军队，如西北军、晋绥军、东北军、桂军、粤军、川军、滇军、闽军等。其与兵力只有 20 个师左右的中央军相比，总人数是后者的 4—5 倍。

这些军阀的军队，除了没有国家民族观念，只听命于军头之外，更是缺乏训练。当时就有人戏称，军阀士兵人人都有两把枪，一把是"真枪"，另一把是"烟枪"，打敌人没有办法，只能欺负老百姓。像这样的军队，如何去跟训练严格、武器装备精良的日本军队打仗？此

---

① 史政编译局编印：《抗日战史》册 1，台北：史政编译局 1985 年版，《总论·九一八事变侵占我东北》，第 52 页。

② 齐锡生：《剑拔弩张的盟友——太平洋战争期间中美军事合作关系，1941—1945》，中研院丛书修订版，以下简称《剑拔弩张的盟友》，台北：联经出版公司 2012 年版，第 2 页。

外，国民政府面对的困境，还有与红军的冲突、被帝国主义经济剥削造成的民生凋敝——这就是我们所说的"内忧"，是其他所有参加第二次世界大战的国家，不论战胜或战败国，都见不到的现象。

1923 年，中国国民党总理孙中山先生与苏联政府代表越飞（Adolf Abramovich Joffe），签订"孙越联合宣言"，允许中国共产党党员以个人身份加入中国国民党，但须接受国民党党纲，实现国民革命；这就是所谓的"国共第一次合作"。①

1926 年 10 月，北伐军攻克武汉，当时以国民党"左派"人士为中心的国民政府，由广州迁往武汉，在第三国际鼓动下，主张"容共"，并拥立汪精卫为领导人。1927 年 3 月 10 日，汪精卫在武汉召开国民党第二届三中全会，决议免除蒋介石的国民革命军总司令及其他一切公职；蒋不接受该决议，率领另一部分国民党人士，在南京另组政府，另立党中央，国民党遂告分裂。因南京旧名江宁，故称此事件为"宁汉分裂"。②

1927 年 7 月 15 日，武汉的汪精卫政府决定"和平分共"；③ 意思是以和平手段"清共"，"国共第一次合作"于是宣告结束，称此为"七一五事件"；其后发生 8 月 1 日的"南昌事件"，为两次的"国共战争"揭开序幕。④ 南昌的武装冲突事件，国民党称为"南昌暴动"，中国共产党称为"南昌起义"，后者并以这一天作为"建军节"。

"南昌事件"之后，中国共产党于 8 月 7 日，在汉口召开临时会议，确立土地改革和武装对抗国民党的基本路线。⑤ 其后，中国共产

---

① 有关国共第一次合作，详见郭恒钰《共产国际与中国革命：第一次国共合作》，台北：东大图书公司 1989 年版。

② 事件始末，可参陈惠芬《北伐时期的政治分会——中央与地方的分权纠葛》，收入《台湾师范大学历史学报》第 24 期，台北：台湾师范大学 1996 年版，第 205—215 页。

③ 史政编译局编印：《抗日战史》册 1，台北：史政编译局 1985 年版，《总论·战前一般情势·国内方面》，第 101—103 页。

④ 史政编译局编印：《抗日战史》册 1，台北：史政编译局 1985 年版，《总论·战前一般情势·国内方面》，第 103—104 页。

⑤ 史政编译局编印：《抗日战史》册 1，台北：史政编译局 1985 年版，《总论·战前一般情势·国内方面》，第 104 页。

党从9月至12月，经过秋收、海陆丰及广州多次"武装革命"（中国共产党均称"起义""起事"）失败后，进入井冈山建立根据地，并向周边省份扩张势力。① 由于中国共产党"苏维埃区"势力越来越大，国民政府乃于1930年10月6日"中原大战"（见后文）一结束，就调集大军实施围剿，展开了长达5年的"国共战争"；国民党称为"五次围剿"，中国共产党称为"五次反围剿"，或"第一次国共内战"。九一八事件发生的时间点，就是第三次"围剿"（或"反围剿"）甫告一段落之时。

先是，1928年12月北伐结束之后，蒋介石有感隶属国民革命军旗下的武装部队多达220万人，系统分歧，编制复杂，每年所耗军费约8万万元，当时全国税收总数才只5万万元；② 于是接受德国军事顾问鲍桦尔（Max Hermann Bauer）建议，实施裁军。③ 1929年元月，国民政府召开"编遣会议"，准备将全国军队裁减至步兵65个师、骑兵8个旅、炮兵16个团、工兵8个团，合计兵额约80万人，军费额度缩减至全国税收40%以下，暂定一年经常预备费为9200万元，并明定军队最高指挥权在国民政府。④

但是此一构想受到李宗仁、白崇禧、冯玉祥与阎锡山等各"实力派"军阀，在"本位主义"考虑下的激烈反对，蒋的"编遣会议"没开成功；前者为保护各自的"既得利益"，更不惜与中央兵戎相见。这些战事，概有：1929年3月底至6月，李宗仁与白崇禧的"桂军"，与中央军间的"蒋桂战争"；⑤ 1930年5月至11月，冯玉祥、阎锡山等军阀与中央军在湖南、湖北、陕西、河南、山东、河北

---

① 史政编译局编印：《抗日战史》册1，台北：史政编译局1985年版，《总论·战前一般情势·国内方面》，第104—108页。

② 郭廷以：《近代中国史纲》，香港：中文大学出版社1980年版，第202页。

③ 傅宝真：《抗战前在华之德国军事顾问与中德经济及军事合作之分析》，收入《现代中国》，第45期，台北：现代中国杂志社1986年版，第202页。

④ 何应钦将军九五纪事长编编辑委员会：《何应钦将军九五纪事长编（上）》，台北：黎明文化事业1984年版，第320页。

⑤ 史政编译局编印《抗日战史》册1，台北：史政编译局1985年版，《总论·战前一般情势·国内方面·"桂系"之变与"护党救国军"》，第114—115页。

等省的"中原大战"。是年 7 月，当大战正激之际，汪精卫北上与阎锡山发起"扩大会议"，并于 9 月 1 日，在北平组织"国民政府"，推举阎锡山为主席，以与南京国民政府相抗。①

"中原大战"开始时，东北军并未介入，但 1930 年 9 月 18 日，张学良突然通电拥蒋，并率军进入山海关，中央军因而获得胜利；11 月 4 日，大战结束，双方动员兵力逾百万人，造成国家深重灾难，更是日本觊觎东北，准备坐收渔利的前奏。② 此外，1931 年 5 月（九一八事变发生前 5 个月），汪精卫在广州另立"国民政府"，以对抗中央；③ 加上 1933 年 11 月的"闽变"；④ 以及 1936 年李宗仁在广西组织"独立政府"；⑤ 中国可以说持续处于分裂动荡之中，随时都可能爆发另一场大规模内战。到了 1936 年 12 月 25 日"西安事变"结束后，中国的内战才算真正停止；也是完成"安内"，准备"攘外"的开始。

## 五　中国在极度艰困的环境中准备对日抗战

而除了兵祸之外，中国自清末以来，由于受到列强不平等条约剥削与经济破坏的关系，金融体系几乎崩溃。虽然国民政府于 1935 年 11 月 4 日，颁发"财政部改革币制令"，由中央、中国、交通、农民四家银行，发行"法币"，取代"银圆"，朝向统一"国币"及防止

---

① 史政编译局编印：《抗日战史》册 1，台北：史政编译局 1985 年版，《国内方面·"扩大会议"与中原之役》，第 115—116 页。

② 史政编译局编印：《抗日战史》册 1，台北：史政编译局 1985 年版，《国内方面·"扩大会议"与中原之役》，第 116 页。

③ 史政编译局编印：《抗日战史》册 1，台北：史政编译局 1985 年版，《国内方面·"扩大会议"与中原之役》，第 116 页。

④ 史政编译局编印：《抗日战史》册 1，台北：史政编译局 1985 年版，《国内方面·平定闽变》，第 117、119 页。

⑤ 史政编译局编印：《抗日战史》册 1，台北：史政编译局 1985 年版，《国内方面·两广事变》，第 116—117 页。按，1931 年汪精卫在广东成立"国民政府"，1936 年李宗仁在广西组织"独立政府"，合称"两广事变"。

白银外流之方向努力；① 但是直到抗战前，大家除用"袁大头"当货币外，广东用银圆，上海、四川、云南等地，也各有各的流通钱币，金融上还是呈现"一国多制"的现象。还有，曾国藩平太平天国时，以抽取过路"关税"，筹措"湘军"军饷的方法，仍为各军阀所沿用。凡此，都显现中国金融秩序的紊乱。②

虽然国民政府于 1931 年 12 月公布了"户籍法"，1936 年 6 月 17 日又颁布了"兵役法"，并于 1936 年 3 月 1 日明令实施；同年 9 月 8 日颁布首次"征兵令"，中国由"募兵制"走向了"征兵制"。③ 但由于户籍制度没有落实，"征兵"遂有名无实；冒名顶替、开小差、吃空缺，成了军队的常态。这些状况，若以今天的眼光看来，简直不可思议。④

但在日本帝国主义者的咄咄紧逼下，国民政府亦深感对日战争已无可避免，乃于 1935 年国共内战告一段落后，立即着手抗日战争的兵力整备工作；但那已经是九一八事件发生 4 年之后。国民政府初步的计划，是要在 1936—1938 年度完成 60 个师的调整，以作为国防军之基干；唯当 1937 年全面抗战爆发时，才只完成了中央军 20 个师的整建工作。⑤ 也好在国民政府手中握有这些部队，才得以立即投入上海，去打"淞沪会战"（见后文）。

另在兵工整建方面：1932 年夏天，国民政府军政部即开始整理兵工事业，到 1937 年 7 月对日抗战前夕，已能大量制造德国 1924 式

---

① 史政编译局编印：《国民革命军战役史第四部——抗日》册 1，《概论·中国之战争准备·改革币制》，台北：史政编译局 1994 年版，第 169 页。

② 郝柏村口述、何世同编校：《血泪与荣耀——郝柏村还原全面抗战真相》，台北：天下文化 2019 年版，第 73 页。

③ 史政编译局编印：《国民革命军战役史第四部——抗日》册 1，《概论·中国之战争准备·建立征兵动员制度》，台北：史政编译局 1994 年版，第 195—196 页。

④ 郝柏村口述、何世同编校：《血泪与荣耀——郝柏村还原全面抗战真相》，台北：天下文化 2019 年版，第 73—74 页。

⑤ 何应钦著，吴相湘主编：《何上将抗战期间军事报告》上册，台北：文星书局 1962 年版，《对五届三中全会军事报告》，第 33 页；及同书，《对临时全国代表大会军事报告》，第 109—110 页。

步枪，仿造捷克式轻机枪；金陵兵工厂也出厂高射程重机枪，仿造法国勃郎得厂迫击炮，及自制 7.5 厘米至 15 厘米要塞炮钢弹，有效提升了陆军战力。[①] 但比起自 1868 年"明治维新"以来，即积极扩张军备，会制造飞机、坦克、大炮与航空母舰的工业强权日本，军力还是呈现巨大差距；但至少这些轻武器，与意志、粮食结合，可以构成农业中国全面抗战"持久战略"（后论）的支撑力量。

1936 年 10 月 31 日，当蒋介石五十岁诞辰时，全国同胞捐献了一百余架"祝寿飞机"，一方面为蒋祝寿，另一方面用来抗日；[②] 使日本意识到"中国问题"应迅速解决，否则将永远失掉侵略中国的机会，遂有计划地发动了卢沟桥事变。

1937 年 7 月 7 日爆发的卢沟桥事变，蒋介石视为中国的"存亡关头"；他在 7 月 8 日的日记中写道："决心应战，此其时乎？"[③] 显见当时他有"应战"的"决心"，然而也有对"时机"尚未成熟的"犹豫"；后者所指，是抗战"后方基地"还未建立，"持久抗战"的"有利态势"尚未形成。但是无论如何，蒋在第二天，就做出了"应战"的积极行动。

7 月 9 日，蒋亲电第 29 军军长兼"冀察绥晋公署"主任宋哲元，曰："守土应具必死决战之决心，与积极准备之精神应付；至谈判尤须防其奸狡之惯伎，务期不丧丝毫主权为原则。"[④] 并令第 26 路军总

---

① 史政编译局编印：《抗日战史》册 1，台北：史政编译局 1985 年版，《总论·中国之战备状况·军品屯储》，第 348—349 页。

② 史政编译局编印：《抗日战史》册 1，台北：史政编译局 1985 年版，《总论·中日两国军备概况·中国·空军》，第 176 页。

③ 蒋介石 1937 年 7 月 8 日日记，收入抗战历史文献研究会编辑《蒋中正日记—民国二十六年》，台北：抗战历史文献研究会，2015 年 10 月 31 日，未出版，第 80 页。按，蒋自 1915 年至 1972 年 7 月 21 日，每日必写日记，但 1915 年至 1918 年年底部分，于福建毁于日军战火，其余现暂存于美国史丹佛大学胡佛研究所，迄未公开，只供研究者现场阅读。本书所引蒋日记之来源有四：一是抗战历史文献研究会的《蒋中正日记》（1937—1945），二是黄自进的《困勉录》，三是秦孝仪的《总统蒋公大事长编初稿》，四是中国国民党党史会的《中华民国重要史料初编》。

④ 史政编译局编印：《抗日战史》册 15，台北：史政编译局 1966 年版，《七七事变与平津作战·敌军在芦沟桥起衅之经过》，第 10 页。

指挥孙连仲由平汉路方面派出第 21、第 25 师，即刻北上，向保定或石家庄集中；同时令太原总指挥陈长捷，通知运城第 40 军（军长庞炳勋）及太原第 84 师（师长高桂滋），也速向石家庄集中，准备增援宋哲元的第 29 军作战。至 7 月 11 日，全国编入战斗序列的部队，第一线为 100 个师，第二线预备部队为 80 个师，并秘密组织大本营及各司令部，进入战时体制。① 蒋介石在当天日记中写道："准备动员，不避战争。"②

按卢沟桥事变发生后，国民政府一面训令宋哲元居间斡旋，一面透过外交途径，向日本提出严正抗议，并央请驻华外交使节从中调解，希望能"国与国"间和平解决冲突，但日本却坚持只与地方当局谈判，要求国民政府不能干预；由于日本否认中国作为一个独立国家的当然权力（即主权），因此交涉无效，局势持续恶化。③

7 月 17 日，蒋介石在庐山发表严正声明，指出："我们是弱国，对自己国家力量要有忠实估计，国家为进行建设，绝对的需要和平"；重申 1935 年"五全大会"中所宣示的"和平未到根本绝望时期，绝不放弃和平，牺牲未到最后关头，绝不轻言牺牲"的基本原则，并强调卢沟桥事变扩不扩大为中日战争，全系于日本政府的态度。蒋介石也借谈话机会，表达维护国家主权与领土完整的坚定决心，并向全国同胞及全世界传达中国"希望和平而不求苟安，准备应战而决不求战"的基本立场。④

蒋介石所说的"最后关头"，本身即有两个意义：一方面是要告诉

① 史政编译局编：《抗日战史》册 15，台北：史政编译局 1966 年版，《七七事变与平津作战·敌军在芦沟桥起衅之经过》，台北：史政编译局 1966 年版，第 12 页。

② 蒋介石 1937 年 7 月 8 日日记，收入抗战历史文献研究会编辑《蒋中正日记—民国二十六年》，第 81 页。

③ 相关状况可参李云汉《战争的起源：七七卢沟桥事变的背景》，收入薛光前《八年对日抗战中之国民政府（一九三七年至一九四五年）》，台湾商务印书馆 1978 年版，第 1 章，第 28—35 页。

④ 蒋介石言论汇编编辑委员会编《蒋总统言论汇编》，演讲，抗战时期 1，《对于卢沟桥事变之严正表示》，1937 年 7 月 17 日，江西庐山，第 1—4 页。

全国国民，我们要抗日了，届时"地不分东西南北，人不分男女老幼"，都要起来为中华民族争生存而战；另一方面，则是警告日本，如果还要继续用战争手段来侵略我们，那中国就要起而抵抗了。① 蒋介石此一声明，对一般日本人而言，咸认为中国方面对日战争，已下定决心。② 下一步要做的，就是根据"持久抗战"的指导，选择"主战场"，以改变日军"作战线"；这就是淞沪会战发生的原因。

# 六 结语

九一八事变是中华民族"局部武装抗日"的开始，当时虽然面临许多困境，却能一一克服。至 1937 年 7 月 7 日卢沟桥事变爆发，更激起我炎黄同胞"地不分东西南北，人不分男女老幼"的一致团结，前仆后继"全面对日抗战"，终于战胜日本帝国主义的侵略，让中国人骄傲地站起来。我们纪念"七七"，更不能忘记九一八。

（何世同，台湾地区退役少将，中正大学历史博士，教授）

本文主要内容曾发表在作者的《坚苦卓绝——国民革命军抗日战史（一九三七至一九四五）》（台湾黎明文化事业股份有限公司 2021 年版）一书中（第 78—93 页）。

---

① 郝柏村口述，何世同编校：《血泪与荣耀——郝柏村还原全面抗战真相（一九三七——一九四五）》，台北：天下文化 2019 年版，第 97 页。
② ［日］防卫厅防卫研修所战史室编，林石江译：《日本侵华纪要丛书·初期陆军作战（一）》，《从卢沟桥事变到南京战役》，台北：史政编译局 1987 年版，第 286 页。

# 抗日战争的战略思想及其发展

## 傅应川

## 一　前言

中国近百年历史发展，面临帝国主义横行，多方强敌压境的局面。① 民国肇造之后，内争不息，年年争战不已，没有统一指挥的军队，更乏力以武力对抗外来强权。在竞相争夺在华权益的列强中，尤以日倭为烈。九一八事变的发生后，更暴露了日本侵华野心。② 继又发动一·二八淞沪事件，致使国内的反日情绪高涨，冲突不断。③ 日方对事件处理的态度，则以武力要挟，要求国民政府负责并扩大其在华权益。由于，国民政府对此无理要求反击无力，遂多方委曲求全，但换得的却是步步进逼。甚而在华北要求我方罢免于学忠；撤销宪兵第 3 团，撤走第 51 军、第 2 师、第 25 师中央军等，④ 并被迫签订"何梅协定"等。

---

　　① 引自孙文《兴中会宣言》1895 年 1 月 24 日。
　　② 史政编译局：《抗日战史——全战争经过概要（一）》，台北：史政编译局 1982 年版，第 31 页。
　　③ ［日］防卫厅战史室编：《日军对华作战纪要》，第一册《从卢沟桥事变到南京战役》，史政编译局译印，台北：史政编译局 1987 年版，第 42 页。
　　④ ［日］防卫厅战史室编：《日军对华作战纪要》，第一册《从卢沟桥事变到南京战役》，史政编译局译印，台北：史政编译局 1987 年版，第 50 页。

蒋介石看定日本行径，所行的是"不战而屈"的战略，[①] 亦即不真使用武力以征服，企图借威胁分化等扰乱手段，达成其侵华之目的。[②] 日人得寸进尺的做法，使中方体认到："一味的退让，日本外交当局之要求，范围亦必愈大，必须采取适当的抵抗。"[③]

1935 年年初，中国积极准备对日作战之工作，亦次第展开；而决定以四川为最后确保地，采持久消耗战略，决心抗战到底的方针，逐渐凝成共识。[④] 蒋介石深知，唯有下定决心采取"持久抗战"，则不足以战胜顽敌日军，且须务尽一切手段迫敌追随我意志，逐渐形成消耗战略的态势。

## 二　持久抗战思想的形成

在"持久抗战"战略思想发展的先期，蒋介石亦无良策，深陷其苦，实行的是以拖待变的战略。[⑤] 认为要战胜日军，必要有可胜的理论与想定为基础。从他的思想及作为来看，"持久抗战"的战略基础有二：其一，对日作战是国内最大的公约数，这是自九一八、一·二八以来即有的反日情绪，亦即民气可用，[⑥] 这是"持久抗战"必备的战略条件；其次认识到，列强对日本逐渐显露称霸远东的野心，已有了戒心。一旦大战兴起，我将不致孤军奋战，增加抗战胜利的成功公算。故"持久抗战"的战略，是面对众多敌人选

---

① 《蒋介石日记》1935 年 8 月 20 日及 21 日，《困勉记》卷上，台北"国史馆"2011年版，第 463 页。

② 《蒋介石日记》1935 年 8 月 20 日及 21 日，《困勉记》卷上，台北"国史馆"2011年版，第 463 页。

③ 1935 年 1 月 20 日，德国总顾问法肯豪森（Alexander Von Falkenhausen）对"应付时局对策"建议。黄庆秋：《德国驻华军事顾问团工作纪要》，台北：史政编译局 1969 年版，第 56 页。

④ 史政编译局所藏档案：《塞克特中国国防行动准则》，第 1 页。

⑤ 秦孝仪主编：《总统蒋公思想言论总集》卷 14，台北：中国国民党中央党史委员会1984 年版，第 653 页。

⑥ 秦孝仪主编：《总统蒋公思想言论总集》卷 14，台北：中国国民党中央党史委员会1984 年版，第 653 页。

择中，针对日本侵华而专门设计的一套战略。

## 一 "持久抗战"的思想理念

蒋介石的"持久抗战"思想经过漫长的时间孕育发展，并对日作战的决心是毫不犹豫的，早在北伐时期就已确定了。1928 年国民革命军北伐途中，日本制造济南五三惨案，阻挠北伐进程，蒋介石引以为"国耻、军耻、民耻，何以雪耻"？① 是他念兹在兹，决心抗日的起始。并自 5 月 10 日起，每日必写"雪耻日记"一则，以示抗日之决心。此一坚毅的表现，足以显示，对日本阻挠北伐统一大业，已严重损害了中华民族的命运前途，侵华野心暴露，中日之战已无可避免。自此如何赢得对日抗战胜利的战略规划，即在默默地进行中。

### （一）思想的发轫

蒋介石在他的日记中最早提到"持久战"一词，是在 1933 年间，日军进犯热河时，1 月 24 日他写道：倭寇之目的敌，实在美、俄；如其果与我国大规模作战，则其无的放矢，虽胜必败，此为其最大弱点。吾唯有与之持久战斗耳！②

同年 7 月 20 日，时在华北停战、塘沽协议后，复写道：对倭以不使其扩大范围为第一的，……此时唯有以时间为基础，与敌相持，在久而不在一时也。③

这两则日记，是最早的"持久战"思想记述，思想尚未形成，但亦透露出下列两点战略意义：其一，反映当时的战略环境；其二，则是在揭示他对"持久战"思想观念及其范畴。

所谓"倭寇之敌实为美俄"，正反映出对大局的判断。日方确于

---

① 《蒋介石日记》1935 年 8 月 20 日及 21 日，《困勉记》卷上，台北"国史馆"2011 年版，第 153 页。

② 秦孝仪主编：《总统蒋公大事长篇初稿》，未发行本，1978 年 10 月 31 日，卷 2，第 259 页。

③ 秦孝仪主编：《总统蒋公大事长篇初稿》，未发行本，1978 年 10 月 31 日，卷 2，第 39 页。

1923 年修订的"国防方针""用兵纲领"时,将美国列为第一敌国,中国与苏俄次之。① 他对世局的判断,已认知到在未来的中日战争中,我将不会孤单。不但对此坚持,且充满信心。并成为抗战初期稳定军心,鼓舞士气的重要信念。②

**(二)"持久抗战"的战略规划**

从日记中观察,对"持久战"的规划,应始于 1933 年 8 月,在时序上是他在日记上提到"持久战"一语之后不久。在 8 月 17 日的日记中写道:大战未起之前,如何掩护准备,使敌不加注意,其为经营西北与四川乎?③ 这是为"持久抗战"建立大后方,抗日根据地的起点,此后他走遍西北、川、滇、黔各省寻觅他心目中理想的根据地,迄 1935 年入川时才决定。他指出:"自从九一八,经过一·二八,以至于长城战役,中正苦心焦虑,都不能定出一个妥当的方案来执行抗日之战……只有忍辱待时,巩固后方,埋头苦干,但后来终于定下了抗日战争的根本计划。这个根本计划,到什么时候才定下来的呢?……就是决定于民国二十四年入川以后,我才觉得我们抗日之战一定有办法。因为对外作战,首先要有后方根据地,如果没有像四川那样地大物博人力众庶的区域作基础……这才找到了真正可以持久抗战的后方。"④

"根据地"是一切战力的泉源,在军事上有特殊的意义。蒋介石认为:"强国之国防,重边疆,取攻势;弱国之国防,重核心,取守势。"⑤ 1935 年 8 月 1 日,在其日记上写下此战略作为的程序:"御侮

① [日]防卫厅战史室编:《日军对华作战纪要》,《战史丛书大本营陆军部(1)》,史政编译局译印,台北:史政编译局 1987 年版,第 218—219、244—249、392—397 页。

② 《1938 年 1 月 11、17 日对一、五战区军官讲话》,秦孝仪主编:《总统蒋公思想言论总集》卷 15,台北:中国国民党中央党史委员会 1984 年版,第 10—11 页。

③ 《蒋介石日记》1935 年 8 月 20 日及 21 日。《困勉记》卷上,台北"国史馆"2011 年版,第 391 页。

④ 秦孝仪主编:《总统蒋公思想言论总集》卷 14,台北:中国国民党中央党史委员会 1984 年版,第 653 页。

⑤ 《蒋介石日记》1935 年 8 月 20 日及 21 日。《困勉记》卷上,台北"国史馆"2011 年版,第 458 页。

之道，先定根据基础，次为设计，三为建设……根据既得，应即立图
巩固；巩固之道，唯在收拾人心、培养民力而已。"①

基地既定，一切抗战建国的计划便有了方向。此一史实说明了，
有目的、有计划、有实效的国防建设，实始于 1935 年。

**（三）抗战根据地的选择**

在 1933 年至 1935 年的两年中，蒋介石评估过陕西、甘肃、宁
夏、四川、云南、贵州等地作为抗战根据地的选项，依他公开演讲及
日记，确切地说：复兴民族的根据地，应是川、滇、黔三省的大范
围。1935 年 6 月 30 日日记中半年所感："川、滇、黔得以统一，完
全入于中央范围之中，国家地位与民族基础皆能因此巩固。"② 又对
根据地选择的着眼，认为不能以全国为范围；"只能在整个国家与民
族利益之立场，择定条件最完备之区域，集中人才物力准备，一切使
成为民族复兴之最坚实的根据地"③。

选择川、滇、黔为根据地，端在物产丰富、农林发达、人力充
沛、矿藏可供工业所需，此乃持久战的基本条件。合此三省一切条件
皆已具备，蒋介石于 1936 年 1 月 15 日、16 日两天，语带感性的口
吻，道出他对根据地抱持的希望，他说：直到去年，……我亲自督率
军队入川……一面将不统一的川、滇、黔三省统一起来，奠定我们国
家生命的根基，以为复兴民族最后之根据地。日本看到这种情形，非
常不安，以为这三省如果统一起来，中国便有了复兴的根据地，从此
不但三年亡不了中国，就是三十三年也打不了中国，这就是日本将来
的致命伤。……无论情势如何危急，无论敌人如何阻挠压迫，只好忍
辱负重，必须完成川、滇、黔的统一，才有最后的保障。……我可以
负责告诉大家：我决不怕战争；不过，我要作有计划、有准备的战

---

① 秦孝仪主编：《总统蒋公大事长篇初稿》，未发行本，1978 年 10 月 31 日，卷 3，第
213 页。

② 秦孝仪主编：《总统蒋公大事长篇初稿》，未发行本，1978 年 10 月 31 日，卷 3，第
207 页。

③ 秦孝仪主编：《总统蒋公思想言论总集》卷 10，台北：中国国民党中央党史委员会
1984 年版，第 22 页。

争，我们和日本不战则已，战，则必胜！①

# 三　持久抗战的战略意涵

"持久消耗"与"速决歼灭"，是两个截然不同的用兵思想。战争遂行中，敌对双方竭尽力量屈服对方；有种方式，克劳塞维茨谓之"使敌人疲劳"。② 这是消耗战之理论基础。由于抗战之前，我战力尚未从国内纷争之中恢复过来，面对优势日军，绝无战胜之理。但因我地大物博，人口众多，是极富战争潜力的国家。虽然，消耗战诚为一种国家与国民必须付出惨痛代价的战略手段，但为了不再忍受日军无度需索，维护国家长远利益，确保民族永续生存计，全国军民必须奋起而战。

### （一）德国军事顾问对持久抗战的建议

1935 年 8 月 20 日，法肯豪森提呈"应付时局对策"建议书，迄 26 年中日战争已到爆发的临界点之时，德国顾问端纳（Donald）、克鲁格（Krug）亦纷提意见，他们认为"决心长期抗战，中途不能退缩"。法肯豪森认为："民意即是造成抵抗意志，不容轻视，若领袖无此意志，则人民亦不肯出而抵抗。"③ 端纳则强调"除非下最大决心，支持两年之久，无论有何事变化，绝不反顾……若以半热心理，弥缝手段而战，必徒劳无益"④。

### （二）作战线的转换对"持久抗战"的影响

战势的利顿除取决于战力外，形成有利的战略态势亦是决定性因素。我对日抗战，面临来自华北及华中两方面的敌军。按日军于

① 秦孝仪主编：《总统蒋公大事长篇初稿》，未发行本，1978 年 10 月 31 日，卷 3，第 266—273 页。
② 史政编译局：《战争论》，台北：史政编译局译 1991 年版，第 24—25 页。
③ 黄庆秋：《德国驻华军事顾问团工作纪要》，台北：史政编译局 1969 年版，第 57 页。
④ 黄庆秋：《德国驻华军事顾问团工作纪要》，台北：史政编译局 1969 年版，第 65 页。

1938 年，省部会议之记录："汉口作战的方法（按：日军解决对华作战之目标—攻略后当可解决战争），有南下平汉铁路及溯长江的二个方法，但两种均属兵力不足。"① 由于我经营四川基地，由北向南或由东向西的作战线，将对"持久抗战"形成不同的战略态势。此一问题在 1935 年已陆续讨论。徐永昌，在 1935 年 10 月 15 日的日记提道："蒋先生看定日本是用不战而屈中国之手段，所以抱定战而不屈的对策。"② "前时所以避战，是因为与敌成为南北对抗之形势，实不足与敌持久。自入川后，与敌为以东西对抗，自能长期难之，只要上下团结，绝可求得独立生存，虽战败、到极点亦不屈服。"③

徐的日记证实，讨论作战线问题，1935 年即已开始。而其决策依陈诚回忆说："敌军入寇，利于由北向南打，而我方为保持西北、西南基地，利在上海作战，诱敌自东而西仰攻。关于战斗序列应依战事发展不断调整部署以期适合机宜……"④

1937 年 8 月淞沪会战初起，18 日陈诚与熊式辉奉命视察上海，回南京报告时仍有战、和两种不同意见，陈主战、熊主和。蒋介石征询陈诚意见时。陈建议："敌对南口在所必得，同时亦为我所必守，是则华北战事扩大，已无可避免。敌如在华北得手，必将利用其快速部队，沿平汉路南犯，直趋武汉；如武汉不守，则中国战场纵断为二，于我大为不利。不如扩大淞沪战事，诱敌至淞沪作战，以达成我二十五年所预定之战略。"⑤

陈复建议"若打，须向上海增兵，蒋立即同意，大战于焉展开"。另因战前华北局势恶化，局面亦使中央无从着力。从持久抗战的战略

① ［日］防卫厅战史室编：《日军对华作战纪要》，台北：史政编译局 1989 年版，第 1 册。
② 此语见于蒋日记 1935 年 8 月 20 日及 21 日。是日曾召开政治会议，应为研究日侵华步骤的结论。另出现在 1936 年 11 月 1 日及 1937 年 7 月 16 日之蒋日记，时为陈诚谓抗战决策的关键时刻。蒋记载此对日判断，在时序上前者较徐日记为早，而后者为迟。足证此言，蒋不但公开说过，且前后一贯相当坚持。
③ 引自《徐永昌日记》1935 年 10 月 15 日日记复印件。
④ 陈诚先生回忆录：《抗日战争》（上），台北"国史馆"2005 年版，第 23 页。
⑤ 陈诚先生回忆录：《抗日战争》（上），台北"国史馆"2005 年版，第 53 页。

立意而言，投入重兵于华北，亦无补大局的长远发展。另辟淞沪战场，不但有调整作战线利于持久抗战，亦有利于中央在用兵上有自由发挥之空间。故民国二十六年发动淞沪会战，系贯彻二十五年在洛阳策划抗日大计时所议定，已无异议。

# 四　持久抗战的决心与布局

### （一）抗战初期的战略指导

1937 年 7 月 7 日七七事变发生后，蒋介石视此事件为中国的"存亡关头"。并在其 7 月 8 日，日记中说："决心应战，此其时乎？"并下令调孙连仲部两个师，庞炳勋、高桂滋两部各一个师北上保定、石家庄，增援宋哲元的二十九军。[①] 蒋介石增兵之意图，旨在打击日军扩张之企图，并谓"打破其何梅协议矣"。[②] 12 日及 29 日在庐山两次谈话会，凝聚抗战共识。17 日在会中发表"对于卢沟桥事件之严正表示"的谈话，（19 日正式对外公开），蒋介石强调"全国应战以后之局势，就只有牺牲到底，无丝毫侥幸求免之理。如果战端一开，那就是地无分南北，人无分老幼，无论何人，皆有守土抗战之责，皆应抱定牺牲一切之决心"[③]，抗战到底。声明中并订定"最低限度"四条件，[④] 为解决卢沟桥事变的处理方针。蒋坚定的抗战声明，不但视七七卢沟桥事变为一场战争，且为一场必须坚持到底的"持久抗战"。

---

① 蒋介石于七七事变发生后，分析日军可能行动，认为日军此时对我开战并不有利，应系针对华北的局部情势，可由宋哲元负责，并欲意借此冲突之机，要求日军退出丰台。《蒋介石日记》1937 年 7 月 8 日，《困勉记》卷下，台北"国史馆"2011 年版，第 559—560 页。

② 《困勉记》卷下，台北"国史馆"2011 年版，第 560 页。

③ 蒋介石：《对于卢沟桥事件之严正表示》，秦孝仪主编：《总统蒋公思想言论总集》卷 14，台北：中国国民党中央党史委员会 1984 年版，第 582—585 页。

④ （一）任何解决，不得侵害中国主权与领土之完整；（二）冀察行政组织，不容任何不合法之改变；（三）中央政府所派地方官吏，如冀察政务委员会委员长宋哲元等，不能任人要求撤换；（四）第二十九军现在所驻地区，不能受任何的约束。蒋介石：《对于卢沟桥事件之严正表示》，秦孝仪主编：《总统蒋公思想言论总集》卷 14，台北：中国国民党中央党史委员会 1984 年版，第 584 页。

就军事作为而言，"抗战声明"即是对日抗战之"开战指导"。① 蒋在发表抗战声明之当日，在其日记上写道："倭寇使用不战而屈之惯技，暴露无余，我必以战而不屈之决心待之。"② 而此一理念，在1935 年抗战决策之时，即已逐渐形成。③ 故此声明，不只是蒋介石的坚定决心，亦是对日抗战战略的一贯方针。军事委员会于 1937 年 8月 20 日以"大本营训令第一号"，颁布中国军队战争指导方案、作战指导计划及第 1（冀省及鲁北）、第 2 战区（晋、察、绥），第 3（江、浙）、第 4 战区（粤、闽）之作战计划，④ 大本营之作战指导"以达成持久战为基本之主旨"，"第 1 战区进迫该当面之敌，实行柔性之攻击……"第 3 战区"迅将目下侵入淞沪之敌陆海军及其空军陆上根据地，扫荡扑灭，……"⑤ 依此作战指导方案，不但为"持久消耗"战略的战争指导定调，且明示华东为主战场，华北为支战场；相对于日军的战略方针，恰是主支易位。并在不失主动的作为下，采取内线守势。

蒋介石对此抗战的全面性战略布局。即俗称"以空间换取时间"的战略；为争取时间，可视需要放弃空间，但必须使敌军付出相当代价。他相信：日军深入内陆，占领缺乏部署纵深的绵长战线，及过于延伸的补给线，不但会因防御薄弱而穷于应付，且会为维护绵长的补给线而变成一无所有；这就是"消耗战"的战略。自负的日本军必定会被此一消耗战而崩溃。⑥

① 史政编译局：《抗日战史——全面抗战经过（二）》，台北：史政编译局 1992 年版，第 40 页；蒋介石视为"应战宣言"，载于《蒋介石日记》1937 年 7 月 16 日。

② 《困勉记》卷下，台北"国史馆"2011 年版，第 562 页。参看前注徐永昌日记及《蒋介石日记》1935 年 7 月 19 日至 21 日。

③ 史政编译局：《抗日战史——全战争经过概要（一）》，台北：史政编译局 1982 年版，第 81 页。

④ 《国军战争指导方案及战斗计划》，史编局藏，档号：542·2—6015，油印原件。

⑤ 董显光：《蒋委员长》，引自［日］防卫厅战史室编《日军对华作战纪要》，第一册《从卢沟桥事变到南京战役》，史政编译局译印，台北：史政编译局 1987 年版，第 376 页。

⑥ ［日］防卫厅战史室编：《日军对华作战纪要》，第一册《从卢沟桥事变到南京战役》，史政编译局译印，台北：史政编译局 1987 年版，第 215 页。

### （二）七七事变后日军对华的军事因应

七七事变发生后，日军并不意扩大其对华军事，且漠视国民政府宣示的抗战决心；仍本其一贯的伎俩，要求冀、察方面：停止中国军驻扎卢沟桥附近永定河左岸。① 而此时，中国已在积极的从事长期抗战的动员与准备。而当时日本在抗战初期，根本没有符合实际的，全般对华作战指导，一步步地随着战略情势的发展，陷入中方预画的"消耗战"战略之中。

1937 年 7 月 9 日，日本参谋本部在其"处理华北时局要领"中，指出日军应"尽量将事件限定于平津地方，迅速确保该地方，以谋求安定"。② 然于 10 日上午，得知：国军沿平汉线逐次调兵北上；国民政府极力"鼓励国民之抗日意识，同时逐渐准备对日战争"；"事态具有逐渐扩大恶化之处"，日军方态度才转趋强硬，增派中国驻屯军的兵力：③ 抽调朝鲜及关东军之 1 个师团（第 20）及 2 个旅团（第 1、第 11）至华北，并由日本本土派出 3 个师团（第 5、第 6、第 10）、18 飞行中队，进入华北。

日华北驻屯军在到达增援兵力的支持下，向平津地区发动攻势（第一期作战），两地迅告失陷。日军占领平津地区后，则在其周边行战略集中，待日本土师团到达后，发起其第二期作战。其目的在："寻求侵入于河北省之中国野战军，予以击灭"④，尽早解决华北局势。

---

① ［日］防卫厅战史室编：《日军对华作战纪要》，第一册《从卢沟桥事变到南京战役》，史政编译局译印，台北：史政编译局 1987 年版，第 212—213 页。

② ［日］防卫厅战史室编：《日军对华作战纪要》，第一册《从卢沟桥事变到南京战役》，史政编译局译印，台北：史政编译局 1987 年版，第 219 页。

③ ［日］防卫厅战史室编：《日军对华作战纪要》，第一册《从卢沟桥事变到南京战役》，史政编译局译印，台北：史政编译局 1987 年版，第 219 页。

④ 在军事及用兵上，此语表示日军有决战意图，故意在捕捉我军主力在其预定攻势到达的沧州、保定之线之前击灭之。［日］防卫厅战史室编：《日军对华作战纪要》，第一册《从卢沟桥事变到南京战役》，史政编译局译印，台北：史政编译局 1987 年版，第 331 页。

### （三）主动陈兵南口的战略含义

中国军队在华北守势，华中攻势的战略指导下，主动陈兵南口，其作战影响虽仅及华北，但由于此出敌意表的战略作为，却拖延了日军在华北与我会战的时机，破坏了寻求决战歼灭华北我军主力的企图。为尔后形成持久消耗战，奠立了基础。

8月初日军已袭占平津，刻正准备广领要域，掩护本土增援部队行战略集中，部署其第二期之作战。时日军已察觉我在察南行动，逐渐威胁中国驻屯军的侧背及"满洲"（日称我东三省）西部。驻屯军于8月6日，命令独立混成第11旅团准备向南口攻击；① 11日，该旅团先行向得胜口及南口等我89师阵地发起攻击，开启察哈尔作战（我方称平绥路作战）。9月初以后，又命第5师团，进入察境作战。因而削弱日军在平汉、津浦路方面的战力，迫使原计划变更。日方面军司令部，原计划于8月下旬在平汉、津浦路北段，部署会战，企图一举歼灭我军在冀主力。时国民政府军队第2集团军已挺进至永定河右岸，隔河与日军对峙，第1战区下达命令，意图强韧之抵抗，并以机动部队伺机向日军之右翼取攻势。② 9月初，日军发觉永定河畔我军兵力逐次增加，有利于其会战歼灭。遂于14日晨开始发动攻势；我军基于"柔性攻势"之指导，在察觉日军发动攻势前，既开始转进。③ 由于我主力已脱离战斗转入晋省，得使日华北方面军捕歼主力于石家庄以南之企图，未见实现。④

日军自进入察境后，遭我军坚强抵抗，又因地形限制，未能捕歼国军主力，反而逐渐向山西深入，形成忻口会战。晋省战局未决，不

① ［日］防卫厅战史室编：《日军对华作战纪要》，第一册《从卢沟桥事变到南京战役》，史政编译局译印，台北：史政编译局1987年版，第332页。

② "军事委员会令字第三号——第一战区作战指导计划"，引自史政编译局《抗日战史（第三册华北地区作战）》，台北：史政编译局1987年版，第167页。

③ ［日］防卫厅战史室编：《日军对华作战纪要》，第一册《从卢沟桥事变到南京战役》，史政编译局译印，台北：史政编译局1987年版，第464—470页。

④ 史政编译局：《抗日战史（第三册华北地区作战）》，台北：史政编译局1987年版，第172—182页。

得已再抽调第 20、第 109 师团主力，参加井陉附近的战斗。10 月 1日，日军基于政治考虑，发出密令："击破山西共军，以打碎南京政府依赖苏俄心理"①；平汉线方面的战况因而消沉。10 月中，日因应在沪作战，复抽调华北部分兵力至华中地区。日军在华北取攻势速决歼灭，解决在华军事的企图，遂告破灭。

### （四）发动淞沪会战的战略含义

中国军队发动淞沪会战的目的，旨在改变全盘的战略态势。其战略作为，影响是全面而长远的。8 月初，国军向在沪日军发动攻势，当时日军深感意外。但仍采所谓"不扩大方针"，"陆军的派兵，仅止于华北，上海、青岛方面由海军负责"②。15 日下令上海派遣军（军司令官松井石根大将）至上海（下辖第 3 师团及第 11 师团）；并不在陆军的战斗序列中，而旨在协助海军，扫荡击灭上海附近之中国军，保护日本侨民。③ 17 日，始决议："放弃以往所采取之不扩大方针。④"

日军增援在沪兵力之后，战局并未改变。此际我第 3 战区亦不断增加兵力，致使双方伤亡大增，进展均甚艰困。日军被迫于 9 月 11日，再度增兵，派出第 9、第 13、第 101 师团，投入上海方面，同时扩大上海派遣军的编组，并正式列入"战斗序列"。⑤

时至 10 月初，华北战场态势已决，唯对沪作战仍无进展，呈现胶着。日军为打破此一僵局，于 10 月中旬以后，逐渐形成决策，抽调华北

---

① ［日］防卫厅战史室编：《日军对华作战纪要》，第一册《从卢沟桥事变到南京战役》，史政编译局译印，台北：史政编译局 1987 年版，第 487 页。

② ［日］防卫厅战史室编：《日军对华作战纪要》，第一册《从卢沟桥事变到南京战役》，史政编译局译印，台北：史政编译局 1987 年版，第 368 页。

③ ［日］防卫厅战史室编：《日军对华作战纪要》，第一册《从卢沟桥事变到南京战役》，史政编译局译印，台北：史政编译局 1987 年版，第 377 页。

④ ［日］防卫厅战史室编：《日军对华作战纪要》，第一册《从卢沟桥事变到南京战役》，史政编译局译印，台北：史政编译局 1987 年版，第 374 页。

⑤ 战斗序列在军队指挥上，指挥官对其所属的部队，具有完整的指挥权责。而在此之前，上海派遣军属"编组"状况，除必要之作战指挥外（详情有另令规定），其他的指挥责任在其上级。［日］防卫厅战史室编：《日军对华作战纪要》，第一册《从卢沟桥事变到南京战役》，史政编译局译印，台北：史政编译局 1987 年版，第 427 页。

部分军力外，另编成第 10 军（下辖第 6、第 18、第 114 师团），决定于 10 月末或 11 月初在杭州湾北方之金山卫登陆。① 于是，华中方面变成两个军的九个师团，华北方面则变成两个军的七个师团，主作战明显地转移至华中。② 战略态势全般改变，形成为敌我主力在华东对决的态势。

日军因应我抗战初期的战略作为，几乎全在中国军队的预期与掌握之中，不断地追随我意志，逐步地陷入我预画的战略态势中。

# 五　持久抗战战略态势的形成

## （一）抗日作战的主体与持久消耗战略

从抗日战争的全期发展上看，武汉会战对抗战而言，乃完成了持久抗战的全般布局。日军在武汉会战后，大军深入内陆，区域逐渐扩大，攻势部队随战线拉长，数量减少及持续战力削弱，达到了所谓的"攻势极限"。对国军而言，完成抗日战争第一期战役，虽有伤亡，但主力仍在，抗战的决心及意志并没有涣散，却完成抗战最后胜利的战略部署。蒋介石说：

> 在第一期战役过程中，我们虽然失去了许多土地，死伤了许多同胞，就一时的进退看，表面上我们是失败了；但从整个长期的战局上说：在精神上，我们不但没有失败，而且是完全成功。最重要的件事，就是我们争取最后胜利，战略上一切布置的完成，亦就是已经依照我们预定的战略陷敌军于困散失败莫能自拔的地位。这就是孙子所说的"致人而不致于人"的最高原则，今日我们已做到了。③

---

① 日参谋本部，"第十军作战要领案"，引自［日］防卫厅战史室编《日军对华作战纪要》，第一册《从卢沟桥事变到南京战役》，史政编译局译印，台北：史政编译局 1987 年版，第 564 页。

② ［日］防卫厅战史室编：《日军对华作战纪要》，第一册《从卢沟桥事变到南京战役》，史政编译局译印，台北：史政编译局 1987 年版，第 552—559 页。

③ 秦孝仪主编：《总统蒋公思想言论总集》卷 15，台北：中国国民党中央党史委员会 1984 年版，第 485 页。

这段话，所谓完成最后胜利一切战略上的布置的，即 1936 年的战略方针，亦是他一贯的坚持。其核心计划在导日军由南北向的作战线，转为东西向。武汉会战完成后，此一态势形成，抗战的结局已定。而整个的态势形成，全凭操持主动。

蒋介石在南岳会议上，曾解释抗日作战概分为两步走。第一期战役是持久战的布局。第二期战役才是持久战的主体，本阶段的主战场，在豫、鄂、湘、赣地区，共发生了 18 次的会战，占抗战中 22 次会战中的五分之四，故是持久抗战的主体。其战略意义，在借持久消耗战略，求得战力上的优劣转换，最后发动全面攻势，而获得最后胜利。

### （二）日军的战略改变

武汉会战结束后，国军主力仍然存在。日军只占据点线及控制有限资源，又迫于"国力窘迫"的表面化，遂舍弃军事解决，改以政略为主，并扶持伪政权；[1] 又为尽速结束战争，谋求美国居间协调，企图说服蒋介石放弃抗战（美日了解案），[2] 此案失败太平洋战争爆发。此乃日军"以战养战"的战略毒计。[3]

在军事上，走向"长期作战"方案，以维持占领地之治安为主，仅保持一个作战军（第 11 军）在武汉，[4] 并以"短距作战"[5] 与国军对抗，企图彻底从战争的泥淖中脱困出来。[6]

---

① ［日］防卫厅战史室编：《日军对华作战纪要》，第四册《香港长沙作战》，台北：史政编译局 1987 年版，第 470 页。

② 此指所谓的"美日了解案"此案为日南进政策决行的指标，破局太平洋战争爆发。

③ 《国军抗日作战最高指导方针》，国军档案 28/542/6015，第 8—9 页。

④ 原文为"作战军"，是日军专门的军事用语，虽未见定义其他不同功能"军"的存在。此处系刻意区分作战军及治安军。［日］防卫厅战史室编：《日军对华作战纪要》，第四册《香港长沙作战》，台北：史政编译局 1987 年版，第 473 页。

⑤ ［日］防卫厅战史室编：《日军对华作战纪要》，第三册《欧战爆发前后之对华和战》，史政编译局译印，台北：史政编译局 1987 年版，第 454 页。

⑥ ［日］防卫厅战史室编：《日军对华作战纪要》，第三册《欧战爆发前后之对华和战》，史政编译局译印，台北：史政编译局 1987 年版，第 237—239 页。

### （三）第二期战役特质

中国军队判断日本投入我国境之兵力，已达极限。作战特质则在："转守为攻，转败为胜"，并拟定第二期作战之战略指导"应连续发动有限攻势与反击，以牵制消耗敌人"。① 开辟敌后游击战场，化敌后方为前方，使日军无论敌前、敌后，均受我攻袭。

军事战略上，以"政治重于军事，游击战重于正规战，变敌后方为前方"。"决以我三分之一之力量，布置于敌前（正面战场）；三分之一投入敌人后方；三分之一实施整训。"② 在作战上，则本"战略持久"，"会战而不决战"的作战方针，持续消耗敌军。保持有生战力，确保抗战基地安全，并维持一条国际交通线，以确保抗战持续战力于不辍。

从战争形态言，此期间双方都进入持久消耗战的战争形态。双方互有攻守，逐次消耗人力、物力，长期消耗战争的特征显现；所不同的是我采"守势消耗"，日军则是"攻势消耗"。由于日本国力窘迫的表面化，及美国对日石油禁运、经济封锁的制裁，③ 因而启动南向政策，作战资源加速消耗，荡尽一切资源而走向败亡。

### （四）联盟作战与持久抗战

1941 年 12 月，日军掀起太平洋战争。国军从单独抗战，迈向联盟作战。然蒋介石的"持久抗战"理念，不但放眼于"大战略"的层面上，亦认为两者相辅相成。他说："我们抗战的目的，就是要与欧洲战争—世界战争同时结束"；亦即"世界问题不能解决，中国问

---

① 史政编译局：《抗日战史（第二册全面抗战经过）》，台北：史政编译局 1987 年版，第 251 页。

② "中研院"近代史所编：《白崇禧先生访问纪录》上册，台北："中研院"近代史所 1984 年版，第 373 页。

③ ［日］防卫厅战史室编：《日军对华作战纪要》第三册，《欧战爆发前后之对华和战》，史政编译局译印，台北：史政编译局 1987 年版，第 537—541 页。

题也就不能解决，而我们依旧不能脱离次殖民地的地位"。① 即期以将"持久抗战"融入世界大战，使中国得以走出被列强压迫的阴影。

在联盟作战中，中国军队以滇西远征军及驻印军，与美、英盟军在滇缅并肩作战。对中国而言，缅甸及印度的陆上交通线，是中国维持大军的生命线。但对美、英而言，仍无法摆脱强权争霸的局面，而予中国不公平的对待。故有英国封锁滇缅公路三个月；法国允诺日军截断滇越铁等，均予中国极大的伤害。

虽然中国在联盟作战中有所不平，俨然"被遗忘的盟友"，但在共同反日德义三国同盟的前提下，② 亦获得宝贵的美援物质。1945 年初滇缅路已打通，美械装备源源而来，部队次第完成换装编训，战力大增，"制空权"亦在掌握中，总反攻时机渐趋成熟。反之，日军在经中国"持久抗战"，长期消耗后，已陷入泥淖，最终走向衰亡。

# 六 "持久抗战"的战略义涵

## （一）着眼全局

蒋介石曾不断的诠释"持久抗战"的战略意义，俾提振士气，坚定信心。其理念是以大战略为着眼的，他在中国国民党五届中央委员第六次全会中说明："我们抗战的目的，率直言之：就是要与欧洲战争——世界战争同时结束；亦即是说中、日问题要与世界问题同时解决。"③ "中、日问题，并非简单的中、日两国的问题，乃是整个东亚，亦即整个世界的问题"；而且"世界问题不能解决，中国问题也就不能解决，而我们依旧不能脱离次殖民地的地位"。

这段话的战略意涵在，废除不平等条约，摆脱次殖民地的地位，恢

---

① 秦孝仪主编：《总统蒋公思想言论总集》卷16，台北：中国国民党中央党史委员会1984 年版，第 577 页。

② 岩畔回忆录，引自［日］防卫厅战史室编《日军对华作战纪要》，第三册《欧战爆发前后之对华和战》，台北：史政编译局 1987 年版，第 526 页。

③ 秦孝仪主编：《总统蒋公思想言论总集》卷16，台北：中国国民党中央党史委员会1984 年版，第 577 页。

复独立自主的国权是抗战的主要目的；单独打败日本并不能达成此目的。故蒋认为我对日抗战绝不会孤单，他说："帝国主义者之在东方，或者在中国，其冲突均随时可以发生。""冲突之焦点，必在中国。……中国此时若不努力奋斗，团结一致，至第二次世界大战起，即为亡国之日。"①

战略即运用列强间的矛盾，以外交手段引起相互牵制与干涉，争取时间并以拖待变，俾利"持久抗战"的进行。

### （二）持久的精义

"持久抗战"的精义在"贵久"，蒋介石认为"一时一地的得失，无害于我们的根本，我们的唯一方针，就是要持久"②。又说："本来战争的胜败，就是决定于空间与时间。……我们现在与敌人打仗，就是争时间，我们要以长久的时间，来固守广大的空间；要以广大的空间，来延长抗战的时间，来消耗敌人的实力，争取最后的胜利。"③这是他持久抗战的精义。

1938 年 10 月 17 日决定放弃武汉④，30 日发表《为退出武汉告全国国民书》，清楚阐明抗战方略：我国抗战根据，本不在沿江沿海浅狭交通之地带，乃在广大深长之内地，而西部诸省尤为我抗战之策源地，此为长期抗战之根本方略，亦即我政府始终一贯之政策也。⑤

---

① 秦孝仪主编：《总统蒋公思想言论总集》卷 10，台北：中国国民党中央党史委员会 1984 年版，第 417 页。

② 秦孝仪主编：《总统蒋公思想言论总集》卷 14，台北：中国国民党中央党史委员会 1984 年版，第 655 页。

③ 秦孝仪主编：《总统蒋公思想言论总集》卷 15，台北：中国国民党中央党史委员会 1984 年版，第 122—123 页。

④ 《蒋介石日记》1938 年 10 月 17 日。《困勉记》卷下，台北"国史馆"2011 年版，第 636 页。

⑤ 此持久抗战之计，在 1935 年 7 月即已形成，蒋在他 9 日的日记中写道：静思对倭作战方略，曰："如对倭作战，以长江以南与平汉线以西地区为主要线，以洛阳、襄樊、荆宜、常德为最后之线，而以川黔陕三省为核心，甘滇二省为后方，作持久之计，未有不胜者也。"与本文相较更为具体，故绝非武汉失陷后的推托之词，而是抗战的一贯方针。引自秦孝仪主编《总统蒋公大事长篇初稿》，未发行本，1978 年 10 月 31 日，卷 30，第 301—302 页。

蒋决心放弃武汉系因广州之失陷。他在 10 月 24 日日记中写道"敌既得广州，更陷于被动地位，不能不更向我求和矣，武汉之得失已无足重轻……"① 就此方略，不在意对南京、武汉的得失，而在意部队有生力量的保全。就战争的全局而言，在追求战争的最后胜利，而不在意历次战役中的成败。

### （三）主动与坚持

军事委员会，自七七卢沟桥事变发生后，即掌握全局操持主动，在事变发生之次日即令中央军北上，应付华北变局；在日军调集兵力部署会战，捕歼我在华北武装之时，已先敌调兵至南口、张北一带，威胁日军侧翼，迫敌无法南下。旋即发动淞沪会战，迫使日军逐次投入兵力，导致主支作战易位，由东向西的作战线亦大致定型。蒋介石不但能操持主动，且对其理念充满自信及坚持。他的这份乐观，来自他对兵法理论的修为，他在日记中批评："日军已犯了，所谓'顿兵深入'的大忌，走到了孙子所谓'顿兵挫锐，屈力弹货'的地步。这一次中日战争，如果日本能够胜利，那就是世界上一切战略战术和所有军事学说，都要根本推翻，甚至一切事物的原理原则，都可证明为无用了。"② 在抗战的过程中，他战胜日军的信心从未动摇，纵然在最艰困的时候亦然。咸认"民气可用""统帅意志"，一直是"持久抗战"成功的要诀。③ 故曰："国家存亡，革命成败，皆在我之能否坚忍不拔，勿为和议之说所摇撼耳！"④

1937 年 12 月南京失陷，27 日他在其日记中写道："今日讨论倭

① 《蒋介石日记》1938 年 10 月 24 日。《困勉记》卷下，台北"国史馆"2011 年版，第 637 页。

② 秦孝仪主编：《总统蒋公思想言论总集》卷 16，台北：中国国民党中央党史委员会 1984 年版，第 11—12、15 页。

③ 黄庆秋：《德国驻华军事顾问团工作纪要》，台北：史政编译局 1969 年版，第 57 页。

④ 秦孝仪主编：《总统蒋公大事长篇初稿》，未发行本，1978 年 10 月 31 日，卷 4 上，第 245 页。

寇所提条件，乃多主议和者，余以为不可"；① 1 月 2 日晚，接倭寇条件，在日记中记下坚定的决心："与其屈服而亡，不如战败而亡也！"② 即严词拒绝之。

武汉会战结束后，日军攻占了汉口、广州，但中国仍旧未屈服，而日本因经济困顿，"国力窘迫"已呈表面化。1939 年年末至 1940 年，又突遭粮食危机，美国经济压迫的侵袭及经济措施的不当，更使日本经济雪上加霜，进入所谓的中日战争"最黑暗的时期"③。

反之，中国军队主力仍然存在，且因日军只能占据点线，其占领区之人力、资源，仍操在中国军队手中，兼以战志益趋坚定，日方企图以军事解决中日战争仍然非常黯淡。针对如何结束在华作战始终找寻不到良好的方策，徘徊在"速决歼灭"与"长期作战"方案的决策之间，甚或主张缩减战面，提倡"华中、华南放弃论"，企图彻底从中日战争的泥淖中脱困出来，④ 但亦无功。最后采取冈村宁次的建议，发动宜昌会战（亦称枣宜会战），但于作战终结后应立即返回原驻地。⑤ 1939 年 6 月，宜昌会战结束，又恢复到战前的态势，我方仍不屈服，和平仍无远景。至此，日军速决歼灭之企图，已告失败，迫使日军走向其最不愿见到的长期作战之方案；中日战争长期消耗战的形态终告成立。

# 七　结语

"持久消耗"与"速决歼灭"，是两个截然不同的用兵思想。从

---

① 《蒋介石日记》1937 年 12 月 27 日。《困勉记》卷下，台北"国史馆"2011 年版，第 592 页。

② 《蒋介石日记》1938 年 1 月 2 日。《困勉记》卷下，台北"国史馆"2011 年版，第 593 页。

③ ［日］防卫厅战史室编：《日军对华作战纪要》，第三册《欧战爆发前后之对华和战》，史政编译局译印，台北：史政编译局 1987 年版，第 163、195 页。

④ ［日］防卫厅战史室编：《日军对华作战纪要》，第三册《欧战爆发前后之对华和战》，史政编译局译印，台北：史政编译局 1987 年版，第 237—239 页。

⑤ "大陆命令第 426 号"，［日］防卫厅战史室编：《日军对华作战纪要》，第三册《欧战爆发前后之对华和战》，史政编译局译印，台北：史政编译局 1987 年版，第 253 页。

战争的本质看，当时日军已是现代化的军队，拥有优势的军备，要战胜顽敌日本，不但须建立一支足以对抗日军的武装力量，亦须有可胜的理论与想定为基础。而此理论与想定，即是"持久抗战"的思想主张。

基本上，"持久抗战"战略的思想，并不是理论或学说，而是为战胜日军的战略规划。从"持久消耗"与"速决歼灭"不同的用兵思想来看，战胜之道在中国的战争潜力，拥有较日军丰沛的战争资源；全民的抵抗意志；无上的牺牲精神；并在领袖坚定不移的决心与意志下，凝成一股宏伟的精神战力，而压倒日军。

持久抗战的战略意义，归纳有三：着眼全局；将中国问题放入世界问题中同时解决，使国家民族摆脱次殖民地的地位；其精义在"贵久"，不争"一时一地的得失"，"各次会战的成败"，而在"争取最后光荣的胜利"。而其所以有成，全凭主动与坚持。自抗战之始，中国军队即掌握全局，操持主动，使日军一步步地落入持久战的泥淖陷阱中。而其坚持，即蒋百里先生说"胜也罢，败也罢，就是不与他讲和"，而蒋介石做到了。

史实证明，"持久抗战"正确的战略指导，引领全国军民的浴血奋战，终获抗日战争的最后胜利，实为制胜的最大关键。

（傅应川，台湾地区退役中将，台北史政编译局前局长，中华抗协常务理事暨副理事长）

# 中、日双方对九一八事变之
# 战略决策

江显之

## 一 前言

战略决策是对关系战争准备与实施全局问题作出之决定与筹划，是最高层次指导与核心环节。[①] 日本于我国东北以朝鲜移民农地租借纷争万宝山事件为远因，诬指中国军队破坏柳条沟段铁路为冲突借口，于 1931 年 9 月 18 日夜发动九一八事变，时任全国陆海空军副总司令，负责东北边防重责之张学良适在北平，全国陆海空军总司令蒋介石于事变之日适由南京抵达江西南昌以督阵"剿共"作战，[②] 东北军遂在备受争议之"不抵抗"战略决策下，其间除黑龙江省代主席马占山于率军奋力抵抗外，东北军主力先后撤往关内，事变迄翌（1932）年 1 月 12 日日军占领锦州告终。九一八事变后，1932 年，日本于上海发动一·二八事变，于 3 月 1 日在东北扶持成立伪满洲国，日军势力迅速进入华北引发长城战役等战略情势；张学良率东北军入关后，为逼迫蒋介石停止"安内攘外"政策，实施对日全面抗战，于 1936 年引发"西安事变"。1937 年，卢沟桥事变成为全面抗

---

① 彭光谦：《军事学》，北京大学出版社 2010 年版，第 52 页。
② 《蒋中正电张学良日军昨夜进攻沈阳借口国军有拆毁铁路计划请力辟之》，1931/09/19，台北"国史馆"，典藏号：002 - 020200 - 00012 - 001，第 003 页，原件第 1 页。

战之肇始，中国军队最高统帅决策于京畿门户上海开辟东战场，发动淞沪会战。不过，因战事发展不利导致 12 月南京陷落。

本文使用历史文献分析法，旨借中、日军方官史记载及事变原件手谕电文之节录，采历史与战略研究途径，以军事战略与野战战略用兵视域，客观探究检视及论证以下问题：第一，中、日双方之战略决策史实；第二，国联调查团关键第三方观察论证；第三，中、日战略决策之战略含义：旨在决策者当时之着眼企图，由近期局部之战术迄尔后长期全面之战略影响。① 研究范围从九一八事变，迄七七卢沟桥事变全面抗战爆发为止。征引史料主要为"国史馆"庋藏《蒋中正总统文物》《革命文献—沈阳事变（一）与（二）》之档案、手谕及电文原稿，为直接反映当时战略决策过程之真实工作文件，其中民国四十年七月整编之《统一时期重要文件汇编：沈阳事变》由前因迄经过记述详尽，堪称官史对事变之原始记载，其附件一、二《国联调查团报告书草案》与《国联调查团报告书节要》为关键第三方观察，有利于对中、日双方战略决策历史真相之客观论证；"国防部"史政编译局译编日本防卫厅防卫研修所战史室编纂之《日军对华作战纪要丛书》之《（13）九一八事变与关东军》，《（14）后期关东军作战》，《（17）关外陆军航空作战》，《（19）从日俄战争到卢沟桥事变》，均代表日本军方官史观点；以上文献冀以异元原件史料为主要征引，借以还原九一八事变中、日双方战略决策之史实。

## 二 九一八事变中、日双方之战略决策

### （一）九一八事变之战略背景

日本对东北资源与利益之觊觎，实为此次事变之战略背景与根本原因，亦为本争议之历史背景。② 依据"国史馆"庋藏 1951 年 7 月

① 汪国祯：《余伯泉将军与其军事思想》，台北：中华战略学会 2002 年，第 99 页。
② 《国联调查团报告书节要——沈阳事变案附件一》，1951/07/，台北"国史馆"，典藏号：002 - 020200 - 00013 - 001，第 9 页，原件第 4 页。

整编之《统一时期重要文件汇编：沈阳事变案附件一》《国联调查团报告书节要》引载，对于事变当时背景，以关键第三方之调查观点视域，有极为客观与详尽之记述如下。

**1. 日本与俄罗斯对中国东北之侵略**

1931 年 9 月前东北之一般状况及其与中国其他部分及俄国之关系，依据《国联调查团报告书节要》具极客观与符合史实之记述，引载如下：

东三省为一广大富沃区域，四十年前几未开辟。迄今人口仍形稀少。对于解决中、日人口过剩问题，极占重要位置。河北、山东两省之贫民，移殖于东三省者，以数百万计。日本则将其工业品及资本输入满洲，以换取食粮及原料。若无日本之活动，满洲不能引诱并吸收如此巨额人民，若无中国农民及工人之源源而往，满洲亦不能如此迅速发展。但满洲极要合作，因有前述理由，初则成为日俄竞争区域，继则成为中国与其两强邻之冲突地方。[①]

当初中国对于发展满洲，甚少努力，几今俄国在该处有管辖之权，即在朴次茅斯条约重新确认中国在满洲之主权，在世界人士眼光中，仍认日、俄两国在东三省之经济活动，较中国本身为显著，同时中国数百万农民之移殖，裹定该处将永远为中国之所有。当日俄致力于划分利益范围时，中国农民，即占有土地，故目下满洲之中国，已为不可变易之事实。[②]

**2. 张作霖统治下之东北**

《国联调查团报告书节要》就张作霖及张学良时代对于东北之政

---

① 《国联调查团报告书节要——沈阳事变案附件一》，1951/07/，台北"国史馆"，典藏号：002 - 020200 - 00013 - 001，第 17 页，原件第 12 页。

② 《国联调查团报告书节要——沈阳事变案附件一》，1951/07/，台北"国史馆"，典藏号：002 - 020200 - 00013 - 001，第 17—18 页，原件第 12—13 页。

策及统治状况溯述如下：

> 张作霖屡次对于北京政府宣布独立，但此种宣告，并不表示张氏或满洲人民愿与中国分离，其军队之入关，不能与外兵侵略相比拟，实则参加内战矣。在一切战争及独立时期中，满洲仍完全为中国领土。张作霖虽不赞成国民党主义，但深盼中国之归于统一。其对于日、俄两国利益范围之政策，证明若彼能将两国在该处之势力加以肃清，彼必为之，对于苏俄之利益范围，几乎告厥成功，其结果即将南满铁路与其若干供给食料区域之联络切联。自张作霖神秘被害案发生后，张学良不听日本之劝告，与南京方面与国民党更为密切联络，一九二八年十二月，宣告服从中央政府，实则在满洲之武人统治制度，依然存在与从前无异。①

以上为第三方国联调查团对事变发生前对东北形势之观察。其中"实则在满洲之武人统治制度，依然存在与从前无异"。按国联调查团的认知，九一八事变发生时，真正能对东北地区治权与军队具实际战略决策与指挥权者，应只是张学良本人。

### （二）九一八事变中、日双方之战略决策

"战略决策是对关系战争准备与实施全局问题作出之决定与筹划，是最高层次指导与核心环节。"② 是统帅部或司令部阶层对关系国家重大战略事件、战役与会战，遂行战略决策与战略及作战指导，战略决策可于重要军事或作战会议以正式命令下达，或以统帅或司令个人手谕电令等方式呈现，其时机可连贯于战略事件、战役与会战之前、中、后。九一八事变自 1932 年 9 月 18 日日军对北大

① 《国联调查团报告书节要——沈阳事变案附件一》，1932/09/04，台北"国史馆"，典藏号：002 - 020200 - 00013 - 001，第 18 页，原件第 13 页。

② 彭光谦：《军事学》，北京大学出版社 2010 年版，第 52 页。

营发动攻击，迄同年 12 月 10 日日军占领全东北结束，依中、日两军官史记载，依作战史实记录还原，及借国联调查团之关键第三方观察，事变实际作战进程与各阶段攻、守势及作战角色顺序排列，双方概区分对应三个阶段：第一，九一八事变爆发（攻占沈阳、营口与长春），第二，日军于满北之进展，第三，日军攻占锦州，依序将两军各阶段战略决策之征引析陈如次，冀完整还现中、日双方在事变中之战略决策。

**1. 九一八事变爆发（攻占沈阳、营口与长春，9 月 18 日至 10 月 2 日）**

本阶段主要作战进程始于 9 月 18 日夜日军攻击沈阳东北军北、东大营，19 日入城占据通信机关，并尽占各衙署及军事设备，同日占领营口与长春；迄十月中旬日军开始向满北发展止。①

（1）日本之战略决策

依据"日本防卫厅防卫研修所战史室"（以下简称"防卫研修所战史室"）对日本于中国东北之假想敌有以下之记载：

日本自 1904 年日俄战争占领旅顺，势力进入辽东半岛以来，依据条约将其兵力部署于南满，此兵力之任务，平时负责保护居留日侨以及确保铁路权益，但一旦事态发生，即照既定计划占领满北要地机关，以掩护主力部队集中。② 由于对基本战略目标苏俄之作战准备极为匮乏，而必须加强对苏俄戒备。③ 以上可证日本当时在中国东北地区之经营布局，是以苏联为其战略决策之主要考虑。

"防卫研修所战史室"记载日军九一八事变之战略决策规划，系

---

① 《蒋中正电张学良日军昨夜进攻沈阳借口国军有拆毁铁路计划请力辟之》，1931/09/19，台北"国史馆"，典藏号：002 - 020200 - 00012 - 001，第 004 页，原件第 2 页。

② ［日］防卫厅防卫研修所战史室编：《日军对华作战纪要丛书》之《（13）九一八事变与关东军，关东军（1）》，方志禄译，台北：史政编译局 1988 年版，前言第 1—2 页。

③ ［日］防卫厅防卫研修所战史室编：《日军对华作战纪要丛书》之《（1）从卢沟桥事变到南京战役，支那事变陆军作战（一）》，林石江译，台北：史政编译局 1988 年版，原著前言第 2 页。

源自石原莞尔参谋之思想，及坂垣征四郎参谋之执行力为一股推进力量。以下为当时石原参谋腹案中之经略概貌，借由石原参谋之遗稿予以叙述者。①

"集团形式，为世界情势必然的趋向，日本不能缺少满洲而生存，若予以置之不理，日本将会处于因张学良与背后的南京政府的排日而失去大陆立足点的状态。在世界情势的危机中，日本的前进之道，唯有将满洲从中国本土分离。在此借由被虐待的满洲住民建设王道乐土，使其成为东洋安定的模范地区，并使中国本土作为仿效对象，此仍日本之大国策是也。

俄国在着手第一次五年计划，其战备已逐次充实，不久在远东以作为我国第一敌国，相见之日将为期不远。然而在目前此一顾虑不大，故我可大胆迈向于满洲之建设。唯对赤色势力之南下，必须建立有力之防线。

中国人的民族运动及恢复国权运动乃为自然之理，蒋介石之统一大业必然成功，其国力将逐渐茁壮。但目前尚在内乱之中，似不太可能在满洲问题上强力反扑。而鉴于满洲之特殊性，若我国政策得宜，将来或有可能日、中、满友好合作。

国际联盟或美国之干涉，在当时情势下顾虑不大，但将来或许会不利。日中冲突，或许有变成日美战争原因之虞，但在二十年内或可避免正式之战争。而将来日美战争终究难以避免，也因此必须巩固北方，以建立北方基础为先决条件。"②

以上石原之原稿，完整表述日本在事变之企图、俄国企图与反应、中国企图与能力，及国际联盟或美国作为关键第三方之可能干涉，是事变前一篇极完整之战略情势分析与战略判断，而事变发生后

---

① [日] 防卫厅防卫研修所战史室编：《日军对华作战纪要丛书》之《(19) 从日俄战争到卢沟桥事变，大本营陆军部 (一)》，曾清贵译，台北：史政编译局 1989 年版，第472 页。

② [日] 防卫厅防卫研修所战史室编：《日军对华作战纪要丛书》之《(19) 从日俄战争到卢沟桥事变，大本营陆军部 (一)》，曾清贵译，台北：史政编译局 1989 年版，第472—473 页。

之全般事态演变与时程，亦正如其战略预测般准确，已在事变前完整呈现日本对满蒙武力处理方案，甚至是日、美未来冲突之战略决策与预测。

"防卫研修所战史室"对事变爆发直前与直后之判断有以下之记述：

> 直接参与计划的日本参谋本部石原莞尔参谋在事变直前的判断是：据内外情势的变迁，特以俄属远东地区之俄军现况来判断，即使日本断然解决"满蒙"问题，预料苏俄不致于插手干预，有关这一点，日本中央部也抱以大致相同的看法。①

> 事变爆发后，日军就向北满推进，极垣、石原两位参谋仍主张：先行控制满北铁路，并攻克齐齐哈尔与哈尔滨地，以防范并封杀俄军尔后之入侵满洲；虽然参谋本部也作相同之判断，但至运行时间时即裹足不前，持以慎重态度，对越过东清铁路刺激苏俄之作战方案未表同意。②

事变后未几，日军参谋本部作战方案拟定如下：

> 昭和六年（一九三一年）九月底，日本参谋本部假想苏俄将和外蒙联合以武力介入（判断其主力将集结于齐齐哈尔附近以行决战），因应此项时局之对策，日军准备以其主力搜求入侵大兴安岭以东之俄军主力，然后迅以击灭之方案。③

"防卫研修所战史室"就关东军对于前述参谋本部之作战方案，自

---

① ［日］防卫厅防卫研修所战史室编：《日军对华作战纪要丛书》之《（13）九一八事变与关东军，关东军（1）》，方志禄译，台北：史政编译局1988年版，第140页。
② ［日］防卫厅防卫研修所战史室编：《日军对华作战纪要丛书》之《（13）九一八事变与关东军，关东军（1）》，方志禄译，台北：史政编译局1988年版，第140—141页。
③ ［日］防卫厅防卫研修所战史室编：《日军对华作战纪要丛书》之《（13）九一八事变与关东军，关东军（1）》，方志禄译，台北：史政编译局1988年版，第141页。

1931 年 7 月迄翌年（1932）7 月间在满北之任务遂行与实践，如此叙述：

> 然而关东军不以为俄军会以武力介入，惟对处理沈阳事变仍
> 不敢掉以轻心，尤以越过东清铁路向齐齐哈尔推进时（一九三一
> 年十一月八日），或利用东清南线（哈尔滨—长春）进入哈尔滨
> 时（一九三二年二月七日），以及利用东部线（哈尔滨以东之东
> 清铁路）向一面坡附近前进时（一九三二年七月七日），确切费
> 尽不少心力。①

以上日本参谋本部与关东军对策动九一八事变之战略决策考虑与
实践，几全以苏俄之威胁与反应为主，从未顾及中国方面对事变入侵
之应变作为，似已对当时中国戍守东北军队之实力，与决策阶层意图
早已了如指掌且目空一切，正合于前述日本于当时以苏联为基本战略
目标之判断。

（2）中国之战略决策

中国军队战略决策阶层对于日本对发动事变之真实企图判断，依
据事变爆发迄 10 月间蒋介石下达条谕式电令，其中至关重要者可以
明了当时战略决策之判断如下：

9 月 19 日蒋介石致电张学良："日军昨夜进攻沈阳借口国军有拆
毁铁路计划请力辟之。"②

9 月 20 日吴铁城呈蒋介石："第一，日军在东省布置及其继续侵
占各重要地区似非暂时占据模样。最近且有向洮南。哈尔滨推进趋
势。第二，对沈阳事件汉兄等主张始终不对抗。但以急速解决
为妥。"③

---

① ［日］防卫厅防卫研修所战史室编：《日军对华作战纪要丛书》之《（13）九一八
事变与关东军，关东军（1）》，方志禄译，台北：史政编译局 1988 年版，第 141 页。
② 《蒋中正电张学良日军昨夜进攻沈阳借口国军有拆毁铁路计划请力辟之》，1931/
09/19，台北"国史馆"，典藏号：002－020200－00012－001，第 32 页为上项手谕电文。
③ 《吴铁城电蒋中正日军有向洮南、哈尔滨推进趋势急速解决为妥》，1931//9/20，
台北"国史馆"，典藏号：002－020200－00012－010，第 1 页。

9 月 23 日张学良呈蒋介石："东北边防军司令官长官公署在锦县暂设行署。"①

10 月 2 日蒋介石致电张学良："日方声言撤兵。我方应有预备。请即派定东三省各地军队之长官。接收日军撤退后之地方。切实恢复治安。"②

10 月 6 日蒋介石致电张群："第一，日军如至华界挑衅我军警应预定一防御线集中配备。俟其进攻即行抵抗。第二，国际间应尽力唤起其注意对日军行动。随时说明其责任所在。"③

10 月 6 日蒋介石致电张学良："第一，目前形势危急非只东北为然，日舰大举来沪且有即在华界上陆之报。第二，外部于支日电达蒋公使。告以贵处已派定张作相。王树常接收日军撤退后之各地。嘱其通知日政府转令前方军队。与我所派接受长官接洽。第三，此时唯有从各方面促进日本实行彻兵之约言。至日本届期延不撤兵。或更别有暴行。自在意中。我方如何应付正在研究。第四，中央所以尽力于使国联负解决此案之责任者。因维持中国在国际上之地位。与减少日本直接压迫中国之力量。途径惟在于此。"④

10 月 8 日蒋介石致电何应钦："对日备有最后抗战决心但无联俄之策亦不屈于日军武力压迫。"⑤

11 月 3 日蒋作宾呈蒋介石："日本军阀极力主战不肯退出东北。"⑥

以上征引之转折，足见自九月十八日日本发动事变之初，中国战略

---

① 《张学良电蒋中正东北边防军司令官长官公署在锦县暂设行署》，1931//9/23，台北"国史馆"，典藏号：002 - 020200 - 00012 - 011，第 1 页。

② 《蒋中正电张学良请即派定东三省军队长官接收日军撤退后之地方》，1931/10/02，台北"国史馆"，典藏号：002 - 020200 - 00012 - 021，第 1 页。

③ 《蒋中正电张羣日军如至华界挑衅我军警应预定一防御线进行抵抗》，1931/10/06，台北"国史馆"，典藏号：002 - 020200 - 00012 - 024，第 1 页。

④ 《蒋中正电张学良目前形势危急非只东北为然日舰大举来沪当设法解决》，1931/10/06，台北"国史馆"，典藏号：002 - 020200 - 00012 - 025，第 1 页。

⑤ 《蒋中正电何应钦对日备有最后抗战决心但无联俄之策亦不屈于日军武力压迫》，1931/10/08，台北"国史馆"，典藏号：002 - 020200 - 00012 - 027，第 1 页。

⑥ 《蒋作宾电蒋中正日本军阀极力主战不肯退出东北》，1931/11/03，台北"国史馆"，典藏号：002 - 020200 - 00012 - 040，第 1 页。

决策阶层显然对日本占领东北之战略意图之情报掌握与判断并未清晰，故尚有电令张学良"日军昨夜进攻沈阳借口国军有拆毁铁路计划请力辟之"。且10月2日更有仍期待日本自沈阳撤军，电张学良"请即派定东三省军队长官接收日军撤退后之地方"。至10月8日电何应钦"对日备有最后抗战决心但无联俄之策亦不屈于日军武力压迫"。已呈现中央对日抵抗不屈之决心，迄11月3日蒋作宾电呈蒋介石"日本军阀极力主战不肯退出东北"。此时显然已对日本侵略东北之意图逐渐明朗，而日本欲长期占据东北才是其发动事变之真实之企图目的。

以上征引亦足见当时国民政府决策层对东北领土收复之决心，其透过国联之斡旋与调停，是于1928年全国完成形式上之统一，中央军事实力尚不足以进入东北与日本正面军事对抗，而东北之实际军事指挥权力，仍以张学良为主导之情形下，所进行之无奈也属必要之措施；蒋介石虽有收复东北失土之决心，然自事变之始，却决心从未考虑联系日本最顾虑之主要假想敌数苏俄，联合打击日本于东北之侵略。

九一八事变发生后迄10月上旬蒋介石与张学良等电文往来摘整如表1。

表1           九一八事变爆发迄十月上旬蒋介石与
张学良重要电文来往摘整

| 时序 | 发文与受文者衔别 | 年月 | 文别 | 发文地 | 内容摘要 |
|---|---|---|---|---|---|
| 01 | 蒋介石电张学良 | 1931.09.19 | 皓电手稿 | 南昌 | 日军昨夜进攻沈阳借口国军有拆毁铁路计划请力辟之。近情颁时刻电告 |
| 05 | 张学良致中央党部 | 1931.09.20 | 号电 | 北平 | 安东于十八日营口。长春于十九日被日军占领 |
| 09 | 蒋介石电张学良 | 1931.09.20 | 养电 | 北平 | 青岛海军可迅令集结塘沽。以免在青或恐与日舰发生万一之意外。请酌行 |

| 时序 | 发文与受文者衔别 | 年月 | 文别 | 发文地 | 内容摘要 |
|---|---|---|---|---|---|
| 11 | 吴铁城呈蒋介石 | 1931.09.20 | 漾电 | 北平 | 第一，日军在东省布置及其继续侵占各重要地区似非暂时占据模样。最近且有向洮南。哈尔滨推进趋势。第二，对沈阳事件汉兄等主张始终不对抗。但以急速解决为妥 |
| 12 | 张学良呈蒋介石 | 1931.09.20 | 漾电 | 北平 | 东北边防军司令长官公署辽宁省政府不能行使职权。兹在锦县各暂设行署。谨闻 |
| 17 | 蒋介石致吴铁城 | 1931.09.26 | 宥电手稿 | 南京 | 无论日本公使代办及其他日人。均请张学良不与直接见面。如不得已则派员代见。以免其造谣离间 |
| 20 | 蒋介石手书 | 1931.09.28 | 训词 | 南京 | 勖勉同胞团结一致。在中国国民党领导之下。坚忍刻苦。生聚教训。严守秩序。遵守纪律。期于十年之内湔雪国耻 |
| 21 | 蒋介石致张学良 | 1931.10.02 | 冬电 | 南京 | 日方声言撤兵。我方应有预备。请即派定东三省各地军队之长官。接收日军撤退后之地方。切实恢复治安 |
| 24 | 蒋介石致张羣 | 1931.10.06 | 鱼电 | 南京 | 第一，日军如至华界挑衅我军警应预定一防御线集中配备。俟其进攻即行抵抗。第二，国际间应尽力唤起其注意对日军行动。随时说明其责任所在 |
| 25 | 蒋介石致张学良 | 1931.10.06 | 鱼电 | 南京 | 第一，目前形势危急非只东北为然。日舰大举来沪且有即在华界上陆之报。第二，外部于支日电达蒋公使。告以贵处已派定张作相。王树常接收日军撤退后之各地。嘱其通知日政府转令前方军队。与我所派接受长官接洽。第三，此时唯有从各方面促进日本实行彻兵之约言。至日本届期延不撤兵。或更别有暴行。自在意中。我方如何应付正在研究。第四，中央所以尽力于使国联负解决此案之责任者。因维持中国在国际上之地位。与减少日本直接压迫中国之力量。途径唯在于此 |

续表

| 时序 | 发文与受文者衔别 | 年月 | 文别 | 发文地 | 内容摘要 |
|---|---|---|---|---|---|
| 26 | 张学良<br>呈蒋介石 | 1931.10.06 | 鱼电 | 北平 | 据报日方谣言我方有联俄之意。拟促成东省敌独立。积极干涉我国内政等情。日方任意造谣。意图有所借口。乞予注意。并嘱沪报宣传解释 |
| 27 | 蒋介石致何总司令应钦 | 1931.10.08 | 齐电 | 南京 | 对日备有最后之决心。如逼不得已。唯有持革命之精神与民族之人格。以留历史之光荣。但无联俄之策。亦不屈服于日本武力压迫之下 |

注：笔者编整。参考数据源台北"国史馆"，典藏号：002 - 020200 - 00012 - 001，第9—12 页。

## （三）日军向满北之推进（10 月 18 日至 12 月 2 日）

本阶段主要进程始自 1931 年 10 月中旬，黑龙江代省主席马占山奋力抵抗，迄 11 月 19 日日军占领齐齐哈尔漱江桥止。[①]

### 1. 日本之战略决策

依据"防卫研修所战史室"对日军向满北之推进，有以下之官史记载：

参谋本部因关东军之向满北推进，而惟恐其会发生问题，遂于昭和六年（一九三一）十一月十六日重新拟定《对中苏时局作战计划大纲》。该计划大纲是依据估计俄军之兵力增长情形为：西伯利亚以东约八个师团，尔后 40 天至 50 天之间将增加七个师团，再过一〇〇天又增加约二〇个师团而拟定者；驻华北之中国

---

① 《蒋中正电张学良日军昨夜进攻沈阳借口国军有拆毁铁路计划请力辟之》，1931/09/19，台北"国史馆"，典藏号：002 - 020200 - 00012 - 001。本引《沈阳事变》第 005页，原件第 3 页。

部队估计约二十七万亦是其考虑因素。

据说直接参与拟定此一作战方案者为谋部作战课阿边虎四郎中佐（后晋升中将）。①

　　关东军继北满大兴安岭之战斗〔昭和六年（一九三一）十一月十九日〕后攻进齐齐哈尔时，参谋本部第二部部长桥本虎之助少将之状况判断为：对俄军仍需监视戒备外，只要俄军不对我方作积极的妨害时，我方亦应极力避免制造纠纷。②
　　按第二部之考虑：即使俄军入侵满北，如我方立刻对俄采取攻势，亦非良策；甚至苏俄有援助马占山之事，我方亦不必急于与俄军冲突。我方对俄作战下决心之时机，应是苏俄以武力越过兴安岭之时；唯，虽在此种情况下，决心开战之行动，终究应由阁议决定，故严禁独断之行为。③

以上日军向满北推进之史实征引，可证日军参谋本部之战略决策，一直以苏俄戍防西伯利亚之作战序列兵力为主要顾虑考虑，对中国驻华北判断约二十七万部队为次，在诸判断与作战文件记述中，几从未提及东北军之可能反击与威胁。

### 2. 中国之战略决策

自事变爆发迄日军占领全东北，迄东北军撤退进入关内各地，张学良与蒋介石之电文来往，多以"报告"战况或实情呈现，少有东北军实际指挥权之作战决策作为，其间除蒋介石电马占山之对日抵抗战略指导与嘉勉，其中以十一月十二日蒋、张、马之间之电文，最能

---

① ［日］防卫厅防卫研修所战史室编：《日军对华作战纪要丛书》之《（13）九一八事变与关东军，关东军（1）》，方志禄译，台北：史政编译局1988年版，第141—142页。
② ［日］防卫厅防卫研修所战史室编：《日军对华作战纪要丛书》之《（13）九一八事变与关东军，关东军（1）》，方志禄译，台北：史政编译局1988年版，第143页。
③ ［日］防卫厅防卫研修所战史室编：《日军对华作战纪要丛书》之《（13）九一八事变与关东军，关东军（1）》，方志禄译，台北：史政编译局1988年版，第143页。

显示张、马在事变之角色，张呈蒋电文曰提出马占山下野等三点要求未说明理由前不能答复："据马代主席文电称，本午林少佐接本庄司令电，提出要求第一，马主席应下野。第二，黑省军队可由齐齐哈尔撤退。第三，日本军之一部应向洮昂线昂昂溪出进。并限于当日夜十二时以前答复等语。除令诘问日方未说明理由以前。不能答复外。谨闻。并已谨电施使矣。"① 张对马之积极抵抗日军所致之困境，未见张有较积极之支持；而蒋于同日致电马占山："日借口修理江桥进寇黑省幸赖执事指挥若定抗敌卫土。"② 可意谕与解读蒋介石对马占山于东北抵抗日军之支持，足证当时蒋对抵抗日军所持之正面态度。以上对本事变之对日不抵抗政策历史争议责任原委，或可从原始工作史件提供某种度之合理解释。

中国国民党于十一月十六日第四次全国代表大会发表为《对沈阳事变对世界各国宣言》有以下宣示："日本自九月十八日以来，早已视国联公约如废纸，中国主权独立及领土行政之完整，已为日本实际破坏，本大会坚决主张国民政府应准备实力，收回东三省，保障中国领土之完全，勿令其有丝毫之损失，并望国联于此次开会执行盟约第十五条第十六条之规定，迅速予日本侵略行动以有效之制裁，更希望非战公约与华盛顿九国条约签约之友邦，履行其各该公约上之义务……"③

以上征引可证当时中国战略决策阶层虽有收复东北失土之决心，唯因实力不足与日本对抗，冀以国联关键第三方之力量予制衡日本。

九一八事变日军于满北进展期间蒋介石、张学良与马占山至关重要电文摘整如表2。

---

① 《张学良电蒋中正日提出马占山下野等三点要求未说明理由前不能答复》，1931/11/12，台北"国史馆"，典藏号：002 - 020200 - 00012 - 049，第 1 页。

② 《蒋中正电马占山日借口修理江桥进寇黑省幸赖执事指挥若定抗敌卫土》，1931/11/12，台北"国史馆"，典藏号：002 - 020200 - 00012 - 051，第 1 页。

③ 《中国国民党第四次全国代表大会为沈阳事变发表对世界各国宣言》，1931/11/16，台北"国史馆"，典藏号：002 - 020200 - 00012 - 053，第 1—4 页。

表2　　　　　　　　　九一八事变日军向"满"北推进蒋介石、

张学良与马占山电文摘整

| 时序 | 发文与受文者衔别 | 年月 | 文别 | 发文地 | 内容摘要 |
|---|---|---|---|---|---|
| 42 | 张学良呈蒋介石 | 1931.11.04 | 支电 | 北平 | 据黑龙江省确报。第一，江早一时日军越过江桥向我阵地射击并掷弹。我方未予还击旋即退去。第二，江午日机两次来我阵地侦察。第三，泰来等地到日兵车六列。第四，洮南又到日飞机四架 |
| 43 | 张学良呈蒋介石 | 1931.11.05 | 征电 | 北平 | 据马主席占山支电。日军要求占领大兴。经与之交涉无效。下午日军变服华装。掺杂胡匪向我阵地发枪。并以飞机投弹。伤我官兵二十余人。现正坚持原阵地等情。查日军进逼大兴。其用意全为掩护张海鹏军图乱黑龙江省。除令马主席力图自卫抵御外。谨闻 |
| 47 | 张学良呈蒋介石 | 1931.11.09 | 佳电 | 北平 | 据报。日本将原驻朝鲜第十九师团。第二十师团之残余部队。约一师团之众运输辽东以占领各地之工具 |
| 49 | 张学良呈蒋介石 | 1931.11.12 | 文电 | 北平 | 据马代主席文电称。本午林少佐接本庄司令电，提出要求第一，马主席应下野。第二，黑省军队可由齐齐哈尔撤退。第三，日本军之一部应向洮昂线昂昂溪出进。并限于当日夜十二时以前答复等语。除令诘问日方未说明理由以前，不能答复外。谨闻。并已谨电施使矣 |
| 51 | 蒋介石致马代主席占山 | 1931.11.12 | 文电 | 南京 | 此次日日借口修理江桥进寇黑省，我方采取自卫手段甚属正当，幸赖执事指挥若定，将士效命，得以摧败顽敌保卫疆土，尚希为党国雪耻，为民族争存 |
| 52 | 张学良呈蒋介石 | 1931.11.13 | 元电 | 北平 | 据马代主席文电称。骑兵吴旅长松林由前方报口。本午日军骑炮联合向我骑兵猛攻。刻正激战中等情。谨闻 |
| 53 | 中国国民党宣言 | 1931.11.16 | 宣言 | 南京 | 中国国民党于十一月十六日第四次全国代表大会发表为《对沈阳事变对世界各国宣言》 |

| 时序 | 发文与受文者衔别 | 年月 | 文别 | 发文地 | 内容摘要 |
|------|------|------|------|------|------|
| 55 | 马占山电蒋介石 | 1931.11.18 | 巧电 | 南京 | 本早四时日军向我军全线总攻击。并有野炮射击。飞机六架掷弹。战斗异常激烈。请速向国际联盟请求制止 |
| 57 | 蒋介石致张学良 | 1931.11.18 | 漾电 | 南京 | 第一，警卫军拟由平汉路北运。以驻何处为宜。第二，中如北上将驻于石家庄。兄驻北平则可内外兼顾。不知兄意下如何 |

注：笔者编整。参考数据源自台北"国史馆"，典藏号：002 - 020200 - 00012 - 001，第14—15页。

## （四）日军攻占锦州（1931 年 12 月 21 日至 1932 年 1 月 3 日）

本阶段主要进程自 1931 年 11 月 19 日日军占领满北之齐齐哈尔嫩江桥，十二月二十一日由营口攻击锦州，迄翌年（1932）一月三日攻陷止。①

### 1. 日本之战略决策

依据"防卫研修所战史室"对自事变爆发东北情势，日军向满北推进占领之前、后，对锦州之情势判断与攻略，有以下溯述记载摘整：

被夺取奉天根据地的张学良，于九月二十七日在锦州设立东北边防军司令官行政署及辽宁省政府行政署，并任命张作相为东北边防军代理司令官，除设法与吉林及黑龙江两省取连络外，并将辽河以西之奉天军结于锦州附近。……若置之不理则其向背难

---

① 《蒋中正电张学良日军昨夜进攻沈阳借口国军有拆毁铁路计划请力辟之》，1931/09/19，台北"国史馆"，典藏号：002 - 020200 - 00012 - 001，本引《沈阳事变》第 006 页，原件第 4 页。

料，且锦州军有结合在通辽之东北军及各地败退部队，向我采取积极行动之虞。①

十二月十三日，若槻内阁总辞，标榜对外采积极政策之政友会犬养内阁成立。从此政策为一之变，意图积极解决满洲事变国内浪潮大为高涨。参谋本部仍决定遂行而未决之锦州攻击，于十二月十七日对关东军增派混成第八旅团、坦克队一队及野战重炮兵等。

军于十二月十八日向各部队明示向大凌河畔前进要领及对锦州附近敌阵地之攻击计划，促其各行准备。②

日军九一八事变自发动以来，先后攻占沈阳、营口与长春，并早于10月8日向锦州发动空中攻击轰炸，③以克制张学良于锦州设立东北边防军司令官行政署，图断绝其与黑龙江与吉林及联系集合流散东北各地之军队，初复依原计划向满北大兴安岭地区推进，以防范苏俄军事介入，满北局势抵定后，则结合日本内阁总辞，其时适逢天津自11月8日至26日反日情势发生事变，④参谋本部仍决定遂行而未决之锦州攻击，关东军于12月18日向各部队明示发布对锦州攻击计划，以防东北军于辽东与锦州重新集结及华北中国军队之介入，以上战略决策悉依原来日本对东北之规划实践进行。

### 2. 中国之战略决策

锦州位处东北关外与经山海关进入华北关内之要冲，自古为兵家

① ［日］防卫厅防卫研修所战史部编：《日军对华作战纪要丛书》之《（17）关外陆军航空作战》，《满洲方面陆军航空作战》，曾清贵译，台北：史政编译局1988年版，第28—29页。

② ［日］防卫厅防卫研修所战史部编：《日军对华作战纪要丛书》之《（17）关外陆军航空作战》，《满洲方面陆军航空作战》，曾清贵译，台北：史政编译局1988年版，第50页。

③ ［日］防卫厅防卫研修所战史部编：《日军对华作战纪要丛书》之《（17）关外陆军航空作战》，《满洲方面陆军航空作战》，曾清贵译，台北：史政编译局1988年版，第30—31页。

④ 《国联调查团报告书节要——沈阳事变案附件一》，1932/09/04，台北"国史馆"，典藏号：002－020200－00013－001，第23页，原件第28。

必争之地，战略位置极为重要，依据以下两通电文，足见当时中国战略决策阶层对坚守与确保锦州防卫之旨意、要求与支持。

12月8日蒋介石致电张学良："锦州军队此时切勿撤退。近情如何。盼覆。"①

12月9日蒋介石致电张学良："航空第一队。令其全三日内到平。归副司令指挥。"②

九一八事变爆发，局势未明，期以谈判不扩大事端使日军撤退，迄日军于满北遭马占山之率将士奋力抵抗，蒋介石之力表支持鼓励以雪国耻，至日军攻略锦州，却见电令张学良"锦州军队此时切勿撤退，……"之决心与命令，以及要求"航空第一队，令其全三日内到平，归副司令指挥"。有责成张学良坚守锦州，以空军力量支持锦州之防卫，均可证明所谓对日军攻略东北"不抵抗"决策，绝非蒋个人之心志。

九一八事变日军攻略锦州蒋介石、蒋作宾与张学良至关重要电文摘整如表3。

表3　　　　　九一八事变日军攻略锦州蒋介石、蒋作宾与
张学良至关重要电文摘整

| 时序 | 发文与受文者衔别 | 年月 | 文别 | 发文地 | 内容摘要 |
|---|---|---|---|---|---|
| 58 | 蒋作宾呈蒋介石 | 1931.11.28 | 俭电批阅 | 东京 | 日方消息。日政府因美国态度硬化。决定停攻锦州。今晨急电本庄将北宁线前进部队全部撤退等语 |
| 60 | 蒋作宾呈蒋介石 | 1931.12.02 | 冬电 | 东京 | 日本陆军省声明。此次撤兵实因天津渐趋安静及锦州军队将撤退关内之故。与美国毫无关系。倘华军不实行撤入关内。而图谋破坏满铁沿线秩序。则日军对锦州仍采取必要行动 |

① 《蒋中正电张学良锦州军队此时切勿撤退并询近情如何》，1931/12/08，台北"国史馆"，典藏号：002-020200-00012-067，第1页。

② 《航空第一队令其全三日内到平归副司令指挥》，1931/12/09，台北"国史馆"，典藏号：002-020200-00012-068，第1页。

续表

| 时序 | 发文与受文者衔别 | 年月 | 文别 | 发文地 | 内容摘要 |
|---|---|---|---|---|---|
| 65 | 蒋作宾呈蒋介石 | 1931.12.12 | 虞电 | 东京 | 日本军阀方面。以锦州我军一日不撤退。东省新政权即一日不能顺利进行。日来对我锦州军队。作种种反宣传。或用种种威吓。务求达到东三省无一我军。否则出以最后攻击。亦所不免 |
| 67 | 蒋介石电张学良 | 1931.12.08 | 齐电 | 南京 | 锦州军队此时切勿撤退。近情如何。盼覆 |
| 68 | 蒋介石电张学良 | 1931.12.09 | 佳电 | 南京 | 航空第一队。令其全三日内到平。归副司令指挥 |
| 72 | 蒋作宾呈蒋介石 | 1931.12.17 | 筱电 | 东京 | 辽案发生以来。日本已屡由朝鲜及其国内派军赴满。今又借在满洲之朝鲜军及在天津之关东军交代为名。潔派军队赴东省及天津 |
| 74 | 何应钦呈蒋介石 | 1932.1.09 | 佳电 | 南京 | 锦州陷后。日军犹节节西进形势严重。日外务省最近宣言。若中国不认前提五项原则。决不开始任何谈判。昨晚中央谈话会。拟定四种对日方针 |
| 93 | 蒋伯诚电蒋介石 | 1932.6.26 | 盐电 | 北平 | 第一，汉公谓顷已派东北军两旅到陇海接防。一星期左右可输送。第二，各部南下需费浩繁。可否请津贴若干 |

注：笔者编整。参考数据源"国史馆"，典藏号：002 – 020200 – 00012 – 001，第17—18 页。

## 三 国联调查团之关键第三方之观察与论证

国际联盟在事变作为关键第三方角色，系应中方于事变发生后之 9 月 21 日向国联提出，于同年 12 月 10 日决议调查团，于翌年（1932）2 月 3 日启程前往中国东北展开调查。[①] 本研究以国史

① 《国联调查团报告书节要——沈阳事变案附件一》，1932/09/04，"国史馆"，典藏号：002 – 020200 – 00013 – 001，第6—7 页，原件第1—2 页。

馆庋藏之1951年7月整编《统一时期重要文件汇编》第十三册《国联调查团报告书节要——沈阳事变附件之一》，及《国联调查团报告书草案——沈阳事变案附件之二》，就第三关键方—国联调查团之观察，征引该原件史料有关中、日双方在事变中之战略决策观察。

**（一）九一八事变爆发（攻占沈阳、营口与长春，9月18日至10月2日）**

**1. 对日方战略决策之观察**

国联调查查团针对日方发动九一八事变之企图有以下明确之节录：

> 依据调查团所得种种确切之说明，则可知日方系抱有一种精密预备之计划，以因应该国与中国方面万一发生之敌对行为。一九三一年九月十八日夜，该项计划曾以敏捷准确之方法实行之。①
>
> 九月十八日下午十时至十时三十分之间，在铁路上或铁路附近，确曾有炸裂物爆发之事，惟铁路即使受有损害，但事实上并未阻碍长春南下列车准时之到达，且即就铁路之本身损害而论，实亦也不足以证明军事行动之正当。
>
> 是晚日方之军事行动，不能视为合法自卫之办法。惟当地官佐，或以为彼等之行为，系出于自卫，调查团于说明上开各节时，并不将此项假定，予以摈斥。②

**2. 对中国战略决策之观察**

国联调查团针对九一八事变中方之反应有如下之节录：

---

① 《国联调查团报告书节要——沈阳事变案附件一》，1932/09/04，台北"国史馆"，典藏号：002－020200－00013－001，第26—27页，原件第21—22页。

② 《国联调查团报告书节要——沈阳事变案附件一》，1932/09/04，台北"国史馆"，典藏号：002－020200－00013－001，第27页，原件第22页。

中国方面依照其所奉训令，并无进击日军，亦无在特定时间与地点，危害日侨生命财产之计划。对于日本军队，并未作一致进行或曾经许可之攻击。日面之进攻，及其事后之军事行为，实出中国方面意之外。①

## （二）日军于"满"北之进展（10月中旬至11月19日占领齐齐哈尔嫩江桥）

### 1. 对日方战略决策之观察

依据《国联调查团报告书草案》由十月中旬日军在洮昂铁路之嫩江桥附近复从事攻击，迄11月19日日军占领齐齐哈尔嫩江桥，对日军之战略决策与经过有以下详细之溯述：

> 日军在洮昂铁路之嫩江桥附近复从事攻击。②
>
> 为辩护干涉嫩江桥之修理为合理，日本政府曾向中国政府声称，谓洮昂路系依据合同由南满铁路株式会社建筑，中国方面尚未偿还债务，且不愿将此债改为借款，故此路可认为属于南满铁路株式会社，该社对于保护该路财产及维持该路交通，自属极为关心云云。③
>
> 十一月二日，日本政府声明因南满及洮昂铁路局之请求，爰于是日派遣工兵一队，由步炮及空军保护，前往修理铁路桥，日军当即与拒绝之华军冲突而将其击退，十一月中日本军队遂开到且越过

① 《国联调查团报告书节要——沈阳事变案附件一》，1932/09/04，台北"国史馆"，典藏号：002 - 020200 - 00013 - 001，第27页，原件第22页。

② 《国联调查团报告书节要——沈阳事变案附件二》，1932/09/04，台北"国史馆"，典藏号：002 - 020200 - 00013 - 002，第102页，原件第14页。

③ 《国联调查团报告书节要——沈阳事变案附件二》，1932/09/04，台北"国史馆"，典藏号：002 - 020200 - 00013 - 002，第102页，原件第14页。

中东铁路而取得昂昂溪，嗣并于十一月十九日取得齐齐哈尔。①

### 2. 对中国战略决策之观察

嫩江桥于十月间被黑龙江省主席马占山军队所毁，以阻止张海鹏军队整前进，盖据中国方面称，张海鹏系受日军之主使而采攻势也。②

## （三）日军攻略锦州（12 月 23 日至 1932 年 1 月 3 日攻占领锦州）

依据《国联调查团报告书草案》，12 月 23 日日军开始向锦州进攻，而于 1932 年 1 月 3 日实行占领，③ 国联对中、日双方之战略决策有以下溯述：

### 1. 对日方战略决策之观察

中、日双方均曾请行政院（国际联盟）对于延及满洲西南部之军事行动的危险予以注意，因而有一种努力，即设法在日军与锦州张学良之军队间，设立中立区域。惟是此种努力不幸失败，日本代表当该决议案通过时，关于该决议案之第二节，曾声明接受，惟需了解该节之用意，并非阻止日军，因直接保护日侨生命财产，以免满洲各地土匪或不法份子之蹂躏所必须采取之行动，实系一种例外之办法，基于东省之特殊情形，将来该省常状一经恢复，则此种办法之必要性，自然归于消灭。④

---

① 《国联调查团报告书节要——沈阳事变案附件二》，1932/09/04，台北"国史馆"，典藏号：002 - 020200 - 00013 - 002，第 103 页，原件第 15 页。
② 《国联调查团报告书节要——沈阳事变案附件二》，1932/09/04，台北"国史馆"，典藏号：002 - 020200 - 00013 - 002，第 102 页，原件第 14 页。
③ 《国联调查团报告书节要——沈阳事变案附件二》，1932/09/04，台北"国史馆"，典藏号：002 - 020200 - 00013 - 002，第 109 页，原件第 21 页。
④ 《国联调查团报告书节要——沈阳事变案附件二》，1932/09/04，台北"国史馆"，典藏号：002 - 020200 - 00013 - 002，第 108—109 页，原件第 20—21 页。

### 2. 对中国战略决策之观察

日军对锦州实行占领，当更进至长城而与驻扎长城南山海关之日军连络，此种军事行动之结果，即为南满方面中国行政权之完全摧灭。[①]

# 四 九一八事变中、日战略决策之战略含义

"战略含义"一词是由余伯泉上将所创立之野战战略，在战争历史之战役与会战中，揭取期间战略决策或作战方案等相关事件，采个案研究（Case Study）思维，[②] 作为训练大军战略指挥阶层之决策模拟，本文运用其中对"战略含义"之个案研究结论制式格式，作为本事变中、日双方战略决策阶层之其一，决策行为者之企图与目的，其二，决策或事件所带来短期与局部之战术影响，及其三，决策或事件所带来中、长期与全面之战略影响，为"战略含义"于野战战略研究之制式表述。

## （一）着眼——战略决策行为者之企图与目的

### 1. 日本战略决策之着眼

从以上各节历史原件之征引，可知日本发动九一八事变，系继清末日本占据朝鲜，驱逐取代俄罗斯（尔后为苏联）于辽东半岛势力，对欲图占领全东北之重要战略决策，为处心积虑且有目的之计划事件。

### 2. 中国战略决策之着眼

中国在事变之战略决策者可以张学良与蒋介石为代表人物，前者时任全国陆海空军副总司令，是时东北军虽已易帜归效中央，却仍具真正指挥实权之决策者，事变爆发时虽身处北平，就时空地缘与指挥

---

① 《国联调查团报告书节要——沈阳事变案附件二》，1932/09/04，台北"国史馆"，典藏号：002－020200－00013－002，第109页，原件第21页。

② 汪国祯：《余伯泉将军与其军事思想》，台北：中华战略学会2002年版，第25页。

权责关系言，均是可以直接下令奋力抵抗日军之主要人物；蒋介石虽统治形式上统一之中国，唯就当时处境实力有所未及，故事变能在第一时间下达抵抗日军攻击沈阳者当应是张学良，唯依以上原始史料之征引，蒋、张均未察觉日军发动事变为一处心积虑之计划，遂产生依据《统一时期重要文件汇编：沈阳事变》官史对事变记载：张学良"得讯即电令驻军勿得抵抗，意图以谈判方式与日交涉解决"①。之战略决策；而站于历史客观之角度言，蒋介石鉴于当时中央政府实力，及对东北军政之实权掌握，事变段时无力采取更积极之命令或默许张之"不抵抗"战略决策，并未要求即刻对日抵抗作为，唯至事变次阶段日军向满北推进，蒋对马占山奋力抵抗之支持与肯定，迄日军攻击锦州战略要地时，蒋要求张不可撤退，甚或派航空队赴北平交张指挥等战略决策，均显示蒋对"不抵抗"战略决策由初时默许，迄尔后支持与要求抵抗日军之转折。

### （二）短期与局部之战术与战略影响

#### 1. 上海一·二八淞沪事变爆发（1932 年 1 月 28 日）

日本于九一八事变翌年（1932）于上海发动一·二八淞沪事变，依据《国联调查团报告书节要》引原报告记述："上海事件对于满洲形势，确发生重大影响，因中日战事深入全国人心，结果使中国抵抗之心愈坚。同时在满洲地方自接上海的消息后，顿使现在散处各地之抗日军队，精神为之一振。"②

#### 2. 伪满洲国成立（1932 年 3 月 9 日）

九一八事变日军占领辽吉后，即积极制造伪政权，先将废帝溥仪于天津日租界秘密运抵旅顺，③ 于翌年（1932）3 月 9 日于长春被任

---

① 《蒋中正电张学良日军昨夜进攻沈阳借口国军有拆毁铁路计划请力辟之》，1931/09/19，台北"国史馆"，典藏号：002 - 020200 - 00012 - 001，第 003 页，原件第 1 页。

② 《国联调查团报告书节要——沈阳事变案附件一》，1932/09/04，台北"国史馆"，典藏号：002 - 020200 - 00013 - 001，第 18 页，原件第 25 页。

③ 《蒋中正电张学良日军昨夜进攻沈阳借口国军有拆毁铁路计划请力辟之》，1931/09/19，台北"国史馆"，典藏号：002 - 020200 - 00012 - 001，第 006 页，原件第 4 页。

命为伪满洲国临时执政。① 依据《国联调查团报告书节要》引载原报告节录，自9月18日以后日本军事行动迄占领中国东北三省，于行政治权与机关改组有以下溯述：

> 自一九三一年九月十八日以后，日本军事当局之行动，在军事民事上均以政治作为目标，逐步以武力占领东三省，由中国治权之下，递次夺去齐齐哈尔、锦州、哈尔滨，后并及于所有满洲境内之重要城市，并在每次占领之后，即将该处行政机关改组。由此可知在一九三一年九月以前，满洲毫未闻有独立运动，其所以有此运动者，乃日本军队在场所置也。②

### （三）中长期与全面之战略影响

#### 1. 日军势力迅速进入华北

九一八事变发生后，日军最终攻占锦州，使日本关东军与山海关以南驻华北日军达成连贯，日军势力迅速进入华北地区，引发尔后长城战役与诸大小军事冲突，乃至六年后1937年于华北发生"卢沟桥事变"，中国因之进入对日全面抗战。

#### 2. 中、日战争全面爆发与日军作战线之改变

"卢沟桥事变"中国因之进入对日全面抗战，战略决策阶层主动于上海开辟东战场发动八·一三淞沪会战，翌年（1938）日军主力为追逐歼灭中国军队主力，进入徐州会战与武汉会战，日军原来沿平汉铁路由华北南下之南北作战线，遂被扭转为溯长江由东向西之作战线，对日军在侵华战场之全盘战略布局影响甚巨，尔后在中国战区之各次会战，均形成以此作战线西溯长江，或于华中、华南向西图攻略中国西南及四川大后方抗战根据地为着眼。

---

① 《国联调查团报告书节要——沈阳事变案附件一》，1932/09/04，台北"国史馆"，典藏号：002 - 020200 - 00013 - 001，第31页，原件第26页。

② 《国联调查团报告书节要——沈阳事变案附件一》，1932/09/04，台北"国史馆"，典藏号：002 - 020200 - 00013 - 001，第31—32页，原件第26—27页。

# 五 结论暨研究发现

历史事件战略决策者或决策机制之手谕、电文、作战命令，记录等历史文件，是事件发生当时之最直接事实呈现，不同于事后官史记载可能配合官方立场，因受政治化（Politicalization）影响史官记载，而产生失真之历史记录；个人日记、自传与回忆录，则可能受当事者基于人性或自我保护考虑，对历史事件之真实有所隐瞒或修饰，以遮盖其所不欲为人知之事实。本文选择大量采用历史工作原件档案，其目的在探究九一八事变双方战略决策之真实性与后续其他各事件间之关联性，借关键第三方：国联调查团之观察意见，以论证事变双方战略决策。研究发现九一八事变战略决策者对其决策之下达，均受其对本事件发生地区之历史渊源与背景具重大关联，在战略含义之解读上，事变对其全般布局亦具深远之影响。

## （一）蒋、张对"不抵抗"战略决策之演变

以中国东北地区长期受奉系军阀控制，于1928年张学良主导向中央易帜，虽完成全中国形式上之统一，唯以当时军队之认同与对命令接受程度，当系以东北边防司令长官张学良为其效忠对象，蒋介石在当时对东北之影响力尚未具备，故九一八事变爆发时能在第一时间下达"不抵抗"日军攻击，而谋求谈判以解决者当应是张学良，而蒋在中央只是形式上统一全国，根本不具实力与日本进行战争，故蒋于1931年9月28日于南京手书训词："勖勉同胞团结一致，在中国国民党领导之下，坚忍刻苦，生聚教训，严守秩序，遵守纪律，期于十年之内湔雪国耻。"① 之表述，其中"期于十年之内湔雪国耻"，时

---

① 《蒋中正手书勖勉同胞团结一致湔雪国耻》，1931/09/28，台北"国史馆"，典藏号：002 - 020200 - 00012 - 020，第1页。

程与尔后规划冀以十年，全国在德国军事顾问指导下，[①] 积极厉兵秣马从事对日战争准备之史实基本相符。九一八事变初阶段，蒋、张对日本占领东北之图谋未明，张以"不抵抗"谋求和谈使日本撤兵之应处，在当时勉为客观现实应处之战略决策，蒋评估中央实力均无法面对日本之攻略与自身对东北军政尚难影响之际，对此"不抵抗"决策采不表反对实可理解。唯当事变至次阶段日军向满北发展，日本长期侵东北之企图明朗，黑龙江省代主席马占山奋力抵抗，蒋对马之抵抗行动予以支持，迄日军图攻略锦州，蒋当明白锦州沦陷对关内华北仍至抗战全局之影响，遂于十二月八日致电张要求"锦州军队此时切勿撤退。近情如何。盼覆"[②]。及九日"航空第一队。令其全三日内到平。归副司令指挥"[③]。等谕令，以表达对确保锦州之战略决策与具体支持。而反观张学良在事变全程之电文往返，由事变爆发初始，迄次阶段马占山于满北对日军入侵奋力抵抗，终阶段蒋介石要求不可撤离锦州，张则以身处北平安逸之处"回报"东北情况，至最后锦州失陷亦无重大战略决策作为。

### （二）日本占领东北战略决策与其侵华全局之关联

日本自日俄战争将势力由朝鲜进入辽东半岛，其大本营之战略重心始终置于防范苏联，经营与占领东北正合于其防范苏联之企图。九一八事变是日本处心积虑规划后所发动，欲迅速鲸吞占领全东北三省，与日后 1937 年于华北之七七事变，日本陆军以"采取不扩大之

---

① 国民政府军事委员会自 1927 年 12 月正式敦聘德国将校任驻华军事顾问团，总顾问军阶层级由最初上校提升至中、上将；总顾问对国民政府军事委员会委员长蒋介石的决策辅弼影响日巨。引自黄庆秋编纂《德国驻华军事顾问团工作纪要》，台北：史政编译局 1969 年版，第 16—17、28—88 页。江显之：《论抗日战争前期德国驻华军事顾问对国军野战战略决策之影响》，发表于《抗日战史学术研讨会论文集》，桃园"国防大学"，2011 年，第 183—200 页。

② 《蒋中正电张学良锦州军队此时切勿撤退并询近情如何》，1931/12/08，台北"国史馆"，典藏号：002 - 020200 - 00012 - 067，第 1 页。

③ 《蒋中正电张学良航空第一队令其全三日内到平归副司令指挥》，1931/12/09，台北"国史馆"，典藏号：002 - 020200 - 00012 - 068，第 1 页。

方针，提早解决"，<sup>①</sup> 所采取蚕食华北之动机迥异。九一八事变发生后，在战略含义上对日本占领全东北之影响，使包括翌年（1932）于上海发动淞沪事变，日军势力迅速进入关内于华北地区引发长城战役与诸大小军事冲突，乃至六年后1937年于华北发动卢沟桥事变，中国并主动战略决策于上海开辟东战场发动淞沪会战，寻求于上海日租界歼灭其上海驻屯军，日军原先以"上海派遣军"迅速增援，以"挫折中国军之斗志，获得结束战争之动机为目的"，<sup>②</sup> 却因"兵势甚佳"战况有利发展，逐渐演变与提升为"华中派遣军"乃至"华中方面军"之层级向南京攻略，翌年日军主力亦为欲追逐歼灭中国军队主力，进入徐州会战与武汉会战，日军原来沿平汉铁路由华北南下之南北作战线，遂被扭转为溯长江由东向西之作战线，对日军在侵华战场之全般布局影响至巨，以上均是九一八事变日军以侵占全东北为基础，势力迅速进入华北，在战略含义上所带来具关键之短期局部与中、长期战略影响。史界以九一八事变作为中国对日抗战之肇始，是客观且合于历史事实与发展之立论。

（江显之，台湾地区退役上校，淡江大学国际事务与战略研究所博士）

---

① ［日］防卫厅防卫研修所战史室编：《日军对华作战纪要丛书》之《（1）从卢沟桥事变到南京战役，支那事变陆军作战（一）》，林石江译，台北：史政编译局1988年版，原著前言，第2页。

② ［日］防卫厅防卫研修所战史室编：《日军对华作战纪要丛书》之《（1）从卢沟桥事变到南京战役，支那事变陆军作战（一）》，林石江译，台北：史政编译局1988年版，原著前言，第3页。

# 从"脱亚"到"兴亚"

## ——日本近代侵华思想的形成与演变

杨志远

## 一 前言

日本史学家内藤湖南（1866—1934）[①] 在其《日本文化史研究》中说：

> 用今日的语言来说，日本文化就是东洋文化、中国文化的延长，是和中国古代一脉相承的。所以，要想知道日本文化的根源，就必须先了解中国文化。今天讲历史只讲日本的历史，而不了解以前中国的事情，那么，对日本文化的由来就什么都不知道了。[②]

内藤之说具有典型日本汉学传统的影子，代表日本近代学者对于中国文化的一种认识，即对于长期提供日本文化主体的中国怀有敬意。不同于西方国家，日本直至近代以前，始终以中国文化为模仿学习的对象，江户时期的德川幕府，其慕华心态则表现在对朱子学的推

---

① 有关内藤湖南的研究可参见钱婉约《内藤湖南研究》，中华书局 2004 年版；《内藤湖南的世界》，马彪等译，三秦出版社 2005 年版。

② ［日］内藤湖南：《日本文化史研究》，储元熹、卞铁坚译，商务印书馆 1997 年版，第 7 页。

崇，以儒学为主的世界观支配着日本人。然而约略在同时，明、清鼎革的巨变与西学的输入，却又促使日本内部对于传统儒学的重新审视，日本与朝鲜在面对明亡清兴的变动时，原本以儒家礼义文明为基石的"华夷秩序"受到挑战，中国边疆的少数民族满洲人建立起清后，取替明朝入主中国，此一裂解中国传统"华夷秩序"的转变，促成"日本型华夷秩序"的出现。德川幕府初期，服膺朱子学的藤原惺窝（1561—1619）对于自己未能生于中国，而发出悲叹，其言："呜呼，不生于中国，又不生于此邦上世，而生于当世，可谓不遇时也。"① 其所发出"不遇时"的感慨，言语中充满对于中国的眷恋之情；其弟子林罗山（1583—1657）对于"华夷秩序"则有进一步的论述，在替德川幕府回复明朝官方的书信里有言：

> 大明无私，远照扶桑日出之国，本国为善，久追中华风化之踪，我既有事大畏天之心，人岂无亲仁善邻之好。②

此处林罗山回复明朝的用字遣词，虽以欲达通商为目的实用原则，但其"事大畏天"与"亲仁善邻"，却是谨守儒家华夷秩序下的等差格局心理，仍尊明朝为上国而未敢僭越。此外，日本阳明学始祖中江藤树（1608—1648）认为儒家的圣人只诞生在中国，其有言：

> 倭国圣人不作，而异端之教，日新月异，邪诞妖妄之说竞起，涂生民之耳目，溺天下于污浊，是以之德者鲜矣。③

---

① ［日］藤原惺窝：《藤原惺窝集》下卷，《惺窝问答》，东京国民精神研究所 1978 年版，第 367 页。转引自高伟《日本近世国学者的华夷论与自他认识》，社会科学文献出版社 2018 年版，第 33 页。

② ［日］林罗山：《罗山林先生文集》卷 1《答大明福建都督》，东京平安考古学会 1918 年版，第 136 页。转引自高伟《日本近世国学者的华夷论与自他认识》，社会科学文献出版社 2018 年版，第 34 页。

③ ［日］中江藤树：《日本思想大系 29 林氏剃发受位辨》，岩波书店 1974 年版，第 16 页。转引自高伟《日本近世国学者的华夷论与自他认识》，社会科学文献出版社 2018 年版，第 34 页。

其思想中的圣人，亦以中国儒家的圣人观为主。藤原惺窝、林罗山、中江藤树三位江户德川初期的日本儒学者，对于中国的论述仍深受中国传统儒学观念的影响，呈现出较强的慕华心态，然而此种心态伴随其后"华夷变态"观的出现而转变，开始对传统华夷观反省与再认识。

同一时期山鹿素行（1622—1685）对朱子学亦展开批判，并逐步建构以日本为中国的可能性，其有言：

> 天地之所运，四时之所交，得其中，则风雨寒暑之会不偏，故水土沃而人物精，是乃可称中国。万邦之众唯本朝与外朝得其中，而本朝神代既有天御中主尊，二神建国中柱，则本朝之为中国，天地自然之势也。神神相生，圣皇连绵，文武事物之精秀，实以相应，是岂诬称之乎？[①]

山鹿以本朝（日本）称中国，有取代华夷秩序核心的外朝（中国）的企图，姑且不论是否能取替中国，却也代表着此一时期日本学者对传统华夷秩序的挑战。

在中国的正史记载中，对于日本的称呼早自《三国志》始，便以"倭""倭国""夷""东夷"等称日本，当然这是以传统的华夷秩序观作为对周边民族的称谓，带有某种文化优越的蔑称。日本中世纪（约7—9世纪）起即展开大规模的中国文化输入运动，但也形成日本"自我中心意识"的渐次发展，从而开始模仿中国华夷秩序下的朝贡体制，作为对外的交涉原则，此种"小中华"的概念，象征日本欲与中国竞逐的关系已隐然成形。[②] 日本学者荒野泰典认为"华夷秩

---

① ［日］山鹿素行：《山鹿素行全集思想篇》第12卷《中朝事实》，岩波书店1940年版，第234—235页。转引自高伟《日本近世国学者的华夷论与自他认识》第一章，社会科学文献出版社2018年版，第36页。

② 有关"日本型华夷观"，可参阅罗丽馨《日本型华夷观——七一九世纪日本的外交和礼仪》，《台湾师大历史学报》2006年第35期。

序"本身即带有明显的"自我中心性",其有言:

> 其典型反映,乃如在东亚的中国所见到的那样,是通过以文化优越与否为背景来划定"华"、"夷"关系的。然而,在日本幕藩制国家里,却把"威武"和"万世一系"的天皇作为自身优于他国、他民族的根据来看待,这构成了它的特征。①

此种"日本型华夷秩序"的出现,则取决于明、清鼎革下的华夷易位与西方近代国际秩序的重构。江户前期由林罗山之子林鹅峰(字春胜,1618—1680)及其孙林凤冈(字信笃,1644—1732)搜辑编录之《华夷变态》一书问世,正可表现此种观念的强化。林鹅峰在序中有言:

> 崇帝登天,弘光陷虏。唐、鲁才保东南隅,而鞑靼横行中原。是华变于夷之态也。
>
> 云海渺茫,不详其始末。……尔来三十年所,福漳商船来往长崎,所传说,有达江府者。其中闻于公件件,读进之,和解之。吾家无不与之,其草案留在反古堆,恐其亡失,故叙其次第,录为册子,号华夷变态。②

明、清鼎革之际,日本依靠来往于福建贸易的商船获取中国舆情,得知明崇祯皇帝自缢,晚明宗室负隅东南抗清,于是将往来日本的中国人言说和笔谈记录,汇整为一册,名之曰《华夷变态》,此书名表达了近代日本人对于此一变动时期的中国观,即以清为夷,而自身则脱离夷的思想。

随着晚明诸臣民赴日"乞师"的举动,日本进一步思考如何可能

---

① 荒野泰典:《近世日本与东アジア》,第一部第一章,第4页。转引自韩东育《从脱儒到脱亚——日本近世以来"去中心化"之思想过程》,台大出版中心2009年版,第156页。

② [日]林春胜、林信笃:《华夷变态》(上册),第1页。韩东育:《从脱儒到脱亚——日本近世以来"去中心化"之思想过程》,台大出版中心2009年版,第158页。

成为协助中国"攘夷"的力量，使原本被视为夷的日本，在"以夷变夏"中有了取替中国的可能性，然而对于晚明诸臣民的乞师行动，在清军强大军事威吓下，德川幕府显然采观望态度，最终未能出兵协助明朝抗击清军。进入18世纪后，在西方势力全球扩张的影响下，中国作为东亚核心的领导地位受到挑战，江户中期的实学思想学者杉田玄白（1733—1817）在《狂医之言》中说：

> 盖支那①之古圣先王兴国立礼乐，贵华卑夷者，不使俗混以为民坊也。夫圣人者，非有四目两口，唯聪明安民不欺之人也。故导民以法，为贵华卑民之教。孔子曰：微管仲吾其蒙发左衽矣。是赏管仲有功其事也。……道者，非支那圣人所立，天地之道也。日月所照，霜露所下，有国有人有道。道者何乎？去恶进善，则人伦之道明也，他者皆风俗也。……荀子曰：生而同声，长而异俗，是之谓也。况又腐儒庸医，从支那之书，以其国为中土。夫地者一大球也，万国配则居焉，所居皆中也，何国为中土？支那亦东海一隅之小国也。②

这是杉田玄白在被问及"中华圣贤之国，圣贤之书不尊，反而信蛮夷之书至乱华夷之法"时所做的回复。杉田是日本提倡"兰学"的大家，由于受到西方近代思潮的影响，对于传统中国的学理产生怀疑，在此书中以近于狂者的身份，展开对中国传统学术的批判，其所言已呈现一种欲与中国分庭抗礼的心理状态。其弟子大槻玄泽（1757—1827）在编写的《兰学阶梯》中进一步阐述，其有言：

---

① 关于日本近代使用"支那"一词的原因，可参阅杨爱芹《日本官民使用"支那"一词的特点及原因分析》，《河北师范大学学报》（哲学社会科学版）2007年第30卷第6期。日本民间与官方在使用"支那"一词实存在着差异性，从对中国称谓的崇敬到蔑称，其中经历了一种文化现象的过程，到了近代则呈现出政治目的，用以作为侵华政策的体现。

② ［日］杉田玄白：《日本思想大系64 狂医之言洋学上》，第239页。转引自韩东育《从脱儒到脱亚——日本近世以来"去中心化"之思想过程》，台大出版中心2009年版，第361—362页。

故蛮夷之人，目未尝知中国之书，而能自别设术立方，而多简径可喜，取效奇中者，岂非以精意专一而然乎？谓汉唐诸家之外，别无他道，则隘矣。此堪谓具眼之人。腐儒、庸医大不知天地世界之所以，妄而眩惑支那诸说，效彼而唱中国，或差称中华之道。舆地一大球，万国配居，不过皆自分区域耳。惟多自尊称我所居者：支那自称为中土、中原、中华或华洛、神州云云，和兰乃自称本国为入尔玛泥亚与"中土"云云吾邦则自唱为"中国"。[①]

大槻提出质疑，认为举凡世界之大，亦有未知中国之书者，却也能创造出可与中国文化匹配的文明，若局限在以中国为范畴的思考与学习，则为不思进取的划地自限。此刻的日本，开始开眼看世界，面对西方文明，逐步放弃对中国的仿效，欲以西方近代的标准，建立起足以与西方世界比肩的文明。

## 二　日本近代"脱亚论"的论述

对于日本而言，中国一直作为一个巨大的他者而存在。[②] 日本在漫长的历史发展过程中，透过汉字文化的学习与模仿，建立起自身的文化体系。近代以降，明、清鼎革的变动，导致传统"华夷秩序"的崩解，却也促成日本从"脱儒"向"脱中华"转化，同时西方文化的传播与学习，又强化此种转化，最终促使日本以西洋文明为参照体系的"脱亚论"思想出现，并对近代中国与亚洲诸国产生极为深远的影响。在进入 19 世纪中后期，日本近代启蒙思想大师福泽谕吉（1834—1901）于 1885 年（明治十八年）3 月 16 日在《时事新报》

---

① ［日］杉田玄白：《日本思想大系 64 狂医之言洋学上》，转引自韩东育《从脱儒到脱亚——日本近世以来"去中心化"之思想过程》，台大出版中心 2009 年版，第 365 页。

② ［日］子安宣邦：《东亚论：日本现代思想批判》，赵京华编译，吉林人民出版社 2004 年版，第 76—88 页。

发表了一篇名为《脱亚论》的短文，文中强调西洋文明进程不可抗拒，日本当与落后而违背世界潮流的中国与朝鲜断绝关系，并加入西方的阵营成为其中一员。此论在当时及之后数十年中，并未引起日本民众太大的注意与重视，大正年间编辑出版的《福泽全集》和第二次世界大战战后初期出版的《福泽谕吉选集》亦未将此文收录，然而日本战败后的全民总体反省，却又促成对福泽谕吉《脱亚论》的重新检视与再认识。① 福泽谕吉在《脱亚论》一文中提道：

> 文明就像麻疹的流行一样。眼下东京的麻疹最初是从西部的长崎地方向东传播，并随着春暖的气候逐渐蔓延开来。此时即便是痛恨该流行病的危害，想要防御它的话，又有可行的手段吗？我确信没有这样的手段。纯粹有害的流行病，其势力的激烈程度尚且如此，更不要说利害相伴，或利益往往更多的文明了。……国内无论朝野，一切都采用西洋近代文明，不仅要脱去日本的陈规旧习，而且还要整个亚细亚中开创出一个新格局。其关键所在，唯"脱亚"二字。虽然我日本之国位于亚细亚东部，但国民的精神已开始脱离亚细亚的顽固守旧，向西方文明转移。然而不幸的是在邻国有两个国家，一个叫支那；一个叫朝鲜。……这两个国家一样，不管是个人还是国家，都不思改进之道。……既然如此，作为当今之策，我国不应犹豫，与其坐等邻国的开明，共同振兴亚洲，不如脱离其行列，而与西洋文明国共进退，对待支那、朝鲜的方法，也不必因其为邻国而特别予以同情，只要模仿西洋人对他们的态度方式对付即可。与坏朋友亲近的人也难免近墨者黑，我们要从内心谢绝亚细亚东方的坏朋友。②

--------

① 有关战后日本对福泽谕吉《脱亚论》的重新认识，可参阅周颂伦《由"华夷变态"向"脱亚入欧"转进之文化意味》，《台湾东亚文明研究学刊》2015年第12卷第1期；萧朗：《近代日本侵略亚洲国家思想探源——以福泽谕吉及其"脱亚入欧"思想为中心》，《浙江大学学报》（人文社会科学版）2015年第3期。

② ［日］福泽谕吉：《时事新报》1885年3月16日。参见［日］杉田聪《福泽谕吉朝鲜、中国、台湾论集》，明石书店2010年版，第16—23页。

福泽谕吉此文有三个重点：一是西洋文明是世界潮流，蔚然成风沛之莫能御；二是日本政府与国民当顺此风潮，脱离顽固守旧的亚细亚；三是摆脱不思进取的中国与朝鲜，与恶邻恶友绝交。作为一篇政论性质的表述，自有其书写的背景，1884年朝鲜爆发"甲申事变"，朝鲜改革派企图通过日本的协助，进行近代化的改革，但保守派在中国的支持下，派袁世凯出兵弥平动乱。福泽亦参与其中，故有事后对时局的针对性发言，但不容否认的是，此种发言下所潜藏的以西方近代文明为参照的"文明/野蛮"的对照，即与文明的日本/野蛮的中国的认识有关。这种认识，除因前述自江户以来华夷秩序崩解后，日本自我中心意识提升外，还与日本近代企图建立起新国际秩序有密切关系。

日本政治学者丸山真男（1914—1996）在分析福泽谕吉思想时，从国内政治与国际政治两方面来理解福泽。丸山认为在福泽早期的著作如《时势大事论》《劝学篇》中仍强调保护个人权利的"人权"，来论现代性政府的责任，但其后又将"国权""政权"与"人权"混淆，并将"国权"提升至第一位阶，至1875年发表《文明论之概略》后转向以"实力即权力"为主的弱肉强食论点，从近代日本民族主义的立场出发，阐述对于新国际关系的主张。丸山进一步认为1885年发表的《脱亚论》不能代表福泽谕吉的真正想法，《文明论之概略》才能完整表述其立场。① 子安宣邦不同意丸山真男对于福泽谕吉的分析，认为他有替福泽辩白的企图。《文明论之概略》虽然是对日本所作的文明论意义上的国家设计，但简单将西方定位为文明的，与野蛮的东方形成强烈的对比，其衍生则是文明的日本与野蛮的中国二分法，其潜台词是日本应当成为近代西洋文明的一员，放弃与脱离停滞野蛮的东亚与中国，故《脱亚论》的发表正是循此脉络下的思

---

① ［日］丸山真男：《福泽谕吉选集》第四卷《解题》，《丸山真男集》第五卷，第57—60、211—244页。韩东育：《从脱儒到脱亚——日本近世以来"去中心化"之思想过程》，台大出版中心2009年版，第374页。

想主张。① 问题是，右丸山真男企图以同情理解福泽所处时代，与其所主张国权民族立场的同时，日本依此脉络所形成的扩张侵略思想，所带来的战争创伤，恐无法轻言带过。子安宣邦在质疑丸山论点时，强调时间的连续性不容分割，福泽谕吉以西洋文明所勾勒出的新日本蓝图，何以将日本带往战争之途，究竟此种以西方为标准的近代化意义何在？

福泽谕吉《文明论之概略》的基础正是以西方近代"文明史观"为主的一种"欧洲文明中心论"，如法国的史家基佐（F. P. G. Guizot）和英国史家巴克尔（H. T. Backle），其论点企图揭露人类社会发展的规律与普遍法则，并循此为世界其他国家提供国家发展的可行性观点，福泽的文明论主张是在接受上述观点下的西洋文明论。福泽曾三次出访欧美，其经历对其中国观产生极大影响，眼见西方世界的进步与强盛，反观亚洲之中国与日本，仍停滞而未能发展，故在《文明论之概略》提出"野蛮—半开化—文明"三阶段文明进程，将中国、日本等亚洲国家视为半开化社会，而以欧美为文明之国，因此半开化之社会将全力以欧美为师，以跻身文明之国度。其实早在福泽之前，明治政府所派遣的岩仓具视出使欧美的使节团，考察归来的报告，即强调要移入"西洋之风"，以达"同等化域"②。1879 年井上馨出任外务卿所发表的宣扬"脱亚入欧"的思想言论，对此种思潮具有推波助澜之效，而福泽谕吉在 19 世纪 80 年代所发表一系列的外交、军事论点，所形成的《东洋政略论》，均标示着其《脱亚论》的出现绝非偶然。1894 年 7 月 29 日甲午战争宣战前三日，福泽谕吉在《时事新报》发表名为《日清战争是文野之战争》的社论，将这场战争定位为"文明国"的日本对"野蛮国"中国的战争，其后又发表一系列文章，进一步强调此战为文明而战，其成败攸关日本之利害，更是有关东亚文明进退的大事。

---

① ［日］子安宣邦：《福泽谕吉〈文明论之概略〉精读》，岩波书店 2005 年版，第 6、290—291、296—297 页。［日］丸山真男：《福泽谕吉选集》第四卷《解题》，《丸山真男集》第五卷，第 375—376 页。

② 严绍璗：《日本中国学史》第 1 卷，江西人民出版社 1991 年版，第 164 页。

在获知日军得胜后他说道：

> 此次战事确是空前之一大快事，人长寿方能目睹此活剧而倍感欣慰……惟有期望引进西洋文明，历经艰辛坎坷而终于欣逢盛事……将邻国支那及朝鲜纳入我文明之中。其喜悦之情足慰平生，可谓喜出望外。①

福泽谕吉的陈说正反映出其心理的变化，在接受西洋文明洗礼之后的日本，已摆脱昔日儒家文明影响的羁绊，朝与欧美并驾齐驱的道路前行。此一时期日本社会有关"脱亚论"的论述，已不单是福泽个人的认知，更是日本近代以来接受西洋文明论与进化史观下的具体呈现。

日本近代以来的学者在面对中国及东亚时，常表现出复杂矛盾的心理。被日本学者归类为"大日本主义"的福泽谕吉如此；主张"国际主义"者如内村鉴三（1861—1930）、新渡户稻造（1862—1933）、矢内原忠雄（1893—1961）亦复如此。内村敢于反对天皇的《教育敕语》，却在甲午战争中成为鼓吹日本民族主义的狂热者；新渡户为基督徒，能娴熟地使用英语，却无法以国际的标准看待日本自身；其弟子矢内原亦为基督徒，但也是日本殖民主义理论的支持者。②这样的矛盾心理，基本上根植于日本自身，与想要从原本不属于日本建构的近代世界国际关系中，寻求定位的挫败有直接的关联。凡是细读过福泽谕吉《脱亚论》的人，不免被其对中国、朝鲜的蔑视所震惊，一个长期接受儒家文化影响的东亚文化体，在西方近代文化体系的进逼下，完全否定自身曾经存在的文化载体，一种急于将中国文明抛弃的心理，跃然纸上。但问题是福泽及其同时代的日本学人们，能

---

① 转引自萧朗《近代日本侵略亚洲国家思想探源——以福泽谕吉及其脱亚入欧思想为中心》，《浙江大学学报》（人文社会科学版）2015 年第 44 卷第 3 期。
② 船曳健夫：《右であれ左であれ，わが祖国日本》，东京 PHP2007，第 63—64 页。韩东育：《从脱儒到脱亚——日本近世以来"去中心化"之思想过程》，台大出版中心 2009年版，第 383—384 页。

完全放弃这一影响达千年的中国文明,而成为其口中的近代文明的日本人吗?答案显然是否定的。故要达到"脱亚入欧"必须先否定中国文明,进而用一种"妖魔化"的语词来描绘中国,对之彻底否定,如此行径才能取得日本脱亚的正当性与合法性。

# 三 日本近代"兴亚论"的论述

如果说"脱亚论"是以一种否定中国的态度,来完成日本向西洋文明靠拢的论述与手段;那么"兴亚论"是否就是一种对中国的肯定呢?看似矛盾对立的两种观点,其实却是密切联系的两种思潮,均来自日本近代对所谓的"亚洲身份"的认同与焦虑。有学者认为"兴亚论"是一种奠基于脱亚意识的扩张型亚洲论述,旨在摆脱东亚儒家文明的束缚,朝向成为西洋的海国意象前进,[①] 即从文化心理的认知,将日本自地理概念上的亚洲,转向以西洋文明为思考的西方概念。在这样一个兴起转化的过程中,"脱亚/兴亚"呈现出一种双螺旋的前进行径,进而交织成为复杂的心理状态,然而其中的核心是以日本为中心,亚洲各国被彻底边缘化,此种与周边民族国家的关系,除原有转化自中国传统华夷秩序的等差意识外,日本特有的"序列意识"成为其后建立"大东亚共荣圈"的心理基础。[②] 此种"序列意识"潜藏于日本的国家行为之中,潜意识中存有被西方列强殖民的恐惧,担忧在国际的序列中丧失优势,于是发动战争侵略中国、朝鲜及亚洲太平洋地区,以超越各国的军事、经

---

① 蓝弘岳:《面向海洋,成为西洋:"海国"想象与日本的亚洲论述》,《文化研究》2012 年第 14 期。

② 日本特有的"序列意识"可参考许烺光《许烺光著作集》,台北:南天书局 2000年版,第 212 页。许氏认为日本"大东亚共荣圈"对世界的规划,是一种"家元"模型的世界建制。"家元"(iemoto)原指日本传统社会中拥有某种特殊技艺者的组织,属于日本传统社会的次级团体,但同时也存在于日本现代企业中,故日本的国际秩序亦是模仿此一家元模型。

济实力来达到其所要建立的国际秩序序列。①

日本近代"兴亚"的论述，伴随着近代以来海外扩张论的主张而发展，如佐藤信渊（1769—1850）在《宇内混同秘策》所言：

> 皇大御国是大地最初生成的国家，世界万世之根本也。故能经纬根本时，则全世界悉为郡县，万国君长皆为臣仆。②

佐藤之言是典型日本"皇国史观"③的代表，是以日本近代天皇制国家为意识形态的重要体现，又称为"国体史观"，随时间越往后推移，越成为日本军国主义动员的精神象征。佐藤在《宇内混同秘策》一再强调，安世界万国之苍生，乃皇国统治者的主要任务，要顺从产灵之教法，以顺利征伐蛮夷，统一万国，并认为首要征伐的对象是"支那"，将"支那"收归版图，则世界其他国家就会慕皇国之德，畏而臣服。④吉田松阴（1830—1859）在《幽囚录》中也提道：

> 今急修武备，舰略具，炮略足，则宜开垦虾夷，封建诸侯，乘间加摸察加，夺澳都加，谕琉球朝觐会同比内诸侯，则朝鲜纳质奉贡如古盛时，北割满洲之地，南收台湾、吕宋诸岛，渐示进取之势。⑤

吉田松阴是幕末倒幕的大将，亦是维新派的理论启蒙大师，其思

---

① 游国龙：《序列意识与大东亚共荣圈——对二战时期日本国家行为的心理文化解读》，《日本学刊》2013年第2期。
② ［日］佐藤信渊：《日本思想大系59 混同秘策》，岩波书店1977年版，第426页。蓝弘岳：《面向海洋，成为西洋："海国"想象与日本的亚洲论述》，《文化研究》2012年第14期。
③ 有关"皇国史观"的解释，可参考周新国、周隽《日本"皇国史观"思想的演进与甲午战争》，《学术界》2014年第10期。
④ 蓝弘岳：《面向海洋，成为西洋："海国"想象与日本的亚洲论述》，《文化研究》2012年第14期。
⑤ ［日］吉田松阴：《吉田松阴全集》第1卷，岩波书店1986年版，第197页。蓝弘岳：《面向海洋，成为西洋："海国"想象与日本的亚洲论述》，《文化研究》2012年第14期。

想继承水户学的华夷秩序观，以日本古代天皇征讨四方蛮夷的立论，来主张日本的中心性及作为帝国的独立性。他主张日本作为抵抗西方扩张的中心，当扩张并占取日本周边的朝鲜、琉球以及中国东北和台湾等地，借由军事武力以获取日本的生存空间。此一向外扩展的战略思想，影响了许多幕末维新派的人士，进而在明治时期，成为影响日本亚洲政策的指导原则。

不同于以"皇国史观"为思考的另类"兴亚"论述，则主张亚洲一体，提倡东亚各国的合作，以抗衡西洋文明。明治初期，大久保利通的"振亚社"提出振兴亚洲的口号，其后其子大久保利和与曾根俊虎等人组"兴亚会"，宣称中、日两国"辅车相依，唇齿相保"，提倡日、清合作，以挽回东亚之危。① 冈仓天心（1863—1913）在其《东洋的理想》一书中所强调，日本作为近代亚洲文明的代表，有其独特性与优越性。不同于脱亚的论述，即一种急欲摆脱亚洲古老传统与文明的急切心态，冈仓主张在日本的领导之下，继承亚洲优秀的文明以抵抗欧美的近代文明。② 在冈仓的认识中，亚洲文明中的中国儒家文明是具有悠久历史的优越文明，不过他特别强调亚洲的一体性与日本文明的先进性，进而推衍出日本在亚洲所肩负的使命，这一"使命"促使日本有责任带领亚洲诸国跻身世界，也为其后日本侵略亚洲及中国找到合理借口。③ 又如内藤湖南（1866—1934）作为日本近代"京都学派"的创始人之一，其对中国文明的理解又隐含着何种企图呢？甲午战争爆发后，内藤在思考日本文化出路后，发表三篇评论文章表达对时事的看法。先是《所谓日本人的天职》（1894）一文，其文有言：

① 钱婉约：《内藤湖南研究》，中华书局 2004 年版，第 27 页；［日］狭间直树：《日本早期的亚洲主义》，张雯译，北京大学出版社 2017 年版。

② 周宁：《巨大的他者——日本现代性自我形象中的中国》，《天津社会科学》2011年第 5 期。

③ 王屏：《近代日本的亚细亚主义》，商务印书馆 2004 年版，第 1—119 页；许佳、吴玲：《脱亚论与兴亚论——福泽谕吉与冈仓天心亚细亚主义思想之比较》，《日本学论坛》2008 年第 2 期。

　　　　日本的天职……不在于中介西洋文明，使之传于支那……也不在于保全支那旧物，售之于西洋，而在使日本文明……风靡天下。我国为东洋之国……不得不以支那为主。①

　　内藤在追寻日本近代身份认同时，仍以接受中国文化作为日本面向西方时的选择，视中、日文化同为东洋文化的一部分。其后又发表《地势臆说》（1894）与《日本的天职与学者》（1894）二文，前文提出"文化中心移动说"；后一篇则强调东亚的文明将移至日本，而日本将责无旁贷肩负起领导东洋文明的使命。对于甲午战争后新占领的殖民地台湾，内藤不但前往观察以印证文献中所述的文化中国外，更视台湾为日本南进政策的根据地，以及传播日本文明的跳板。②

　　有学者指出内藤湖南的学术表现，主要呈现出"文化民族主义"的特色，其特点在文化上抵制外来势力的侵袭，要求保存与发展本民族的文化特色，故在价值取向上则坚持民族主义的立场。③ 内藤为"京都学派"的重要成员，其成员皆具有深厚的汉学修养，对于传统中国儒家文化的评价，较以东京大学为主的"东京学派"更高，其差异性在于对于中国文化的研究有无情感，主张要从中国的内在理路思考中国。④ 然而这样的思考虽企图在传统中发现近代的可能，但一种"利用改造"的思路，导致民族的优越性倾向，油然而生。内藤

---

　　① ［日］内藤湖南：《内藤湖南全集》第 2 卷《燕山楚水》，筑摩书房 1971 年版，第 135 页。转引自李圭之《在传统中发现近代：京都学派学者内藤湖南的东洋意识》，《国家发展研究》2007 年第 7 卷第 1 期。

　　② 黄俊杰：《二十世纪初期日本汉学家眼中的文化中国与现实中国》，《日本汉学研究初探》，台大出版中心 2004 年版，第 295 页。

　　③ 钱婉约：《内藤湖南研究》，中华书局 2004 年版，第 31 页。

　　④ ［日］内藤湖南曾将中、日文化关系比喻成"盐卤"与"豆浆"：日本文化本身不具备雏形（种子），只是具备成为文化的因素（豆浆），需要中国文化的催化（盐卤），才能成为今日的日本文化（豆腐）。

与脱亚论者的不同之处，在于他视东洋史就是中国文化发展的历史，[①]强调东洋文化的统一性，此一"统一性"是超越民族界限的。他在《新支那论》中有言：

> 从文化发展看，他们泯灭了民族的差别，朝着东洋文化的路径不断发展。其文化的发展与移动，在支那上古时代就发生了……秦汉以后支那统一，此后文化中心渐次移动……汉代之前黄河流域是文化中心，三国后渐向南方移动……南宋以后文化逐渐向东南倾斜……此后到了明代，江苏浙江进入全盛，最近随着与外国的交通频繁，文化中心又向广东。……就接受支那文化而言决不比广东迟缓的日本，今日要成为东洋文化的中心，对于支那文化来说成为一种势力，这绝不是什么不可思议的事。现在日本已经成为超越支那的先进国家……倘通过若某种机缘，使日本与支那形成一个政治上统一的国家的话，文化中心移入日本……支那人也不会把这视为特别不可思议的现象。[②]

在内藤的"文化中心移动说"里，中国的国界被模糊了。他认为，在中国历史发展过程中，历朝的文化中心会随时间、社会经济的发展产生地理空间上的转移，降至近代，此一中心已移转至东南及南方，而日本作为东亚文化的新中心，完全可以取替中国的地位。他又说：

> 支那的有的论者特别是近来的论者，认为外族的入侵无论如何都是支那的不幸，但实际上，支那之所以能够维持民族生活，

---

① 黄俊杰：《十九世纪末年日本人的台湾论述——以上野专一、福泽谕吉、内藤湖南为例》，《开放时代》2004 年第 3 期。

② ［日］内藤湖南：《支那论附新支那论》，创元社 1938 年版，第 256—266 页。转引自王向远《近代日本"东洋史"、"支那史"研究中的侵华企图谋——以内藤湖南的〈支那论〉、〈新支那论〉为中心》，《华侨大学学报》（哲学社会科学）2006 年第 4 期。

全都是因为外族屡屡进行的入侵。……应该说对于支那民族的焕发青春，是一种非常幸福。……从这种使命来说，日本对于支那的侵略主义、军国主义之类的议论，全都是无意义的。尤其单以侵略主义、军国主义之类的说法来看待日本与支那的关系，是极不恰当的。①

内藤在此主张历朝外族对中国的入侵，非但不是阻力，反而是促成中国国家强盛的助力，因此，近代以来日本对中国的侵略，是有正面意义的，即以先进之日本文明，取替垂老之中国文明，促成东亚文化新中心的转移。虽然内藤的史学观点对中国文化怀有敬意与情感，但在近代日本高涨的民族主义思潮的作祟下，他也无法摆脱军国主义思想，以军事武力迫使中国就范的逻辑，② 而其后衍生之所谓的"支那学""支那史"或"东洋史学"③ 不免又烙下侵华的思想印记。

随着日本侵华行动的推移与扩张，有关"兴亚"的论述，进一步变形，于是"大东亚共荣圈"政策出现，象征日本于战争期间，企图在理论上为侵略合理化寻找另类借口。1940 年 7 月 26 日近卫内阁制定《基本国策纲要》，针对时局提出作为国策的基本方针，以建设"大东亚新秩序"为目的的构想出现：强调以皇国的"八纮一宇"精神，建立"世界和平"；发挥国家总体战力扩大军备解决纷争；确立

---

① ［日］内藤湖南：《支那论附新支那论》，创元社 1938 年版，第 256—266 页。转引自王向远《近代日本"东洋史"、"支那史"研究中的侵华企图谋——以内藤湖南的〈支那论〉、〈新支那论〉为中心》，《华侨大学学报》（哲学社会科学）2006 年第 4 期。

② ［日］子安宣邦：《东亚论：日本现代思想批判》，赵京华编译，吉林人民出版社 2004 年版，第 174 页。子安在文中说："我们有必要清楚地看到，与帝国主义的立场同步的内藤湖南，是在如何低级野蛮的描写中来把握现代中国的。那种将中国视为需要从外部施以处方的国家，这一种视角本来就要求对对象施行彻底的贬抑。我们有必要清楚地认识到，这种低级野蛮的政治性话语是与学术性的'支那学'一起，发自那些具有同样观察中国视角的人们口中的。"

③ 有关"东洋史学"的析论可参考白永瑞《"东洋史学"的诞生与衰退——东亚学术制度的传播与变形》，《台湾社会研究季刊》2005 年第 59 期；邵轩磊：《战前"东洋史学"之观念与知识系谱》，《东亚观念史集刊》2012 年第 3 期。

为国家服务的国民道德与国防经济。① 1941 年 12 月 8 日，日本出兵偷袭珍珠港，同时扩大东南亚及太平洋战线，来年 1 月 21 日，日本首相东条英机发表《大东亚战争指导要缔》演说，提出"大东亚战争"的目的，是要建设"大东亚共荣圈"的事业。② 1943 年 11 月 5 日，在日本召开"大东亚会议"，参加的有日本和菲律宾、缅甸、泰国等被日本占领的国家，以及伪满、汪伪南京政权两个傀儡政权。会中要求区域政治一体化及确立战争协力体制，并发表"大东亚共同宣言"，强调大东亚各国的合作，完成"大东亚战争"，并从英、美的桎梏下"解放大东亚"③。日本学者纐缬厚认为，"大东亚共荣圈"是以日本为中心的同心圆观点，以日本本土"帝国经营"为出发点，向其直属殖民地（中国台湾、朝鲜），外扩至傀儡政权伪满洲国，再到半殖民化的中国其他地区及军事占领地的马来西亚、印度尼西亚、菲律宾等区域，此一渐次外扩的日本势力圈，成为日本重要资源的供给者，以便从中获取帝国最大的利益。④ "大东亚共荣圈"是日本战争时期欲扩大战果及获取帝国利益的国家政策，旨在建立以日本为中心的东亚一体，其实质是日本军国主义侵略思想。

## 四 结语

近代日本在欲建立自我文化认同的过程中，产生过极大的摆荡，此一摆荡从"脱亚到兴亚"的论述，彻底影响此一时期的日本与东亚诸国的关系。在以西方文化为参照的现代化过程中，日本陷入一种

① 《日本外交年表及主要文书（下）》，原书房 1965 年版，第 435—438 页。转引自冯玮《从"满蒙领有论"到"大东亚共荣圈"——对日本殖民扩张主义的再认识》，《抗日战争研究》2002 年第 2 期。

② 《日本外交年表及主要文书（下）》，原书房 1965 年版，第 435—438 页。转引自冯玮《从"满蒙领有论"到"大东亚共荣圈"——对日本殖民扩张主义的再认识》，《抗日战争研究》2002 年第 2 期。

③ 赵建民：《"大东亚共荣圈"的历史与现实思考》，《世界历史》1997 年第 3 期。

④ ［日］纐缬厚：《何谓中日战争？天皇之言："日本轻视了支那"》，申荷丽译，台北：人间出版社 2010 年版，第 64—66 页。

两难的抉择：一方面是如何面对长期影响日本的中国文明；另一方面是如何融入强势的西洋文明之中。对于前者，近代日本学者采取否定中国文明的心态，企图摆脱此影响所带来的文化困境，以西方为标准的原则，建立起属于日本自身的文明体系；对于后者，在以西洋文明建构之新日本这一理想在现实中受到西方列强的阻碍而受挫后，日本又回到亚洲，提倡兴亚以抗西方的威胁。福泽谕吉的脱亚论述，正是在此一语境中的具体呈现，然而其实际的脱亚手段，却是军事武力的征讨，尤其是对中国的侵略。冈仓天心想融合中、日文明的优越先进性，在日本的领导下抗击西洋文明。内藤湖南的"支那学"从对中国历史的观察，表明日本可以透过中国文明中心的转移，取替中国成为东亚文明的新中心，其后的"大东亚共荣圈"的政策，明着是"亚洲一体共荣"，暗地是日本攫取亚洲各国利益的骗局。诚如日本学者后藤干一所言："大东亚共荣圈这个假扮的理念无法掩盖帝国主义战争的现实。"① 日本近代从"脱亚到兴亚"的论述，与日本近代寻求自我定位的过程有关，但处处呈现出无法自圆其说的矛盾。日本始终面临如何取舍东亚中国影响与西方身份认同的困境，而其实际方法与手段，却是借军事武力以取得亚洲与世界的认同，其结果是，留下侵略各国的污点印记，成为日本无法摆脱的罪责。

（杨志远，台湾嘉义吴凤科技大学通识教育中心教授）

---

① ［日］后藤干一：《近代日本与东南亚》，岩波书店1995年版，转引自［日］子安宣邦《"东亚"论：日本现代思想批判》，赵京华编译，吉林人民出版社2004年版，第56页，注20。

# 安危他日终须一仗

## ——从大历史试论中日战争的必然性

吴昆财

## 一 前言

著名的已故中国历史学者黄仁宇（1918—2000）教授，约在三十年前，借用经济学原理，进而提出了一个新的历史研究模式——"大历史"（macro-history），用以诠释中国历史的发展过程。从此黄教授的这种史学解释方式，日后受到学界的诸多讨论。① 如今，对于大历史观，学术界认为它是一种宏观的、完整性的历史视野，而不是偏狭的局促于"微观"（micro-history）的、窄化的且是个别性的历史探究。

## 二 唐朝至清末的四次中日战争

思索 80 多年前的中日战争的本质，确实给了国人另一种不同史观的思维。亦即吾人不能仅是从个别事件，而是必须从结构、趋势历史，从地理时间和社会时间，进一步探讨日本为何会在不同历史阶段，选择和中国进行决战。中国与日本均为东亚地区的国家，从长时

---

① 黄仁宇：《中国大历史》，台北：联经出版事业公司 1993 年版，第 1 页。

段的结构而言，两个国家原本应属于命运共同体，所以 20 世纪时孙中山即曾喊出"大亚洲主义"，冀望亚洲人民以和平的方法，共同团结以对抗西方殖民主义。日本则在其后的第二次世界大战期间，提出所谓的"大东亚共荣圈"，试图"号召"亚洲人一起"团结"在日本的武力下，共同对抗白人。姑且不论孙中山的中日平等要求，或者日本别有居心的主张，以及前者是以王道与和平要求亚洲的未来，后者则着重在霸道武力，强迫周边国家屈从于自己。纯就合作主张而言，"大亚洲主义"和"大东亚共荣圈"，表面上似有相通之处。中日两国若能思考在这种地理和历史如此紧密的情境下，双方能以合作代替对抗，必然能达到互蒙其利的目的。可惜的是，日本自从明治维新后，由于国力的增强，导致其睥睨亚洲国家，不知东亚国家其实基于地理与社会因素，本应携手合作的道理。宁愿选择一条和中国对抗的道路，从此不断侵略中国，占领中国领土。而一再得寸进尺的结果，是中国政府与人民终于忍无可忍，在 1937 年七七事变爆发后，奋力一战，以求民族的生存。

或许有人指出，中日全面战争乃属历史的偶然事件。不过，若就大历史的角度省思，如果双方中若有一边采取攻击的外交策略，则必然导致遭受攻击方的顽强抵抗。吾人若回顾过往中日关系史必可了解到这一历史发展的轨迹。两国的交往过程若不是采取合作，必然要面对大规模的冲突与战争。举其大者，中日双方在 1895 年之前的一千多年历史里，曾经有过四次大规模的战争。

第一次的中日大战发生"白村江之役"，是役，唐朝军队大败日本与百济的联军，经此惨败后，日本在朝鲜扩张野心顿成泡影。日本天智天皇不得不于战后和唐朝重修旧好。其次是在 1274 年、1281 年，元朝和高丽两次连手攻打日本，但因台风之故，元朝军队皆铩羽而归。第三次乃是日人丰臣秀吉在 1592 年侵略朝鲜所引发的战争。这场战争从 1592—1598 年，共历时七年之久。是役，明朝几乎举国之全力，前后用兵达数十万之众，费银近八百万两，最终取得胜利。第四次是 1894 年的中日甲午战争，清朝与明治维新后的日本进行陆海大战。起因仍是朝鲜问题。① 明治天皇登基之始，高唱"尊王攘夷"，尊王是巩固皇权，攘夷是防御欧美，所采亦为守势。待维新有成之后，便极力鼓吹军国主义，大肆进行对外扩张，向朝鲜和中国采取攻势，最终中日不免一战。双方从同年 7 月开始战斗，历经 9 个月的陆海大战，清廷兵败被迫于 1895 年签订羞辱的《马关条约》。②

## 三　1937 年至 1945 年的中日全面战争

孙逸仙（1866—1925）曾明白指出，人类演化的过程就是人类求生存的历史。又如同蒋介石在七七事变后，于江西所发表的著名《庐山宣言》所揭示的：中国人是"临到最后关头，便只有拼全民族的生命，以求国家生存"③。的确，为了保存民族的生命，为了负起祖宗先民所遗留给我们历史上的责任，中华民族只有拼尽民族的生命，以寻求国家与民族的生存。1937 年中日全面战争，就是中华民族追求永续发展与生存的决战，这是一场毫无退让的战斗。全民族必须怀抱着"地无分南北，年无分老幼，无论何人，皆有守土抗战之责任，皆应抱定牺牲一切之决心"。

对中国人而言，为求民族生存必须牺牲到底，奋战到底。同样地，对侵略者日本人而言，他们也自认入侵中国，是在追求日本的发展。例如东条英机（1884—1948），这位第二次世界大战的甲级战犯，曾明白指出：如果不战争，日本这个民族将等待着灭亡，与其坐以待毙，不如找找其他的出路，所以最后选择了侵略其他国家来寻求生存！④

如同前述，如果日本选择不与中国合作，共创东亚秩序，则它必然走向侵略东亚的危险政策。很不幸地，由于 1894 年之后的二十年内，日本接连打败中国和俄国，以及在第一次世界大战中取得胜利，

① https：//read01.com/Nkxe7.html，截取时间：2017/05/07。
② 郭廷以：《近代中国史纲》，香港中文大学出版社 1980 年版，第 265—287 页。
③ https：//kknews.cc/history/l86mxpz.html，截取时间：2017/05/08。
④ https：//www.itoutiao.org/articles/nwqyx，截取时间：2017/05/07。

增强了军人气焰的嚣张，使其企图操纵日本政治取向。此外，就自然条件而言，日本素来即属地狭人稠的国家，一旦人口增加，则必须寻找移民与资源取得的场域。因此中国，尤其是东北地区，自然成为日本觊觎的对象。于是外向对亚洲邻近国家的侵略，乃成为这个阶段日本的国策，这是远因。

就近因而言，由于1929年爆发全球性的经济大恐慌，亦波及日本的经济，造成其国内经济恐慌、工商萧条，公司、工厂纷纷倒闭，据统计，当时失业人数高达300多万人，导致社会秩序的混乱。由于受到国际上排斥日货，以及世界资源分配不公的影响，所以日本国内主战论者认为："日本如果不能从西方列强控制下的落后地区分一杯羹，就只有牺牲中国，在亚洲北部去建立他们的帝国。"① 在这种思维下，日本军阀决定采取对外侵略的手段，故在欧美各国自顾不暇的情境下，于1931年突然发动九一八事变，侵略我国东北各省，终于埋下了再一次中日大战的导火线。

这场中日全面战争，中国是在退无可退的情况被迫应战，以求国家不会亡国，民族不会亡种。可是由于中日两国自甲午战后，整体国力的我消彼长，完全不成对比。中国除了土地广阔、人口众多之外，其余的现代化瞠乎日本之后。也是因了解到彼时中日两国国力犹如天壤之别，为了蓄积实力，所以即便在九一八事变发生后，当全国上下义愤填膺，蒋介石依然不愿选择与日本正式决裂，兵戎相见。

即使经过了国民政府从1928年至1937年的十年建设，以追求中国的现代化，可是当七七事变一发生，中国必须在匆促间，集全国的资源和全民的投入，以对抗日本的野蛮侵略，但所谓形势比人强，国民政府就算出动所有军事装备，仍然无法与敌人现代化武器相抗衡。于是各种古代武器，纷纷出笼，冀求战胜敌人。这些古代使用的冷兵器，竟然出现在日军的飞机和坦克面前，其情景实在是中华民族史册上悲凉的一页。

---

① 蒋廷黻：《蒋廷黻回忆录》，中华书局2014年版，第181页。

彼时的中国正在以进行一场素朴战争，以冷兵器，以前仆后继的牺牲精神，去对抗强大的入侵者。这个属于歌利雅对抗巨人的故事，举其广为世人所知的，非以宋哲元（1885—1940）将军所领导的第二十九军莫属，又俗称"大刀队"。

第二十九军大刀队正式名称是"手枪队"。部队每名士兵身上除了一把 4 斤重的大刀以外，还有两支以上的毛瑟 C96，就是俗称的"二十响"，弹药配置 200 发。①

大刀队在与日敌对抗时屡有佳绩，例如 29 军 38 师 109 旅在于 1933 年 3 月，在王长海上校（1895—1971）与董升棠（1893—1963）等将领的率领下，于长城附近喜峰口与日敌交手，并展开近身肉搏交战，开创了大刀队夜袭日军的先例，更重击了日军的嚣张气焰，使全国人民的抗日热情为之高涨。② 有一段歌词传颂了中国人民用原始武器，不屈不惧对抗敌人强大武力：

> 大刀大刀大刀向鬼子们的头上砍去/全国武装的弟兄们/抗战的一天来到了/抗战的一天来到了/前面有东北的义勇军/后面有全国的老百姓/咱们军民团结勇敢前进/看准那敌人/把他消灭/把他消灭杀！大刀向鬼子们的头上砍去杀！把敌人消灭把敌人消灭！！！大刀向鬼子们的头上砍去杀！！！大刀向鬼子们的头上砍去/全国武装的弟兄们/抗战的一天来到了/抗战的一天来到了。③

有学者感慨地指出：

> 美国有位将军说过，美国军事战略的核心是要通过尽量强大

---

① 中国军队普遍装备大刀的原因，首先是当时中日两军经常发生肉搏战，其二是中国军队刺刀产量不足，而大刀铁匠铺也能打，质量粗糙点而已。抗战大刀形形色色，但是有相对标准的形式，就是工厂量产的，造型统一，工艺较精，有的还经电镀。

② https://www.facebook.com/DemocracyNewChina/posts/1546611995569246，截取时间：2017/05/09。

③ https://read01.com/kz6G3g.html，截取时间：2017/05/09。

的物质优势去压倒对手。牺牲人命是他们恐惧的……一句话，落后就要挨打，这对我们近现代的中国人来说有极深的切身感受……他们的血白白地流，甚至还没有见到敌人就战死在疆场。①

面对这种悲凉与无奈的战争往事，吾人深信这只是中国近现代国家发展中的短暂现象，否则中华民族必将陷入无穷无尽的苦难里。

当然，就上述两国国家实力的对照，中日大战的初期，我方处于绝对弱势，一路挨打，甚至节节败退乃属必然之事。从 1937 年至 1941 年美国因为日本偷袭珍珠港，被迫加入同盟国之际，中国战场始终都是由中国人倾全国力量，孤军奋战以对抗日本强敌。甚至，为了协同盟军对抗日敌，国民政府还派出著名的远征军，远赴缅甸与同盟国一起对日作战，一举缔造了举世称颂的战绩。

1941 年中美英法联手和轴心国作战后，在国际外交与战争资源上，中国争取到一定支持，中国战场才逐渐有了转机。最后皇天不负苦心人，经由中国军队和其他战斗力量的相互结合，集全国力量的总体战略，以空间换取时间，牺牲了上千万军民同胞，500 亿美元以上的损失，与敌人周旋到底，终于取得抗战的胜利。

事实上，从上述大历史观分析中日必将一战，已是无法避免的结局，这是从时间纵轴面的角度而言。若从横轴面分析当时中国的国际关系，以及和其他列强的外交互动，亦可知中日大战也是必然的趋势。例如，在 1931 年，当九一八事变发生后，我国立即向国联控诉，虽然国联无力制裁日本侵略，却给予我国道义上的支持。另外，当七七事变发生后，对中国援助最为积极的是苏联，乃因苏联已感受到苏日之间的大战不可避免，唯有积极援助中国抗日，才能减缓日本对苏联的军事压力。所以，苏联共计派遣了一千架飞机，二千名飞行员和五百名军事顾问支持中国作战。并给予了中国二亿五千万美元的贷款。②

---

① 李继锋撰述：《影像与断想：抗战回望》，山东画报出版社 2002 年版，第 170—184 页。
② 张玉法：《中国现代史》下册，台北：东华书局 1985 年版，第 648 页。

此外，西方国家如美英法等国在中国独自抗战初期，也向中国提供财政支持，例如法国给予中国五百万美元贷款；美国购买中国价值一亿五千七百万美金的白银。在 1938 年 12 月，美英分别提供了中国二千五百万美元和五十万英镑的贷款。上述金额仍属杯水车薪。① 尤有甚者，英国基于自身政治与军事权益的考虑，对中国的作战能力一直不抱正面的态度。有学者研究指出，当中国抗战初期，它为了自身在中国香港和东南亚的利益，乃屈服于东京的施压，宣布关闭滇缅公路，这迫使国民政府当时陆上对外的联系管道几乎完全被封锁，战时中国所急需的多种军用品物资之运输，也宣告中断，这对当时中国上下民心士气而言，更是一个沉重的打击。这种对日本侵华事实采取容忍的立场，直到珠珍港事变之前皆是如此。②

值得注意的是，中日全面战争爆发前夕和战争初期，与日本同为轴心国的德国，竟然对国民政府的军备和国防建设提供了援助，尤其是在英美对日本侵华采取消极政策，没有给予大规模援助的情况下，作为日本盟国的德国仍然依照《中德贸易协议》以及《中德信用贷款合作》等，向中国输出大批军火，派遣驻华军事顾问团，并把驻华公使提升为大使等级，强化了国民政府抗日的实力。③

# 四　结论

要论中华民族对日进行生死存亡战斗，不能忽略台湾民众的抗日运动。

当 1895 年清政府决定割让台湾之际，台湾民众就已发生诸多前仆后继、震惊全球的抗日运动。例如 1895 年的唐景崧与丘逢甲等人

---

① ［美］费正清主编：《剑桥中华民国史》，章建刚等译，上海人民出版社 1992 年版，第 629 页。

② 林孝庭：《二战时期中英关系再探讨：以南亚问题再为中心》，《近代史研究》2005 年第 4 期。

③ http://military. china. com/history4/62/20140220/18352044 _ 3. html，截取时间：2017/05/26。

为抵抗日本侵台所成立的"台湾民主国";同年新竹北埔姜绍祖的客家抗日事件;简大狮、柯铁虎和林少猫"抗日三猛"事迹;1915年台南的噍吧年事件;以及1930年高山族赛德克巴莱的"雾社事件"等,都是惊天地、泣鬼神的抗日故事。所以,本着两岸同是中华民族的一分子,将1895年乙未割台,作为民族共同抗日的起点,也是史学界乃是全民族可以思考的史观。它代表着台湾人民在近代中国的奋斗过程里,绝非"神州袖手人",而是缔造历史的参与者。①

从大历史而言,同属东亚民族的中日两国若要求生存,并取得双赢,唯有采取相互合作的方式。一旦兵戎相见,最后势将导致两败俱伤的结果。万一必须在战场上见高下,从过往历史省思,要取得胜利必须仰赖己方的国家整体实力凌驾于对方。虽然中国广土众民,在第二次世界大战时,能以这种人口与土地的优势,加之全民意志力的总动员,和国际社会的支持,才得以和强大的日军对抗到底。但鉴往知来,我们也需注意西方各国对中国的援助,都是以自身国家利益为出发点,并不足为恃,真正的民族生存,仍要仰赖自我国家力量的提升。正所谓自助者天助,中国若不欲重蹈过去的生存困境,则必须思索民族的伟大复兴,这怕是当务之急!

(吴昆财,台湾嘉义大学应用历史系教授)

---

① 有关台湾人民1895年至1945年的抗日血泪史相关史料,可参见钟河林、曹必宏编《血与火的记忆——台湾抗日档案文献诗文选编》,线装书局2015年版。

# 抗日战争的关键战略问题

黄炳麟

## 一　前言

对日全面抗战爆发之前，中国军队在兵力与战力的对比上，较之日军，都极为劣势，因此日本军阀才会在战争一开始，就夸下"三月亡华"的海口。但后来中国不但没有被灭亡，反而愈挫愈勇，终于打败了日本帝国主义，赢得最后胜利，原因何在？就军事战略角度而言，是由于我们当时所采取的"关键战略"。

首先，国民政府"持久战略"成功的关键，即在选定一条有利之"作战线"①，"诱"敌进入，迫敌追随我之意志。为贯彻此一全程指导构想，发动淞沪会战、进行忻口会战、设计徐州会战、主导武汉会战，成功诱使敌人陷入中国广大空间的泥沼，进退失据；之后发起的冬季攻势与坚守石牌要塞，则是一方面继续维持此"关键战略"所发展成的形势，另一方面则是以具体行动，向全世界宣示中国抗战到底的决心。也因为如此，日本意图逼迫国民政府屈服的企图最后还是成为泡影。这些关键战略带给日本的问题，可谓环环相扣、步步为营，终于迫其最后"无条件投降"。

---

① 作战线又称"作战轴线"，系作战基地至战略目标间，律定作战军主力行动方向之基线，具有实际之空间，包括公路、铁路与海空航线等。参阅国防大学军事学院编《国军军语辞典（九十二年修订本）》，台北："国防部"2004年版，第2—16页。

# 二　全面抗战关键战略初期的形成

自九一八事变以来，日本不断以武力进犯中国。由于当时的中国无力与其对抗，只能争取时间备战：一方面推行内部安定政策，强化国家体质、朝统一之路迈进；另一方面则积极备战，建立坚强武力，抵挡日军来犯。

经过多年的努力，国民政府逐渐掌握一直以来号令难以施行的广西、贵州、云南、四川等省，有助于建立与维持战力的"作战基地"；而税制、金融、货币统一与民众教育等工作的次第推展，也代表一个中央集权国家雏形的形成。①

于是在 1936 年 10 月，国民政府高层于洛阳召开会议，策划抗日大计，会中策定"持久战、消耗战、以空间换取时间等基本决策"。②此即军事委员会委员长蒋介石 1933 年 1 月 24 日针对日军进犯热河，"吾唯有与之'持久战斗'"之构想的具体实践。

1937 年 3 月，国民政府参谋本部依据洛阳会议决议，策颁《民国二十六年度作战计划》，其"甲案"分析日军将"由古北口—山海关，经北平—天津，沿平汉—津浦两路，向郑州—济南—徐州前进，期将我主力军歼灭，或将我国军向西北贫瘠之区压迫，期以封锁"；并在"作战指导要领"律定"长江下游地区之国军，于开战之初，应首先用全力占领上海，无论如何，必须扑灭在上海之敌军，以为全部作战之核心，尔后直接沿江海岸阻止敌之上陆，并对登陆成功之敌，决行攻击而歼灭之。不得已时，逐次后退占领预设阵地，最后确保乍浦—嘉兴—无锡—江阴之线，以拱卫首都"，而属作战重心的华北"国军以主力于沧州—河间—保定之线，保持重点于平汉路方面……实行决

---

① ［日］家近亮子：《蒋介石の外交戦略と日中戦争》，岩波书店 2012 年版，第 77—86 页。

② 何智霖编：《陈诚先生回忆录·抗日战争（上）》，台北"国史馆"2004 年版，第 23 页。

战"，若战况不利，"主力占领黄河下游—东阿—寿张—观城—内黄—安阳之既设阵地，左翼与山西侧面阵地相联系，实施攻势防御""冀察绥部队逐次占领预定阵地行持久战，迟滞敌人之前进"。[①]

与此同时，蒋介石在一场公开演讲中明确指出，对付日军"速战速决"的办法之一就是"持久战、消耗战"，"以逸待劳、以拙制巧，以坚毅持久的抗战，来消灭他的力量"，[②] 代表国民政府在 1937 年全面抗战爆发前，即确立以"持久消耗"为主轴的关键战略。而《民国二十六年度作战计划》"开战之初，全力占领上海"之规划，等于是创造一个诱迫日本投入重兵于上海的局面，亦即开启尔后战局的第一步。

## 三 淞沪会战引敌主力至上海

1937 年 7 月 7 日卢沟桥事变爆发后，日本关东军与朝鲜军少壮派军官，基于已多次演习入关支持作战，早有意展现其兵力，于是擅自发表公开声明，表明日军必须好好教训中国军队，且誓言作为华北日军之后盾。因此，当日本内阁本坚持"不扩大"方针的同时，日军参谋本部却开始研拟对华北的作战计划，以因应军情变化需要，视内阁之方针如无物。[③]

由于当时中国受到 1933 年《塘沽协议》及 1935 年《何梅协议》的限制，国民政府军队不能进入华北地区，日本遂夸口"三月亡华"。[④] 军事委员会委员长蒋介石试图以支持驻守华北属西北军系统之第 29 军的名义，先是在 7 月 9 日，调派四个虽隶属中央军编制，

---

① 中国第二历史档案馆编：《国民政府抗战时期军事档案选辑（上）》，重庆出版社 2016 年版，第 253—257 页。

② 郭岱君等：《重探抗战史（一）：从抗日大战略的形成到武汉会战（1931—1938）》，台北：联经出版事业公司 2015 年版，第 186 页。

③ 郑浪平：《中国抗日战争史（1931—1945）》，台北：麦田出版社 2001 年版，第 326—327 页。

④ 郝柏村口述，何世同编校：《血泪与荣耀——郝柏村还原全面抗战真相（1937—1945）》，台北：天下文化 2019 年版，第 118 页。

但仍为西北军背景的四个师北上,增援华北方面;① 另一方面复于 7 月 14 日,下令军政部部长何应钦"抽调二公分高射炮六连运往保定,以备分发各部阵地","准备在石家庄设行营"。②

情势尽管紧张,中日双方高层皆有意"不扩大事态",中方还商请各国驻华使节居间斡旋,期能和平解决争端。③ 蒋介石也在 11 日下令北上集结的中央军于河南安阳暂时停止前进。但此时日本在东京召开的五相会议及阁议,决定调派关东军两个旅团、朝鲜军一个师团,共约 2.2 万人之兵力,前往华北。④ 日军于是借其优势兵力,于 28 日向准备驰援北平的第 29 军部队发动陆空攻势,是役副军长佟麟阁、第 132 师师长赵登禹战死。至 7 月 30 日,北平、天津先后沦入日军之手。⑤

正当情势日益恶化之际,1937 年 8 月 9 日下午 5 时前后,日本海军陆战队大尉大山勇夫及一等兵斋藤要藏,驾车强行闯入上海虹桥机场。在机场保安团卫兵喝止无效后,双方爆发激烈枪战,大山与斋藤先后中枪身亡,是谓"上海虹桥机场事件",又称"大山事件"。⑥

次日,位于上海的日军第三舰队司令官长谷川清下令驻日本佐世保的第三舰队所属,及两支海军特别陆战队共 2000 余人赴沪增援。⑦ 中国军队为贯彻前述《民国二十六年度作战计划》"扑灭在上海敌军"之作战指导,11 日晚间 9 点,京沪警备司令张治中奉军事委员

---

① 郭岱君等:《重探抗战史(一):从抗日大战略的形成到武汉会战(1931—1938)》,台北:联经出版事业公司 2015 年版,第 263 页。

② 中国第二历史档案馆编:《国民政府抗战时期军事档案选辑(上)》,重庆出版社 2016 年版,第 271 页。

③ 郝柏村口述,何世同编校:《血泪与荣耀——郝柏村还原全面抗战真相(1937—1945)》,台北:天下文化 2019 年版,第 119 页。

④ 郭岱君等:《重探抗战史(一):从抗日大战略的形成到武汉会战(1931—1938)》,台北:联经出版事业公司 2015 年版,第 264 页。

⑤ 郑浪平:《中国抗日战争史(1931—1945)》,台北:麦田出版社 2001 年版,第 336—337 页。

⑥ 郭岱君等:《重探抗战史(一):从抗日大战略的形成到武汉会战(1931—1938)》,台北:联经出版事业公司 2015 年版,第 307 页。

⑦ 郭岱君等:《重探抗战史(一):从抗日大战略的形成到武汉会战(1931—1938)》,台北:联经出版事业公司 2015 年版,第 308 页。

会之令立刻率领驻在京沪铁路沿线的第 87 师与第 88 师向上海市附近推进，同时又陆续增兵向上海集中。① 中日两国部队于是在 13 日下午，于上海的八字桥正式爆发冲突。② 之后双方不断增兵，战场也愈渐扩大。于是发展成中国投入陆军 85 个师、1 个轻坦克营、5 个野炮团、空军飞机约 250 架，及江防军，总兵力超过 100 万人；日本也投入了陆军 9 个师团、2 个旅团、海军作战舰艇 50 余艘、飞机约 500 架，总兵力约 30 万人的大会战，是谓"淞沪会战"。③

"淞沪会战"从 8 月 13 日打到 11 月 13 日，约 3 个月的时间。开战前，日本在上海的地面部队仅其海军特别陆战队 4000 余人兵力，④ 为避免遭中国军队歼灭，遂不断增兵。原先在日军眼中是属"支作战"性质的淞沪会战，却因不断增兵反"易客为主"，而转为"主作战"。⑤ 中国军队在本战死伤虽超过 20 万人，是日军死伤人数的 4.76 倍，中央军也有三分之二折损，却如预期地，赢得战略上的主动权。⑥ 原先有利日军侵华的"由北向南"作战线，也因而转为不利的"由东向西"作战线。⑦

之后加上"南京保卫战"的 1 个月，中国军队在京沪地区一共抵抗了 4 个月，这算是战术上的失利。在战略上，中国军队不但粉碎了日本军国主义者"三月亡华"的迷梦，更打出了全国军民同仇敌忾的抗敌意识。原本对抗战前途不看好的国际社会，也开始同情、佩服中国了。⑧

直言之，中国军队战败，是败在编装与军种统合战力不如敌人，

---

① 吴相湘：《第二次中日战争史（上册）》，台北：综合月刊社 1973 年版，第 383—384 页。

② 郑浪平：《中国抗日战争史（1931—1945）》，台北：麦田出版社 2001 年版，第 369 页。

③ 郝柏村口述，何世同编校：《血泪与荣耀——郝柏村还原全面抗战真相（1937—1945）》，台北：天下文化 2019 年版，第 157 页。

④ 郭岱君 等：《重探抗战史（一）：从抗日大战略的形成到武汉会战（1931—1938）》，台北：联经出版事业公司 2015 年版，第 309 页。

⑤ 蒋纬国编著：《抗日御侮（第三卷）》，台北：黎明文化 1978 年版，第 102 页。

⑥ 郭岱君 等：《重探抗战史（一）：从抗日大战略的形成到武汉会战（1931—1938）》，台北：联经出版事业公司 2015 年版，第 341—342 页。

⑦ 蒋纬国编著：《抗日御侮（第三卷）》，台北：黎明文化 1978 年版，第 104 页。

⑧ 郝柏村口述，何世同编校：《血泪与荣耀——郝柏村还原全面抗战真相（1937—1945）》，台北：天下文化 2019 年版，第 168—172 页。

是战术及野战用兵层次的失败，但在"持久消耗"的战略指导上，却是成功的。当时中国的行政中枢在南京，经济及工业中心在上海，而长江中下游一带更是国家税赋之所出。淞沪会战与南京保卫战期间，国民政府争取到的4个月宝贵时间，将上海、南京等地之军需及民用工厂机器与熟练技工、重要物资等被运至汉口、西安和重庆大后方，成为日后持久抗战的有力支柱。

## 四　徐州会战诱敌沿津浦路南下

为牵制华北日军沿平汉路南下之攻势，中国军队第二战区奉军事委员会之令，集中主力于山西北部。[①] 日军为消除该方面之威胁，遂于1937年8月，即"淞沪会战"如火如荼进行之际，又以一部沿平绥路进攻山西。由于驻守天镇的第61军军长李服膺擅自撤退，致日军于9月14日轻易占领大同。中国军队逐次抵抗，最后于太原北面门户的忻口隘路部署重兵、构筑防线，阻止日军南下。双方在此激烈交战，损失均极惨重，是谓"忻口会战"（又称"太原会战"）。10月中旬，日本华北方面军被迫从准备沿平汉路南下的兵力中，先后抽调两个师团，由正太路，攻向太行山隘口的娘子关。10月26日，娘子关失守，日军进逼太原。由于已严重威胁中国军队忻口防线的"战略翼侧"[②]，第二战区司令长官阎锡山于是在31日下令忻口地区的军队全面向太原以南撤退，退往晋西、晋南的中条山，继续与日军顽抗；也使得华北日军既无法转用兵力于淞沪会战方面，也无从进军陕西，威胁大后方，对国民政府贯彻其"关键战略"，提供了甚大助力。[③]

---

① 蒋纬国编著：《抗日御侮（第三卷）》，台北：黎明文化1978年版，第98页。

② 战略翼侧系战略正面上靠近补给线之翼侧，为战略上之弱点，易遭敌攻击而威胁补给线之安全。参阅"国防大学"军事学院编《国军军语辞典（九十二年修订本）》，台北："国防部"2004年版，第2—17页。

③ 郝柏村口述，何世同编校：《血泪与荣耀——郝柏村还原全面抗战真相（1937—1945）》，台北：天下文化2019年版，第175—180页。

自南京沦陷后，山东半岛与苏北地区成为华北与华东日本占领区的"凸出阵线"。当时，四川已成为抗战大后方基地，武汉位居枢纽，成为双方"攻所必取，守所必固"的战略要域。军事委员会于是在 1937 年 12 月 13 日拟定《第三期作战计划》，以"发动广大游击战，同时重新构成强韧阵地于湘东、赣西、皖西、豫南各山地，配置新锐兵力，待敌深入，在新阵地与之决战"，并要求各战区"以面的抵抗，对敌之点或线的夺取，使不能达速战速决之目的，而消耗疲惫之"。①

第五战区司令长官部遂于次日颁布《作战命令第二号》，下令"以一部仍守备海岸及黄河沿岸，以大部转移于淮河之线，拒止北上之敌，相机转移攻势"。②

由于 12 月 23 日，日本第二军奉命南渡黄河，负责该方面守备之第五战区副司令长官韩复榘不战而退，使山东省大部分地区迅速失守；与此同时，日本华北方面军于次日下达第二军以一部攻略青岛之命令。日军在这两方面的行动使第五战区的形势大变：不仅丧失黄河天然屏障，黄河以南、大运河以东之广大区域也同时遭受威胁。1938年 1 月下旬，军委会分析日军企图打通津浦铁路、攻略徐州，遂决定采取积极的反击行动。③

中国军队试图以"有力一部"转用于徐州方面，借上述"凸出阵线"，"诱致"日军主力舍平汉路、而就津浦路，并争取时间；使中国军队主力能在武汉外围积极整备，恢复在"淞沪会战"中所损失之战力。2 月 3 日，第五战区司令长官部颁布《作战命令第三号》，"拟对津浦南段之敌拒止于淮水以南地区，尤其侧方连续予以打击，渐次驱除肃清之。同时，巩固鲁南山地，对津浦北段及陇海

---

① 中国第二历史档案馆编：《国民政府抗战时期军事档案选辑（上）》，重庆出版社 2016 年版，第 293 页。

② 中国第二历史档案馆编：《国民政府抗战时期军事档案选辑（上）》，重庆出版社 2016 年版，第 297—298 页。

③ 郭岱君等：《重探抗战史（一）：从抗日大战略的形成到武汉会战（1931—1938）》，台北：联经出版事业公司 2015 年版，第 409 页。

东段取侧击之势，牵制敌之南下或西上……阻止敌人打通津浦路之目的"。①

第五战区显然准备利用鄱阳湖、大别山地障，及长江两岸丘陵湖沼，进行持久防御，以摧毁敌后续之攻势，奠定长期作战之基础，这就是"徐州会战"的由来。

由于徐州地处江苏、山东、安徽、河南四省交界的要冲，也是津浦、陇海两大铁路的交会点，战略地位相当重要。② 而位在此"凸出阵线"的中国军队，等于是日军进军平汉路时，威胁其翼侧的"绊脚石"；因而迫使华北日军舍平汉路，而改由津浦路南下。3月17日，日军借飞机、大炮与坦克之威力，攻陷位在津浦路上的重要城镇滕县，中国军队自师长王铭章以下的四川将士全部殉国。③

此后，日军续向控扼大运河咽喉的台儿庄推进，企图将中国军队击灭于大运河以西及以南之地区时，双方在台儿庄爆发激战。在中国军队将士用命与民众协力破坏日军交通之下，中国军队创造了"台儿庄大捷"，重创日军最精锐的第10及第5师团。④ 这是一场自全面抗战以来，最成功的一次包围歼灭战；中国军队以劣势武器装备战胜强敌，更属难能可贵。⑤

日军被重创于台儿庄，乃其近代史上之首例，自称"皇军无敌"之荣衔，就此粉碎。与此同时，日军在交战之际，从破解的中国军队无线电通信获悉，包括国民政府中央军10个师，总计约50个师刻正集结于徐州附近；遂认为此乃"一雪前耻"、捕捉中国军队主力之良好战机，便临时决定集结大军，由南、北两路再兴攻势，这显然打破

---

① 中国第二历史档案馆编：《国民政府抗战时期军事档案选辑（上）》，重庆出版社2016年版，第299页。

② 中国第二历史档案馆编：《国民政府抗战时期军事档案选辑（上）》，重庆出版社2016年版，第403页。

③ 吴相湘：《第二次中日战争史（上册）》，台北：综合月刊社1973年版，第441页。

④ 吴相湘：《第二次中日战争史（上册）》，台北：综合月刊社1973年版，第442页。

⑤ 郝柏村口述，何世同编校：《血泪与荣耀——郝柏村还原全面抗战真相（1937—1945）》，台北：天下文化2019年版，第189页。

了日本御前会议提出的"暂不扩大战争"的决议。①

面对优势日军，且为争取武汉方面之备战时间，第五战区司令长官李宗仁于5月16日下令放弃徐州，主力向西转移，另以所属之第24集团军的第57、第89军留置苏北地区，第69军留于鲁南，就地开辟敌后战场，实施游击作战，以牵制日军向西的攻势。②

从5月下旬至6月初，沿陇海路向西进犯的日军主力被中国军队第一战区引诱及牵制在豫东的归德、兰封一带，包括精锐的德制机械化重炮团故得以安全转进到皖西及豫南地区。③

6月4日，日军攻抵开封，逼近陇海、平汉两铁路交会点的郑州，情况危急。④ 6月7日，美国驻武汉领事馆回报其国务院：日军已占领开封，离郑州仅40千米。日军若拿下郑州，沿平汉路南下，中国军队将无险可守，日军仅需7—12天，便可拿下武汉。国民政府于是拿出早在1935年，即由中外军事专家及党政要员提出的"黄河决堤方案"，决定采取"以水代兵"方式，掘河堤引黄河之水，阻挡日军攻势。⑤

6月9日，中国军队成功掘开郑州以东的花园口黄河堤防，引河水向南泛滥；在同时间降下大雨的作用下，黄河河水迅速高涨。至当日中午，水势已将堤防缺口冲刷扩大成数百公尺宽，决堤总算大功告成。6月27日，美国《时代》杂志记者白修德（Theodore White）就黄河决堤一事报道："上星期黄河流经堤防缺口造成的大水，不仅改变了流向，而且改变了中日战争。"值得注意的是，大水泛滥了500平方英里地区，也吞没日军第14师团大部及第16师团的一部分官

① 蒋纬国编著：《抗日御侮（第五卷）》，台北：黎明文化1978年版，第124页。

② 郝柏村口述，何世同编校：《血泪与荣耀——郝柏村还原全面抗战真相（1937—1945）》，台北：天下文化2019年版，第189页。

③ 吴相湘：《第二次中日战争史（上册）》，台北：综合月刊社1973年版，第446页。

④ 郝柏村口述，何世同等笔记：《郝柏村重返抗日战场》，台北：天下文化2015年版，第81页。

⑤ 郭岱君等：《重探抗战史（一）：从抗日大战略的形成到武汉会战（1931—1938）》，台北：联经出版事业公司2015年版，第437页。

兵，辎重陷入洪水及烂泥之中，动弹不得。①

仰赖重装备的日军因洪水所困，使原本的攻略郑州计划成为泡影，也无法再沿平汉铁路南下武汉，遂被迫向东南旋回，改沿长江流域用兵；亦等于宣告其已放弃最有利的"由北向南"作战线，而进入最不利的"由东向西"作战线。本会战，除完全实现国民政府在"洛阳会议"中，改变日军作战线的战略构想外，也为中国军队防卫武汉多提供了八个月的准备时间。

在此会战过程中的关键战略问题有二：一是第五战区副司令长官、山东省主席兼第三集团军总司令韩复榘，应守济南却不战而退，不久即被押赴开封，以军法处决，严肃了军纪，成为创造"台儿庄大捷"的精神动力。二是中国军队在黄河的花园口决堤，人民的灾难与伤亡非常惨重，一如战场上的百万将士的牺牲；但泛滥达成阻敌西进的战略目标，确保了武汉的翼侧安全，也使郑州、洛阳多守了 6 年，贡献至为巨大。②

鉴于此，抗战胜利后，尽管已是国穷民困、百废待兴，但国民政府仍在经济万般艰难的状况下，筹措了 390 亿元，优先进行决口合龙工程，尽可能地补偿泛滥区的老百姓。③

## 五 武汉会战迫敌陷入中国大空间泥淖

徐州会战后，日军被迫转换作战线，"由东向西"沿长江南北岸及大别山北麓，兵分三路并列指向武汉；又因受黄河花园口决堤的影响，迟至 8 月 28 日，始于合肥完成战略集结，向西进攻。这时，中国军队早已利用先前争取到的宝贵时间，于长江、大别山、幕阜山、

---

① 郭岱君等：《重探抗战史（一）：从抗日大战略的形成到武汉会战（1931—1938）》，台北：联经出版事业公司 2015 年版，第 438—439 页。
② 郝柏村口述，何世同编校：《血泪与荣耀——郝柏村还原全面抗战真相（1937—1945）》，台北：天下文化 2019 年版，第 195—196 页。
③ 郝柏村口述，何世同等笔记：《郝柏村重返抗日战场》，台北：天下文化 2015 年版，第 76 页。

庐山之地障构筑阵地，行数地持久。[1] 空军也集中在汉口及南昌机场，昼夜轰炸长江中的日舰，并袭击南京、芜湖、安庆之沿长江一带的日本飞机场；海军则防守马当、湖口、田家镇、葛店等沿江要塞，适时布放机雷与飘雷，以迟滞日军行动。[2]

早在 1935 年夏，时任陆军整理处处长的陈诚已奉命筹划武汉周边防御工事：从北方的武胜关、南面的城陵矶、东至田家镇一带连成一线；之后在德国军事顾问的催促增强下，既有的工事又得到强化，有助于武汉周边之防御。[3]

重整旗鼓的日军尽管陆续突破中国军队在长江南北岸及大别山之防御阵地，屈居劣势的中国军队仍力图抵抗。9 月 30 日，企图包围德安侧背中国军队的日军第 106 师团便在万家岭迷路，遭优势中国军队包围，双方激战至 10 月 10 日，有四个日军联队为中国军队所歼，也使其不能进迫南昌，这就是"万家岭大捷"。[4]

由于武汉是当时国民政府最高统帅部所在，日军集结优势兵力于此方面乃理所当然；广州是淞沪会战后最重要的对外联系孔道。日军为求"速决"，乃于向西进犯武汉的同时，又在 10 月 12 日登陆大亚湾，并于 21 日占领广州。

中国的持久消耗战略，并不在和日军决战于沿海、沿江地带，而是尽可能地节节抵抗，消耗及吸引日军兵力，同时保持自己的有生战力。[5] 也因此，当日军在 10 月 12 日占领信阳，25 日攻抵安陆，已威胁武汉中国军队阵线之战略翼侧时；中国军队遂于此日放弃武汉，主力向鄂西、鄂北、湘西、湘南、豫西等山区转进，并留置一部兵力于

---

① 郝柏村口述，何世同编校：《血泪与荣耀——郝柏村还原全面抗战真相（1937—1945）》，台北：天下文化 2019 年版，第 199 页。

② 吴相湘：《第二次中日战争史（上册）》，台北：综合月刊社 1973 年版，第 457 页。

③ 吴相湘：《第二次中日战争史（上册）》，台北：综合月刊社 1973 年版，第 457—458 页。

④ 郝柏村口述，何世同编校：《血泪与荣耀——郝柏村还原全面抗战真相（1937—1945）》，台北：天下文化 2019 年版，第 201 页；蒋纬国编著：《抗日御侮（第三卷）》，台北：黎明文化 1978 年版，第 115 页。

⑤ 郭廷以：《近代中国史纲》，中华书局 2018 年版，第 517—519 页。

大别山，建立敌后游击基地①，武汉会战于是在成功地"以空间换取时间"下结束。

蒋介石以武汉会战的结束作为"时间点"，将抗战区分了两个时期；战略主轴上，第一期是"持久消耗"，第二期为"守势持久"。②武汉会战起于 1938 年 6 月 3 日，终于同年 11 月 12 日，共计 163 天，是抗战第一期的最后一次会战；自淞沪会战算起，国民政府以"空间换取时间"的持久战略，一共争取到 15 个月的准备时间，有助于构筑工事、强化阵线、整训部队、完成动员，及转运长江中、下游资源至四川，以拉纤方式通过长江三峡，向大后方撤运。③尽管战争对中国军队造成重大损害，却成功地拖住日军，让其主力就此陷入中国大空间泥沼，中国也才有进入抗战第二期作战的机会，就战略意义而言格外重要。

武汉会战结束后，日军已深入中国境内 1000 余千米；"作战正面"更是从内蒙古阴山西段，一路向南延伸到云贵、岭南。战场扩大，"补给线"拉长，加上无所不在的游击队袭击，早已超出其国力所能承担之范围。这时，日本共有 24 个师团又 13 个旅团的兵力在中国大陆，若加上驻伪满洲国的 8 个师团又 2 个旅团，其驻华兵力总数已占全部兵力的九成。留在本土与朝鲜的常备兵力仅近卫师团、第 19、第 20 师团与台湾守备队，兵力部署失衡已经对防患来自苏联的威胁与维护国内安定之两大要务造成严重影响。④因此，日本再也没有能力发动像淞沪、武汉那样大规模的会战了，可说陷入进退失据的困境。

中国军队则在"以逸待劳"的战略环境下，不但迅速动员恢复战

---

① 郝柏村口述，何世同编校：《血泪与荣耀——郝柏村还原全面抗战真相（1937—1945）》，台北：天下文化 2019 年版，第 201 页。

② 蒋纬国编著：《抗日御侮（第三卷）》，台北：黎明文化 1978 年版，第 93—94 页。

③ 郝柏村口述，何世同编校：《血泪与荣耀——郝柏村还原全面抗战真相（1937—1945）》，台北：天下文化 2019 年版，第 198 页。

④ ［日］日本防卫厅防卫研修所战史部编：《日军对华作战纪要丛书（43）——大事年表与军语》，赖德修译，台北：史政编译局 1991 年版，第 729—731 页。

力，并能抽调部队"轮流整训"，及对敌军的战力"持续消耗"。这时，中国原有的各路山头部队，也因为彼此的兵员皆消耗过甚，必须接受国民政府统一的征兵补充，同时大量扩充的军校学生毕业之后，也开始在各个部队任职，连带促成了"军队国家化"，① 对抗战前景自有其一定功效。

1938 年 11 月底，军事委员会于南岳衡山召开第一次"南岳军事会议"，决定将全国军队区分三期"轮流整训"："以三分之一配在游击区域，担任敌后游击；以三分之一布置在前方，对敌抗战；而抽调三分之一到后方整训。如此轮流更替行之，以加强部队之技能与战力。"② 也正由于牵制、消耗敌人的目的已然达成，军委会决定于1939 年开始准备发动全面攻击，遂有下一阶段的"冬季攻势"。③

在此下的第二期作战中，一共又发生 18 次"会战"，但双方互有进退，已不再现开战初期的日军"长驱直入"景况；基本上，这些"会战"都发生在中国军队三峡南北山地防线之东，日军始终无法越此防线雷池一步。尤有甚者，1941 年 12 月"太平洋战争"爆发，中国军队成为美、英之盟邦后，更有入缅远征作战、反攻桂柳作战之举，可谓皆建立在"武汉会战"战略成功的基础上。

## 六　冬季攻势的国际宣传意义

1939 年 9 月 1 日，德国入侵波兰，欧战爆发；波兰不堪一击，只撑了 4 周就被德、苏瓜分而亡，国际情势也为之丕变。当时已完成中国军队第一、第二期整训部队的工作，战力增强；军委会乃将其拨入第二、第三、第五、第九战区，并策划"冬季攻势"。国民政府为因应国内外情

---

① 郑浪平：《中国抗日战争史（1931—1945）》，台北：麦田出版社 2001 年版，第492—493 页。

② 郭岱君等：《重探抗战史（二）：抗日战争与世界大战合流（1938.11—1945.08）》，台北：联经出版事业公司 2022 年版，第 15 页。

③ 蒋纬国编著：《抗日御侮（第三卷）》，台北：黎明文化 1978 年版，第 134 页。

势变化，遂于是年 10 月下旬，在南岳召开"第二次党政军联席会议"，决定以进一步牵制、消耗各地区日军战力为目的，发动"冬季攻势"。①

军委会决定以第二、第三、第五、第九战区为主要攻势地区；第一、第四、第八、第十、鲁苏、冀察战区为策应攻势地区。② 从 1939 年 11 月 19 日起，至 1940 年至 1 月 20 日攻势结束止，历时 2 个月。计毙伤日军数万人、俘 400 余人、掳获火炮 11 门、步枪 2700 余支。③ 造成的损害虽然只占整个入侵中国大陆日军的一小部分，却可借此行动昭告国际：中国不但已恢复自"淞沪会战"以来损失的战力，同时还有采取攻势的能力。

当时的西方，普遍认为中国对日抗战，只是保守防卫，坐等西方列强介入。④ 其实从武汉会战结束到珍珠港事变爆发这三年间，正是中国独立抗战最艰辛的时刻，并未因此而消极应付，反而发动了一波波的反攻，向全世界宣告：我们不但没有垮，而且还有"反击"的能力。因此，"冬季攻势"除有军事目的外，也具有甚大的国际宣传意义，故亦可视为关键战略作为。

## 七　中条山游击战严重牵制与困扰日军

自 1937 年 11 月忻口会战结束，第二战区奉军委会之命，以各山区为根据地，从事大规模的游击战。⑤ 其以第 14 集团军为主的部队，则从太原一路转进至晋南中条山区，自此展开长达四年的坚守任务。⑥

---

① 蒋纬国编著：《抗日御侮（第三卷）》，台北：黎明文化 1978 年版，第 134 页。
② 蒋纬国编著：《抗日御侮（第六卷）》，台北：黎明文化 1978 年版，第 33 页。
③ 蒋纬国编著：《抗日御侮（第六卷）》，台北：黎明文化 1978 年版，第 38 页。
④ 郭岱君等：《重探抗战史（二）：抗日战争与世界大战合流（1938.11—1945.08）》，台北：联经出版事业公司 2015 年版，第 84 页。
⑤ 蒋纬国编著：《抗日御侮（第三卷）》，台北：黎明文化 1978 年版，第 140 页。
⑥ 郝柏村口述，何世同编校：《血泪与荣耀——郝柏村还原全面抗战真相（1937—1945）》，台北：天下文化 2019 年版，第 261 页。

　　由于以中条山为根据地的中国军队，可对河南平原及平汉、陇海路构成威胁，是日军所最感痛苦者。因此，日军虽不断抽调兵力，总共对中条山发动十三次攻势，都无法得逞。迫使日军需长期留驻四个师团以上之兵力于晋省，严重影响其兵力运用。[①]

　　1941年4月，日本趁与苏联签订《日苏中立条约》，致北面对苏局势和缓等良机，于当月中旬起，自华中、华北调集优势兵力，发动第十四次攻势，是谓"中条山会战（晋南会战）"。[②] 此战，日军兵分四路大举围攻，在快速机动兵力结合强大火力，完成中央突破，再向两翼席卷包围。中国军队与敌对战于各山隘阵地，苦战二十余日，终因后方交通线被截断，补给困难、战力不继，乃以一部留置山区继续抵抗；主力突围转向太行山、太岳山区实施游击作战，另以一部渡过黄河，加强河防。[③]

　　尽管日军拔除了此"眼中钉"，但日军并未因此而可以自由转用兵力。因为日军击退了之后，周边的中国共产党军队随即取得机会，也就是造成如华北方面军山崎重三郎少佐所谓"华北游击战由共产军所独占"之后果。[④] 中国军队先前所布置好的战略形势，并未因此战的结果而造成改变，日军仍因来自中条山方面之中国共产党军队打击，而无法恢复行动自由。

　　尤其甚者，四年来驻守中条山区的中国军队，长期忍受着艰困环境。他们只要有一口饭吃、一杆枪用，就能打仗。这是农业国家勤苦耐劳所表现出来的韧性。[⑤] 这种韧性实乃源自"宁战败而亡，不投降

　　① 蒋纬国编著：《抗日御侮（第三卷）》，台北：黎明文化1978年版，第140页。

　　② 郝柏村口述，何世同等笔记：《郝柏村重返抗日战场》，台北：天下文化2015年版，第62页。

　　③ 王文燮：《中国抗日战争真相（增修版上册）》，台北：中华战略学会2015年版，第428页。

　　④ ［日］日本防卫厅战史室编：《大战前之华北"治安"作战》，黄朝茂译，台北：史政编译局1988年版，第736页。

　　⑤ 郝柏村口述，何世同编校：《血泪与荣耀——郝柏村还原全面抗战真相（1937—1945）》，台北：天下文化2019年版，第267页。

而生"的民族气节，① 在全面对日抗战守土有责的使命感催化下，既是战胜强敌的具体保证，也借由各种传播媒体的宣传，而将此气节深深感动其他战场的中国军队，因而形成一种"沛然莫之能御"的连锁效应。

## 八 石牌保卫战成功拱卫中枢

自国民政府迁都重庆以来，重庆成了抗日的中心。因此，日军从 1939 年 5 月起，开始对重庆发动夜以继日的大轰炸，尽管造成高达上万平民的死伤，却未能屈服中国军民的抗敌意志。② 尤其当日本偷袭珍珠港，发动太平洋战争后，快速攻陷整个东南亚，之后甚至考虑入侵新几内亚岛群、入侵澳大利亚，以瓦解美国即将到来的反攻。但当为数百万的日军仍深陷中国大陆战场之泥淖时，上述考虑根本没有实现的空间。③ 也因此，入侵四川大后方，进占重庆，迫使国民政府投降，便成为日方高层一再尝试的工作。

1940 年 6 月，日军占领控扼长江三峡水路咽喉的宜昌，震惊了重庆。因无力继续西进，双方于是对峙于此。此后，日本为图扭转形势，再度筹划入侵四川。对此，蒋介石分别在关中与三峡这两个进出四川的必经之路部署重兵，分别设置第八及第六战区，部署中央军精锐部队，交由胡宗南与陈诚这两位最信任的将领负责防守。④ 1941 年 9—10 月的第二次长沙会战期间，中国军队第六战区乘机向宜昌进攻，带给日军极大的打击，也使其联系宜昌的长江航运屡遭中国军队威胁。⑤

---

① 郝柏村口述，何世同等笔记：《郝柏村重返抗日战场》，台北：天下文化 2015 年版，第 70 页。

② 郑浪平：《中国抗日战争史（1931—1945）》，台北：麦田出版社 2001 年版，第 659 页。

③ ［英］保罗·肯尼迪：《血战太平洋》，闻炜译，台北：星光出版社 1995 年版，第 100 页。

④ 郭岱君 等：《重探抗战史（二）：抗日战争与世界大战合流（1938.11—1945.08）》，台北：联经出版事业公司 2022 年版，第 291、294 页。

⑤ 蒋纬国编著：《抗日御侮（第三卷）》，台北：黎明文化 1978 年版，第 158 页。

到了 1943 年年初，日军派在太平洋、东南亚战场的日军已高达 48 万人，但战况却持续恶化。① 为图无法扭转形势，日本乃于同年 4 月调集重兵，欲一举击灭中国军队第六战区兵力，以肃清长江水道之威胁，创造有利攻略重庆的形势，以打开此战略"僵局"。于是在 5 月 12 日向鄂西方面的中国军队发动攻势，是谓"鄂西会战"。②

在中国军队第六战区的防御部署中，阻敌进入三峡的关键，乃在于能否突破"入川第一大关"的石牌要塞。石牌是宜昌线三斗坪镇下的一个小村，位在三峡西陵峡南岸，由于长江在此突然右拐 110 度，故自古以来，石牌一直就是兵家必争之地。③ 基此，陈诚将驻守要塞的任务，交付给第 18 军（军长方天）第 11 师师长胡琏负责。④

胡琏利用石牌周围山峦地形，构筑防御工事，且设置层层障碍，凭险据守。⑤ 日军果然在打通长江水道的同时，乘虚袭击石牌要塞。⑥ 这时，胡琏与所属皆抱持"不成功、便成仁"决心，除致双亲与妻子诀别书，又作《祭天誓言》，以"生为军人，死为军魂"明志，又在战况最危急之际，以"成功虽无把握，成仁确有决心"回复战区司令长官陈诚的询问。⑦ 指挥官既有成仁决心，部属自无畏战之理。全师就是在如此上下同心的情形下，一次次击退敌军攻势，让日军最后无功而返。笔者以为，抗战关键战略使日军自陷危局，加上无数将士的牺牲奉献，以致能继续苦战，迎接最后胜利的到来。

---

① 郭岱君等：《重探抗战史（二）：抗日战争与世界大战合流（1938.11—1945.08）》，台北：联经出版事业公司 2022 年版，第 256 页。

② 郝柏村口述，何世同编校：《血泪与荣耀——郝柏村还原全面抗战真相（1937—1945）》，台北：天下文化 2019 年版，第 301 页。

③ 郭岱君等：《重探抗战史（二）：抗日战争与世界大战合流（1938.11—1945.08）》，台北：联经出版事业公司 2022 年版，第 261 页。

④ 郝柏村口述，何世同编校：《血泪与荣耀——郝柏村还原全面抗战真相（1937—1945）》，台北：天下文化 2019 年版，第 302 页。

⑤ 郭岱君等：《重探抗战史（二）：抗日战争与世界大战合流（1938.11—1945.08）》，台北：联经出版事业公司 2022 年版，第 262 页。

⑥ 郑浪平：《中国抗日战争史（1931—1945）》，台北：麦田出版社 2001 年版，第 666 页。

⑦ 郝柏村口述，何世同编校：《血泪与荣耀——郝柏村还原全面抗战真相（1937—1945）》，台北：天下文化 2019 年版，第 305 页。

# 九　结论

全面抗战中，以 1938 年 10 月的"武汉会战"结束为基准，划分一、二两个作战时期；两者的关系是："第一期作战"为"第二期作战"的基础，有了"第一期作战"的成功，才有"第二期作战"的机会。反之，若没有第一期作战的成功，我们就不会再有后续作战。因此，本文所举全面抗战的关键战略问题，除冬季攻势与石牌保卫战外，均属第一期作战。

也正由于第一期作战所打下的基础，使第二期作战得以依循，再加上中国军队官兵不畏牺牲与成仁取义的壮举，熔铸成一座坚固的长城，这可从发动最艰困时期的冬季攻势，与不畏强敌进犯的石牌保卫战一见其貌。

至于本文所未述者，包括：中国军队坚守衡阳 47 天，以及美国陈纳德"飞虎队"的助战和"驼峰航线"的开通等，都对全面抗战提供了巨大助力，为抗战做出了贡献。

（黄炳麟，台湾地区退役中将，中华民族抗日战争纪念协会理事长）

# 抗战时期中国外交处境对各阶段军事战略演变之影响

## 江显之

## 一　前言

中国抗日战争之各阶段军事战略，首阶段自 1937 年 7 月抗战爆发以"战略守势与战术攻势"为始，至 1938 年 11 月武汉会战结束后转入"战略相持"阶段，迄 1944 年年底第三阶段计划自西南向全国日军占领区发起"战略反攻"，[①] 并借由野战战略之战役及会战将之具体实践。抗战各阶段军事战略之形成与演变，其实与国民政府战时外交处境，及各盟邦援华战争物资及军事装备之获得极具关联。本文旨借国民政府战时外交处境与战争物资获得，由抗战前中德外交之契机之十年整军经武，为首阶段"战略守势与战术攻势"奠定基础；次阶段"战略相持"在过去十年中德外交中止后，中苏、中法、中英与中美外交关系及其有限之军援，勉以弥补德国军援中断之间隙；第三阶段"战略反攻"主因日军在华占领区过深过广，且太平洋战争使其败征渐露下规划实施。各阶段印证中国战区军事战略演变，野战战略各战役与会战实践之关联。亘抗战全程中国军队几以抗战前近十年间整军经武建设基础，及原来各地方部队武力，将日军地面百万

---

① 蒋纬国编著：《抗日御侮（第五卷）》，台北：黎明文化 1978 年版，第 4 页。

主战兵力，拒止、消耗、摧破于中缅印战区（China-Bruma-India Threater CBI）境内，牵制与迟滞日军原可用于北进攻苏，[①] 或南进太平洋对抗美国之大规模地面作战兵力，缓解美、英与苏联同盟国于欧陆与太平洋战区，对抗轴心国德、意、日之侵略具有不可磨灭之战略价值，以彰显中国战区对第二次世界大战全局之贡献。

本文引用之史料，主要为"国史馆"庋藏《蒋中正总统文物》《陈诚副总统文物》历史原件，《陈诚副总统文物》藏有"军政部长任内冰人白他作战计划"一卷，完整收入作战计划内容；"国防部"史政编译局出版：顾问团工作纪要丛书之一、三《德国驻华军事顾问团工作纪要》《法国驻华军事顾问团工作纪要》，编撰内容及时序与前项历史原件普遍相符，极具参考价值；日本防卫厅防卫研修所战史室编纂之《对华作战纪要丛书》，以上中、日双方历史原件，是本文重要征引史料。

## 二 抗战初期战略守势及战术攻势阶段与中德关系之建军备战基础

### （一）抗战前中德外交沿革

抗战初期阶段"战略守势及战术攻势"军事战略制定与外交关系之关联，与德国对华外交政策之演变为首要与主要影响。德国于第一次世界大战战败，被协约国认定黩武发起大战罪责，受协约国制定之《凡尔赛条约》（法语：Traité de Versailles；英语：Treaty of Versailles）约束，限制战后国防军（德语：Reichwehr）陆军建军于十万人以内，海军舰艇吨位与空军建军等严苛限制及战争赔款，德国国内经济环境受战后与 20 世纪 30 年代全球经济大萧条（Global Depression）影响下而一蹶不振。当时威玛政府国防

---

① 日本之国防政策，尤其是陆军，自明治以来一贯专注于防御北方苏俄。[日] 防卫厅防卫研修所战史室编：《香港、长沙作战》，黄朝茂译，台北：史政编译局 1987 年版，第 4 页。

军默许向世界各地输出军事顾问，就军方立场而言，这是由于战后建军被限制，为了能继续维持建军与作战经验，将军事顾问派遣到南美洲，在南美洲，德国军事顾问的分布范围最广，持续的时间最长。在亚洲，则是以中国能提供德国炼钢所需之钨战略资源至为重要，而中德外交所带来之军事援助成效，对中国抗战全程成败贡献影响至深至巨。

中德两国外交关系自第一次世界大战以来，因北洋段祺瑞政府对德国宣战而中断，[①] 于1921年5月20日国民政府恢复邦交，[②] 随希特勒（Adolf Hilter）于1933年1月当选德国总理，之后单方撕毁《凡尔赛条约》，振兴重整建军与所急需战略资源：中国储量甚丰之钨矿，国民政府则亟须引进德制军备，与德国决策层利益基本相符，外交关系因之更加牢固，中德两国外交关系在此各取所需环境下进入密切交往，为中国抗战前十年奠定关键基础。

**（二）德籍军事顾问团对抗战建军基础之贡献**

国民政府军事委员会于1927年12月，正式敦聘德国将校任驻华军事顾问团，[③] 总顾问军阶层级由最初上校提升至中、上将；[④] 对华军事援助范围也不断提升，军事顾问团工作范围广泛，包括各种制度与组织之建立、政治经建、国防问题、参谋业务、陆军编练、作战建议、航空建设、兵工及兵器化学战品、医药卫生、测量教育等项；[⑤] 尤以总顾问对国民政府军事委员会委员长蒋介石之决策辅

---

① 宋启成：《卢沟桥事变前德国对华军援与影响》，《国防杂志》2010年第27卷第3期。

② 黄庆秋编纂：《德国驻华军事顾问团工作纪要》，台北：史政编译局1969年版，第89页。

③ 黄庆秋编纂：《德国驻华军事顾问团工作纪要》，台北：史政编译局1969年版，第16页。

④ 黄庆秋编纂：《德国驻华军事顾问团工作纪要》，台北：史政编译局1969年版，第16—17页。

⑤ 黄庆秋编纂：《德国驻华军事顾问团工作纪要》，台北：史政编译局1969年版，第28—88页。

弱影响力日巨,[①] 包括对抗战爆发前十年间,对苏区进行第五次围剿之"碉堡围攻"献策,[②] 迫使中国共产党展开两万五千里长征往陕北撤转。

历任总顾问及萨克特上将 (Hans von Seeckt) 均先后引进对中国建军备战之基础工业建设,[③] 与轻兵器及弹药兵工生产线,同时军购各型德制火炮及炮弹,[④] 其中我国汉阳、巩县等兵工厂以德国毛瑟 (Mauser) 枪厂为蓝图,在中国生产 7.92 毫米"中正式"步枪,成为抗战全程中国军队单兵个人主要武器装备;军事顾问协调向德国采购德军建制师炮兵火力骨干:$l$FH18 10.5 厘米轻野战榴弹炮与 $s$FH18 15 厘米重野战榴弹炮,后者对华项目生产规格译称"32 倍径 15 厘米榴炮"(简称"32 倍 15 榴")24 门,尔后因战况急需陆续引进德标准规 sFH – 18 15 厘米重野战榴弹炮,[⑤] 以上野战榴炮虽然数量有限,却是抗战全期射击效能优于日军同型火炮之主战装备。

总顾问塞克特上将呈《陆军改革建议书》(原名为《致蒋介石元帅之备忘录》,Denkschrift für Marshall Chiang Kai-Shek),提供明确建军方针;[⑥] 总顾问法肯豪森上将 (Alexander von Falkenhausen)[⑦] 于

---

[①] 《法肯豪森呈蒋中正整理陆军意见》,1935/11/16,台北"国史馆",典藏号:002 – 020200 – 00024 – 005,第 1 页。

[②] 《蒋中正电刘湘宣绥失陷令前方各部在原地构筑碉堡工事稳定阵线》,1933/10/27,台北"国史馆",典藏号:002 – 020200 – 00022 – 131,第 1 页。

[③] 《蒋中正电塞克特所拟中国工业计划书请代等已令各机关改良照办》,1935/03/05,台北"国史馆",典藏号:002 – 020200 – 00024 – 063,第 1 页。

[④] 《蒋中正电俞大维对克罗伯厂意见书评断先订购炮弹厂等器材并告价格》,1933/07/07,台北"国史馆",典藏号:002 – 020200 – 00024 – 054,第 1 页。《蒋中正电俞大维照克罗伯厂代办新厂数量先设小规模新厂试行》,1933/09/28,台北"国史馆",典藏号:002 – 020200 – 00024 – 057,第 1 页。

[⑤] 前者"32 倍 15 厘米重榴弹炮"列装于重炮第十团第一营。参加淞沪会战时部分于撤退时沉入江中,余迄抗战全程参与各重要会战及国共内战。江显之:《从野战战略论中、日淞沪会战两军之战略构想》,发表于《"抗日战史"学术研讨会论文集》,桃园"国防大学",2011 年,第 148 页。

[⑥] 黄庆秋编纂:《德国驻华军事顾问团工作纪要》,台北:史政编译局 1969 年版,第 32 页。

[⑦] 法肯豪森上将在当时之文档常译之"鹰屋",因德语 Falken 为鹰,Haus-en 为家屋之意。

1935 年 4 月依其在华工作与地缘战略之体验，及其曾派驻日本五年对日军了解之战略判断与预测，① 撰拟《应付时局对策》呈军事委员会，对军事委员会拟定抗战全程战略，选定西撤固守四川天险，作为抗战西南大后方根据地之启迪与战略决策影响甚深；② 法肯豪森上将亦依其《应付时局对策》之整体守势与防御作战构想，指导与监督京沪杭间之国防要塞阵地线营建，③ 以实践其防御计划；自抗战爆发1937 年 8 月淞沪会战迄 1938 年 3 月徐州会战，德籍军事顾问直接参赞戎机，④ 提供野战战略战役与会战指导，除将在华作战经验报告呈德国陆军总司令部，⑤ 由总顾问法肯豪森上将撰写所得各种作战经验提要呈蒋介石委员长。⑥ 以上均是由于中德两国外交关系，使中国军队于抗战初阶段具备"战略守势与战术攻势"军事战略制定与野战战略实践之基础。而得助于抗战初阶段之三个月宝贵时间，使长江沿岸以轻兵器与弹药之重要兵工生产线顺利西撤四川，徐州会战与武汉会战中国军队之野战战略决策，在达成所望时间即主动脱离转进，使日军无法捕歼中国军队主力于战场内，均是往后抗战全程使中国军队得以自力苦撑八年之重要基础。

## （三）中德外交关系之交涉与逆转

抗战时期中德外交关系之交涉与逆转，最终导致军事顾问团之撤

---

① 黄庆秋编纂：《德国驻华军事顾问团工作纪要》，台北：史政编译局 1969 年版，第56 页。

② 黄庆秋编纂：《德国驻华军事顾问团工作纪要》，台北：史政编译局 1969 年版，第56—61 页。

③ 《唐生智呈蒋中正敬复江阴至福山附近公路重炮兵阵地等工事进度》，1937/01/18，"国史馆"，典藏号：002 - 080102 - 00007 - 007，第 1 页。

④ 黄庆秋编纂：《德国驻华军事顾问团工作纪要》，台北：史政编译局 1969 年版，第69—74 页。

⑤ ［德］《德国赴华军事顾问关（八一三战役）呈德国陆军总司令部报告》（德国陆军档案编号 7 Abt le Gen St d. H. Nr. 129/39 1938. 8. Freiburg I. B. Bundesarchiv Militarearchiv），傅宝真译，《民国档案》1998 年 3 月。

⑥ 《法肯豪森呈蒋中正目前所得各种作战经验提要》，1938/01/26，台北"国史馆"，典藏号：002 - 020300 - 00004 - 015，第 1—9 页。

离中国，其中至关重要的是 1937 年中日全面战争爆发，德国宣布中立，① 8 月淞沪会战迄 12 月南京国都陷落之战略情势逆变，正值淞沪会战战事紧张之际，德国有出任调停之意，② 德国驻华大使陶德曼（Oskar Paul Trautmann）于 11 月初旬曾将日本所提之议和原则通知中国政府，其条件包括："中国政府放弃其祖共、反日、反满之政策并需与日满合作……"③ 以上当为中国政府所拒绝。同年 11 月 6 日德、日、意三国成立防共协议，④ 德国为谋解除日本侵华军事之困境，陶德曼大使复于 12 月下旬将以上日本所提根本条件再度提出，当再被中国政府所拒绝，至是德大使调停终告失败，而德国外交部以里宾特洛甫（Joachim von Ribbentrop）之亲日派因而得势遂变更对华政策。

1938 年 2 月 20 日，希特勒在国会演说除攻击国联外，并宣告德国将承认"满洲国"，称之抛弃过去不可解之幻想而遵重现实。⑤ 3 月间德国停止接受赴德受训之军事人员；⑥ 4 月下旬英、法报载"德国将召回已退伍之在国外服务军官"⑦。德国外交部次长向中国驻德大使程天放宣称："德国对中、日战争采完全中立之态度，为免此时德国顾问在华服务有偏袒一方之嫌疑，故甚愿其离开中国，因彼此非现役军人无下令之必要。" 1938 年 5 月 24 日陶德曼大使为召回事复至中国外交部访晤王部长，其谈话内容略以："德元首现决定中、日战

---

① 黄庆秋编纂：《德国驻华军事顾问团工作纪要》，台北：史政编译局 1969 年版，第 89 页。

② 黄庆秋编纂：《德国驻华军事顾问团工作纪要》，台北：史政编译局 1969 年版，第 89 页。

③ 黄庆秋编纂：《德国驻华军事顾问团工作纪要》，台北：史政编译局 1969 年版，第 89 页。

④ 黄庆秋编纂：《德国驻华军事顾问团工作纪要》，台北：史政编译局 1969 年版，第 89 页。

⑤ 黄庆秋编纂：《德国驻华军事顾问团工作纪要》，台北：史政编译局 1969 年版，第 89 页。

⑥ 黄庆秋编纂：《德国驻华军事顾问团工作纪要》，台北：史政编译局 1969 年版，第 89 页。

⑦ 黄庆秋编纂：《德国驻华军事顾问团工作纪要》，台北：史政编译局 1969 年版，第 90 页。

事绝对守中立，其盼贵政府允许德顾问解除契约，准其一律回国，以为万一苏联共产实行侵略，德国与日本实有共同利益之情势，德对委员长及中国政府近年来建设事业及反共产之成绩表示敬佩。"① 由于当时国际报章传媒多宣传德籍顾问帮助中国政府作战，德政府经详细考虑所订之中立方针不易改变，而由于战事发展德方之中立态度无异明显表示祖日。② 6 月 21 日陶德曼大使以接奉其外交部部长撤回其顾问团电转幸总顾问法肯豪森，原电摘录要点：

（一）留华全体德籍顾问凡职务未停者一律立即停止，并尽速离华。

（二）不遵元首训令办理者，即认为公然叛国，当即予取国籍与没收财产处分。

国民政府鉴于德国政府态度如此坚决，对于德籍顾问遂不予强留，7 月 5 日德国政府正式下令撤退军事顾问团，法肯豪森率团员返国。③ 迄 1939 年 9 月德国入侵波兰，中德邦交在亲华人士策动下渐见改善，除秘密供给军械外，并有如莱谢劳将军（Walther von Reichenau）等以私人身份应聘来华继续襄助建军工作，④ 1940 年 7 月，中国政府为加强中、德军事关系复加派桂永清将军为驻德武官，以广军事之肆应，迄中德邦交再度逆转终至断绝。⑤

---

① 黄庆秋编纂：《德国驻华军事顾问团工作纪要》，台北：史政编译局 1969 年版，第 90 页。

② 黄庆秋编纂：《德国驻华军事顾问团工作纪要》，台北：史政编译局 1969 年版，第 92 页。

③ 黄庆秋编纂：《德国驻华军事顾问团工作纪要》，台北：史政编译局 1969 年版，第 93 页。

④ 黄庆秋编纂：《德国驻华军事顾问团工作纪要》，台北：史政编译局 1969 年版，第 93—94 页。

⑤ 黄庆秋编纂：《德国驻华军事顾问团工作纪要》，台北：史政编译局 1969 年版，第 94 页。

### （四）"战略守势及战术攻势"阶段之野战战略实践

"战略守势及战术攻势"军事战略阶段之野战战略战役与会战实践，首以 1937 年 8 月淞沪会战，国民政府以中央军精锐于上海的日本租界为攻击目标，借以引起国际关注日本侵华事实为主动布局，会战使日军急速由本土向上海增兵应援，中国军队于本会战陆续投入七十余个师兵力，初期中、日两军对峙拉锯于两军接触战线，战况发展迄日军于杭州湾北岸金山卫登陆，由侧翼截断中国军队退路而逆转，中国军队沿长江南岸由东向西撤导致南京保卫战，原来京畿外围由德籍顾问指导经营之国防工事，因西撤战况急转与工事管理权责不周等诸因素，各线国防阵地未能有效迟滞阻碍日军西进向京畿之攻势，最终造成南京国都于 12 月陷落。

中国军队为改变不利态势遂主动诱敌北上，1938 年 2 月沿津浦铁路南下与自南京北上两路日军会合，企图攻占徐州，遂启动徐州会战，中国军队为阻止日军贯通津浦铁路，遂于 3 月 23 日至 4 月 6 日于徐州东北 30 千米台儿庄围歼进犯日军，为抗战以来首次大捷。嗣后日军改变作战轴线，溯长江由东向西进犯武汉，是为武汉会战，中日两军鏖战长达 5 个月后，中国军队主动自武汉转进。之后日军封锁我国沿海港口，抗战初期作战遂告结束。本阶段之野战战略实践，由淞沪会战、徐州会战至武汉会战，其最大功效是最终导致日军原来由南向北战略由轴线转为由东向西，将日军于卢沟桥事变以前，长期重兵经营华北，可沿平汉铁路轻易直取攻略中国地理中心武汉，再沿粤汉铁路南下直取广州，由北向南之战略轴线用兵优势，被前述诸会战转为由上海、南京、徐州、武汉自东向西之战略轴线，为本"战略守势及战术攻势"最重要之阶段成效，亦可定位为中德外交与抗战前十年整军经武基础所赋予实践"战略守势及战术攻势"之能力。

本阶段中国战区之战役会战，根据当时中国对日本军方自述之情

报，日军迄 1938 年 4 月徐州会战后，在华作战兵力已高达 60 万人，[①]
显示在第二次世界大战尚未爆发前，中国军队已将日军大量主战兵力
牵制于中国战场，足以彰显对尔后大战全局之影响与贡献。

## 三 抗战中期战略相持阶段中苏、中法、中英、中美外交关系与对华军援

### （一）补给线与战时外交

1938 年 11 月武汉会战结束，中国抗日战争由于军事作战与外交
处境不利导致军事外援减少，抗战转入时间最长之"战略相持"阶
段，国民政府军事委员会与日本大本营均意识战争已由原先日本所期
望之速决演变成持久之局面。当时整体战略形势中国军队主力部署平
汉、粤汉铁路以西，广州与武汉相继落入日军手中，国民政府及统帅
部迁都重庆；[②] 华北及华中大部地区，武汉以下之长江沿岸各重要城
市均先后被日军占领。日军自武汉会战后，将速战速决战略改为长期
持久，企图逐次消耗中国军队战力，迫使中国屈服。外交情势正值日
本对德关系因德、意、日三国于 1937 年 11 月 6 日签订防共协定而相
对紧密，[③] 中德外交关系因德国外交部亲日派政策而进入低潮，日方
施压德国不准军备武器输出中国。

"战略相持"阶段日本大本营决定暂时停止大规模的战略攻势，
将主要兵力用于确保与巩固已占领地域，消灭敌后游击武力，掠夺中
国资源，实行以战养战，以应付长期战争；日军大本营为实现解决中

---

① 《王芃生呈蒋中正日军现在华兵力约六十余万人之部署》，1938/04/13，台北"国
史馆"，典藏号：002-020300-00002-019，第 1 页。
② ［日］防卫厅防卫研修所战史室：《缅甸攻略作战》，曾清贵译，台北：史政编译
局 1997 年版，第 1 页。
③ 黄庆秋编纂：《德国驻华军事顾问团工作纪要》，台北：史政编译局 1969 年版，第
89 页。

国事变之目的，日军应竭力截断中国国际补给线，须尽力截断法属中南半岛、缅甸及香港通往中国西南大后方之各补给线及出海口，以断绝由国外输入之援华军需，逼迫国民政府屈服，① 亦为日军对该等地区用兵之主要企图。依据日军判断：向四川内陆撤退之国民政府，借由下列补给线争取列国之军援，以图恢复战力，号召进行彻底抗战。② 各补给线与国民政府战时外交处境适适关联。

1. 香港路线或私运路线：以香港为中心，经由华中及华南沿岸各地，向各内陆运送之路线。日军虽加强海、空封锁，无数帆船活跃于华中、华南沿南，各地形成对内陆之渗透路线，且不能插手英属香港事务，估计香港路线运输量甚大。

2. 西北路线或"红色"路线：经由甘肃及新疆，与苏联连接之路线。因沿途属横贯不毛旷野之汽车运输道路，故判断其运输量微足道。

3. 法属中南半岛路线：连接越南海防与昆明之路线。有以海防为起点之滇越铁路及沿线滇越公路分别抵达云南昆明，另有以海防与先安（位于海防东北约 100 千米海岸）为起点，通往中国广西南宁，两条路线在援华之补给线中判断属运输量最大者。③

4. 缅甸路线或滇缅公路：以仰光为起点，经由曼德勒至腊戍为铁路，之后以公路经由辨陵、保山及大理通往昆明之路线。按此路线从铁路终点之腊戍，横贯云南省险阻之山径至昆明，全程达 1232 千米以上，以汽车补给路线为主体。④

1939 年 6 月下旬华南沿岸广东汕头港与浙江定海、镇江要塞先后

---

① ［日］防卫厅防卫研修所战史室编：《缅甸攻略作战》，曾清贵译，台北：史政编译局 1997 年版，第 4 页。

② ［日］防卫厅防卫研修所战史室编：《缅甸攻略作战》，曾清贵译，台北：史政编译局 1997 年版，第 1 页。

③ ［日］防卫厅防卫研修所战史室编：《缅甸攻略作战》，曾清贵译，台北：史政编译局 1997 年版，第 3 页。

④ ［日］防卫厅防卫研修所战史室编：《缅甸攻略作战》，曾清贵译，台北：史政编译局 1997 年版，第 4 页。

遭日军登陆攻占,[①] 其目的为截封华南地区通往西南大后方补给线之出海口。"战略相持"阶段外交关系影响军事战略实践者,以中苏外交之军援弥补中德断交及军援中断之间隙至为重要;中法外交关运用于法属安南(越南)北部海防港接谅山中越铁路补给线,向西南大后方输入军需物资,及法国军事顾问对华之军事合作;中英外交关系斡旋重点,于抗战爆发初期日军尚未攻占华南地区及占领香港,运用以香港为外援物资进口,[②] 1942年3月中国远征军入缅作战之中英外交斡旋;中美外交关之帮助则系始于1941年12月日本袭击美太平洋海军基地珍珠港后,中国被纳入《租借法案》,唯迄抗战后期中国只能获得极其有限之援华军事物资。

表1　　　　　　日本大本营对外国援华军需各补给路线吨位判断

| 路线名称 | 欧洲大战爆发前 | 1940 年 6 月 |
|---|---|---|
| 西北路线 | 200 吨 | 500 吨 |
| 香港路线 | / | 6000 吨 |
| 法属印度支那路线 | 12500 吨 | 15000 吨 |
| 缅甸路线 | 2000 吨 | 10000 吨 |

资料来源:[日]防卫厅防卫研修所战史室编《缅甸攻略作战》,曾清贵译,台北:史政编译局1997年版,第4页。

### (二)中苏外交与军事援助

中苏外交关系与军事援助获得,始于国父孙中山之"联俄容共"

---

① 《张治中呈蒋中正闻日军二十一日晨在汕头登陆十九日于南鹏岛登陆》,1939/06/21,台北"国史馆",典藏号:002 - 020300 - 00002 - 053,第1页。《张治中呈蒋中正日军于二十三日在定海登陆及敌机轰炸镇海炮台》,1939/06/24,台北"国史馆",典藏号:002 - 020300 - 00002 - 054,第1页。

② [日]防卫厅防卫研修所战史室编:《缅甸攻略作战》,曾清贵译,台北:史政编译局1997年版,第1—4页。

政策，中苏关系历经苏联承认外蒙独立事件后断交，迄 1932 年中苏复交。① 抗战期间之中苏外交关系，以 1937 年 7 月卢沟桥事变爆发翌日，8 日中国驻苏联大使王宠惠呈蒋介石意见书，对于苏俄提议共同预防外患之步骤三项：②

> 1. 以中国政府名义邀太平洋各关系国开一国际会议，商订集合互助协议，苏联方面允许于接到邀请后，即正式通知愿意参加，如有第三国之一或数国赞成，即可进行，否则
> 2. 中苏订立互不侵犯协定。
> 3. 中苏订立互助协定。

国民政府对以上三项之发起名义与顺序有所探讨，唯迫于当时情势环境最终虽未能完全落实，中、苏两国仍于 1937 年 8 月由国民政府代表王宠惠与苏俄代表鲍格莫洛夫，共同签订"中苏互不侵犯条约"；③ 继淞沪会战后期状况发展不利，正值南京危在旦夕，11 月 18 日据国民政府驻俄代表张冲电伏罗希洛夫嘱转呈蒋介石：如中国抗战到生死关头时俄当出兵，并答允苏联将继续接济维护飞机、重炮、坦克、汽油等军需装备；④ 11 月 30 日蒋介石电蒋廷黻、杨杰，请苏联伏罗希洛夫转斯大林，中苏利害与共休戚相关，探询苏联有无可能出兵以牵制驻华日军之关切，⑤ 12 月斯大林电复申述苏俄不能对日出兵之理由：⑥ 1938

---

① 《蒋中正函罗文干进行对苏俄复交方针既定小节可不拘》，1932/09/20，台北"国史馆"，典藏号：002 - 020200 - 00032 - 052，第 1 页。
② 《王宠惠呈蒋中正意见书对于苏俄提议共同预防外患之步骤三项号》，1937/07/08，台北"国史馆"，典藏号：002 - 020300 - 00042 - 001，第 1 页。
③ 《国民政府代表王宠惠与苏俄代表鲍格莫洛夫签订中苏互不侵犯条约》，1937/08/21，台北"国史馆"，典藏号：002 - 020300 - 00042 - 002，第 1 页。
④ 《电蒋中正据伏罗希洛夫嘱转呈如中国抗战到生死关头时俄当出兵》，1937/11/18，台北"国史馆"，典藏号：002 - 020300 - 00042 - 007，第 1 页。
⑤ 《件蒋中正电蒋廷黻杨杰请伏罗希洛夫转斯大林中苏利害与共休戚相关》，1937/11/30，台北"国史馆"，典藏号：002 - 020300 - 00042 - 009，第 1 页。
⑥ 《斯大林电蒋中正申述苏俄不能对日出兵之理由》，1937/12/00，台北"国史馆"，典藏号：002 - 020300 - 00042 - 011，第 1—3 页。

年 5 月复电告蒋介石苏俄决在可能范围内助华。[①] 随抗战之情势发展趋于严峻，斯大林于翌年 1939 年 6 月转告蒋介石，国共双方应予合作。[②]

中苏战时之军火货物交换，以 1937 年至 1940 年最为活络，其间军火货物交换类似抗战前中德外交关系以矿易物之模式，多采以中国战略矿产资源易换苏联军事物资；[③] 迄 1941 年 3 月 21 日向苏俄订购第四批"即最后之一批"军械，[④] 6 月 22 日德国对苏联展开"巴巴洛萨"作战（德语：Unternehmen Barbarossa）攻苏，苏联此际本身已无暇东顾，遂结束苏联对华之军火货物交换。苏联对华军火货物交换之主要品项：以各型飞机、轻型坦克、步兵轻重兵器与弹药、汽油之相关军品与维护物资为最主要大宗，[⑤] 对于弥补 1938 年后德国军需物资之逐渐缩减，与空军战力之主要骨干形成，[⑥] 两者对抗战中国军队建军备战影响与贡献最大；军火货物交换之补给线，以运用前节西北路线之汽车运输，[⑦] 海运经香港路线，[⑧] 及法属印度支那路线需与法国

---

① 《杨杰电蒋中正据称苏俄决在可能范围内助华》，1938/05/11，台北"国史馆"，典藏号：002 - 020300 - 00042 - 014，第 1 页。

② 《孙科电蒋中正据告斯大林亲告希望国共之间团结日固》，1939/06/24，台北"国史馆"，典藏号：002 - 020300 - 00042 - 028，第 1 页。

③ 《宋子文电蒋中正速起运允给苏俄之矿物及指定五亿元借款谈判地点》，1938/03/30，台北"国史馆"，典藏号：002 - 020300 - 00043 - 036，第 1 页。

④ 《何应钦呈蒋中正向苏俄订购第四批"即最后之一批"军械情形》，1941/03/28，台北"国史馆"，典藏号：002 - 020300 - 00043 - 100，第 1 页。

⑤ 《杨杰张三电蒋中正两批飞机二百余架准备起运情形及坦克车等商妥待运》，1937/09/14，台北"国史馆"，典藏号：002 - 020300 - 00043 - 003，第 1 页。

⑥ 《蒋中正电杨杰张三此间待驱逐机最急希月底前派驱逐机五六十架到兰州》，1937/09/16，台北"国史馆"，典藏号：002 - 020300 - 00043 - 004，第 1 页。《蒋中正电杨杰张三再订驱逐机一百五十架重轰炸机三十架》，1937/09/20，台北"国史馆"，典藏号：002 - 020300 - 00043 - 007，第 1 页。《杨杰电蒋中正向苏俄洽商驱逐机二十一日运十六架余借轰炸机续运兰州》，台北"国史馆"，典藏号：002 - 020300 - 00043 - 008，1937/09/20—1937/09/20，页 1。

⑦ 国史馆档案史料文物查询系统，《杨杰张三电蒋中正两批飞机二百余架准备起运情形及坦克车等商妥待运》，1937/09/14，台北"国史馆"，典藏号：002 - 020300 - 00043 - 003，第 1 页。

⑧ 《蒋中正电杨杰飞机与野榴炮弹务力催伏罗希洛夫提前直运香港起卸》，1938/06/12，台北"国史馆"，典藏号：002 - 020300 - 00043 - 052，第 1 页。

多所外交斡旋,① 三条补给线对苏联军品援华均具重要意义。

苏联军火货物交换援华期间,由于装备之操作与相关技术之转移,尤其航空与各型飞机之操作,苏联亦有派遣驻华军事顾问团,② 且亦有苏籍飞行员来华任航空技术指导与志愿飞行员,③ 陆军唯一机械化军第五军装甲兵团列装苏制 T–26 轻坦克,④ 亦有苏籍顾问派遣至该部队,苏制装备对中国军队抗战前、中期之军事战略制定与野战战略实践贡献颇巨。

### (三)中法外交与军事援助

中法于抗战时外交关系,主要是以借道安南运输物资,军需品接济与商谈中法军事合作。⑤ 在"战略相持"阶段则以 1938 年至 1939 年至为重要,其间对抗战其中至具价值者,是以借道安南运输物资,与法国外交斡旋法属中南半岛安南北部海防港为出海口,借由中越铁路至中国云南之补给线,主要运送来自苏联外援军事装备物资,进入中国西南大后方,⑥ 其间法国政府屡考虑日本南进威胁之影响,⑦ 对苏联货物经越运输事之态度屡次反复,⑧ 形成中法外交斡旋交涉之重

---

① 《蒋中正电宋子文苏俄军械来华拟假道安南运华请电李煜瀛与法交涉》,1937/09/17,台北"国史馆",典藏号:002–020300–00043–006,第 1 页。

② 《蒋中正电杨杰苏俄可否派一得力总顾问如嘉伦者来华协助》,1938/06/02,台北"国史馆",典藏号:002–020300–00042–015,第 1 页。

③ 《蒋中正电杨杰订购飞机陆续到华向苏俄洽商加派驱逐轰炸飞行人员》,1938/01/03,台北"国史馆",典藏号:002–020300–00043–018,第 1 页。《蒋中正电杨杰第一批驱逐机一百架请特商至少要请苏俄派员接飞五十架》,1938/08/18,台北"国史馆",典藏号:002–020300–00043–068,第 1 页。

④ 我国抗战期间进口苏制 T–26 轻坦克 62 辆,列装装甲兵团于 1939 年 12 月 31 日攻击广西昆仑关大捷。

⑤ 黄庆秋编纂:《德国驻华军事顾问团工作纪要》,台北:史政编译局 1969 年版,第 6—7 页。

⑥ 《蒋中正电宋子文苏俄军货来华拟假道安南电李煜瀛与法国政府交涉》,1937/09/17,台北"国史馆",典藏号:002–020300–00045–001,第 1 页。

⑦ 黄庆秋编纂:《德国驻华军事顾问团工作纪要》,台北:史政编译局 1969 年版,第 6 页。

⑧ 《顾维钧电孔祥熙法国对苏货经越运输事屡次反复原因》,1939/03/31,台北"国史馆",典藏号:002–020300–00045–041,第 1 页。

点。在军需品接济方面法国在抗战爆发前，主以安南与中国西南之地缘关系，滇军装备曾受法国军事顾问之影响，自卢沟桥事变发生后，法国关系纯以九国公约与英、美对华态度为立场，[①] 其始对我抗战颇表同情，至后因其本土受德国威胁，无暇东顾，乃与日本进行妥协，但其间亦有若干物资援助，如轻重兵器、地瓦丁等轻型飞机之援助，虽数量不多，但对抗战初期德国军援逐渐减少，法方之军需品接济亦不无帮助。[②]

自 1938 年 3 月德国与奥地利合并，欧洲局势趋于紧张，法国本土备战甚急，对于远东方面已感无力兼顾，唯中国鉴于日本终必南进，中、法两国应行互助合作者甚多，乃令驻法使节商讨中、法合作事宜，同时我第四战区副令司长官余汉谋将军亦与法国驻越军事人员协商合作，以防止日军攻占海南岛，而日军亦确于 1939 年 2 月攻占海南岛。[③] 同年 3 月德国并吞捷克，蒋介石委员长鉴于欧洲若发生战事，日本必攻安南之预判，急电杨杰大使嘱其转询法国当局，应否由中、法两国预定一共同作战计划，5 月中旬杨大使电复呈蒋介石中、法军事协议草约，[④] 因法方所提条件不甚合理，遂无结果。[⑤] 迄 1940 年 5 月德国对西欧法国、比利斯、荷兰发动西方战役（德语：Westfeldzug），法国遭德占领仅剩与德妥协成立之南部维基政府，虽继续掌控海外殖民地，唯其对外政策已配合轴心国之要求，日军于 1940 年 9 月 22 日出兵占

---

① 黄庆秋编纂：《德国驻华军事顾问团工作纪要》，台北：史政编译局 1969 年版，第 6 页。

② 黄庆秋编纂：《德国驻华军事顾问团工作纪要》，台北：史政编译局 1969 年版，第 7 页。

③ 《余汉谋呈蒋中正有关颜继金与法国格莱尔为琼越合作事商谈情形》，1938/04/22，台北"国史馆"，典藏号：002－020300－00045－014，第 1 页。《余汉谋呈蒋中正有关颜继金与法国格莱尔为琼越合作事商谈情形》，1939/05/21，台北"国史馆"，典藏号：002－020300－00045－015，第 1 页。黄庆秋编纂：《德国驻华军事顾问团工作纪要》，台北：史政编译局 1969 年版，第 7 页。

④ 《王世杰呈蒋中正中法军事协定草约意见》，1939/05/25，台北"国史馆"，典藏号：002－020300－00045－044，第 1 页。

⑤ 黄庆秋编纂：《德国驻华军事顾问团工作纪要》，台北：史政编译局 1969 年版，第 8 页。

领维基法国所控制之法属印度支那，旨在封锁前述中国对外出海口与补给线，同时延续尔后对华实施桂南会战之作用。

### （四）中英美外交与军事援助

"战略相持"阶段中国与美国外交关系趋于紧密，始于 1941 年 12 月 7 日日本袭击美国驻太平洋海军基地珍珠港后而趋于密切，日本于翌日 12 月 8 日同时对英国远东各殖民地香港、马来西亚、缅甸等地同时发动攻势，中国国民政府 12 月 9 日借此时机正式对日本宣战，① 蒋介石通电全国各战区将领国民政府已对日本正式宣战，同时并对德、意宣战，② 并宣布德、意、日三国同盟扩大侵略行动，中国决定废止中德、中意条约；③ 美国国会亦于此时通过对华《租借法案》（*Lend-Lease Program*），于 1942 年 4 月正式纳入，④ 唯此刻只是法律上而非实际军援获得之时间始点，事实亦并未如期获得实际所需战争物资与军援。自日军于偷袭珍珠港翌日自暹罗（泰国）对缅甸发动攻势且英军节节失利之同时，中国早有规划确保缅甸公路由仰光至中国西南之出海口，⑤ 并向英国提出派兵入缅参战解围之意愿，唯英国则多疑考虑中国势力进入缅甸而迟疑未决，延至 1942 年 3 月英军战略态势极不利时始行答允，中国远征军遂以当时中国军队唯一机械化军与战略预备队之第五军为主力，第一次自力入缅作战以解英军之围，唯此时已错失入缅参战之最佳时机，最初虽经同古会战大捷，终因入缅战机延误与战略态势不利

---

① 《国民政府发表对日本宣战布告》，1941/12/09，台北"国史馆"，典藏号：002 - 020300 - 00004 - 077，第 1 页。

② 《蒋中正电全国各战区将领国民政府已对日本正式宣战同时并对德义宣战》，1941/12/09，台北"国史馆"，典藏号：002 - 020300 - 00004 - 078，第 1 页。

③ 《国民政府宣布德义日三国同盟扩大侵略行动中国决定废止中德中义条约》，1941/12/09，台北"国史馆"，典藏号：002 - 020300 - 00044 - 088，第 1 页。

④ 租借法案（Lend-Lease Program）是美国国会在第二次世界大战初期通过之一项法案，目的是在美国不卷入战争同时，为参战同盟国提供战争物资。

⑤ 《桂永清电蒋中正德负责人言日敌将进占暹罗以断缅甸公路》，1941/10/29，台北"国史馆"，典藏号：002 - 020300 - 00044 - 088，第 1 页。

结束第一次入缅作战，中缅公路补给线仰光出海口亦因之遭日军占领封锁，远征军主力由第五军军长杜聿明中将率领经野人山撤返国门，沿途因山瘴与地形阻隔造成撤退官兵重大伤亡，一部则由孙立人将军指挥撤退进入印度，随后整编成立中国驻印军就地接受美国军援进行整训。

美国成立中缅印战区（China Bruma India Threater，CBI），1943 年 3 月美国派遣第 14 航空队至中国作战，在陈纳德（C. L. Chennault）将军建议下，我国空军与美国陆军航空队于 10 月组成中美混合团。前述中国驻印军成立及整训，与中美混合团两者成立时间，为《租借法案》实际援华军事物资获得之始点，亦为亘抗战全程接受美援之最主要大宗。迄 1944 年 3 月，《租借法案》援华所占比例，仅占全案 1.8%，至 1945 年 8 月抗战胜利，仅占全案 6%，美国给予中国援助其至远不及未正式参战之巴西约占 11%，全案实际受惠最大者是英国约 72%，苏联次之，而中国境内牵制日军 100 多万地面主战兵力之本土中国军队，迄抗战结束所获美援物资，其实微乎其微！亘抗战全程，中国实际是以抗战前十年所建立之薄弱国防基础苦撑至抗战胜利。

## （五）"战略相持"阶段之野战战略实践

"战略相持"阶段之野战战略战役与会战实践，自 1938 年年底迄 1944 年止，中国军队于中缅印战区继续实行持久战略，连续发动有限度之攻势与反击，以牵制、消耗日军。其间进行南昌会战、两次长沙会战、桂南会战、晋南会战等，及 1939 年由中国军队主动发起之冬季攻势。1939 年 12 月 31 日，中国军队于桂南昆仑关歼灭日军 1 个师团，缔造名扬中外之昆仑关大捷；1941 年 12 月下旬，日军为策应华南作战，防止中国军队反攻，发动第三次长沙会战；1942 年 3 月，缅甸英军战略态势极不利，中国远征军遂第一次自力入缅作战以解英军之围；1944 年春，日军在太平洋战场上接连失利，遂企图打通中国战区南北交通线平汉及粤汉铁路，以早日结束对华战事，使能转移运用兵力于太平洋战场，日军数十万员大举进犯河南、湖北、湖南、广西，中国军队在湖南衡阳保卫战中坚守47天歼敌甚众；1944年12月上旬，日军袭占贵州独山，在中国军队积极反攻下速将日军击退，自此日军已无力再对我发动大规模攻势。根据日方动员数据引证，日军为应对逐渐扩大深入与相持胶着之战线，已动员高达100万兵员投入中国战场，"战略相持"阶段自1938年年底至1943年长达六年时间，对第二次世界大战全局言，中国战区军民之牺牲，几以自身有限力量，有效牵制日军原可转用于北进攻苏与南进太平洋战区之地面主战兵力，足以彰显中国战区对大战全局之全般贡献与影响。

## 四 抗战后期西南战略反攻阶段与 美援装备之陆续获得

### （一）抗战后期中美关系与战略反攻计划

抗战后期西南"战略反攻"阶段军事战略制定之时间与空间，根植于战时中美关系，中缅国际补给线之开通及有限军事援助抵华等要素。有鉴英、美向来以欧洲战场击败德国为先之考虑，1943年12月，美国总统罗斯福总统向蒋介石征询，对德战争需要充分舰艇以渡海，有关缅甸反攻是否依照计划进行或展延，[①] 而此前于8月间英、美对缅北反攻之作战计划，对国民政府似仍有防范顾虑之态度。[②]

1944年4月，日军在太平洋战场战况不断恶化，于此局势之下，日军仍对中国发动大规模"一号作战"（或称"大陆打通作战"），作战目的在于打通京汉、粤汉及粤桂铁路与占领美国在华西南部之空军基地，[③] 是役日军以中国派遣军8成约50万人（20个师

---

① 《罗斯福电蒋中正对德战争需要能有充分舰艇是否依照计划进行或展延》，1943/12/07，台北"国史馆"，典藏号：002 – 020300 – 00018 – 020，第1页。

② 《宋子文电蒋中正关于罗斯福丘吉尔攻日计划不明了英美攻缅北而中国不能参加》，1943/08/19，台北"国史馆"，典藏号：002 – 020300 – 00018 – 004，第1页。

③ ［日］防卫厅防卫研所战史室：《第六方面军作战》［昭和二十年的支那派遣军（一）］，利瓦伊之译，台北：史政编译局1987年版，第1页。

团）兵力，约 10 万匹马、汽车约 1.5 万辆、各型火炮约 1500 门，主要沿湘桂黔铁路取攻势，作战地境自河南黄河边经湖南至广东、印度支那国境，纵贯约 1500 千米，是日本陆军史上投入最大规模兵力之作战。[①] 1944 年 6 月 19 日在日军"一号作战"攻势下先攻陷长沙，8 月 8 日夺取衡阳，10 月 10 日及 11 日攻陷桂林与柳州两处驻华美国航空队最大基地，[②] 该作战迄 1945 年 2 月结束，已对西南地区中国军队造成严重打击。

1944 年 10 月 24 日，与中国战区最高统帅蒋介石屡次冲突的中国战区参谋长史迪威（Joseph W. Stilwell）遭撤换，由东南亚战区副参谋长魏德迈（Albert C. Wedemeyer）接替，并将原中缅印战区一分为二分成两个战区——印缅战区与中国战区，分别由索尔登中将（Daniel I. Sultan）及魏德迈少将担任指挥官。[③] 魏德迈接任史迪威出任盟军中国战区参谋长，兼任美军中国战区指挥官，[④] 上任后创设中美联席会议，每周举行会报一次，由中、美相关人员出席相互交换意见，共谋解决问题，建立在华美军有效机制，与中国领导人建立互信并提供诤言，中美关系明显获致改善。[⑤]

1945 年年初日军一号作战结束之际，中国军队积极筹划反攻，同年 2 月军令部拟订"中国陆军作战计划大纲"，策定中国军队于盟

---

① 苏圣雄：《抗战末期国军的反攻（1945）》，台北《"国史馆"馆刊》2017 年第 51 期。https：//www. drnh. gov. tw/var/file/3/1003/img/10/447164805. pdf（检索日期：2020 - 06 - 09）。

② ［日］防卫厅防卫研修所战史室：《第六方面军作战》［昭和二十年の支那派遣军（一）］，利瓦伊之译，台北：史政编译局 1987 年版，第 1 页。

③ 《罗斯福电蒋中正业已解除史迪威职务及前中缅印战区分为二个战区》，1944/10/25，台北"国史馆"，典藏号：002 - 020300 - 00018 - 043，第 1 页。

④ 美军中国战区与盟军中国战区的英文皆为 China Theater，唯二者内涵不同。盟军中国战区系 1942 年成立，以蒋介石为最高统帅，范围包括中国、泰国与印度支那；美军中国战场于 1944 年 10 月成立，魏德迈任总司令，他以盟军中国战区参谋长身份，受蒋介石节制。任东来：《1941—1949 年美国在中国的军事机构及其沿革》，收入陶文钊、杜瑞清、王旭主编《中美关系与东亚国际格局》，中国社会科学出版社 2003 年版，第 174—175 页。

⑤ 苏圣雄：《抗战末期国军的反攻（1945）》，台北《"国史馆"馆刊》2017 年第 51 期。https：//www. drnh. gov. tw/var/file/3/1003/img/10/447164805. pdf（检索日期：2020 - 06 - 09）。

军登陆中国东南沿海的同时，向桂湘粤转取攻势，[①] 同时美军助中国军队策定中国战区总反攻计划，代名"冰人"及"白塔"（白他）[②]。7 月初，依据中国战区总反攻计划，陆军总司令部及美军在华将领麦克鲁（Robert B. McClure，又译麦克鲁尔）各提出反攻广州计划一案。经讨论决定采用陆军总司令部之案，并参考麦克鲁的意见作修改。[③] 鉴于日军"一号作战"攻势可能攻略昆明，形势严峻，遂提案集中中国军队精锐，首先确保昆明地区，次则保护重庆地区，是为"阿尔发"（ALPHA）计划。该计划区分两个阶段，第一阶段中国军队迟滞日军攻势，美国空军提供空中支持、美国军官至中国军队师级单位担任联系及参谋工作。第二阶段中国军队集中昆明，驻印军运回支持。[④] 为实行"阿尔发"计划，拟由美军提供武器与作战物资装备中国军队，1945 年 1 月中旬，魏德迈建议中国只要有 50 个师即可足用，他表示已要求华盛顿照此装备。[⑤] 尔后美军建议中国军队新装备 36 个师，每师 1 万人，再加直属部队共 50 万，经过整顿训练，6—8 个月可发动攻势直取广州，与登陆之美军会合。[⑥] 36 个师数目确定前后，美军与中国陆军总司令部不断讨论应装备美械之军师番号。[⑦] 该批中国军队后来加上中国驻印军（新一军）3 个师，总计 13 个军 39

---

① 《中国陆军作战计划大纲》（1945 年 2 月 12 日），收入中国第二历史档案馆编《抗日战争正面战场》上册，凤凰出版社 2005 年版，第 167—168 页。转引自苏圣雄《抗战末期国军的反攻（1945）》，台北《"国史馆"馆刊》2017 年第 51 期。https://www.drnh.gov.tw/var/file/3/1003/img/10/447164805.pdf（检索日期：2020 - 06 - 09）。

② 何应钦编：《八年抗战》，台北：史政编译局 1982 年版，第 261—262 页。

③ 《何应钦致蒋介石报告》（1945 年 7 月 18 日），收入中国第二历史档案馆编，《抗日战争正面战场》上册，第 167—168 页。

④ Albert Wedemeyer, "Memorandum for Chiang Kai-shek" (December 9, 1945), Albert C. Wedemeyer Papers, Box 84, Folder 5, Hoover Institution Archives, Stanford University. 转引自苏圣雄《抗战末期国军的反攻（1945）》，台北《"国史馆"馆刊》2017 年第 51 期。https://www.drnh.gov.tw/var/file/3/1003/img/10/447164805.pdf（检索日期：2020 - 06 - 09）。

⑤ "中研院"近代史所编：《徐永昌日记》第 8 册，1945 年 1 月 10 日，第 6 页。

⑥ "中研院"近代史所编：《徐永昌日记》第 8 册，1945 年 1 月 12、29 日，第 7、15—16 页。

⑦ 《陈诚呈蒋中正报告》，1945 年 1 月，台北"国史馆"，典藏号：002 - 020300 - 00007 - 114；《魏德迈呈蒋中正备忘录》1945 年 1 月 31 日，典藏号：002 - 020300 - 00007 - 117。

个师，全数由陆军总司令部管辖，因系配合"阿尔发"计划而建立，又称作"阿尔发"部队（ALPHA Forces）或"阿尔发师"（ALPHA Divisions）。①

### （二）战略反攻阶段之野战战略实践

1945 年年初，蒋介石在日记"民国三十四年大事年表"提及"本年中心工作与目标"有"三十六个师整补完成，六月以前反攻准备完毕""华南、华中全区之克复"，又记："军事目标：甲、第一期收复南宁与柳州（六月）；乙、第二期收复香港、广韶，占领广州湾与香港海口（十月）；丙、第三期收复衡阳、长沙、岳阳与武汉、宜昌（十二月），并收复台湾。"复于"本月大事预定表"记道："军事第一，积极训练青年远征军与整补中央军五十个师之计划，准备反攻。"②

"战略反攻"阶段之野战战略战役与会战实践，战略布局其实始于 1944 年年初之反攻缅北作战，旨在打通中印公路之补给线。中国远征军自 1943 年再度组建，1944 年年初于印度接受美援与训练之中国驻印军两个师与英、美盟军，全面对缅北展开反攻，3 月在缅北丛林击败日军第十八师团；4 月 4 日中国远征军应美国罗斯福总统之要求，应自滇西迅即占领腾冲龙陵，③ 终在付出官兵伤亡 6 万余人代价下，收复滇西全境；遂复再度以自力装备由中国境内出发突入缅境，实施第二次入缅作战，于 5 月 9 日向萨尔温江西岸发起攻击，④ 与中国驻印军会师缅北芒友，打通国际交通线。⑤ 迄 1944 年 9 月中国远征

---

① Charles F. Romanus and Riley Sunderland, *Time Runs Out in CBI*, pp. 238, 372. 转引自苏圣雄《抗战末期国军的反攻（1945）》，台北《"国史馆"馆刊》2017 年第 51 期。https://www. drnh. gov. tw/var/file/3/1003/img/10/447164805. pdf（检索日期：2020 – 06 – 09）。

② 《蒋介石日记》，1945 年 1 月 1 日"民国三十四年大事年表""本月大事预定表"。

③ 《罗斯福电蒋中正请令滇西远征军迅即占领腾冲龙陵》，1944/04/04，台北"国史馆"，典藏号：002 – 020300 – 00018 – 032，第 1 页。

④ 《蒋中正电魏道明中国远征军已于日内向萨尔温江西岸进攻》，1944/05/09，台北"国史馆"，典藏号：002 – 020300 – 00018 – 036，第 1 页。

⑤ 杨维真：《抗日战争中的滇西战场（1942—1945）》，《中华军史学会会刊》2008 年第 13 期，第 61—79 页。

军、中国驻印军与美、英盟军已先后攻克滇西、缅北之战略要地，赢得西南反攻初期之胜利，蒋介石于 1944 年 9 月 15 日电罗斯福、丘吉尔，中国希望尽快收复由仰光陆海两栖对日等作战，盼能提早实施。[①] 盟军反攻缅北对中国之最重要意义，是尽早开放中缅公路之出海口仰光，以解援华装备之运补给线运输。

中国驻印军与英、美盟军由印度打通中印公路进入缅甸至中国西南边境，援华作战装备与战争物资，亦因中印公路开放得以相继进入中国，中国军队计划进入自中国西南实施"战略反攻"；相对日军百万主战兵力被牵制于中国广大占领区过深过广之不利战略形势，日本内阁会议于 1945 年 3 月 20 决定缩短战线，对各战场全部采取攻势防御，[②] 中国军队于战略反攻计划拟订同时，7 月华北、华中、华南各战场日军开始放弃小据点与缩短防线。[③] 中国军队向其追击，总反攻计划提前展开，夺回大片领土，计划先期目标提前达成，中国军队拟向广州进军。[④] 美国为减少美军于太平洋逐岛作战之伤亡，于 1945 年 8 月先后于广岛与长崎投下两颗原子弹，迫使日本宣布无条件投降结束战争，中国军队原来计划之战略反攻计划与后期运抵之美援地面主战装备，亦尚未派上用场，亘抗战全程中国主要以自力国防基础苦撑。

# 五 结论

历史原件不同于官史，可能受政治化（Politicalization）之史官记载，前者是事发当时之事实呈现，后者有可能是配合官方立场而产生

---

① 《蒋中正电罗斯福丘吉尔由仰光陆海两栖对日等作战盼能提早实施》，1944/09/15，台北"国史馆"，典藏号：002 - 020300 - 00018 - 041，第 1 页。

② 《戴笠呈蒋中正日阁会议决定缩短战线对各战场全部采取攻势防御》，1945/03/20，台北"国史馆"，典藏号：002 - 020300 - 00002 - 150，第 1 页。

③ 《林蔚陈布雷呈蒋中正华北华中华南战场日军开始放弃小据点缩短防线》，1945/07/26，台北"国史馆"，典藏号：002 - 020300 - 00002 - 151，第 1 页。

④ 苏圣雄：《抗战末期国军的反攻（1945）》，台北《"国史馆"馆刊》2017 年第 51 期。https://www.drnh.gov.tw/var/file/3/1003/img/10/447164805.pdf（检索日期：2020 - 06 - 09）。

变化失真之历史记录。本文选择大量历史档案，其目的在于探索国民政府战时外交对战争资源及军备获得之真实关联性，借以论证其与抗战中国军队各阶段军事战略之演变，及野战战略战役与会战实践之息息相关。研究发现抗战前十年 1928 年至 1937 年，中德两国由于共同需求邦交密切与德籍军事顾问之建军备战辅弼参赞，为中国军队抗战爆发前之建军备战奠定深厚与良好之基础，为抗战初期 1937 年至 1938 年首阶段"战略守势及战术攻势"军事战略之主要凭借，亦是亘抗战全程得以自力支撑之主要军备武力；其次苏联因为图谋对日本之牵制，自 1937 年至 1940 年之军火货物交换，除弥补中德外交中断与军援逐渐减少之窘境，其军援质量亦实际在第二阶段"战略相持"军事战略具有正面之意义与影响。因尔后德国走向侵略导致战败，苏联则因为意识形态之因素，德、苏两国在抗战历史之客观应有角色定位与评价，往往被刻意回避淡化或过分美化强调；英国当时作为传统远东殖民国家，对亚洲情势与中国抗战当处处以其自身利益为出发点；而美国则在太平洋战争爆发前，其势力最远仅及于菲律宾群岛，之后借由战争爆发进入中缅印战区，美国租借法案对华之援助军需与物资，迄抗战后期 1944 年中印公路打通后，始陆续抵达西南、美两国对中国八年抗战之实际贡献，远不及德、苏两国之基础建立与援助，唯美国之角色，却常被政治化原因而被刻意美化与强调。美国参战对中国抗战之最大价值，是为中国营造一个同盟作战之背景，中国在国际战争舞台上表演不再孤独，事实却是中国军队以较之日军相对极度劣势之战力，于抗战全程几近以自力在中国战区战场牵制日军百万地面主战兵力，缓解日军原可转用于亚洲及欧洲战区其他战场，对抗英、美、苏同盟之作战兵力，唯中国战区对第二次世界大战全局之贡献，却一再被西方国家战胜者所主导之历史记载，一再被刻意淡化与遗忘。

（江显之，台湾地区退役上校，淡江大学国际事务与战略研究所博士）

# 《申报》与《中央日报》中的
# 八一三淞沪会战

刘芳瑜

## 一　前言

　　1938 年上映一部哑剧电影"八百壮士"，导演应云卫（1904—1967）以淞沪会战中的四行仓库保卫战为元素，诉说一段可歌可泣的抗战故事。此电影曾在法、印、星马等地放映，据云当初看完电影的民众无不感动。① 这个故事分别在 1975 年、2020 年以"八百壮士"与"八佰"为名，再度翻拍。② 而四行仓库旧址现改为"上海四行仓库抗战纪念馆"，塑像模拟当时坚守作战情形。③ 直至今日，此场战役依旧是中国大陆与台湾地区众所皆知的战争故事。谢晋元（1905—1941）团长与女童军杨惠敏（1915—1992）也是闻名遐迩的人物。事实上，四行仓库保卫战具有多重的政治军事因素。一般的说法是为

---

　　① 《袁牧之陈波儿主演：八百壮士》，《力报（1937—1945）》1939 年 1 月 27 日第 3 版。《"八百壮士"影片将在法国放映》，《中央日报》1939 年 2 月 4 日第 2 版。《八百壮士曾在印放映》，《中央日报》1944 年 7 月 17 日第 2 版。王赓武：《家园何处是》，香港：中文大学 2020 年版，第 28 页。

　　② 《中影筹拍八百壮士内定由丁善玺执导》，《中国时报》1975 年 3 月 10 日第 7 版。《电影〈八佰〉高口碑效应带动海口市民观影热度》，人民网 – 海南频道：http：//hi. people. com. cn/n2/2020/0818/c231190 – 34234862. html（2021/6/24 点阅）。

　　③ 姚掌宏、金琳：《上海四行仓库抗战纪念馆正式开放》，《世纪》2015 年第 5 期。

了掩护主力部队撤退，保留战力考虑；但目前的研究发现，死守四行仓库是蒋介石精心策划的作战策略，其政治目的冀望在九国公约会议上，透过死守宣传中国抗战决心与为国而死的精神，提高中国在会议场上的发言权。① 就此观之，一场战役的功能已不仅限于作战本身，还有着更为广大的宣传功能，除了试图在国际会议发挥效用，此也成为国民政府向国民展示决心与战力的最好工具。因此，媒体在对日抗战中扮演着相当关键的角色。

报纸是近代社会传播各种消息的重要渠道，在战时扮演着向民众传递战情与政策的角色。西式报纸于晚清引进中国，人民透过报纸获知各个国家与社会信息，能在其中批判时政抒发意见，亦可利用报纸让更多民众支持自身的想法，进而形成舆论，借此影响各种事态发展。② 第一次世界大战期间，交战国各自利用大量媒体丑化对手，将自身塑造为正义化身，鼓吹人民响应战争，造成一股强烈的战争热潮。③ 报纸身为当下最普遍的媒体，就成为引导风向的重要媒介。抗战时期的中国亦如此，七七事变爆发后，报纸媒体就十分关注中日两国的交涉与战局变化。是故，研究报纸有关抗战的各种报道与社论，有助于了解报业的态度，以及想带给民众的信息。另外，亦可厘清报纸与政府官方政策宣传之间的关系。

淞沪会战是抗日研究中最关注的课题，研究成果已然汗牛充栋，与本文最为有关的军事活动与新闻报道，为研究者较重视的课题。就战史角度言，无论是学界或是军界皆十分关注。2014 年张云曾评述 1970年至 2000 年中国学者研究淞沪会战的概况，指出有战况梳理、战术指导与应用、会战期间上海难民与救济，以及历史评价四个面向。他认为除在讨论视角上利用社会科学的研究方法外，还需挖掘新史料，建

---

① 李君山：《上海南京保卫战》，台北：麦田出版社 2000 年版，第 118—125 页。

② 方平：《晚清上海的公共领域（1895—1911）》，上海人民出版社 2007 年版，第98—100 页。

③ ［美］爱德华·刘易斯·伯内斯：《宣传学》，杨理然译，台北：麦田出版社 2020年版，第 13 页。

置数据库，强化学术交流。① 而台湾学者的研究大多对淞沪会战采取正面的评价。② 其中值得注意的是李君山的分析，李氏从战况艰苦、中国军队牺牲以及战力损害等基础，理解此战役的意义及后续抗日作战的影响。③ 然而，近年来随着《蒋中正总统文物》《陈诚副总统文物》等档案与相关人士日记的开放，两岸学者对淞沪会战中国军队的作战策略有了更深入的讨论与诠释，如林桶法、苏圣雄等人则分别重新检讨作战决策与指挥权、轴线移转说等课题。④ 陈红民、徐亮、王奇生、金之夏等人也重新检讨国民党将领与军队内部的问题。⑤

至于抗日战争的新闻宣传，多以单一报刊或由个人角度切入，⑥ 与淞沪会战较有关者，分如下述。马光仁是研究上海《申报》的主

---

① 张云：《淞沪会战研究述评》，《军事历史研究》2014 年第 3 期。余子道：《论抗战初期正面战场作战重心之转移——与台湾学者讨论发动淞沪会战的战略意图问题》，《抗日战争研究》1992 年第 3 期。马振犊：《开辟淞沪战场有无"引敌南下"战略意图》，《抗日战争研究》1994 年第 2 期。

② 许乃权：《抗日战争国军策划淞沪会战之研究》，《"国防"杂志》1995 年第 11 卷第 6 期。郭春龙：《从野战战略观点论抗战初期的淞沪会战》，《中华军史学会会刊》2013年第 18 期。郭添汉：《我发动"淞沪会战"的战略意涵》，《中华军史学会会刊》2016 年第 21 期。傅应川：《蒋介石"持久抗战"思想及其战略意涵》，《亚洲研究》2015 年第 71 期。罗庆生：《抗战初期国军发动淞沪会战的研究——大战略与战略理论解析》，《"国防"杂志》2013 年第 5 期。张铸勋：《析论蒋中正在中国抗日战争初期的战略指导》，台北《"国史馆"馆刊》2016 年第 50 期。

③ 李君山：《为政略殉：论抗战初期京沪地区作战》，台北：台湾大学出版委员会1992 年版。

④ 苏圣雄：《蒋中正对淞沪会战之战略再探》，台北《"国史馆"馆刊》2015 年第 46期。林桶法：《淞沪会战期间的决策与指挥权之问题》，《台湾政治大学历史学报》2016 年第 45 期。

⑤ 金之夏：《中国军队在淞沪会战中暴露的若干问题——基于国军内部的观察与反思》，《抗日战争研究》2018 年第 3 期。陈红民、徐亮：《〈陈诚先生日记〉中的淞沪会战》，《军事历史研究》2016 年第 2 期。

⑥ 仅举出部分研究成果。唐小兵：《战争、苦难与新闻——试论抗战时期民间报刊的舆论动员》，《新闻与传播研究》2015 年第 8 期。陈建新：《〈大公报〉与抗战宣传》，博士学位论文，浙江大学，2006 年。奚冬梅：《抗战时期〈新华日报〉反法西斯宣传研究》，硕士学位论文，哈尔滨工业大学，2006 年。黎宁：《抗战时期〈中央日报〉的新闻宣传研究》，硕士学位论文，湖南师范大学，2009 年。肖达夫：《抗战时期〈新华日报〉宣传策略研究》，硕士学位论文，湖南师范大学，2010 年。曹炎：《抗战时期〈新华日报〉、〈中央日报〉、〈大公报〉舆论宣传研究》，硕士学位论文，湖南师范大学，2011 年。

要学者，他透过分析《申报》栏目与内容，将抗战期间《申报》的变化与报道特点，分成四个阶段。七七事变到八一三抗战是《申报》最活跃的阶段，报道大量战争消息，后因应战局迁至汉口、桂林、香港等地，受到广告收益减少的影响，导致许多专栏停刊。而部分留沪新闻界人士，则以美商名义重新让《申报》复刊，并设法取得来自后方消息，报道国际新闻以及各国对中日战争的态度。但太平洋战争爆发后，《申报》受到日军强烈干涉，改从日本的角度宣传大东亚战争，转译大量来自日本内地的报刊文章。① 此外，马氏也曾将抗战时期上海新闻界人士兴办各种爱国报刊做一简要介绍。② 高郁雅长期关注报纸舆论与政治变化，曾经针对抗日时期的《申报》进行研究，指出战时《申报》的附逆行为，是为了生存考虑，这样的抉择导致战后不得不接受国民党改组，付出应有的政治代价。③

鲁学静探究 1937 年 7 月至 12 月《申报》的舆论动员。鲁氏认为抗战期间《申报》的属性从商业性转向着重社会责任，透过各种栏目与副刊，宣传抗战的重要性，号召民众捐输救国。④ 贺心颖探究曹聚仁在淞沪会战期间成为战地记者，从其军事新闻报道，及协助军方改变新闻发布方式，以此理解曹氏的新闻思想与实践。⑤ 王茜茜以新闻记者邹韬奋（1895—1944）创立之《抗战》作为考察对象，透过数据统计各类栏目，依照内容分为民众动员、军事动员以及教育文化动员。笔者认为《抗战》能让各种不同阶层人民接受的原因，除刊登战情之外，亦报道民众战时生活，将前线与后方相互结合取得共鸣，进而形成抗战共同体。⑥ 杨海清曾分析《抗战》中对日本的描

① 马光仁：《抗战时期的〈申报〉》，《抗日战争研究》1995 年第 2 期。

② 马光仁：《上海新闻界的抗日宣传》，《上海党史研究》1995 年第 S1 期。

③ 高郁雅：《抗日战争时期上海〈申报〉之研究》，《辅仁历史学报》2009 年第 24 期。

④ 鲁学静：《报纸与战争：〈申报〉救亡图存的舆论动员研究（1937.7.7—1937.12.14）》，硕士学位论文，安徽大学，2019 年。

⑤ 贺心颖：《全面抗战初期曹聚仁新闻思想与实践管窥——以"八一三"淞沪会战报道为例》，《青年记者》2016 年第 36 期。

⑥ 王茜茜：《历史与战争动员：淞沪会战后〈抗战〉三日刊的抗日动员研究》，硕士学位论文，安徽大学，2019 年。

述，他指出《抗战》从国际、军事、国民以及经济四方面，建构日本无法在中国进行持久战的形象。① 高宜宏在讨论淞沪会战的战争记忆问题，曾论述会战期间的新闻宣传，表示各报战况报道多大同小异，受限于政府法令以及消息来源单一的因素，唯有社论各报有较大空间，但依旧是增添人民信心，强化抗战之语。② 何鑫则对《申报》报道八百壮士叙述变化与其政治意义进行讨论，指出这场具有政治考虑的死守战，透过国旗贯串全场，借此呈现悲壮的形象，引发国人共鸣。③

以上研究成果，增添淞沪会战研究视野，但从内容可以发现，研究者多从量化分析报刊的特性，着重报刊的自主性，忽视了与国民政府之间的联结。除此之外，研究者较少针对报道内容进一步深入讨论。因此，本文将以《申报》和《中央日报》为主，辅以其他相关数据，厘清战时新闻媒体对于淞沪会战的认识与报道，进而说明其意义与作用。至于选择《申报》作为主要考察对象的原因在于《申报》是上海地区时间最久、发行量大的一份报刊，具有代表性。《中央日报》是国民党机关报，其主要任务是宣传政府政策与施政方针。④ 本文亦希望透过两份性质不同的报刊，理解民间与官方报道之间的差异。

## 二 淞沪会战爆发及其经过

1937 年 8 月 9 日的虹桥机场事件，普遍认为是八一三淞沪会战的开端。在此之前，中日在上海曾爆发一·二八事变，事后虽经列强调停，但中国已认知中日之间终免不了一战。《淞沪停战协定》规定，

---

① 杨海清：《淞沪会战期间〈抗战〉对日本形象的建构》，《长江文明》2017 年第 27 辑。
② 高宜宏：《战争记忆之形塑——以 1937 年淞沪会战为例》，硕士学位论文，台湾师范大学，2015 年。
③ 何鑫：《〈申报〉"八百壮士"的叙事形成》，《天中学刊》第 31 卷第 4 期。
④ 刘泱育：《中国新闻事业史纲》，南京师范大学出版社 2015 年版，第 84—85 页。

中国在上海市区的武力仅有上海市保安总团、上海市警察总队，以及上海市保卫团。卢沟桥事变爆发后，原驻京沪铁路沿线由张治中（1890—1969）指挥之第 87 师、第 88 师，开始向吴县、常熟、无锡一带聚集后，向上海市推进。军事委员会另外命令第 20 旅、第 56 师、炮兵第 2 旅、炮兵第 10 团、第 98 师、第 169 旅等军队，前往吴县、蚌埠、上海等地。至于海军，则破坏江阴下游航行标志，并在江阴要塞水道沉船阻塞日军进攻，为即将到来的战事预做准备。[①]

　　虹桥机场为上海军用机场，由一连保安队负责维安工作。1937年 8 月 9 日，日军陆战队中尉大山勇夫偕同水兵斋藤要藏驾车闯入虹桥机场，因与场内士兵冲突相互开枪，导致身亡。为了解决此事件，中日双方展开谈判，原先双方皆有意利用外交手段解决此事，却未料11 日日方转而强硬，说明射杀日本军人是辱日表现，要求中国必须撤出上海保安队，卸除各种防御工事；甚至要求会勘撤退距离，被上海市市长俞鸿钧（1898—1960）严词拒绝。翌日，中日仍在谈判，但中国军队已进入市区，日军又已开火，导致局势恶化。此过程中，中日军事高层虽有不出兵考虑，但受各方压力与前线将领有意抢攻之下，终究兵戎相见。8 月 13 日，日军始向驻八字桥持志大学展开攻击，但在市区作战因缺乏重型爆破武器与空军支持，战事陷入胶着且惨烈。指挥官张治中虽有改变进攻策略，但随着日军防御工事日益坚固，加上 22 日松井石根（1878—1948）率领上海派遣军抵达上海吴淞准备登陆，中国军队不得不重新部署兵力，战场亦逐渐北移。[②]

　　8 月 23 日日军利用舰炮与飞机轰炸吴淞，大量军队登沪，战事逐渐达到高潮。从日军登陆至中国军队撤离上海（10 月 26 日），日军在上海的攻势，是沿江逐步向罗店镇、蕴藻滨向内推进。而中国军队采取的战略，初期以反登陆作战为主，后因兵力损失惨重，至 9 月中旬改为守势。双方沿浏河、罗店、刘家行至北站作战，以罗店为主要

　　① 史政编译局编印：《抗日战史（淞沪会战一）》，台北：史政编译局 1982 年版，第 5—7 页。

　　② 李君山：《上海南京保卫战》，台北：麦田出版社 2000 年版，第 46—59、61—76 页。

争夺区域。① 10 月初在日军猛烈攻势下，中国军队只得后撤，改以北站、江湾、蕴藻滨沿岸、陈家行，及浏河线为防御线。空军陆续分次从南京飞往上海，轰炸杨树浦机场一带、黄浦江上出云号、高尔夫机场等地。海军除自沉舰艇外，亦将舰炮拆卸改置于江岸炮台，以攻击日军。而日军作战焦点集中于蕴藻滨沿岸，以攻克通往市区要道——大场为目的。② 10 月 26 日日军攻陷大场，其陆空军全力向南猛攻，中国军队部队只得退往苏州河，以苏州河南岸、浏河线及杭州湾北岸为防御线；且决定以持久战为战略目标。③ 但经日军连日炮击，苏州河南岸的战况日益险峻，第三战区副司令长官顾祝同考虑整体战况、巩固首都，11 月 8 日决定转移国防阵地至平嘉吴福线，保持战力。日军即在 11 月 12 日攻克上海，并继续向中国军队国防线挺进攻击。④

## 三 "外交谈判与硝烟再起" 的报道

七七事变爆发后，与日本之间的战况是国人众所瞩目的焦点。中日在上海虹桥机场爆发冲突，中国各大报即有相关报道。至中国军队退出上海约 3 个月的时间，其作战情况大致可分三个阶段。第一阶段从虹桥机场事件爆发至日军登陆上海；第二阶段则以中国军队损失大量兵力，从 9 月中改为守势，以浏河、罗店、刘家行至北站为防御线；第三阶段以中国军队再次向内撤退，以北站、江湾、蕴藻滨沿岸、陈家行、浏河为交战线至中国军队撤离上海。随着战局变化，记者在报道战情的笔法亦产生转变。

---

① 史政编译局编印：《抗日战史（淞沪会战二）》，台北：史政编译局 1982 年版，第 72—101 页。

② 史政编译局编印：《抗日战史（淞沪会战二）》，台北：史政编译局 1982 年版，第 101—132 页。

③ 史政编译局编印：《抗日战史（淞沪会战二）》，台北：史政编译局 1982 年版，第 165 页。

④ 史政编译局编印：《抗日战史（淞沪会战三）》，台北：史政编译局 1982 年版，第 187 页。《风雨凄其上海全市昨沦陷尚有军警作最后牺牲》，《申报》1937 年 11 月 13 日第 2 版。

　　中日在虹桥机场发生冲突，数日后《中央日报》报道有关消息。指出双方希望采取外交途径，和平解决此次纠纷，并说明部分谈判经过。其中值得注意的是，报纸新闻标题却呈现两种取向，一方面，在交代双方谈判过程中，常以日领提出无理要求、狡辩，而华方则以严词驳斥等用语。另一方面，则大肆报道日舰抵沪，虹桥机场官兵殉国，借此表达中日关系紧绷如同一·二八事变前夕，日军即将撕毁淞沪停战协议。① 除此之外，《中央日报》特别刊登来自英国路透社对远东局势的评论，表示日本仍想透过地方冲突获得利益，但中国对于日本的行为，已呈现备战的狂热状态，故呼吁日本对华必须采取温和态度，才可遏止上海一触即发的紧绷态势；同时，路透社也呼吁英国政府能够协助中日达成和解，避免上海战事再起。②

　　然而，8月14日情势急转直下，各报全面报道13日日军开启对战第一枪。《申报》与《中央日报》③分以《沪日兵昨晨首先挑衅，我军抗战敌受重创》《闸北守军被迫应战，两路沿线各地宣布戒严，镇江下游江面实行封闭，张治中任京沪警备司令》，作为当日头条新闻。国民政府亦宣布京沪杭鄞，京沪、沪杭两铁路沿线县市戒严，长江下游封闭等。从上陈述战事爆发起源，可知前线将领有挑起冲突之意，但报纸却呈现另一意象。报界将此时冲突界定为日军开启事端，中国军队只是自卫予以还击的形象，展现中国军队已经派遣具有作战

----

　　① 《虹桥事件交涉解决中大批日舰驶抵沪昨有陆战队二千名登陆京沪双方人员均有接洽》《沪虹桥机场又一殉国者》《川越答日记者中日关系尚未绝望谓将循外交途径打开僵局撤集沪上日侨一部已归国》，《中央日报》1937年8月12日第3版。《日本侵略了无止境我国唯有实行自卫今后演变日方应负全责上海日军突增大战即发》《俞市长严正表示日方如将遣沪军队调回保安队后撤事愿予考虑淞沪停战协议早被日方撕毁》《冈村致词一味狡点》《俞氏严词加以驳斥》《双方声明避免开衅》，《中央日报》1937年8月13日第3版。《外部发言人谈抵抗暴力实行自卫日口头宣称与事实行动相反今后一切责任应由日方负之》，《申报》1937年8月13日第4版。

　　② 《中国之抵抗足令日本清醒英报远东局势》，《中央日报》1937年8月12日第3版。《伦敦人士注意沪严重局势对远东时局均抱悲观》，《中央日报》1937年8月13日第3版。

　　③ 抗战期间《中央日报》的头版多用以广告，故当时战情报道以第3版为主，第4版为辅。

经验的部队来面对上海问题。两报对中国军队具有强烈的信心，认为可以将敌人重创，稳定民心。报纸上亦有两军交战的描述：中国军队在全面准备下，在交战过程中占有优势，日军未能占得便宜。民众反而是最大的受害者，上海许多民房受硫黄弹、烧夷弹波及引发火灾。除此之外，上海市市长俞鸿钧持续透过外交方式向日方抗议，且将抗议书送交挪威驻沪总领事兼领袖领事奥尔（Nicolai Aall，1883—1975），请对方转知各国驻沪总领事，协助制止日本行动。①

值得注意的是，《申报》除派遣记者实地调查外，也在报纸上宣传全民抗战标语，如在 1937 年 8 月 14 日写有："我们要抱定国存与存，国亡与亡的决心"，在标语旁的金鼠牌香烟亦以"国难当头，人人应有救国的责任"为广告词，表示抽国货香烟即是爱国表现。② 为了向民众倡导防空知识以及战争下可能面临灯火、警报、救护、交通管制等限制，《申报》还特别增刊。③ 而《中央日报》社论以"神圣抗战的展开——牺牲的初步"，鼓励民众投入抗战，其目的是为国家、为民族、为人类正义，鼓吹人民必须牺牲才可取得光明。④ 从这些报道，可以得知战争之初中国报界的意向已倾向在上海与日开战，不断强化日本各项行为的不正当性，塑造一股全国同仇敌忾氛围，进而鼓励上海人民，甚至全国国民加入战争，达到总体战的结果。当然，这股仇日的情绪，亦是伴随近代日本不断侵略中国，达到了高潮。

---

① 《闸北守军被迫应战，两路沿线各地宣布戒严，镇江下游江面实行封闭，张治中任京沪警备司令》《日军昨晨轻启衅端我为自卫当予还击》《今晨两军战况益烈，北站附近火光烛天》《俞市长向日方提出严重抗议，并将抗议书录送各国总领》《浏河口外日舰麇集日军图偷袭未遂》《日方蓄意侵略和平绝望我方尊重各国侨民利益望租界勿予侵略者便利日领又暗使缓兵毒计》，《中央日报》1937 年 8 月 14 日第 3 版。

② 《我们要抱定国存与存，国亡与亡的决心》《国难当头人人应有救国的责任金鼠牌》，《申报》1937 年 8 月 14 日第 2 版。

③ 《申报本埠增刊》，《申报》1937 年 8 月 14 日第 9 版。

④ 《神圣抗战的展开——牺牲的初步》，《中央日报》1937 年 8 月 14 日第 3 版。

## 四 "你来我往"的战情

从 8 月 14 日至日军占领上海为止,《申报》对淞沪会战的报道重点转为说明战事进度。《申报》多以头版刊登有关上海重大军事消息,第二版刊登中国其他地区战况。15 日该报即以中国空军首次出击的战果,与飞行员任云阁以身殉国作为头条新闻,借此说明 14 日空军的英勇作战事迹,并将投弹日司令部和日舰中弹爆炸等战果告知国民。① 至于《中央日报》虽对上海战事有所报道,但强调日军增援,中国军队皆被迫应战,国民政府的态度是不得不自卫抵抗暴力;并刊登英法各报社论,主张日本当局必须控制军人行动。② 从两报的报道即可发现,《申报》着眼于刊登实际战况,《中央日报》注重中国被迫抵抗,且获得其他国家声援的言论立场。

另外,值得特别注意的是,《申报》编辑自 8 月 21 日至 11 月 19 日,增加《临时夕刊》,增添更多上海交战的消息,内容包括中国军队的作战手法、日军进犯地区、空战的经过与成果,以及敌舰出云号动向等。在 8 月的战情报道中,《申报》强调中国军队的进取与敌军的顽抗与退败,以及毁坏军舰、军备之情况。当 8 月 22 日日本应援陆军乘舰至沪,数日以日军登陆与中国军队的攻防,《申报》对此进行大篇幅的报道。例如 8 月 25 日的头版与夕刊,分别以《敌袭后路计划失败,狮子林竟日猛烈血战,截至今晨五时战事犹未停,罗店窜人之敌已完全歼灭,张华滨等处敌军悉数扫荡》《狮子林等处已无敌踪,南汇登陆敌军被击退,敌舰两艘被我击中下沉,我空军投弹轰炸左翼》为题;然《中央日报》25 日亦以《罗店镇敌军歼灭,吴淞乃

---

① 《我空军首次出战炸毁三的舰建立殊勋笕桥击落重轰炸机二架日军根据地被炸损失奇重我任云阁以身殉国》,《申报》1937 年 8 月 15 日第 1 版。

② 《日方续向上海增兵两军昨日激战竟日》《我空军被迫应战》《日方曾调陆军来沪》《国民政府昨发表声明为日本无止境之侵略中国不得不实行自卫倘谋合理解决危局上可挽回》《英法各大报劝日悬崖勒马望东京能控制其军人》,《中央日报》1937 年 8 月 15 日第 3、4 版。

围攻中,敌以一旅之众偷渡登陆,重创以后即可完全肃清》为题,述评昨日战绩,强调战事成功之处。[①] 但若按照中日在上海整体作战情形,日军在松井石根的带领下,陆海军相互配合,已突破中国军队沿海阵地,主力直攻罗店。[②]

罗店、吴淞、浏河是当时中日在上海最重要的争夺地,自日军登陆至 10 月 8 日,此区交战情况是战事新闻的焦点。报社除了采用军方、自家记者的采访消息,也使用不少来自中央通讯社(以下简称中央社)的新闻。这是因为中央社为国民党的宣传单位,该社记者较易取得前往战争前线的机会,且可随军队移动,故能掌握众多来自军队前线消息。每当采用中央社的信息,《申报》与《中央日报》刊登内容大同小异,内容多强调日军进取罗店不成、残敌在罗店被中国军队包围。此类报道在描述战况,字里行间经常使用计划失败、敌无踪、敌被困、受重创、全部歼灭形容日军;对于中国军队无法攻下敌军重要根据地,多采取围攻、对峙等字眼。其中值得注意的是,若是来自申报记者对于当下战场的特别报道,则可发现内容有些许的差异。

举例而言,9 月 1 日《申报》头版和临时夕刊分别以《敌昨今数度反攻,吴淞镇附近双方血战,我原有阵线兵力雄厚,即大举包围进攻残敌》《敌顽强进犯,吴淞罗店均有激烈战,吴淞我军冲锋肉搏敌势披靡,罗店敌军主力仍在我包围中,北站八字桥一带双方有巷战》进行一系列报道。[③] 标题与内容虽反映战局还在中国军队的控制之下,但内容已呈现敌军攻势猛烈,兵力支持与武器皆源源不绝运至上海,中国军队只能以肉搏抵抗,死伤惨重的态势。再进一步从临时夕刊记述的详细内容,已可知悉双方交战随着日军兵员与武器运至上海,战

---

① 可参见此段期间的《申报》。
② 史政处编印:《抗战简史》,台北:史政处 1952 年版,第 46 页。
③ 《敌昨今数度反攻,吴淞镇附近双方血战,我原有阵线兵力雄厚,即大举包围进攻残敌》《敌顽强进犯,吴淞罗店均有激烈战,吴淞我军冲锋肉搏敌势披靡,罗店敌军主力仍在我包围中,北站八字桥一带双方有巷战》,《申报》1937 年 9 月 1 日第 1 版、申报夕刊。

况更为激烈、伤亡扩大。同日，《中央日报》持续报道日军溃退与击毙敌团长，以及日军兵员登陆吴淞消息，未提中国军队军力受损程度。① 当时身处上海的名医陈存仁（1908—1990）事后追忆，他指出9月初日军在进攻上损失极大，但也因为战事不顺，导致投入更多的兵力与武器，强化进攻力量，之后甚至凭借着强大的火力取得吴淞、宝山等地。② 是故，从新闻报道与时人对战事的观察，显示9月初日军虽已登陆上海，但中国军队依旧具有作战上的优势，双方你来我往，日军的推进并不顺利，受到中国军队强大的阻力，日军之所以占领吴淞、宝山是人力与武器不断补充下的无奈结果；也借此强调中国军队的顽强抵抗意志。

若从实际中国军队的作战策略，可以得悉自9月17日转为守势，全线退守北站、江湾、庙行、罗店，以及双草墩，③ 但在报刊中则展现中国军队积极反攻的形象。9月19日《中央日报》数篇以罗店为重点报道，着重描述中国军队奋勇杀敌，与日军数次来回占领罗店情形，日军死伤惨重，表达敌军士气低落。④《申报》则选择揭橥空军在9月18日夜袭日军，投弹造成日舰损害的战果作为头条新闻，增添民众对于抗战的信心。此外也有说明罗店的战情消息，其中令人感到有意思的是，罗店的报道引用中央社提供的消息，以《我军退出罗店镇，现在警戒线与敌相持，我前线工事悉被破坏，敌进犯小堂子被击退》，⑤ 揭示日军占领罗店的消息。但是这则新闻与

① 《我军昨晨三路进攻罗店西北残敌溃退敌司令部被毁并毙旅团长一名吴淞又有敌军登陆与我激战中》，《中央日报》1937年9月1日第3版。

② 陈存仁：《抗战时代生活史》，广西师范大学出版社2007年版，第29页。

③ 史政处编印：《抗战简史》，台北：史政处1952年版，第46页。

④ 《罗店在激战中，我军在第一道防线前扼守，敌军犯刘行被我击毙甚伙》《敌犯北站闸北均受重创》《敌舰两次袭浦东被击退》《我空军夜袭虹口，毁敌阵地敌舰两艘受重伤》，《中央日报》1937年9月19日第2版。

⑤ 《浦江敌舰竟宵不安我空军月夜轰炸奏功虹口敌阵地四处中弹起火伤敌两舰并击落敌机三架浦东我军同时发重炮助战》《九·一八之夜我空军猛袭敌阵数度袭击敌仓皇无措天空鏖战时流弹横飞投弹汇山码头等附近我全市民众异常兴奋》《我军退出罗店镇，现在警戒线与敌相持，我前线工事悉被破坏，敌进犯小堂子被击退》，《申报》1937年9月19日第1版。

《中央日报》报道之《罗店在激战中，我军在第一道防线前扼守，敌军犯刘行被我击毙甚伙》，描述同一场战役，两者却下了不同的标题，内文的撰写方式也有所不同。《申报》一文叙述较为详尽，说明罗店镇曾数度失守与阵地转移，在距离罗店大场公路 2000 米之钱家村、钱王宅一带布置警戒线，以及后续敌我交锋苦战情形；可是在《中央日报》的报道里，却可看出撰稿者刻意避免提及罗店镇被占，强调反攻夺回、不得已退出等字眼，借此凸显战况激烈却胶着的状态。

由此可见，虽然中央社拥有掌握战争前线的消息，但在分享信息后，记者对于其提供的战情报告也有不同的认知与理解。不过，由于对日抗战氛围与民族存亡意识，在社会上不断高涨，报社又采用更多来自执政党宣传单位提供的战情报告，自然立场趋于同调。① 无论如何，在当时的氛围下，民办《申报》确实走向散播中国军队在战事积极进取的一面，给予国人抗战的信心，鼓励国民透过各种方式支持作战。但若仔细理解从新闻报道交战的地点，以及新闻中描述战势胶着状态，已显露两军交战线向内推展，战场有扩大之趋势。

## 五　防线退却与"八百"壮士

面对 10 月底中国军队的防线逐渐失守，报刊除了需要交代战情的转变，必须为中国军队打造另一种作战形象。10 月 25 日日军对上海北部重要据点大场发动总攻击，隔日大场陷落，导致战局发生极大的变化。由于日军极有可能在占领大场后，切断中国军队的防御线，因此在 26 日中国军队决定退守苏州河南岸，由 524 团副团长谢晋元带领少量官兵，驻守四行仓库，借此表明中国军队尚未放弃上海，仍

---

① 鲁学静：《报纸与战争：〈申报〉救亡图存的舆论动员研究（1937.7.7—1937.12.14）》，硕士学位论文，安徽大学，2019 年。

具有战斗能力和精神。① 故此，其间报刊的新闻重点有二：一是说明撤退的理由；二是宣传孤军死守战况。10 月 27 日，《中央日报》和《申报》以军方公布的消息作为头条新闻，声明中国军队皆有死守决心，从大场撤退、放弃庙行是因应战略考虑的缘故。中国军队重新布置防御线，亦有精锐部队进驻，增强作战实力。除了说明政府的立场外，两报皆刊登了中央社随军记者对于战况的描述，中国军队挥泪退出大场的过程，指出日军使用大量的坦克与装甲车强势突破防线，防线才因而失守，中国军队为了抵抗此波攻击，不但增兵回击，甚至发生猛烈肉搏战。但因日军援军不绝，又有飞机大炮火力助攻，中国军队不得不放弃原有阵地，但仍旧力拼反攻。② 此时报道强调的是日军使用多种现代化武器，才造成战局急转直下的状态，中国军队积极防守，但仍不敌日军的强势猛攻，借此取得国民理解，且说明中国军队并非不战而退。

然而，中国军队大规模的退守，不免引起民众的恐慌与揣测。10 月 28 日，为了安定民心，两报继续采用大版面的方式，重申、强化政府的立场，并由总司令部详细解释自闸北江湾退守新阵线的原因与经过，目的是持久战。更让人注意到的是，两报进一步发表中央社随军记者对此战局分析，也刊登外媒《泰晤士报》（*Shanghai Times*）、《每日邮报》（*Daily Mail*）、《大美晚报》（*Shanghai Evening Post and Mercury*）及《新闻纪事报》（*News Chronicle*）肯定中国作战精神的言论。这波新闻强调退守新阵线，不能视作军事失利，更不可视为上海战事的结束。过去两个月余与日军对战，损耗诸多军力，且伤亡无数，已超乎预期。中国军队按照预定计划撤退，秩序井然，依旧充满

---

① 郭岱君主编：《重探抗战史（一）：从抗日大战略的形成到武汉会战（1931—1938）》，台北：联经出版事业公司 2015 年版，第 333—334 页。

② 《敌军昨晨强渡走马塘，直驱大场我阵地后，我军忍痛南撤，以另布阵线，庙行守军亦南撤至江湾以北，敌军南进中，企图进犯真如》，《中央日报》1937 年 10 月 27 日第 2 版。《南大公路被敌突破后，我由大场庙行向南撤退，我积极布置新阵地待机反攻，闸北江湾敌来骚扰被我击退，敌图犯真如在无线电台激战》《我军挥泪退出大场经过庙行更形突出同时撤退新阵地布就将拼力反攻》，《申报》1937 年 10 月 27 日第 2 版。

士气，甚至较前有过之而无不及。① 30日《中央日报》亦有社评持续强化这样的论调，指出先前的防线已达成消耗日军战力目标，现在转移防线安排配合中国军队长处，是战略上必要之措置。

一名署名赓雅的记者亦在《申报》抒发先前在浏河战区的感想。他肯定中国军队固守之功劳，亦指出一般人不了解持久抗战的意义，即容易多方疑虑，妄测战果；不了解中国军队作战考虑，便讹传政府放弃上海，若不加以指正，足以动摇抗战阵线。他呼吁民众与军事两股力量必须结合，民众力量是支持持久抗战的基础。记者必须在政府与国民之间扮演桥梁之角色，不应该用主观立场发表言论，只需摘记前线高级军官说明战情重点，即可解决这些问题。② 职是之故，当时的报刊试图透过文字，鼓励全国民众，为长期抗战而准备，因为中国所争的是最后胜利，而非一村一镇得失。短期的胜败，于战争全局毫无影响。③

报刊除了交代军队退守与新防御线之外，当时中国军队留在闸北负责掩护撤退的524团与日军猛烈交锋情形，一跃成为报道焦点。两报大量采用中央社提供的消息，也接受目击者提供信息，以及外籍记者采访内容。④ 此时的报道方式产生了两种叙述方式，使用大量孤军、死守、壮士、八百人、壮烈、忠勇等词汇，国旗、民众身影皆成为撰写新闻的元素。第一种延续原有的战况报道形式，强化谢晋元带领官

---

① 《总司令部发表退守新阵地非放弃上海苏州河南岸及浦东我仍固守深明退守一意义士气依然旺盛》《我军变换新阵地军部发言人谈话为达成持久战之目的》，《申报》1937年10月28台第3版。《淞沪我军右翼后撤扼守苏州河南宝为南市真如彭浦一带昨有激战》《我军撤守新阵线之经过》《我军新阵线已益趋稳定》，《中央日报》1937年10月28日第2版。《外报一致揄扬我军抗战精神》，《申报》1937年10月29日第2版。《英报评论上海战事极赞扬我军之英勇十周战绩为最光荣的一页且照预定计划撤守新防线》，《中央日报》1937年10月29日第2版。

② 赓雅：《战区杂写（一）》《战区杂写（二）》《战区杂写（三）》，《申报》1937年10月30日、11月2日、11月4日第7、2、8版。

③ 《社评战略上必要之措置》，《中央日报》1937年10月29日第2版。

④ 《闸北一高楼国旗招展！我壮士八百人孤军奋斗到底》《外籍记者冒险采访》，《中央日报》1937年10月29日第2版。《目击者谈闸北孤军抗敌三次冲攻被击退用手招敌美兵失笑民众敬仰景星卿云》，《申报》1937年10月28日，临时夕刊。

兵奋勇杀敌，日军进攻不成，只得改采围攻战术的僵持状态。其特别之处在于两报增加描述民众包含外籍人士接应孤军物资的行为，以及女童军渡河送国旗一事，① 以此反映军民一心的形象。第二种撰文方式是将四行仓库孤军直接作为宣传、振奋人心之用，如 10 月 29 日《申报》刊登以下内容：

> 孤军奋斗，宁作壮烈牺牲之八十八师谢团八百壮士，昨仍在谢晋元团长、杨瑞符营长率领之下，死守四行仓库，全军安全无恙。六层高楼之屋顶，昨日傍晚前，并由我忠勇将士，高揭青天白日满地红之国旗，压倒四周之太阳旗，发扬我大中华民族之浩然正气，与国家无上光辉。此八百忠勇壮士之壮烈义举，已博得全沪中外人士无限之钦敬，并引起最热烈之注意，而前线战事之发展反成视线之次要。②

此篇报道撰述重点在于描述在屋顶插上国旗的动作，象征中国不败的精神，以鼓舞民心。而此战的悲壮不仅国人知晓，外人亦十分注意，因而理解中国军队抗日的战斗精神与决心。除此之外，《申报》和《中央日报》亦透过刊登书信、函电，向孤军致敬。例如何香凝（1878—1972）看到孤军的报道，即前往现场却不得而入，只能隔岸致敬，写信慰问孤军；外国人士亦投书，向孤军的英勇表达钦佩之意。③ 上海总工会、中华妇女运动同盟会、外媒《字林西报》（*The North-China Daily News*）皆肯定其忠勇行为，部分机关甚至呼吁蒋介

---

① 《我孤军誓保闸北一块土民众瞻仰隔苏州河高呼万岁昨晚敌军猛犯十余次均击退》，《申报》1937 年 10 月 29 日，临时夕刊。《国旗飘展气势凌云》，《申报》1937 年 10 月 30 日第 3 版。

② 《八百孤军安全无恙，我壮士高揭国旗，仓库坚若堡垒敌进攻不逞，侠义之士昨设法接济食粮》，《申报》1937 年 10 月 29 日第 2 版。

③ Worshiper, "Letters to The Editor: A TRIBUTE", *The China Press*（Shanghai），30 Oct 1937, p. 4.

石命令孤军撤退，保全性命。① 由此可知，四行仓库孤军仍在奋力抗敌之时，无形之中俨然成为宣传中国抗战的利器。

更值得注意的是，由于四行仓库邻近租界，当时许多人隔着苏州河观战，也让他们重新评估报纸新闻的真实性。当时许多人对华文报纸报道的中国军队英勇作战有些存疑，却因为四行仓库孤军一战，对中国军队的观感及其战斗意志为之一变。② 纵然在 10 月 31 日，谢晋元奉命率领官兵撤出四行仓库移往租界，各国记者甚至争相前往访问死守孤军的感想，给予极正面的评价。③ 中国军队虽然在 11 月 11 日撤离上海，淞沪战事自此告一段落，但可歌可泣的抗日事迹，不断扩散而广为人知。

# 六　结语：战时报纸的意义与影响

淞沪会战是抗日战争初期重要的战役，受到中外人士注目，众人皆想随时掌握战情。本文考察之《申报》与《中央日报》，自上海的冲突开始，便连日报道战事经过，其中《申报》更发行《临时夕刊》，以此满足民众亟欲知晓战情的渴望。当时有关军情的新闻来源大致有三：一为军队；二为中央社；三为随军记者。淞沪会战爆发后，因战区位于上海，《申报》记者较易取得相关战情，因此，《申报》刊登的内容与篇幅较《中央日报》为多且详细。因应上海作战区域的扩大与战况的紧张，新闻来源曾有一度以中央社供给的数据为主，导致所刊内容几乎相同，但是标题则依编者的理解有所差异。随着战线退移，交战区邻近公共租界，记者得以直接近身观察，采访目击者，掌握最确切的战情动态。然而，报刊是大众获知战况最普遍的渠道，如何在新闻报道中描述战争事实，又能鼓动民

---

① 《谢团长函激昂慷慨》，《申报》1937 年 10 月 30 日第 3 版。
② 陈存仁：《抗战时代生活史》，广西师范大学出版社 2007 年版，第 42—43 页。
③ 《我忠勇健儿谈苦斗四日经过屋内做好种种防御工程昼夜把守杀敌毫不觉倦国旗两面业已珍重携出》，《申报》1937 年 10 月 31 日第 3 版。

众爱国情感，是记者的一大挑战。

事实上，当时中国人民群起激昂的氛围下，两报皆从民族存亡与爱国情操立场，描述上海战役，彰显中国军队得胜、消灭敌人，而隐晦惨胜、兵力损失部分。这样的做法，确实引起国人对于报道真实性的质疑，故此两报常常引用外媒对中日战况的说明，为己背书。但随着四行仓库战场邻近公共租界，人们可从旁直接观察两方交战，即可与报纸内容相互比对，进而相信新闻报道的真实性。这反映了丑化敌人、神化中国军队的书写手法，已不能满足国人对于战情报道的要求，国人想要了解的是当下真实的战况。唐小兵在讨论《大公报》报道台儿庄大捷，也指出著名记者范长江（1909—1970）使用平实细致叙述两军交战和死伤状况的报道方式，反而受到国人的关注与喜爱。① 不过，记者在行文之中，将抗战与民族救亡、世界和平相互联结，亦被民众接受，这反映报道须符合事实，又需强化民族情感，以及战争的合理性。

另外，值得一提的是，《申报》和《中央日报》采取同样的角度报道战事，亦有其历史背景。《中央日报》为国民党中央机关报，自然秉持为国民政府传递政令、消息之用；《申报》虽为民办商用报纸，但自九一八事变发生，民间抗日情绪高涨，负责人史量才决定改变《申报》商业风格，转变为批评时政，主张抗日。② 因此，当中日爆发冲突，国民政府决定与日本一战，《申报》自然顺应着政府立场。当然，这样趋于一致的言论，也必须考虑中国自晚清以降日本带给中华民族屈辱这个历史脉络，就如同陈存仁的回忆：

> 8月14日早晨，国军的空军出动，轰炸黄浦江中的日本主力舰出云号，虽然没有击中，但是附近的军舰却受了很大的损失，上海市民见到这般全面抗战的序幕已经展开，欢欣鼓舞，租界上

① 唐小兵：《战争、苦难与新闻——试论抗战时期民间报刊的舆论动员》，《新闻与传播研究》2015年第8期。

② 高郁雅：《抗日战争时期上海〈申报〉之研究》，《辅仁历史学报》2009年第24期。

的华文报纸，一致主张要清算甲午以来的旧账。这事使我也高兴得了不得，各界人士赶紧组织各种民众性的后援工作，其实日本军队在上海的人数实在不多，一下子可能有歼灭之望。国军的英勇，战斗力的顽强，都高度体现了爱国雪耻的精神，让上海的所有中国人深深地透了一口气。①

故此，新闻报道还扮演着宣传战果，提高国人抗战信心的角色。国民在此鼓励之下，亦积极展开各种战争动员，社会上充斥着各种爱国捐款、使用国货、物资捐献等消息。战情报道和宣传进一步将前线将士与后方民众相互联结，让人民投入战争活动之中。

总的来说，淞沪会战从酝酿至开打，以致最后中国军队撤退上海，报道重心随之变化。在战事尚未开始之际，《申报》和《中央日报》报道有关中日虹桥机场事件交涉进度，强调日方代表的无理要求，以及加派兵至沪的形象。接着，两报连日刊登以中国军队胜况为主体的上海战情，最后转向人民说明战线转移原因，再借由四行仓库保卫战，作为中国向国内外宣传中国军队英勇抗战的模范，借此争取国际同情，对内提高国家凝聚力。往后四行仓库甚至成为抗日战争中最具代表性的一场战役，国民政府以此进行各种抗战宣传。当"八百壮士"巡回放映，文学家郁达夫（1896—1945）即在报纸上撰写专文，鼓吹众人观看电影。② 著名海外历史学家王赓武回忆起他在抗战时期看过的电影，即表示让人印象最为深刻就是"八百壮士"，他在电影院与其他观赏者为这群英雄喝彩，没有一部爱国电影能够如此深深打动他，抗日战争强化他对中国的认同感。③ 这也反映传播学家拉斯韦尔（Harold D. Lasswell，1902—1978）在其著作 Propaganda Technique in the World War（《世界大战中的宣传技

---

① 陈存仁：《抗战时代生活史》，广西师范大学出版社 2007 年版，第 8 页。

② 郁达夫：《郁达夫全集》，浙江大学出版社 2007 年版，第 11 辑，文论（下），第 455—456 页。

③ 王赓武：《家园何处是》，香港：中文大学 2020 年版，第 28—30 页。

巧》）所言，战时政府为了鼓励人民从军，人民节约日常用品、捐献物资以及购买爱国债券，必须仰赖宣传，而报纸媒体是最好的宣传机器。但宣传效果最好的，却是动员民众仇恨敌人，维持与盟友的友好关系，促使中立国成为盟友，以及粉碎敌人坚不可摧的抵抗。①

（刘芳瑜，台湾师范大学历史博士，东华大学历史学系兼任助理教授）

---

① ［美］哈罗德·D. 拉斯韦尔：《世界大战中的宣传技巧》，张洁、田青译，中国人民大学出版社 2003 年版，第 22 页。

# 武汉会战后之持久消耗态势的
# 形成与演变

## 宋启成

## 一　前言

1937 年 7 月 7 日，卢沟桥事变爆发，日本挟优势武力，妄图"三月亡华"，中国以全面抗战应之。次年 10 月 25 日，日军占领武汉，因战力不继，无力持续扩张，抗战进入相持阶段。此后采有限进攻与政治谋略之双管齐下，逼迫国民政府谈和，战场遂一分为二：一方面集中优势武力于两湖与河南、江西、广西等省，目的在击灭中国军队主力，称之为"正面战场"；另一方面力图巩固华北及华中江苏、安徽等省之占领区，是谓"敌后战场"。

其中，两湖地区位在进出西南大后方之要冲，是日军亟欲夺取的目标。国民政府集结重兵于此，以求持久消耗，拖垮日军；而华北与华中部分地区既是日军向南、向西对中国军队发起攻势的基地，也是攫取中国宝贵资源的所在，如何巩固，攸关日本的持续战力。由于正面与敌后战场对抗战的影响如此重大，此"持久消耗"态势究系如何形成？而随着时间推移，又有哪些演变？为何到最后会造成日本无条件投降？以下将分别就持久消耗态势的形成、正面与敌后战场对持久抗战的影响、日本的因应作为与结果等之研究心得就教于各位先进。

# 二 战前规划与持久消耗态势的形成

日本为邻近东亚大陆的一个岛国，天然资源与居住空间均极有限，特别自明治维新以来，即不时思考对外扩张，先后于 1895 年与 1905 年击败中、俄两国，掌控辽东与朝鲜半岛，之后又强行将后者并吞。在连战连胜的鼓舞下，对外扩张的野心日渐增长。第一次世界大战后，部分野心军人甚至借"昭和维新"之名，行"自夺政权"之实，因而发动九一八事变，占领中国大陆东北，以利于国内得势。①

上述氛围加上一战后日本在东亚地位的上升、英日同盟终结、日美关系紧张，及中国国内情势的混乱等，让企图建构一自给自足之国防体系的日本，将目光指向中国大陆，② 遂不断对华用武；不仅扶植傀儡政权，且积极拉拢失意政客、军人，企图塑造有利日本掌控的局面。由于当时的中国刚完成北伐，仅有表面上的"统一"，无力遏阻日本野心。国民政府对此，"只有忍辱待时，巩固后方，埋头苦干"，③ 推行"安内攘外"政策，先达成所谓"安内"目标，争取国家真正统一，同时积极备战，建立足以"攘外"的武力，以有效抵挡日军来犯。

此后，随中国共产党军队二万五千里长征步伐，在后追捕的国民党军队深入以往号令难以施行的广西、贵州、云南、四川等省，使前

---

① 由九一八事变爆发后数天，日本元老西园寺公望的政治秘书原田熊雄男爵于贵族院演说所强调之"诸君如以为'九·一八'事变只是国际事件，则君等之观察尚未精确。'九·一八'事变乃日本革命之一部分，他们以为能得志于国外者，必亦能得志于国内。我们今日的危机在此"，可见九一八事变本身亦有日本内部因素在内。参阅梁敬錞撰《九一八事变的内幕——并论日本窜改教科书之可悲》，唐德刚等《从甲午到抗战：对日战争总检讨》，台海出版社 2016 年版，第 194 页。

② 郭岱君等：《重探抗战史（一）：从抗日大战略的形成到武汉会战（1931—1938）》，台北：联经出版事业公司 2015 年版，第 37 页。

③ 参阅秦孝仪《总统蒋公思想言论总集》卷 14《国民政府迁渝与抗战前途》，台北："中国国民党中央党史委员会" 1984 年版，第 652—657 页。

述"解除地方割据之害"得到关键性的突破。

因此,从蒋介石在 1933 年 8 月 17 日日记所写之"大战未起以前,如何掩护准备,使敌不甚加注意,其唯经营西北与四川乎?"观之,① 国民政府成功掌控广西、贵州、云南、四川等省,对日抗战不可或缺的大后方基地已然成形。

国家统一虽然已见雏形,然欲建立足可依恃的武力则非一朝一夕可及。当时虽有德国的协助,国防武力较从前大为强化,但与日本相比,仍有一大段距离。表 1 为卢沟桥事变前,中日两国的军力比较。

表 1            **卢沟桥事变前中日两国军力比较**

| 区分 | | 各类军力比较 |
|---|---|---|
| 中国 | 陆上 | 207 个师,31 个步兵旅,兵力 170 万人,坦克 93 辆 |
| | 海上 | 舰艇 57 艘,排水量 5 万 9000 吨,仅为日海军 3% |
| | 空中 | 飞机 317 架 |
| 日本 | 陆上 | 17 个现代化师团,兵力 199 万 7000 人,坦克 1000 辆 |
| | 海上 | 舰艇 1000 艘(韩航空母舰 10 艘),总排水量 190 万吨 |
| | 空中 | 2700 架(海军 1480 架、陆军 1220 架) |

资料来源:王文燮《中国抗日真相》,台北:中华战略学会 2015 年版,第 254—255 页。

双方军力如此悬殊,欲与之正面对抗,必定难有胜算。因此,早在 1931 年 10 月 3 日,蒋介石即就日本之进犯东北,于日记中写下:"准备首都迁于洛阳,以便持久作战。"此后,他的日记便不时提到"持久战"这三个字。②

1933 年 4 月 12 日,蒋介石于南昌召开的军事整理会议中,透过

---

① 《蒋介石日记》,1933 年 5 月 13 日、8 月 17 日。

② 郝柏村口述,何世同编校:《血泪与荣耀——郝柏村还原全面抗战真相(1937—1945)》,台北:天下文化 2019 年版,第 108 页。

演讲，传达他的理念：①

> 我们现在对于日本，只有一个法子，就是作长期不断的抵
> 抗。他把我们第一线部队打败之后，我们再有第二、第三等线的
> 部队去补充。把我们第一线阵地突破以后，我们还有第二、第三
> 各线阵地来抵抗。这样一步复一步的兵力，一线复一线的阵地，
> 不断地步步抵抗，时时不懈，这样长期的抗战，越能持久，越是
> 有利。若是能抵抗得三年、五年，我预计国际上总有新的发展，
> 敌人自己国内也一定有新的变化。这样，我们的国家和民族才有
> 死中求生的一线希望。

国民政府于是计划借上述"第二、第三等线部队"与"第二、第三
各线阵地"之长期抵抗，营造出一种以弱击强的"持久消耗态势"，静待
"国际上之新发展"与"敌人自己国内的变化"。国民政府高层于是在
1936 年 10 月召开洛阳军事会议，策划抗日大计，以上述精神为基础，策
定"持久战、消耗战、以空间换取时间等基本决策"。②

洛阳会议可谓国民政府政策从"安内"转到"攘外"的象征。
会中策定"持久战、消耗战、以空间换取时间等基本决策"，③ 实等
于蒋介石前述构想的具体实践。

次年 3 月，国民政府参谋本部依据洛阳会议决议，策颁《民国二
十六年度国防作战计划》，依对日采"消极"与"积极"作为之分，
分别拟定甲、乙两案。两案均分析日军将以华北为主战场，企图将中
国军队主力歼灭于此，或将其向西北贫瘠之区压迫，并以一部，或自
张家口南下太原，或自山东半岛、长江口或杭州湾等地登陆，以威胁

---

① "今日续开军事整理会议蒋中正以怎樣做现代的军人致训词"（1933 年 4 月 12 日），
《事略稿本——民国二十二年四月（一）》，《蒋中正总统文物》，台北"国史馆"，入藏登录
号：002000000540A。

② 陈诚：《陈诚先生回忆录·抗日战争（上）》，台北"国史馆"2005 年版，第 23 页。

③ 陈诚：《陈诚先生回忆录·抗日战争（上）》，台北"国史馆"2005 年版，第 23 页。

中国军队侧背，或首都南京。①

其中，甲案（消极方案）以"发挥攻击精神，挫折日敌之企图，不得已则采取'持久战'"之方针，逐次消耗日军战力。分别在津浦及陇海路东段、平汉及陇海路西段、晋绥、江浙、闽粤五个区域，部署第一、第二、第三、第四、第五方面军，保持重点于平汉路方面，对"北平—天津"之敌实行决战。而为确保持续战力于不坠，参谋本部另规划成立第一、第二、第三总预备军，分别在开战后集中于西安、重庆与南昌附近，准备增援前线作战。②

乙案（积极方案）同样是以五个方面军，或扑灭所在地区日军，或日本潜势力，并阻断日军登陆之可能。此外，参谋本部规划成立第一、第二、第三总预备军，分别集中在"西安—洛阳""南昌—武昌""徐州—开封—郑州—安阳"一带，随时策应前线。③

与此同时，蒋介石在一场公开演讲中明确指出，对付日军"速战速决"的办法之一就是"持久战、消耗战""以逸待劳、以拙制巧，以坚毅持久的抗战，来消灭他的力量"，④ 代表国民政府在 1937 年卢沟桥事变爆发前，即已确立"持久消耗战"的抗敌方针。

中国军队于是在 1937 年 8 月，与日军先后在上海及山西展开激烈攻防。其中，在全国首善之区上海爆发的淞沪会战，是中国军队主动发起，并投入最精锐且配备德式装备的部队，目的在击灭驻守在当地的为数不多的日军；而山西的忻口会战则是结合太行山之复杂地势，牵制华北优势日军沿平汉路南下，⑤ 以防华北、华中日军

---

① "国民革命建军史"编纂委员会：《国民革命建军史第三部：八年抗战与戡乱（一）》，台北：史政编译局 1993 年版，第 730—731、735 页。

② "国民革命建军史"编纂委员会：《国民革命建军史第三部：八年抗战与戡乱（一）》，台北：史政编译局 1993 年版，第 731—735 页。

③ "国民革命建军史"编纂委员会：《国民革命建军史第三部：八年抗战与戡乱（一）》，台北：史政编译局 1993 年版，第 735—738 页。

④ 郭岱君等：《重探抗战史（一）：从抗日大战略的形成到武汉会战（1931—1938）》，台北：联经出版事业公司 2015 年版，第 186 页。

⑤ 郝柏村口述，何世同编校：《血泪与荣耀——郝柏村还原全面抗战真相（1937—1945）》，台北：天下文化 2019 年版，第 158、173 页。

连成一气。中国军队当时采取的是《民国二十六年度国防作战计划》中的"乙案",亦即以扑灭所在地区日军,并阻断日军登陆之可能为着眼。

尽管当时中国军队的整体战力远不如日军,最后不得不回到前述以持久消耗为着眼的"甲案"。却也迫使日本不断增兵,让中国军队得以相当程度地掌握到战略主动。而广大的国土所构成的战略纵深,让日军的优势战力难以发挥。于是当 1938 年 10 月 25 日武汉会战结束,日军虽然占领了华北与华中,涵盖包头、大同、太原、开封、淮阳、亳县、合肥、黄梅、信阳、岳阳、武宁、芜湖、杭州之线以东,及华南之增城、潮安、汕头、厦门等地的广大国土,[①] 国民政府不仅未如日方所期待的一般,出现任何屈服之意,反倒使日军发现其一贯奉行的"作战至上"主义有着严重破绽:投入近百万日军,竟未挫败中国军队作战意志。在无计可施之情形下,只能将重心转往政治谋略方面,企图透过诱降活动,来促使国民政府屈服。[②] 而国民政府在战前所预想的"持久消耗"态势,也因而形成了。

## 三 武汉会战后之正面拘束形势

据日方统计,武汉会战结束后,日本陆军投入中国大陆的兵力,已超过全部兵力的 90%,[③] 连带影响其整体战略运作与兵力调配。对此,日本不得不将原先的"速战速决"方针,改为"以战养战";将占领区划分"作战地域"及"治安地域":前者的任务主要在"击灭

---

① 蒋纬国总编著:《抗日御侮(第六卷)》,台北:黎明文化 1978 年版,第 1 页。

② 郭岱君 等:《重探抗战史(一):从抗日大战略的形成到武汉会战(1931—1938)》,台北:联经出版事业公司 2015 年版,第 93—94 页。

③ 当时日本共有二十四个师团又十三个旅团的兵力在中国大陆,若加上驻伪满的八个师团又二个旅团,总数已达日本全部兵力的九成。留在本土与朝鲜的常备兵力仅近卫师团、第 19、第 20 师团与台湾守备队,兵力部署失衡已对防患来自苏联的威胁与维护国内安定之两大要务造成严重影响。参阅〔日〕日本防卫厅防卫研修所战史室编《日军对华作战纪要丛书(43)——大事年表与军语》,赖德修译,台北:史政编译局 1991 年版,第 729—731 页。

国军主力"，后者则以"确保安定"为重点。①

就上述"作战地域"位置与周边地理形势而言：由于受到伏牛山、武当山、荆山、大别山等一系列山脉之包围，日军只能在占领区与山地、谷地之间，与中国军队进行一次又一次的会战。此态势也使得武汉会战后的大型会战多集中在两湖及其周边地区，包括：1939年5—6月的随枣会战（日军称"襄东作战"）、9—10月的第一次长沙会战（日军称"赣湘作战"）；1940年5—6月的枣宜会战（日军称"宜昌作战"）；1941年1—2月的豫南会战（日军称"豫南作战"），3—4月的上高会战（日军称"锦江作战"），9—10月的第二次长沙会战（日军称"长沙作战"）；1941年12月迄次年1月的第三次长沙会战（日军称"第二次长沙作战"）；1943年5—6月的鄂西会战（日方称"宜南作战"及"江南歼灭战"），11—12月的常德会战（日方称"常德作战"及"常德歼灭作战"）；1944年4—6月的豫中会战（日军称"河南作战"）；5—8月的长衡会战（日军称"湘桂作战"）；1945年3—5月的豫西鄂北会战（日军称"老河口作战"），4—6月的湘西会战（日军称"芷江作战"）。由各会战的地点来看，日军自武汉会战后，"击灭中国军队主力"企图不仅始终无法实践，连带使其主战兵力受地形阻隔，战力发挥极其不易。

另从会战爆发时间来看，上述会战多集中在1939年至1941年及1944年至1945年这两个时段。之所以如此，主要在于1939年至1941年日军战力犹盛，作战旨在歼灭中国军队主力，并尝试攻入四川，无论主目标是在湖北或湖南，日军对两地皆须同时采取行动，以防在任一翼遭中国军队牵制；抗战末期则因日本海空优势尽失，一方面须确保平汉、粤汉铁路畅通，以利兵员及装备、物资运送，另一方面则欲摧毁中美两国空军基地，减缓其本土遭空袭危害的程度。唯前者发生于沿海精华区尽失，且列强尚无意伸出援手之际，中国军队只

---

① ［日］日本防卫厅防卫研修所战史室编：《日军对华作战纪要丛书（2）——华中华南作战及对华战略之转变》，桂明译，台北：史政编译局1987年版，第443、454—456页。

能凭借有利地势，加上守土有责的决心，方能一次次击退进犯日军，静待有利时机来临。自 1941 年 12 月太平洋战争爆发，日军虽因作战需要不断抽调兵力转移到其他战场，却仍放弃不了原先在中国大陆的占领区，只得"不得不"将庞大兵力留在中国境内。面临对华战事难有突破，其他战场又无足够兵力确保与扩张战果。只能在盟军强大攻势的打击下，一步步走向败亡。显然，中国军队在正面战场的作战，牵制了日本强大军力，更是盟军得以顺利反攻的有效凭借。

## 四　武汉会战后之敌后消耗态势

尽管国民政府在前述《民国二十六年度国防作战计划》的甲案，确立"采'持久战'方针，逐次消耗日军战力"之战略。但这只不过是从日军正面来消耗其战力的办法，如何扩大"持久消耗"效果？显然还要从其他方面加强。对此，蒋介石早在抗战一开始，便决定利用广大国土所形成的战略纵深，对日军进行游击作战。从他下达"作战应多用柔性游击战，避实击虚"①"须注重对于敌之输送监护，设法破坏"等命令，②及进行游击战术战法研究来看，③借袭扰侧翼、后方，与破坏交通等手段，削弱日军攻势，实乃中国军队游击战的精髓。尤其当日军攻占某地，中国军队主力被迫转进时，必留置一部兵力于日军阵线之后，时时发动游击战以牵制之，④进而消耗其有生战力。

所以早在 1937 年 8 月至 12 月，中国军队第 53 军万福麟部便在

---

① 《蒋中正电汤恩伯以后作战多用柔性游击战避实击虚保持战斗持久力，1937 年 11 月 29 日》，台北"国史馆"，《蒋中正总统文物》，卷名：革命文献—抗战时期，入藏登录号：002000000362A，典藏号：002－020300－00008－117。

② 《蒋中正电示参谋本部抗日战术须注重游击侦探反间及破坏敌之输送，1937 年 8 月 2 日》，台北"国史馆"，《蒋中正总统文物》，卷名：筹笔—抗战时期，入藏登录号：002000000195A，典藏号：002－010300－00002－006。

③ 《程潜电蒋中正所示运用游击战各方法正转各部研究实施，1938 年 3 月 8 日》，台北"国史馆"，《蒋中正总统文物》卷名：特交文电—领袖事功—领袖指示，入藏登录号：002000002136A，典藏号：002－090106－00013－048。

④ 蒋纬国总编著：《抗日御侮（第三卷）》，台北：黎明文化 1978 年版，第 116 页。

冀中、冀南地区，对日军后方进行袭扰，是最早发动的游击战；[1] 同年11月太原弃守，中国军队第2战区主力转移至灵石以南之韩侯岭一带。次年5月，徐州会战后期，第24集团军与第69、第48军，分别在津浦路南段与陇海路东段，结合当地游击队与民众，于日军后方实施袭击，迟滞了日军对武汉的进攻。[2] 这时日军的攻势凌厉，临时组成的游击队基本上系配合正规作战进行，虽有成效，但伤亡难免惨重。以当时的第2战区为例，中国军队游击队虽牵制日军4个师团于山西，[3] 然日军每阵亡1人，中国军队游击队平均需付出25人阵亡之代价。[4] 最后成功迫使日军主力陷入被动，对尔后作战影响甚大。

武汉会战结束后，抗战进入第二期，[5] 军委会于1938年12月在湖南衡阳召开"第一次南岳会议"，蒋介石特别在会中强调此后的战略方针为"政治重于军事，游击战重于正规战，变敌后方为前方，决以我三分之一力量，投入敌人后方"，且分别于华北与华中日军占领区内增设"冀察战区"与"鲁苏战区"，统一指挥敌后战场之中国军队武力。[6]

次年1月，军委会对各战区颁示《作战指导方案》，要求"国军应以一部增强被占领区内力量，积极展开游击战，以期消耗敌人，极力保持现在态势……俟新战力培养完成，再行策动大规模之攻势"。[7]

---

[1] 史政编译局编纂：《抗日战史——冀察游击战》，台北：史政编译局1981年版，第1页。

[2] 史政编译局编纂：《抗日战史——晋绥游击战》，台北：史政编译局1981年版，第1页。蒋纬国总编著：《抗日御侮（第五卷）》，台北：黎明文化1978年版，第202页。

[3] 蒋纬国总编著：《抗日御侮（第三卷）》，台北：黎明文化1987年版，第116页。

[4] 《王鏊电蒋中正等二战区因交通困难汽油缺乏后方勤务棘手及正勘查河防工事重新配备以期周密及近来游击战争敌我死亡比例等，1938年9月2日》，台北"国史馆"，《蒋中正总统文物》卷名：特交文电—日寇侵略—日寇侵略，入藏登录号：002000002201A，典藏号：002-090200-00044-225。

[5] 蒋介石：《以事实证明敌国必败及我国必胜——1939年1月21日对中央五届五中全会开会讲》，《中正文教基金会》，http://www.ccfd.org.tw/ccef001/index.php? option = com_content&view = article&id = 516：0 002 - 23&catid = 145&Itemid = 256。

[6] 郭廷以校阅，贾廷诗等访问、纪录：《白崇禧先生访问纪录（上册）》，台北："中研院"近代史所1989年版，第373页。

[7] 蒋纬国总编著：《抗日御侮（第六卷）》，台北：黎明文化1978年版，第58页。

其中，与日军占领区接壤的第 1、第 2、第 3、第 5、第 8 战区，分别于豫北、山西、绥远及鄂、皖边区等地，借恒山、五台、太行、太岳、中条、吕梁及大别诸山脉之复杂地形，建立根据地，伺机发动袭击；"冀察战区"与"鲁苏战区"则分别于冀中、冀西太行山周边与鲁南山岳地带、苏北湖沼地区，建立根据地，并发动民众展开广大游击战，重点指向平汉、津浦、北宁、平绥、津浦、陇海、胶济路各要点，牵制、消耗日军。[①]

敌后战场除有中国军队留置部队发动游击战外，早在卢沟桥事变爆发后不久，国民政府与中国共产党代表即就合作抗日达成协议，将总数约 3 万余人，[②] 分布在陕北与江南地区的中国共产党军队，先后编成第 8 路军（后改称第 18 集团军）与新编第 4 军，并纳入中国军队第 2、第 3 战区序列。在战区司令长官指挥下，担任战区战略游击支队，负责侧面作战，协助友军扰乱、钳制或击灭日军。[③]

于是在上述"持久消耗态势"之下，中国军队以其正面战场的兵力，使日军在武汉会战后发动的所有会战几乎完全落空；而中国共产党军队在敌后战场的牵制，更使其疲于奔命。而随着时间推移，蒋介石战前期盼的"国际上总有新的发展，敌人自己国内也一定有新的变化"，也随着此"持久消耗态势"而悄悄来临了。

# 五　日本因应作为与结果

日本尽管占领中国广大国土，且一再发动攻势，但无论在正面或敌后战场，均所获有限，反倒因连年征战，有限的国力已渐感不支。

---

① 蒋纬国总编著：《抗日御侮（第六卷）》，台北：黎明文化 1978 年版，第 58—59 页。

② 何世同：《国军"平型关之战"与共军"平型关大捷"》，载张铸勋主编《抗日战争是怎么打赢的——纪念黄埔建校建军 90 周年论文集》，桃园"国防大学"，2014 年，第 418—419 页。

③ 毛磊、范小方：《国共两党谈判通史》，兰州大学出版社 1996 年版，第 149 页。

1939 年秋，德国入侵波兰，英、法、俄列强皆无力兼顾东亚情势，日军分析将有助于化解僵局。① 除在华积极扶植傀儡政权与伪军，并借轰炸大后方与截断外援管道之双重手段，图谋瓦解中国抗敌意志，并枯竭其持续战力。

日本"以炸迫降"的轰炸目标包括兰州、西安、重庆与昆明等大城，其中又以重庆受祸最烈。由于当时中国空军战机已耗损殆尽，来华之苏联空军志愿队于 1940 年便陆续撤离，造成日机仿佛进入无人之境般狂轰滥炸的局面。直到太平洋战争爆发后，日本在华空中优势渐失，此等狂轰滥炸情形才获得改善。② 然统计抗战全期，全国各地遭日机轰炸，共计 12592 次，日方派出飞机 62906 架次、投弹 261148 枚，约 13000 吨，造成人民 94522 人死亡、114506 人受伤，摧毁房屋 17721 栋，物资财产损失无法估算。③

尽管此等作战对中国大后方及抗战中枢造成相当危害，也重创中国军队空中战力。但就日方所欲争取之战略目标言，由于中国国土广阔，各种资材与设施皆分散于广大地区，上述战果虽曰可观，并未对中国构成致命打击。④

而在枯竭中国持续战力方面：日本大本营决定紧跟德国与意大利在西欧胜利之余威，于 1940 年 6 月 27 日，颁布《随同世界情势之变迁的时局处理要纲》，要求"对法属中南半岛（包括广州湾），务期彻底切断援华行为，同时亦期使其早日容许我军补给、军队通过及使用机场"及"彻底切断来自缅甸之援华路线"。⑤ 此举导致法国关闭越南与云南间之铁路交通；英国稍后虽然也跟进，关闭滇缅公路，虽

---

① ［日］日本防卫厅战史室编：《日军对华作战纪要丛书（18）——关内陆军航空作战》，李坤海译，台北：史政编译局 1988 年版，第 205 页。

② 郭廷以：《近代中国史纲》，中华书局 2018 年版，第 533 页。

③ 何应钦：《八年抗战之经过》，台北："国防部"1955 年版，第 340—341 页。

④ 国防部：《日军在中国方面之作战记录（第一卷上册）》，台北："国防部"1956 年版，第 48 页。

⑤ ［日］日本防卫厅防卫研修所战史室编：《日军对华作战纪要丛书（11）——大战前之华北"治安"作战》，黄朝茂译，台北：史政编译局 1988 年版，第 405—407 页。

为时不久，却也让原已紧张的日美关系更加恶化。此种恶化，反而促使美国国会在次年3月通过《租借法案》，并将中国纳入适用范围。①

尤有甚者，就在日本更进一步，压迫法国维希政府同意其进占中南半岛，连带对缅甸、马来亚与菲律宾构成直接威胁后，美国政府随即冻结日本在美国的一切资产，且切断石油与钢铁供应，英国与荷兰也在稍后跟进。此举让日本面临两难：不是放弃侵略中国与其他地区的野心，就是与西方列强开战。但前者极可能会引发国内右翼分子"革命"，后者则难逃战败风险。②

上述僵局让日本最后决定对美英等国开战。由于双方国力悬殊，日本决定对其采取消耗战略，将战争区分三个阶段：③

第一阶段：先击败夏威夷的美国太平洋舰队。

第二阶段：攻占新加坡与马尼拉，夺取其主要海军基地。

第三阶段：尽可能地向太平洋地区推进，建立一个聚集大纵深的防御区。此后则以空间换取时间，让战争无限期地拖下去，直到敌人愿意接受一个谈判的和平。

尽管对英、美这两个最强大的海权与工业国家挑战，可化解眼前的僵局，也让日本在极短时间内，席卷整个东南亚，完成上述第一、第二阶段目标。但日本人在振奋之余，却也重蹈先前在中国大陆"速胜"后的"弊害"：究竟有无足够的兵力去建立及维持第三阶段的"大纵深防御区"？与此同时，日本对尔后作战的目标也出现分歧：联合舰队司令官山本五十六主张依循第三阶段方针，往中太平洋发展，向美国在夏威夷的据点推进；但海军军令部总长永野修身则力主往西南太平洋扩张，继续攻占新几内亚等岛群，以切断美国与澳大利亚的联系，甚至还考虑入侵澳大利亚。然无论如何，山本与永野所提

---

① ［美］徐中约：《中国近代史》，计秋枫等译，香港：中文大学出版社2002年版，第607页。

② ［英］保罗·肯尼迪：《血战太平洋》，闻炜译，台北：星光出版社1995年版，第14页。

③ ［英］富勒：《西洋世界军事史（卷三下册）》，钮先钟译，台北：麦田出版社1996年版，第594页。

的方案皆需投入庞大的陆军兵力。在陆军仍集中在中国大陆的情形下，① 无论采取哪一方案，最终将无法达成军事作战最后的步骤——地面部队占领与维持。欲赢得有利和平，无异痴人说梦。稍后爆发的珊瑚海与中途岛海战更让日本失去四艘航母及大量训练有素的飞行员。在兵力不足与制海、投送军队的能力尽失之情形下，日本从此一蹶不振，只能处在被动挨打窘境。

于是在人力、工业力量与天然资源皆不如人之情形下，战况很快就转往对日本不利的方面。此时的日本，无论如何绞尽脑汁地"因应英美之进攻的战略态势，并随时捕捉摧毁敌之反攻战力"，② 在物资严重不足的情形下，这类"捕捉摧毁敌之反攻战力"的行动最后皆以失败收场。③ 这种借"以战养战"，企图摆脱困境的做法，反倒成为最后战败、无条件投降的关键因素。

# 六　结语

《孙子兵法·军形篇》有云："先为不可胜，以待敌之可胜；不可胜在己，可胜在敌。故善战者，能为不可胜，不能使敌必可胜。"战前，中国基于自身能力的不足，除积极整军备战外，更将重点放在统一全国、摆脱长年的军阀割据之害，图谋的是"体质"，而非"外表"的强化。所以当卢沟桥事变爆发，国民政府决定全面抗战后，尽

---

① ［英］保罗·肯尼迪：《血战太平洋》，闻炜译，台北：星光出版社 1995 年版，第100 页。

② ［日］日本防卫厅防卫研究所战史室编：《日军对华作战纪要丛书（27）——"捷"号作战指导》，吴玉贵译，台北：史政编译局 1989 年版，第 2 页。

③ 例如 1944 年 3 月，日本缅甸方面军对印度东北的伊姆法尔（Imphal）发动"乌号作战"，企图鼓动当地的阿萨姆邦（Assam）与印度分离风潮。但在这场需穿越 300 千米原始森林的作战行动中，日军不仅缺乏重装备，粮秣也只够二至三周食用。为达既定目标，日军乃大力强调精神战力的重要。例如第 15 军军长牟田口廉也即以"没有食物也一定要战斗，没有武器、子弹等不能成为避战的好理由，没有子弹的话，还有铳剑（即上了刺刀的步枪），没了铳剑还有拳头"，来反驳部属的意见具申。参阅《戦争日本兵たちは：インパール作戦》，《京都新闻》2015 年 7 月 19 日第 15 版；［美］巴巴拉·塔奇曼：《史迪威与美国在中国的经验，1911—1945》，万里新译，新星出版社 2007 年版，第 447 页。

管在有形战力方面仍不如日本，接连丧失广大国土与精华区，让日本感受到一股"速胜"的喜悦。但这种喜悦，却也让日本陷入无穷无尽的战争泥淖。最后只好采取"以战养战"的下下策，将目标转向东南亚与西南太平洋地区，反倒加速消耗原已有限的综合国力，迎来更悲惨的战败结局。国民政府在战前的诸般努力，就是孙子所谓的"先为不可胜"，亦即"先立于不败之地"，将不利于己的各种因素一一排除，"以待敌之可胜"，使敌暴露弱点，再予以击灭。中国之所以能在力不如人的情形下，借"持久消耗"战略赢得最后胜利，其实就是孙子"先为不可胜，以待敌之可胜"的印证。

然而，这场战争却造成中国无法估算的损失：多达 300 万军人与 1800 万平民死亡、1 亿人无家可归、城市与工业遭到严重破坏。[1] 由于战争造成的损害是如此巨大，也让中国的仇日心态即便在战争结束后的七十余年仍无衰减。近年来，随着区域情势的紧张，中日之间的对立显然有升温之势。回顾历史，中日陷入全面战争最后波及整个东亚地区，造成无数生命死伤与财产损失；若能警惕历史教训，"化干戈为玉帛"，携手为世界做出正面贡献，相信必将有助于未来人类的发展。

（宋启成，台湾地区退役上校，中正大学历史博士，世新大学兼任助理教授）

---

[1] ［美］傅高义：《中国与日本：傅高义的历史思索》，毛升译，台北：天下文化 2019 年版，第 310 页。

# 日方媒体与影像中的中国
# 沦陷区殖民统治

## ——以《北支》杂志为例

丘智贤

## 一　前言：影像史学对抗战研究的意义

近年来，历史影像逐渐获得史学界，乃至于民间更多的关注与重视，在传统的文字史料以外，给予研究者新的历史研究途径。

1990 年起，学者周梁楷，在中兴大学开始讲授"影视史学"课程，周氏借用美国史家怀特（Hayden White）的"historiophoty"概念，译为"影视史学"，并对怀特原先所持的定义，即"historiophoty"一词，指涉"以视觉的影像和影片的论述，传达历史及我们对历史的见解"。周氏则认为，"影视史学"所指的，应该包含所有"静态或动态的图像、符号，传达人们对于过去事实的认知"，以"探讨分析影视历史文本的思维方式或知识理论"①。经周氏的推动与努力，"影视史学"在两岸逐渐被了解与重视，唯相较于文字史料的研究而言，仍属于新兴领域。

照片，当为影像史学分析探究的重要媒介之一。1839 年，已发展有年的照片摄影技术，被法国官方认可公布专利；19 世纪 60 年

---

① 周梁楷：《影像史学：理论基础及课程主旨的反思》，《台大历史学报》1999 年第 23 期。

代，美国的南北战争期间，已有大量的战地摄影，并保存至今，① 但受限于拍摄设备，以及印刷技术，拍摄影像不仅所费不赀，必须有相当的条件支持，诸多拍摄的珍贵底片，更难以全数公之于世，人们得见的，常常仅是当年拍摄影像的冰山一角。

近年来，由于数字化技术的快速发展，历史照片在数字化后，得以永久保存，便于检索、传递、分析，并且不再受到实体出版的限制，加以公共版权的意识提升，许多历史照片，乃有机会重被建置为数字数据库的素材，获得各界的利用与重视。

抗战期间，曾有大量的历史影像被拍摄下来，除官方与战地记者拍摄外，亦有许多拥有照相设备的军人，乃至平民，留下历史影像。台北"中央"通讯社，近年来即数字化保存了抗战当年该社人员拍摄的历史照片，并通过付费授权的方式，对外公开；② 国际上，历史影像是诸多大学院校，乃至于授权机构的数字典藏重点之一，当中，亦颇多涉及抗战相关的历史影像，例如，美国国家档案馆，典藏有第二次世界大战期间，美军通信部队所拍摄的中缅印战区照片 2 万余张，近年来被多次出版与陈展，③ 造成相当影响；美国《生活》杂志于抗战期间，在中国所摄的大量影像，近年来也时被引用，受到重视，事实上，由于抗战所涉区域辽阔，时间绵长，整体而言，国内外已公开的抗战影像，堪称海量，犹待进一步的研究。

影像史学对于抗战研究有何意义？首先，历史影像可弥补文本的不足，淞沪抗战当中，海军电雷学校一〇二艇艇长胡敬端，奉命奇袭日本海军第三舰队旗舰出云号，过往仅见于战史文字与报道，④ 时在

---

① 美国著名导演伯恩斯（Ken Burns）于 1990 年公开的纪录片《南北战争》（The Civil War），即以重新检视 16000 余张南北战争时期的照片，逐步讲述此段历史。

② "中央"通讯社影像空间网站（https：//www. phototaiwan. com/Query/Default Browse. aspx）（检索日期：2020－06－16）。

③ 在中缅印战区摄制战区照片者，主要为美军通信兵第 164 照相连（164th Signal Photo Company）。章东磐、晏欢、戈叔亚主编：《国家记忆：美国国家档案馆收藏中缅印战场影像（贰）》，山西人民出版社 2012 年版，第 507—513 页。

④ 海军总司令部编：《海军抗日战史（上册）》，台北：海军总司令部 1994 年版，第 768—769 页。

上海公共租界工部局警务处（Shanghai Municipal Police）任职的蒙哥马利（John Montgomery）拍摄下该艇最终搁浅的准确位置与受损情况（如图1）。①

图1　搁浅于外滩的电雷学校鱼雷艇

抗战影像，可以使研究者感受历史的氛围，并带来更多的问题意识，获致更多的研究细节；对比八一三淞沪抗战中国军队主力部队，精神饱满地走向前线的画面，以及抗战末期，应征男丁瘦弱疲病的景象，深刻反映出战争对于中国，乃至于中国军队的大量消耗、削弱，连带影响，战场上的表现等。

而对于社会大众而言，对于历史记忆的形成，亦颇多来自历史纪

---

① "Torpedoed and Partially Sunk Military Launch, Shanghai Bund, 1937", *Historical Photographs of China*（https：//www. hpcbristol. net/visual/jm03 – 104）（检索日期：2020 – 06 – 16）.

录片，乃至于历史影视作品的再现，① 历史影像对于上述作品而言，可以提供更多的历史佐证，使原创人员在创作过程当中，更趋近于历史真实。

今日的新闻，即是明日的历史，文字与影像，可被视为记录历史真实的不同媒介工具，也必然受到记录者的主观影响，影像的选材、构图，拍摄方式等，都可产生迥异的效果。拍摄于抗战期间，由日本官方在中国沦陷区拍摄的华北交通写真，以及以此为基础出版的《北支》杂志，即为显著例证。通过日本人的镜头，可以了解其殖民思路乃以交通为血脉，垄断资源、转变文化、培养效忠。

## 二　华北交通株式会社的建立

经济与军事，不能须臾离于交通，对于资源贫瘠的日本而言，由外输入保持各种物力，更攸关存亡，全面抗战爆发后，日军兵锋及于内蒙古与华北。根据当时日本的统计，内蒙古与华北，土地面积逾100 万平方千米，人口近 9000 万，并富产煤、铁、盐、棉、小麦、高粱、牛羊等物资，对于日本战略的重要性，不可言喻。②

全面抗战爆发后，不仅铁路公路受到战火破坏，相关设备与人员也大量损耗，逐步扩大占领区的日本政府决议设立华北开发株式会社，以统制华北经济，再由华北开发株式会社出资 1.5 亿日元，与南满洲铁道株式会社、伪政权"中华民国临时政府"合资成立华北交通株式会社，伪政权译名为华北交通股份有限公司。③

该公司系根据伪政府特别法，所成立的公司，根据"华北交通股份有限公司条例"的规定，该公司主要的业务，即华北交通运输，包

① 拍摄于 20 世纪 70 年代的《英烈千秋》《八百壮士》等电影，对于台湾地区民众的抗战记忆，影响深远，上述电影的拍摄背景与剧情分析，见蔡国荣、张瑞麟《永远的男主角——柯俊雄的表演艺术》，台北：财团法人基督教福音证主协会 2019 年版，第 78～94 页。

② 华北交通株式会社：《华北交通会社一览》，华北交通株式会社 1939 年版，第 1 页。

③ 华北交通株式会社：《华北交通会社一览》，华北交通株式会社 1939 年版，第 2 页。

括"铁路事业、汽车运输事业、国内水运事业",及上述事业的附带事业。①

伪政权虽在条例上规定,该公司投资的有关事业,需经其核准同意,但事实上,华北交通株式会社几乎完全在日人主导下成立发展,同时形成了半军事化的庞大编制,该公司设有总裁1人,由日本铁路技术官僚,长期在南满洲铁道株式会社任职的宇佐美宽尔担任;副总裁2人,其中1名为伪政权任命,曾于国民政府铁道部历任要职的殷同;8名理事与3名监事当中,日方人员均占多数;而创立之时,公司所有人员约8万名,其中,日本人约2万名,华人约6万名。

华北交通株式会社成立后,负责铁路京山线(北京—山海关)、京古线(北京—古北口)、京汉线(前门—新乡)、新开线(新乡—开封)、津浦线(天津—蚌埠)、胶济线(青岛—济南)、京包线(北京—包头)、同蒲线(大同—风陵渡口)、正太线(石家庄—太原)、陇海线(连云港—宝鸡)的运输,营业总里程共6000余千米;另负责内蒙古与华北公路运输,以及以运河为主的水路运输。②

随着交通线的延展,华北交通株式会社还办理了保障铁路运输安全的警务爱路,以及保健卫生、教育实训、农业、公共卫生等相关机构,希望能够融洽沦陷区居民的情感,使其物力与人力资源为日本所用,更在铁路沿线,编组所谓"铁道爱护村",希望结合兵民力量。初期的规模便达到8000个村,受编民众达1500余万人,③可以说,华北交通株式会社虽名为公司,事实上是日本殖民统治深入基层、运达经济的重要组成之一。

华北交通株式会社在总裁之下,设有总裁室(下设总务局、人事局、主计局、资业局、企划委员会等)、经理部、运输部、自动车部、

---

① 《华北交通股份有限公司条例》,见华北政务委员会编《华北政务委员会法规汇编(下册)》,华北政务委员会1941年版,第九编交通,第4—8页。
② 华北交通株式会社:《华北交通会社一览》,华北交通株式会社1939年版,第2页。
③ 华北交通株式会社:《华北交通会社一览》,华北交通株式会社1939年版,第2页。

水运部、工作部、工务部、警务部、监察室、输送委员会、东京事务所、铁路局、中央铁路学院等单位。

为了加强宣传与内部教育，符合宇佐美宽尔颁布的所谓"社训"："宣扬善邻协和大义、达成大陆交通使命、完成灭私奉公职责、躬行终身齐家常道"，华北交通株式会社由总裁室资业局资料课下设的弘报系（下设观光、宣传、摄影、电影等部），① 出版多种出版品，包括各种画刊、小开本刊物，甚至是明信片、地图、风景画等，其中，图片与文字篇幅各半，主题深入浅出，定期出刊的《北支》杂志，具有极高的代表性，由封面选材、主题及影像选刊，以及刊物内容等，不难窥见日本当时殖民统治的整体架构。

## 三　北支杂志中的历史影像、媒体选材与殖民统治

《北支》杂志为月刊形式，创刊于 1939 年 6 月，1943 年 8 月后改组更名，总计在称为《北支》的发行时期间，共横跨了 5 个年度，发行 51 期。从大局而言，日本由抗战初期的势不可当，到进入太平洋战争后，逐渐感受到沉重的战争与动员压力，当中，《北支》杂志的体例大若相仿，但其选材与侧重，也受到战局的影响。

以日文发行，辅以若干英文标题的《北支》杂志，主要受众是日本本土民众，以及当时在华北生活发展的日本民众群体及该公司日籍员工，每期的《北支》杂志，篇幅约 50 页，其中，分为图像（グラフ），以及读物（よみもの）两大部分。图像部分，以摄制的影像为主，辅以简要的文字；读物部分，为单篇的专栏文字，部分从图像部分延伸而来，也有部分单独成篇，或形成多期的连载。

杂志的封面，带给读者关于刊物的第一印象，《北支》杂志的封面，除鲜明的刊名《北支》以外，都选用一张图片作为封面，其他

---

① 交通部平津区特派员办公室编：《平津区交通事业接收总报告》，北平：交通部平津区特派员办公室 1946 年版，第 13 页。

未有过多的内容介绍文字，显然，图像正是《北支》编辑者希望吸引读者的特色之一，该杂志各期选用的封面图片主题为：

表1 　　　　　　　　　《北支》杂志各期封面主题

| 出刊日期 | 封面图片主题 | 备注 |
|---|---|---|
| 1939.06 | 北京的华表与女子 | |
| 1939.07 | 牦牛载货与儿童 | |
| 1939.08 | 北海公园九龙壁（部分） | |
| 1939.09 | 骑在骆驼上的女子 | |
| 1939.10 | 看着笼中秋虫的女子 | |
| 1939.11 | 华北某地城门与行人 | |
| 1939.12 | 北京妙应寺白塔 | |
| 1940.01 | 万古长春刻壁 | |
| 1940.02 | 两位儿童的凝望 | |
| 1940.03 | 孩童与毛驴 | 汪伪政权成立 |
| 1940.04 | 戴凤冠的女性特写 | |
| 1940.05 | 列车与长城 | |
| 1940.06 | 孩童，背景有共同建设东亚和平字样 | |
| 1940.07 | 某地牌楼 | |
| 1940.08 | 夏日下的女性 | |
| 1940.09 | 兔儿爷 | 三国轴心成立 |
| 1940.10 | 云岗大佛 | |
| 1940.11 | 某地佛塔 | |
| 1940.12 | 树与群鸦 | |
| 1941.01 | 鲤鱼花灯 | |
| 1941.02 | 教堂前的石狮 | |

续表

| 出刊日期 | 封面图片主题 | 备注 |
|---|---|---|
| 1941.03 | 某地城楼 | |
| 1941.04 | 胡琴与吟唱 | |
| 1941.05 | 古建筑前的花朵 | |
| 1941.06 | 看着金鱼的孩童 | |
| 1941.07 | 投掷标枪的女学生 | |
| 1941.08 | 疾驰的火车与城楼 | |
| 1941.09 | 用扇遮阳的女性 | |
| 1941.10 | 佛塔 | |
| 1941.11 | 北京古观象台 | |
| 1941.12 | 花饰 | 太平洋战争爆发 |
| 1942.01 | 北京天坛 | |
| 1942.02 | 纺线 | |
| 1942.03 | 北京城楼 | |
| 1942.04 | 牡丹 | |
| 1942.05 | 北京西黄寺喇嘛塔 | |
| 1942.06 | 紫禁城 | 中途岛海战 |
| 1942.07 | 太行山脉 | |
| 1942.08 | 北京中元节间的女性 | |
| 1942.09 | 回民儿童 | |
| 1942.10 | 山西的窑业 | |
| 1942.11 | 云岗大佛第三窟 | |
| 1942.12 | 邹县的古塔 | |
| 1943.01 | 门神 | |
| 1943.02 | 天津的泥娃 | |

续表

| 出刊日期 | 封面图片主题 | 备注 |
|---|---|---|
| 1943.03 | 跳着大头和尚舞蹈的少年团员 | |
| 1943.04 | 古北口的长城与铁路 | |
| 1943.05 | 塘沽盐田 | |
| 1943.06 | 日本与中国孩童（日华亲善） | |
| 1943.07 | 鄂尔多斯的女子 | |
| 1943.08 | 船团输送 | |

资料来源：作者整理。

在封面图片主题选材当中，人物主题计有 19 期，超过三分之一，而当中，又有 9 期为女性，儿童或少年其次，计有 8 期，封面上，几乎未出现过明显以男性为主题的图片。

究其原因，当与《北支》编辑者希望体现的"中国特色"有关，图片中与女子同时出现的，包括华表、凤冠等中国文化符号，显见编辑者对于中国文化并不排斥，但既要以日本为主，女性的形象又不致予人对抗的联想，并易于塑造沦陷区下，生活依旧安宁的印象；儿童象征着未来，《北支》编辑者在选用儿童照片时，不忘在其身后印上"共同建设东亚和平"的字样；或告诉读者，两名孩童中，一个是日本人，另一个是中国人，他们正代表着华北交通株式会社所标榜的未来价值。

北京是华北交通株式会社的总部所在，也是《北支》编辑者心目中，最能代表中国文化的古都，由封面照片曾先后选用位于北京的北海公园九龙壁、妙应寺古塔、古观象台、天坛、城楼、西黄寺喇嘛塔、紫禁城，以及北京的中元节等，可以窥见一斑。

1940 年 5 月、1941 年 8 月、1943 年 4 月的《北支》杂志，先后以铁路列车及各地长城作为封面图片，暗示着名义上为中日友好合作的华北交通株式会社，既重视中国的文化象征，也努力于从事建设与经济。

《北支》杂志占各期一半篇幅的图像部分，选材主题包括铁道与交通业务、重点城市与景物介绍、中国风俗习惯介绍，也有部分人物特写、花卉静物的主题点缀其中。

1942 年 7 月，正逢卢沟桥事变五周年，《北支》杂志当期的图像部分，回顾了事变五周年，图像以十一个主题：卢沟桥、战祸与水害、宣抚工作、建设（一）、建设（二）、战斗吟、交通战士的气魄、华北交通创业、跃进的水陆交通、铁路爱护村（一）、铁路爱护村（二），诠释日本的相关作为。①

《北支》杂志选用日军立于卢沟桥附近的纪念碑照片，寓意所谓事变的开端，并以文字说明国民革命军完成北伐后，中国民族主义高涨，国内要求收回失地、长期抵抗，呼吁抗日救国的运动展开，不仅无视塘沽协议、何梅协议，同时蒋介石并因民族主义，准备对日作战，计划兴建铁路，使得在战时沿岸遭封锁情况下，仍可由西南港口，确保对外交通，最后，中日爆发卢沟桥事变。

《北支》杂志无耻地指责国民党、共产党实施焦土政策，强征食粮，强募士兵，造成华北的经济困局，《北支》杂志选用被破坏的天津市街，以及在青岛被烧毁的日本纺织工厂，却未说明前因后果；在战祸相寻下，发放粮食，进行"宣抚"的日军，俨然成为华北的保护与解救者，一张母亲带着儿子回家的影像，暗喻着中国民众无须反抗，应该回归正常生活；另一张影像中，日军布告旁，一位头戴瓜皮帽的中国男人，正张贴着呼应的告示："同胞们，在五色旗之下，团结起来。"影像告诫着，中国平民应有的认识与态度。

《北支》杂志称，日军占领华北后，通过协助成立"自治政府"（即伪政权），确立了"反共"、打倒国民党、日"满"华经济合作等方针，恢复铁路通畅乃成为当务之急，影像当中，华北交通株式会社始发列车，与乘者欢呼的身影、挥汗修理铁路的职工、凝视前方的"交通战士"、不停运转的工程机械，都展现着日本作为建设者的地

---

① 华北交通株式会社资业局资料课：《北支》1942 年 7 月号，第 1—20 页。

位，由职工渡边庄治撰写的《战斗吟》，配合着被焚毁的车站、手捧着同事骨灰的沉重照片，指责"敌人"破坏建设的成果，形成前后的对照呼应，一张名为"军铁一致"的照片中，日军与华北交通株式会社的人员伏地准备战斗，几乎难分彼此，正反映出，这家名为"公司"的机构，所具有的准军事性质。

《北支》杂志自述，在华北交通株式会社成立三年后，铁路货运达到之前的两倍，货运达一倍半，公路汽车客货运输增长两倍与七倍，水路客货运输更增长两倍与十倍半，选用的一张公路运输照片，漆有华北交通图记的客车后，是一辆人员荷枪实弹的军车，显然上述业绩背后，是赤裸裸的军事掠夺。

"铁路爱护村"，是华北交通株式会社宣传的重要业绩，《北支》杂志选用的照片，是农民集体耕作，并使用动力灌溉的影像，华北农村使用的，是华北交通中央铁路农场的育种，《北支》杂志称，华北与内蒙古，现在以交通路为中心，展开了日本与敌人之间，争取民众的战争，一张"爱路妇女队的警备训练"影像中，五名中国农村年轻女子，在铁路旁，凝神观察学习日本教官操作机枪的画面；继而是列队吹号，匍匐铁轨侦察的中国爱路少年队，都极其形象地反映《北支》编辑者心目中，中日两方的关系，日本始终是强有力的保护者，捍卫着经济的成果，中国应该顺从、学习，服从其指导，至于与日本为敌者，无论是国民政府，或者于华北发展根据地的八路军，甚或是不满反抗的中国民众，都早已被抹除于影像之外。

在日本统治下，一般中国民众的生活如何？《北支》杂志常以北京民众的生活，强调华北治理有方，百姓安居的印象，1941 年 1 月的《北支》杂志图像部分，以诸多影像描绘当年的春节，市民驻足，抬头观望五彩缤纷的花灯，更有少女在街头上舞动鱼蟹造型的花灯，贴在大门的门神年画、菜市场里等着人们购买的猪头、关帝庙祈福的人们、北京中央公园内陈列的大型麦芽糖人偶、琉璃厂、海王村公园初市攒动的人潮，北海滑冰的人们，构成了对于当年除夕与新年的美好想象，似乎让读者忘却了，这时仍是战时。①

《北支》编辑者如是说，这是中国的旧正月，了解相关习俗，无疑也是拉近中日双方的方法之一，却也不忘提醒，现居于华北的日本人，应该提醒自己，向建设新"东亚共荣圈"而迈进，殖民统治下描绘的美好生活，毕竟仍需为殖民统治而服务。

## 四　华北交通写真：影像史学观点的再发掘

1945 年 9 月 11 日，亦即同盟国中国战区日军投降签字典礼后两日，国民政府陆军总司令部训令交通特派员石志仁，率员前往北平，办理接收华北铁路、电信、邮政、公路、航运各交通事业及机构事宜。②

10 月 10 日，第十一战区司令长官孙连仲，于北平故宫，接受华北日军投降；次日，石志仁，正式接收华北交通株式会社，大半辈子分别在东北与华北，负责日本铁路事务的宇佐美宽尔，亲自负责交接，他在日本"国策"下的中国铁路生涯，也终告落幕。

随着日军战事的发展与需要，华北交通株式会社移交时，人员规模已发展至 18 万余名之多，各地所辖的护路警力，达 2.3 万余名，其中日本人约 4 万名，多数被遣返，而 8.9 万余名的中国职工，则多数获得留用，至 1947 年 3 月，华北交通株式会社完成日本国内资产清算后，完全解散。

由于接收内容繁多，华北交通株式会社拍摄用于宣传的大量历史影像，似乎未被注意，而被转移至日本京都大学当中，并且鲜为人知，直至 2008 年，该校人文科学研究所搬迁，才被发现而引起关注，京都大学贵志俊彦及石川祯浩两位学者开始调查；2013 年，该校组成"华北交通数据库创建委员会"，陆续将影像数字化建文件编目，

---

① 华北交通株式会社资业局资料课：《北支》1941 年 1 月号，第 3—4、7—18 页。
② 交通部平津区特派员办公室编：《平津区交通事业接收总报告》，北平：交通部平津区特派员办公室 1946 年版，第 1 页。

至 2019 年，数据库以"华北交通写真"名义全部公开，根据统计，共有 35000 多张照片得以保存。①

《北支》杂志每期选用的影像，约在 50—60 帧，因此，"华北交通写真"当中，九成以上的照片，从未公开，尽管相关照片在拍摄时，仍有许多取材角度与立场的局限，但仍有许多影像，提供了弥足珍贵的新视角；该数据库甚至使用了自动着色的技术，协助使用者获得更接近于历史现场的观感。

华北交通写真，目前以原貌呈现影像，照片贴载于记录卡上，登载有摄影者、摄影时间、摄影主题、原版番号、拍摄的铁路线、车站地名等相关信息。由于数字化科技的重新编目与检索，使用者得以由新的研究角度，重新检视当年华北交通株式会社拍摄的大量影像。

华北交通写真当中，约有两百余张影像主题，为华北交通株式会社动态，从影像中可以反映，该公司虽然名为企业，但军事化的性质极强，不仅自成立之初，人员制服除帽徽外，与正规日军无异，举凡前往卢沟桥旁悼念日军、华北交通青年队于创业二周年时，行部队军礼、华北交通乘马队三呼万岁、女子青年队集体会操、青年队员刺枪训练，行军前往北京神社参拜等镜头，都可见该会社并非一般理解意义的"公司"。

对应文字史料，华北交通株式会社的"特殊"性质，也就更易理解，该会社设立之前，系由日军华北方面军特务部第一课长佐伯文郎少将，与伪"中华民国临时政府行政委员会"委员长王克敏，进行了二十一次交涉，佐伯不仅明确拒绝了王克敏由中国人出任该会社总裁，或者独占两名副总裁的提议，更干脆告知：

> 我们认为现在的从业人员并非普通铁路员工，而是军人的一

---

① 《公开宗旨》，华北交通数据库（http：//codh. rois. ac. jp/north-china-railway/announcement/index. html. zh-tw）（检索日期：2020 – 06 – 16）。

部分，那些战死者、受伤者将与在靖国神社中祭祀的军人一样享受待遇……在此非常时期，只以一般观念是无法经营铁路的。①

华北交通写真中的相关照片正可说明，当年的华北交通株式会社，实为一支附属于日军作战任务的"军外之军"。

在广大的乡村地带，华北交通株式会社究竟如何组织动员，推动所谓的"爱路工作"，华北交通写真当中的一百余帧相关影像，也提供了佐证。

九一八事变，日军占领东北，由于铁路沿线，不断遭到东北军民破坏，影响交通与经济，日本关东军参谋部，发给伪满洲国铁路总局《爱护铁路宣传大纲》，该局乃开始于1933年设置所谓的爱路村，即在铁路沿线，赋予行政村保护铁路的责任，最初将铁路两旁各5千米范围内，定为铁路爱护地区，对于表现良好者，给予各种奖励。②

随着日军侵占华北，乃于1937年12月22日，颁行所谓《军占据地域治安维持实施要领》，要求"为保护铁路、通信线及机场，将组织并利用爱护村"③。

华北交通写真保存的爱路村照片，包括爱路妇女队、爱路少年队的训练与巡逻工作、爱路村民投入修路工作、爱路列车下乡，进行演讲宣传，以及医疗服务等相关影像，显见日方对于这一工作，投注相当心力，希望透过恩威并济、奖惩并施的手段，达到保护铁路沿线的目的，同时在此过程当中，有大量的中国民众被迫参与其中数年之久。

根据日军第三十六师团于1940年7月前后呈交的状况报告书，

① 解学诗编：《满铁档案数据汇编第十二卷·华北交通与山东、大同煤矿》，社会科学文献出版社2011年版，第67页。
② 铁路总局警务处：《铁路爱护村设立概况（一）》，《同轨》1934年第1卷第1期。
③ ［日］防卫厅防卫研修所战史室编：《日军对华作战纪要丛书（1）：大战前之华北"治安"作战："治安"作战》，台北：史政编译局1987年版，第89页。

该师团负责维持治安的 15 个县当中，共编有 1038 个爱护村，而华北交通株式会社负责的警务段人员为 135 名，[1] 要维持如此庞大的基层组织运作，显非易事；而日本另一份报告则指出，同属山西的祁县火车站，自 1939 年 4 月，就已在中国共产党的管理之下；中国共产党祁县火车站第一支部自 1940 年 4 月成立后，除对附近展开宣传外，有关该站的各种运输状况、设施、日军、警备队、警备手段等情报，均向中国共产党中央报告。[2] 华北交通写真影像上爱路村颇有摆拍宣传的意味，基层民众更常为了自保而见风使舵，保护铁路交通线的工作，远比影像所显示者，繁重而困难。

# 五　结语：从影像史学探究日本殖民统治的想象与真实

曾在历史上真实存在的影像给予观看与研究者身历其境的感受，然而由于身处不同时空，"眼见未必为实"，需要参照更多的档案或其他史料，交相印证。

抗战胜利已经 77 年，抗战影像因数字化的重新大量出现，并完成数字典藏的储存、编目、分享工作，使得透过影像史学研究、了解抗战，成为新的研究可能。

从《北支》杂志的选材与内容，尽管只是一本刊物，却可以窥见日本侵华后的整体方针，细密盘点利用中国丰富的资源，透过文化宣传，拉拢人心，强调中日善邻友好的一面，但归根结底，仍是为攫取而服务，以支持日本向外扩张，《北支》杂志选用的影像当中，很少看到中国的男性面貌，一种阴柔依附的想象，横亘当中，而对于中国传统文化、古迹等详细的统计与整理，也在暗示，日本甚至比中国

---

① ［日］防卫厅防卫研修所战史室编：《日军对华作战纪要丛书（1）：大战前之华北"治安"作战："治安"作战》，台北：史政编译局 1987 年版，第 491 页。
② ［日］防卫厅防卫研修所战史室编：《日军对华作战纪要丛书（1）：大战前之华北"治安"作战："治安"作战》，台北：史政编译局 1987 年版，第 530 页。

人，更能善加运用这些资源。

华北交通写真大量的历史影像公开，使得沦陷区下的殖民统治，有了更多元清晰的面貌，尽管不乏"欢庆安乐"的镜头，但是沦陷区的基调，当然是由日本统治者决定，中国民众只能按照其设想行事，随着战事的发展，日本的军事动员，深入渗透到社会的各个层面，在华的日籍民众，以及被殖民统治的中国同胞，同样必须服膺于军国主义的动员步调，华北交通株式会社的扩张发展也不断增速，直至战争末期，受到盟军空袭而减缓，最终与日本投降，走入了历史当中。

近年来，台湾地区因教科书课纲修改，以及社会整体氛围的变化，年轻人对于抗战，或根本一无所知，或对当年日本的侵略无感。事实上，当年的台湾民众，正如同《北支》杂志与华北交通写真的取材对象一般，同样只能在日本军国主义的动员下勉力生存，甚至失去生命、财产。

与大众距离较近的影像史学，或是重启台湾年轻世代认识抗战的一座桥梁，使其认识到日本殖民统治的实际样貌，以及中国成为同盟国家之一，始终坚持不懈的奋斗过程，相较于刻板的文字，影像照片，乃至于影片当中的鲜活身影，当可使年轻人认识到，抗战是由无数活生生的个体谱就的宏大剧作，使得抗战的史实与精神，得以传承流芳。

（丘智贤，中华民族抗日战争纪念协会秘书长，黄埔军校同学会后代联谊会会长）

# 不以成败论英雄

## ——论抗战中的"长衡会战"

## 王信力

## 一　前言

1944 年 5 月开始的"长衡会战"是抗日战史中极其惨痛的会战，中国军队（以下简称为"我军"）损兵折将，丧失华中地区大片领土，但亦有可歌可泣之事迹。长衡会战开始之前，盟军在太平洋攻势，使日军南方海上交通线已濒临断绝。同时中美空军取得制空优势，日本本土面临来自盟军海上与空中威胁。[①] 为挽救即将覆灭的命运，日本发动"一号作战"计划，企图打通中国大陆平汉铁路南段，以开拓陆路交通，借道中国前进东南亚，并破坏我军各处飞机场，以减轻空袭损害。[②]

此时日本本土与南洋日军的海上联系已经全部为美军所封锁，除从路上打通交通线外，已无他路。[③] 故在 1944 年 5 月下旬，豫中会战未了之际，日军就已另调集 17 万大军进犯湖南，发动了长衡

---

① 陆军司令部：《长衡会战》，全民国防教育网，（http：//aode. mnd. gov. tw/Unit/Content/389？ unitId =171）（检索日期：2017 – 05 – 15）。

② 东方之剑：《抗日战争中的 22 次大会战》，《黄花岗杂志》，（http：//www. huanghuagang. org/hhgMagazine/issue31/page074_ 22Battles. html）（检索日期：2017 – 05 – 15）。

③ 《抗战史上惨烈的一战——长衡会战》，壹读网，（https：//read01. com/5zkBeK. html）（检索日期：2017 – 05 – 15）。

会战。长衡会战大致可区分为两个阶段，第一阶段日军派出优势兵力分三路与我军争夺长沙，两军鏖战近月，长沙沦陷，亦称"第四次长沙会战"。

日军取得长沙后，朝南挺进攻打衡阳，我军进行"衡阳保卫战"是为会战第二阶段。① 当时我军主力部队正投入支持滇印作战，第九战区部队逐次增援均遭日军击退，衡阳城内守军寡不敌众，虽苦战47日而终落败。至耒阳失守，长衡会战告一段落。

自豫中会战至长衡会战、桂柳会战，中国军队一路败退。美国政府在史迪威（Joseph Stilwell，1883—1946）等人的影响下，原本对于国民政府抗日决心与能力已有动摇，加上湖南作战失利，可谓雪上加霜。② 这种消极的态度的主要因素可能是美国在雅尔塔密约中希望引苏联击退日本想法所致。③ 因此，长衡会战不但在抗日战争中有其重要意义，对近代中国的发展也有其历史意涵。

## 二 长衡会战之经过

1944 年，日本经过周密部署后发动打通平汉、粤汉与湘桂铁路的"一号作战"，目的在于与南亚战场连为一气。"一号作战"地区包含河南、湖北、湖南、贵州等地，并分为豫中会战和长衡会战两个阶段。1944 年 4 月起冈村宁次发动河南及皖西日军126000 余人向河南中部进犯。第一战区汤恩伯部、胡宗南部十万人迎战。④ 此次作战，史称"豫中会战"。在湖南战场上，日军第

---

① 《对日关键战役　长衡会战》：宏观电子报，（http：//macroview.com.tw/mag/macro-view/article_ story. jsp？ ART_ ID＝185118）（检索日期：2017－05－15）。

② 原刚：《一号作战——实施前的经过和实施的成果》，刘凤华译，社会科学文献出版社 2009 年版，第 302—303 页。

③ 在蒋介石与史迪威（Joseph W. Stilwell）的争执中，虽最后以史迪威去职收场，但也让罗斯福总统在雅尔塔密约中让步，允诺苏俄占领东北与朝鲜、旅大，影响战后国民政府对东北的接收。唐德刚：《民国史抗战篇：烽火八年》，台北：源流出版社 2014 年版，第312 页。

④ 张玉法：《"中华民国"史稿（修订版）》，台北：联经出版事业公司 2001 年版。

11 军与第九战区的作战，称为"长衡会战"（亦称为"湖南会战"）。① 参战的我军将领包括了薛岳、方先觉、周庆祥、容有略、葛先才等人。②

长衡会战又可区分为两个阶段，第一阶段起始时间为 1944 年 5 月 27 日至 6 月 18 日，以长沙失守结束。湘北、鄂南一带横山勇指挥日军第 11 军约 10 万人，自崇阳、湘阴、岳阳、华容南犯，企图打通粤汉铁路，我军由第九战区陈诚部、薛岳部迎敌。长衡会战第二阶段为 1944 年 6 月 20 日至 8 月 14 日，以衡阳保卫战为主，由方先觉率第 10 军守城抗敌，第九战区负责增援。

因应美国方面的要求，中国军队自 1943 年秋季之后，陆续抽调精锐（约 7 个军）投入滇印缅战场，所以迎敌战力确有不足。鉴于此，第九战区部队决定在湖南长沙、衡阳地区对日军进行防御战，以一部利用既设阵地，抗击日军，迟滞其前进；主力则集结于后方，利用有利地形，采取各个包围歼灭日军的作战方针。③ 1944 年 5 月 26 日、27 日，日军第 11 军各部队兵分三路向鄂南、湘北发起攻势，揭开湖南会战之序幕。第九战区的司令长官薛岳此时依然未改变战法，仍以"天炉战法"为要，准备在长沙附近痛击日军。④ 然而日军并非不懂变通，在第三次长沙会战失败后，日军应已对"天炉战法"有所研究，所以此次日军进攻长沙前，即先调集大批军队区分三路对长沙周边进行全力进攻，之后日军全力进攻长沙附近的岳麓山阵地，在攻占岳麓山阵地后，日军开始全力进击长沙。⑤ 6 月 18 日，长沙城失守，长衡会战的第一阶段随之告终。

---

① 《抗战史上惨烈的一战——长衡会战》，壹读网，（https∶//read01.com/5zkBeK.html）（检索日期：2017 - 05 - 15）。

② 东方之剑：《抗日战争中的 22 次大会战》，《黄花岗杂志》，（http∶//www.huanghuagang.org/hhgMagazine/issue31/page074_22Battles.html）（检索日期：2017 - 05 - 15）。

③ "陆军司令部"：《长衡会战》，"全民国防教育网"（检索日期：2017 - 05 - 15）。

④ 何桂宏、郑德良：《八年抗战中的国民党军队 1937—1945 纪实》，台北：风云时代 2011 年版，第 408 页。

⑤ 《抗战史上惨烈的一战——长衡会战》，壹读网（ttps∶//read01.com/5zkBeK.html）（检索日期：2017 - 05 - 15）。

长沙失守后战局转向湘南衡阳。由于衡阳在长沙以南，为粤汉与湘桂两条铁路的交会点，是为交通衢道。能否阻止日军打通粤汉路并阻止其进犯广西，取决于能否固守衡阳。因此，衡阳防卫成败具有影响战局的战略意义。① 中央军事委员会委员长蒋介石（以下简称蒋介石或蒋氏）对衡阳的防御极为重视，一方面命令第 10 军死守衡阳，另一方面也急调各路援军准备增援衡阳。② 中路日军在攻陷长沙后继续南下攻衡阳，6 月 24 日日军攻陷横山，25 日攻衡阳。我第 10 军方先觉部 1.7 万余人在衡阳抗敌。③ 左翼日军曾在醴陵、茶陵一带与我军进行拉锯战，最后逼近衡阳。右翼日军循永丰、金兰寺一线前进，我军虽奋力抵抗，但终退守衡阳。在衡阳会战中，第 10 军军长方先觉受命于衡阳阻敌推进，④ 率官兵守卫衡阳城达 47 昼夜，在日军猛烈攻击下，顽强拼搏，坚守待援，直至阵地全毁，伤亡惨重。⑤ 8 月 7 日夜，方先觉派参谋长孙鸣全与日军谈判，停止抵抗。衡阳于 8 月 8 日陷落。8 月 14 日日军再陷耒阳，湖南段粤汉铁路失守。⑥ 长衡会战至此告一段落。

---

① 邓野：《蒋介石何以不承认方先觉投敌　延安：欲借此抬价》，网易历史，（http：//history. news. 163. com/09/0521/15/59RMB2II00011247. html）（检索日期：2017 – 05 – 15）。

② 《抗战史上惨烈的一战——长衡会战》，壹读网，（https：//read01. com/5zkBeK. html）（检索日期：2017 – 05 – 15）。

③ 第 10 军在常德会战中伤亡惨重，在之后更是有整无补。所以在此次常衡会战中，第 10 军其实是在缺员状态下作战，总数只有 17000 余人。

④ 方先觉（1903—1983），先后就读中央大学工学院电机系与黄埔军校第三期步兵科。抗战期间曾参加台儿庄会战、长沙会战、衡阳保卫战等重大战役；曾率部于衡阳独立守城 47 日，被俘后又逃归。《抗战名将方先觉公祭》，华视新闻，（http：//news. cts. com. tw/cts/general/198304/198304141733556. html#. WRB50fmGPIU）（检索日期：2017 – 05 – 15）。

⑤ 从 1944 年 6 月 28 日敌人发动对衡阳的第一次总攻，一直到 7 月底，经过一个月余的战斗，第 10 军伤亡非常惨重。至衡阳保卫战全部结束时，参加守城的第 10 军将士，死伤 15000 余人，其中阵亡 7600 人，损失可谓惨重。齐辉：《衡阳保卫战在抗战中的地位和作用评析》，《黄花岗杂志》2005 年第 2 期总第 13 期（增刊）。

⑥ 张玉法：《“中华民国”史稿（修订版）》，台北：联经出版事业公司 2001 年版，第 405 页。

# 三 长衡会战之检讨

综合分析我军在长衡会战失利的原因，在于各级指挥官指挥不当，使我军陷入两面作战分散兵力与资源。当日军进攻长沙时，第九战区长官薛岳轻敌，误判日军军事战略僵化，仍会以第三次长沙会战兵力部署与进攻方式重蹈覆辙，是以在作战部署上仍采取"天炉战法"，以长沙为饵吸引日军，再以机动兵力分割歼灭日军。但日军区分上中下三路进攻长沙，让守军指挥调度失灵，无法相互支持，终至兵败城破收场。薛岳忘却孙子兵法"战胜不复"之教诲，未能适切调整战略战术，导致长沙兵败，当负最大责任。但是依照当时的湖南之局势，亦不能不思考我军作战的困境。日军发动"一号作战"之际，河南及湖南地区饱受饥荒之苦，我军在豫中会战中已因粮食不足，物资匮乏而缩衣节食，又因为作战征兵引发民怨，而受到饥民的攻击。[1] 在此一情势下，军队训练不足、粮食短缺，又没有获得民众的支持，战败在所难免。

而此时中国军队精锐主力部队却停驻于云南，准备反攻缅甸。日本发动"一号作战"之际，史迪威有意在缅甸战场上发动突袭作战，却又因判断错误导致中国军队在"密支那"苦战受创。[2] 史迪威为解决缅甸失利情况，不断催促中国从云南出兵进攻日军来策应"密支那"作战，并源源不断将租借法案的器械物资拨给驻印军，未能将物资分配支持华东战线，[3] 导致第九战区物资缺乏，应是中国军队在长衡会战争失利的另一主要因素。唐德刚教授曾指出他在为李宗仁将军进行口述历史访问时，李宗仁曾指责蒋介石及参谋本部在日本向华中

---

① 廖彦博：《抗战史新视界：决胜看八年》，台北：天下文化 2015 年版，第 227—228 页。

② 史迪威（Joseph W. Ttilwell）是第二次世界大战期间中国战区参谋长，1942 年 3 月至 1944 年 10 月中，史迪威在中国权力仅次于蒋介石。关中：《中国命运关键十年：美国与国共谈判真相（1937—1947）》，台北：天下文化 2010 年版，第 38 页。

③ 廖彦博：《抗战史新视界：决胜看八年》，台北：天下文化 2015 年版，第 229—230 页。

进攻时，将我军精锐部队集中云南，犯下了战略上的错误。① 但由后来的美国档案可看出，国民政府参谋本部与蒋氏皆认为不宜集中重兵于云南，会有此做法是因为美国方面的要求。②

## 四 "史迪威事件" 对长衡会战之影响

1944 年长衡会战初期，国民政府面对的国际政治尚较为单纯，但 7 月份后却因"史迪威事件"影响中美关系。1944 年 7 月 7 日，美国总统罗斯福（Franklin D. Roosevelt）突致电蒋介石，要求其将史迪威自缅甸召回，"以统率全部华军及美军"。据罗斯福解释，其动机是欲挽救中国战事免于崩溃。③ 一位盟国领袖要求另一位盟国领袖交出其本国军队的全部指挥权，实为不礼貌至极，对主权国家而言是一种极大的羞辱。况且，尽管当时中国面对日军"一号作战"节节败退，却未至全线崩溃的局面，美国政府的担忧实为莫名之举。而蒋介石接获该电报之际正值抗战 7 周年，故其反应甚为强烈。由此亦可见美国政府及驻华将领对于中国国情之无知。

然虽受美国政府的压力，蒋介石仍委曲求全以求周延，答应考虑指挥权之事。④ 但至 7 月 15 日，蒋介石却再接罗斯福电报，威胁称："若中国不能努力作战，则两国此后将无继续合作之基础。"此事折磨蒋氏极

① 唐德刚：《民国史抗战篇：烽火八年》，台北：源流出版社 2014 年版，第 315 页。

② 当时史迪威要求蒋介石将国民党军精锐的 15 个师集中于云南，预备以美式装备的国民党军打通滇缅公路。中国方面认为不值得使用精锐于此，但史迪威却坚持己见，以租借法案相要挟，1944 年 4 月卫立煌部队入缅作战即是美国坚持的结果。唐德刚：《民国史抗战篇：烽火八年》，台北：源流出版社 2014 年版，第 315 页。

③ 谌旭彬：《余程万血战常德，方先觉血战衡阳，蒋介石为何一贬一褒？》，短史记，（http://www.gegugu.com/2017/01/08/30474.html）（检索日期：2017 - 05 - 15）。

④ 蒋介石在当天日记中写道："余于此不外拒绝、接受与缓和之三种方针，以为应付之道，后来决心以缓和处之。"次日，蒋介石电复罗斯福，表示此事要有一个准备时期。同日，蒋又致电美国副总统华莱士，称中国战局"并未有如阁下在各地所得报告之危险与绝望之程度，此当能以今后事实之表现证明之"。邓野：《蒋介石何以不承认方先觉投敌 延安：欲借此抬价》，网易历史，（http://history.news.163.com/09/0521/15/59RMB2II00011247.html）（检索日期：2017 - 05 - 08）。

深。7 月 21 日，蒋介石在日记中写道："余今已突入陷阱之中，四面黑暗，遍体鳞伤。"① 可见史迪威向美国政府争取中国战区军队指挥权的努力，对国民政府形成巨大的压力，也凸显美国政府对于国民政府的不信任。

史迪威指挥权问题既是因战局危机而提出，因此在战场上力求有所收获。因此，蒋介石明确向美方说明：当能以今后事实之表现证明之。由于当时中国战场的作战中心全部集中在衡阳，因此史迪威提出的指挥权问题能否缓和，取决于衡阳之役的胜负。② 这也解释了衡阳保卫战时，蒋介石要求方先觉将军死守衡阳，并亲自指挥解围作战的原因。此一情势的发展，同时也说明了国民政府在长衡会战期间，并未获得美方的全力支持。且史迪威漠视国民政府提供日军将在河南、湖南发动"一号作战"之情报，③ 执意发动滇缅战役的动机值得玩味。

历史学家唐德刚教授曾提出，中国在当时虽为四大盟国之一，却未获参加盟军参谋本部作业。而租借法案亦未能与其他国家有相同的租借方式执行，是马歇尔（George C. Marshall）之计。④ 而马歇尔对于中国战区的讯息均来自史迪威，史迪威亲共的态度让他非常不信任甚至敌视蒋介石，认为蒋介石一心只想制衡中国共产党而非抗日。当时美国援华军用物资大部分用于美军驻华人员，实际拨给中国军队的数量非常少，而且主要还是以负责滇缅作战的 X 部队与 Y 部队为主，这些分配的物资如果分配到每一个师，每个师分配到

---

① 谌旭彬：《余程万血战常德，方先觉血战衡阳，蒋介石为何一贬一褒？》，短史记。

② 邓野：《蒋介石何以不承认方先觉投敌　延安：欲借此抬价》，网易历史（http://history. news. 163. com/09/0521/15/59RMB2II00011247. html）（检索日期：2017 - 05 - 8）。

③ 中国方面曾向史迪威提出日军将在中国及缅北同时发起大规模军事行动。但因蒋介石与史迪威之分歧，让史迪威对于蒋之警告置若罔闻。蒋介石在 1944 年 2 月前往湖南召开军事会议时，亦警告日军将大举进犯。美国驻华大使高思也曾向华盛顿提到日本准备在河南有所行动。但这些情报都不为史迪威与魏德迈所重视。廖彦博：《抗战史新视界：决胜看八年》，台北：天下文化 2015 年版，第 222 页。

④ 唐德刚：《民国史抗战篇：烽火八年》，台北：源流出版社 2014 年版，第 314—315 页。

的数量"几乎是零"。① 可见当时在豫中及长衡作战之我军部队，根本没有获得美援物资的机会，即使获得也是杯水车薪。我军部队在此种劣势情况下仍能持续作战，在衡阳保卫战中更以17000余人之兵力，面对六万攻城之敌，善用地形优势，将士用命苦撑47日，证明我中国军队绝非缺乏战志之师。当时若美援物资未被史迪威掌控，并将装备良好、训练精良之部队投入滇缅战役，或许长衡会战的战况将会改变。史迪威以个人好恶为决策，影响所及可谓深远。

## 五 对衡阳防卫战之评价

抗战胜利后，中国政府将衡阳定为"抗战纪念城"，1947年8月，衡阳"抗战纪念城"举行命名奠基典礼时，中央军事委员会委员长蒋介石特勉："我第10军残余部队，喋血苦守此兀然孤城者，历时47日之久，此为全世界稀有之奇迹，而我中华固有道德之表现与发扬，亦以此为最显著。"② 显示国民政府对于衡阳防卫战的肯定。然而第10军虽固守衡阳47日，但最后以方先觉及第10军官兵近万人被俘收场，蒋介石仍引为黄埔军校之耻。③ 事实上，对于方先觉军长与日军停战被俘的历史见解，在两岸似乎有同有异。

相同之处是两岸学者大都赞扬第10军的坚苦卓绝，对第10军的表现抱持高度肯定之态度。相异之处在于台湾方面认为方先觉是与日军"停战"而被俘，大陆方面学者却大都认为方先觉将军是"投降"而非被俘。这一点是两岸在研究抗战史上的分歧。大陆学者认为，国

① 陶涵：《蒋介石与现代中国的奋斗（上）》，林添贵译，台北：时报出版社2010年版，第303页。
② "陆军司令部"：《长衡会战》，"全民国防教育网"。
③ 当蒋介石得知日军宣称方先觉是"主动挂白旗乞降"之后，在日记写下："余深信先觉绝不至乞降，其不能以身殉国，竟被敌所俘，而屈使我军誉与军校皆蒙此不白之污辱，殊所不料也。"笔者认为蒋氏对于方先觉兵败受俘之事虽能谅解，但心中不免有所微词，盖因蒋氏认为方先觉为黄埔军校学生，未以身殉国乃有辱校誉，此乃基于对荣誉二字之重视。参照廖彦博《抗战史新视界：决胜看八年》，台北：天下文化2015年版，第255页。

民党军队解围不力是方先觉投降主因，因此两者之间的联结是国民政府战略失败、军队抗敌意志不坚所致。但事涉方先觉将军声誉与第10军官兵荣辱，必须根据史实予以厘清，还第10军及参与解围而阵亡之官兵公道。

第10军到底是投降还是停战？国民政府的史料大都认为方先觉将军是与日军"停战"以换取不虐俘、保建制的条件。[①] 日军战史称第10军最后投降有其用意，中国大陆史书也认为第10军最后是"投降"。但是方先觉将军本人却始终坚决否认投降一说，坚称停战，因为没有签署任何正式的投降书。[②] 实际上，根据日本防卫厅防卫研修所战史室出版《日军对华作战纪要（8）：河南会战——一号作战（1）》记载数据可知，方先觉军长于8月8日曾提出三项条件与日军进行停战协议，（一）保证官兵生命安全。（二）收容医治伤兵，郑重埋葬阵亡官兵。（三）第10军不出衡阳，保留建制，驻防衡阳。并派遣周庆祥师长与张广宽副官处长与日军谈判。日军第116师团随即派遣竹内参谋为代表与第10军谈判，并表示完全同意接受有关条件。[③] 衡阳守军与日军达成协议后随即停战，日军进城，衡阳陷落。可见方先觉与日军商议停战一节，并非虚构。

中国大陆学者在评论衡阳保卫战功过时，有负面的看法也有正面的看法，但即使是对方先觉将军持正面评价的，也免不了说他"投降"是为了伤兵袍泽，不忍独自离去，或是方先觉并不是真的要"投降"，只是迫于形势而不得以为之的权宜之计。[④] 也就是说，中国大陆方面虽肯定方先觉将军与第10军官兵英勇抗敌之表现，但

---

① 曾景忠：《方先觉与惨烈的衡阳保卫战》，多维历史，（http：//history. dwnews. com/big5/news/2013-10-16/59338227-all. html）（检索日期：2017 – 05 – 15）。

② 谢台喜：《长衡会战研究》。张铸勋主编：《抗日战争是怎么打赢得：黄埔建校建军90周年论文集》，桃园"国防大学"，2014 年，第 258 页。

③ 谢台喜：《长衡会战研究》。张铸勋主编：《抗日战争是怎么打赢得：黄埔建校建军90周年论文集》，桃园"国防大学"，2014 年，第 256 页。

④ 齐辉：《衡阳保卫战在抗战中的地位和作用评析》，《黄花岗杂志》2005 年第 2 期，（http：//www. huanghuagang. org/hhgMagazine/issue13/big5/44. htm）（检索日期：2017 – 05 – 15）。

无论如何方先觉将军向日军"投降"是事实，不论其用意为何。部分大陆学者认为方先觉将军系因伤亡惨重又未见外援，因而愤然"投降"。①

但本文认为，无论是日本的史料或是中国大陆的学者都没有具体提出方先觉向日本投降的具体证据，包括降表、笔录等书面记录。有的多是其他人的日记、投降中共军队的我军将领自白书等。因此，难以坐实方先觉将军在衡阳会战中投降的罪名。对于方先觉将军忍辱偷生以换取其部属的生命安全，笔者认为是值得敬佩的决定。毕竟第10军力战47天，伤亡逾半，在如此惨烈的战局下，身为指挥官战死、自戕都容易，但忍辱偷生、背负骂名，却是一辈子的屈辱，能做出停战以维护伤兵生命的决定，其勇气值得钦佩。因此以方先觉将军是"停战被俘"来描述衡阳会战的结束，方不至于辱没第10军官兵的牺牲奉献。

至于衡阳解围作战的过程，根据日军的记载，负责救援的第62军的两个团一度攻抵衡阳火车西站，与日军40师团发生激战，打到双方的弹药不济，日本军队还被迫以石块为武器攻击中我军队。② 实际上，驰援第10军的第62军（辖151与157两师），曾于7月19日挺进至衡阳附近，遭日军第40师团渡水增援，向第62军第542团侧背猛攻，副团长钟敬敷、第二营代理营长甄雄殉职。7月21日，日军第40师团配合第116师团全力向衡阳近郊的中国军队进行夹击，第62军157师471团团长丁克坚阵亡，第62军逐次转进至七里山及灵官庙东端高地。7月22日阵地相继失守，151师副师长余子武阵

---

① 齐辉指出，"未见援军绝望之余的方先觉，曾给蒋介石、薛岳等分别发出告急电：'衡阳危在旦夕，个人事小，国家事大，救兵如救火，无论如何请派一团兵力，冲进城来，我们自有办法。'然而，始终没有一个援军到达。所以，当方先觉最后选择了投降道路，对他的部下是这样说的：'好，就是这样干吧！不是我们对不起国家，而是国家对不起我们，不是我们不要国家，而国家不要我们。'"，但齐辉在撰写时并未提出佐证，指出系由何处知悉方先觉曾出此言。齐辉：《衡阳保卫战在抗战中的地位和作用评析》，《黄花岗杂志》2005年第2期。（检索日期：2017–05–15）

② 廖彦博：《抗战史新视界：决胜看八年》，台北：天下文化2015年版，第256页。

亡。至此我军突入城郊部队弹尽粮绝，且受优势敌之压迫，主力转进至侍郎铺、盘古岭、硫子坑附近整理集结。第62军解围行动始告一段落。① 由于高级军官数人阵亡，可见负责救援的第62军损失相当惨重，被迫退出战场整补，而非不战而退。尚有其他救援部队事迹，限于篇幅不及详述。② 我军在救援作战中失利虽是事实，但其主要原因可能是指挥调度失当，采逐次投入方式救援，未能集中兵力而遭敌各个击破，并非蓄意的放弃救援。③

# 六  结论

长衡会战我军虽以兵败收场，让日军攻占长沙、衡阳，然而第九战区之主力并未瓦解，重庆国民政府依然继续与日本对抗，中美空军仍继续威胁日本本土，而日军伤亡人数达数万人，资源大量消耗，虽

---

① 知兵堂编辑部：《吇血山河：抗日战争》，台北：知兵堂出版社2014年版，第297—298页。

② 根据日本防卫厅战史研究室出版《湖南作战》一书，关于衡阳攻坚战的节选（主要是日军第116师团步兵第133联队的记录），以可知道当时负责解围的国军部队与日军间曾发生激烈战斗，但都为日军击退。这些记录证明了在衡阳外围，为了衡阳得以解围而艰苦作战的中国军队至少可能包含了国民党军第20、第26、第37、第44、第46、第58、第62、第72、第74、第79、第100军等部队。根据日军战报，截至8月上旬，在衡阳外围，总共造成66468名中国士兵阵亡，俘虏27447名。连同伤病，国军官兵共损失了约226400人，也就是说当时参与作战的国民党军45个师级单位，大概都已丧失了继续作战的能力。由日军的战志记载可知日军投入可观的兵力来打击国民党军的解围部队，导致其大量伤亡。如果日方的战志值得相信，可说明重庆国民政府没有停止对衡阳的解围作战。而日本陆军公布衡阳战役经过，亦曾有援军遭日军击退之说法，而至8月6日还有第44、第100、第79、第37等四个军对衡阳进攻进行解围。《日军记载的衡阳保卫战：地下布满中国军尸体》，壹读网（https://read01.com/RANmo2.html）（检索日期：2017-05-15）。谢台喜：《长衡会战研究》，《抗日战争是怎么打赢得：黄埔建校建军90周年论文集》，桃园"国防大学"，2014年，第257页。

③ 谢台喜指出，国民党军解围部队缺乏统一之指挥，未能集中兵力一次投入执行解围任务，恐怕是未能成功为衡阳解围的主要因素。执行解围的第62军突进至衡阳西郊时，第79军停滞于金兰寺观望。待第79军决心进攻，进抵衡阳西北郊时，第62军已因大量伤亡而撤退。62军与79军先后对衡阳日军作战时，74军迟滞于常德未动，使第79军亦因伤亡过大而撤退。待46军到达衡阳附近时，衡阳已失守。谢台喜：《长衡会战研究》，《抗日战争是怎么打赢得：黄埔建校建军90周年论文集》，桃园"国防大学"，2014年，第260页。

达成攻陷长沙、衡阳之目的，仍无助于挽回整体战局。[1] 衡阳战期间日军的兵力前后补充三次，在城郊的阵地争夺战中，付出了损失数万人的代价，而我军至最终只损失不到 1 万人，这种战损比在当时日军是少有的。[2] 日军原拟定 3 日之间结束，而实际却延宕了 47 天，所以日方也不得不承认此战"严重妨碍了打通大陆的日程"。衡阳会战结束后，日军进行整补将近 1 个月，才有办法进攻桂林，[3] 为桂林防卫争取时间。可见我军处在劣势情况下，在战略上采取消耗战并无重大的缺失。在许多西方的著作中，常批评国民政府在加入盟国后，就再没有认真对日进行作战。中国军队在衡阳 47 日的苦战，是对此一论述最佳之反证。即使中国军队在长衡会战中失败，并未气馁而消沉，而是继续的苦撑奋战，并未屈服于日军的攻势。且由于我军战斗意志始终不懈，终使得日军虽在会战中得胜，仍无法阻挡最后的战略失败。

"衡阳保卫战"被史家认为是抗日战争中，作战时间最长、敌我双方伤亡官兵最多、最惨烈的一场会战，亦被日军称为"中日八年作战中，唯一苦难而值得纪念的攻城之战"。[4] 第 10 军在"衡阳保卫战"苦撑 47 日，迟滞日军打通大陆交通线的进程，歼灭大量日军，对于我军尔后之作战有其正面意义。而衡阳保卫战对于蒋介石来说亦

　① 谢台喜：《长衡会战研究》，《抗日战争是怎么打赢得：黄埔建校建军 90 周年论文集》，桃园"国防大学"，2014 年，第 261 页。

　② "陆军司令部"：《长衡会战》，"全民国防教育网"（检索日期：2017 - 05 - 15）。

　③ 当时的重庆《扫荡报》在评论中这样写道："就时间算，衡阳阻敌 47 天；若就消耗敌实力，挫折敌锐气算，衡阳阻敌何止 47 天！……若无衡阳之守，也许敌寇更要猖獗。衡阳之战的价值，不仅在于延宕敌寇打通内陆交通线时间，且有助于黔边战局的转捩。"该报评论又写道："因为衡阳之守，桂林要塞方有建筑余暇。这种要塞虽没有收到效果，但衡阳之固守，使敌人感到中国军队之坚强；又加之桂林之地形，与要塞之坚固，使他们停止于大榕江兴安一带，达 40 日，以待补充。因为敌人怕兵力火力不够，不能一鼓南下桂林，致挫折其士气，所以须补充完整，方敢前进。假使不是衡阳之手，以挫敌人锐气，敌人不必补充，大胆长驱直入。那么，敌人侵入贵州，当提早三个月，那是敌人更要猖獗。是衡阳之守虽仅 47 天，而大榕江兴安 40 天之停留，亦是方军长之余威。在军事上争取 3 个月时间，是如何的大功勋呢？"齐辉：《衡阳保卫战在抗战中的地位和作用评析》，《黄花岗杂志》2005 年第 2 期（检索日期：2017 - 05 - 15）。

　④ 《抗战名将方先觉公祭》，华视新闻，（http://news.cts.com.tw/cts/general/198304/198304141733556.html#.WRB50fmGPIU）（检索日期：2017 - 05 - 15）。

是非常关键的一战。在衡阳作战之时，我军事实上处于两面作战，一方面因应日本"一号作战"的压力，另一方面亦在缅甸战场上与日军奋战。所不同者在于衡阳战场是由我军部队全部承担，而缅甸战场上却是由史迪威指挥。此一情势亦成为蒋介石与史迪威之间对于中国战略军队统帅权的竞争，因此蒋介石对于衡阳的战事至为关注，乃至于亲自指挥解围作战，[①] 足见其对衡阳保卫战的重视程度。但1944年8月的衡阳，亦可视为中国全面抗战到第七年的缩影。既有孤城死战的官兵，也有我军将领在意气与派系之间的争执。而盟邦有人掣肘与消极敷衍，亦有人勇敢奋发，不避艰苦的支持，这是整个抗战的真相。[②] 因此，我们当"不以成败英雄"的思维，来追怀长衡会战中阵亡的我军将士。

（王信力，淡江大学国际事务与战略研究所博士，台湾中华兵棋与战略研究学会研究员，台湾中华战略前瞻研究协会研究员）

---

① 廖彦博：《抗战史新视界：决胜看八年》，台北：天下文化2015年版，第253页。

② 廖彦博：《抗战史新视界：决胜看八年》，台北：天下文化2015年版，第256页。

# 保卫重庆

## ——鄂西会战的历史意义

### 金　智

## 一　前言

　　"鄂西会战"是 1943 年日本大本营与"中国派遣军"决定在中国对外通道完全断绝情况下与反法西斯盟国军力与士气最为低迷的时刻，决定由湖北直接进攻四川，拟对重庆政府给予致命性的攻击，企图一劳永逸解决"中国事变"，而后乃可将"中国派遣军"调往其他地区作战的重要会战。

　　日军在"鄂西会战"失败后，遂彻底放弃由湖北打通长江航道，直捣四川重庆的战略思维。陈诚称"鄂西会战"是八年全面抗战中日军伤亡较我军超出百分之五十以上的特例。[①] 由于此会战日军的失败，乃有同年年底的"常德会战"，及次年日本大本营企图另行由湘、桂、黔路线进攻四川重庆，逼迫国民政府停止抗战所发动的"一号作战"，如长衡会战、桂柳会战等。[②]

　　重庆是战时首都，是指挥全国抗战的军政、经济与文教中枢与精神堡垒，但对于确保巩卫陪都的鄂西会战，过去却少有学者专文研

---

① 陈诚：《陈诚先生回忆录：抗日战争（上册）》，台北"国史馆"2005 年版，第 183 页。
② ［日］防卫厅防卫研修所战史室：《日军对华作战纪要：一号作战》，史政编译局译，台北：史政编译局 1987 年版。

究。为此笔者搜集有限的史料、回忆录及相关的专书，就"鄂西会战"的战前敌我态势、会战经过、战绩检讨与影响等，作一综整、研究与探讨。

## 二 鄂西会战前的敌我态势

### （一）中国军队在正面战场的对日作战的三个阶段

从1931年九一八事变起到1945年8月日本无条件投降为止所发生第二次中日战争，是近代中国历史的命运发展到危机之顶点。国民政府对日本的基本政略是"先安内后攘外"，在中国共产党问题未解决前，避免与日本全面冲突。七七事变爆发，中国共产党表示愿共赴国难后，国民政府召开国防会议，决定"全面抗日，采取持久消耗战略"。[①] 抗战中中国军队在正面战场的对日作战大致分为三个阶段：[②]

第一阶段是从1937年7月7日卢沟桥事变到1938年10月武汉撤退。此阶段著名战役有平津作战、华北作战、淞沪抗战、南京保卫战、徐州会战，包括台儿庄大捷、武汉会战。

第二阶段是从1938年10月武汉撤退到1941年12月太平洋战争爆发。此阶段重要战役有：南昌会战，第一、第二次长沙会战，南宁会战，中条山会战等。

第三阶段从1941年12月太平洋战争爆发，到1945年日本投降，其中的重要战役有：第三次长沙会战、缅北滇西之战等。[③]

### （二）相持阶段的敌我态势

日军自从在1938年10月底攻占武汉之后，就把兵力沿长江水道

---

① 张玉法：《"中华民国"史稿》，台北：联经出版事业公司1998年版，第370—371页。

② 杨天石：《找寻真实的蒋介石——蒋介石日记解读》，三联书店（香港）有限公司2008年版，第504页。而张玉法则区分为四个时期，张玉法：《"中华民国"史稿》，台北：联经出版事业公司1998年版，第384—406页。

③ 杨天石：《找寻真实的蒋介石——蒋介石日记解读》，三联书店（香港）有限公司2008年版，第504页。杨未论及鄂西会战。

向前推进到湖南岳阳一带。由于战线长，兵力有限，日军无力继续大规模南攻，双方相持于新墙河一带。其后，日军虽不时轰炸湖南各地，但相持线并未发生大的变化。事实上到了1938年年底，日军大本营已深为陷入中国战场的持久作战泥沼所苦。虽占据中国半壁江山，却没有消灭中国军队的主力，而且日军已经无法再增加兵力，继续深入中国进行攻击。

日本军政界不少人渐渐意识到，日本很难在战场上击败中国，于是提出了两个选择：其一是采取以战养战的策略，设法长期搜刮占领内的资源，以维持日军在中国境内的开支；其二就是设法与中国进行停战谈判，减少日军在中国境内的数量。

日本大本营原先是有意从1939年起，逐年减少在中国的驻军，希望到1941年能够将在华日军的总兵力，从80万人调整到40万人，以减少日本在中国战场的战略损耗。[1] 日本大本营甚至这样的意向：纵使日本无法与中国完成和议，日军也要撤退到长江三角洲与华北地区，大幅减少在中国战区的消耗，以保持日军应付苏联战斗力。

但是在华日军强烈反对大本营的减缩计划，特别是当时第十一军的中将司令官冈村宁次，曾经多次以进攻四川的作战计划上报大本营，要求不但不能减少，反而应该设法大幅增加在中国的驻军。只要日军增加兵力，他有信心可以击败重庆国民政府。

日本驻武汉的第十一军扮演着插入华中心脏地区的战略机动部队的角色，第十一军是当时日本在华日军战斗力最强的部队之一，拥有7个师团与数个独立旅团的兵力，兵力在10万人以上。[2] 第十一军为确保武汉，占领周围战略要地，东至九江（江西），北到信阳（河南），西至钟祥、安陆（湖北），南为岳阳（湖南），沿铁路、水路和公路警戒，保持各点之间的联系。根据大本营的指示，以上列各点之

---

① 何桂宏：《八年抗战中的国民党军队》，台北：风云时代2012年版，第185页。
② 张明金、刘立勤：《侵华日军历史上的105个师团》，解放军出版社2010年版。

间为作战地区，与中国军队作战。①

自 1939 年春，日本空军即改变在华作战目标，不仅破坏中国军事设备，对战时首都重庆实施疲劳轰炸，也同时滥炸后方城市。为瓦解中国军民的抗战意志，日军于 1940 年 6 月攻陷湖北宜昌，构成对四川后方的军事与经济的威胁。② 1940 年夏秋之际，日机又从 5 月到10 月长期轰炸重庆六个月，被炸的地区且遍及四川省内各空军基地和资源地区。③ 每天约有 110 架到 160 架的日机轰炸重庆。④

中国空军自 1938 年 10 月武汉会战后，损失至重。经整训与补充后，1939 年计有各型飞机 215 架。1940 年苏联军队撤离中国，减少了 160 架，年底仅余 65 架。这年秋，日本在华飞机增至 800 架以上，性能上远较中国所有的飞机为优。⑤ 此时苏援既停，美援无期，中国军民以无比的耐力，忍受日机的狂炸。

英、法在欧洲之战败，越、缅对华之停运，宜昌之失陷，复以1940 年国内米粮之收成不佳，加以日本对华实行经济作战，使中国抗战三年以来，面临极严重的经济危机。⑥

### （三）欧战爆发前后的敌我态势

1939 年 9 月，德国进攻波兰，英、法向德国宣战，欧战全面爆发。日本政府深感国际局势正处于急剧变幻之际，更希望早日结束对华战争，以便抽出身来应付新的局势。新上台的阿部信行内阁一再表示："决以全力解决中国事件。"于是在南京成立了中国派遣军司令部，任命西尾寿造大将为总司令官，板垣征四郎中将为总参谋长，全

---

① ［日］防卫厅防卫研修所战史室：《日军对华作战纪要：华中方面军作战》，史政编译局译，台北：史政编译局 1987 年版。

② 蒋介石于 1940 年 10 月 7 日致在美之宋子文电云："敌驱逐机近日由宜昌直飞蓉、渝二地，掩护其轰炸机，随意所至，肆无忌惮。"《战时外交》（一），台北："中央"文物供应社 1981 年版，第 413 页。

③ 吴相湘：《第二次中日战争史》，台北：综合月刊社 1973 年版，第 585—588 页。

④ 蒋永敬：《抗战史论》，台北：东大图书 1995 年版，第 472 页。

⑤ 何应钦：《日军侵华八年抗战史》，台北：史政编译局 1985 年版，第 310—311 页。

⑥ 蒋永敬：《抗战史论》，台北：东大图书 1995 年版，第 474 页。

盘负责对华的军事行动。①

西尾寿造和板垣征四郎就职后的第一个军事动，就是发动对湖南长沙的进攻。因为长沙是中国中南地区的军事重镇，攻占长沙，可以南攻衡阳，西指常德，扼两广之咽喉，控四川之门户，将中国军队压迫在川黔境内。为此日军从1939年到1942年，先后三次对长沙用兵，是为三次长沙会战。②

1939年年底至1940年年初，中国军队发动的冬季攻势和对广西南宁昆仑关的反攻，使日军感到中国方面保持着很强的抗战意志和作战能力。为了进一步"扫荡"武汉外围，并对中国军队的冬季攻势进行报复，1940年5月，日军第十一军发起了攻占枣阳、襄阳、宜昌等地的作战，史称"枣宜会战"，日本则称为"宜昌会战"。

枣宜会战，中国军队顽强抵抗，伤亡多达五六万人，中国军队第三十三集团军总司令张自忠在战斗中自戕身亡，成为抗战期间中国军队阵亡殉国的最高级别将领，也是第二次世界大战同盟国牺牲的最高级别将领。③日军因占领宜昌，取得江汉平原富裕的产粮区，并得以修建飞机场轰炸我四川大后方，对中国军队构成极大的威胁。

日军在枣宜会战中虽占领了宜昌，但未能解除中国军队对武汉的威胁。中国军队仍在江陵、宜昌、当阳、钟祥、随县、信阳以北一线与日军对峙，并频频袭击日军后方补给线。日军在两个月的会战中伤亡一万多人。为了确保宜昌，日本大本营不得不增派第四师团从东北到武汉增援。④

国民政府为保卫陪都重庆，屏障四川，重设第六战区，防御鄂

---

① 何桂宏：《八年抗战中的国民党军队》，台北：风云时代出版社2012年版，第185页。

② 杨晨光：《第三次长沙会战与薛岳》，台北《军事史评论》2010年第17期。

③ 何桂宏：《八年抗战中的国民党军队》，台北：风云时代2012年版，第283—284页。另一国军牺牲最高阶将领是第三十六集团军总司令李家钰上将，郑浪平：《中国抗日战争史（下册）》，台北：麦田出版社2001年版，第560页。

④ 日本大本营在当年七月其实已计划逐年递减在华兵力，预定在昭和十七年（1942）时，整年度只驻留五十五万兵力，其兵力分布华北二十五万、华中十五万、华南十五万。[日]防卫厅防卫研修所战史室：《香港长沙作战》，史政编译局译，台北：史政编译局1987年版，第478—484页。

西、湘西、川东等地。陈诚所辖部队有第三十三集团军、第二十九集团军、江防军和第十八军等。[①]

# 三 鄂西会战的战略与经过

## （一）"五号作战计划"

1942 年 5 月当日本南方军顺利攻占东南亚和太平洋的战略目标，并轻易击溃美、英、法、荷当地驻军。而对照之下，中国军队竟是如此顽强不屈。

日本大本营在 1942 年年中，全盘检讨整个战局之后，开始倾向接受中国派遣军司令部的建议，就是日本对外作战问题，是从中国战场开始，就要尽量设法先结束在华作战的观点。因为只要"中国事变"不能告一个段落，日本就抽不出足够的兵力，完成其控制东亚，与德国会师中东的战略计划。

1943 年，已可看出世界第二次世界大战之局势对轴心国家之不利。在欧洲战场方面，美英联军已在北非登陆成功；德军在斯大林格勒溃败以及日本攻势受阻于西南太平洋。国际战略家们认为世界大战之战局发展已越过了"分水岭"，发动侵略战争的轴心国家已由主动、攻势的一方转变为被动、守势。而日本侵略军已深陷泥淖，师老无功，如再久迟必遭败亡。为打开僵局，转化颓势乃发动"鄂西会战"。于长江两岸地区分进合击，而置主力于长江以西，企图夺取控制四川门户的石牌要塞。之后，溯江而上进窥巴蜀，以求迅速结束其侵华战争。[②]

为前述作战目的，所集结于宜昌、宜都等各附近之日军兵力计有：第三、第五、第十三、第三十九、第五十等 6 个师团的番号，约为 10 万之众，并有海空军相当兵力之支持，由日第十一军军长横山

---

① 陈诚：《陈诚先生回忆录·抗日战争（上册）》，台北"国史馆"2005 年版，第 155 页。
② "军务局史政处"：《"国民革命军陆军第十八军"军史》，台北：军务局史政处1998 年版，第 76—77 页。

勇进驻宜昌，统一指挥。以上显示日军将使用所集结之陆海空军兵力向西继续进犯。①

日军直接攻占四川，以解决中国事变的战略构想，得到日本中国派遣军的支持。中国派遣军与日本大本营在经过多次的协商之后，决定将日军进攻四川的计划，定名为"五号作战计划"，并且准备在日本国内再动员23万的后备军人，以支持中国派遣军进攻四川所需的兵力。②

当时日军拟定的"五号作战计划"，是准备由中国派遣军司令部指挥，分成南北两路向西进攻。日军准备特别组成第五方面军，统一指挥第一军、第七军与第二十八军，共10个师团，是为北路军，先由山西、河南交界处，分道渡过黄河，西攻关中平原与陕北，在击溃延安与西安的中国守军之后，主力向南旋转，越过秦岭，与由汉水进攻汉中盆地的另股日军会师，由北方的侧背进攻四川的成都平原。另外由在武汉第十一军的5个师团组成南路的日军，由长江的宜昌附近逆流西上，突破中国在三峡山区的防线，直接攻入四川的东部，然后将兵力直指重庆。该计划的目的是使攻入四川的两路日军最后在重庆会师，攻占整个四川，再乘胜"扫荡"中国对外联络的基地云南，希望以此迫使国民政府或者退往西藏败退，或是向日军屈服求和，或是沦为地方游击政府。日本希望这样就可以结束在中国的战争，以调出部队准备与盟国进行决战。在日军准备攻势的压力之下，当时的蒋介石甚至考虑过，假如四川遭到日军攻陷，他准备将国民政府迁到西康，继续进行抵抗。③

但是当日军的"五号作战计划"所需之后勤准备与兵力集结都在旷日费时地筹备时，日军在南太平洋地区的战线，因为开始受到美军

① 吴相湘：《第二次中日战争史》，台北：综合月刊社1973年版，第844页。张明金、刘立勤：《侵华日军历史上的105个师团》。

② 蒋纬国：《"国民革命"战史》第三部，《抗日御侮》第八卷，台北：黎明文化1978年版，第16页。

③ 郑浪平：《中国抗日战争史（下册）》，台北：麦田出版社2001年版，第662页。

的反攻而出现逆转的状况。1942 年 8 月，美军开始以强大的兵力，反击日军在所罗门群岛以及新几内亚的前进基地，迫使日本大本营决定，抽调在中国战区的部队与后勤支持，优先到南太平洋地区，设法顶住南方军不利的战局。

### （二）陈诚与第六战区的作战整备

第六战区，共设立两次，第一次在 1939 年 10 月，武汉会战结束之后，防止日军向鄂西进攻而设，陈诚以第九战区司令长官兼任，至 1940 年 4 月撤销。

1940 年 5 月，日军在豫南与鄂中，集中了 6 个师团的兵力，进攻南阳、襄阳，于 6 月初连陷宜城、南漳，直扑宜昌。沙市、宜昌相继失守后，蒋介石以日军攻势凌厉将危及陪都重庆，决于 1940 年 7 月恢复第六战区，辖区为鄂中、西、南、湘北，及川东、黔东等地区，为陪都重庆的前卫，仍以陈诚为司令长官，蒋介石以第六战区的重要，有"六战区第一"的说法。①

陈诚受任第六战区司令长官之后，懔于责任重大，曾两度上书蒋介石，坚辞军委会政治部长等各项兼职，蒋同意免除其兼任职务，使其得以专任第六战区司令长官、湖北省主席。②

陈诚如何才能达成使命，第一件事就是确定作战方针，他在 1940 年 8 月 7 日新拟的腹案是："本战区以确保酉（酉阳）、秀（秀山）、施（恩施）、巴（巴东）及三峡一带要区，相机规复荆、宜、武汉之目的，以有力一部扼守长江南北岸山地，及沿江湖现据各要点，拒敌进犯，予以严重打击。并于桃源、慈利，及资邱、贺家坪、庙河，亘大峡口市间之线，预为韧强之防御设施，以主力先控置施巴路，诱敌于山岳地带，予以歼灭之打击。但乘敌通过江湖及山地之过失，我主力应对常德、澧县、平原及长阳、曹家畈、石牌以西山地，为机动之

---

① 陈诚：《陈诚先生回忆录·抗日战争（上册）》，台北"国史馆"2005 年版，第 159 页。
② 王维礼：《蒋介石的文臣武将》，台北：巴比伦出版社 1994 年版，第 186 页。孙宅巍：《蒋介石的宠将陈诚》，台北：台湾先智出版有限公司 1994 年版，第 315—318 页。

准备，将敌各个击破而歼灭之。"

陈诚在作战整备上，做了以下的措施：[1]

1. 编制方面：大力终止这种吃空缺的行为，要求各部队核实点验发放粮饷。

2. 军粮补给与囤粮方面："军实"为根本问题，不容出现任何一点差错。临时救急办法，由兵站总监部加速运输，克服道路困难，以供食用；并建立囤积三个月之军粮及囤积民粮与采购滨湖米粮，以确保粮食充足供应。

3. 部队训练：中国军队不仅武器与装备方面不如人，尤其是训练不足。陈诚特别重视部队的教育与训练，他把部队教育训练方式列为三种，即补助教育、机会教育与重点教育，落实成为部队日常工作的重点。有了坚实的训练，才能抵消武器与装备上的不足。

4. 军需独立：军需沦为军、师长们的私人账房，因经理不法之故，严重影响将领的人格与因克扣粮饷造成士兵的痛苦。陈诚大力推动军需独立，以他清廉的作风，的确收到"风行草偃"之效。

### （三）敌我的战略与战斗经过

"鄂西会战"发生在 1943 年 5 月 5 日至 6 月 14 日，日军则称此会战为"江南歼灭作战"或"江南进攻作战""江南进击作战"。[2] 最初日军从华容、石首之间渡江突破中国军队防御阵地，后者向洞庭湖南岸撤退，当时尚以为敌之目标在绕过洞庭湖之西岸进窥常德。至 5 月中旬战况渐为明朗，敌之攻击已向西回转，同时红花套及宜都之间续有敌部队渡江登陆。5 月 22 日山地之门户渔阳关失守。24 日宜昌附近之敌军亦渡过长江，至此石牌要塞为敌争夺目标。

鄂西战役第一阶段日军在洞庭湖北岸南犯，可是整个战役却以夺

---

① 王逸之：《陈诚与蒋介石》，台北：知兵堂出版社 2011 年版，第 140 页。

② ［日］防卫厅防卫研修所战史室：《日军对华作战纪要：华中方面军作战》，史政编译局译，台北：史政编译局 1987 年版，第 553 页。

取石牌要塞，掌握长江水道，进一步觊觎重庆为目的。[1]

日军进攻重庆有三条路线，右为老白路（老河口至白河），左为川黔路，中为沿江西上。三条路中，左、右两路不如中央一路便捷，宜昌被日军攻占之后，川东的第一道大门被打开了，陈诚综合判断以日军溯江西上的公算较大。

第六战区的正面，右翼自湖南南县，经石牌至江北之远安县；左翼为汉水、襄河西岸一带，部署重点在江防正面。陈诚因考虑到日军在中国战场上正陷入泥淖，在太平洋战场上频频失败，逐渐迈入日暮途穷之境，恐其铤而走险、侥幸一逞，推测其因利乘便，溯江西犯重庆的可能性极高！所以石牌必须先加以重点的配备。

日军为不使企图过早暴露，在1943年的2月15日，先自江北进犯沔阳、监利等处；3月8日，兵分数路，渡江南犯华容、石首、藕池、横堤寺、黄水夺、斗湖堤等。至4月下旬敌军突然增兵六万，在宜昌、石首等地均配置重兵，颇有大举西犯之劫。

得知日军企图后，第六战区作了下列的部署：以王缵绪第二十九集团军固守安乡至公安之线，以王敬久第十集团军固守公安至枝江之线，以吴奇伟江防军固守宜都和石牌之间阵地。

5月4日，日军第三师团第六步兵联队向张家祠、高河场一线阵地发进攻，揭开了鄂西会战的序幕，在日军兵锋所指之下，安乡、南县、公安、松滋等地相继陷敌。17日起，日军开始向石牌外围大规模进犯，并有南京汪伪政权之"南京政权军"第二十九师支援参战。[2] 分别向中国军队第六十七师、第十三师、第一百二十一师守备的麒麟山、长岭岗、渔洋关进犯。经过激战我军伤亡惨重，只能奉命放弃阵地撤退转进。

不料横山勇却突然在5月23日，改变日军进攻方向，向西转北

---

① 黄仁宇：《从大历史的角度读蒋介石日记》，台北：时报出版社1994年版，第328页。

② ［日］防卫厅防卫研修所战史室：《日军对华作战纪要：华中方面军作战》，史政编译局译，台北：史政编译局1987年版，第629页。鄂西会战有被日军封为上将的伪湖北省主席杨揆一统领的29师、11师、24师与保安队万余人配合7万日军作战。

疾进，同时命令宜昌的日军向西出击，沿江逆流进攻石牌要塞，并且渡江攻占战略据点渔洋关，掩护主力部队向石牌要塞，进行多面围攻。横山勇更是将十一军司令部移到宜昌，以亲自就近指挥日军进攻石牌要塞。日军的企图是，假如能够突穿中国军队在三峡的防线，就可以威胁重庆的安危，进而造成国民政府全局的混乱。至此，敌之企图，始较明显，西犯石牌之企图已昭然若揭！果然日军的攻势，原有引诱中国军队出击护粮，甚至防卫常德的策略，然后再乘虚袭击石牌要塞，以威胁重庆的安全。

26 日我江防军总司令部命令，调整部署：以第五师、第十八师、第十一师守备馒头嘴、峡当口、石牌一线。此后数日，江防军全线连日激战，中国军队节节后退抵抗，但仍不敌日军旺盛之火力，石牌要塞遂逐渐陷入日军包围。

陈诚认为，第六战区的最主要责任，就是守住四川东部，以屏障重庆的安全，这个地区的安危，牵动整个中国战区的民心士气，因此不可有所闪失。当陈诚接到日军转变进攻方向，石牌要塞告急的消息，就立刻赶回恩施的第六战区司令部，亲自指挥自己的嫡系十八军，死守石牌要塞与外围阵地。①

陈诚又下令江防部队，绝对要坚守长江通往重庆的阵地，结果日军的主力虽突然改成从宜昌向四川进行的突袭，却仍在石牌要塞硬被守军阻挡下来，没有成功地突穿中国军队防线。

陈诚又将在云南集结待训的部分远征军，抽调到石牌作战。5 月 29 日，中国军队收复渔洋关，威胁到日军攻击石牌要塞的侧背。而在重庆的蒋介石也感到这场作战的重要性，因此宣布石牌要塞是中国的"斯大林格勒"，绝对要死守不退！在战况进入危急之时，蒋介石甚至一度准备亲自前往前线指挥作战，并且动用卫戍重庆的预备队，

---

① 陈诚因兼理中国远征军事务，第六战区暂由副长官孙仲代理。至 1943 年 5 月 17 日，始由昆明回驻恩施。守军因其返防，士气曾为之一振。陈诚：《陈诚先生回忆录·抗日战争（上册）》，台北"国史馆"2005 年版，第 178 页。

投入战场决战。① 而中国军队的各路兵马，更是奉蒋介石的命令，在中美空军的支持之下，也开始会集围攻日军。这时进攻的日军，在渔洋关既已失陷，石牌要塞血战八个昼夜后仍无法攻破，因此横山不愿恋战，以免遭到损失。1943 年 5 月 30 日，横山下令日军退回长江北岸，但后撤的日军第十三师团，在宜都遭到中国军队的夹击，受到严重的损失。②

### （四）胡琏与石牌之战

石牌要塞位于西陵峡右岸，为长江三峡之门户。如果失守，则西北之巴东为通重庆之锁钥，西南之恩施，乃第六战区长官司令部之所在，均失去屏障。宜昌沦陷之后，石牌便成了拱卫陪都重庆的第一道防线，中国海军于 1938 年冬天在石牌设置了第一炮台，其左右有第一、第二分台、共安装有岸防大炮十尊。要塞炮台可以封锁南津关以上的长江江面，因此军委会在此放了重兵防守。日军第十一军司令官横山勇组织了十余万人投入鄂西，企图一举打开通往重庆的水上航道，鉴于前次 1941 年正面攻击石牌失利的教训，日军这次特地派了三个师团，从石牌背后迂回而取之。③

第六战区依据敌情判断日军可能采取之行动，所策定之战略指导，其要旨为：④

> 战区以第十及第二十九两个集团军，共四个军，固守公安、安乡、枝江之线既设阵地。以江防军固守石牌要塞——宜都阵地。

---

① ［日］防卫厅防卫研修所战史室：《日军对华作战纪要：华中方面军作战》，史政编译局译，台北：史政编译局 1987 年版，第 639 页。黄仁宇：《从大历史的角度读蒋介石日记》，台北：时报出版社 1994 年版，第 329 页。

② 郑浪平：《中国抗日战争史（下册）》，台北：麦田出版社 2001 年版，第 667 页。

③ 祝康明：《"青天白日"勋章》，台北：知兵堂 2011 年版，第 178 页。

④ "军务局史政处"：《"国民革命军陆军第十八军"军史》，台北：军务局史政处 1998 年版，第 77 页。

以第七十五、第七十七、第五十九等军固守石牌以北之既设阵地。① 先以坚强之抵抗消耗日军，诱致日军于石牌要塞亘渔洋关间地区，然后转移攻势，压迫日军于长江西岸而歼之。②

十八军在江防军总司令指挥吴奇伟之下，担负防守石牌之任务。军辖第十一、第十八两个师，当时之部署概为：军部驻石牌以西之望州坪，十一师任要塞前地之防守，师部驻殷家坪；十八师任掩护侧翼阵地。五月上旬，调整部署，以十一师负责石牌要塞之守备。

19日，日军由暖水街、刘家场、茶元寺西犯，陈诚的处置为：以渔洋关、津洋口、曹家畈为第十集团军与江防决战线；第十集团军对渔洋关、江防军对石牌均应确保；第三十、第三十二、第七十四军等到达战场后，加入右翼。蒋介石5月22日又电令吴奇伟，"石牌要塞应指定一师死守"。于是这个重责大任落在第十八军第十一师师长胡琏的身上。

师长胡琏将军受领新任务之后，先行实地察看石牌要塞之情形，随即决定各团之部署；和加强作战之准备。师长胡琏将军进入要塞后，发现工事之强度不能承受日军之轰炸及炮击。当即以争取时间，加强工事为第一要务。除申请工兵、石工及所需工具材料外；订定构工计划并督促下级遵照规定，努力施工。其构筑计划要项，简述如下：③

1. 加强构筑主阵地与掩护阵地；以保护并尽量减少人员伤亡和物品之损毁为原则。以利用山洞等，使用钢筋水泥加强之。依永久工事之标准，加强主阵地之强度，但须配合兵力需要尽量利用地形构筑之。

---

① "军务局史政处"：《"国民革命军陆军第七十五军"军史》，台北："军务局史政处"1998 年版，第 302—309 页。

② 蒋纬国：《"国民革命"战史》第三部，《抗日御侮》第八卷，台北：黎明文化 1978 年版，第 17 页。

③ "军务局史政处"：《"国民革命军陆军第十八军"军史》，台北："军务局史政处"1998 年版，第 78—80 页。

2. 改变地形与道路，使与地图上不相符合，其方法为：将原有道路、隘路、谷口等改变为绝壁、陷阱或阻绝、遮断之，以眩惑困扰来犯之敌。

3. 兵力与工事适当配置，不以一般团、营、连番号划分地区，力使恰如其分，绝无过多过少。

4. 石牌要塞原有炮座之射击方向侧重江防，对侧背陆地并未顾及。乃设置游动炮兵所要之野战炮兵阵地掩体以补救之。

5. 于要塞各区设置粮、弹、副食品及官兵日常生活必需品之屯储仓库。（其后完成四十余所，可储一师兵力半年所需。）

6. 其他如：通信联络之设置；禁地居民之资迁；保甲组织之加强；以及防奸、防谍等工作之展开，求无遗憾。

7. 要塞固守不仅是只有被动的防御，相机反击的手段亦是很必要的，是以策定各种作战指导方案，予以图上及实兵演练。

23 日，渔洋关失守，24 日，长阳失守，情势不利。日军为第十三、第三十九师团与第三、第六、第三十四、第四十师团之一部及独立混成第十七旅团等，总兵力十余万人，火炮百余门，飞机百余架分布在江陵、荆门各地机场。

中国军队为第十八、第三十二、第四十四、第八十六、第八十七、第九十四军共十四个师，而其中第三十二军之一个师尚在万县，第十八军之一个师在涪陵接兵，第八十六军之一师尚未编成，尚不及十四个师。而第五战区增援之一个军与第九战区增援之两个军，均尚未到达战场。

蒋介石指示陈诚：石牌必须守十天。陈诚以第十八军第十一师胡琏部守石牌，他的作战构想：江防军左翼以石牌为主轴，固守三斗坪、石牌之线；正面以第十集团军，行逐次抵抗，待援军到达，再合力反攻，预定时间为5月底至6月初。

胡琏受命后，意气昂扬，抱定与石牌要塞共存亡的决心，主力扼守要塞核心，师部设在殷家坪，以第三十一团置于朱家坪、梁木棚，位在要塞前缘；以第三十二团，在董家岩，泰山坳，尚家坪；

以第三十三团在杨家淌，钟灵坡，平善坝等处。在工事方面，做下区处：

1. 加强构筑主阵地与掩护阵地永久性工事，加强结构，增强抗力，尽量利用地形。

2. 改变地形、地貌与道路设施，使与地图上不相符合，将原来之道路结构，改变成谷口、绝壁或陷阱，或阻绝遮断。

3. 要塞原有炮位侧重江防，胡琏变更原先设计，特构筑游动炮兵所须之野战炮兵阵地掩体，以补救之。

其他如通信联络之设施，保甲组织之加强，以及防谍等措施，均力求无缺憾。胡琏并写下言志词，以表达他的决心："风萧萧，夜沉沉，龙凤山顶一征人。为报党国恩，坚定不逡巡。壮志凌霄汉，正气跃古今。蜉蝣寄生能几时，奈何珍惜臭皮身。吁嗟乎！男儿不将俄顷趁风云。山莽莽，阵森森，西陵峡头一征人。只身关兴废，举国目所巡。贤哲代代有，得道无古今。战场功业垂勋久，不负堂堂七尺身。吁嗟乎！丈夫岂不立志上青云。"①

胡琏也利用石牌附近山峦迭立，古木参天的地形优势，在山隘要道各个关口设立层层防御工事，等待日军到来。

5月28日拂晓，日军第三、第三十九师团以第二三一及第二三二联队为基干之步、骑、炮联合兵种两千余人，在飞机大炮交相掩护下，分向八斗方、南亭坡、闵家冲各附近阵地进犯。中国军队第三十一团凭既设工事，沉着应战，埋伏于敌后之战斗群适时奇袭射击，日军惊惶失措，死伤累累。旋援敌继以山炮七八门于岩屋冲附近占领阵地，集中火力，掩护其步兵再兴攻击。经陈寿龄、夏亦穆等营，凭险力战，要塞炮兵协力支持，予日军以重大杀伤。相持至晚，第九连伤亡殆尽，牛长坡之一角遂陷落，其余各阵地均完整无缺。但彭坡陷落后，对中国军队尔后作战甚为不利。剧战于黄昏停止，入夜后仅有断续的枪炮声。在击破中国军队第五师在高昌堰的阻击后，正式向石牌

---

① 王禹廷：《胡琏评传》，台北：传记文学出版社1987年版，第23页。

要塞展开攻击。首当其冲的是由第十一师三十一团三营防守的南林坡，中国军队英勇奋战整天至黄昏，日军连续发动五次冲锋，才突破两翼阵地，八、九两连全军覆没，但据守中央的第七连在重机枪和迫击炮的火力支持下恐战不退，不管日军调动山炮还是飞机轰炸，第七连仍然在阵地上坚持了整整四天，直到31日才奉命撤退，撤下来时全营官兵只剩70余人，可见战斗之惨烈。①

当日下午，师长胡琏将军以亲笔信五封（内有致长官之报告及家书——遗嘱也），嘱于要塞有变时分别送寄，亦可见胡将军以身殉国的坚定决心。②

5月29日，日军攻击达到高潮，胡琏指挥若定，力挫日军一波接一波的凶猛的攻势。自黎明开始，全面激战。日军第三十九师团兵分两路向第十一师牛场坡、朱家坪阵地进攻，中国守军不畏数倍于我之敌，仍然激战竟日与敌重大杀伤，但最后仍是寡不敌众，牛场坡失守。失去屏障的朱家坪亦于30日被攻陷，营长游国桢抱着一挺机枪与阵地共存亡。日军配合空军作战乘胜再下天台观、窄溪口等阵地，中国守军全体壮烈牺牲。日军攻势甚锐，地面炮火及空中轰炸均甚猛烈。而掩护中国军队右后侧的友军全线崩溃。日军乃集中全力向中国军队之十一师攻击，阵数处被突破。胡师长当令三十一团于中午向敌逆袭，当逆袭将收全功之时，日军竟大量施放毒气，经过一阵激烈冲杀之后，恢复了原来的态势。由于三十一团作战两日，颇有损伤，师长遵照军之指示，决心将该团向要塞核心转移，于夜间11时转移完毕。同日中国军队三十二、三十三两团，皆与优势之敌激烈拼斗。三十三团士兵伤亡殆尽。③ 至此日军已几乎将石牌要塞第一线阵地全部攻占，紧接着又重兵进攻四方湾，四方湾位于十一师防线的中段，一

---

① 祝康明：《"青天白日"勋章》，台北：知兵堂 2011 年版，第 179 页。
② "军务局史政处"：《"国民革命军陆军第十八军"军史》，台北："军务局史政处" 1998 年版，第 85 页。
③ 史政编译局：《抗日战史（鄂西会战二）》，台北：史政编译局 1980 年版，第 244—249 页。

且失守，十一师有被截成两半的危险，守军要求增援，但胡琏此时无兵可调，只能派有伤在身的三十二团副团长李树兰带一个班前往增援，李树兰带着伤兵义无反顾地冲了出去，经过一番血战终于保住了这个重要的据点。第六战区司令官陈诚得知战事激烈，电话询问胡琏可有把握守住石牌要塞？胡琏只简短地说了一句："成功虽无把握，成仁确有决心。"[1]

石牌守军曾与来犯之敌作战八昼夜，该处地形利于守军，日军在山地迂回则为中国军队截获，中国军队又有中美空军掩护，所以终能获胜。5 月 29 日由西南到达战场之生力军克复渔阳关，可算为战役之转折点。日军从此腹背受敌。[2]

此时，江防司令吴奇伟因不堪日军的攻势，请求变换阵地于庙河南北之线。经陈诚缜密考虑后，决心贯彻原计划，令江防军团固守原阵地。但为减轻其正面压力，同时令各部队提前展开反攻，第九十四军向镇湾，第七十四军向松滋、枝江，第四十四军向公安，第三十三集团军向当阳，其余如第三十军、第一八五师、第一四一师等部，均兼程向指定地区前进，加入战斗。

30 日可以说是石牌要塞能否守住最重要的关键，日军续向第二线防守阵地八斗冲、高家岭等地疯狂进击。由于日军施放毒气的影响下，八斗冲最后还是沦入了日军之手。在高家岭一带，一千多名日军突破中国军队防线，胡琏立刻收拢部队上前堵住缺口，由于双方距离过近，飞机大炮等重火器有误伤友军的风险，于是便爆发了一场惨烈的白刃战。日军一群一群地冲上来，中国军队迎头扑上去，数千把闪着寒光的刺刀在高家岭上碰撞在一起，原本在远处可以听到枪炮声、哀号声此起彼落，尸体在阵地前堆积如山。狭路相逢勇者胜，这场惨烈的刺刀大战最后由第十一师英勇的官兵获得胜利，日军经此一役元

---

① 祝康明：《"青天白日"勋章》，台北：知兵堂 2011 年版，第 180 页。另陈诚回忆录则记胡琏回答"我誓与要塞共存亡，以保持十八军军誉"，《陈诚先生回忆录·抗日战争（上册）》，台北"国史馆"2005 年版，第 181 页。

② 黄仁宇：《从大历史的角度读蒋介石日记》，台北：时报出版社 1994 年版，第 326 页。

气大伤，锐气尽失。日军因不堪石牌要塞第十一师的反击与外线其他各军、师的围攻，渐呈不支之劫，有退却模样。陈诚即令各部展开反攻与追击，并在长阳、聂家河、枝江、宜都、茶店子等遮断日军退路，造成日军重大伤亡。

31 日，由于伤亡惨重且石牌屡攻不下，已呈强弩之末的日军开始掉头败逃，陈诚除了下令江防军原有守军展开追击外，另外从湖南调了第七十四、第七十九军前来支援追歼逃敌。日军兵败如山倒，纷纷向宜昌、宜都、枝江、公安等地逃窜。围攻石牌之第三和三十九师团在渡过长江时遭到中美空军轰炸，伤亡惨重。

6 月 3 日，江防基本上恢复战前态势。

中国军队外线部队，于 6 月 9 日，收复枝江；11 日收复松滋；14日收复公安，至 6 月中旬，江南一带恢复会战前的形势。

是役日军伤亡三万余人；第六战区损失军官一千四百四十二人、士兵一万八千二百八十三人，合计为一万九千七百二十五人（内含第十八军负伤二千二百八十八人，阵亡一千五百四十七人，失踪六百六十三人，合计四千四百九十八人）。

这次战役中，日军的伤亡人比中国军队多，是中日开战以来首次出现的现象，战争的胜负规律正在演变之中，也说明了日军的攻势真的成为强弩之末了。[①]

# 四　海、空军的参战

## （一）海军的参战

为拱卫陪都，中国海军于 1938 年冬即在石牌设立了第一炮台，其左右各有 2 座分炮台，安装山野炮 10 尊，为长江三峡炮台群的最前线。与之相配合的有一个川江漂雷队、无线电台与观测所。宜昌失

---

① 陈诚：《陈诚先生回忆录·抗日战争（上册）》，台北"国史馆"2005 年版，第 183页。但此会战双方伤亡数字仍有再进一步研究必要。

守后，因石牌以上江面窄狭，残存海军舰艇凡无法入川江的均自沉于此，以作溯江障碍。留学英国的原舰长方荣、江叔安转任炮台总台长与副总台长。原本即脆弱的海军，残存少数的炮队、布雷队，以沈鸿烈东北海军为主体的第三舰队官兵3000余人，改为江防独立总队。而中央海军的第一、第二舰队除分配到各布雷队，其余全部安置于川江各炮台。故海军在后期战役中，仍实施水道封锁及阻塞或对日舰袭击、突击等工作，以协同陆上之作战。

石牌保卫战爆发前夕，海军总司令陈绍宽乘"永绥"舰亲临第一线，召集要塞各台海军官兵训话，勉励海军团结抗战，夺取最后胜利。在此爱国精神的鼓舞下，热血澎湃的海军结成江上铜墙铁壁，逼得日军海军不敢动弹。日军10艘舰艇刚刚进入西陵峡峡谷行驶到南津关口，就被海军炮台连连击沉2艘，吓得剩下的全部退了回去，再也不敢进入峡谷。①

在鄂西长江两岸之防御，1943年2月，日军向鄂西进攻，沙市及岳阳均增加日舰甚多，16日监利失陷，布雷队员兵冒日军炮火，于石首、古长堤各处江面抢布水雷一百五十具，使岳阳方面之日舰不敢轻进。日军于荆河口外设铜线网，以防漂雷。28日，于三双角布放漂雷二十具，将日军防雷设施予以毁，并击沉日监视艇一艘。旋又于广兴洲布放漂雷五十具，对游动之日舰予以打击。日本陆军则分五路乘帆布橡皮艇自宜昌、洋溪间纷纷渡江，中国军队南岸守军未能阻止日军之强渡，雷区遂失控制。且各雷队根据地因受日机不断轰炸，布雷船二艘及雷驳十八艘均被炸沉。5月，鄂西日军进迫三斗坪，图迂回宜巴要塞之石牌侧背，该要塞员兵虽后方感受威胁，仍抱与要塞共存亡之决心，坚苦固守，日舰仍无法前进。迄31日，布雷队于石牌附加布放漂雷50具，击沉日舰一艘于宜昌下游。6月6日续放漂雷30具，日舰畏而逃逸，其陆军亦告退去。②

———————

① 陈书麟：《"中华民国"海军通史》，海潮出版社2004年版。
② 蒋纬国：《"国民革命"战史》第三部，《抗日御侮》第八卷，台北：黎明文化1978年版，第56页。

长江防守作战为国民党军对日作战正面战场的重要部分，亦为海军对日抗战的主体作战，在敌我实力悬殊的情况下，海军不惜运用诸般手段，倾所有力量以消耗日军战力为目的，成功地迟滞了日军溯江行动，以达成"持久战略"之目的。①

### （二）空军的参战

日军在华空军，至 1941 年年底太平洋战争爆发后，尚保有 750架，至 1942 年秋季，复又大批调往南太平洋。迄 1944 年 5 月以后，仅保有 300 余架。因之对中国后方之轰炸，大为减少。大部用于作战地区之防卫。

反之中国空军自 1942 年春，因不断由美国补充新机，同时大批派员赴美、印受训，迄是年秋，战力已大为增强。当时作战部队，仍为七个大队（第一、第二、第八大队为轰炸大队。第三、第四、第五、第十一大队为驱逐大队。第十二大队负训练任务，故未计入），侦察一个中队，以及美志愿大队，总共各型飞机，已增至三百六四架，装备性能速度，均较日军优越。作战指挥机构，仍为第一至第五路司令部，作战指导系本机动集中原则，以打击日空军为主，其次为支持地面之作战。

当 1943 年 4 月下旬，日军发动鄂西会战时，其空军在汉口集结六个战斗队及一个独立中队，并于荆门集结一个战斗队，总计各型飞机 200 余架，以支持其地面部队作战。② 中国军队空军以第一、第二、第四、第十一等四个大队及美第十四航空队，共计各型飞机 165 架（轰炸机四十四架、驱逐机一百二十一架），支持第六战区作战。自 5月 19 日起，对汉口、荆门、沙市、宜昌等地不断攻击，共计出动驱逐机 326 架次，轰炸机 80 架次，击落日机 41 架，炸毁日机 6 架，破坏日机场 5 处，毁日军阵地及事设备 6 处，毁伤日舰船 23 艘及车辆

① 韩祥麟：《"海军"传统与历史》，高雄：艺骎图书出版社 2003 年版，第 228 页。
② "空军总司令部情报署"：《空军抗日战史第七册（上）》，台北："空军总司令部情报署" 1975 年版，第 67—73 页。

人员甚多。① 自5月19日起，中国空军以第4大队的8架P－40E、4架P－43型战机，轰炸湖北枝江洋溪镇附近长江中的日舰。1103号飞机俯冲攻击时，被敌炮击落，副大队长徐葆均牺牲。25日，由第4大队大队长李向阳率15架P－40E型驱逐机，从四川巴县起飞分两批轰炸扫射了驻守湖北长阳及宜昌一带的日军，对敌阵地和后方交通线破坏甚大。第23中队副中队长杜兆华用机枪扫射地面日军时，被敌高射炮击中殉国。5月27日，中国空军第1大队长姜献祥亲率7架CB式轰炸机自四川温江出发，计划轰炸鄂西长阳敌军，却错炸了宜都。机群返航到四川石柱子县境内时，因天气恶劣，飞行员郭岳生所驾的117号机突现故障，在迫降过程中机毁人亡。同一天，第4大队8架P－40式驱逐机掩护第2大队6架A－29式攻击机出击湖北长阳，第22中队副中队长张祖骞被敌高射炮击中身亡。在5月30日后的追击东逃之敌中，中美大编队空军在清江、长江南北两岸以及宜都附近上空对败退之敌进行攻击。5月31日，我轰炸机8架沿清江口和长江上空轰炸、扫射败退之日军及江中汽艇，使敌伤亡甚众。中美空军联合轰炸了荆州（江陵）和宜昌两地机场，击毁日机23架、击伤8架。其中25日中午，我1架侦察机沿长江低空侦察，被日军高射机枪击落，坠毁于枝城南门藕堰里，飞行员亦随机牺牲。26日下午1时，第4大队以6架战机对宜都日军轰炸、扫射，投弹21枚，给纷扰宜都近郊的日军沉重打击。第4大队李向阳大队长率该队P－40E8架，及美空军P－40E2架，于5月31日11时25分由梁山机场起飞，掩护我轰炸机队轰炸宜昌之日军阵地。在兴山上时，李向阳座机故障返航，由周志开领队前往。即将到达宜昌之际，忽见荆宜间敌零式驱逐机约10余架，向我轰炸机群袭击。我战斗机来得正巧，乃向敌机猛烈攻击，为我轰炸机解危。双方驱逐机相互缠斗之际，美国飞行员安德生击落日机1架，而自己忽被1架日机自背后追击。正在危急之

---

① 蒋纬国：《"国民革命"战史》第三部，《抗日御侮》第八卷，台北：黎明文化1978年版，第58—59页。"空军总司令部情报署"：《空军抗日战史第七册（上）》，台北："空军总司令部情报署"1975年版，第69—127页。

秋，我队员臧锡兰追逐该机，也将其击落，美籍飞行员获救。我李继武、周志远、高绍杰，三人共同击落日机 1 架，空战 10 余分钟，日机逃窜。我机则于空战后，仍继续掩护轰炸机回航，唯因油量不足，降落恩施加油后返梁山。此役计击落日零式机 3 架，另可能击落 2 架。5 月 31 日，5 架美机因油料耗尽，降落在松滋邓家咀。沙道观区区长胡人佛当即率区署武装赶赴现场救护。时已有小股日军闻讯先至，双方交火。5 名美机飞行员获救，胡派赵炳焕、曹海云将其护送至湖南衡阳空军基地。① 日军第三师团则记载 5 月 31 日撤退渡河时，遭中国军机对渡河点一天 4 次肆行轰炸，造成相当损害。② 另 6 月 3 日步兵 116 联队长新井大佐在宜都附近指挥渡河时遭我军扫射，身受重伤。③ 曾参战的飞虎队员李学炎认为空军协助地面部队作战最大成效，莫过于阻绝战场，以少数兵立采取积极行动牵制敌人，使我获得最大效果，远胜于直接参加战斗的效果为大。④

1943 年 6 月 6 日鄂西会战后期的梁山空战，我四大队二十三中队队长周志开创造了一举击落日军 3 架轰炸机的佳绩。7 月周志开蒙蒋介石召见并亲授青天白日勋章，以表扬其勇敢无畏的精神与辉煌战果，这也是我空军第一位获得青天白日勋章的飞行员。⑤

而鄂西会战后的空战中，中美两方出动军机 424 架次，其中驱逐机 326 架次、轰炸机 80 架次。击落敌机 31 架，炸毁敌机 6 架，破坏

---

① "空军总司令部情报署"：《空军抗日战史第七册（上）》，台北："空军总司令部情报署" 1975 年版，第 73—116 页。

② ［日］防卫厅防卫研修所战史室：《日军对华作战纪要：华中方面军作战》，史政编译局译，台北：史政编译局 1987 年版，第 643 页。

③ ［日］防卫厅防卫研修所战史室：《日军对华作战纪要：华中方面军作战》，史政编译局译，台北：史政编译局 1987 年版，第 648 页。

④ 李学炎：《蓝天飞虎九十回忆》，美国加州：作者自印，2002 年，第 88 页。李学炎，广东梅县人，1913 年生，中央航校 3 期，曾任中美空军混合联队队员、空军通校校长、空军指挥参谋学校校长、中将退役。

⑤ "空军总司令部情报署"：《空军抗日战史第七册（上）》，台北："空军总司令部情报署" 1975 年版，第 129 页。祝康明：《"青天白日"勋章》，台北：知兵堂 2011 年版，第 175 页。同年 12 月 14 日周志开驾 P－40 机侦察湖北上空遭敌机拦截负伤，返航时失事殉国。原名为台南"空军"子弟小学的台南市志开小学即为纪念周志开烈士而命名。

汉口、荆门、沙市、宜昌等5处日军机场，炸毁日军阵地及军事设施6处，炸沉炸伤日军舰船23艘。自此制空权转回我空军手中，在中国空军抗战史上具有深远的意义。

### （三）鄂西会战的意义

自1942年太平洋中途岛之战日本联合舰队遭受惨败之后（日海军六艘航空母舰被毁），相继于西南太平洋之珊瑚海作战，日本海军又遭败绩。于是，日军在太平洋远东战场丧失了海空优势，很显然的，第二次世界大战的形势已对日方不利。为挽救危机，谋求转机，日军亟欲在中国战场获得能使国民政府"认输"的作战成功。而且，这种时机非常迫切，若再拖延时日，则绝难逃避彻底失败之命运。依此，唯一的手段是迅速能攻占重庆，使中国丧失继续作战的重要人力、物力支持之条件。那么由鄂西宜昌溯江而上转石牌要塞，过三峡，就可直取重庆。于是，日本在华的侵略军发动了"鄂西会战"。我十八军之十一师适于此际奉命固守石牌要塞，确保于军能完成拱卫陪都——重庆之使命。如前所述，遂展开史无前例之殊死战，与日寇决斗于石牌要塞核心阵地周边之地。第十一师全体官兵在师长胡琏将军之领导下，咸抱必死决心，誓与石牌要塞阵地共存亡，苦撑持凡十余日，迄未稍动，致使敌人损失惨重，知难而不得不退。[1] 直到第二次世界大战结束，日军未在此战区越雷池一步。而三军协同作战，各司其职，合作无间，亦是鄂西会战胜利的原因之一。

鄂西会战敌我将士激战，双方均牺牲惨重，艰苦异常，几乎每个阵地都是拼死争夺，浴血苦战，也更坚定了抗战必胜的信念与决心。会战后为奖励有功将士，孙连仲擢升为第六战区司令长官。国民政府颁授陈诚（第六战区司令官）、郭忏（第六战区副司令官兼参谋长）、吴奇伟（长江上游江防军总司令）、方天（第十八军军长）、罗广文

---

① "军务局史政处"：《"国民革命军陆军第十八军"军史》，台北："军务局史政处"1998年版，第95—96页。

（第十八军副军长）、胡琏（第十一师师长）共6枚青天白日勋章。①

# 五　结语

鄂西会战是我中华民族于浴血八年全面抗战后期的重要会战，不仅粉碎了日军由湖北进攻四川的幻梦，确保了我陪都重庆的安全，更坚定我民族御侮圣战必胜的信心。

从大历史的角度而言，在第二次世界大战反抗法西斯的同盟国中，中国是最早挺身与轴心国里的日本展开全面战争的国家。在抗战的第一年，蒋介石嫡系的30个德式装备步兵师，几乎就已经耗损殆尽，这就是中国军队浴血抗战的铁证。而第二次世界大战中，中国参战时间最长，牺牲最大，获得援助最少，但对盟国胜利的贡献却最多。相较于抵抗德国6星期便崩溃的法国，和一直由美国得到大量援助的英国相比，中国军队的抵抗力乃是一个决心与自立的奇迹。② 中国在大战中英勇的表现，是使得同盟国阵营能够胜利的非常主要原因之一。没有中国对日军的咬牙苦撑，奋战到底，第二次世界大战的历史结局可能要完全改写。

中日双方这场全面与持续的历史大决战，总共进行了八年一个月又三天，两军双方总共进行过22次的会战（双方动员兵力在十万人以上），1117次以上的战斗（双方兵力在一万人以上），以及38931次的小型接战。③ 大、小战役合计有两百多位将领为国捐躯，中国军队伤亡了三百六十万人，日军伤亡了一百一十万人，中国平民死亡了三千五百万人，一亿多人民妻离子散、辗转流离的悲剧，几百万平方千米土地遭到战火摧残的浩劫，中国以最大的牺牲的焦土政策，中国人民的财产、文物与古迹损失无可估计。日本最后在中国战区共有一

---

① 祝康明：《"青天白日"勋章》，台北：知兵堂2011年版，第18页。

② ［美］易劳逸：《毁灭的种子：战争与革命的中国1937—1949》，台北：李敖出版社1990年版，第149—150页。

③ 史政编译局：《八年抗战史史回顾》，台北：史政编译局1995年版，第4页。

百二十万部队向中国投降，六十万的关东军向苏联投降，日军的主力部队，几乎全陷在中国的战场，消耗了日军的主要力道，让以百万计日军深陷中国战场，[①] 同时粉碎了轴心国会师合流的战略企图。中国力战不懈地以空间换取胜利的战略，与绝不屈服的抵抗意志，导致日本战略布局的一错再错，最终让盟国能够战胜法西斯轴心国的侵略。这就是中国对于全世界反法西斯战争中，无与伦比的巨大贡献。

2005 年在纪念中国人民抗日战争暨世界反法西斯战争胜利六十周年大会上，胡锦涛说："中国国民党和中国共产党领导的抗日军队，分别担负着正面战场和敌后战场的作战任务，形成了共同抗击日本侵略者的战略态势。以国民党军队为主体的正面战场，组织了一系列大仗，特别是全国抗战初期的淞沪、忻口、徐州、武汉等战役，给日军以沉重打击。"[②] 各界咸认为胡以中国领导人身份的这段讲话具有重大历史意义与现实意义。2010 年首度正面描述中国军队在 1943 年秋湖南常德会战的抗战电影"喋血孤城"，在中国各地上映，再次还原中国军队在正面战场上英勇力抗日军侵略，孤军奋战，谱出大无畏的抗战史诗。随着中国各地陆续兴建抗日纪念馆，更显示中国人民已能正视正面战场中国军队抗战的历史，是毋庸置疑的历史事实。

（金智，成功大学历史学博士，台湾地区"空军"航空技术学院专任教授）

---

① 1937 年侵华日军 21 个师团，占其陆军师团编制总数 87.5%。1938 年侵华日军 32 个师团，占其陆军师团编制总数 94%。1939 年侵华日军 36 个师团，占其陆军师团编制总数 83%。1940 年侵华日军 38 个师团，占其陆军师团编制总数 78%。1941 年侵华日军 35 个师团，占其陆军师团编制总数 69%。1942 年侵华日军 37 个师团，占其陆军师团编制总数 63%。1943 年侵华日军 38 个师团，占其陆军师团编制总数 54%。1944 年侵华日军 38 个师团，占其陆军师团编制总数 38%。1945 年侵华日军 53 个师团，占其陆军师团编制总数 32%。张明金、刘立勤：《侵华日军历史上的 105 个师团》，解放军出版社 2010 年版，第 4—6 页。
② 《胡锦涛文选》第二卷，人民出版社 2016 年版，第 331 页。

# 抗战时期云南的战争动员

杨维真

## 一　前言

自 1937 年 7 月全面抗战爆发后，全国人心激昂，尤其是军人对日本侵略中国隐忍已久，基于守土有责，亟思奋起抗日，纷纷请缨杀敌。8 月，国民政府邀集地方大员与军政负责首长开国防会议，商议和战大计，决议一致奋起抗敌，于是全国进入战时体制，各省纷纷动员投身抗日战场。以西南为例，向来独自为政的川、湘诸省地方军队开始开拔东下，投入抗战洪流；即连素与中央不合的桂、粤当局亦遵奉中央号令，勠力杀敌。而有护国讨袁光荣历史的滇军亦不落人后，在民族大义的激励下，当即整军出发，转战南北。除出兵与敌人鏖战外，云南并动员全省人力、物力，增援前线，支持抗战，并于抗战后期中国远征军在滇整训及反攻时，提供大量后勤支持。职是之故，本文拟以云南战争动员为主题，论述滇军出师抗战及后勤支持之表现，借以说明滇军对抗战的动员与贡献。

## 二　龙云入京共赴国难

1937 年 7 月 7 日卢沟桥事变爆发后，蒋介石以时局已届最后关头，乃于 7 月 17 日在江西庐山谈话会上对卢沟桥事变作严正的声明，除郑重声明国民政府所持之一贯方针外，并申明应付时局的重大决心。与此同时，国民政府开始动员，决心应战，并调派中央军劲旅北上驰援。但因尚未得知各地方实力派态度，对于和战大计并未做最后的决定。鉴于此，当华北战局有扩大之趋势时，7月20日，蒋介石从江西庐山返抵南京，筹备战守事项；并决定召开"国防会议"，邀集各省军政长官商议共同出兵抗日问题，先后衔命来京的有山西阎锡山、广西白崇禧、四川刘湘等人，时任云南省主席的龙云亦奉召前往。① 8月7日，蒋介石邀集来京地方要员及中央各军政机关负责人，开会商议对日和战问题，此即著名的"八七会议"。会中决议对日全面抗战，各地方军政大员除支持中央抗战大计外，亦允诺共同出兵对日作战，揭开全面抗战的序幕。

1937年8月8日，就在举国一片抗日声中，龙云乘欧亚航空公司客机启程由昆明飞成都，准备赴京与会。临行前，龙云向地方人士宣示，要"将全滇一千三百万民众的爱国之热诚，及全部精神物质力量，贡献中央准备为祖国而牺牲"。当晚专机在成都停留，受到四川军政界人士的热烈欢迎。8月9日，龙云一行由成都飞西安，转南京。抵京后，军政部长何应钦等人到机场迎接，随即下榻南京北极阁前财政部长宋子文寓。龙云于到南京后，曾向新闻记者发表公开谈话，表明其对抗战的基本态度。龙云说道：

> 年来中央迭次召开各项重大会议，因远在边省，职务羁身，未获来京参加。现在国难异常严重，已属最后关头，故奉召遄程前来。……本人除竭诚拥护既定国策，接受命另外，别无何种意见贡献。事已至此，现应少说废话，多负责任。身为地方行政负

---

① 蒋介石于1937年8月7日邀集军事各部会首长及奉召来京将领开"国防会议"，决定全面抗日方针，此即著名的"八七会议"。王世杰：《王世杰日记》（手稿本）第1册，1937年8月7日记事，台北："中研院"近代史所1990年版，第84—85页。龙云抵京时已是8月9日，未及参加8月7日当天会议。

责者，当尽以地方所有之人力财力，贡献国家，牺牲一切，奋斗到底，俾期挽救危亡。①

龙云自 1927 年出掌滇政近 10 年，其间从未到过南京。当此国难关头，龙云肯离开云南，毅然飞往南京与国人共赴国难，颇引起各界人士对龙云的注意与好感，也可以说是龙云对于中央政府的抗战决策最热诚拥护之表现。②

由于此次系龙云初次入京，故中央要人对其到来颇为重视。龙云抵京后，时蒋介石因公外出，龙乃于 8 月 10 日（即抵京之次日）下午 4 时先行晋谒中国国民党中央政治会议主席汪兆铭，双方畅谈甚欢。11 日，蒋由外地返抵南京，当此军情紧张、兵马倥偬之际，为表欢迎龙云到来之意，即于当晚邀宴龙氏，并由汪兆铭、冯玉祥等中央要员作陪，足见其对龙氏之礼遇。③ 及至 8 月 13 日淞沪之役爆发后，日机开始空袭南京，蒋介石以龙云居所北极阁目标太大，恐遭敌机轰炸不安全，乃要龙云往城外汤山暂住几天。待龙云由汤山复返南京后，蒋亲至龙云住处探望，与其交谈甚久，并且希望云南出兵两个军抗日。龙云此来本即是为"以地方所有人力财力贡献国家"；且在 8 月 12 日川滇旅京同乡会联合欢宴席上，龙亦曾慷慨表示"滇省军队早经整理就绪，随时皆可为国家而效命"④。今中央既有此要求，龙云当即允诺云南可先出一个军，若战事需要时可再出一个军，蒋介石对此甚为满意。⑤ 在谈话中，龙云亦建议中央为预防日军封锁，应对国际交通预作准备，即刻着手同时修筑滇缅铁、公路，云南省政府

---

① 龚自知：《随节入京记》，云南省人民政府参事室、云南省文史研究馆编：《云南文史丛刊》1985 年第 3 期总第 3 辑。龚自知曾于龙云主政下任云南省教育厅长多年，乃龙云重要亲信，此次随同龙云入京。

② 谢本书：《龙云传》，四川民族出版社 1988 年版，第 144—145 页。

③ 龙云：《抗战前后我的几点回忆》，收入中国人民政治协商会议云南省委员会文史委员会编《云南文史集萃》第二卷"出滇抗战卷"，云南人民出版社 2005 年版，第 54 页。

④ 谢本书：《龙云传》，四川民族出版社 1988 年版，第 145 页。

⑤ 龙云：《抗战前后我的几点回忆》，收入中国人民政治协商会议云南省委员会文史委员会编《云南文史集萃》第二卷"出滇抗战卷"，云南人民出版社 2005 年版，第 55 页。

可协助办理。蒋对此极表赞同，并要铁道、交通两部与云南会商，早日进行。言谈间，双方关系颇为融洽。是以其后滇省即加紧督修滇缅公路，路成后对战时后方交通及军实运输贡献良多；唯滇缅铁路则因故始终未能修成。及至龙云结束在京公干，束装返滇之际，蒋介石亲来机场送行，其礼遇不可谓不重。

# 三　滇军出师抗敌

龙云于 1937 年 8 月 22 日返抵昆明后，随即召集军政人员会议，传达中央号令，并命卢汉从速筹备出征军部，按照中央军编制，就云南原有六个步兵旅着手整编。[①] 整编就绪后，国民政府发布番号，编为陆军第六十军，军长卢汉，全军官兵共约三万人。[②] 1937 年 9 月 9 日，第六十军在昆明巫家坝举行抗日誓师大会，各界人民献旗欢送，场面热烈异常。[③] 10 月 8 日起，部队开始由区靖、昆明两地分头出发，揭开滇军出师抗日之序幕。经长途跋涉四千余里，步行四十余日，全军于 11 月到达湖南常德集中，接受军政部点验，随后一切补给均由军政部负责。[④] 旋奉命调至武汉，归武汉卫戍总司令陈诚指挥，全军并于 1938 年元旦抵达武昌。1938 年 4 月中旬，日军大举增兵鲁南，意图攻略徐州，徐州会战第二阶段开始展开。驻徐州的第五战区司令长官李宗仁致电军事委员会，指调第六十军增援。卢汉乃于 4 月 20 日当晚携军部人员出发，21 日抵徐州见第五战区司令长官李宗仁，当即决定第六十军于台儿庄以东地区集结待命。4 月 22 日拂晓，第六十军按照命令开始向指定地点集中，滇军正式投入火线。

---

① 白肇学：《六十军的编成和参加鲁南抗日战役述略》，第 162 页。

② 高蕴华（即高荫槐）：《六十军在鲁南抗日简述》，《云南文史资料选辑》第 2 辑，第 170—170 页。白肇华：《六十军的编成和参加鲁南抗日战役述略》，第 162 页。一说第六十军官兵人数共约 47000 人，《抗日战争时期昆明大事记》，政协昆明市委员会文史资料研究委员会编：《昆明文史资料选辑》第 6 辑，1986 年 6 月，1937 年 9 月 3 日记事，第 179 页。

③ 《抗日战争时期昆明大事记》，1937 年 9 月 9 日记事，第 179 页。

④ 高蕴华：《六十军在鲁南抗日简述》，《云南文史资料选辑》第 2 辑，第 171 页。

1938 年 4 月 22 日晨，当第六十军陆续渡过运河，正向指定地点集结时，先头第一八三师高荫槐部突与大股敌军接触，陷入混战，全军遂与日敌展开激战。六十军虽仓促应战，但官兵士气激昂，作战奋勇，与日军反复冲杀。经三日激战，第六十军虽成功遏阻日军攻势，但全军官兵亦伤亡惨重。卢汉乃下令部队撤至第二道防线，并向第五战区长官部请求调配野炮、重炮各一营，战防炮一连，加强战斗火力，继续与日军作战。① 4 月 26 日起，卢汉另行调整第六十军战线，将主力第一八四师转移至禹王山之线，一八二师及一八三师分别转移至李家圩、东庄之线；全军以确保禹王山、阻止敌军渡过运河为目的。② 禹王山是台儿庄地区的制高点，也是唯一可以凭险固守的战略要地；且大运河距禹王山只有 400 米左右，有很高的战略价值。③ 第六十军转移新防线后，兵力比较集中，阵势更为巩固。六十军各部在这条战线上与日军持续进行二十七天艰苦的阵地战，有效遏阻敌人渡过运河威胁徐州的企图，对鲁南战局起了相当的稳定作用。六十军在台儿庄附近与敌多日苦战，伤亡极为惨重。据六十军战斗详报称，六十军全军总计 38242 人，投入此役者 35123 人，其中阵亡 13869 人，受伤 4545 人，失踪 430 人，合计伤亡失踪人数共 18844 人，超过投入战斗人数的二分之一，而将近全军人数的一半。

台儿庄战役后，第六十军因牺牲惨重，全军收集残余，只足编为一师，因此决计缩编。于是伤亡最重的第一八二、第一八三两师各并编为 1 个团，统归并入第一八四师。第一八二师及第一八三师则回云南重新组建。1938 年 5 月中旬，战局发生急剧变化，敌军主力从津浦路南北两段向徐州迂回，徐州已陷入日军的大包围之中。军事委员会见局势急转直下，乃下令鲁南各军于 5 月 18 日向西南撤退。第六

---

① 第六十军直属山炮营之山炮，系清末云南编练新军时，购自德国克鲁伯兵工厂。因过于老旧，遂于六十军驻扎武汉时送厂修理，未随部队进入鲁南战场。加以滇军习于山地战，装备多以步兵用轻兵器为主，缺乏重火力，实利与日军进行阵地战。

② 白肇学：《六十军的编成和参加鲁南抗日战役述略》，第 165 页。

③ 谢本书：《龙云传》，四川民族出版社 1988 年版，第 153 页。

十军奉第五战区长官部命令守卫徐州，掩护鲁南兵团撤退。第六十军是徐州沦陷时最后撤出的部队，然因系地方军队远道出征，乡情戚谊，向心力极强。因此在转进中，上下团结一致；一面战斗，一面撤退。虽不免有所损伤，但因未遇敌主力，终能突出重围；全军并于6月上旬先后到达武汉外围各地集中，进行战后的整顿补充。

卢汉率军到达武汉后，先赴武昌面见蒋介石委员长。不久，第六十军即扩编为第三十军团，蒋并于1938年6月9日电示军政部长何应钦，升任卢汉为军团长。由于战局扩大，龙云已决意再出兵两个军投入抗战。而第六十军在徐州会战牺牲惨重，云南各界悲愤不已，龙云乃加速二期军队编组事宜，准备继续出兵杀敌。[1] 云南又新编成第五十八军及新三军，于1938年10月同时开赴前线。滇军随即改编为第三十军团，卢汉升任军团长，下辖第六十军、五十八军及新三军。12月，第三十军团奉令扩编为第一集团军，总司令原由龙云兼，后由卢汉升任，转战湘鄂各地。[2]

# 四　支援抗战

1942年3月起，中国远征军开始假道云南，分途入缅援英。军政部于三个月内运用一切资源，动员昆明所有服装工厂赶制十万套军服，以壮行色；远征军换上新装入缅，部队士气高昂。[3] 唯中国远征军未及全部开入缅甸，其首都仰光已于1942年3月8日陷落，日军

---

① 《云南继续出兵杀敌》，《大公报》1938年4月29日第2版。
② 卢汉自1938年武汉会战后即病势缠绵，蒋介石对此极为关切，曾于1938年11月15日电慰卢汉病情，并有意派机后送治疗。其电文曰："沅陵孙司令常钧探送医院中卢军团长永衡兄：贵恙近日如何？甚念。如兄能乘飞机，则中待兄电到约定时日后，可于三日内到芷江派机接送，但必须时间准确，秘密迅速，勿使敌机有窥伺之机，以保安全也。中正手启。"见《蒋中正电询卢汉病情约其准时到芷江再派机接送》（1938年11月15日），《蒋中正总统档案·筹笔档》，档号：2010.30/4450.01－018。
③ 《李先庚将军访问纪录》，《抗战时期滇印缅作战（一）——参战官兵访问记录》（下），台北：史政编译局1999年版，第213页。口述者李先庚时任军事委员会委员长昆明行营兵站总监部少将经理处长，后来兼任中国战区盟军统帅后勤部经理处长。

并继续向北进攻，一路追奔逐北。此际，缅甸战事日趋险恶，英缅军队士无战志，甚至有放弃缅甸、确保印度的打算；而盟军因无统一指挥，以致缺乏联系协作，陷入各自为战的窘境。是以中国远征军入缅后，虽于缅北各要地实施逐次抵抗，但大局已不可为。[①] 随后，远征军大部败退回国，转进怒江东岸，隔江与日军成对峙状态。

唯远征军新败之余，各部伤亡逾半，战力残破，战志不扬；[②] 尤其军风纪松弛，亟待整理补充。加以为防止滇西日军东进，并准备日后反攻，军委会乃于 1943 年 2 月在云南楚雄组设中国远征军司令长官部，派任第六战区司令长官陈诚兼任远征军司令长官，以统一指挥滇境中国军队。然而，陈诚出任远征军司令长官并非一帆风顺，其在日后回忆录中曾言："余入滇所遇难题有三，盟军而外，为龙云、卢汉，与我驻滇各军。"[③] 这些都是其未来将面对的挑战。

龙云主持滇政多年，人称"云南王"，生性刚愎多疑，胸襟不宽，是一位颇具个人特色的地方主政者，陈诚入滇当然要维持与龙云的良好关系。陈诚日后曾回忆称："我到了云南，自然免不了和这位云南王有所接触……我知道和他（龙云）相处，最要紧的就是不要引起他的猜疑，才能相安无事。其法不外开诚布公，表示无所希图。果然我在山西宾主处得怎样融洽，在云南亦复如是。"[④] 然而，事态实非陈诚所言如此简单，而是花了相当心思与地方势力调和周旋。首先，陈诚于来滇之初，即表达对龙云绝对的敬重。1943 年 3 月 18 日，陈诚在宴请中央在滇及滇省要人时，"表示尊重龙主任，而龙则极力推崇余（陈诚）。散席，据各方消息认为，余与龙均极得体，龙对于余之报告极满

---

① 张家德：《中国远征军在缅逐次抵抗日军情形》，《中国抗日远征史》第一卷，云南人民出版社 1994 年版，第 372—406 页。

② 据第五军军长杜聿明日后回忆，中国远征军动员总数约十万人，入缅败战退至印度、滇西时仅存四万余人；以第五军为例，其动员人数为四万二千人，最后撤回国境者仅存两万人，足见其伤亡牺牲之惨重。杜聿明：《中国远征军入缅对日作战述略》，第 569 页。

③ 何智霖：《陈诚先生回忆录——六十自述》，台北"国史馆"2012 年版，第 88 页。

④ 何智霖：《陈诚先生回忆录——抗日战争》（上），台北"国史馆"2012 年版，第 208 页。

意,可谓中央人员到滇未有之盛举。"① 3 月 20 日下午,陈诚与龙云晤谈约两小时,在谈话中陈诚谦逊地表示,"平时余(陈诚)即如行营之训练处长,战时则等于前敌一切,请其(指龙云)总其成";而龙云则称"对余之认识,一切绝无问题。"故陈诚在当天日记中记载:"此次谈话,可使其对余来滇之疑惧完全消失,今后一切处置当较易也,然仍不能不小心谨慎,免误国家大事。盖余来滇,只能成功而不能有失也。"② 23 日晚,参加云南省政府欢迎宴会时,更极力推崇龙云。③ 此种作为自然让龙云印象深刻,使其对陈诚观感大为改变。

其次,陈诚对龙云身边的亲信也下了一番功夫。如 1943 年 3 月 22 日,陈诚赴云南省府委员、富滇银行总经理缪云台五十生辰寿宴,自记缪氏为"滇省负经济责任者,有思想,有作为,中国经济界未多见之人才,与余相见甚相投"。④ 缪云台出身云南世家,深受龙云信任,人称龙云的"洋账房"。⑤ 缪云台既受龙云重用,为龙氏亲信,又与陈诚相投,自然能从中发挥调和的作用。正唯如此,当后来陈妻谭祥由渝来滇时,龙云夫妇不但多次宴请陈诚夫妇,甚至还招待陈诚夫妇观看电影。为此,云南当局除清空戏院外,沿途更是警卫森严,如临大敌,连屋顶上都放了哨。⑥ 这对于向来"不给嘴脸"的龙云而言,实乃难得的盛情。甚至 10 月 12 日晚上陈诚呕血昏迷时,其妻谭祥正应龙云夫人邀宴甫归,龙云闻讯甚为关切,推荐多位医生为陈诚

① 陈诚:《陈诚先生日记》第 1 册,林秋敏、叶惠芬、苏圣雄编辑校订,台北"国史馆""中研院"近代史所 2015 年版,1943 年 3 月 18 日记事,第 435—436 页。

② 《陈诚先生日记》第 1 册,1943 年 3 月 20 日记事,第 436—437 页。

③ 《陈诚先生日记》第 1 册,1943 年 3 月 23 日记事,第 437 页。

④ 何智霖、高明芳、周美华:《陈诚先生书信集——家书》(下),台北"国史馆"2007 年版,第 526 页。《余常以汉高祖在关中之故事及个人对于抗战建国责无旁贷自勉》(1943 年 3 月 22 日)。

⑤ 杨维真:《从合作到决裂——论龙云与中央的关系(1927—1949)》,台北"国史馆"2000 年版,第 85—90 页。

⑥ 何智霖:《陈诚先生回忆录——抗日战争》(上),台北"国史馆"2012 年版,第 208 页。

诊治，由此亦可见龙、陈二人通家之好。①

　　1943 年 11 月卫立煌接任远征军司令长官后，在陈诚先前扎下的深厚基础上，仍然维持与云南当局的良好关系。卫立煌在未上任之前，先以私人情谊主动拜访龙云，谦辞请托滇省支持军粮。当日滇西大军云集，约计十六万部队所需粮秣、给养数量庞大，龙云对此满口答应，下令云南各县市积极征粮、购粮，使滇西驻军无后顾之忧，为日后反攻助力不少。② 由于中国远征军前、后任司令长官陈诚、卫立煌在滇期间能得龙云信任，云南当局自然对于远征军所需事项大力协助。如陈诚即曾回忆，远征军司令长官部所在地楚雄，县长年老气衰，难以配合长官部的工作，龙云竟然自动改派一位年轻县长继任，即此一事，可以概见其余。③ 后来卫立煌将远征军司令长官部推进至保山县马王屯，各种后勤、运输、补给等作业均须依靠保山县政府，在决定保山县长人选时，卫立煌尊重龙云职权，请其派人，龙云乃派香港大学毕业的李国靖担任县长。李国靖文人出身，英文程度好，可直接与美方人员沟通，就职以后执行后勤作业甚为成功。④

　　至于云南动员的首要具体事项，当推征兵与征粮。在征兵方面，除历年征调壮丁支持前线外，当 1942 年年初中国远征军第一次入缅作战，大军途经云南出国时，即有许多云南青年学生从军入伍。如杜聿明第五军于入缅前，军政治部驻昆明以东的杨林镇，为了入缅援英，遂行政治作战与宣慰侨胞，乃于昆明招考男女青年组成政工队，后来录取 43 人，大多是昆华女中及艺专的师生，如王云清与吴小苑是昆华女中的学生，人称"高老师"的高淑梅则是小学老师。⑤ 不

---

① 何智霖：《陈诚先生回忆录——抗日战争》（上），台北"国史馆"2012 年版，第 211 页。

② 傅中：《傅克军独立工兵团与远征军的故事》，第 127 页。

③ 何智霖：《陈诚先生回忆录——抗日战争》（上），台北"国史馆"2012 年版，第 208 页。

④ 傅中：《傅克军独立工兵团与远征军的故事》，第 128 页。

⑤ 《李明华上尉访问纪录》，《抗战时期滇印缅作战（一）——参战官兵访问记录》（上），台北：史政编译局 1999 年版，第 194 页。口述者李明华乃抗战女兵，时任第五军政治部第一科上尉干事。

久，第五军军部进驻滇西下关，为了执行入缅作战的特殊任务，又招考就读于保山中学的缅甸华侨南取学生94人，经短期集训后，男生分发第五军所属各部队担任随军翻译，女生仍留政工队协助宣慰侨胞。①

及至远征军败退入滇后，各部分驻滇西，亦多有赖云南地方当局的配合与支持。如此际军政部曾输送二万多名新兵补充远征军各部，其中大多即来自云南各属，使各军师兵员得到重要补充。② 由于当时兵役制度并不完善，战时兵源补充颇为困难，分驻滇省各地的部队只得自己想办法，或向驻地地方政府要人，或就地补充。通常某部队长在某县可直接指挥县长补充兵员，县长则令保甲征壮丁，家境富裕的会拿钱买壮丁顶替，贫穷人家则多出一人当兵。③ 譬如1944年7月第五军第二百师奉命增援滇西作战，所部第六百团第三营平时人数不到四百人，但在县政府、乡公所的协调配合下，9月出发时官兵已超编补充到五百五十余人。由于规定保甲征来的补充兵年龄不准超过连长，大约在十六岁到二十一二岁，如此才好带兵，因此部队里十几岁的小兵很多。④ 甚至深入腾冲地区从事敌后游击作战的预备第二师，因所部兵力不足，曾请准由腾冲县政府协助征兵3000人；后来虽遇战事频繁、部队及县政府辗转迁徙等困难，但因县府勉力进行，仍征得兵员约1500人，对于预二师进行敌后作战裨益良多。⑤

在征粮方面，云南山多田少，历来粮食无法自足，故抗战前长期

① 《李明华上尉访问纪录》，《抗战时期滇印缅作战（一）——参战官兵访问记录》（上），台北：史政编译局1999年版，第194页。李明华：《野人山历劫记》，《远征印缅抗战》，中国文史出版社1990年版，第55—56页。

② 孙代兴、吴宝璋：《云南抗日战争史》，云南大学出版社2005年版，第173页。

③ 《苗中英将军访问纪录》，《抗战时期滇印缅作战（一）——参战官兵访问记录》（下），台北：史政编译局1999年版，第1006页。口述者苗中英时任第五军第二百师少校营长。

④ 《苗中英将军访问纪录》，《抗战时期滇印缅作战（一）——参战官兵访问记录》（下），台北：史政编译局1999年版，第1006—1007、1014页。

⑤ 《腾冲抗日县政府情况》，《保山地区史志文辑·抗日战争专辑之一》，转引自孙代兴、吴宝璋《云南抗日战争史》，云南大学出版社2005年版，第133页。

需自越南、缅甸、暹罗等地进口食米。抗战爆发后，随着日军陆续进占南洋各地，滇越铁路、滇缅公路等运输管道先后断绝，粮食无法进口，云南必须力谋自给自足。当时大军云集云南，内迁工商企业、教育机构及大量难民亦避难来滇，军粮民食需求浩繁。为此，云南省政府做了大量发展农业生产的工作，包括勠力垦荒、兴修水利、改良育种、推广农技、田赋征实、增填积谷、推动合作事业（生产合作社、信用合作社、供销合作社）等措施。① 在滇省当局的努力下，战时云南粮食生产逐步增长，水稻产量由 1937 年的 2470 万担，增至 1941 年的 3160 万担；小麦产量亦由 1937 年的 557 万担，增至 1941 年的 839 万担；同时期甘薯、洋芋、蚕豆、豌豆等杂粮产量均有增长。② 据 1941 年中央农业实验所云南工作站对云南 70 个县稻谷的调查统计，自给之外尚有盈余者有 16 个县，能自给者 38 个县，不能自给者有 16 个县。整体而言，如若互济有无，滇省基本上可达到米粮自给。因此，纵使滇越铁路、滇缅公路中断影响外米输入，但因云南粮食生产基础稳固，抗战期间滇省并未出现影响全局性的粮食恐慌危机，从而稳定了抗战大后方的军需民用。③

　　除了增加粮食生产，云南对于满足军需民用另一重要措施就是积谷填仓。积谷向为历代政府调剂民食、应对灾荒的主要方法。早在 1932 年年底，云南省政府即曾制颁《整理各县仓储办法》，按照各县人口，拟定应储仓谷的最小限度数量，并分为县、市、区、乡、镇、义仓六种，县、市仓积谷数目由民政厅核定，区仓由县政府核定，乡、镇仓则以每户积谷 1 京石为准；至于省内各仓库，无论属于何机关，其原有存储应即从速清理填还。1933 年年底，各种仓储已按规定积足，后又增填 20%。及至 1937 年抗战爆发，复规定增填 30%。据 1937 年统计

---

① 李培林：《云南近代农业概述》，《云南近代经济史文集》，云南省经济研究所 1992 年，第 160—162 页。

② 李培林：《云南近代农业概述》，《云南近代经济史文集》，云南省经济研究所 1992 年，第 163 页。

③ 李培林：《云南近代农业概述》，《云南近代经济史文集》，云南省经济研究所 1992 年，第 163 页。

报告，云南全省储有积谷数达 2866737 京石，平均每户约 1.23 京石，已超过省府战前规定 1 京石之标准；其后逐年增填，有积至每户 3 京石者。[1] 云南省府先后制颁《各级仓库仓储管理细则》《收放仓谷暂行办法》，将积谷列为地方四大要政之一，严督各县认真办理。正唯如此，当抗战中期云南大军云集，外来人口激增之际，滇省遂能依靠积谷应急，从而缓和粮食需求的恐慌。譬如 1942 年 4 月中国远征军第一次缅战失利，第六军军长甘丽初率部准备由缅北退回国境，曾于 29 日电请龙云多备粮米接济，以免官兵挨饿。5 月 2 日，龙云复电称："查思普区车佛各县向来产米无多，在未秋收以前办粮比较困难，至各该县民间存粮及积谷正饬查明速复。"[2] 5 月 22 日，查明思普地区积谷充足后，龙云再电甘丽初："现已电思普各地方从速准备粮秣以待应用，希勿为念。"[3] 又如 1943 年预二师深入怒江西侧敌区进行游击作战时，该师第四团及第五团进驻六库地区守卫江防，因军粮一时无法领到，驻军四五百人端赖六库地区一百多石积谷支应。[4] 显见云南填仓积谷适时提供驻军所需，解了军粮不足的燃眉之急。

# 五　结语

抗战初期，云南编组出征滇军 3 个军，先后出兵 20 余万人开赴前线，而且装备、给养大半由地方自筹；此外，云南还征送其他中央杂项部队兵员约 5 万人，这是滇省对于抗战的重大贡献之一。[5] 滇军

---

[1] 郑崇贤：《云南对抗日战争的贡献》，《云南近代经济史文集》第 39 辑《滇西抗战》，云南人民出版社 1990 年版，第 350 页。

[2] 《龙云复电》（1942 年 5 月 2 日），《滇军抗战密电集》，云南省档案馆 1995 年编印，第 452 页。

[3] 《龙云已饬为第六军准备粮秣电》（1942 年 5 月 22 日），《滇军抗战密电集》，云南省档案馆 1995 年编印，第 466 页。

[4] 马秉坤：《六库地区的积谷支持抗战》，《云南文史资料选辑》第 32 辑，云南人民出版社 1988 年版，第 329 页。

[5] 谢本书：《云南各族人民对抗日战争的重大贡献——纪念抗日战争胜利四十周年》，近代滇史探索，云南人民出版社 1987 年版，第 304 页。

在台儿庄战役中，以惨烈的牺牲抗击日军二十余日的攻势，旅长死一，团长死五，全军伤亡殆半，既忠实履行军人保国卫民之天职，亦不负国家人民之期望。稍后，在 1941 年 5 月的中条山战役中，原朱培德老滇军系统的第三军军长唐淮源、师长寸性奇、副师长梁师贤亦相继壮烈牺牲，这是抗战期间为国捐躯的滇军高级将领。① 此后，滇军不论是转战湘、鄂，抑或是戍守南疆，皆为抗战做出重要的贡献。出滇抗战之举，亦为滇军"国家化"的开端。抗战胜利后龙云曾谈及此事，说道：

> 抗战开始后，云南出粮出力，于国家可告无愧。云南军队的装备是云南人民用自己的力量办的。但云南的军队首先服从统帅部的远调，而出滇作战，并且已成为国家化。②

此外，云南在远征军败退回滇、休养整补时，提供远征军所需之人力、物力，使远征军的给养、驻防、补充获得较可靠保障，亦对日后的反攻作战帮助颇多。

（杨维真，历史学博士，中正大学历史学系专任教授）

---

① 谢本书：《1937—1945 年的云南与滇军抗战》，第 403 页。
② 敏之：《龙院长访问记》，原载《云南日报》1946 年 5 月 19 日，转引自谢本书、牛鸿宾《卢汉传》，四川民族出版社 1990 年版，第 65 页。龙云于抗战胜利后被迫解除云南省主席等职，内调中央任军事参议院院长。

# 再探"滇缅公路"对抗战之
# 意义与贡献

## 奚国华

## 一 前言

滇缅公路是一条在中华民族抗日战争时期，由云南各族民众胼手胝足开通的"弹石路"①。这条公路的开通不但出乎了日军的意料，也化解了日军企图掐断我国命脉的危机。因此，滇缅公路不仅是条战时国际战略物资的进出路线，更如林语堂所说的"滇缅公路是中国的生命线"（The Burma Road is China's jugular vein）②，而且在中华民族的历史上，也从来没有一条路像滇缅公路这样关系到国家民族的存亡。

《云南文献》创刊号的封面选用了 1940 年 11 月《国家地理杂志》专文"滇缅公路：中国的后门"（Burma Road, back door to China）中③，这张运输车队在中国西南山区艰难攀爬"24 道拐"的照片，在当时这张照片也成为滇缅公路的标志而蜚声中外。但事实上，

---

① 弹石路（泥结碎石路面），是由卵石、块石铺筑的一种路面。

② Russell Whelan. "*The Flying Tigers*"：*The Story of the American Volunteer Group*, US, Garden City Publishing Co. , 1942, p. 26.

③ "Burma Road, Back Door to China", *National Geographic Magazine*, US, National Geographic Society, 1940, pp. 629—641.

"24 道拐"并不在滇缅公路上,而是在昆明延续往重庆的路上①,虽然这样的误会并不损滇缅公路在抗日战史上的重要,但是在滇缅公路逐渐淡出我们民族共同记忆之际,本文期能借由重新整理滇缅公路相关史料与文献,再探滇缅公路对抗战之意义与贡献,以彰显滇缅公路在抗日战争中的历史定位。

## 二 修建滇缅公路时的主、客观情势

### (一)主观情势

1937 年 7 月,卢沟桥事变爆发后,日本投入超过百万以上兵力发动全面侵华战争,迅速夺占京津与淞沪等地区,除重创我国本就匮乏的国防工业外,并以其海军第三舰队封锁"北起山海关、南到汕头"的海岸与港口,冀图切断我国际海运交通线,阻止我国战略物资获得,进而窒息抗日力量,以达成其"三月亡华"之妄言。受当时战况所制,我国战略物资输运仅能转移到以下的三条对外通道:

1. 港澳路线

由香港、澳门至广州湾后,经华南、华中通往内地的补给线(1938 年 10 月,日军占领广州后切断)。

2. 滇越铁路

由越南(海防港)经桂越路进入云南的路线,这曾是运输量最大的路线(1940 年 6 月,日军占领越南和广西南宁后截断)。

3. 西北路线

经甘肃、新疆连接苏联的路线,因路途遥远,效率甚低(1941 年 4 月,苏联终止对中国援助,西北路线中断)。

1938 年 6 月"武汉会战"后,日军"三月亡华"已成妄想,而日军作战重点之一,仍是切断国民政府的输送物资路线,以弱化国民

---

① "24 道拐"位于贵州省晴隆县南郊 1000 米处,属于贵昆公路。从山脚至山顶直线距离约 350 米,垂直高度约 260 米;在斜坡上以"S"形顺山盘旋至关口,全程约 4000 米。"24 道拐"始建于 1935 年,1936 年竣工,是滇黔公路的重要部分。

政府的续战力,而中日战事也自此由僵持转成消耗战①。在此严峻的情势下,对于物资匮乏的中国来说,辟建一条西南后方与国际联系的通道,以持续获得抗战所需的武器、装备、弹药与油料等战略物资,而不致陷于战场物资匮乏的困境已是首要之务。

### (二)客观情势

1937 年 8 月 16 日,在八一三淞沪会战展开之际,国民政府军事委员会委员长蒋介石在南京召开国防会议。会后蒋介石与龙云会晤,两人对抗战与淞沪会战前景交换意见②,要点摘整如下:

1. 龙云

(1)要有一条可靠的国际通道

淞沪会战恐难持久,若败则南京将受威胁,也难固守……;上海若失,日军的南进政策必付诸实行,南方战区可能扩大,到时仅剩的香港和滇越铁路等第三国港口转运之国际通路也都会有问题,为避免仅有的两条补给线被封锁,为保障国内抗日战场战备物资以及大后方的经济供应,后方应该要有一条可靠的国际通道。

(2)同时修筑滇缅公路与铁路

接受海外援助的"输血管道"不能让日军给截断,应即刻着手同时修筑"滇缅公路"和"滇缅铁路",开辟新的国际战略物资运输通道,这样,可使海外援华的战略物资能在缅甸仰光港上岸,然后通过公路和铁路运到大西南后方。有了这条通路,中国才能立于不败之地,这是关系抗战命运的大计。

(3)建议优先修筑滇缅公路

考虑修筑铁路在经费和器材上的实际困难,建议"公路由地方负责,中央补助;铁路则由中央负责,地方协助修筑",而且建议优先

---

① Gordon R. Sullivan, "Burma 1942", *The US Army Campaigns of World War II*, US Army HQs, 1942, pp. 4 – 6.

② 《历史人物事件,二战时中国的生命补给线——滇缅公路》,每日头条,(https://kknews. cc/history/8lbog24. html)(检索日期:2020 – 01 – 11)。

修筑滇缅公路——延伸现有滇西省道到边境，再通往缅甸，也是云南人民的夙愿（龙云提出修筑滇缅铁路和滇缅公路，固然是基于抗日救亡的考虑。但另外，他也想借此来发展云南的地方经济）。

2. 蒋介石

今日的局势，不是抗战求存，就只有投降亡国。如果放弃寸土与主权，便是中华民族的千古罪人。临到最后关头，便只有摒弃民族的生命，以求国家的生存。蒋介石赞同龙云的建议，并说："我告诉铁道部和交通部和你商量，早日着手。"

就是这次未雨绸缪的重要谈话，策划在日军鞭长莫及的大后方开辟新的获取抗日物资对外通道，无疑是最好且急迫的抉择。于是，抗战最艰难时期的重要"生命线"——滇缅公路就此跃上历史舞台。

# 三 滇缅公路的修建过程

## （一）滇缅公路的规划

### 1. 路线确定

1937 年 10 月，交通部次长率工程专家到昆明与龙云研商修筑滇缅公路相关事项与踏勘，并确定"滇缅公路由昆明经下关、保山、龙陵、畹町出国，然后在缅甸的腊戍与缅甸中央铁路连接至仰光"为规划路线[1]。同年 11 月，龙云派员与英、缅政府会商，并获同意以缅甸腊戍与我国畹町作为滇缅公路衔接点，修建这条路全长 1453 千米的"滇缅公路"。滇缅公路在中国境内的部分，从昆明起点至畹町，全长 833 千米。畹町出境至终点缅甸腊戍为 620 千米，然后通过北掸邦铁路由腊戍至曼德勒；再经缅甸中央铁路由曼德勒至仰光海港（缅甸境内与我国境内各自负责承建）[2]。之所以选择这条路线，是因为自秦汉以来，滇西地区

---

[1] Tan Pei-Ying（谭伯英），*The Building of the Burma Road*，US，MACG HILL，1945，pp. 55—57.

[2] 余秦贤：《八年抗战生命线——滇缅公路》，《云南文献》第 50 期；台北：云南同乡会 2021 年版，第 40—41 页。

就与缅甸、印度有频繁的商业来往，几个世纪以来一直通商不断。[1]

表1　　　　　　　　　　滇缅公路里程（距离）[2]

| 区域 | 中国（云南） | | | | | | | | | | | 缅甸 |
|------|------|------|------|------|------|------|------|------|------|------|------|------|
| 城名 | 昆明 | 安宁 | 楚雄 | 南华 | 下关 | 永平 | 保山 | 龙陵 | 潞西 | 畹町 | 木姐 | 腊戌 |
| 距离（千米） | 0（起点） | 33 | 168 | 204 | 378 | 478 | 579 | 721 | 748 | 833 | 905 | 1453（终点） |

滇缅公路全长1453千米；东段由昆明到下关（原滇西公路，系云南滇西简易公路，长378千米，已于1935年开通）整修用了11年。而需要新修的是滇缅公路的西段（从下关至畹町，长455千米），这段的地势险峻（须穿越碧罗雪山、高黎贡山等6座大山的横断山脉，山高谷深差距多在2000米以上；横跨澜沧江、怒江等5条大江）、环境恶劣（山区气候复杂，每年雨季长达6个月，很多地区疟疾泛滥，几小时内就能夺人性命），如果以原来的修路方法，那又得花上10年以上的时间。

**2. 工期确定**

国民政府曾将工程向国际招标，有数家国际大型工程公司表示："如果能有先进设备，可于6—7年内开通"，"加强赶工也至少要3年"，但当时缺乏先进机械，更无6—7年的时间可以等待，只能自行修建。也因此，不仅日本不相信中国短时间内能凿通这条公路，就连美英等国也对此持怀疑态度[3]。

1937年11月2日，国民政府正式下令拨款200万元，由云南省主席龙云负责，限期一年内修筑滇缅公路完成初步通车。云南省政府

---

① 全民族抗战：《云南档案记忆（二）：滇缅公路抗战"血线"》，人民网，（http://politics. people. com. cn/BIG5/n/2015/0716/c1001-27316391. html）（检索日期：2020 – 02 – 02）。

② Tan Pei-Ying（谭伯英），*The Building of the Burma Road*，US，MACG HILL，1945，pp. 11–13.

③ 七一网：《滇缅公路：血肉筑成的抗战生命线》，每日头条网，（https://kknews. cc/history/9vglp8q. html）（检索日期：2020 – 04 – 12）。

也立即采取"非常时期"动员办法，通令沿线各县征调民众义务修路（重要路桥的关键工程则由陆军独立工兵团一部与交通部直属专业施工队负责），务必于一年内完成。同年 12 月，滇缅公路开工①。

**（二）滇缅公路修建的进程**

由于滇缅公路包含有不同时期的既有道路与新建道路，因此依据施工时间、道路属性与工程类型，滇缅公路的修建可分为三个阶段②：

**1. 先期建设阶段（1924 年 6 月至 1935 年 12 月）**

于 1924 年 3 月动工，修筑由昆明至下关段公路，全长 378 千米的土路，但由于连年政局动荡、军阀混战、经费短缺等原因，历时近 11 年，直到 1935 年 12 月始修通。1937 年 7 月抗日战争爆发后，这段公路被规划为滇缅公路东段。

**2. 战时抢修阶段（1937 年 12 月至 1938 年 8 月）**

"抢修"主要是指此路的西段，即从下关到畹町，全长 455 千米，这段路是滇缅公路的重点和难点，因为在山崖绝壁之间，是遮天蔽日的原始森林；原始森林之中，则是令人胆寒的瘴疠，就连最有勇气的马帮都避之唯恐不及。除了新修西段，还要改善和铺筑东段未铺完的路面。这段浩大艰巨的路程于 1937 年 12 月开工，次年 8 月底全线通车，仅用了 9 个月的时间。

**3. 维护改善阶段（1938 年 10 月至 1945 年 8 月）**

从 1938 年 10 月此路完工移交给交通部接管开始，直到抗日战争胜利。

滇缅公路是"先求通，后求好"的方式抢修通车，所以质量标准较低；交通部接管后，曾有计划地进行了一系列改善工程。改善的重点是对路基的宽度、坡度、弯度等没有达到规定标准的地段，加以拓宽或改线；在某些急弯、陡坡处铺设"弹石路"、在畹町至龙陵等地

---

① 杨德钧：《中国抗日战争大画史》，台北：北开文化 1889 年版，第 323—370 页。
② 李世华：《中国公路交通史丛书·云南公路史》，人民交通出版社 1989 年版，第 139—141 页。

段铺设柏油路。另外,在养护方面,组织民工在雨季修复部分被冲毁的桥涵,清除坍方,并及时修复被日机炸毁的"功果""惠通"两桥,使运输不中断……

在上述的三个阶段中,工程最浩大、施工最艰辛,工期最紧迫,最令世界瞩目和折服的,当属战时抢修阶段。

### (三) 滇缅公路修筑的付出

滇缅公路的建成除了金钱(中央政府补助 200 万元)之外,还有许多人力、物力的投入,本节就各项统计数字再次检视修筑滇缅公路所付出的代价。

#### 1. 用血肉筑成的生命线

1937 年 11 月,云南省政府调集沿线 28 个县、11 个民族(汉、彝、白、傣、苗、傈僳、景颇、阿昌、德昂、回等)民工。在施工的高峰期,全线施工人数平均每天五万多人,最高时达到二十多万人。因为青壮年男性大部分都应征入伍,所以修建公路民工大部分是老人、妇女与孩童[1]。

腾冲抗日纪念馆展板上的数据显示,修建滇缅公路时,有三千多民工丧生[2],死亡率为 1.5%,伤残者达一万多人,伤残率则高达 5%。更残酷的数字是,这条用 9 个月的时间开凿出一条全长 1453 千米的公路,平均每天要牺牲 11 位以上的民工,而每建成 1 千米就要牺牲两位以上的民工生命。

我们可以概略统计出有多少人在修筑这条生命线的途中丧生,但是我们无法估算,这样的牺牲挽救了多少人的生命,让当时的中华民族提前多少年结束颠沛流离的战乱生活。

#### 2. 用双手挖出来的血路

由于施工任务紧迫,而采用全线铺开筑路,边踏勘、边测量、边

---

① 云南省委宣传部:《滇西抗战:征用各民族民工修路状况》,云南人民出版社 2013 年版,第 32 页。

② 大理电视台,《大理这条用手刻出的公路,被美总统盛赞为"一大奇迹"》,大理档案,2017 年 6 月 18 日(https://kknews.cc/history/lpvkovz.html)(检索日期:2020-03-6)。

设计、边施工，路基、桥涵、路面同时进展，并以"先求通，后求好"的目标，先开出半幅路基4—5米，然后逐步加宽①。因此，公路全线二十多万的民工，在缺乏现代机械的情况下，在原始密林、高山峡谷间，用血肉身躯，仅凭锄头、畚箕、扁担、铁锹、木棒、石碾子（压路滚）等简陋工具，用手挖、肩挑、棒翘等人工方式，夜以继日，艰苦修筑滇缅公路。

整个工程开挖土方约1123万立方米，石方约110万立方米，新修干道公路548千米，改善、铺设东段（昆明至下关）路面400余千米，全线共铺泥结碎石路面900多千米，修建大中型桥梁7座，小桥243座，涵洞1443道②。如此大的工程量体全赖人力，用近乎原始的工具材料和施工方法，战胜了横断山系中的高山大河，筑成了对抗日战争的生命线。

### 3. 炸不断的抗战生命线

功果桥（1938年3月1日开工，6月9日通车）、新功果桥（即昌淦桥：在功果桥上游700米处建设新桥；1939年3月12日开工，次年11月4日通车）与惠通桥（曾是西南丝路古道的要津）是滇缅公路需要跨越澜沧江与怒江的重要桥梁。

日军深感滇缅公路存在的威胁，1940年10月，日军占领河内，以河内机场为基地，于1940年10月18日至1941年2月17日，对滇缅公路主要桥梁实施16次（400架次以上）的轰炸。而每次轰炸后，工程队就及时对大桥进行抢修，有时炸弹仍然在爆炸、空袭还没有结束，就开始抢修。

1941年1月23日，日军飞机在第14次轰炸中彻底炸断功果桥，东京的电台得意地宣称："滇缅公路已断，三个月内无通车希望。"③

---

① Tan Pei-Ying（谭伯英），*The Building of the Burma Road*，US，MACG HILL，1945，pp. 55—57.

② 段之栋：《世界公路奇迹的营造者——记白族道路工程专家段纬》，《云南文献》第41期；台北：云南同乡会2011年版，第88—91页。

③ 云南省委宣传部：《滇西抗战》，云南人民出版社2013年版，第17—19页。

大后方人民得知此事非常紧张,交通部要求抢修的急电刚发出,就收到滇缅公路全线畅通的回报,因为工程队利用70多个空油桶连在一起,上面铺上木板制成数个巨大的"浮筏",汽车驶上浮筏,用钢丝绳拖动,来回渡江,日夜不停。后来更将浮筏连接起来,铺上木板,变成浮桥。因此,有了"炸不断的滇缅公路"称号。也就是在工程人员的冒险抢修下,自滇缅公路通车起至1942年5月日军占领滇西为止,滇缅公路无法通车的时间总共只有13天10小时又15分钟。

**4. 舍命抢运的南侨机工**

由于当时教育文化较低,很难找到卡车驾驶与修车机工。1939年2月,东南亚华侨领袖陈嘉庚号召青年华侨司机和技工回国参加抗战,组成"南洋华侨机工回国服务团",招募志愿回国援助抗战的华侨前后9批共有3192人。据统计,平均1千米的路段就有3名南侨机工在奔驰。从1939—1941年的3年间,南侨机工在滇缅公路运输抗战物资达到50万吨之多,汽车15000多辆。

1942年5月5日,随着惠通桥被炸断,滇缅公路的运输彻底中断,南侨机工们在大后方举目无亲,再加上东南亚地区也基本被日军占领,无法回去。在当时有个形容南侨机工的数字叫"三分之一的三分之一":也就是三分之一的人留在国内,三分之一的人复员,三分之一的人失踪或牺牲①。特别是1942年5月4日,日军窜抵惠通桥西岸,截获我汽车500余辆和大批物资,不少侨工为不使货物资敌,便把汽车翻入山谷而壮烈牺牲,其爱国情操将永载青史。

**(四) 滇缅公路的运营与启闭**

**1. 运营管理**

"西南运输处"(又称西南运输公司)与"中缅运输总局"是主要负责滇缅公路运输业务的官方机构。

---

① 中国侨网:《80年前,3200多名华侨青年在滇缅公路上挥洒热血》,香港新闻网,(http://www.hkcna.hk/content/2019/0505/760859.shtml)(检索日期:2019-12-22)。

（1）西南运输处

西南运输处是直属军事委员会的准军事机构，也是抗战时期最大的官方运输机关，主要办理滇越和滇缅方面的国际运输；西南运输处在中越交通中断后迁云南，其附属机构不断增加，先后成立运输人员训练所、运输事务所及滇缅路医院、遮芒诊疗所、汽车修造总厂、腾冲驮运管理所、汽车大队、各仓等，在最鼎盛的时候，车辆多达3300余辆。

在滇缅公路运输的前期，西南运输处对该路的经营占有垄断的地位，但由于机构过于庞大，在管理方面问题层出。因此，于1941年11月被撤销，滇缅国际运输业务和管理移交给中缅运输总局。

（2）中缅运输总局

中缅运输总局于1941年11月1日在昆明成立，它基本是由西南运输处的班底改组缩编而来，主要任务是抢运兵工器材。该局机构较为精简，经营也更单纯，使营运状况得到相当改善；后因1942年5月日军攻占缅甸，中缅运输线中断而被撤销；6月改组为滇缅公路运输局，机构大为紧缩。

（3）其他公、私营机构

滇越运输线的中断、滇缅公路重开后，大量运输机构和车辆集中到此，独家经营的局面已不复存在。在滇缅公路经营运输的机构很多，除西南运输处和中缅运输总局外，还有许多公、私营商车。据1941年12月统计，在滇缅路运输在线行驶的军、公、商车计7852辆（不含国外商车，计军车3116辆、公交车2201辆、商车2263辆）①。

**2. 滇缅公路的通阻**

滇缅公路通车后，日军大为震惊，一直把切断这条动脉作为最高

---

① 中文百科全书：《滇缅公路》，中文百科网，（https：//r. search. yahoo. com/_ ylt = AwrtFpw5vbVg7SUASVdr1gt.；_ ylu = Y29sbwN0dzEEcG9zAzEEdnRpZAMEc2VjA3Ny/RV = 2/RE = 1622551994/RO = 10/RU = https% 3a% 2f% 2fwww. newton. com. tw% 2fwiki% 2f% 25E6% 25BB% 2587% 25E7% 25B7% 25AC% 25E5% 2585% 25AC% 25E8% 25B7% 25AF/RK = 2/RS = 4btyUHoood3oi_ ha0521dHCFMqE）（检索日期：2020 － 03 － 9）。

目标,也因此造成滇缅公路三次的封闭。

(1)英国屈从日本而封锁——封闭禁运3个月

1940年7月18日,英国屈从日军在深圳集结5000名陆军备战演习之威胁,与日本签订《英日关于封闭滇缅公路的协议》规定:"自1940年7月18日起,禁止军械、弹药、汽油、载重汽车及铁路材料,经缅甸运入中国。禁运期定为3个月",以换取缅甸、香港及上海租界不被进攻的承诺①。由于日本在1940年9月27日,签订《三国同盟条约》正式参加轴心国。因此英国在1940年10月14日政策调整,在1940年10月底滇缅公路重新开放,此事件也称作"远东慕尼黑"②。

(2)日军轰炸毁桥梁——无法通车13天10小时又15分钟

1941年,珍珠港事变后,日军全面入侵东南亚。而日本进攻缅甸的重要目的之一,就是要切断滇缅公路。从1940年10月,日军出动飞机集中轰炸滇缅公路的主要桥梁开始,至1942年5月日军占领滇西时为止,滇缅公路因工程抢修而无法通车的时间,总计只有13天10小时又15分钟。

(3)毁桥断路以拒敌——中断2年8个月

1941年12月23日,中英在重庆签署《中英共同防御滇缅路协议》,国民政府为支持英军在缅对抗日军,并为保卫西南大后方,派出十万远征军,由滇缅公路直奔缅北腊戌。然1942年春,因指挥失误及兵力悬殊而全线溃败损失惨重,六万将士埋骨异国荒山。

而日军沿滇缅公路快速推进,一直打到怒江边的惠通桥西岸。如果日军跨桥渡江后就无险可守,将沿着滇缅公路夺占昆明,再经过下关直取西昌、成都,那重庆将陷于险境③。1942年5月5日,我军守

---

① 吴圳义:《英国暂时封闭滇缅公路之始末》,《政大历史学报》1983年第3期。

② 纵横:《滇缅公路:血肉筑成的抗战生命线》,每日头条,(https://kknews.cc/history/9vglp8q.html)(检索日期:2020-04-7)。

③ 余戈:《1944:腾冲之围》,生活·读书·新知三联书店1978年版,第24—27页。

桥部队炸毁惠通桥以阻敌于怒江对岸，自此滇缅公路也开始了 2 年 8 个月的中断。

### 3. 替代运输作为

（1）驼峰航线

为保护滇缅公路运输少受日军空袭，1941 年 4 月 15 日，中美达成协议，并由美国总统罗斯福签署行政命令，允许美军"退役人员"以志愿方式来华协助我国作战，8 月 1 日陈纳德在昆明设立美国志愿航空队总部①，并投入滇西地区空防作战。1942 年 4 月，日军占领缅甸后直逼怒江西岸，我方为阻止日军继续东进与 5 月 5 日放弃滇缅公路，炸毁了惠通桥，滇缅公路被迫完全中断。

1942 年 5 月，在中、美、英三国领袖关注下，开辟了驼峰航线（从印度阿萨姆飞越空中禁区的喜马拉雅山脉南段，到昆明巫家坝等机场的空中运输线），继续提供我国所需抗日战略物资②，同时，也利用回航飞机，陆续空运三个师到印度（1942—1944 年，新 30 师、14 师与 50 师）③。但这是一条悲壮的补给航线，1942—1945 年，在滇缅公路中断的这段时间里，有五百多架飞机失事/踪，损失一千六百多人；在西藏高原雪山上可以看见坠毁飞机的金属碎片闪烁连绵。而且，经估算每运送 1 吨物资回国，就要消耗 1 吨燃油，以致效益过低。

（2）中印公路

战事趋紧，有限的空中运输，无法满足大规模作战需要。1942 年 10 月，蒋介石访问印度，史迪威将军与之会商后，印督魏菲尔同意，由美国负责建筑，开辟中印公路，以替代被切断的滇缅公路。规划从印度利多出发，经密支那后分为南北线：南线经八莫、腊戍，从

---

① 汤汉清、邵贵龙：《驼峰：1942—2002》，云南人民出版社 2005 年版，第 43—47 页。

② 大理电视台：《大理这条用手刻出的公路，被美总统盛赞为"一大奇迹"》，大理档案，（https：//kknews. cc/history/lpvkovz. html）（检索日期：2020 - 03 - 03）。

③ 维基百科：《中国远征军》，维基百科，（https：//zh. wikipedia. org/zh-hant/中国远征军#第二次远征）（检索日期：2020 - 01 - 18）。

畹町进入中国,与滇缅公路相连;北线越过伊洛瓦底江,经腾冲、龙陵,在芒友与滇缅公路相接,终点为昆明。

从 1942 年 11 月开工,至 1945 年 1 月通车,全长 1730 千米(不含昆明至重庆段),用时 2 年 3 个月[1]。中印公路通车后月运量 45000吨,比原滇缅公路增加 30000 吨[2](在此同时也铺设了一条从印度至昆明总长度 3300 多千米的输油管道)。蒋介石宣布将中印公路命名为"史迪威公路",以纪念史迪威对筑路的贡献。

在此要提出的是,中印公路和滇缅公路常被混为一谈。因为,中印公路进入云南后,与滇缅公路并线,所以在云南境内的这一段道路使用两种称呼都没有错,而且在功能上,二者都是从国外向内补给的重要血脉,都对抗战的胜利有所贡献。

### 4. 功败垂成的滇缅铁路

为打通西南部的国际运输通道,1938 年秋,中、英、美三方会商,由美国贷款 7000 万美元,中、英两国各在滇、缅境内分段修筑滇缅铁路。铁路全长 950 千米,其中中国境内 860 千米(起点在昆明总站,经安宁、禄丰、平浪、广通、楚雄、姚安、祥云、弥渡、云县、耿马等县,至中缅边界),终点为缅甸的腊戌;并于 1938 年 12月动工[3]。

1940 年英国与日本签订《封闭滇缅公路协议》,导致滇缅铁路的材料来源被截断,滇缅铁路东段施工放慢、西段则完全停工。1941年美国总统罗斯福根据《租借法案》拨款 1800 万美元,滇缅铁路得以再度开工[4]。

---

[1] 云南人民出版社:《滇西抗战:"大后方第一生命线"》,历史网,(https://kknews.cc/history/qog33lr.html)(检索日期:2020-01-18)。

[2] 毕世铣:《炮火中筑成的史迪威公路》,《云南文献》第 40 期;台北:云南同乡会 2010 年版,第 88—91 页。

[3] Yin-Tang Chang, *Economic Development along the Yunnan-Burma Railway*, US, Geography, 1942, pp. 6-8.

[4] Ralph C. Crozier, "Antecedents of the Burma Road: British Plans for a Burma-China Railway in the Nineteenth Century", *Journal of Southeast Asian History*, 1962, pp. 3-18.

1942 年春远征军入缅作战，滇缅铁路东段从昆明铺轨到平浪，西段 470 千米的路基已经完成仅待铺轨[1]。但缅甸滚弄至腊戌一段，英国人根本没有动工[2]。日军在 1942 年 3 月 8 日攻占仰光、4 月 8 日攻占腊戌，大批筑路物资落入日军手中。5 月 10 日腾冲沦陷，5 月 12 日蒋介石下令炸毁滇缅铁路西段已修好的桥梁与路基"以免资敌"[3]。

## 四　抗战时期滇缅公路之运能与效益

### （一）滇缅公路的运能

在滇缅公路修建之初，其重要性与运能并不明显，但随着战况的进展，其重要性与运能几乎足以左右战局。本节将滇缅公路在整个抗战中的运能分为三阶段列计如下：

1. 第一阶段：滇缅公路通车至滇越铁路被日军截断（1938 年 8 月 31 日至 1940 年 9 月）

（1）在此期间，由于滇越铁路仍然畅通，80% 以上援华物资由滇越铁路运入，故滇缅公路作用不太显著。至 1939 年 9 月，欧战爆发，日本趁机向南洋扩张，美国国会随即修订《中立法案》，准许中国购买军用物资，由此，美国的援华物资源源不断地经滇缅公路运入中国。1940 年 6 月，滇越铁路被斩断后，滇缅公路成为中国联系盟国的唯一陆上通道，运输更加繁忙。

（2）运量。

a. 战争爆发前，滇缅公路每月的运输量仅为 200 吨，而同期的法属印支线路则为 1.25 万吨。

---

① 云南省地方志编纂委员会：《云南省志卷34　铁道志》，云南人民出版社 1994 年版，第 4—20 页。

② 后希铠：《龙云主滇漫谈》，《云南文献》第 17 期；台北：云南同乡会 1987 年版，第 14—19 页。

③ 彭玏琳：《中国铁路——滇缅铁路历尽艰险功败垂成》，香港 01 网，（https://www.hk01.com/艺文中国/557298/中国铁路—滇缅铁路历尽艰险功败垂成—大临铁路如何续书当年传奇）（检索日期：2020 - 02 - 01）。

b. 1938 年年底,首批军需物资经滇缅路运入昆明。据记载,滇缅公路刚通车时每月的货运量就达 1000 吨。(据统计,仅在 1938 年,通过滇缅公路运送的步枪有 81670 支、重机枪有 350 挺、迫击炮弹 636726 发、子弹 8777 万发)。

c. 缅缅公路运入货量 1939 年为 27980 吨,1940 年为 61934 吨,1941 年为 132193 吨(3 年就达 36.9 万余吨,平均每月运输 10254 吨,最高月运量为 18000 吨,最高日运量达 600 吨)。

d. 滇缅公路的主要使用单位是西南运输处,该处配备 3300 辆运输货车,分为 21 个大队,每个大队约有 180—200 辆货车,车辆驾驶除自训外,还有从东南亚招募具有相关驾训保修知识的海外华人成立两个华侨大队[①]。

2. 第二阶段:从日军截断滇越铁路至我方滇西失守炸毁惠通桥为止(1940 年 9 月至 1942 年 5 月)

(1)这期间,滇缅公路成为我国唯一的国际陆路交通运输命脉,国际援华抗战物资几乎全部经滇缅公路运入,这是滇缅公路运输最繁忙、运输量达到高峰的时期。

(2)运量。

a. 1941 年全年,通过滇缅路运入的军用物资及其他各类物资的数量达 13.2 万多吨(1941 年 11 月的运输量最高,达到 1.75 万吨,为滇缅公路单月最高运输记录)。

b. 据 1941 年 12 月统计,滇缅公路进入最繁忙时期,在滇缅路近千米的运输在线,共行驶各式车辆 7852 辆(不含国外商车,计军用车 3116 辆、公务车 2201 辆、商用车 2263 辆)。

3. 第三阶段:自中国远征军收复碗町至抗日战争的全面胜利(1945 年 1 月至 1945 年 8 月)

(1)随着滇西反攻战役的胜利,滇缅公路恢复运输,与此同

---

① 维基百科:《滇缅公路》,维基百科,(https://zh. wikipedia. org/zh-tw/% E6% BB% 87% E7% BC% 85% E5% 85% AC% E8% B7% AF#cite_ note-% E9% A7% 9D-1)(检索日期:2020 – 02 – 21)。

时，从印度东北的雷多经缅甸密支那，分南北两线连接滇缅公路的中印公路亦已开通，盟军援华物资又源源不断从两线运入，直至抗战结束。

（2）运量。

a. 据统计，在整个抗战时期，由滇缅公路运入的战略物资共49万余吨（若含1945年年初修通并与之相连的中印公路则达77万吨），其中汽油等油料20余万吨，兵工器材、武器弹药、通信、交通器材、医药、棉纱、布匹等20余万吨，进口和驶进汽车15000多辆，并担负远征军出国作战的运送任务。

b. 援华物资以美国的为主，物资主要包括汽油、枪弹、轮胎、汽车、面粉、医疗器械及药品等。

4. 运输物资分析

（1）输入。西南运输处属于国民政府军事委员会；军工产品是其输入的最主要物资；其次是航空委员会的汽油及其他物资，

（2）输出。主要是"以货易货"形式偿还美、英等国。经滇缅公路出口物资主要有钨砂9000吨、锡4250吨及少量锑块、桐油6600吨及少量猪鬃等；共约2万吨。正是由于这些农矿产品的不断输出，才使外援军火物资不断运入。①

从滇缅公路在抗战期间的运量，可说是名副其实的"输血线"，而且实质上的支持抗日战争的进程。

### （二）滇缅公路的贡献

1940年，日本在《帝国国策纲要》中称："攻取缅甸的目的就是要截断中国与外界的最后一条交通线。"② 基此，整个滇西抗战，乃至后来的中印缅之战，实际上都是围绕着战略通道的交通战。因此，

---

① 百度百科：《中国云南省到缅甸的公路》，百度百科网，（https://baike.baidu.com/item/滇缅公路/4422513）（检索日期：2020 - 03 - 11）。

② 段西宁：《裕仁天皇的战争责任与天皇制的问题》，二十一世纪网络版，（检索日期：2020 - 04 - 06）。

在近代中国西南,最恢宏的事件是修筑滇缅公路,最壮烈的牺牲是修筑滇缅公路,而最巨大的贡献依然是修筑滇缅公路。谨就滇缅公路的效益分述如下:

### 1. 破敌三月亡华妄想

从战略意义上看,滇缅公路在抗战初期抢筑成功,源源不断地输入大批战略物资,打破了日军的封锁战略,击灭了日军认为可以在三个月内占领整个中国,留下一支小部队来控制中国,并将大部分军队转移到其他地方的"三月亡华"妄想。

虽然日军只用了 3 个月就占领了上海,但在整个抗战期间,却从未占领过中国一半以上的领土;而我军一直在正面战场惨烈缠斗,除歼灭部分日军外,更致使日军约一半的地面部队泥陷在中国战场。换句话说,盟军在太平洋战争中每一场陆上作战胜利,都有我军顽强抗战的贡献,而担负战略补给的滇缅公路更是功不可没。

### 2. 实质支持抗战进程

滇缅公路在抗日战争的关键时刻修通,它与滇黔公路和后来修通的川滇东路、滇黔南路等几条公路连接起来,成为当时从国外运进盟国援华战略与经济物资,从国内运出外贸物资的唯一的国际交通运输线,被誉为抗日战争的"输血线"与"生命线",对抗战贡献极大。

### 3. 带动边区外贸发展

滇缅公路的迅速建成有利于后方民族工业和对外贸易的发展,战时交通状况的改善使得内迁的工厂迅速恢复了生产。因此,滇缅公路为中国抗战的胜利奠定了有力的物资基础。滇缅公路不仅在战略上发挥过重大作用,甚至在随后数十年改变了滇西经济与社会发展(现在的瑞丽与畹町皆因滇缅公路之利,已成为国际缅甸玉石最重要的交易市集)。

### 4. 扬名国际工程奇迹

滇缅公路的修通赢得了国内外人士赞叹为公路工程史上的奇迹。

英国外交部二等秘书莫理斯在 1938 年 8 月考察滇缅公路后，赞扬工程艰巨伟大，并称："只有中国才能在这样短的时间内做到。"① 美国驻华大使约翰逊视察滇缅公路后称："……修筑滇缅路，物质条件异常缺乏。第一缺乏机器，第二纯系人力开辟，全赖沿途人民的艰苦耐劳精神，是全世界任何民族所不及的……"②

### 5. 凝聚抗战信心与决心

云南各族人民在缺乏先进机具的困境下，以九个月的时间完成了滇缅公路的艰巨工程；在当时严重失利的抗战形势下，体现中华民族刻苦耐劳与团结爱国的精神，也体现了全民共御外侮的精神，这对于民心是一个巨大的鼓舞，除使世界列强体认到中华民族的伟大力量外，更进而增强了民族凝聚力，提高全民坚持抗战到底的信心与决心。

# 五 结语

## （一）国家兴亡，匹夫有责

当年响应国民政府"全面抗日"号召，中华民族以超过两千多万的军民伤亡，获取了最后的胜利。这个数字除直接对抗日军的战斗人员外，更有许多参与抗战相关工作的同胞，当然也包括投入修筑国家急需的生命线——滇缅公路而殉难的民众。因为这些民众的牺牲，才能抢通滇缅公路，联系国际路线，转运军需补给，使整个抗日战局转危为安，并得到最后胜利。

## （二）缅怀先烈，永世铭记

虽然抗战的烟硝岁月已经离我们远去，但是滇缅公路还在，它见

---

① 李寒：《畹町桥纪事》，《云南文献》第 41 期，台北：云南同乡会 2011 年版，第 144—147 页。

② 于历：《滇西抗战："大后方第一生命线"》，云南人民出版社，（https://kknews.cc/history/qog33lr.html）（检索日期：2020－05－24）。

证了那场惨烈的护土御辱战争，而其蕴含的抗敌保国的爱国精神也永远不会被抹杀。先烈们用鲜血铸成的历史，将永远铭记在神州的土地上，与祖国山河共存，受万世子孙崇敬。

（奚国华，中国国民党基隆市委员会书记长，台湾交通大学科技管理博士）

# 中国近代军阵医学的奠基人——林可胜

何邦立

## 一  前言

百年前的中国，刚刚脱离清帝制不久，民国初始肇建，仍处军阀割据的时代，政治不稳定，一切缺乏典章制度，可谓民贫国困。一位爱国华侨林可胜教授，毅然回归祖国，以科技报国；时值北伐成功，国家形式上一统，进入安定的十年。林可胜在协和十二年的奋斗，使中国生理学的教研与世界前沿接轨，同时还为中国的医学教育提升，无怨无悔的付出。

林可胜被尊称为中国生理学之父、国防军阵医学的奠基者，皆久为人所津津乐道；也因此盛名，掩盖了他四分之一世纪对中国西医教育、对中国医学现代化的贡献。1928年起，林可胜任中华医学会会长，迄1937年全面抗日战争前，他提升西医的水平与整合西医派系（德日派、英美派），积极参与政府现代医学体系的设计，强力推行现代医学—公医制度和医学教育。林可胜努力地在精英教学和大众教育之间找寻平衡点，学员可以通过"分期教育"完成学业，毕业时等同于教育部医学院水平。林可胜后来将这种教学和服务同时进行的模式，运用到了战时医护体系中，为中国战时军队救护以及人员培养做出了重要贡献；但他始终未将医学质量的要求完全放弃，呈现他英美医学精英的本质。

## 二 协和教研十二载，生理自成谱系

林可胜在英国爱丁堡大学完成学业，跟从恩师英国生理学之父的谢弗爵士（Sir E. S. Schafer）从事生理学研究，后又受聘为该校高级讲师（相当副教授）；鉴于英国制度一系只有一位教授，且华人在外常受歧视与限制，林氏遂打算回国服务，经美国洛克菲勒基金会驻华医社（CMB）的奖助，先赴德国考察三个月，再转往美国芝加哥大学 Carlson 实验室从事消化生理研究。1924 年，一位兼具欧美专长的实验生理学家回到多难的祖国，受聘于协和医学院，成为第一位华人教授兼系主任，时年 27 岁。[1]

百年前的协和是中国最好的医学院，石油大王洛克菲勒要在中国成立一不亚于美国的医学研究中心。它走美国大学后四年制的医学教育，教学采小班制，一班约 25 人，全英语教学。一年课程的解剖学、生理学，安排在一年级下学期、二年级上学期，这是医学院最重要的学程。[2] 过去中国早期的生物学、生理学，教学只重视授课而少实验；连老师都不会动手，何况学生。林可胜来后，进行教学改革，大幅提升实验课程，注重学生的兴趣和能力，鼓励学生参与科研活动等，一改过去中国学生给人不注重实践的印象，甚获协和校长胡恒德的赞赏。

林可胜上任后，即刻将其在美从事的研究后续计划付诸实施，展开推动科研工作；开设了实验生理学课程，与病理系的合作、开实验病理学的选修课程。与解剖学系的马文昭，药理学系的陈克恢等合作。同时为生理系物色人才、添置设备、争取预算经费、计划教学课程的安排等，为国内开创生理学事业积极铺路。他出色的领导统御、工作绩效、充满活力，又具感召力，很快地建立起他的生理教学科研

---

① 何邦立：《林可胜民国医学史上第一人》，台北：梁序穆暨许织云教授基金会 2017 年版。

② 熊秉真：《林可胜传》，见《国史拟传》，台北"国史馆"1996 年版，第 123—146 页。

团队。他带领同事花了一年时间，设计制造各种生理学实验仪器，并推广至全国各校，促进了全国生理学实验室的建立。因而获教育部看中，协和成为全国生理师资的训练中心，接受各校的培训老师、研究生、进修生，在其实验室从事长短期不等的科研工作，学成返回原校服务，无形中将中国生理学的水平大幅度的提升，且与世界生理研究前研接轨；协和成为国内生理学龙头的地位，林可胜的生理学术谱系遍布中华大地。[①]

1926 年春，林可胜率吴宪等 14 位发起人，在北京协和医学院生理学系召开中国生理学会（The Chinese Physiological Society）成立大会，林被推举为财务长。同年秋，第一届会员大会召开，林被推选为首任会长。[②] 1927 年 1 月《中国生理学杂志》（*Chinese Journal of Physiology*）以英文面貌创刊问世，以研究为走向，在国际上发行。林可胜任主编，张锡钧负责每篇论文之中文摘要，杂志为季刊、每年一卷。我国第一本生理学杂志，于焉诞生！当时还特聘美、英、德、俄等国际著名学者 7 人为名誉会员，借此促进国际交流，其内容颇受国际生理学界之重视，而主编林可胜本人早就享誉国际消化生理学界。当时的人体生理学教科书如阿根廷的 *Houssay*（西班牙语版）、英国的 *Starling*、加拿大的 *Best & Taylor*、德国的 *Landois & Rosemann*，书中均引用《中国生理学杂志》之论著，当时刊物水平，已达世界一流水平。由于稿源与时俱进，逐渐增多，1937 年共出了两卷（第 11 卷、第 12 卷）。此时期，中国生理学会亦曾在北京、上海、南京、青岛等地举行年会及会员大会。中国生理学会历任了 5 位会长，依序为林可胜（1—2 届）、朱恒璧（3—4 届）、吴宪（5—7 届）、沈寯淇（8 届）及赵承嘏（9—10 届），是为中国生理学会的黄金十年。

---

① 李金湜、张大庆：《林可胜的协和生理学术谱系》，《生理通讯》2013 年第 32 卷第 2 期。

② 曹育：《中国现代生理学奠基人林可胜博士》，《中国科技史料》1998 年第 19 卷第 4 期。

# 三　中华医学会会长

林可胜有活力，不但教学上有一套，其超强的行政能力，在短短的时间内就建立起中国生理学的系统，因表现优异，1928 年他卸下生理学会会长职务后，又被推选为全国性医学团体——中华医学会（Chinese Medical Association）第七届的会长。[1] 中华医学会前任会长，依序为 1916 年伍连德（第 1—2 届）、俞凤宾（第 3 届）、刁信德（第 4 届）、牛惠霖（第 5 届）及 1926 年刘瑞恒（第 6 届）。接任会长为牛惠生（第 8—9 届）、林宗扬（第 10 届）、朱恒璧（第 11 届）、1937 年金宝善（第 12—13 届）、沈克辉（第 14 届）及 1947 年朱章赓（第 15 届）。

林可胜在 1928—1930 两年会长任内，为推广和提高中国现代医学，加强西医界的交流和团结，连续出版《医界指南》，介绍全国医学校、医院历史和现状，列出医师名录，增进国人对西医的了解。学会会刊《中华医学杂志》内容与国内外的发行量均大幅增加，英美德国的出版商纷纷送书来要求刊登书评。在林可胜安排下，1929 年中华医学会北平分会联合协和医学院、北平大学医学院为开业医师开设内外科、妇产科继续教育课程，用中文授课，让很多会员受益。

1928 年通过北伐，南京国民政府实现了形式上的统一。学会前会长刘瑞恒曾任协和医院院长，在新成立的卫生部拥有要职。林可胜决心统一中国西医界，对博医会和中华民国医药学会谋求合并，获洛克菲勒基金会的经费资助，聘用了一名专职秘书，前往全国联系不同的医学团体，了解各地医师、医院、诊所和学校的情况，为联合之路打下基础。[2]

---

[1] 《中华医学会宣言书》，《中华医学会杂志》1915 年第 1 卷第 1 期。
[2] 伍连德：《医学会极宜统一论》，《中华医学会杂志》1929 年第 15 卷第 5 期。

博医会（China Medical Missionary Association，CMMA）成立于1886年，是中国最早的全国性西医学术团体。[1] 创会之初仅限教会医师参与，1925年改组后才允许非教会人士加入。中华医学会本来就是从博医会分化而出的团体，两会有很多共同的会员。20世纪20年代后期中国西医崛起，医学传教士势力逐渐式微。北伐之后，民族主义情绪高涨，很多外国医生从领导岗位主动辞职让位给中国西医，不少医院、医学校的董事会里也变成以中国人为主。历经4年磋商，1932年4月15日中华医学会和博医会最终合并，象征西医界的团结。[2]

至于中华民国医药学会、[3] 中华医学会同在1915年成立，两会创会宗旨基本相同，前者主要成员是中国西医，而且包括药剂师。两会最大的差异在于，前者的会员大多是留学德国和日本，或在中国德日教育体系的医学院受教育。而后者1937年之前所有的中华医学会的会长都曾留学英美，会员也大部分毕业于英美或中国国内英美式医校。形成当时中国西医界势力最大的两个团体，所谓的英美派和德日派。

到了1931年九一八事变爆发，因为国内反日情绪高涨，中华民国医药学会只得宣布放弃他们主要的经济来源——日本庚子退款，从而维系艰难。由是中华民国医药学会和中华医学会的合并案，同时加入合并案的还有全国医师联合会。然而商谈了很久的合并案最终在1934年宣告失败。失败的直接原因是中华民国医药学会不满于中华医学会会员公开发表文章，意指德日派医学校教育水平差。

## 四　德日派 VS 英美派

中国直接留学德国的医师并不多。德日派的主要人员是留学日本

---

[1]　"Constitution of the medical Missionary Association of China"，*The China Medical Missionary Journal*，Vol. 1，1887，p. 32.

[2]　牛惠生：《会长大会演讲辞》，《中华医学会杂志》1932年第18卷第5期。

[3]　赵洪钧：《近代中西医学论争史》，《中华民国医学会会报》1917年第1期。

和国内德日医校培养的，而不少留日人员在日本接受的其实是速成教育，这些水平受质疑的留学生，任教于中国的德日医校，进而影响了国内培养的德日派学生水平，形成了一个恶性循环。加上中国的德日医校在本科生阶段，存在轻视实践的传统，又少能力开设研究生课程加以弥补；招生多，师生比例失调，其整体能力从而被批评。

进入美国医学院学习的学生要接受物理、化学、生物等基础预科以及临床前课程的严格再训练。这对于中学缺乏科学基础知识的中国学生，这种训练十分重要有利。加上英美医学院重视医学理论和临床实习的结合、国内英美医校的教员水平也高，于是毕业于英美的中国医学生认为自己水平高于德日医师。

英美派和德日派的医学水平孰高孰低，客观上很难定论，但是职场和官场等场合的竞争，促成了英美派医师有意无意地认定德日派医师素质低于自己。这种态度还受到了来自外来势力的影响，为了凸显美国医学的优越性，在洛克菲勒的数次报告中都质疑了中国德日派医师的水平。

虽然认为德日派医师在质量上有所欠缺，[①] 但在 20 世纪 30 年代以前，中华医学会在批评低素质的西医时，却很少将矛头直接对向德日派。因为想要实现统一和提高中国现代医学的目标，德日派是必须争取合作的对象，德日派医师在数量上占有绝对的优势，是中国西医的主力。

然而到了 20 世纪 30 年代，中西医矛盾激化，西医始终无法"战胜"中医，中华医学会反省中国现代医学本身，急切希望找出阻碍其迅速发展的内在原因。在他们看来，中国西医的人数已经不在少数，但是因为一些水平不高的西医，让国民对西医的认可不够，无法察看西医的优越性，无法抵挡中医的"进攻"。于是一直隐忍的不满被公开，代表德日派势力的中华民国医药学会觉得颜面无光，最终愤而拒绝了合并案。在如此窘迫状况之下，林可胜等西医又设法通过积极参

---

① 《中国的医学教育》，《中华医学杂志》1933 年第 19 卷第 2 期。

与政府现代医学体系的设计和整合，冀望于政府强力干预推行现代医学，其中包括公医制度和医学教育。

# 五　构思建立公医制度

1921 年兰安生（J. B. Grant）来到协和医学院任教公共卫生系，在中国宣传公共卫生概念。他于 1925 年在北京建立中国第一个公共卫生事务所（1928 年后简称"第一卫生事务所"），一方面为居民提供医疗保健，另一方面让协和的学生和护士进行现场教学和实习，培养公共卫生管理人才。1926 年由伍连德和刘瑞恒等组成"促进中国公共卫生委员会"向英国庚子赔款委员会提交为期 6 年的资金援助案，旨在建立全国范围内的公共卫生系统，尝试仿效 1848 年英国公共卫生法案，在中央政府主导下实现卫生的现代化。此为国民政府推动公共卫生的滥觞。

在 1928 年年初的中华医学会年会上，兰安生表达了他对国家经营医疗的呼唤。[①] 他提出医学不仅是治愈的医学，还应该包括个人卫生、防病医学和公共卫生三种。中国的高死亡率，都可以通过个人卫生、防治和公共卫生来有效缓解，且事半功倍。而这三种医学，只能由国家来推动，通过中央卫生机构主导资源和人员配置，构架平均合理的公共卫生和治疗体系，才能解决广大农村地区人民的健康需要。林可胜在担任中华医学会会长时，公开发表文章，明确提出希望建立国家主导医疗的公医制度，[②] 他认为只有政府出面才能整合医学资源，才能集中、调动最多的人力物力，用最少的钱办最多的事。

1928 年刘瑞恒任卫生部次长，中华医学会和协和方面的林可胜、

---

① John Grant, "State Medicine: A Logical Policy for China", *The National Medical Journal of China*, XIV（2）1928, pp. 65 – 80.

② RKS Lim, "Presidential Address", *The National Medical Journal of China*, XVI（1）, 1930, pp. 118 – 120.

伍连德、牛惠生、兰安生等担任顾问，为设立公医制度出谋划策。[①]次年邀请国联卫生部门负责人拉西曼（Ludwik J. Rajchman）担任卫生部国际管理委员会的委员，开启了正式国际合作关系。林可胜亦被任命为营养研究委员会委员，常常代表刘瑞恒出席国联会议。

1930 年刘瑞恒升任卫生部部长，卫生部组织进行了扩大：在南京筹设了中央医院；成立中央卫生设施实验处负责研究、调查、指导以及培养进阶人员事宜，下设防疫检验、化学药物、寄生虫学、环境卫生、社会医事、妇婴卫生、工业卫生、生命统计、卫生教育九个系；此外，还有公共卫生人员和干部训练所；和各省市合作设立卫生实验所、卫生模范区等，以起示范作用。卫生部和教育部联合组成医学教育委员会，规格统一医校课程。[②]

中央的行政、技术、训练、组织陆续形成之后，开始向省级推进卫生计划。1935 年江西、湖南、甘肃、陕西、青海、宁夏都成立了省级卫生单位。同时在江苏的江宁、浙江的兰溪、河北的定县、山东的邹平、陕西的华县等处乡村卫生工作实验展开。[③] 其中在河北定县负责的是协和毕业生陈志潜。他从 1932 年调查了定县农村医药条件，逐渐由村到区到县，自下而上建立了一套有效的卫生网，吸引了洛克菲勒基金资助和政府的关注，1936 年林可胜受聘配合陈志潜的工作，负责培训公共卫生方面的大学生。

1937 年林可胜和陈志潜联名发表了《公医制度》的文章，构思出了一个新的公医体系以及与之配合的医育制度。[④] （见附图：林可胜设计的公医制度组织结构）。在现有中国广大农村经济落后、医疗人员缺乏的情况下，政府公医制度应该改变之前以省为核心的卫生建设，而将工作中心下沉到县。医生缺乏，可以对护士、牙医、药师、

---

① 陈寄禅：《刘瑞恒博士与卫生事业》，见刘似锦《刘瑞恒博士与中国医药卫生事业》，台湾商务印书馆 1989 年版，第 53—55 页。

② 刘瑞恒：《三年来中央卫生设施概况》，《卫生》（半月刊）1935 年第 2 卷第 1 期。

③ 金宝善：《公医制度》，《行政研究》1936 年第 1 卷第 1 期。

④ RKS Lim，CC Chen，"State Medicine"，*The Chinese Medical Journal*，51（6），1937，pp. 781 – 796.

卫生监察员等医疗助理人员善加利用和培养；资金缺乏，可以教授乡民简单基础的卫生知识，实现自助和互助；另外，将传统医生、诊所，也就是中医也考虑进来，进行改造利用。

定县的经验却并没有推广到全国，由于定县有平教会的学校给普通农民普及文化知识，所以对农民进行简单的卫生训练能够取得不错的效果，但是其他地方没有这种条件。公医制度虽然是一种理想的医事设施制度，但是政府没有整个长远的计划和统治的能力。且中国西医学界在公医制度的具体实行方法上没有达成共识，对公医制度的缓慢发展负有不可推卸的责任。人手不足也是阻碍公医制度发展的重要原因，归根结底是医学教育的问题。1935 年医育成为卫生署的首要工作目标，林可胜也是政府医学教育方针的策划人之一。[①]

# 六　规范现代医学教育

在英美接受高等医学教育的林可胜，长期和世界一流的生理学家打交道。带着建设与世界同步的生理学的梦想，他在协和打造了高水平的医学生培养，无论是对学生还是研究、进修人员都严格要求。他坚持认为，建设世界最高水平的医学校，从长远上说，才是中国正确的取向。林可胜所在协和医学院，也是秉持着质量至上的教学原则，给林可胜的科研和教学创造了良好的条件。但是在接触到中国的社会实际情况后，林可胜逐渐改变了自己想法，转而思考在持续推进中国现代医学水平的情况下，如何培养出满足中国广大人民医疗卫生需要的医务人员。

1928 年全国教育会议召开，为规范和推进现代医学教育，与会者对医学学制进行了讨论，建议统一本科学制为 7 年（2 年预科 + 5 年本科）专科为 5 年。1929 年教育部接到这一提案后，把本科学制缩短了 1 年，改成 6 年。当递交到立法院时，本科学制进一步被缩短

---

① 《教育部医学教育委员会改组》，《中华医学杂志》1935 年第 21 卷第 8 期。

为 5 年，且和专科合并。相对于 8 年的协和学制，与 5 年的医学本科实在是相差很大。时任中华医学会会长的林可胜，于是代表学会上书反对缩短医学学制。林可胜在呈书中表示，应确保培养出高素质的医学人才，以便领袖后进，振导医林，以免数年后师资缺乏，研究无人，势必借材异国，造成所谓派系，此疆彼界，破碎支离。七年尚嫌不足，如连预科五年，将来何堪设想。[1] 文中对医学质量的看重表现得十分明显。

林可胜身为医界的领袖，在反对缩短本科学制的同时，林可胜不反对保留专科，循序渐进，也能供给国家需求。同年，在一篇建议中央研究院设立生理学专业的文章中，[2] 林可胜明显表现出对中国现实的关怀。他在文中没有强调生理学在科学上的意义，而是陈述先总理民生主义第三讲第四讲，专指关于吃饭穿衣问题，其对民生民族的价值。

担任中华医学会会长两年，林可胜在卸任致辞中说，[3] 他认为医学教育水平的提高，短时间无法一蹴而就。中国确实需要赶上西方发达国家，可是西方国家培养一个优秀的医学人才需要 7—10 年，中国国情显然等不及，所以建议采取分阶提高的方法。由国家来加强一些最好的医学院，树立榜样和标准，为次级学校提供指导和教员；各地方提供经费，建立次级学校。等国家富裕了，中小学水平提高，再提高医学院的入学和行医执照的整体标准。从坚持医科 7 年以上，到关注民生，再到承认中国医学的困境，不再以协和的标准要求中国医学教育，从中反映出林可胜对中国现状的一步步了解和妥协。

无论是 1929 年林可胜的呈文，还是 1930 年的卸任致辞，都谈到了两级医育体制。两级医育制度，被认为能够包容现存的中国医校，特别是大量学制较短的德日式医校，确保了中国有一定数量的优秀医

---

① 《中华医学会呈请延长医学制文》，《华医学杂志》1929 年第 15 卷第 5 期。
② 林可胜：《关于中央研究院之希望》，《中华医学杂志》1929 年第 15 卷第 1 期。
③ RKS Lim, "Presidential Address", *The National Medical Journal of China*, XVI (1), 1930, pp. 118 – 120.

师，同时照顾到了大众健康需求，所以林可胜以及当时不少人认可两级制的存在，也与国联1931年调查完中国医学情况给出的意见相同。

# 七　两级医育的体制

不过林可胜眼中的两级医育体制，只是暂时的应对方法，重要的是尽快分阶提高，最终实现医学的规格和统一，打破国别派别的划分。1930年卫生和教育两部联合成立医学教育委员会，专门规格和指导医学教育。林可胜以委员身份，向协和医学院寻求支持，委托其招收进修生，提高青年教师水平。[1] 此期间，林可胜的协和生理学系接收了来自全国大专院校的长短期进修生，对其进行严格训练。同时甚至不计报酬，应需要派人前去各地教课，让很多人受益。不过也存在不少拥有德日派背景、就职于地方医学机构的人，因为担心英语不好跟不上课程进度，不愿意到这些医学院进修。

从中华医学会会长之职卸任以后，林可胜更是将大部分时间用于协助刘瑞恒规划中国的医学教育。1932年林可胜协助卫生署在南京（后移到江西南昌）筹建一所实验性示范医校，希望通过加强学生的基础医学知识和实践能力，尽快为公医制度，特别为农村培养实用医师，找出适合中国国情的医学教育，最终取代两级医育体制。这所学校后定名为中正医学院。[2] 不幸的是这所学校因为政府资金不够，协和医学院也不看好而缺乏经费，于是一直蹉跎到1937年夏天才初具规模。

林可胜从实用的角度，为中正医学院草拟了医学院课程设定计划书，并通过医学教育委员会提交教育部审核推广。和1929年代表中华医学会呈书最大的区别在于，此次提交的计划书总学制只有6年（1年预科+4年医科+1年实习），放弃了之前"七年尚嫌不足"的想法。在计划书中，林可胜还给出了各科基本教学内容，甚至教具的

---

① Grant & Benison, *Reminiscences of John B Grant: Oral History*, 1961, pp. 375 – 378.

② Henry J. Liu, "Our Responsibilities of Public Health", *The Chinese Medical Journal*, 51 (6) 1937, p. 1040.

设定，提出一个老师兼任几门课程，力争用最少的师资培养出合格有用的医师。这份课程计划书得到了官方的认可，教育部颁布的《大学医学院及医科暂行课目表》与之相差无几，唯一增补了战时救护训练一科。同时教育部颁布的还有《医学专科学校暂行课目表》以及《大学医学院医科与医学专科学校装置标准》。①

1935年林可胜和刘瑞恒赴欧洲考察医学教育，回国之后详细报告了苏联的医学教育制度和医疗机构组织体系，认为适合中国国情，引起关注，被医学教育委员会翻译成中文公布在《医育》杂志上以备参照。② 从这篇报告中可以看出三点。第一，苏联的医学教育体制和之前中国暂行的两级医校制度不同，医师培养全部在高等医学校中，并没有分成专科和大学，但是根据资格考试分出等级。中等医学校，是培养专业护士、药剂师、牙医、助产士等医学助理人员的地方。第二，两个等级的教育，以及两个等级内部可以通过进修衔接。进修的方式多种多样，尽量为医学人员创造不离工作岗位的学习条件。第三，人民健康委员会代表国家拥有权力，为医学工作者提供合理的工作和学习条件，按照国情需要培养、分派医师。这种弹性灵活的医学教育方式和统一的管理，让苏联的医学人员在几年之内大幅增加，为更多的民众提供医疗健康服务，也确保了医学人员的水平。这种形态看起来正是中国社会所需要的，既能在医学上继续向世界先进靠拢，又能解决中国缺医少药的社会困境。

1935年全国医学教育委员会改组，下设两个专门委员会——助产教育委员会和护士教育委员会，后又添卫生教育委员会和各类医师研习所。这些措施背后的考虑和林可胜在《苏俄的医学教育》一文中提到的类同——增加医师助理人员的培养，用进修弥补水平的不足。但是医学教育委员会没有修正医科中存在的两级体制。

---

① 《大学医学院医科与医学专科学校装置标准》，《中华医学杂志》1935年第21卷第7期。

② "Report on Medical Education in U. S. S. R. ", *The Chinese Medical Journal*, 49 (9), 1935, p. 1075.

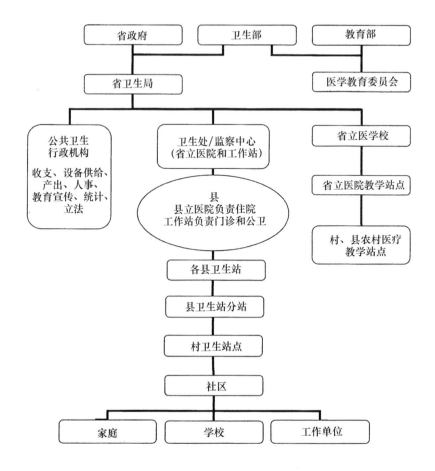

图1　林可胜设计的公医制度组织结构

# 八　抗日战争中医学教育理念的实践

　　1936年，洛克菲勒基金会支持的"华北农村建设协进会"应运而生。因为三年百万预算的资金，吸引来了燕京、协和、清华、南开、金陵五所大学，山东政府以及中华平民教育促进会共同参与，为大学学生进入农村实地学习提供资助，培养农村工作的进阶管理人员和培训人员，从而提高中国农村教育、社会、经济整体水平，这是一个农村版协和的建设计划。林可胜是协和代表，在协进会中担任会长，负责辅助说明培训公共卫生方面的大学生。①

林可胜和陈志潜联名发表的《公医制度》，提及的医学教育，分成了三种人才的养成：大学毕业的医生（高中毕业，3 年基础 + 2 年应用 + 1 年实习）；懂得急救、诊断传染病、简单防治、督管的卫生员和进行卫生教育的新型护理人员，药剂师、牙医、卫生监察员（初中毕业 2 年基础 + 1 年专科 + 1 年实习）；简单培训的裹伤员和勤务员（3 个月到 1 年）。② 文章中对医师培养方面，总体学制并没有比 1935年的课程计划书中有所缩短，而且对医师的入学标准也没有放松，反映了林可胜对医学教育质量的一定坚持。但是对教学内容进行了调整，将预科和基础医学杂混在一起，加大实用技能的训练。

林可胜接受了苏联的经验，通过培养相对容易速成的医助人员，以及培养当地村民简单卫生技能，解决医疗人员和效果两不误的目标。人员的训练场所也灵活机动，不仅在学校，在各地卫生机构中，医师既服务也教学。加上对传统从医人员的包容和改造，在接触到中国社会现实面之后，林可胜努力地在精英教学和大众教育之间找寻平衡点。林可胜后来将这种教学和服务同时进行的模式，运用到了战时医护体系中，为中国战时军队救护以及人员培养作出了重要贡献；但他始终未将医学质量的要求完全放弃，表现了他英美医学精英的本质。

1937 年抗日战争全面爆发，林可胜对构建民国政府现代医学体系的各种尝试被迫中止，但在战时他却找到了实践的机会。如同当时很多医界人士在找寻适合中国现代医学发展的过程中，流露出对苏联模式的欣赏和对农村建设的强调，这也为他们后来遭到"赤化"质疑，埋下了隐患。

抗日战争期间，战时救护的迫切性与医护水平的提高，和战前中国现代医学教育中大众医疗需求与保持医学高水平的矛盾具有共同

---

① 《华北农村建设协进会训练研究委员会记录》，1936 年，第 383—384 页。

② RKS Lim，CC Chen，"State Medicine"，*The Chinese Medical Journal*，51（6），1937，pp. 781 - 796.

点。林可胜负责领导中国红十字会救护总队部和战时卫生人员训练所。为了快速弥补战地救护和防疫人员缺口，主要训练培养大批基层的医护助理、看护士、看护兵，来补充医师的工作，随着战事深入，卫训所的培训项目和层次进行了扩大，除短期培训外，增设 3 年和 6 年两种长期课程，学员可以通过"分期教育"完成学业。分期教育课程的设定和林可胜之前通过医学教育委员会提交教育部审核的课程类似，学员毕业时等同于教育部医学院水平（从张朋园、邹传恺、赵馨辉的口述历史中，①，皆可印证林可胜的医学分期教育理念）。

在分期教育的计划书中，他还将战时的战区、集团军、军、师、团营连以及前线士兵和百姓一一对应为省、监察区、县、次级县、村和小区，认为军队医学的建设显然为日后公医制度的发展提供了机会。② 林可胜对卫训所的规划，反映其对于抗战建国的理解以及对战前公医制度建设的设法延续，为战后民间医学和公医制度人才储备做出了贡献。

# 九　结语

林可胜先后担任中国生理学会创会会长、中华医学会会长，他从生理学科教研的提升，扩及全国医学教育的统一规划，以保持协和医师的高质量水平。他一方面协助刘瑞恒推动中国医学的现代化，另一方面要应付中国社会医务人员严重不足的困境。他认为中国应走公医制度，同时更要改革医学教育体系。从战前十年他不断地调整医学教育时程的心路历程，终致发展出一套可用最短的时间、能培训够水平的医师方法。在抗战期间，他负责中国红十字救护总队，与战时卫生

---

① 张朋园口述：《何邦立纪录：人生的转戾点》，台北《传记文学》2017 年第 110 卷第 5 期；邹传恺、赵馨辉口述，何邦立记录：《战时卫生人员训练所忆往——兼记林可胜医学教育的理念》，台北《传记文学》2017 年第 111 卷第 1 期。
② 杨文达口述，熊秉真记录：《军医改革的功臣》，《杨文达先生访问纪录》，台北："中研院"近代史所 1991 年版，第 96—100 页。

人员训练所，正好印证其医教的理念，如何采分期教育，以完成学业。对教学内容进行调整，将预科和基础医学杂混在一起，加大实用技能的训练，也反映了林可胜对医学教育质量的一定坚持。

战后，他以二十年医学教改的实务经验，规划成立了国防医学院，采八类六级的医学中心制，为当时中国最好的医学院。同时他也整合了德日派与英美派，完成了西医现代化的目标。他对中国医学的影响，直到当今。

（何邦立，台湾何宜慈科技发展教育基金会董事兼执行长）

# 抗日战争中国战胜日本的关键因素

胡筑生

## 一 前言

20 世纪发生的抗日战争是中华民族历史上战争时间最久、战争范围最大、战争伤亡最惨重的战争。敌强我弱，敌小我大。中国以一个积贫积弱的大国，面对在武器、装备、训练、编制、后备动员有绝对优势的日军，一般人都认为在短时间内，必败无疑，但我们不仅仅坚持了八年全面抗战，甚至最后转败为胜。

通常影响战争胜败的因素有：兵力、火力、训练、战略战术、战斗意志、地理位置、补给线、作战线、战争潜力（人力、财力、物力）、外交联盟、国际奥援，等等。其中任何单一项目皆足以成为影响战争胜败之决定性因素。有时数个项目交互作用，相互影响错综复杂。本文从第二次世界大战期间欧洲战场各主要战役的胜败因素，来探讨中国战胜日本的关键因素。

## 二 第二次世界大战各主要战役胜败因素比较

探究第二次世界大战各主要战役，其胜败因素不一，兹就波兰战役（第二次世界大战欧洲战场德国首胜）、法国战役（欧洲战场德国大胜）、不列颠战役（欧洲战场德国首败）及中日战争作一分析比较：

### （一）波兰战役（德国首胜）

欧洲战场的第一场作战波兰战役发生在《德苏互不侵犯条约》签署一星期后，德国于 1939 年 9 月 1 日展开进攻，而苏联 9 月 17 日亦入侵波兰，10 月 6 日，德苏两国占领波兰全国领土，波兰战役结束，波兰灭亡。

1. 兵力比较

德国兵力：1516000 人，5805—9000 门火炮，2626 辆坦克，2152—2315 架飞机。斯洛伐克兵力：51306 人。

苏联兵力：466516 人，380 辆装甲车，3739 辆坦克，2000 架作战飞机。

波兰兵力：1000000 人，800 辆坦克，392 架飞机。

2. 伤亡及损失

德国、斯洛伐克伤亡与损失：德国 10600 人阵亡、3400 人失踪、30000 人受伤；斯洛伐克 18 人阵亡、11 人失踪、46 人受伤。

苏联伤亡与损失：3000—10000 人阵亡、失踪或被俘。

波兰伤亡与损失：66000 人阵亡、133700 人受伤、694000—787000 人被俘。

德国胜利的原因在于战力具有绝对优势，波兰兵力与德苏兵力数量比较，陆军只有二分之一，坦克九分之一，作战飞机不足十分之一。波军虽有旺盛的战斗意志，但国土面积太小又被敌军四面包围，英法联军口惠而实不至，未采取任何行动，在德军闪击战及苏军三面包围夹击下，37 天波兰投降。[①]

### （二）法国战役（德国大胜）

欧洲战场的第二场作战法国战役，德军于 1940 年 5 月 10 日进攻

---

① 实践学社编：《第二次世界大战参考书》，台北：实践学社 1975 年版，第 20、34、56 页。

法国和低地国家，巴黎在 6 月 14 日被德军所占领。法国新任总理贝当于 6 月 17 日发表停战宣言，并与德国签署停战协议。

1. 双方兵力比较

轴心国（德、意）：141 个师、7378 门火炮、2445 辆坦克、5638 架飞机、3350000 人；在阿尔卑斯山脉约 300000 名意大利军。

同盟国（英、法）：144 个师、13974 门火炮、3384 辆坦克、2935 架飞机、3300000 人；在阿尔卑斯山脉约 150000 名法军。

2. 双方伤亡及损失

德国伤亡与损失：27074 人阵亡、110034 人受伤及 18384 人失踪，总数 49000 人阵亡（后期阶段），1236 架飞机被击毁，323 架飞机被击伤。

英法联军伤亡与损失：360000 人阵亡或受伤、190 万人被俘、约 2000 架飞机被击毁。

3. 德国胜利的原因

德法两国均为欧洲陆权强国，就兵力及整体国力而言，双方伯仲之间，英法联军尚稍有优势，德军于色当奇袭突破马其诺防线，以闪击战快速席卷；[1] 法军战术思想保守，指挥淆乱，战斗意志薄弱，于敦刻尔克仓皇撤走 38 万余英法联军后，仅 39 天不足六周，如同投降般宣布停战。[2] 德军获得辉煌的胜利。

### （三）不列颠战役（德国首败）

不列颠战役发生在 1940 年 7 月至 1941 年 5 月，是第二次世界大战期间规模最大的空战，双方共投入了数以千计的轰炸机和战斗机，鏖战了 10 个月，德军出动飞机共约 4.6 万架次，投弹约 6 万吨，在空袭中英国被炸毁的房屋超过 100 万幢，无辜平民死伤达 14.7 万，由于英国军民始终没有屈服，在反侵略战争中表现出高昂的士气和大

---

① 夏亦穆：《第二次大战西方战役》，台北：实践学社 1963 年版，第 57 页。
② 实践学社编：《六星期战争》，台北：实践学社 1955 年版，第 216 页。

无畏的精神，最终取得了不列颠战役的胜利，使德军遭遇了首次惨败。

1. 双方兵力比较

德国：1107 架单座战斗机、357 架双座战斗机、1380 架轰炸机、428 架俯冲轰炸机、569 架侦察机、233 架海岸巡逻机，共计 4074 架。

英国：754 架单座战斗机、149 架双座战斗机、560 架轰炸机、500 架海岸巡逻机，共计 1963 架。

2. 双方伤亡及损失

德国伤亡与损失：2698 名飞行员阵亡、967 人被俘、638 人失踪、1887 架战机损失。

英国伤亡与损失：544 名飞行员阵亡、422 人受伤、1547 架战机损失。

3. 英国胜利的原因

英国因有英伦海峡之隔绝，虽遭受德军无情之战略轰炸，但在丘吉尔的领导下，战术成功，新武器（雷达）运用得宜，全民战斗意志坚定，绝不妥协；德军因空军战略目标选择错误未能取得制空权，无法借由空袭瓦解英国地面和海军战力。德军渡海准备不周，"海狮作战"胎死腹中，不得不放弃入侵英国，转向东进执行入侵苏联的"巴巴罗萨作战"（Unternehmen Barbarossa）。[①]

## （四）抗日战争

全面抗战从 1937 年 7 月 7 日卢沟桥事变开始，八一三淞沪会战就打了超过三个月时间，至 1938 年 10 月 25 日武汉会战后，日军惨胜，战争转入长期相持阶段，双方概以武汉南北之在线，东西相峙，到 1945 年 8 月 15 日日本宣布投降，历时八年。

---

① 三军大学编：《中外重要战史汇编（下册）》，龙潭：联勤北部印制厂1998年版，第61—62页。

从中日双方实力对比来看，日本人口约 1 亿 500 万；中国约 4 亿 5000 万。日本军队有陆军常备师 17 师（特种兵齐全），海军军舰吨位约 190 万吨，空军战机约 2700 架。中国军队步骑兵共 191 师 52 旅，海军军舰吨位约 5 万吨，空军战机约 600 架。①

如果纯就数量上比较，日本陆军兵力似乎不及中国，数量虽较少，但炮兵及坦克数量有绝对优势，部分是机械化师团。中国军队陆军虽多，但事实上，炮兵绝少，几乎没有坦克部队，训练及装备皆远落后于日本，日军一个甲种师团战力大约抵得上 8—12 个中国师。②中国后备兵员及动员准备皆不足，双方实力有明显差距。若与波兰、法国战役相较，战前日本曾扬言"三月亡华"当非戏言。

中国以积弱之大国与日军不成比例的战力，按一般军事观点，必败无疑，何以中国不仅没有于短期内失败，更于长达八年之浴血奋战后，赢得最终胜利？

## 三 美国投放原子弹是不是日本战败投降的 主要关键因素

日本投降的主因是不是美国投放原子弹？证诸史实：美军从 1944 年 6 月开始对日本进行全面战略轰炸，1945 年 5 月 8 日欧洲战场于纳粹德国投降后结束，太平洋战争仍持续中。

战后驻日盟军总司令麦克阿瑟曾在 1960 年坦言："1945 年使用原子弹，从军事上讲没有任何必要性。"

1945 年 3 月 9 日至 10 日，美军执行东京大轰炸"火牛"轰炸作

---

① 何应钦：《八年抗战》，台北：史政编译局 1969 年版，第 21 页。

② 《抗日战史（一）总论》，台北：史政编译局 1985 年版，第 160—162 页。截至 1937 年之前，国民党军总共完成 35 个调整师及 24 个整编师，其中包括东北军 19 个调整师、广东部队 10 个整编师、川康部队 26 个师及 9 个独立旅、30 个中央直属部队。此为抗战前国民党军堪能担任重任的新式中央军；其中以教导总队、第 3、第 6、第 9、第 14、第 36、第 87、第 88 师，另隶财政部的税警总团约 18 万人等，优先接受德式的编装与训练，以第 36、第 87、第 88 师等三个师受德式编装训练最彻底。

战，近 41 平方千米的地方被焚毁，主要是皇宫以东的地区，东京约有四分之一被夷为平地，其中 18% 是工业区，63% 是商业区，其余是住宅区。美军轰炸计划中的 22 个工业目标全部被摧毁，26.7 万多幢建筑付之一炬，上百万人无家可归，8.3 万余人被烧死，10 万人被烧成重伤。大火之后的清理工作进行了 25 天。

3 月 9 日的轰炸可能是人类历史上最具破坏性的非核武空袭，这比第二次世界大战中任何一次军事行动都造成了更多的伤亡，破坏力可以和后来的核打击相比。

轰炸东京后不到 30 小时，317 架 B-29 轰炸机又夜袭名古屋，摧毁了该市的飞机制造中心。13 日，300 架 B-29 轰炸了日本第二大城市大阪。美军在轰炸中使用了 1700 吨燃烧弹，约 20.7 平方千米的市区在 3 小时内焚毁。16 日，美军又轰炸神户，摧毁了其造船中心。

之后美军又于 4—6 月大举空袭日本各大中小城市。在 5 月 25 日又一次派出 470 架飞机轰炸东京，22 万间房屋被焚毁，但仅造成 7000 余人死伤。连月来轰炸使东京有一半的建筑物被摧毁。美军宣布截止到 7 月 4 日，日本已遭受 10 万吨炸弹的轰炸。[①]

美军使用非核轰炸已经严重打击日本人的士气，冷却日本人的战争狂热。仅东京一地就有上百万人逃往农村，工厂工人的出勤率不到从前的一半。轰炸东京及其他城市使日本战时经济陷入瘫痪，摧毁了造船中心、飞机制造中心，严重削弱了日本战争持续力。日本已无力再战，战争的结果早已成定局了。

当 1945 年 7 月 16 日在美国新墨西哥州进行的核武器实验成功后，若美国对日进行核打击，必将造成日本不能承受的巨大伤亡，可以达到逼迫日本投降的目的。那样就不再需要在日本本土冒险进行大规模的强行登陆行动。使用原子弹能避免约 10 万盟军的死亡及在苏联对日宣战之前，不依靠苏联的力量来结束太平洋战争，以便日后在

---

① "国防大学"译：《美军对日战争》第 3 卷，台北："国防大学"1960 年版，第 63—64 页。

解决东亚问题时掌握话语权，不让苏联分享对日战争胜利成果。同时威慑当时的苏联和其他国家，以核垄断地位攫取战后利益。另外，美国曼哈顿计划耗费了总计 20 亿美元的经费，核武器实验成功后必须验证它在战场上的实用性。

至 1945 年 8 月，全日本约 600 个大小城市已被彻底摧毁，但日本完全无投降迹象，于是美国唯有考虑登陆日本作战。当时计划于 1945 年年底至 1946 年年初发动"没落作战"（Operation Downfall）。

计划分两部分，即登陆九州岛之"奥林匹克作战"（Operation Olympic）及直接攻占东京之"小皇冠作战"（Operation Coronet），因为预判进攻日本本土伤亡太大，为求减低伤亡，在原子弹实验成功前，美英两国都曾强烈要求苏联参战，美国、中国与英国在 1945 年 7 月 26 日发表《波茨坦公告》，敦促日本投降。但日本出于军事和政治的原因，拒绝接受《波茨坦公告》。

于是美国在 1945 年 8 月 6 日与 8 月 9 日，分别在日本的广岛与长崎投下原子弹，这是人类历史上第一场核打击行动，这也是人类历史上至今唯一一次在战争中使用核武器。广岛约有 90000—166000 人因核爆而死亡，长崎则有 60000—80000 人死亡。原子弹爆炸对都市造成毁灭性打击。

长崎遭受核弹轰炸后 6 天，也就是 1945 年 8 月 15 日，日本宣布无条件投降，并在 1945 年 9 月 2 日签署投降书。关于日本投降，第二次世界大战时的英国首相丘吉尔曾在自己的回忆录中这样写道："若假定日本的命运是由原子弹来决定的，那实在是一种错误。在第一颗原子弹投下之前，它的失败早已成为定局。那是压倒性的海权所造成的。专凭海权，即可夺占日本用来发动最后攻击的海洋基地，并迫使其国内陆军自动投降。因为，它的海上航运早已被摧毁。"

另外，美国参战后担任新设置的总统参谋长的五星上将威廉·丹尼尔·莱希也做出这样的表示："在广岛和长崎使用这种野蛮兵器对于我们对日本的战争并无实质性帮助。由于有效的海上封锁和成功的传统性轰炸，日本早已被击败并已准备投降。"

此皆可以明证日本投降不是由原子弹来决定的。但欧美皆忽略了中国为战胜日本做出的卓越贡献。日本国立山口大学副校长纐缬厚认为，这样的战争观有失公正。"在第二次世界大战中，日本战败的最大原因是中国人民英勇的抗日战争击败了日本的侵略战争。然而，在战后的战争史研究中，这一事实却一直被忽略。"所以郝柏村认为，"从军事观点而言，日本宣布投降应是其海军已殁于美国，陆军将灭于中国，原子弹只是压死骆驼的最后一根稻草"。这是较为公允的评价。[①] 抗日战争末期日军倾最后余力，集结了在华所有残存力量执行"一号作战"进行一次数千千米大冲锋，取得战术胜利。但抽调兵力导致华北日军兵力空虚。更由于日军兵力不足，作战线及补给线拉长，日军在华战力呈现衰竭现象。反之，中美英联军收复缅甸，湘西会战日军大败，中国军队在桂柳作战中收复桂林、柳州，战力不断增强，日军战败投降只是时间问题。

所以美国对日投下原子弹，只加速了日本的投降，但并不是促使日本投降的关键因素。

# 四 抗日战争战胜日本的关键因素

日本对中国的侵略图谋素来已久，1931 年日本发动九一八事变鲸吞东北，当时中国不但工业落后，甚至连基本国家认同都不具备，各地军阀、分裂势力各自为政，国家政令、军令尚未统一，根本无法团结抗战。人民既痛恨日本的侵略，又无奈中国无力抗战。至 1937 年 7 月 7 日卢沟桥事变爆发，迫使中国不能不奋起抗战，全面抗战从此开始。[②] 在日本居相对优势下，我们要反省在长达八年的抗战中，前四年独立作战，后四年联盟作战，内有汪精卫降日，国共摩擦；外

---

[①] 郝柏村口述，何世同等笔记：《郝柏村重返抗日战场》，台北：天下文化 2015 年版，第 300 页。

[②] 《蒋中正总统文物，革命文献——卢沟桥事变》，台北"国史馆"，典藏号：002 - 020300 - 00001 - 023 - 001x。

有欧洲战场开战前国际绥靖主义盛行，西方列强对日本侵华的默认，对德国军事行动的纵容，法国截断滇越铁路，英国封锁滇缅公路等不利于中国的种种冲击，我们究竟凭什么打败日本？其主要关键因素兹探讨如下。

## （一）持久战战略成功①

日本对中国有巨大的实力落差，如何对抗日本？蒋百里提出持久战的概念，他说"胜也罢，败也罢，就是不同他讲和"。因此蒋介石与蒋百里等人从1933年研商，1936年洛阳会议定调，逐渐有了"以抗战换取空间，以空间换取时间，以时间换取胜利""战而不降"的方针，准备长久作战。②战胜日本的"速战速决""以战养战"争取最后的胜利。战胜日本的最重要的原因就是"持久战"战略指导的成功。

持久战的要素有三：一是掌握一条有利的主作战线，二是拥有一个具备生存抵抗条件的可靠后方基地，三是至少有一条国际通路以保持基地的持续战力。此三者就是中国对日抗战"全程战略"的最高指导原则。③作战线早期称为战争线、后勤线或作战轴线，后依据约米尼（Antoine Henri Jomini）理论统称作战线，④其定义为："作战基地至战略目标间，律定作战军主力行动方向的基线，具有实际之空间，包括公路、铁路与海空航线等。"⑤

---

① 这里说的"持久战略"，是国民政府军事委员会主导下的军事战略，其内涵与毛泽东论述下的持久战不同。

② 何智霖：《陈诚先生回忆录：抗日战争（上册）》，台北"国史馆"2004年版，第23页。

③ 郝柏村口述，何世同等笔记：《郝柏村重返抗日战场》，台北：天下文化2015年版，第281页。

④ ［瑞士］约米尼：《战争艺术》，钮先钟译，台北：麦田出版社1996年版，第101页。约米尼说明某个相同的作战正面，若是有好几条路线，可以供各师部队当作前进路线使用，这整个空间当作一条作战线看待。

⑤ "国防大学"军事学院编修：《国军军语辞典》，台北："国防大学"2003年版，第2—16页。

### 1. 有利的主作战线

中国最有利的主作战线是沿着长江诱敌自东向西仰攻，日军最有利的主作战线是沿平汉路由北向南的俯攻。

为达到中国对日抗战的持久作战目标，首先要扭转日军作战线，化被动为主动，改变侵华日军原有的有利态势，如何诱使日军改变作战线，将其原来沿平汉路由北向南的俯攻，改成沿长江由东向西的仰攻，就成为抗战持久战略能否成功的关键。[①]

1937 年 8 月 13 日，淞沪会战爆发，日军主力转移至上海地区。中国军民于淞沪浴血苦战，发挥强韧的战斗能力，表现出坚定的抗战意志。不但粉碎日军"三月亡华"的迷梦，赢得国际赞誉，会战后战略形势改变，日军在中国的兵力，淞沪方面变成两个军九个师团，两个旅团，华北方面变成两个军七个师团，主支易位，达成改变作战线为东西向之预期目标，并争取了时间，从上海及沿海地区迁出大批厂房机器及战略物资，创造持久抗战的有利态势，奠定长期抗战的基础。日军初期轻敌，又因为"不扩大方针"、海陆军不睦，以及只要尽歼黄埔嫡系部队，其他地方派系将不战而降的错误认知，造成尔后被迫逐次投入兵力，不断地追随中国之意志，逐步陷入中国预期的战略态势。

1938 年 5 月 19 日，日军占领徐州后，为切断徐州中国军队之西侧退路和阻止第一战区军队增援徐州，令主力沿陇海路向西进犯，在黄河决口之前，日军一部已分由两路攻入中牟、尉氏、新郑，切断郑州以南的平汉铁路线，状况危急。国民党军队乃于 6 月 9 日，决郑州花园口堤防。引黄河之水，制造"人为地障""以水当兵"，使日军重装部队陷于泥泞之中，无法前进。黄河决口后，突进之日军被黄河水切断退路，日军辎重弹药亦损失颇重。日军主力突遭黄泛影响遮断去路，隔绝在豫东，使之在短期内无法前进，同时也避免郑州变为战

---

① 郝柏村口述，何世同等笔记：《郝柏村重返抗日战场》，台北：天下文化 2015 年版，第 284 页。

场。中国军队也借此喘息之机调整防线。

受此影响，日军不得不将沿陇海线转平汉线的作战，改向大别山北侧，形成沿长江两岸进行"武汉会战"的态势；日军被迫改变作战线。蒋介石认为"抗战军事胜负之关键，不在武汉一地得失，而在保持我继续抗战持久之力量"。及"致力于全面之战争与抗战根据地之充实"。"这次抗战，我们就是要以长久的时间来固守广大的空间，要以广大的空间来延长抗战的时间，来消耗敌人的实力，争取最后的胜利。"武汉会战结束后，中国军队战志益趋坚定，日方以军事解决中日战争的企图越来越渺茫，日军受制于持久消耗，国力日趋衰退，渴望及早结束战争。针对如何结束在华作战始终寻无良策，徘徊在"速决歼灭"与"长期作战"方案决策之间，甚或，提出"华中、华南放弃论"缩减战争面，"削减在华兵力"之议，企图彻底从中日战争的泥淖中脱困。从这个意义上说，"武汉会战"取得了战略上的成功。自此以后，抗战进入"战略相持阶段"。改变日军作战线的目的，至此完全达成。

### 2. 稳固的后方基地以及畅通的国际通路

国民政府花了 2 年的时间，遍寻全中国合适的地点，包括内蒙古、陕西、青海、西康这些边远地区，最后才决定以川、滇、黔三省作为长期作战的后方基地，因为这些地区远离海岸，地理形势封闭，易守难攻，物资富饶，能够支持长期作战。在 1934 年，即要求四川的政令、教育、财政皆与中央政府同步，完成抗战根据地的整备。蒋介石于 1935 年在重庆发表《四川应作复兴民族之根据地》演讲，将四川建设成后方根据地。中国战争所需物资大都仰赖进口，维持国际交通线的畅通，是持续战力保持的重要因素，1937 年，全面抗战爆发后，日军很快就封锁了中国沿海各国际交通线。中国对外运输通道仅剩下大西北到苏联的公路，以及英占香港及越南河内等第三国港口转运之通路，其余港口大都落入了日军的手中。为了避免国际交通线被封闭，应该要有一条后方的国际通道。基于此考虑，1937 年 8 月，提出修改滇缅公路的计划，建议修筑通往印度洋的铁路和公路。1937

年 10 月，确定滇缅公路路线，11 月下令修筑，1938 年 8 月底通车。在中国抗战最艰苦的独立作战时期它就是中国最重要补给线。1942年 3 月日本占领仰光后，"驼峰航线"接替了它的任务，始终确保抗战全程至少有一条国际通路以保持基地的持续战力。[①]

**3. 蒋百里说："胜也罢，败也罢，就是不同他（日本）讲和"，使日本无法从中日战争的泥淖中脱困**

1936 年德日之间缔结防共协议，德国大使陶德曼于抗战初期多次调停中日战争，日方和谈的国际根本原因是希特勒多次电请日方与中国谋和，共同对苏；在德国的全球战略上，他们一直希望日本能在远东积极配合，把主要军事力量指向苏联，而不应深陷于中国战场。德国认为"中日战争使苏联政府得利，它很乐意看到日本在其他地方受到牵制，并由于军事作战而受到削弱"。德方向日本人指出继续把战争打下去，"与俄国相对比，日本将日益削弱"。[②]

其次要原因则为日本国内困难重重，不堪应付长期战争，拟在军事优势下，以较大让步取得和平。

1939 年日苏曾于诺门坎一战，战后双方均知，敌手战力相仿佛，各自节制不再挑衅。但如果中国与日本谈和，中国必成为日本的附庸国，日本可以将用于中国之日军抽调他用，比如德国在执行巴巴罗萨计划时，若日本与德国在东西方同时对进夹击苏联，则苏联未必能够长久支撑。如此则欧洲同盟国在美军尚未参战前，已全盘皆墨，第二次世界大战结果将大不相同。轴心国胜利后，中国将永远沦为日本附庸而不得翻身。若德日夹击苏联不成，则胜利仍属于同盟国，中国将与日本同属战败国，不仅列强不平等条约无法取消，也不可能成为联合国安理会常任理事国，更不可能成为世界四强之一。"就是不同他（日本）讲和"确保中国战后成为胜利的一方，只要和日本人谈和，

---

① 史政编译局编：《国民革命建军史第三部：八年抗战与戡乱（二）》，台北：史政编译局 1993 年版，第 1466—1471 页。

② 《德国外交政策文件》第 4 集第 1 卷，第 733、734、791、821 页，https://read01.com/zxo3no.html。（检索日期：2017 - 06 - 16）

无论同盟国轴心国谁胜谁负，都不会有战后的中国地位以及台湾的光复。

### （二）凝聚全民意志，发挥不屈不挠、坚持到底的抗战精神

孙子曰："道者，令民与上同意，可与之死，可与之生，而不畏危也。"1937 年 7 月 17 日，蒋介石在庐山发表严正声明，宣达"和平未到根本绝望时期，决不放弃和平；牺牲未到最后关头，决不轻言牺牲"。而"最后关头"一到，只有牺牲到底，抗战到底。一方面希望借此感动日方，使双方关系"转危为安"，另一方面以"应战宣言"，号召全国军民抗战到底。即战端一开"地不分东西南北；人不分男女老少"，"意志集中、力量集中"，凝聚全民意志，发挥不屈不挠，坚持到底的抗战精神。① 自清末甲午战争以来，日本侵华多次发生惨案，国人早已无限激愤，仇日情绪高涨。国人明白抗日乃民族存亡的关头，这种敌忾同仇的民族情结，高昂的斗志，守土保国的决心，凝聚了中华传统文化孕育出来的民族精神，转化成为全民抗日的无形（精神）战力的战略优势，亦是抗日胜利的关键。

鲁登道夫总体战概念认为：现代战争不仅已扩展到所有参战国的全部领土，甚至卷入战争的人员也由军队扩大到全体国民。在此前提下，"战争和政治都应服从于民族生存之下，但战争却是民族生存意志的最高展现"。因此，为国家生存而进行的全民族战争也是全民国防的实现。民族的精诚团结是总体战的基础，如果中国军民不精诚团结全力迎击日寇，就会如日本军事家所预料的在三个月内被征服。但事实上，抗日战争中国充分发挥总体战的效应，最终以日本宣布无条件投降收场。

在波澜壮阔的全民族抗战中，全体中华儿女万众一心、众志成城，各党派、各民族、各阶级、各阶层、各团体同仇敌忾，共赴国难。长城内外，大江南北，到处燃起抗日的烽火。中国国民党和中国

---

① 《蒋中正总统文物，革命文献——抗战方略：重要指示》，台北"国史馆"，典藏号：002 - 020300 - 00004 - 001 - 012。

共产党领导的抗日军队，分别担负着正面战场和敌后战场的作战任务，形成了共同抗击日本侵略者的战略态势。以国民党军队为主体的正面战场，组织了一系列大仗，特别是全国抗战初期的淞沪、忻口、徐州、武汉等战役，给日军以沉重打击。中国共产党领导的敌后战场，广泛发动群众，开展游击战争，八路军、新四军、华南游击队、东北抗日联军和其他人民抗日武装力量奋勇作战。

### （三）中国战争潜力（人力、财力、物力）雄厚支撑了战争持续战力

日本为岛国，资源有限，尤以战争所需物资多数仰赖进口。随着战事延长，日本资源渐呈不足。不得已发动太平洋战争寄望于可以夺取更多资源，但自太平洋战争爆发后，日本须把军力分别配置于中国、太平洋、菲律宾、南洋等地，军力过于分散，多面作战后继无力，导致战争失利。中国土地幅员广大，地理形势有利，中国军队退守西部山区，使日军的机械化部队难以发挥战力。[①] 日军愈深入内陆，兵源及补给均愈困难。日本占领的空间愈多，战线愈长，控制愈感吃力。[②] 中国地大人多且以农业社会为主，刻苦耐劳的农业社会韧性形塑了持久战的无形优势。

海外华侨的无私奉献和英勇牺牲，为抗战战时经济贡献巨大，中国是一个经济落后的国家，几无工业品可供输出，在对外贸易中一直处于入超，侨汇弥补了入超造成的外汇亏空。因此，侨汇被认为是中国的无形输出。中国之所以能以积弱之国力，却能在抗日战争中独立抗击当时的世界强国日本长达 8 年之久，数百万海外华侨形成了支撑中国持续抗战不可缺少的一股重要力量，除了为抗战筹款筹物，从经济上全力支持之外，还为国内战场提供了源源不断的抗战生力军。

据国民政府财政部捐款资料统计：从 1937 年 7 月到 1945 年 8

---

① 何应钦：《日军侵华八年抗战史》，台北：史政编译局 1983 年版，第 13—14 页。

② 史政编译局：《国民革命建军史第三部：八年抗战与戡乱（二）》，台北：史政编译局 1993 年版，第 900 页。

月，海外华侨直接捐款 13 亿余元国币；认购公债 11 亿元国币，占国民政府战时发行公债总额的三分之一（这些所谓的公债，在战后并没有得到偿还，因而它事实上与捐款无异）。除了直接的捐款和认购国债，还有数量庞大的侨汇，亦成为当时国民政府一个极为重要的外汇来源。① 在整个抗战期间，中国的侨汇收入为 95 亿法币。战时国民政府的军费开支，以 1939 年为例，当年的军费开支为 18 亿，而同年的侨汇收入（含捐款）竟然高达 11 亿！按照当时世界各国银行的惯例，国民政府可对应发行纸币 44 亿！如此庞大的侨汇收入不仅填补了当时中国对外贸易中的巨额逆差，而且还巩固了国民政府法币币值、支撑战时经济、避免经济崩溃。

据南洋华侨领袖陈嘉庚的估算，仅仅在抗战全面爆发后的最初五年，南洋华侨直接汇款加上义捐高达 50 亿元②，当时国民政府每年的军费开支也不过十几亿！

随着抗日战争的全面爆发，国民政府的军费开支与日俱增，财政长期处于入不敷出、赤字居高不下的窘况。在国内经济万分危急的时刻，海外华侨从经济上给予国内战场以源源不断的巨大援助，肩负起支撑濒临崩溃破产边缘战时经济的重任。

海外战场对国内战场的支持，当并不局限于经济和战略物资的捐献捐助，当时还有无数的华侨直接回国参战，投身到危险的抗战最前线，当时全国战斗机飞行员中华侨占了四分之三，滇缅公路上南洋华侨机工，是以生命保卫了这条战时生命线的畅通。几乎每个人回国来参加抗战的经过，都是一段可歌可泣的史实！

### （四）将抗日战争变成同盟国对抗轴心国的战争

1941 年 12 月 8 日珍珠港事变后，9 日中国对日本宣战，同时对德国、意大利宣战，抗日战争变成同盟国对抗轴心国的战争，从此中国不

---

① 华侨革命史编纂委员会：《华侨革命史（下）》，台北：正中书局 1981 版，第 659—660 页。

② 陈嘉庚：《南侨回忆录》，岳麓书社 1998 年版。

再独立对日作战，中国和盟邦并肩作战，驼峰航线维系抗战物资的补给，飞虎队扭转抗战空中劣势，加强中国军队战斗力；[①] 美军在太平洋的对日作战，减缓了日军对华的攻势，扭转形势，不仅中国战场的情势日趋稳定，而且训练并装备远征军支持缅甸战场。加上美国对日本本土的攻击，最终迫使日本无条件投降。虽然中国得到了盟军的帮助，但主要原因还是中国人自己努力争取胜利，若将战胜的成果说成盟军的功劳，是对不起为国殉难的英勇中国军民的。中国河山得保不失，主要是中国的战士以血肉换回来的，其惨烈程度可以说是一寸山河一寸血。

# 五　结语

日本战败的最大原因是中国人民的英勇抗日。美国对日投下原子弹，只是加速日本投降，但并不是促使日本投降的绝对因素。

中国战胜日本的关键性军事战略是：中国以持久和消耗战略，以空间换取时间，以长久作战克制日本的"速战速决"和"以战养战"。为贯彻中国对日抗战的持久消耗战略，中国首要是以淞沪会战扭转日军作战线，化被动为主动，改变整体战略态势；并且争取到迁都重庆成为后方基地的时间，及构筑滇湎公路，开通驼峰航线，始终确保抗战全程至少有一条国际通路以保持基地，提供后续战力，这些作为保证了抗战最终的胜利。而中国地大人多且以农业社会为主，刻苦耐劳的农业社会韧性，形塑了持久战的无形优势。海外华侨的无私奉献和英勇牺牲，对抗战战时经济贡献巨大，为抗战的持续战力，提供了有力的支撑。

日本岛国资源有限，随着战事延长，逐渐感到资源不足。而中国土地幅员广大，日军越深入内陆，兵源及补给均越困难。日本占领的空间越多，战线越长，控制越感力有未逮。

---

[①]　史政编译局：《国民革命建军史第三部：八年抗战与戡乱（二）》，台北：史政编译局1993年版，第1444—1445页。

太平洋战争爆发后，将抗日战争变成同盟国对抗轴心国的战争，稍稍补充了中国物质方面的战力劣势，牵制庞大日军于中国战场。因为我们的坚持，艰苦地熬了八年，最终才能以战胜国身份，废除不平等条约成为联合国安理会常任理事国，让中国人能够光荣站起来了。

（胡筑生，台湾地区退役中将，台北史政编译局前局长，中华民族抗日战争纪念协会副理事长，台湾陆军军官学校校友会前总会长）

# 蒋介石对日本的"以德报怨"政策

## ——两岸学界观点之比较

刘镇灯

## 一 前言

历经对日八年全面抗战的惨重死伤与破坏，战胜后的国民政府由蒋介石发表"不念旧恶、与人为善"宣言，定调"以德报怨"之对日政策。此一抗战史实，两岸学界对其作出了正反不一的评价：持正面肯定态度者主张，蒋介石对日"以德报怨"是基于中日自古以来兄弟之邦的情谊，且中国主要敌人也只是穷兵黩武的日本军阀，因此无意与日本为敌。持负面批判观点者则是认为，对日"以德报怨"只是个美化的粉饰，背后真相其实是政治利害关系的现实考虑。借由争取日本的好感与合作，除了长远上可拉拢日本对抗苏联，更能为即将到来的国共内战预作准备。而蒋介石的挑战，就是面对受降上显然有地利之便的中国共产党军队，如何动员日军在国民党军接防前代为守卫防区。此一联日反共政策体现于关内受降计划的顺利进行，国民政府也才得以继续维持国内政局的主导地位。①

---

① 吴淑凤：《抗战胜利前后国民政府处置日本态度的转变》，台北《"国史馆"馆刊》2013 年第 38 期。

诚然，"以德报怨"原本只是日本新闻媒体对蒋介石所发表的《抗战胜利告全国军民及全世界人士书》之解读，却因贴切形容蒋介石宽大对日之理念，遂演变成战后国民政府对日政策的综合名称。而其实际内涵还包括蒋介石对日本天皇制的维护、反对分割日本、善待日本在华居民等具体措施。这是由于，战后蒋介石自始就不以日本国民为敌，反而认为中日两国本为兄弟之邦，只要穷兵黩武的日本军阀一灭，中日两国绝对可以化敌为友。再者，战后的中国可居亚洲领导地位，日本必会主动来归，特别是两国在战前就是以反共为国策，战后更应在反共的前提下合作无间。这也是战争后期，美国主张对日施以严惩，蒋介石却力持宽大政策，并勠力于维护天皇制以及日本领土完整的缘由所在。

究竟，抗战胜利后国民政府为何要对日"以德报怨"？国共对抗开始时的态势如何？国民政府是否非得对日宽大才能对付中共？这一连串的问题，在两岸学界各自有不同的解读，而比较两岸对此一史实的不同看法，即具有学术上与战略研究上的重要价值。据此，本文采取"文献分析法"和"比较研究法"作为搜集与分析数据的研究方法，系统地汇整、比较两岸学者就蒋介石对日"以德报怨"政策之相关研究观点，以更全面而深入地了解对日"以德报怨"的战略意涵与时代价值。本文的讨论分析共分为三个部分。第一部分先探讨"以德报怨"政策的实质内涵，包括该政策之时空背景、沿革、内容与实践；第二部分则分别汇整两岸学界对"以德报怨"政策的研究成果，以作为本文比较研究之基础；第三部分进一步比较两岸学界对"以德报怨"政策观点，特别是两岸学者对影响因素、决策过程、政策影响与时代价值等不同面向看法之异同，从而厘清两岸学者对抗战史实之基本共识与重要分歧。

## 二 蒋介石对日本"以德报怨"政策概述

1945年8月15日，蒋介石在日本天皇宣布无条件投降前一小时，于重庆广播电台发表《抗战胜利告全国军民及全世界人士书》，是为著名的"以德报怨"讲话。然讲话文稿中并未涉及任何"以德报怨"的字句，而是日本媒体事后报道中出现"以德报怨"一词，因形容贴切而为后人所接受并沿用至今。

### （一）时空背景与政策沿革

第二次世界大战后期，中国于太平洋战争爆发后得到同盟国的应援，从而使对日作战出现转机。蒋介石在1943年1月13日的日记上写道"对日处分之方案与要求条件及方针制定方案，与英、美、俄分别接洽……"①早在抗战接近尾声之际，蒋介石即曾就领土和战争赔偿问题思考战后对日处置方向。领土问题方面，1942年11月蒋介石曾让夫人宋美龄向美国总统罗斯福（Franklin D. Roosevelt）表达战后收复琉球的念头；②1943年11月准备参加开罗会议时，亦曾打算提出东北四省与台湾、澎湖应归还中国等议题。战争赔偿方面，1943年11月17日蒋介石曾要求行政院秘书长张厉生调查中国自九一八事变受日本侵略以来国家社会公私财产的所有损失，以使于抗战胜利后向日索赔。③开罗会议正式召开后，蒋介石在会议上主张由中国、美国、英国三国共同议定战后处置日本的原则，研拟"惩处日本战争高首（按：主要祸首）暨战事发生后日本暴行负责人员之办法"，并希望英、美同意战后在华的日伪公私产业与商船等，供作赔偿中国损失之用，至于日本残存的军械、商船、军舰及飞机，则交由中、美、英联合参谋会议或远东委员会共同处置。然而，开罗会议仅凝聚坚持作战到日本无条件投降为止之共识，美国与英国领导人对于对日求赔问题当时则未多作响应。④

① 《蒋介石日记》，1943年1月13日，美国斯坦福大学胡佛研究所档案馆（Hoover Institution Archives, Stanford University）藏。
② 汪晖：《冷战的预兆：蒋介石与开罗会议中的琉球问题》，《开放时代》2009年第5期。
③ 高素兰编：《蒋中正总统档案—事略稿本》第55册，台北"国史馆"2011年版，第424页。
④ 傅亢：《蒋委员长抗日战争指导与"中道""精神之体认"》，《中华战略学刊》1995年第84期。

1945 年 7 月 26 日，中国、美国与英国领导人联合发表《波茨坦公告》，主张战后不对日本索取赔款而改以实物偿还，三国首次对于如何处置战后日本提出了明确方向。该宣言第 11 条指出，日本将被允许维持其经济所必需及可以偿付货物赔款之工业，但不包括可能让日本重新武装作战之工业，所以可准许日本获得工业原料，并同意战后日本从事国际贸易。① 1945 年 2 月 11 日，美国总统罗斯福、英国首相丘吉尔和苏联领导人斯大林召开了雅尔塔会议。由于 1941 年 12 月 8 日珍珠港事变后，中国、美国、英国、苏联成立"同盟国"并陆续对轴心国成员宣战，但苏联因与日本在 1941 年 4 月 13 日签订互不侵犯条约，所以只有对德国和意大利宣战。美国与英国为加快结束对日战争，于是和苏联领导人举行雅尔塔会议，共同商讨"苏联同意对日参战"的条件。

由于雅尔塔会议当时迷漫着有求于苏联的氛围，苏联领导人斯大林提出了一系列的开战条件，除要求主导东欧地区战后的地缘政治格局，更要求同盟国承认外蒙古独立地位，并把库页岛、南千岛群岛交给苏联。会后，美国总统罗斯福与英国首相丘吉尔大致同意上述条件，前提是苏联加入国际体系并确保战后所有国家都能建立民选政府。日本学者家近亮子认为，蒋介石鉴于雅尔塔会议对中国国家利益的潜在威胁，主张"以德报怨"政策部分原因就是为战后中日结盟铺路，用以牵制美国、英国、苏联等大国的亚洲政策。国内学者黄自进亦主张，蒋介石所以主张善待日本，除内在思维认为日本战后会以中国马首是瞻外，更希望能借此同时达成制苏及联日反共之战略目标。②

### （二）政策内容与政策实践

1945 年 8 月 15 日，蒋介石在宣布接受日本投降之际，发表了

---

① "中华民国"外交问题研究会编印：《中日外交史料丛编》第七编，台北 1966 年版，第 2—3 页。

② ［日］家近亮子：《戰後中日關係の基本構造：無賠償決定の要因》，收入《現代史の世界へ》，京都：晃洋書房 1998 年版，第 248—263 页；黄自进：《抗战结束前后蒋介石的对日态度："以德报怨"真相的探讨》，《"中研院"近代史所集刊》2004 年第 45 期。

"以德报怨"讲话。有别于以往讲话稿都由"第一文胆"陈布雷代拟，这一次破例由蒋介石亲自起草：

> 我们的"正义必然胜过强权"的真理，终于得到了他最后的证明。……此次战争发扬了我们人类互谅互敬的精神，建立了我们互相信任的关系，而且证明了世界战争与世界和平恂是不可分的，这更足以使今后战争的发生势不可能。我说到这里，又想到基督宝训上所说的"待人如己"与"要爱敌人"两句话，实在令我发生无限的感想。我中国同胞们必知"不念旧恶"及"与人为善"为我民族传统至高至贵的德性。我们一贯声言，只认日本黩武的军阀为敌，不以日本的人民为敌。今天敌军已被我们盟邦共同打倒了，我们当然要严密责成他忠实执行所有的投降条款，但是我们并不要报复，更不可对敌国无辜人民加以污辱，我们只有对他们为他的纳粹军阀所愚弄所驱迫而表示怜悯，使他们能自拔于错误与罪恶。要知道如果以暴行答复敌人从前的暴行，以奴辱来答复他们从前错误的优越感，则冤冤相报，永无终止，决不是我们仁义之师的目的。①

事实上，这篇由蒋介石亲自撰写、亲自宣读的广播文告中，并没有"以德报怨"四个字。这份文告，日本人将它解读为蒋介石对日本"以德报怨"。借用日本驻中国派遣军总司令冈村宁次的话，他读这份文告时，第一个直接反应是"宽容"；九一八事变的策划人、原关东军作战参谋石原莞尔中将，则视"文告"为东方王道文化的表现，认为蒋介石表现出"胜而不骄"的风范。② 日本学者中

---

① 蒋介石：《抗战胜利告全国军民及全世界人士书（1945 年 8 月 15 日）》，收入秦孝仪编《先总统蒋公思想言论总集》第 32 卷，台北：中国国民党中央党史委员会 1984 年版，第 121—123 页。
② 稻叶正夫编：《冈村宁次大将资料：战场回忆篇》卷上，原书房 1970 年版，第 12 页。

村胜范回忆 16 岁看到这份文告时心中的激动：美国的原子弹虽然是促使日本投降的关键，但是原子弹并没有解除日本人的战斗意志，真正让日本人内心承认战争失败的是这篇广播讲稿。对日本新闻媒体的解读，蒋介石欣然认同，并在 1946 年 3 月 21 日召见派驻日本参加盟国对日管制委员会代表朱世明时，明示将对日本采取"以德报怨"政策，同意将"以德报怨"定位为战后中华民国对日政策之正式名称。①

由此可见，"以德报怨"一开始只是政策理念的宣示，并不是特定政策的代名词。日本前首相岸信介将这些有助于日本战后复兴的政策归纳为四项：一是让 200 多万日本军民平安返日；二维持日本天皇制度；三是阻止列强瓜分日本；四是放弃战后赔偿请求权。日本朝野遂视蒋介石对日本有再造之恩，原本只是日本媒体为解读新闻所拟标题，却因得到日本社会大众的共鸣，而成为战后国民政府对日政策的综合名称。

## 三  两岸学界对"以德报怨"政策之观点

### （一）台湾学界观点

黄自进在《抗战结束前后蒋介石的对日态度："以德报怨"真相的探讨》一文中认为，对日本天皇制的维护、反对分割日本、善待日本在华居民等"以德报怨"政策确实符合中国王道精神，但至于放弃战争赔偿却不是蒋介石的初衷，因为自开罗会议时，蒋介石就主张日本应以工业设备、军事物资来赔偿中国。战后，国民政府在远东委员会的运作下，也开始执行了部分日本工厂的拆迁，以作为战争赔偿。尔后由于在国共内战中失败，主客观情势的"逆转"，才是台湾当局在 1952 年与日本政府签订"中日和平条约"时，主动放弃战争索赔的原因。也就是说，国共内战的结果，改变了美国的对日政策，

① 《事略稿本》，《蒋中正总统档案》，1946 年 3 月 21 日，台北"国史馆"藏。

也破坏了台湾当局向日本政府求偿的基本立场。①

杨仕乐《中国"王道"战略文化的实证检验：国民政府战后对日"以德报怨"政策的案例研究》一文研究指出，有关中国的战略文化，核心的问题在于"霸道"与"王道"之辩，也就是中国是否有着不同于西方"霸道"的"王道"战略文化，因而能够在崛起之后采取和平的对外行为。最新研究采取了"物质基础、理念惯性"的观点，已初步发现"王道"战略文化确实影响中国对外行为的证据。而该文即以第二次世界大战结束时国民政府对日的"以德报怨"政策为案例，来探究这理念惯性的延续，认为蒋介石当时"以德报怨"相关文告与具体政策，对从战败走向复兴过程的日本国民来说，无疑是日本后来能迅速走出战争阴霾的重大关键之一，在一定程度上可视为中国"王道"战略文化理念惯性之表现。②

吴淑凤在《战后中华民国对日求偿之交涉（1945—1949）》一文中认为，国民政府幕僚人员见美国对日投下原子弹、苏联对日宣战后，对日本战后处置多依据《波茨坦公告》来规划受降事宜，且重点放置于如何缴收日军全部武装，以及善用日本人力资源和在华掠夺的物资。蒋介石曾希望利用宣传以影响英美国内舆论，使不超过中国对日处置方案，但事实上蒋介石在开罗会议期间提出过一些原则，之后也没有太多阐述的机会。1945 年年初幕僚人员还在打探同盟国对日态度，并适时传达中国的想法时，便被突如其来的"雅尔塔密约"扰乱布局，故当蒋介石同意列名发表《波茨坦公告》后，中国对日处置的态度不得不因应而有所转变，至于东亚国际秩序的重构仍旧是由美国、英国与苏联等大国主导，中国并无太多影响的空间。③

吴淑凤在另一篇《抗战胜利前后国民政府处置日本态度的转变》

---

① 黄自进：《抗战结束前后蒋介石的对日态度："以德报怨"真相的探讨》，《"中研院"近代史所集刊》2004 年第 45 期。

② 杨仕乐：《中国"王道"战略文化的实证检验：国民政府战后对日"以德报怨"政策的案例研究》，《政治学报》2015 年第 59 期。

③ 吴淑凤：《战后中国对日求偿之交涉（1945—1949）》，《中华军史学会会刊》2008 年第 13 期。

一文认为，蒋介石在开罗会议上已表明对于战后处置日本的方向，并要求战后在华的日伪公私产业等均应供作赔偿中国损失之用。不过，开罗会议最后只作出日本必须无条件投降之共识，未明确论及日本赔偿问题。对于战后东亚国际秩序安排的关键会议则是1945年2月的雅尔塔会议，但中国未能参与，因此失去决定处置战后日本的先机，以及与闻重构战后东亚国际秩序的机会。从国民政府派赴国外人员的报告可见在雅尔塔会议后，关注重心转移至对苏交涉，已无暇顾及向英、美表达对日处置的意见。故当蒋介石同意列名发表《波茨坦公告》后，中国对日处置方针也因此定调。显然，蒋介石对战败的日本采取"以德报怨"政策，主要是为战后中日结盟铺路，用以牵制美、英、苏等大国的亚洲政策。①

### （二）大陆学界观点

韩文宁《蒋介石对日"以德报怨"的内幕》一文认为，蒋介石"以德报怨"讲话，在很大程度上安抚了日本侵略者对于投降后遭受残酷惩罚的戒惧，加之双方在反共问题上的一致，随即密切配合，达到了预期目的。安抚与笼络日军，顺利解除其武装，以免滋生意外，同时争取日方合作，将中国共产党拒于接收门外，为完整接收敌产扫清障碍，进而以武力统一全国。据该文分析，"以德报怨"正是在国民政府的战略基调下，对日本的一系列战略措施的一部分，无论是受降还是遣返，是从宽判处战犯还是放弃对日索赔，所有布局都是渊自源此，并围绕联日反共这一最高指导原则展开。②

冯全普《战后初期国民党政权对日"以德报怨"政策之原因分析》一文也主张，"以德报怨"政策作为战后国民党政权对日政策的重要组成部分，源于蒋介石在1945年8月15日发表的胜利演说，而国民政府对日"以德报怨"政策希望拉拢日本的想法相当明显。战

---

① 吴淑凤：《抗战胜利前后国民政府处置日本态度的转变》，台北《"国史馆"馆刊》2013年第38期。

② 韩文宁：《蒋介石对日"以德报怨"的内幕》，《名人传记》2015年第7期。

后初期中国事实上的分裂以及美苏支持的有限性，迫使国民党政权对日本采取宽大政策，该政策亦使得国民政府能够在战后初期取得日本的支持，有助于实现对于日本占领地区的接收工作。该政策的实施虽未能阻止国民政府在内战中的失败，但为国民党当局在台开展对日关系积累了庞大的资源。①

袁成毅《战后蒋介石对日"以德报怨"政策的几个问题》一文从遣返日本军民、维护日本天皇制、放弃占领日本领土、放弃战争赔偿四个方面的分析指出，宽大并迅速地遣返日本战俘与侨民，虽然也体现了中华民族宽以待人的民族品格，但它与蒋介石反共的战略以及美国根除日本在华影响的既定政策有着更为密切的关联。关于战后日本天皇制的保留问题，日本政治制度完全是美国占领当局决定的，事实上与蒋介石的态度并没有直接的关系。关于中国放弃占领日本本土，主要是出于战后国内政治斗争的现实考虑所做的决定；至于战争赔偿问题，则是从积极争取到最后的被迫放弃，是既受制于美国政策又无奈地屈于日本压力的结果，很难说是"以德报怨"。总之，将"以德报怨"视为指导战后国民党对日政策的基本理念，仍是备受质疑的一项论述。②

刘艳华与何力群在《抗战胜利后蒋介石对日采取"以德报怨"政策评析》一文指出："以德报怨"的真实意图与其说是训导中国军队和民众，避免他们对日俘、日侨采取过激的报复行为，借此向世界昭示中华文化的传统美德，向世人展示国民政府的宽宏气度，倒不如说是想安抚已成困兽的日本侵略者。争取尽快解除日军的武装，得到日军的配合，抢占抗战胜利果实，为与共产党的较量创造有利条件，恢复国民党对全国的控制。③

宋志勇《战后初期中国的对日政策与战犯审判》一文指出，1945

① 冯全普：《战后初期国民党政权对日"以德报怨"政策之原因分析》，《东方论坛》2006 年第 2 期。

② 袁成毅：《战后蒋介石对日"以德报怨"政策的几个问题》，《抗日战争研究》2006 年第 1 期。

③ 刘艳华、何力群：《抗战胜利后蒋介石对日采取"以德报怨"政策评析》，《长春师范学院学报》2002 年第 1 期。

年日本战败投降后，国民政府从长远的对日关系考虑，制定了"以德报怨"的对日政策。在这一政策的指导下，国民政府对日本战犯进行了公开审判。国民政府在战时和战后对日本违反国际法所犯罪行进行了大量的调查，在审判前制定了相应的法律法规，并在审判过程中加以完善，审判是严肃、公正的。由于实行"以德报怨""宽大迅速"的审判方针，所以仅有极少数日本战犯受到处罚。国民政府的宽大政策虽然使大批日本战犯逃脱了公平正义的惩罚，却也让战后大多数日本国民感激中国，对中日关系的恢复和发展起到了积极而重要的作用。①

# 四 两岸学界对"以德报怨"政策观点之比较分析

## （一）影响因素与决策过程

比较两岸学者研究观点可知，两岸学者都把蒋介石对日"以德报怨"政策视为联日反共的重要途径。一方面，对国民党政府而言，对日抗战结束后的两大挑战，无疑是设法切断苏联对中国共产党的援助，以及遏制共产党在国内的发展。基于此，设法顺利接收日本占领地区以及日军战略物资，显然是国民党政府必须解决的燃眉之急。另一方面，美国对于国民党政府的有限支持，也是促使蒋介石联合日本以完成接收任务的重要因素。特别是，美国与英国为早日结束对日战争，甚至不惜与苏联在雅尔塔会议上交换条件，牺牲中国领土与权利，以至于直接降低中国在亚洲战区的价值，更牵动战后地缘政治格局，让苏联获得与中国、日本、欧洲之战略缓冲空间。

显然，两岸学者对于蒋介石当时破天荒提出"以德报怨"政策的原因具有高度之共识。从现实的角度来分析，两岸学者都认为"以德报怨"政策是国民党政府面对"内忧"与"外患"双重影响下最合情合理的战略抉择。

---

① 宋志勇：《战后初期中国的对日政策与战犯审判》，《南开学报》2001 年第 4 期。

"内忧"主要是指对中共的担心。早在全面抗战爆发之前，国共之间早已进行多次明争暗斗的政治与军事对抗，抗战结束后与共产党终将一战，因此必须能在日本战败后迅速接收日军占领地区之物资与武器，不可让中国共产党轻易获取战果。进言之，国共之间围绕接收而进行的斗争是典型的"零和博弈"，因为国民党之所得必为共产党之所失。战争期间，国民党军队的主力主要驻扎在中国的西南与西北，距离大城市与交通要道较远，而长期从事游击战的共产党军队则是具有就近接收的地理优势。为了使得日军能够帮助国民党坚守其阵地，以待国军的接收，故而在日本天皇正式投降前一刻于重庆电台发表了感动日本人心的《抗战胜利告全国军民及全世界人士书》讲话，以超乎所有人想象的"宽容"与"让步"，换来了日本媒体"以德报怨"的领袖形象，拉近与日军的情感，顺利完成大部分的接收工作。

"外患"则是指美国、英国与苏联对中国国家利益的干涉。随着中国战区的价值在其太平洋地区军事战略中的降低，美国与英国领导人开始考虑联苏抗日的新战略。为了诱使苏联参加对日作战，美国与英国不惜牺牲中国的领土与权益，无视中国共产党在苏联支持下的壮大。从接下来的历史发展可以发现，对当时的美国与英国而言，击败日本为其首要之战略目标，而为达目的，甚至可以不惜牺牲战略同盟的国民党政府。因此，当时美国对于国民党政府的支持是有限度的，一方面要求国民党政府在战时应该与共产党合作对付日本，另一方面亦强迫国民党政府战后不要透过内战的方式来消灭共产党，以免此举导致苏联的干涉，进而引起美苏冲突。鉴于此，蒋介石对于来自美国的摇摆支持与苏联不可信任的条约承诺抱持存疑的态度，因此透过"以德报怨"政策拉拢日本军队配合国民党军队接收日占区，进而达到控制战后中国以巩固反共实力，无疑成为列强环伺而大国角力下突破困境的关键。①

---

① 林金茎：《战后中日关系之实证研究》，台北：中日关系研究协会1984年版，第684页。

### （二）政策影响与时代价值

两岸学者们都同意，蒋介石提出"以德报怨"政策的立场不外乎两个重点：一是发动侵华战争的只是日本国内极少数穷兵黩武的好战军阀，日本国民普遍是善良而无辜的；二是中日两国唇齿相依，终须携手合作，才能确保两国乃至于整个亚洲的安定繁荣。换言之，蒋介石对日政策的主旋律是打败日本而不是瓦解之，驯服日本但不要将日本彻底毁灭，否则必然会导致日本国内的革命与内战，成为区域甚至全球另一个不定时炸弹。在此意义上，我们可以理解国民党政权为何在战后对日采取了"以德报怨"的宽容政策。快速遣返日俘日侨，目的显然是希望战后中日关系发展能有一个好的开始；竭力维护天皇制的立场，更是表明了蒋介石不希望日本因制度改变而导致国内革命；对于日本战犯的宽大审理，则是由于战后国共重启全面对抗的特殊情况所促成，特别是雅尔塔会议后美国与英国对于苏联扩张的姑息，以及苏联长久以来对于中共的支持与援助，都使得国民党政权需要急速拉拢日本军人配合其接收工作，以促成对其有利的国内态势。

事实上，当时日本在中国大陆（东三省除外）、台湾、澎湖以及越南北部所部署的军队，总数达 1283240 人，而这些军队占据了中国主要的城市、港口、交通要道。[①] 冈村宁次甚至表示，前后八年百战百胜，至今尚保持了足以战胜敌人的力量，只是因"本国业已投降而不得不投降"，强调即使一个小分队在战斗牺牲之际，也要把武器完全毁掉而不使落入敌手，以表示他反华到底的决心。国民党也认识到，此次与以往的受降不同，一般的受降必然是胜利者完全压制住战败者之后才可以进行。而日军仍然占领着大片中国领土，它的军力虽衰，但是没有受到决定性的损害，由国民党军队前去接受在日军支配下的沦陷区，当然不是简单的问题，而日军会不会在面临国民党军以

---

① 王季平：《八一五这一天》，光明日报出版社 1985 年版。

解除其武装时一变而做殊死的抗拒，也不是不可能发生的风险。① 他们怀疑日本军动向一时未可逆料，何况其中也可能有一部分不满分子和越轨部队，违反本国政府及上级司令部的命令，很难估计会发生何等行动。②

值得注意的是，有别于两岸学者在"以德报怨"现实意义上的高度共识，两岸学界对于"以德报怨"的时代价值即存在明显的分歧。显然，前述将"以德报怨"政策视为国民党政府联日抗共工具手段的观点，主要还是从现实主义权力斗争思维来分析，国家之间只有利害算计与对抗关系。但事实上，"以德报怨"政策并非如大陆学者所言，是蒋介石当时"不得不"的唯一选项；若反其道而行，一方面利用外交系统向美国与英国国会及行政部门表达反共阵线之决心，另一方面以严惩日军战犯口号煽动国内民族主义，坚持向日本索地赔款，结果一样能壮大战后国民党政府主导政局实力，并在民粹动员下加速接收日占区。从这角度来分析，就能够理解部分台湾学者为何主张蒋介石"以德报怨"政策体现出中国"王道"文化之传统，并由此深得日本军民敬佩与信任，为日后中日关系发展奠定了情感上的重要联系。此为"以德报怨"至关重要之时代意义。

# 五 结论

在 1945 年 8 月 15 日的讲话中，蒋介石回顾了中国全面抗战八年所遭受的痛苦与牺牲，提及战后日本的困难以及中日民族的前途时，联想基督"待人如己""要爱敌人"的训言，号召国人须知"不念旧恶"及"与人为善"为我民族传统至高至贵的德行，"以德报怨"政策由而为我国赢得仁义之师美名而传颂后世。本文经由回顾抗战结束之际"以德报怨"政策背景与内容，同时比较两岸学者对于"以德

---

① ［日］古屋奎二编：《蒋总统秘录》，台北："中央"日报出版社 1972 年译印。
② 天津市政协编委会译：《今井武夫回忆录》，中国文史出版社 1987 年版。

报怨"史实分析观点之异同，有助于研究者更全面而深入地理解蒋介石亲拟《抗战胜利告全国军民及全世界人士书》，并于日本天皇裕仁在宣布日本投降前一小时，在当时国民政府陪都重庆之中央广播电台麦克风前发表了该演说之原因、目的、影响与时代意义。

本文研究发现，两岸学者大多从现实上分析考虑，认为蒋介石基于"内忧""外患"缘故而需要日军合作，因此提出"以德报怨"是权衡利弊得失下的必然选择。一方面，日军集中的华北、华中地区国民党政府兵力薄弱，国民党担心一旦日军降伏会给共产党以千载难逢的好机会，使沦陷区落入共产党之手。因此必须对日本人手下留情，国民党政府才能顺利接收沦陷区的防务，接受敌产并占据有利地位。另一方面，蒋介石认为日本政府虽已宣布无条件投降，但侵华日军实力尚存，如果不适当加以安抚，反而将逼日军走上绝路而负隅顽抗，造成国民党政府极大损失。因此，与日本结怨有害无益，且不利于日后与共产党的较量，所以唯有安抚、笼络日军，才能和平解除日军武装并接受敌产。

然而，相对于上述现实意义的共识，两岸学者在"以德报怨"的时代意义上存在较大的分歧。本文综观当时时空背景与国内外情势，认为"以德报怨"以争取日方合作并非国民党政府的唯一选项，而蒋介石之所以选择以"以德报怨"取代"以直报怨"甚至"以牙还牙"，主要还是出于我国"王道"之文化传统，并非单纯只是功利主义的利害考虑。

（刘镇灯，台湾中兴大学国际政治博士，台中教育大学区域与社会发展学系助理教授，中兴大学日韩综合研究中心研究员）

# 抗战洗礼下少数族群的中华民族化

吴启讷

## 一 前言

　　伴随第二次世界大战结束，亚洲国家纷纷脱离殖民宗主国的宰制，开启转型为近代民族国家的进程。70多年过去了，其中多数国家仍然陷于国内严重的种族、宗教冲突之中，难谓转型成功。与多数亚洲国家相较，中国从未完整沦为单一列强的殖民地，却在第二次世界大战前夜，提早遭受亚洲的新兴帝国——日本的侵略，这一不幸，使得中国人民比其他亚洲殖民地人民更早投入反抗帝国主义和殖民主义的斗争，将危机化为转机，恢复了被日本占领的国土，更从思想、文化、政治、军事和经济各个角度加强了由各民族组成的国族——中华民族的认同和团结，构筑起中华民族的民族国家。

　　20世纪30—40年代日本对中国的侵略，乃是经由少数民族聚居的中国边疆深入中国的堂奥，抗战因而成为一场包括少数民族在内，真正意义上的"全民"抵抗外敌侵略的战争。中国的边疆少数民族聚居区域比汉人聚居区更早面对日本的渗透和侵略，边疆少数民族民众甚至比汉人更直接、更深入地参与对抗日本侵略的行动。

　　清朝末期的边疆危机，源自列强对中国领土和资源的觊觎。列强利用传统农业国家纷杂的族群和文化现象，以及农业王朝并不直接控制其边缘地区的统治形态，介入、操纵中国边疆和非汉人族群的政治，意图达成从四缘拆解中国的目标。面对危机，清朝被迫朝着改变间接统治边疆的传统政治模式、封堵列强插手缝隙的方向，推动国家的近代转型。[①] 在列强的侵略和威胁面前，清朝臣民和民国时期国民的国族意识萌芽，但距离成熟的中国人国族意识，或曰中华民族意识，尚有相当距离。其中，汉人与南方丘陵地带少数族群的国族意识，比较明显地倾向于中华民族一体化的方向；但直到清末仍处在半自治状态下的西藏、蒙古，甚至在清朝后期完成行省化的新疆，当地非汉人的民族意识萌芽与成长的过程，却未能与中华民族意识的成长同步。

垂涎中国广袤国土的日本，在清末即有意利用"汉民族主义"革命，促成清朝崩解，顺势夺取"满蒙"。辛亥变局发生后，革命派与立宪派达成妥协，放弃了狭隘的"汉民族主义"，改宗包容性较高的"中华民族主义"，尝试以"五族共和"的模式维护王朝留下来的广袤领土与多元族群人民的遗产，将汉人以外其他族群的政治资源整合到以汉人为核心的民族国家政治体系之内，一时阻断了日本的扩张路径，日本乃将目标转向中国的边疆与非汉人族群，试图复制西方列强利用非突厥人群体的民族主义肢解奥图曼帝国的模式，拆卸中国。

1928 年国民政府在形式上完成全国统一后，国家所面对的国际政治、地缘政治局势较之清朝末期更加严峻。日本染指中国"满蒙"地区的步伐加快；苏联除扶植外蒙古政权，实质控制外蒙古外，也极力巩固它在中国东北和新疆的势力范围；英国对西藏政治的涉入和对云南西部中国领土的兴趣始终不减。面对此一情势，国民政府延续清末应对边疆危机的政策方向，一面持续推动边疆与内地的行政一体化，加强中央对边疆非汉人地区的政治影响力；另一面标举中华民族

---

① 清军于 19 世纪末期规复新疆后，引进与内地一体化的政治和行政制度，将新疆改建为行省。清末新政针对边疆的政治目标，即是比照新疆模式，去除蒙古事务、藏语区事务和其他边疆事务中的特殊设计，达成国家的行政统一。参见吴启讷《面对以汉人为主体的中华民国——辛亥变局下少数族群的困惑与抉择》，收入裴京汉编《东亚史上的辛亥革命》Seoul：Hanul Books，2013，第 262—299 页。

同血缘、共命运的主张，同时借普及近代教育的名义，持续推动针对汉人以外少数族群的同化政策，冀望从内部消除边疆非汉人区域无法抵御外来略诱、侵略的潜在危机。到 20 世纪 30 年代初，国民政府已基本完成对内蒙古地区和藏语区东部的行省化，并确定未来 10 年间将行省以下残留的传统地方行政制度，包括蒙古盟旗、以"行政区"为名的土司辖区制度等，彻底转换为州县制的方向。

针对在清朝与民国政权更迭之际并未试图脱离新国家而自立，之后相对顺利地纳入中华民族国族建构进程的华南、西南山地众多的非汉人群体，国民政府也坚持推动废止土司制度，完成"改土归流"的目标。政府不再承认土司制度合法性，并废除土司制度的两项核心内容，即"封委承袭"制度和领主征税制度。具体而言，是将民国建立后改以行政区为名的原土司辖区改制为"准县"——"设治局"，由设治局统计人口、编订户籍、清丈土地，直接征收赋税。①

中央政府的政治目标和政治作为，无疑触及了蒙、藏和其他非汉人群体传统政治势力的利益，他们以各自的方式抵制国家的行政统一和政治统一举措。事实上，汉人地方军政势力为维护各自的势力范围，对中央政府同样采取既合作又对抗的姿态。这种对峙的态势，给外国政治势力介入中国地方、边疆和少数族群政治事务提供了另一种契机。近代以来，对于中国有最全面侵略企图和计划的日本，当然不会放弃这样的契机。日本对中国的威胁，在以侵略行动指向"满蒙"边疆的同时，也在政治上强烈质疑以汉人为主体的政权统治非汉人地区的正当性。可以说，中日战争的爆发，在一个意义上，是以中国的边疆危机为导火线的。

日本发动九一八事变，占据中国东北，进窥内蒙古以至关内，即以"民族自决"相号召，建立伪满洲国，同时在伪满洲国范围内运用"五族协和"的口号，动员非汉人族群，抵消汉人反满抗日的能

---

① 例如，1932 年将云南西部的干崖、盏达、勐卯、芒遮板行政区改设为盈江、莲山、陇川、瑞丽、潞西设治局，褫夺土司的职权，取代土司的政治统治。

量；其后，进一步发起扶持、操控内蒙古自治、独立运动；介入新疆穆斯林反抗汉人行动；并借宗教联系笼络西藏。七七事变前后，日本大力鼓吹汉语穆斯林建国，在侵华战争中分化回汉关系；并与其盟国暹罗合作，试图以"泛泰主义"渗透广西、云南；1941 年，日军实施南进政策，占领中南半岛，于 1942 年 5 月进占中国云南西部边地。但是，由于日本始终立足于征服者的地位，对于中国长久而复杂的族群政治史也缺少深入的理解，其高调动员并未在大部分中国少数族群间造成深度的影响，不足以全面瓦解中国古代王朝长期延续和近代中国国族建构过程之下的国家政治结构。

在日本的军事与政治威胁面前，国民党领导的国民政府、地方政治势力和中国共产党等政治力量并未坐以待毙，他们也以各自的方式，展开对少数族群的动员。这样的动员，在一定程度上，较为贴近少数族群自身（包括族群意识和国家意识同步建构在内）的民族化过程的节奏，较为贴近少数族群对于自身利益与中国、日本之间利益关系的切身感受，因而与少数族群自发的抗日行动有所衔接，结成对抗日本军事、政治攻势的共同阵线。从包含"国族"与"族群"两重含义的"民族"角度来看，抗战可被视为中国历史上第一次"全民"动员的战争。

相较于汉人聚居的内地省份，边疆和非汉人群体与抗战之间，有更多超越军事层面的联系广袤的西南、西北地区，从荒远落后的边鄙一跃成为接近国家政治核心的战略、经济、文化要地，步入以"边疆开发"为名目的近代化进程。尽管在这样的进程背后隐藏着突发人为因素下的不稳定突变，还隐藏着"国难"与"国难财"的道德冲突；西南、西北边疆的非汉人群体更面临在汉人的国族认同与边界另一侧血缘、文化近亲的国族认同之间做出选择的严峻考验，[①] 这些"边鄙"之地无疑步入了近代中国文化、经济、政治演进的共同轨道，当

---

① 抗战期间，汉人中出现为数众多的"汉奸"，少数族群面对日本威胁利诱，实行与之"合作"姿态者的比例也不少于汉人。

地人民与内地、沿海人民间的互动和相互了解也达到前所未有的程度，汉人与少数族群各方都创造性地延续、更新了历史上的互动，"我们中国人"的观念由抽象转为具体。最值得注意的是，在新的互动、融合的过程中，少数族群主动、创造性地参与其中的机会和比例显著提升，中华民族的包容力和凝聚力也随之进一步提升。

# 二　日本利用中国少数族群的政治资源裂解中国

尽管日本国内几乎不存在复杂的族群现象，却对邻国中国的族群现象中所隐含的政治资源产生兴趣。20 世纪初，日本基于拆解中国的政治动机，对于邻近内陆亚洲的中国西北、西南边疆展开考察，从中体悟到"五族共和"论述在近代中国族群政治中的意义，乃于其此后炮制的伪满洲国中，模仿"五族共和"的外貌，设计出一个所谓"五族协和"的政治架构，借以动员中国东北的族群政治资源。

### （一）"民族协和"口号下的主从结构

面对族群生态复杂的中国东北，日本放弃简单的殖民同化政策，改采在帝国体制内，考虑殖民地的文化、政治传统，制定符合殖民地现实条件的特殊政策。20 世纪 30 年代初，由满铁青年组成的右翼团体"满洲青年联盟"揭橥"以日本民族为中核"的"民族协和"的构想。① 1932 年 3 月，日本利用清宣统逊帝，在清朝的"龙兴之地"，制造了傀儡政权伪满洲国，其"建国宣言"声称将在伪满洲国内推行种族平等。②

---

① 满洲青年联盟史刊行委员会：《满洲青年联盟史》，原书房 1933 年版。

② 郑孝胥、盐谷温等撰：《满洲国建国宣言》，收入郑孝胥等撰《王道政治的原理：孔教新编释义》，东京：深川母子园出版部 1934 年版，第 91—95 页。《满洲国建国宣言》称，"新国家建设之旨，一顺天安民为主，施政必循真正之民意，不容私见之或存，凡在新国家领土内居住者，皆无种族之歧视，尊卑之别。除原有之汉族、满族、蒙古族及日本、朝鲜各族外，即其他国人，愿长久居留者，亦得享平等之待遇，保障其应得之权力，不使其有丝毫之侵损"。

　　日本模仿清末中国统治精英和知识精英撷取族群政治核心议题，省略其他族群议题的手法，也将中国东北的族群化约为五个部分，即满、汉、蒙古、朝鲜与日本，故其"民族协和"政策又称为"五族协和"。这一政策在形式上具备各族平等的设计，但其实质内容，是"以日本民族为中核"，确立日本人的统治地位；① 在此之下，再建立围绕中核—顶端的金字塔形族群政治地位架构。"五族协和"的直接政治目标，是将原本并不是满洲民族的日本人与在日本殖民政治之下大量移入满洲的朝鲜人纳入伪满洲国的族群体系之中。日本人是"五族"享有一切优先权的统治民族；朝鲜人则被设定为日本人的"协力者"（伙伴）；满人、蒙古人也可参与"协力"；而人口最多的汉人，则处在金字塔的最底部。在此，非汉人族群地位与利益的提升，是与日本压制东北和全中国抗日的政治利益联结在一起的。针对朝鲜人、满人、蒙古人和其他非汉人族群，日本分别采取优待与利用结合的策略，巩固伪满洲国的族群政治整体结构。

　　针对朝鲜人的策略是，推动其"皇民化"，冀其成为日本政治力量的延伸。② 针对满人的策略是，许以"建国"美景，但不放弃操控。③ 针对蒙古人的策略，是利用与控制并举，从支持内蒙古"独立""自治"的态度转为废除盟旗。④ 对除满人、蒙古人以外，锡伯、达斡尔、鄂温克、鄂伦春和赫哲等其他少数族群上层以及流亡在东北的白俄，也实行怀柔与驱使并行的政策。⑤

---

　　① 九一八事变前夕，"满洲青年联盟"草拟《实现满蒙现住诸民族协和之件》满洲青年联盟史刊行委员会：《满洲青年联盟史》，原书房1933年版。

　　② 相关研究可参考刘会清《中国朝鲜族在抗日战争中的作用——间论中国朝鲜族的形成》，《理论月刊》2014年第2期。

　　③ 相关研究可参考东北沦陷十四年史总编室、日本殖民文化研究会编《伪满洲国的真相：中日学者共同研究》，社会科学文献出版社2010年版。

　　④ 相关研究可参考东北沦陷十四年史总编室、日本殖民文化研究会编《伪满洲国的真相：中日学者共同研究》，社会科学文献出版社2010年版。

　　⑤ 相关研究可参考东北沦陷十四年史总编室、日本殖民文化研究会编《伪满洲国的真相：中日学者共同研究》，社会科学文献出版社2010年版。

在一系列分化中国人的措施之外，日本人作为征服者和"五族"领导者的角色并未改变，在伪满洲国，朝鲜人、满人、蒙古人等东北各少数族群与汉人的次等地位也未改变。

**（二）拒苏制华——"满蒙""内蒙古工作"和对新疆的兴趣**

国民革命军北伐期间，日本扩张派对中国统一的前景感到忧惧，急于加速推动其"满蒙计划"。[①] 九一八事变后，日本占据了东三省和内蒙古东部，1932 年扶植傀儡在这一范围内建立伪满洲国。事变之初，日方曾设想建立一个独立的内蒙古，但评量短期内看不到控制内蒙古西部地区的前景，乃决定先将内蒙古东部建置为隶属于伪满洲国之下的一个自治区域——兴安局，作为策划建立"蒙古国"的第一步；与此同时积极推动"内蒙古工作"。"内蒙古工作"由日本陆军与日本政府直接指导，由关东军负责推动，其目标是向内蒙古中西部地区扩展日本的政治影响力，建立"蒙古国"。日本将"工作"目标转向年轻干练、充满政治企图心的锡林郭勒盟副盟长德穆楚克栋鲁普（德王）。德王揭橥"复兴蒙古民族"的口号，并于 1933 年 7 月发动"百灵庙（贝勒庙）高度自治运动"，成为内蒙古自治运动领导者，受到日方的关注。德王向国民政府要求内蒙古自治的主张遭受挫折，为日方的介入提供了契机。

1936 年，在日本的全力支持下，德王成立"蒙古军总司令部"；同年 4 月底，召开"蒙古大会"，决定成立"蒙古军政府"，以"整军经武，收复蒙古国固有疆土"，建立以内外蒙古和青海为一体的"蒙古国"。

七七事变后，日本侵占包头以东的内蒙古广大区域，乃扶植德王

---

① 植原悦二郎：《日本与支那》，东京：国际知识 1928 年版，第 591—593 页。1927 年 4 月，在"南京事件"中后执行"不干涉外交"宪政会内阁受到政友会、军部和舆论的抨击而下台，田中义一领导的政友会登台执政，祭出"满蒙领有"的主张，强调"满蒙"具有不可替代的战略价值，是日本的"生命线"，否定中国对"满蒙"的主权，确立当北伐波及"满蒙"时，日本将以"自卫"的名义出兵阻止中国统一。

的"蒙古联盟自治政府"、于品卿的"察南自治政府"和夏恭的"晋北自治政府",再于 1939 年 9 月 1 日合并三个政权,成立"蒙古联合自治政府"(即"蒙疆政府")。①

值得注意的是,日本统治东北三省与内蒙古部分区域期间,为适应期统治需要,复制、实施了清末以来中国政府几项重要的边疆和族群政策。包括:

1. 在伪满洲国实行满、蒙、日、鲜(朝鲜)、华(汉)"五族协和";在"蒙古联合自治政府"辖境实行"蒙、回、日、华(汉)"的"民族协和"。②

2. 在伪满洲国范围内的内蒙古东部盟旗与呼伦贝尔(东蒙古)地区,实行"废盟部、设行省"政策,废除"旗县并存"制和王公制度。

3. 在西部"蒙疆政府"控制区,则实行北京政府和国民政府于1920 年代末在东部盟旗实施过的盟旗与省、厅、县并行的政策。

4. 对藏传佛教实行去政治化改革。

5. 推行近代文化教育,而其中的殖民色彩甚为浓厚。③

这一切,更呼应了日本基于与汪伪政权合作和减轻站在外蒙古背后的苏联的疑虑,对内蒙古民族运动由支持改为抑制的整体政策方向。④

日本"满蒙工作"的转向,昭示出外来势力介入中国族群政治的根本限制,即当外来政治生态侵入现代中国境内原生性的族群政治生

---

① 金海:《从地域概念看日本"满蒙政策"的演变及其实质》,《内蒙古大学学报(人文社会科学版)》1997 年第 2 期。

② 卢明辉:《德王"蒙古自治"始末》(下),内蒙古语文历史研究所 1977 年版,第276—277 页。

③ 相关研究,可参考阿拉腾达《日本与内蒙古》,内蒙古教育出版社 2004 年版。

④ 当日方于 1939 年主导三个内蒙古傀儡政府整合,成立"蒙古联合自治政府"时,德王即感受到日本人工具性利用内蒙古民族运动的本质,明白日本并不乐见一个独立的"蒙古国",只得于 1941 年 8 月在伪蒙疆政权内部改称"蒙古自治邦"。德穆楚克栋鲁普:《德穆楚克栋鲁普自述》,中国人民政治协商会议内蒙古自治区委员会文史资料委员会 1984年版,第 79—82、112 页。

态系统时，势必面临原生生态系统的反抗；中国族群现象的多元性，并未改变中国族群政治强烈的本土特性和传统特性。

19 世纪末，日本即对作为其地缘政治竞争者的俄国势力深入新疆颇为警觉，曾尝试游说新疆当局排拒俄国的影响。① 杨增新、金树仁相继主政时期，日本进一步派出情报人员，如渗透到马仲英部队的大西忠，试图介入新疆的政治，包括接触由沙比堤大毛拉等一小撮分裂主义分子 1933 年在喀什建立的"东突厥斯坦共和国"。短命的喀什伪政权结束后，奉命皈依伊斯兰教的日本情报人员铃木住子，嫁给当时新疆伊斯兰教首领奥斯曼，负责协助并监视其政治活动。② 日本明白自身实力的局限，其控制新疆的设想仅停留在蓝图阶段，但仍对新疆的穆斯林成为包围苏联的一环，抱持期待。

### （三）"西藏工作"——扩大对中国的包围圈

尽管在地缘上，日本与西藏相距遥远，但日本与"满蒙"的关系，以及日本的密宗佛教传统，拉近了日本与西藏间的心理距离。20 世纪 30 年代日本与中国政府间敌对的政治关系，促使日本将同样排斥中国中央政府的西藏地区置于其分化中国的大战略之下。日本情报机关多次派遣情报人员潜入青康藏语区和西藏，其中特别针对亲中央并流亡内地的九世班禅集团多方笼络。③ 外务省专门成立"西藏工作"，负责搜集西藏政治情报，并推动西藏地方政府代表、内地藏传佛教政教高层于中日战争激烈进行中的 1942 年夏初以"观光"名义访日。到访西藏政教高层于访问结束后表示，"日本

---

① 房建昌：《近代日本渗透新疆述论》，《西域研究》2000 年第 4 期。

② 朱永彪、杨恕：《二战结束前日本地缘政治视野中的新疆》，《新疆大学学报》（哲学人文社会科学版）2006 年第 3 期。

③ 《蒙藏委员会为转难民陈宗敬函称京中班禅办事处有人为日本人工作事与军政委员会等来往函电》；《国民政府军事委员会为告知班禅行辕卓尼堪布覆桑登与日本人夙有勾结事致蒙藏委员会代电》，中国南京第二历史档案馆藏，藏事档案，转引自秦永章《近代日本渗透西藏述论》，《近代史研究》2005 年第 3 期。

人与满、蒙、藏同属一个人种，自古笃信佛法。位于东亚强大的日本，可以说是所有佛教国家的镇护之国，也是我们最可信的大盟主。……现在日本发出了驱逐英美在东亚的势力、抵制苏联、建设世界新秩序的宣言，西藏也希望深处共荣圈内，得到永久保全"①。西藏政教高层的言论显示，日方在一定程度上达成了它所期待的政治目标。但对藏汉、藏英关系、中英在第二次世界大战当中的结盟关系对西藏地缘政治利益的影响和西藏政治传统四个方面的因素有复杂考虑的热振摄政当局，并不愿冒险站在日本一边。相反，拉萨选择邻近的重庆国民政府作为（至少是形式上的）效忠对象，安全系数仍超过靠近东京。

抗战期间，日本两个情报人员木村肥佐生和西川一三潜入西藏，目的是侦查从印度阿萨姆飞越喜马拉雅山到昆明的"驼峰"援华路线。1942年，蒋介石访问印度时，曾向英印当局提出修筑一条不经过西藏的印中公路，英国则要求实施此计划前须征得西藏地方当局的同意，拉萨则担心这条虽然仅经过西藏东南边缘的公路会使汉人势力深入西藏而予以拒绝，美中之间则考虑开辟代替印中公路的空中航线。日本试图从西藏方面寻找阻止盟军计划的契机，乃于1943年派出上述两名情报人员进入西藏，尽管最终并未达成日本所设想的目标，但两人在西藏从事了七年情报活动。②

### （四）渗透与分化——"回教工作"

除极少数皈依伊斯兰教的个人外，日本境内并不存在穆斯林社群。但在20世纪初，基于解构中国的政治企图，日本即对中国内部的伊斯兰社群表达出高度兴趣。③卢沟桥事变后，整个"回教工作"是由东京最高层级军政机构直接督导的要务，日本在其控制区成立的回教团体所举办的活动，都密切配合日本的军事、政治行动，在中国穆斯林当

---

① 秦永章：《近代日本渗透西藏述论》，《近代史研究》2005年第3期。
② 可参考木村肥佐生《チベット（西藏）潜行十年》，每日新闻社1958年版。
③ 王柯：《日本侵华战争与"回教工作"》，《历史研究》2009年第5期。

中厚植亲日观念，实质上成为日本情报机关和军部的派出单位。①

九一八事变前后，日本的"满蒙回藏"政策、非汉人政策，是日本整体战略计划的一部分，目的在于分化中国，包围中国。日本针对国民政府的北方封锁计划，在东起察（哈尔）、绥（远），经宁夏、甘肃、青海，西至新疆的地带建立一个亲日，或至少中立的地带，隔绝中苏之间的陆上联系。在日本军部的运作下，内蒙古西部阿拉善旗、额济纳旗地区进入日本的势力范围。但绥远傅作义部的敌对态度，让日本的封锁战略受阻，日方乃寻求与宁夏马鸿逵、青海马步芳和河西马步青势力的政治合作，形成夹击傅部，贯通西部封锁链的局面。与掌控青海、甘肃、宁夏的穆斯林地方军政势力（"五马"）建立有效的联系，遂成为"回教工作"的另一个核心。九一八事变后，日方派遣情报人员进入绥远、宁夏、河西与青海，从事情报活动，包括设立情报据点、运输机构和车队等，同时也将触角伸到新疆。

宁夏马鸿逵虽然在公开场合呼应全民抗日，但在具体事务中并不高调反日，其目的在于尽量避免与日本人公开接触。他甚至祭出为难日本人的规定，② 但私下与日本情报据点保持沟通。③

相比之下，青海则在两方面都做得更极端。④ 中日全面战争爆发前夕，马步芳、马步青势力所面临的主要威胁来自红军二、四方面军，尤其是有意占领河西走廊，打通接收苏联军事援助国际通道的红四方面军西路军。南京国民政府对于西北鞭长莫及，也不乐见西北汉语穆斯林势力的壮大，对于这些地方军政势力的军事装备需

---

① 例如，1937年11月22日在察哈尔省会张家口成立的"西北回教民族文化协会"；1938年2月7日，在北平（日军于卢沟桥事变占领北平后，更名"北京"）成立的"中国回教总联合会"；1938年5月7日在热河省省会承德成立的"防共回教徒同盟"。[日] 中生胜美编：《植民地人类学の展望》，风声社2000年版，第230—240页。

② 马鸿逵下令宁夏公路局不得向日本人出售车票，将售票给日本人的职员和司机公开处决。刘景华：《抗战时期的西北诸马》，《青海社会科学》1995年8月增刊。

③ 见中国人民政治协商会议甘肃省委员会编《甘肃文史资料选辑．第16辑：马鸿逵史料专辑》，甘肃人民出版社1983年版。

④ 青海省志编纂委员会编：《青海历史纪要》，青海人民出版社1987年版，第366页。

求，通常抱持应付的态度。马家军有意透过对穆斯林聚居区抱持高度兴趣的日本方面，取得步、骑兵装备与弹药，得到日本方面的主动响应。①

西安事变发生时，马步芳、马步青部仍在河西激战红军西路军，马步芳对张学良、杨虎城二人联袂号令西北素有戒心，对张、杨与红军结盟更为排斥，但谨慎的马步芳在事变事态明朗前，还是避免明确表态，直到事件趋势明朗后，方决定公开拥护中央，采逆署日期的办法，假称在闻知事变消息后，立即宣示"誓以血忱，在中央统一指挥之下，誓死杀贼，以定人心而奠国基"②。

中国共产党在此际也与青海马家展开接触。西安事变后，中国共产党代表周恩来会晤甫自麦加朝觐归来路经西安的马麟，此后，又利用与中国共产党交好的回民上层、文化教育人士等接近马麟、马步芳、马步青等。③ 马步芳兄弟并未正面响应中国共产党，而是以所部河西作战大幅减员为由，向军事委员会要求扩编三个师，未获允准。

日本当然注意到1000万穆斯林分布在中国各地的这一事实背后的意味，军方和外交、情报机构，也针对普通穆斯林民众下了一番功夫。军方透过公开渠道和耳语传播，将日本描述为伊斯兰教和穆斯林

---

① 1936年8月，驻守甘肃武威的马步青，以对抗从陕北西进的中国共产党红军为由，向日本军方购买三八式步枪1000支；子弹100万发，仅花了20天时间即由大连海运至天津，经铁路转包头，再由骆驼运到武威，银货两讫。"日本旧陆军省大日记类密档"［昭和十一年（1936）8月25日，9月15日签结］《密大日记》第6册。1936年12月，马步青与时任青海省主席马步芳向日本军方要求各自追加三八式步枪（附带枪刺及配件）1000支；子弹100万发，日方对此次交易采慎重态度，指示额济纳机关监督交易的进行。《密大日记》第7册［昭和十二年（1937）12月至昭和十三年（1938）1月，密受编号1983］。1937年2月，"中国驻屯军"参谋长基于与冀察方面宋哲元建立合作关系的新局面，建议大本营将马家军订单的一部分转售给宋哲元。《密大日记》第7册［昭和十三年（1938）2月至昭和十三年（1938）4月，密受编号308］。1937年5月，马步芳向订购32式军刀甲（骑兵用）5000副，由于本土无库存，日方同意由奉天制造所提供。《密大日记》第8册［昭和十三年（1938）5月，密受编号792］。以上均录自秦永章《关于马步青、马步芳与日军进行秘密武器交易的几条史料》，《青海社会科学》2003年第5期。

② 中国人民政治协商会议全国委员会，中国人民政治协商会议青海省委员会文史资料编辑委员会编：《青海三马》，中国文史出版社1988年版，第144—145页。

③ 杨效平：《马步芳家族的兴衰》，青海人民出版社1986年版。

的保护者，帮助回民自治的盟友；在回民中建立对抗日本人是"替汉人卖命"的印象。

囿于诸多客观条件的限制，日本军政上层所从事的"回教工作"无法迅速改善日军中下阶军官与士兵对伊斯兰的极度无知。1938 年 1 月，攻占山东的日军进入济宁附近的一个回民村落，竟强迫村民杀猪劳军，被冒犯的村民奋起杀死缺乏防备的日军士兵 200 余人。[①] 伴随战况的加剧，穆斯林的抵抗也时有发生，日军在华北、西北地区乡村地区甚至城镇的无差别杀戮日益增加。[②] 回民不甘俯首就戮，1937 年秋季，河北文安县夏村回民击沉在大清河上游弋的日军汽船，掳获日军官兵数人。面对回民的抵抗，日军则还以用猪油、猪血涂污清真寺墙壁、强迫阿訇在清真寺杀猪，不从则屠村，[③] 甚至屠杀礼拜中的300 余名教徒等残暴行径；[④] 火烧回民房屋、抢掠回民财物、强奸回民妇女的事件也时有发生。

## 三 中国共产党和地方政治势力对少数民族政治资源的动员

### （一）中国共产党对东北、内蒙古、西北等地少数族群的动员

九一八事变后第四天，中国共产党即发表文告，主张"组织东北游击战争，直接给日本帝国主义以打击"，并称"苏维埃中央政府郑重声明，要不是国民党军阀集其全力来进攻苏区与红军，苏区工农劳苦群众与红军早已与抗日的英勇士兵和义勇军站在一起直接对日作战了"。[⑤]1934 年夏，斯大林明确感受到来自德、日的威胁，针对苏联与日本

---

① 甘宁青抗日救国宣传团：《告全国回教同胞书》，《回教大众》1938 年第 2 期。

② 周瑞海：《侵华日军队回族人民犯下的罪行》，《黑龙江民族丛刊》2005 年第 4 期。

③ 孟村回族自治县概况编写组：《孟村回族自治县概况》，河北人民出版社 1983 年版，第 42 页。

④ 甘宁青抗日救国宣传团：《告全国回教同胞书》，《回教大众》1938 年第 2 期。

⑤ 《中华苏维埃共和国临时中央政府宣布对日战争宣言》（1932 年 4 月 15 日），文刊《红色中华报》，瑞金，1932 年 4 月 21 日第 1 版。

和中国间的错综的敌友关系，斯大林决定力促中国团结抗日，以尽力牵制、消耗日本的侵略能量，最大可能地避免日本直接进攻苏联。此后，中国共产党和共产国际在与少数族群有密切关联的东北抗日联军武装抗日活动中扮演了关键角色，国民政府则未能有效介入和利用之。

1933 年 5 月，中国共产党在东北组建的抗日武装东北人民革命军，由于长征，该部与中共中央一度失去联络。1936 年 2 月，中共满洲省委将所属部队联合地方义勇军筹组东北抗日联军。1938 年，中共满洲省委解散后，改由共产国际直接领导组建东北抗日联军，并提供相关武器军饷，建制均比照苏联红军，连级以上设党代表、团级以上设政治委员、师以上设政治部主任。抗日联军自成立之日起即与朝鲜裔居民①的反日武装活动建立了联结。

朝鲜裔居民的反日武装活动，始于 20 世纪 20 年代初期。② 九一八事变后，朝鲜裔人士成为吉林省延吉、和龙、汪清、珲春等县的武装抗日组织与活动的主要成员。20 世纪 30 年代初，在满洲的朝鲜人，尚未取得中国公民的身份；日本扶植的傀儡政权伪满洲国建立后，朝鲜人变身成为"五族协和"中的一分子，成为伪满洲国社会地位仅次于日本人的第二级地位，加以笼络和利用，但朝鲜精英和知识分子对亡国和寄人篱下的景况耿耿于怀。对于在"满洲"的朝鲜人而言，九一八事变前后在"满洲"所从事的抗日活动，实质上是自 1895 年日军进驻和 1910 年《日韩合并条约》签订后，朝鲜半岛抗日活动的延续。早期曾在半岛组织义兵的杨承雨、朴性默、柳麟锡等，都曾流亡到辽东一带继续武装骚扰日本势力。东北朝鲜人小区的民族主义者以参与中国人的抗日活动乃至抗日战争，作为追求朝鲜独

---

① 当时中国尚未进行民族识别，还没有将东三省使用的居民定义为"朝鲜族"，20 世纪 50 年代朝鲜战争结束之前，中国东北范围内朝鲜裔人民的国籍、身份并未得到确认，相关研究可参考宋念申《发现东亚》，新星出版社 2017 年版。

② 赵履谦、刘晓等：《五四运动与少数民族》，收入陈理、彭武麟主编《中国近代民族史研究文选》中册，社会科学文献出版社 2013 年版，第 820—830 页。

立的途径。中国共产党深知亡国的朝鲜人对日本势力抱持天然敌意，乃深入朝鲜人社区，多方联络、动员。

1936 年 2 月，东北抗日联军成立，编为 11 个军，其中主要由朝鲜裔组成，总数超过 4000 人的"南满游击队"改编为第 1 军第 1 师，该部朝鲜裔的领袖李红光膺任联军参谋长。朝鲜裔官兵构成抗日联军第 2 军的大多数、第 1 军和第 7 军约半数，同时也遍布抗日联军其他 8 个军当中。从 1931 年到 1945 年的 14 年间，朝鲜裔人士参与武装抗日的人数逾 10 万人，包括 4 名高阶指挥官在内，有数千人战死，其中延边地区即有 1713 人。抗日联军的武装活动从长白山、图们江流域，扩展到黑龙江、乌苏里江流域。抗联朝鲜裔将领金日成，更在武装活动之外，发动对日军中朝鲜籍士兵的策反。朝鲜裔居民聚居的延边，一度成为游击武装的根据地，曾设立军医院、兵工厂等；普通民众同情抗日联军，主动为之递送消息、情报。

《苏日中立条约》签订后，苏联命东北抗联进入苏联远东地区，并将部队改编为国际红军特别独立第 88 旅。

1932 年 4 月，中国共产党在绥远成立反帝大同盟、农民抗日"十人团"。在热河、察哈尔成立"蒙汉抗日同盟会""牧民抗日会""农民抗日会"等。1933 年 2 月 22 日，中国共产党内蒙古特别委员会在张家口建立"蒙汉抗日同盟军事委员会"，组织了"蒙汉抗日同盟军""蒙古抗日联军"。"蒙古民众抗日自卫军"和绥远土默特旗的蒙民地方武装"骑兵老一团"，也被纳入中国共产党的领导之下。1935 年 12 月 27 日，毛泽东在陕北瓦窑堡党的活动分子会议上所作的报告中指出，"少数民族，特别是内蒙民族，在日本帝国主义的直接威胁下，正在起来斗争。其前途，将和华北人民的斗争和红军在西北的活动，汇合在一起"[1]。

---

① 毛泽东：《论反对日本国主义的策略》，《毛泽东选集》第 1 卷，人民出版社 2008 年版，第 151 页。

七七事变后，中国共产党宣示，"现时对国内少数民族的政策，首先和基本的应该是团结抗日"①。不仅在一定程度上，主导内蒙古的蒙古族民众抗战，也对马步芳、马步青和马鸿宾、马鸿逵伸出统一战线的橄榄枝，再深入川、滇、康、黔、桂等西南地区的族群，强化针对少数族群上层的统战工作。

为争取少数民族的支持，中国共产党提出，应"改变国民党政府大汉族主义的立场及其企图利用回族反共的错误，同时克服回族中狭隘的回族主义倾向，这是团结回汉两族抗日的先决条件"②。西安事变后，在抗战先于革命的情势下，中国共产党又调整其抗日基本路线和少数民族动员方针，强调中华民族与日本帝国主义侵略者之间的社会主要矛盾，应"根据少数民族内部的具体状况和广大人民目前的迫切需要，实行各种必要与可能的民主改革与民生改善，以激发少数民族的抗战热忱与生产热忱"③；"必须建立民族统一战线……把王公军人喇嘛知识分子也都团结在内"④；"在民族自决、民族独立、共同抗日的口号之下，组织与武装全体韩民、蒙民、回民参加抗战"⑤。

中国共产党在重庆的舆论阵地《新华日报》多次在少数族群与"中华民族团结抗战"之间建立联结。该报曾为1938年1月济南回民袭杀数百名日军事件发表社评称，"由回民抗战，令人想起遍布我国西北华北一带的体魄强健富有团结力的回族同胞，他们

---

① 中国共产党中央委员会统一战线工作部：《民族问题文献汇编（1921.1—1949.9）》，中共中央党校出版社1991年版，第682页。

② 中国共产党中央委员会统一战线工作部：《民族问题文献汇编（1921.1—1949.9）》，中共中央党校出版社1991年版，第652页。

③ 中国共产党中央委员会统一战线工作部：《民族问题文献汇编（1921.1—1949.9）》，中共中央党校出版社1991年版，第682页。

④ 中国共产党中央委员会统一战线工作部：《民族问题文献汇编（1921.1—1949.9）》，中共中央党校出版社1991年版，第605页。

⑤ 中国共产党中央委员会统一战线工作部：《民族问题文献汇编（1921.1—1949.9）》，中共中央党校出版社1991年版，第551页。

是中华优秀儿女，是抗战中一支潜伏着的伟大力量"①。1938 年 4 月 24 日，《新华日报》发表题为《巩固国内各民族的团结》的社论，号召国内各抗日政治力量，一同正视少数民族的抗战热诚与潜力。

致力于开辟敌后根据地的中国共产党，将华北平原上数十支回民抗日武装纳入八路军、新四军的旗下。最著名的有马本斋的冀中回民支队和刘震寰等人指挥的渤海回民支队。②

### （二）盛世才对新疆少数族群政治资源的利用

地处中亚的新疆，在空间上远离抗战战场，在政治上不受中央政府节制，而其地居民的主体部分，又是与汉人在文化和历史经验上差异甚大的维吾尔人，但新疆和当地非汉少数族群人民与抗战建立了紧密的联结。究其根源，乃因为新疆深陷 20 世纪三四十年代苏联、中国、日本间复杂的竞和关系之中。

此时，主政新疆的是地方军阀盛世才，盛的权力基础建立在苏联的支持之上，使之长期奉行依附苏联，配合斯大林政治需求的政策。但斯大林拒绝了盛世才加入苏联共产党，让新疆成为苏联第 16 个加盟共和国的两项请求，要求盛世才标举"保持新疆永久为中国领土"的口号，杜绝美、英指责苏联扩张的悠悠之口，同时达成苏联所企望的，以统一的中国牵制、消耗日本侵略能量的战略目标。

盛世才标榜"反帝、亲苏、民族平等、清廉、和平、建设"六大政策，以呼应抗日民族统一战线，并与中国共产党结盟，接纳中国共产党方面的干部到新疆工作。1934 年 8 月 1 日，盛世才于迪化③成立以"巩固地建设抗战后方、保护国际交通线、组织和训练广大民众，尽一切可能援助抗战胜利"为宗旨的"新疆民族反帝联

---

① 《新华日报》，重庆，1938 年 2 月 2 日第 1 版。
② 马彦瑞：《回族在中国抗日战争中的贡献》，《回族研究》1996 年第 2 期。
③ 迪化今称乌鲁木齐。

合会"（简称"反帝会"），借重中国共产党长于组织动员的能力，在新疆各族中展开抗日救亡的宣传和组织动员。全面抗战爆发后，新疆城乡各处都粉刷大型标语"各民族一律平等地联合起来，打倒日本帝国主义！"①

新疆西邻苏联，其地理位置与当时的国际政治、地缘政治情势，使之在抗日战争中位居超乎寻常的战略地位。1935年，中苏关系有所改善时，苏联基于其战略考虑，有意向国民政府提供援助，新疆的战略地位陡然提升。国民政府与苏联达成协议，合作修建萨雷奥泽克—迪化—兰州公路，以便从苏联输入武器、弹药、飞机与零件等。②萨雷奥泽克—迪化—兰州公路修建工程，由国民政府投资，苏联设计并提供技术，新疆提供劳动力。

公路自1935年春季动工，新疆境内霍尔果斯—迪化—星星峡段于1937年7月1日通车。新疆段长1859千米，挖掘土方645万立方米，爆破石方12万立方米，承重250吨的桥梁2439座，耗费人工323万工人。③1937年10月17日，首批苏联军用物资由萨雷奥泽克紧急启运来华。其中，部分物资由苏军驾驶兵驾驶中方购买的汽车直驶兰州；部分则由苏方汽车先运到迪化，复经新疆转运。为保障顺利转运，新疆省政府调集汽车40辆、骡马5000多匹、骆驼3500多峰、畜力车2000多辆，汉、回、维吾尔、哈萨克斯坦、锡伯等族民众修筑、维护道路，护送、搬运物资，维修车辆，巡逻护路。④此后，苏联方面的军事物资、援华人员，以及中国偿付苏联的物资，大致都是从萨雷奥泽克—迪化—

---

① 《抗战中的新疆现状》，《新中华报》，延安，1938年1月15日第2版。

② ［俄］杜宾斯基（A. M. Dubinsky），《苏联在中日战争时期（1937—1945）对中国人民的援助和中国共产党领导人的立场》，原刊于《亚非人民》（莫斯科）1972年第6期，汤宜标中译，易名为《抗日战争时期苏联对中国的援助》，中国社会科学院近代史研究所编印：《国外中国近代史研究》第11辑，中国社会科学出版社1988年版，第356—395页。沈志华主编：《中苏关系史纲1917—1991（增订本）》，社会科学文献出版社2011年版，第66页。

③ 朱培民：《新疆革命史》，新疆人民出版社1993年版，第55页。

④ 朱培民：《抗日战争在新疆》，《抗日战争研究》1996年第4期。

兰州公路这条跨国生命线上通过的。①

1938 年 8 月，新疆边防督办盛世才访问苏联时，斯大林曾当面向盛阐释新疆在中国抗日战争中的地位及使命称："对日作战时期，新疆的地位是很重要的。目前新疆的使命，就是成为抗战的最内陆的基地；它将来的使命，就是保护这条国际交通线，使之不受攻击。……新疆应当与蒋介石和毛泽东两人都维持密切的关系。"②

盛世才热衷从事大规模劝募，以凸显他和他治下的新疆对抵抗日本侵略的直接贡献。1936 年 12 月，内地省份援助绥远抗战之际，反帝会即在新疆发动抗日募捐，迪化市公务员均捐出两日薪金，军人与学生自由捐助。③

全面抗战爆发后，反帝会、抗日救国后援会于 1937 年至 1938 年，在绿洲的各族民众中展开常态募捐活动，山区和蒙古部落民众同时组织抗敌后援会展开募捐。④ 到 1943 年为止，新疆各族民众为抗战捐飞机达 154 架之多。⑤

新疆各族民众贡献于抗战的另一方式，是购买国防建设公债。毛泽民于 1938 年接任新疆省财政厅代厅长后，计划按当时新疆人口每人 1 元法币计，发行国防建设公债 400 万元法币，最终实际发行 665 万元法币。⑥

---

① 邵力子：《出使苏联回忆》，中国人民政治协商会议全国委员会文史委员会编《文史资料选辑》第 60 辑，中国文史出版社 1979 年版，第 188—193 页。从 1937 年 10 月至 1939 年 9 月两年内，苏联援华的 985 架战斗机（先拆零运到哈密，再装配飞往前方基地），82 辆坦克、1300 门大炮、14000 多挺机枪以及大量弹药皆经由霍尔果斯—迪化—哈密—星星峡公路运往抗日前线。1940 年，又有 300 辆苏联大卡车满载武器、弹药、汽油等开到哈密，返程时运回中国作为抵偿的锡、铅、钨、镍、铜等战略金属和生丝、棉花、茶叶、皮革、羊毛等货物。美英两国在 1942 年至 1944 年也将部分物资由印度经新疆运往内地。

② Allen S. Whiting & General Sheng Shih-Tsʹai, Sinkiang: *Pawn or Pivot*? East Lansing, MI: Michigan State Univ. Press, 1958, p. 203.

③ 《反帝总会关于踊跃捐款援助绥东抗日将士的通告》，《新疆日报》1936 年 12 月 11 日第 1 版。

④ 汪哮春：《抗战动员在新疆》，《新疆日报》1938 年 10 月 9 日第 1 版。

⑤ 朱杨桂、高新生：《新疆各族人民在抗日战争中的贡献》，《新疆大学学报》1985 年第 3 期。

⑥ 新疆社会科学院历史研究所：《新疆简史》第 3 册，新疆人民出版社 1980 年版，第 262—263、284 页。

1940 年 7 月，英国屈从于日本的压力，关闭滇缅公路，新疆成为国际援华的唯一陆上通道，中苏遂达成假道苏联中亚输运援华物资的协议。第一次滇缅战役失利，日军完全封锁滇缅公路后，鉴于"驼峰"航线运量受限，中、美、英协议开通印度至新疆的国际驿运。印新线的路径是，经铁路将物资运到克什米尔首府斯利那加，再由英商以驮马驿运到克什米尔的列城，由新疆方面派遣人员和马匹到列城接运，运至新疆叶城，再由叶城用汽车转运到内地。①

从中国国家整合的角度看，新疆各族民众在强大政治力量的动员下，长期沉浸在抗日政治和抗日文化活动中，在一定程度上，补充了该地因远离 20 世纪前期影响中华民族形塑的几个重大历史事件和思想潮流，而未能与内地同步逐步强化中华民族意识过程的缺憾。

# 四 国民政府对边疆民族和其他少数族群的抗战动员

国民政府定都南京之初，即面临国土完整与国家整合方面的挑战。在边疆非汉人聚居区域，外国势力仍然基于从中国攫取利益、资源的目的，以不同的方式介入中国边疆的政治之中，威胁着中国的国家整合。然而，此时国民政府的政治军事实力，仍不足以驱逐外国势力，消除国内地方势力和非汉人族群离心倾向。国民政府的族群政治设计与执行，是在不断适应内外局势变迁之下，不断进行调整、妥协的过程。

## （一）对蒙、藏的妥协与动员

内蒙古王公和上层精英于 1933 年发起"民族自治"运动，抵制国民政府针对内蒙古的行省化政策。② 内蒙古自治运动活跃分子指责

---

① 杨甬明：《周折转运美援物资》，《盟国军援与新疆》，新疆人民出版社 1992 年版，第 212 页。

② 黄奋生：《蒙藏新志》下，中华书局 1938 年版，第 525 页。

政府不仅不扶持内蒙古，"反从而穷困之，始而开荒屯垦，继而设县置省。每念执政者之所谓富强之术，直吾蒙古致命之伤"①。国民政府针对内蒙古的行省化政策，等于在日本威胁面前对蒙古人做了反动员，若不做出修正与妥协，可能将内蒙古精英推到日本的怀抱，蒋介石遂毅然中断将盟、旗全部纳入省、县行政体制的进程，承认内蒙古和青海等地蒙古人的有限自治。②

清末在西藏的新政，尚未达成提升清朝权威，强化直接统治的目标，清朝即告终结。十三世达赖喇嘛乘机靠拢英国，并宣布西藏断绝与中国的政治关系。不过，英国基于其整体利益的考虑，对西藏的支持有其底线，十三世达赖喇嘛谋求西藏独立建国的企图依然无法得到任何国家的承认。

1928年，西藏政教当局驻五台山的堪布罗桑巴桑前往南京拜见蒋介石，面呈十三世达赖喇嘛的亲笔信函；稍后，又派特使向国民政府表达"达赖不亲英人，不背中央，愿迎班禅回藏"的新立场。1929年，十三世达赖喇嘛再度致函国民政府，表达服从新的、稳固的中央政府，愿与中央间建立有效联系的意向。国民政府把握机会，于1930年派员赴拉萨宣慰，十三世达赖喇嘛方面则在南京、北平与康定三地设立办事处，负责西藏与中央之间的联系事宜，并于1931年派6名代表出席在南京召开的国民会议，正式承认"中藏一家，恢复旧制"。

1931年10月7日，十三世达赖喇嘛驻京总代表、雍和宫堪布贡觉仲尼、九世班禅额尔德尼驻京办事处处长罗桑坚赞与西康诺那活佛、松朋活佛等藏传佛教高僧在南京发起"康藏旅京同乡会抗日救国会"，十三世达赖喇嘛及九世班禅驻京代表及办事处处长、藏族旅京

---

① 德王等：《要求自治呈文通电》（于内蒙古自治第二次会议决议呈国民政府，1933年9月28日），引自范长江《塞上行》，大公报社1937年版，第118—119页。

② 吴启讷：《蒋介石的中华民族论与中华民国的边疆自治实践》，收入黄自进、潘光哲主编《蒋介石与现代中国的形塑》上册，台北"中研院"近代史所2012年版，第161—212页。

人士等即组成"康藏旅京同乡抗日救国会",作出一致抗日的决议,并发表《告全国同胞书》,表示"与我全国同胞同立一条战线,赴汤蹈火,在所不辞"①。此刻在东北,忧心日本控制内蒙古东部的九世班禅,于1931年10月11日从海拉尔赶赴锡林郭勒,向蒙古族信众揭露日本人图谋,警示向日本人妥协的危险,② 并峻拒日本人笼络,再通电全国,呼吁中央安抚蒙古族民众。③ 11月,业已加入国民党的西藏驻京办事处主要官员出席国民党第四次全国代表大会,在会议期间表达了抗日决心,同时提交"改善蒙藏军事政务、宗教、教育以御外侮案"。会后,贡觉仲尼、阿旺坚赞等集结在京藏族人士,集会表达对政府抵抗日本行动的支持。④

　　1932年一·二八事变发生,十三世达赖喇嘛下令西藏各大寺庙数十万僧人诵经"冀中央政府取得最后胜利"。九世班禅则在巡视上海、北平、察哈尔、绥远、甘肃、青海等地的过程中,一路号召僧俗民众抗日救国,并强烈要求亲赴热河,倡导抗日。自此到七七事变前后,九世班禅在内地举办多次抗战倡导活动,也直接捐赠金钱财物资助抗战。⑤ 1933年10月18日,国民政府颁布褒扬令,推崇九世班禅对号召蒙古族民众抗战的贡献。⑥ 1933年12月27日,十三世达赖喇嘛圆寂,西藏地方摄政热振活佛依其遗愿举办三次祈祷法会,祈求中国军队获胜。⑦ 热振又于1939年7月7日致电蒋介石,表达支持抗战

---

① 中国国民党中央宣传委员会主办:《蒙藏旬刊》(1931年9月20日改版),第3期。

② 中国国民党中央宣传委员会主办:《蒙藏旬刊》(1931年9月20日改版),第1期;牙含章:《班禅额尔德尼传》,西藏人民出版社1987年版,第252页。

③ 中国藏学研究中心、中国第二历史档案馆合编:《九世班禅内地活动及返藏受阻档案选编》,中国藏学出版社1990年版,第38页;牙含章:《班禅额尔德尼传》,西藏人民出版社1987年版,第252页。

④ 喜饶尼玛:《民国时期出席全国性政治会议的西藏地方代表》,《中国藏学》1989年第2期。

⑤ 喜饶尼玛:《论战时藏传佛教僧人的抗日活动》,《抗日战争研究》2003年第2期。

⑥ 《国民政府褒扬令》(1933年10月18日),行政院档案,收入中国藏学研究中心、中国第二历史档案馆合编《九世班禅内地活动及返藏受阻档案选编》,中国藏学出版社1992年版,第57页。

⑦ 《蒙藏旬刊》(1931年9月20日改版)。

的意愿，通报当年在拉萨举办的抗战祈祷法会过程与内容。①

有必要指出，从国民政府建立到抗战爆发，正值中央政府积极寻求与此前具有分离倾向的十三世达赖喇嘛重建关系之际，南京为维持后方稳定，有意阻滞亲汉、亲中央，但与达赖喇嘛不合的九世班禅返回西藏。直到圆寂，九世班禅都未达成他后半生最大的心愿。② 不过，格鲁派两大领袖的幕僚之间，于抗战期间减少了旧嫌，也可说是抗战给西藏带来的意外结果。

1938年12月，拉萨哲蚌寺僧众表达愿在国家需要兵员时持枪从军。1939年5月，西藏僧民代表团到达重庆，向蒋介石献旗，立誓继承班禅大师遗愿，拥护"抗战建国纲领"，尽藏族一分子天职。四川松潘藏族土司联名具呈政府，表示愿率兵驰赴前线杀敌。川康青边土官、活佛等纷纷捐献财物表达抗日决心。甘肃拉卜楞地区土司兼保安司令黄正清于1938年8月召集各寺僧官及头人，要求与会者发动所属支持抗战。③ 1944年10月，西藏僧俗民众捐献国币500万元，这笔款项可购买25架飞机。四川、西康、青海、甘肃、五台山的僧俗民众，在抗战期间更捐献了可观的财物。

七七事变后，中国海上对外交通断绝，盟邦对中国的援助，除主要透过滇缅公路外，也部分依赖简陋的印藏交通管道。第一次滇缅战役后，日军控制滇西，切断滇缅公路，空中航路成本极高，只能运送少量军需物资，援华民用物资只得转而利用印新与印藏驿运。拉萨当局答允援华物资可由印度进入西藏境内，再长途转运到云南德钦、中甸；强壮坚忍的云南藏人驮夫则承担了单程即长达三个多月的驮运工作，对抗战做出直接的贡献。④

---

① 喜饶尼玛：《论战时藏传佛教僧人的抗日活动》，《抗日战争研究》2003年第2期。

② 林孝庭：《国民政府与九世班禅喇嘛——一个近代中国汉藏政教权立关系之剖面》，刊于《传记文学》2010年第2期（总第573期）。

③ 周正龙：《略论西南少数民族上层人士的武装抗日活动》，刊于《乐山师范学院学报》2007年第22卷第6期。

④ 王恒杰：《从几份档案中看滇藏经济贸易》，《中国藏学》1989年第1期。

### （二）少数族群政策的调整与抗日动员

针对日本对中国边疆非汉人聚居区的军事和政治威胁，九一八事变前，国民政府仍致力推动内蒙古地区和藏语区东部的行省化，以及针对西部山区少数族群的改土归流；九一八事变后，日本利用少数民族的系列举动，令蒋介石萌生建立"五族联邦"的设想，有意于10年之内在少数民族地区展开自治实验。[①] 1932年4月，清朝宗室，奕山玄孙恒钧（字诗峰）在洛阳国难会议上提交"为欲抵抗外侮必先团结内部应使满蒙回藏在政治经济教育上一切平等案"，直指"民族不能协调"是边疆危机的一大根源。恒钧以满族代表的身份建议，国民会议宜仿苏维埃之例，让各民族在国会中都有自己的代表。[②] 恒钧的提案也得到与会代表和国民政府的正面响应。

七七事变后，国民政府族群政治设计与执行的重点，转向与日本竞争边疆和少数族群民众的政治资源，动员少数族群民众投入中华民族共同抗战的行列之中。

日本利用或挑动少数族群民族主义情绪的论述与政治行动，尤其是伪满洲国的建立，给中国学界和国民政府带来相当大的震撼。面对国家沦亡的危机，有识之士一方面强调"凡中国人都是中华民族"[③]的"国族"论，另一方面强烈主张不再区分"汉、满、蒙、回、藏、苗、夷、蛮、番、猺、猡、獞"等，至少必须改定对少数族群以"犬"做部首的侮辱性称谓。在抗战的特殊环境下，国民政府接纳了有关改、废对边疆同胞侮辱性族称的建议，以国家行政命令的形式，规定在学术研究中，更改对边疆同胞侮辱性族称；在其他文献、媒体

---

① 《蒋介石日记》，1934年5月6日、5月7日。蒋介石鉴于"满蒙"上层勾结日本，新疆有苏联渗透，西藏有英国觊觎，担心几年之后可能"尽失边疆"，乃设想以"民族平等为原则，组织五族联邦制度"，或在十年内，在满族、蒙古族、藏族等地进行"自治试验"。

② 国难会议秘书处编：《国难会议纪录》，沈云龙主编：《近代中国史料丛刊》续编第49辑，台北：文海出版社1977年影印本，第120页。

③ 顾颉刚：《中华民族是一个》，《益世报》，《边疆周刊》，昆明，1939年2月13日第9期，第4版。

和出版品中，对边疆同胞仅区分地域，不区分族别，并将"回族"一词正名为"回教徒"。①

1937 年 7 月，在南京举行的国防会议上，出身滇东北彝人（罗罗）小区，主导云南政务的云南省主席龙云即表示，云南愿出兵两个军参加全国抗战。② 龙云新编成的第 60 军，员额 4 万多人，约 1/10 的官兵来自大理附近的少数族裔小区第 60 军曾参加台儿庄、滇南、接收越南等战役、任务。由云南子弟组成的第 58 军、新 3 军等则长期坚守湖北、湖南、江西前线；老 3 军守卫中条山数年之久。全面抗战时期，云南曾将 42 万各族子弟送到抗日战场。③

七七事变后，中国赖以进出口的东南沿海遭到日本全面控制，海上对外交通断绝，位居西南的云南省，因可连接英属殖民地缅甸的对外口岸，成为国民政府国际运输线的主要替代选择。为保障作战物资的运输，国民政府接受云南省主席龙云的建议，先后规划修建滇缅公路与滇缅铁路。滇缅公路由云南昆明通往缅甸腊戌，沿线彝（罗罗）、白（民家）、傣（摆夷）、苗等族民众自备粮食、被服和最原始的工具，参加人数近 30 万人，有时全路段每日即有 20 万人同时施工。日夜赶工下，于 1937 年 12 月至 1938 年 8 月短短 8 个月间筑成全长 1146 千米的战时交通大动脉。日军为破坏滇缅公路，从 1940 年 10 月下旬开始对沿线桥梁、渡口实施大规模轰炸；1941 年年初，更建立"滇缅路封锁委员会"，以 100 余架飞机日以继夜轮番轰炸、破坏公路。滇缅公路养护工、桥工和各族民工在炸弹威胁下冒险抢修路面，艰难维持运输畅通。

1939 年，国民政府进一步决定修建滇缅铁路，计划由昆明向西南延伸，经祥云、孟定出境缅甸接到腊戌，再通往仰光。这条计划中

---

① 娄贵品：《国民政府改废少数民族称谓的历史考察》，《贵州民族研究》2013 年第 3 期。

② 龙云：《抗战前后我的几点回忆》，收入中国人民政治协商会议云南省委员会文史委员会编《云南文史集翠》第二卷《出滇抗战卷》，云南人民出版社 2005 年版。

③ 云南出兵人数，研究界多采 37 万说，大陆出版的《云南抗日战争史》引用中华民国国防部档案中的各项统计数字。见孙代兴、吴宝璋《云南抗日战争史》，云南大学出版社 2005 年版，第 1 页。

的铁路在云南境内长 886 千米，其末段 100 余千米经过阿佤山区，仅临沧阿佤山区一地投入修筑作业的阿佤等族民工即达数万人。

1940 年 9 月，日军占领法属印度支那后，地处广西、云南境内中越、中老边境地带的哈尼、彝（罗罗）、僮、苗、傜、汉人小区，出动数千民工，在边境构筑了 183 千米的国防工事；红河哈尼人和彝人（罗罗）群体也组建边防游击队，担任救护与搜集情报的工作，配合军队修筑战壕、桥梁、隧道。①

抗战爆发后，中国空军经过浴血奋战，仅存的少许实力撤往大后方，随后，美国志愿飞行队来华助战，基地也设在四川。因应这一局面，国民政府在四川建立了 33 处机场。四川境内土家、苗、藏等少数族群民众是修建机场的主要劳力。机场往往地处偏僻，少数族群民众民工以最简陋原始的工具，奉献血汗与生命，筑起抵抗日军的空中长城。

珍珠港事变爆发后，日军更迫切地寻求封锁滇缅通道，遂将战火扩大到缅甸。中国远征军入缅作战失利，日军进一步向云南方向推进。1942 年 5 月 3 日，日军第 56 师团侵入云南，以装甲部队为前驱，沿滇缅公路直驱滇西，连陷德宏、畹町、遮放、芒市、龙陵、腾冲等地，炮击怒江东岸村落，从空中轰炸滇缅公路向东的路段和下关、保山、祥云、昆明等城市。

滇西沦陷地带多数居民分属傣（摆夷）、阿昌、彝（罗罗）、白（民家）、苗、哈尼、景颇（山头）、佤、怒、独龙、拉祜等 30 多个族群，人口 100 多万，分别由 24 家"世袭其职、世守其土、世长其民"的土司统辖。民初，北京政府延续清朝的改土归流政策，有意进一步推动对西部山区部落、土司政治的改革；国民政府完成全国统一初期，规划在 10 年左右的时间内，彻底废除中国西部残留的土司制度。但西部土司等地方传统政治势力并不甘于拱手让出权力和利益。②

---

① 卓人政：《中共中央南方局的群众工作》，中共党史出版社 2009 年版，第 144—145 页。
② 王文成：《滇西抗战与云南龙潞边区土司制度的延续》，《抗日战争研究》1994 年第 2 期。

日军入侵，怒江两岸各族群民众一跃成为滇西抗战的主要后援力量。面对大敌当前，日本人对土司威逼利诱的危局，出身腾冲的云贵监察使李根源接受蒋介石之命，亲赴前线协助宋希濂部第 11 集团军组织民众抗战。在动员滇西民众加入牵制日军行动的迫切需要面前，李根源体悟到当地少数族群政治资源的价值，龙潞边区及滇西各土司"自元明清迄今，历数百年，其为势根底盘深，当此时局，岂可置而不用?!"[①]但"若不及时体察土司意图，示以殊恩，发其忠义，诚恐被敌利诱威胁，则心志稍移，凝结无术"[②]。基于抗战的需要，国民政府悄然中止了以缓进方式推动改土归流的进程，甚至重新恢复了土司封委承袭制度。[③] 李根源遂于 6 月 1 日发出《告滇西父老书》，号召滇西民众"抱定决心，驱逐敌人退出腾冲、龙陵国境以外，退出缅甸，甚至退出暹逻、安南及南洋群岛"，递送给各土司。[④] 7 月，宋希濂亲笔致函潞江安抚使线光天，鼓励他投身抗日；李根源则派同样出身滇缅边境地带的外交部专员尹明德深入腾冲、南甸、干崖、盏达各土司驻所，向潞江安抚使线光天、南甸宣抚使龚绥、干崖宣抚使刀京版等人一一颁授委员长玉照、电文、函件、委任令、匾额等，得到土司输诚效力的承诺。[⑤]

滇西土司主动或在动员之下参与抗战，有出于爱国热忱的一面，也有维护自身世有之地传统利益的考虑。国民政府重新肯定土司制度的合法性，消除了土司对自身权利存续的忧虑，使政府得以顺利动员、组织边疆各族民众投入抗战；国民政府对土司参与抗日的表彰与

① 李根源辑：《文录》，《永昌府文征》第 6 册第 30 卷，云南美术出版社 2008 年重排点校本。

② 李根源辑：《文录》，《永昌府文征》第 6 册第 30 卷，云南美术出版社 2008 年重排点校本。

③ 王文成：《滇西抗战与云南龙潞边区土司制度的延续》，《抗日战争研究》1994 年第 2 期。

④ 常绍群：《滇西敌后军民抗战纪实》，收入中国人民政治协商会议云南省委员会文史资料研究委员会编《云南文史资料选辑》第 25 辑，云南人民出版社 1985 年版，第 182—207 页。

⑤ 常绍群：《滇西敌后军民抗战纪实》，收入中国人民政治协商会议云南省委员会文史资料研究委员会编《云南文史资料选辑》第 25 辑，云南人民出版社 1985 年版，第 182—207 页。

嘉奖，也同步提升了土司的威望。抗战胜利后，很多边民"只知昔日之土司衙署，而不知有县局政府者"。不过，在土司制度意外得以继续沿袭的同时，土司内部的政治制度正随着时势的演变，悄悄发生流官化的变化。很多土司司官及司署官吏被军事委员会、第11集团军授予"自卫军""游击队"指挥职务及军阶，所统辖的游击部队也接受远征军的指挥，游击部队并向国民政府提出装备补给的要求。① 如此一来，土司封委、承袭制度与土兵制度开始转型。

滇西抗战是全民抗战的经典范例。腾冲护路营和县自卫队在归化寺打响滇西民众守土抗战的第一枪；腾冲临时县务委员会、抗日县政府的成立擎起滇西民众抗战的旗帜；远征军在西南方的缅甸境内败退后转到滇西战场的东西两面，预备第2师、第36师也先后潜渡滇西战区展开游击战；众多少数族群民众组织自卫武装，以游击战对抗日军的暴行。参加滇西抗战的武装力量同时有国家军队和地方部队；正规军、游击队及民众武装；汉人武装和少数族群武装、土司武装等，几乎所有滇西族群和部落都参加抗战，总计超过30个。②

日军逼近云南之际，极边的阿佤山区部落首领也标举"抗日保土""抗日守卫阿佤山"的口号，动员阿佤山区民众配合军队抵挡日军的进攻。猛角、猛董土司张万美即主动联络阿佤山区部分土司头人远赴大理，请求11集团军总司令宋希濂协助建立阿佤抗日武装。宋希濂派下属前往耿马，将耿马、沧源两地的土司兵合组为"耿沧抗日支队"，又在沧源县境的猛董永和地区建立"阿佤山区游击支队"，县境的南腊建立"阿佤山特区自卫支队"，几支武装总人数超过2200人。③

---

① 尹明德：《〈宣慰日记〉（抗日战争时期日记手稿）片段》，收入德宏史志编委会办公室编《德宏史志数据》第2辑，德宏州志编委会1985年版，第140—150页。

② 常绍群：《滇西敌后军民抗战纪实》，收入中国人民政治协商会议云南省委员会文史资料研究委员会编《云南文史资料选辑》第25辑，云南人民出版社1985年版，第182—207页。

③ 陈明富、马汝慧：《云南各族军民在抗日战争中的突出贡献》，《保山学院学报》2010年第1期。

滇缅抗战开始后，阿佤山区部落首领集会成立"大中华民国云南省接缅边区卡佤山十七头目联防协会"，再度歃血盟誓，宣示"我卡佤山诸头目，务各本良心，竭诚服从政府法令、委员长指示，大家联合起来……联合御侮，始终在祖国领导之下，巩固边防，使我国家领土主权得以完整"。① 1944 年 10 月，班洪土司胡忠华也在龙云的支持下，集结阿佤青年，建立"班洪抗日自卫支队"。在历时三年多的滇缅抗战中，阿佤山区的少数族群抗日武装多次有效延滞日军的进攻，迫使日军与泰国"征缅方面军"放弃取道阿佤山区猛董、孟定攻入中国境内的计划，日军对阿佤人的勇猛强悍留下强烈的印象。②

1943 年年初，日军表面上已控制怒江以西，北达怒江泸水地区，南到孟定等地约 3 万平方千米的中国领土，但同期抗日武装力量也活跃于怒江以西，腊戍以北的日本占领区。各地汉、穆斯林、傣（摆夷、掸）、彝（罗罗）、佤（佧佤）、白（民家）、崩龙、傈僳、怒、哈尼、僮、苗、徭、独龙（俅）等族民众，以破坏道路、使用土制枪炮、弓弩、刀、茅袭扰等方式不断出击；西双版纳曼掌、曼畔等寨的傣人民众拒绝为与日军结盟的泰军和与日军合作的傣人武装服劳役，逃入森林，以简陋的武器与敌周旋。少数族群民众频繁多样的游击袭扰行动，将日军压缩在腊戍、芒市、龙陵、腾冲、密支那、八莫、南坎等战略据点附近，陷于全民抗战的汪洋之中。③

从 1942 年 2 月到 1945 年 5 月的滇缅抗战期间，云南从抗战的大后方变为抗战的最前方，考验并加速了云南各非汉少数族群国族认同的建立。在各族军民的共同奋战下，于 1945 年 1 月将日军逐出 3 万多平方千米的滇西国土，云南成为中国最早将侵略者逐出国土之地。

---

① 《大中华民国云南省接缅边区卡佤山十七头目联防协会立盟书》，见云南省西盟佤族自治县县志编纂委员会编《西盟佤族自治县志》，云南人民出版社 1997 年版，第 419 页。

② 陈明富、马汝慧：《云南各族军民在抗日战争中的突出贡献》，《保山学院学报》2010 年第 1 期。

③ 陈明富、马汝慧：《云南各族军民在抗日战争中的突出贡献》，《保山学院学报》2010 年第 1 期。

# 五　少数民族与中华民族抗战建立联结

中华民国建立后，革命话语日渐普及，边疆和少数族群内部也随之发生了相应的变化。民初"五族共和"与修订版的"三民主义"都比清末革命派"驱除鞑虏，恢复中华"的主张更有吸引力。以内蒙古为例，传统蒙古王公、地方精英和宗教领袖的影响力逐渐衰退，新的地方精英在国民党或共产党革命组织中找到位置，他们并不十分热衷"民族独立"，转而运用"革命"的话语谋求蒙古人的权益。在部分内蒙古精英以"民族自治"运动抵制国民政府行省化政策的同时，也有包括喀尔喀亲王那彦图等蒙古人上层和中下层的左翼蒙古青年等，对日本的威胁抱持极度的戒心。

日本侵华，更让中国少数族群中的部分精英敏感地体认到其身份、权力、利益与"中华民族"的关联，其中一些人把握这一政治机运，为族群生存和前途做出重大的选择。

## （一）满、蒙民众的抗日行动

九一八事变后，伪满洲国境内的满洲旗人投入抗日活动者也很多。满人对国民党甚至民国不见得有好感，却在有清一代形成了中国意识。伪满洲国的傀儡性质和日本人的差别待遇政策，使得日本人设想中的"满洲人国家"未能如愿对满人发生足够的民族号召力，日本对北平等处关内旗人的动员也并不成功，自发反抗日本人的满人比例甚高。如黑龙江省宁安县世环镇 70% 的满人居民加入反日会。[1] 满人出身者，有邓铁梅、唐聚五、李春润等分别于 1931 年到 1932 年建立"东北民众抗日义勇军""辽宁民众抗日救国会""辽宁民众自卫军"等，展开武装抗日活动；苗可秀、傅显明、曹国安、白承润的武装抗日活动，则分布在满人聚居的黑龙江省的宁安，吉林省的吉林、

---

[1]　满族简史编写组：《满族简史》，中华书局 2009 年版，第 210 页。

长白，辽宁省的岫岩、清原、宽甸、桓仁、新宾、凤城、庄河一带。在辽宁省宽店、凤城、岫岩、庄河，黑龙江佳木斯以及邻近的勃利、伊兰等前满洲、汉军旗人密度较高的县份中，有较高比例的满人加入"救国军""东北抗日民众自卫军""义勇军"，并有 5 人膺任师长级以上将领。① 广布东北的满、朝鲜、鄂伦春、达斡尔、蒙古等族民众中，都有人组建或参与救国军、义勇军、抗日会、红枪会等抗日组织，在这些组织的抗日宣示中，都包含了对"中华民族"概念的正面想象和接纳。

九一八事变发生之际，十三世达赖及九世班禅驻京代表及办事处长、藏族旅京人士等即组成"康藏旅京同乡抗日救国会"，作出一致抗日的决议。1932 年 4 月，蒙、汉抗日人士在绥远成立"反帝大同盟"，在热河、察哈尔成立"蒙汉抗日同盟会"；1933 年 2 月，在张家口又建立"蒙汉抗日同盟军事委员会"和蒙古抗日联军。1936 年 1 月，当日本方面笼络德王，推动内蒙古亲日自治之际，百灵庙蒙政会的蒙古军人脱离德王阵营，加入抗日行列。

### （二）汉语穆斯林的族群动员与地方军政实力派的抗日行动

尽管咸同之际汉语穆斯林（回民）与清政府之间的冲突牵涉到宗教、族群方面复杂的因素，但回民在 19 世纪"争教不争国"，无意脱离清政府统治的范围自立门户，在 20 世纪前半期同样正面响应了中华民族国族建构的目标和进程。一如回民知识分子丁竹园在民初所言"保国即是保教，爱国即是爱身"；② 马鸿逵在抗战时所言"争教必争国，国存教乃存"。③ 清末崛起的西北回民军政势力，仍然要依靠清朝朝廷的政治支持，此一模式延续到回民与民国政府的关系和互动中。抗战爆发后，回民纷纷成立包括"中国回民救国协会"在内的

---

① 中国少数民族社会历史调查资料丛书：《满族社会历史调查》，辽宁人民出版社1985 年版，第 64 页。

② 《正宗爱国报》，北京，1912 年 1 月 6 日第 2 版。

③ 马鸿逵：《要用信教精神挽救中国民族的沦亡》，《回教大众》1938 年创刊号。

诸多全国性和地方性抗日救国团体，透过包括宗教情感动员在内多样的倡导、服务，加入抗战行列。

1937 年 7 月 29 日，北平的汉语穆斯林组建"北平回民抗敌守土后援会"，通电全国。① 绥远包头的回民公会动员穆斯林市民组成"西北回民救国会"，发表《告西北回民书》。回民公会负责人、回民小学校长等捐款支持抗战。针对日军在其占领区建立"中华回教联合总会"的举动，1938 年 1 月，全国性的穆斯林抗日团体"中国回民救国协会"在汉口预备成立，发表动员全国回民救亡的宣言，② 同年 5 月，协会正式成立，理事长白崇禧发表《敬告全国回教同胞书》，激励回民救国的决心。③ 协会随即在陕西、甘肃、青海、宁夏和新疆等 17 个省份成立分会，分会下以县、区为单位再成立支会，④ 并协助各地成立穆斯林青年抗日团体，透过包括动员穆斯林青年从军在内，大量、多样的文宣、服务行动，支持抗战。⑤ 汉语穆斯林青年踊跃投身抗战，出现不少名留史册的"回民抗战英雄"。如任东北军少校营长的安德馨、在雁北抵抗日军的山西代县"人民自卫队"队长金方昌等。

伊斯兰宗教人士面对信徒，纷纷强调"国家兴亡，穆民有责"的伊斯兰教义，也在宗教仪式中为抗战祈祷。⑥

抗战期间，回民精英最重要的贡献之一，是利用宗教交流、民间外交的管道，对抗日本在阿拉伯世界的舆论宣传，在中东、北非和东南亚伊斯兰世界揭露日本侵华对于中国穆斯林和世界穆斯林的危害，推动伊斯兰世界抗日联盟的形成。面临对日本抱有好感的印度抗英运

---

① 通电刊登于《北平晨报》，北平，1937 年 7 月 29 日第 1 版。

② 《中国回民救国协会宣言》，《新华日报》，重庆，1938 年 1 月 16 日第 1 版。

③ 白崇禧：《敬告全国回教同胞书》，收入《回民言论》1939 年创刊号。经白崇禧建议，该会于 1938 年 10 月改名为"中国回教救国协会"，1943 年又改称"中国回教协会"。

④ 孙颖慧：《中国回教救国协会宁夏分会述评》，《回族研究》2005 年第 4 期。

⑤ 白友涛、柴静：《中国回教救国协会述论》，《回族研究》1995 年第 4 期。

⑥ 朱杨桂、高新生：《新疆各族人民在抗日战争中的贡献》，《新疆大学学报》1985 年第 3 期。

动，回民精英促成其中的印度穆斯林对中日战争采取了不同的态度。①
由王曾善等人组成的"中国回教近东访问团"和维吾尔人艾沙·阿
尔普特勤、新疆汉语穆斯林马斌良的"中国国际联盟同志会"于
1938 年访问中东各国后，国民政府陆续与土耳其、伊朗、沙特阿拉
伯、伊拉克等国建立了外交关系，民间外交乃上升为国家外交。②

青海、甘肃部分地区和宁夏的汉语穆斯林地方军政势力，权衡日
本方面的实力、自身权力的来源与其地缘限制，以及未来的政治前景
后，决意投入抗战的军事行动之中。

抗战军兴，穆斯林军政领袖马步芳以青海省代主席的名义向中央
请缨杀敌，③ 军事委员会委员长即命马步芳、马步青部出省参战。正
有意扩编部队的马步芳，乃以青海南部边区警备司令部辖第 1 旅为基
础，征调大通、互助、湟源三县民团，加上原驻河西马步青部 100 师
一部，于 1937 年 8 月，由军事委员会颁授暂编骑兵第 1 师的番号，
马彪任师长。这支由各穆斯林群体与汉、藏等族官兵组成的部队，于
9 月初开赴陕西，至 1938 年秋为止，多次奇袭山西芮城一带的日军，
扫荡晋南豫西附日的白莲教民团，保障陇海铁路运输畅通，受到西安
行营传令嘉奖。④

1939 年 8 月，暂编骑 1 师移防周口到界首一带，师部驻项城，任
务为进击淮阳方面的日军。暂编骑 1 师马秉忠旅全员渡过颍河围困淮
阳城，又进占西关；日军从开封调集援军，分乘 100 辆大型军车，与
淮阳日军步、炮、装甲部队配合夹击马秉忠旅。双方战至白刃格斗，
旅长马秉忠、营长李国勋、连长赵清心等中弹殉国，人马伤亡惨重。

---

① 《吉达设领与近东外交》，台北"国史馆"外交部档案，典藏号：020 – 990600 –
0896。

② 《本会理事艾沙马斌良访问近东各国报告》，《中国回教救国协会会刊》1940 年第 1
卷第 10 期。《吉达设领与近东外交》，台北"国史馆"外交部档案，典藏号：020 – 990600 –
0896。

③ 《青海省政府公报》62 号，1937 年 9 月，北京图书馆微卷号：NF0505048CJ –
04656。

④ 马有光：《青海骑兵师参加抗日战争前后纪略》，《青海文史资料》1984 年第 12 辑。

马彪师长派兵增援，日军方退。据统计，是役暂编骑 1 师伤亡逾 2000 人，消灭日军 1000 人，生俘数十人。淮阳战役结束后，军事委员会、第一战区长官部暨青海省政府致电吊唁阵亡将士。暂编骑 1 师在此后的几次战役中更传忠勇事迹，日军加强攻势，宝塔一役，100 余名马家军士兵背水而战，弹尽援绝，为免被俘受辱，投水自溺，日军乃射杀暂编骑 1 师拴在树桩上的 200 余匹战马泄愤。①

暂编骑 1 师战斗减员严重，1940 年 5 月，经过补充兵员，扩编为骑兵第 8 师，于当年 8 月移防安徽北部涡阳、蒙城、怀远一带，负责牵制津浦铁路蚌埠段的日军。9 月，骑 8 师工兵连与一个步兵加强连进驻怀远县境涡河北岸的龙岗镇，于修筑公路、敷设地雷之际，与日军正面交火，致日军阵亡数百人。骑 8 师经常对日伪军发动突袭，破坏敌占铁路、公路、桥梁等。抗战期间，暂编骑 1 师至骑 8 师转战千里，伤亡近万人，豫皖地带的日伪军对其顽强印象深刻，呼之为"马回子军"或"马胡子军"。②卢沟桥事变后，国民政府将甘肃、宁夏、青海三省划定为第八战区，宁夏军政实力派马鸿逵的 15 路军和马鸿宾的 35 师组成第 17 集团军。1938 年，马鸿宾率 81 军暨马鸿逵部三个旅开往绥西，守御由内蒙古通往西北的门户。1939 年夏，81 军在乌拉脑抵御日军板垣师团的进攻，初战告捷。1940 年 1 月中，日军集中晋、察、绥附近兵力约 4 万人，对绥西展开陆空联合攻击，甚至施放毒气，于 2 月初突破马鸿宾部防线，攻占五原。是役，40 集团军顽强抵抗日军，付出重大伤亡。③从 1938 年 5 月到 1943 年，17 集团军在沙漠地带长期坚持与日军周旋。1942 年 5 月的五原之战中，马鸿宾部 81 军与傅作义配合，最终收复伊克昭盟东北部地区。

---

① 马有光：《青海骑兵师参加抗日战争前后纪略》，《青海文史资料》1984 年第 12 辑。
② 马有光：《青海骑兵师参加抗日战争前后纪略》，《青海文史资料》1984 年第 12 辑。
③ 西北回教救国会：《绥西前线的回回军》，《中国回教协会会刊》第 1 期、第 2 期。被俘的该部伤兵面对日军嘲笑国民党军汉阳造步枪，声言，武器粗劣，甚至赤手空拳，"照样可以打倒你们"。

西北的汉语穆斯林（回民）地方军政势力在抗战中的选择，在很大程度上肇因于他们权力的来源与结构。掌握青海、宁夏的回民地方军政势力需要与中央政府维持密切的关系，日本人的利诱显然仍不足以打破这种关系模式。

### （三）南方和西南少数族群：族群利益与抗战的联结

与蒙古人、藏人和新疆维吾尔人相较，20 世纪初中国西南的非汉人群体的知识精英，为了在新的、以汉人为主体，但宣示汉满蒙回藏"五族共和"的民国政府内获得承认，并取得与"五族"平等的政治地位，多数主动参与了近代中国的国族建构，具体而言，是将本族群的身份建构和本族群与国家的整合联结在一起。

清朝在中国西部推行"改土归流"（化间接统治为直接统治）与"化夷为汉"（族群同化）两项政策，除畲、土家、白、僮、纳西等在清初业已相当汉化的族群外，苗、彝、黎、傜、哈尼等族群的汉化程度也逐渐增加。更令人讶异的是，自 19 世纪后期起，天主教、新教教会势力渐次进入中国西南省份，影响日增，传教士在针对"苗"等族群的启蒙教育中，一方面透过提升族群内部成员对本族语文的运用能力，间接促成"在上帝面前人人平等"的个人意识和族群意识；另一方面，为了淡化各族群原始信仰体系中原初的祖先意识，竟也致力将"中华民族"意识注入其中。[①]

1936 年至 1938 年，湖南西部的"革屯"运动，即致力营造自身与抗战的联结。25 年，包含永绥、凤凰、干城在内的湘西"屯田"7 县苗人社群，展开以抗缴"屯租"、革除剥削苗民的"屯田"制度为要求的"革屯"运动。1937 年年初，和平诉愿转变为遍及湘西和湘、川、黔交界地带的武装抗争，由何键主持的湖南省政府派军镇压。但

---

① 参考张坦《"窄门"前的石门坎——基督教文化与川滇黔边苗族社会》，云南教育出版社 1992 年版；Siu-woo Cheung（张兆和），"Appropriating Otherness and the Contention of Miao Ethnic identity in Southwest China", *The Asia Pacific Journal of Anthropology*, Vol. 13, No. 2, pp. 142 – 169.

当年 7 月抗战爆发，省军迫于舆论对于何键对内用兵多所非议的压力，撤出湘西；8 月末，"革屯"运动领袖龙云飞乘机祭出"革屯抗日救国军"的旗号；1937 年 9 月，苗民武装抗争的规模达到巅峰，另一领袖梁明元也将所部正名为"湘西苗民革屯抗日军"；稍后，四川东部的苗民武装也组建"革屯抗日军"，几支武装又合并整编为"湘川黔革屯抗日军"，并吸纳了保靖土家人的"革屯"武装。是年底，国民政府任命张治中代替何键主持的湖南省政，张确定了针对苗民武装"剿抚兼施"的策略，与"革屯"军方面谈判达成"废屯升科"和"收编抗日"两项共识。

1938 年 2 月，湖南省政府会议决议废止屯租。3 月，以湘西苗人为主体的"革屯"军 8000 人全数改编为湖南省新编保安部队，1939 年在桃源扩编为暂编第 6 师，开赴抗日前线，此后 6 年间，参与了十余次大小战役。①

抗战期间，不同程度汉化的族群，充分展现出认同中华文化和近代中华民族的姿态；而较汉人更早接触到列强侵略，但基本未汉化的族群也出现了国家意识。

1928 年至 1949 年，出身滇川黔边区彝人小区的地方政治势力，掌控了云南省的军政大权，②受到这一局面鼓舞的四川、贵州的彝人小区，纷纷寻求龙云彝人军政大员的支持或庇护，在强调本族群尊严的同时，也与汉人通婚，与"苗"一样，执掌云南省政的彝人上层建立"竹王会""佤卢学会"，意在将彝人的祖先追溯到传说中来自楚国的"竹王"，更将彝人的文化追溯到传说中与仓颉同时代的佤卢。③并鼓励

---

① 相关研究，可参考伍新福《湘西"革屯"运动述评》，收入陈理、彭武麟主编《中国近代民族史研究文选》中册，社会科学文献出版社 2013 年版，第 842—858 页。

② 相关研究，可参考潘先林《民国云南彝族官僚统治集团研究》，云南大学出版社 1999 年版。

③ 安恩溥：《我所了解的龙云统治集团中的部分彝族上层人士的活动情况》，中国人民政治协商会议云南省委员会文史资料研究委员会编《云南文史资料选辑》第 11 辑，云南人民出版社 1989 年版；潘先林：《"近代化"历程中的滇川黔边彝族社会》，收入陈理、彭武麟主编《中国近代民族史研究文选》上册，社会科学文献出版社 2013 年版，第 111—130 页。

彝民加速汉化,[1] 甚至刻意将家族的源头追溯到先秦的华夏。[2] 抗战期间,以龙云为首的彝人领袖阶层,不仅充分展现出认同华夏文化和近代中华民族的姿态,也奋不顾身地投入与日本侵略者的血战之中。

云南西南阿佤山区的阿佤部落,是近代中国边疆少数族群中,保持原生状态最完整的族群之一。然而,与内陆农村的多数汉人相较,沿边的少数族群民众,更早接触到列强的扩张,阿佤部落更是首当其冲。明清之际数百年来,人口爆炸的华中甚至华南的汉人移往西南非汉人族群聚居地带的趋势加快。在地势较为平缓、宜农的地带,汉人人口居相对优势,但在靠近边境地区的丘陵、山地,汉人移民在人数上仍居相对弱势,在与当地非汉人群通婚数代后,即融入当地人群中。这样反复频繁的文化交流与族群融合现象,强化了族群间的纽带,也有助于在边境地带非汉人群体中原型国家意识的形塑。[3]

1926 年,英军侵入滇缅边界云南一侧时,即引诱当地土司前往伦敦,但众多土司头人出示元、明、清时代朝廷颁发的委牌,声言只知孔明而不知耶稣。1934 年年初,长期觊觎阿佤山矿产资源的缅甸英国殖民当局出动军队,占领云南省沧源县境内班洪、班老的银矿。班洪王胡玉山乃于 1 月间召集阿佤山十七个部落的首领齐聚班洪,建立由佤、汉、摆夷(傣)人组成的武装力量,并与当年 6 月间由滇西南地区佤、拉祜、布朗、傣、汉等族群民间人士组成的"西南边防民众义勇军"合力将英军逐出班洪、班老,是为"班洪抗英事件",国民政府则迫于英国的压力,命义勇军撤出班洪。班洪事件令中英双方都感受到界务问题的压力,1935 年,由瑞士军官伊斯兰上校担任中

---

① 林耀华:《凉山彝家》,商务印书馆 1947 年版,第 120—121 页;邵献书、刘苗生等:《镇雄县塘房区凉水井乡和平沟下寨彝族社会调查》,收入中国少数民族社会历史调查资料丛刊云南省编辑组《云南彝族社会历史调查》,云南人民出版社 1986 年版,相关内容见第 222—224 页。

② 龙云辑:《贞孝褒扬录》第 1 册,石印出版社 1936 年版。

③ 李诚:《国家建构与边疆稳定——基于中缅边境阿佤山区的实证研究》,云南人民出版社 2013 年版,第 120—124 页。

立委员，中英二度会勘滇缅边界，英军同时进占阿佤山芒国部落。班洪王乃再度联络阿佤山十七个部落的首领，领衔向英缅当局、国民政府与国内各界宣示："卡佤山为中国土地、卡佤山民为中华民族之一部分""卡佤山地与中国为一体，不能分割"。① 班老、班洪的阿佤部落首领，拿出历代王朝颁发的印信、命服等，举证阿佤山区向属中国；数百名阿佤民众聚集在勘界委员会驻地猛梭，高举国旗抗议英国的侵略，让参与勘界的中立国代表与中国代表为之动容，纷纷停止与英人合作，勘界之议，遂无疾而终。

1938 年至 1940 年的桂南会战中，广西各族群民众全力支持前线，修筑工事、救助伤员，直至参与作战。滇西抗战开始后，云贵监察使李根源有感于滇西土司对抗战动员的正面响应，慨叹说，"目今敌军压境，人心易惑，而各土司同仇敌忾，得来请命，数百年怀柔抚绥之德，效忠明耻之教，事效已见"。当年 31 岁的潞江土司线光天，幼年受业于腾冲王举人，及长又毕业于实施近代教育的腾冲县立中学，在他的观念中，传统汉文化中的儒家忠孝意识和近代的国族意识合为一体。干崖土司刀京版之父刀安仁则曾参加辛亥起义，让他的家族与民国政府建立了直接的渊源。驻军将领在致书各土司时，也把握这一联结，以王朝时代土司保国保境的事迹激励当代土司参与对抗外敌入侵的行动，宋希濂在致线光天的信函中即谓，"执事世受国恩，谊同休戚，亟盼领导边民与国军切取联络，起而杀敌，共策殊勋。昔石柱司官女将秦良玉，为国杀敌立功，今平四川营，赫然有驻兵遗迹，史册流传，勋名不朽。执事宏识远略，万流仰镜，当能绍此前徽而发扬光大之也"。南甸土司龚绶在呈蒋介石的电文中说，"职司世受国恩，同仇敌忾，当仰体德意，誓死抗战，与疆土共存亡"。

---

① 《告祖国同胞书》，段世琳主编：《班洪抗英纪实》，云南人民出版社 2013 年版，第362—366 页。

# 六 结论

抗日战争期间，国民党和国民政府的政治、军事实力不足，组织效能和动员能力不足，或者需要透过与清末民初以来形成的地方军政势力的利益交换，来编织国民政府的权力网络；或者需要借用传统资源，一定程度上感化、羁縻那些无法直接控制的政治势力；或者，无法将少数群体利益的论述与中华民族国族论述作出有说服力的联结，只能期待战争状态下少数族群的利益与国家整体利益的权宜结合。这样，间接面对边疆非汉少数族群，国民党未能充分激发民众的国族意识，未能有效地将少数族群的政治资源转化为对自身的长期支持。但无论如何，国民政府面对中国由古代王朝国家向近代民族国家的转型过程，面对这个过程所遭遇的空前考验，以艰难重建的政治军事机构，尽最大的努力汲取边疆和少数族群的政治能量，未在困局面前向强敌妥协。

相较之下，共产党于抗战期间在其敌后根据地内展开真正意义上的制度创新与组织布建，动员民众，充实党的基层组织，将党的力量深入社会的血脉中，弱化乃至消除了传统宗族组织和乡绅阶层对地方的控制，造成社会能量与政治力量间的有效互动。中国共产党通过将民族解放论述和族群现实而具体的利益巧妙接轨，将上述模式灵活应用到少数族群动员工作之上，将少数族群的政治资源转化为对自身的支持。

无论是从结果还是从过程来看，日本针对中国少数族群所从事的"工作"都归于失败。究其原因，首要在于日本人并未在日本的利益与中国少数族群人民的利益间做出有效联结。尽管国民政府的动员力和影响力在某种程度上都小于日本，但古代中国的多元族群、多元文化遗产、近代初步国族建构过程中庞大的惯性，都是阻碍日本与中国少数族群之间建立共同立场的障碍，而列强等外来势力的威胁，又催生出少数族群与中国国家之间共同利益的纽带。

　　在外国军事入侵面前，少数族群在某种角度和一定程度上体认到其利益与中国国家或其他中国政治力量间利益的一致性，将为桑梓、群体的生存奋斗与奉献国家联结起来，为抗战中的国家开辟了战略纵深地带和后方；为被围困的国家维持了通向盟邦和国际社会的最后生命线；为全民的奋战提供了人力和物资保障；更重要的，瓦解了日本分裂、拆解中华民族的图谋。同时，少数族群也借由空前动员、参与现代战争的经验，大幅提升了自身对现代社会的适应力。

　　中日战争对于近代中国的边疆事务、国族整合，对于中国的边疆地区本身和少数族群，都造成了意外而巨大的影响。战争爆发前，日本威胁的步步加剧，已迫使国民政府调整其国族论述，同时向蒙古族、藏族等族群的自治要求做出妥协，事实承认"五族"以外其他更弱势少数族群的存在与他们的政治权力。[①] 战争爆发后，日本占领了中国东部的政治、经济核心地区，国民政府被迫迁移到偏远多山、少数族群密集的西部。国民政府在西部重建了政治军事体系，并意外获得与少数族群间密切接触的空前经验，包括动员少数族群政治资源支持抗战的需求和与少数族群间互动模式的重新建构。中国的少数族群本身，也在严格意义上真正获得与汉人生死一体，命运与共的历史经验，在自觉或不自觉的族群意识之外，建立了中华民族意识的雏形，正面推动了近代中国的国族建构、国家整合，以及少数族群身份的"中国国民"化。

（吴启讷，台北"中研院"近代史所副研究员）

---

　　① 吴启讷：《蒋介石的中华民族论与中华民国的边疆自治实践》，收入黄自进、潘光哲主编《蒋介石与现代中国的形塑》上册，台北"中研院"近代史所 2012 年版，第 161—212 页。

# 日本傀儡政权溃败之社会经济因素

王颢颖

## 一　前言

中国全面抗战至今已逾八十周年，日本帝国主义侵华的这段血泪史是我中华民族无法抹灭的惨痛记忆，它标记着中华民族在抵御日本帝国主义侵略、面对生死存亡的奋战过程，标记着日本帝国主义侵吞中国领土及资源之贪婪残暴过程，标记着日本帝国主义妄图借助其建立的傀儡政权以遂其"以华制华""以战养战"侵略政策之最终溃败。从整个历程来看，一部抗战史也可谓我中华民族在日寇及其傀儡政权铁蹄下的一部血泪史。

从九一八事变日本侵华开始到抗战胜利，日本陆续建立的傀儡政权计有：伪满洲国（1932—1945 年）、伪冀东防共自治政府（1935—1938 年）、伪蒙疆联合自治政府（1939—1945 年）［由伪蒙古军政府（1936—1937 年）改组的伪蒙古联盟自治政府（1937—1939 年）、伪察南自治政府（1937—1939 年）及伪晋北自治政府（1937—1939 年）三者合流而成、伪中华民国临时政府（1937—1940 年）、伪中华民国维新政府（1938—1940 年）、伪中华民国国民政府（1940—1945 年）]。① 这些利用华人汉奸出面执政的伪政权之所以能建立起来，归因于两大因素的组合，其一，日本为掩盖其过于赤裸裸的军事侵略行径而改以华制华策略，一则可减轻国际谴责之声，再则可分担日本之军力及资源；其二，亲日分子为其政治野心及贪图权势富贵而甘为汉奸走狗受日寇驱使，因此，在日本傀儡政权魔爪下的中国社会民不聊生！但是，邪终不胜正，中华人民全面抗战赢得胜利，各日伪政权也随之垮台。

## 二　日本"以华制华""以战养战"侵华方针

日本侵华可以追溯自唐朝，但在近代史上自甲午战争以来，最为嚣张、最令世人发指的则要属抗战时期的侵华行径。日本自身土地面积少而人口众多，生产供不应求导致其有向外发展动机，再以日本自维新以来基本上都是军阀弄政，而为了争取更大的政治权力往往会寻求战争途径，在中日甲午战争时侵占了台湾及澎湖列岛，且获得巨额赔偿，又在日俄战争中取得俄国在中国的利益，以及后来的并吞朝鲜，这些侵略战绩都鼓舞了日本军阀的帝国主义侵略野心，至民初抗战前，正值我国国力衰弱而又军阀割据、全国陷入四分五裂之际，日本遂又制造九一八事变再度对我国发动侵略，此后，中国即迈入了14 年之久的抗日战争。

抗战时期日本侵华采取的是"以华制华"及"以战养战"策略，在军事上，以武力作后盾，借取得胜利战果，需索在华利益后，再扩大军事攻击。在行政上，原本拟以直接军事占领形式实行殖民统治，但因受到中国人民的反抗及国际舆论影响，其后定版的侵华国策乃采

---

① 费正、李作民、张家骧：《抗战时期的伪政权》，河南人民出版社 1993 年版，"前言"第 1 页。费正等人著作内所称"蒙古联合自治政府"，在其他参考文献内则多称为"蒙疆联合自治政府"，例如：《中国抗日战争史》编写部：《中国抗日战争史》，人民出版社 2012 年版，第 384 页；文斐编：《我所知道的伪蒙疆政权》，中国文史出版社 2005 年版，第 221 页。本文中采用"蒙疆联合自治政府"名称。

取日本大特务土肥原贤二提出的"建立以日本人为'盟主'的'五族共和国'",[1] 来达到对中国人民实行殖民统治的目的,也就是,利用华人中的亲日分子建立的傀儡政权来实行其对华之殖民统治,而建立傀儡政权乃日本帝国主义实行"以华制华""以战养战"方针的主要手段。

## 三 日本在华建立的傀儡政权始末

九一八事变后,日本在东北建立了第一个傀儡政权,即以溥仪为首的伪满洲国。1933 年侵入华北后又相继成立了伪冀东防共自治委员会(不久改称"冀东防共自治政府")和伪蒙古军政府。全面侵华战争开始后,日本又将各地的傀儡政权整合组成具有更大实力的区域性傀儡政权,包括 1937 年 12 月以王克敏为首在北平成立的伪中华民国临时政府,1938 年 3 月在南京组建以梁鸿志为首的伪中华民国维新政府,1939 年 9 月又在张家口将内蒙古、察南、晋北等傀儡政权合流,组成以德穆楚克栋鲁普(德王)为首的"蒙疆联合自治政府",从而形成了东北、蒙疆、华北、华东四大地区性的傀儡政权。汪精卫投敌后,1940 年 3 月再将伪中华民国临时政府、伪中华民国维新政府、伪蒙疆联合自治政府组合成以汪精卫为首的伪中华民国国民政府。为了有效操纵与驾驭,日本对傀儡政权采取分治合作的原则。在名义上伪中华民国国民政府被尊崇为"中央",但伪中华民国临时政府改组后的伪华北政务委员会与伪蒙疆联合自治政府(后于 1941 年 8 月对内又自称为蒙古自治邦)仍保持一定的独立性。[2]

这些日本傀儡政权的维持时间大多为一两年,存在时间最长的是

---

① 费正、李作民、张家骥:《抗战时期的伪政权》,河南人民出版社 1993 年版,"前言",第 1—2 页。

② 《中国抗日战争史》编写部:《中国抗日战争史》,人民出版社 2012 年版,第 384—385 页。

伪满洲国达 13 年 5 个月，其次是由伪蒙古军政府演变而成的伪蒙疆联合自治政府，加上演变之前的时间是 9 年 3 个月，而汪精卫的伪中华民国国民政府则维持 5 年 4 个月，若计算至汪病死为止，其实际在位也仅 4 年 7 个月。各傀儡政权成立始末，如表 1—表 8 所示：①

| 表 1 | 伪满洲国始末 |
| --- | --- |
| 建立期间 | 1932 年 3 月 1 日—1945 年 8 月 18 日 |
| 政权首脑 | 溥仪 |
| 建立地点 | 长春（改名为新京） |
| 所辖地区 | 现今中国辽宁、吉林和黑龙江三省全境（不含"关东州"），以及内蒙古东部、河北省承德市（原热河省） |

| 表 2 | 伪冀东防共自治政府始末 |
| --- | --- |
| 政权演变 | 由伪冀东防共自治委员会（1935 年 11 月 25 日成立）改组为"冀东防共自治政府"，1938 年被并入伪中华民国临时政府 |
| 建立期间 | 1935 年 12 月 25 日—1938 年 2 月 1 日 |
| 政权首脑 | 殷汝耕（1935—1937 年 7 月 28 日）、池宗墨（1937—1938 年） |
| 建立地点 | 通州（1935—1937 年）、唐山（1937—1938 年） |
| 所辖地区 | 河北省东北部 22 县 |

---

① 本表资料整理自：《中国抗日战争史》编写部：《中国抗日战争史》，人民出版社 2012 年版，第 384 页；文斐编：《我所知道的伪华北政权》，中国文史出版社 2005 年版，第 231、243—245 页；文斐编：《我所知道的伪蒙疆政权》，中国文史出版社 2005 年版，第 9—11 页；复旦大学历史系中国现代史研究室编：《汪精卫汉奸政权的兴亡》，复旦大学出版社 1987 年版，第 1—2（前言）、446 页；费正、李作民、张家骧：《抗战时期的伪政权》，河南人民出版社 1993 年版，第 1 页（前言）、23、69、72、74、85、96—97、119、133—135、143、215—217、225、339、342、344、347 页。

表3 伪蒙疆联合自治政府始末

| 政权演变 | （1）由伪蒙古军政府（1936年5月12日成立）改组的伪蒙古联盟自治政府（1937年10月27日改组）及伪察南自治政府、伪晋北自治政府三者合流而成<br>（2）伪中华民国国民政府于南京成立后，伪蒙疆联合自治政府于1941年8月4日对内再次改名为"蒙古自治邦" |
| --- | --- |
| 建立期间 | 1939年9月1日—1945年8月19日 |
| 政权首脑 | 德穆楚克栋鲁普 |
| 建立地点 | 张家口 |
| 所辖地区 | 今内蒙古自治区中部和河北省（当时的察哈尔省和绥远省）、山西省一部分等地 |

表4 伪察南自治政府始末

| 政权演变 | 后并入"蒙疆联合自治政府" |
| --- | --- |
| 建立期间 | 1937年9月4日—1939年9月1日 |
| 政权首脑 | 于品卿 |
| 建立地点 | 张家口 |
| 所辖地区 | 察哈尔南部10县 |

表5 伪晋北自治政府始末

| 政权演变 | 后并入"蒙疆联合自治政府" |
| --- | --- |
| 建立期间 | 1937年10月15日—1939年9月1日 |
| 政权首脑 | 夏恭 |
| 建立地点 | 大同 |
| 所辖地区 | 晋北13县 |

表6 　　　　　　　　　　　　**伪中华民国临时政府始末**

| 政权演变 | 于汪精卫成立伪中华民国国民政府后被解散，改为"华北政务委员会"，至1945年8月15日随日本投降而覆灭 |
|---|---|
| 建立期间 | 1937年12月14日—1940年3月30日 |
| 政权首脑 | 王克敏 |
| 建立地点 | 北平 |
| 所辖地区 | 平津和华北等地区 |

表7 　　　　　　　　　　　　**伪中华民国维新政府始末**

| 政权演变 | 于汪精卫成立伪中华民国国民政府时被撤销且并入汪伪政府 |
|---|---|
| 建立期间 | 1938年3月28日—1940年3月30日 |
| 政权首脑 | 梁鸿志 |
| 建立地点 | 南京 |
| 所辖地区 | 苏、浙、皖三省的日占区和宁、沪两个特别市 |

表8 　　　　　　　　　　　　**伪中华民国国民政府始末**

| 政权演变 | 名义上接管了原有的"中华民国临时政府""中华民国维新政府"和"蒙疆联合自治政府"等辖地，但"中华民国临时政府"改组后的"华北政务委员会"与"蒙疆联合自治政府"仍保持一定的独立性 |
|---|---|
| 建立期间 | 1940年3月30日—1945年8月16日 |
| 政权首脑 | 汪精卫（1944年11月10日病死）、陈公博 |
| 建立地点 | 南京 |
| 所辖地区 | 包括以宁沪杭为中心的长江下游地区、武汉地区、广州地区以及后来的淮海地区 |

# 四　日本傀儡政权的社会经济统制措施

日本在华的傀儡政权，其施行之政策措施，必然受到日本主子严密操控，俾以服膺其所谓的"大东亚共荣圈"及"经济一体化"的侵略方针，因此，从东北的"伪满"，华北的"伪冀"（后并入"伪临"）、"伪临"，蒙疆的"伪蒙"，华中的"伪维"（后与"伪临"并入汪伪）到汪伪等自九一八事变以来的日伪政权，为了最大化地达成日本帝国主义的侵略目标，在中国沦陷区进行经济掠夺，以满足日寇扩大军事侵略的需求，伪政权内汉奸亦多有干起助纣为虐的勾当，巧取豪夺，贪腐败坏至极，以致沦陷区的经济资源被掠夺殆尽，经济命脉断送，人民思想行动被钳制，生命受到威胁，身家财产被洗劫一空，陷于无边无尽悲惨境地。这些傀儡政权实行的社会经济统制措施对中国人民荼毒至深，兹揭其要者概述如后。

## （一）"经济一体化"的侵略方针

经济掠夺，是日本进行侵略战争的基本动因，也是日本"以战养战"的主要内容，而其炮制的各个傀儡政权，则正可为其凭以执行经济掠夺的首要工具。为了回避国际舆论的谴责，掩饰其侵略罪行，日本制定了所谓"经济一体化"等粉饰侵略的方针政策，相关政策较早出现在伪满洲国成立之前，于1932年1月制定所谓《中国问题处理方针纲要》，纲要中强调"应使帝国和该地区成为共同经济体系"的条文内容，[①] 伪满洲国成立后在1932年6月拟定《满洲经济统治根本方策案》，强制推行所谓"日满经济一体"。[②] 另外，在《满蒙问题解决方案》中列有："根据新政权的委托，国防和外交由日本帝国掌管。交通、通讯的主要部分也加以管理。""关于元首及我帝国在国防和外交

---

① 费正、李作民、张家骧：《抗战时期的伪政权》，河南人民出版社1993年版，第6页。
② 《中国抗日战争史》编写部：《中国抗日战争史》，人民出版社2012年版，第387页。

等方面所需要的经费，由新政权负担。"① 其地方治安虽交由"伪满"，但须负担国防及维持治安所需经费，而举凡国防所必要之有关修铁路、港湾、水路、航空等管理权及新路的修筑交由"伪满"负责，由此所谓的共同经济体系，表面看似双方合作关系，并赋予"伪满"部分地方权力，但实则是将下层事务性的劳力交由"伪满"出面驱使中国人民，既可为其节省时间及分担管理人力，透过"伪满"奴役压榨中国人民财富，更便于其掠夺国防所需及经济资源。

### （二）"总务长中心主义"的操控布局

日本在各傀儡政府中都有严密的监控措施，"伪满"成立前，于其制定的《中国问题处理方针纲要》中，特别列有"以顾问等形式参加其政治机构……有关上述人员的任免等事项及其他一切工作由帝国官吏处理之"。② 而于溥仪"执政"的第二天3月10日，即任命了一批日本官吏担任"伪满"政府各部门的次长或顾问，其中总务厅长官驹井德三等人于当天立即持关东军命令召开伪国务院会议，强调"政府设总务厅，掌管各部一切实权，凡有命令，不经该厅签字盖章，即不能执行"。第二天又在会议上说："辽、吉、黑三省各设总务厅并警务厅，均由日人充任（厅长），总揽各省全权"，对此，日本人称之为"总务厅中心主义"，③ 后于1937年7月"伪满"实行行政机构改革之际，将总务厅长官提升地位，改称"总务长官"，统掌"伪满"一切大权，而且使日本官吏从总务长官到各部次长自成体系，成为"伪满"的实际内阁。④ 此外，总务长官在伪政权机构各层面都安插有所谓的顾问及特务，对各傀儡政权肆行层层把关，牢牢掌控。在

---

① 费正、李作民、张家骥：《抗战时期的伪政权》，河南人民出版社1993年版，第3页。

② 费正、李作民、张家骥：《抗战时期的伪政权》，河南人民出版社1993年版，第5页。

③ 《中华民国重要史料初编——对日抗战时期》第六编（一），台北：中国国民党中央党史会1981年版，第65—66页。转引自费正、李作民、张家骥《抗战时期的伪政权》，河南人民出版社1993年版，第29页。

④ 费正、李作民、张家骥：《抗战时期的伪政权》，河南人民出版社1993年版，第168页。

之后的"伪冀""伪蒙""伪察""伪晋""伪临""伪维"到汪伪都无例外地安插有一批日本顾问及特务。①

### （三）集团部落与保甲制的法西斯统治

从"伪满"以降的各日伪政权，为镇压抗日力量都实行了保甲连坐政策，此为中国历史上的封建专制统治与日本法西斯统治的混合体，是极端反动残暴的制度。以"伪满"为例，自 1933 年 12 月公布《暂行保甲法》起即在各伪省、县试点实施，按居住区域划分牌、甲、保组织，实行十家连坐。1935 年 7 月再制定《保甲制度三年再编强化策》，提出"全国一律强化主义"的口号，配合武力清剿，在东北全面展开。据日伪统计，1935 年在推行保甲制度特别工作的 49 县中，所建立的伪保、甲组织即分别达 517 个与 8387 个之多，至 1937 年时基本上保甲制度已普遍实行于东北全境。除此，日"伪满"更实行了所谓的"集团部落"政策，即"用烧房、枪杀等手段，强迫分散居住的农民迁到指定的地点，组成由日伪军警直接控制下的大村落，农民称它为'归大屯'，俗称'人圈'"，从 1934 年 12 月 3 日伪满民政部发布建设集团部落的命令之后便迅速普遍推行开来，至 1936 年年末集团部落数达到 4433 个。② 其目的旨在隔离封锁抗日分子与民众接触管道，消灭抗日力量。日本侵略者强令中国农民迁往"集团部落"，使其在失去土地家园的同时，还要遭受家人骨肉分离之苦，离乡背井过着犹如法西斯集中营的生活，这给中国农民带来了巨大的灾难。

### （四）鸦片政策的毒害百姓

日本侵华后，借由其陆续炮制的各伪政权肆行极为阴毒的鸦片

① 文斐编：《我所知道的伪华北政权》，中国文史出版社 2005 年版，第 10、241 页；文斐编：《我所知道的伪蒙疆政权》，中国文史出版社 2005 年版，第 9—11 页；费正、李作民、张家骧：《抗战时期的伪政权》，河南人民出版社 1993 年版，第 86—87、98、120—121、134、140、144—145、203—209、215 页。
② 齐福霖：《伪满洲国史话》，社会科学文献出版社 2011 年版，第 53—54 页。

政策。其制定"毒化"政策的目的和内容，据一份日本档案《东兴公司以"东光"剂与内地交换军用物资请愿书》中透露：其一，以推行"以战养战"政策，用贩卖毒品收入补充经费；其二，用以交换中国占领区的军用物资和第三国的援蒋物资；其三，扩大和中国黑社会联系，以便刺探情报及进行其他特务活动；其四，即有一种更险恶的意图，用原文话说："既可获得无法比拟的巨大经济利益，又能捕捉到他们（指吸毒者）特殊性格，控制他们生死。"① 而又据日本陆军省兵务局长田中隆吉在东京法庭上的证词："在中国的鸦片、麻药交易是由同日军特务机构一体化的兴亚院驻各地机构一手独揽。"② 兴亚院是当时日本负责中国被占地区工作的部门，以日本首相为总裁，外相、藏相、陆相和海相为副总裁，后来逐渐演变为"大东亚省"。由此可见，"鸦片战略"是由日本最高决策层负责并有组织实施的。③ 这也充分揭露了日本妄图借毒害中国人民，搜刮资财，扩张侵略，并削弱抗日力量，进而遂其亡华的种种阴谋。

在日寇侵华阴谋策动以及贩毒暴利的诱惑之下，从"伪满"以降到"汪伪"的各日伪政府遂都肆行了毒害同胞、罪恶多端的鸦片政策，制定鸦片法令，设立专卖机构，实行鸦片公卖，也放任零售，疯狂地在中国大规模强制种植生产、制造及贩卖，并外销其他国家地区扩大贩毒。各日伪政府都制发有所谓的"种烟许可证""鸦片吸食证"等证，以严格掌控生产、运销与消费渠道。唯在"伪满"实行五年后，烟毒的泛滥成灾引起国际责难及世人挞伐，遂于 1937 年制订了《鸦片十年断禁方策纲要》，1938 年实行"鸦片断禁政策"，所

---

① 上海市档案馆编：《日本帝国主义侵略上海罪行史料汇编》上编，《日本东兴公司贩毒》，上海人民出版社 1997 年版，第 477 页。转引自陈正卿《日本华中"毒化"和汪伪政权》，《抗日战争研究》1999 年第 1 期。

② ［日］栗屋宪太郎：《东京审判秘史》，里寅译，世界知识出版社 1987 年版，第 155 页。转引自陈正卿《日本华中"毒化"和汪伪政权》，《抗日战争研究》1999 年第 1 期。

③ 《日本对华"鸦片战略"揭秘》，2005 年 7 月 11 日，中国网，http://www.china.com.cn/chinese/zhuanti/kzsl/911515.htm。（检索日期：2017 年 6 月 16 日）

谓"寓断于禁",实则是取消私营的零卖所,改设以官办的"管烟所",另改"鸦片专卖局"为"禁烟总局",① 及成立各省、市烟政科等禁烟单位,并对瘾者规定"不进行登记就不售予鸦片"等禁烟措施,但这些措施都只为遮人耳目,其全面改以官办乃在化零为整,以更便利于其集中掌控及垄断贩毒利益。而且不论老少、有瘾无瘾,只要申请登记即可领取持有鸦片吸食证,这实则是变相鼓励民众吸食鸦片。各日伪政府的鸦片政策也都承袭了这样的纵烟与倡烟并行策略,干起了种毒、设毒、贩毒的勾当,以搜刮和毒化人民。以是,在疯狂的毒潮泛滥之下,鸦片烟犹如瘟疫一般迅速地蔓延开来,烟馆林立,瘾君子遍布各地,处处可见,因吸毒而形容枯槁、倒毙街头者比比皆是。②

### (五)伪中央银行的金融洗劫

各日伪政府为控制金融,便利其搜刮人民钱财及资助日军开销,在其辖区内均设立有专属的银行,并发行伪钞强令通用,包括,1932年7月"伪满"设立的"满洲中央银行",③ 1936年1月"伪冀"设立的"冀东银行",④ 1937年11月"伪蒙"设立的"蒙疆银行",⑤ 1938年1月"伪临"设立的"中国联合准备银行",⑥ 1939年5月"伪维"设立的"华兴商业银行",⑦ 以及汪伪于1941年1月设立的

---

① 丘树屏:《伪满洲国十四年史话:一部反映中国东北沦陷史的专著》,长春市政协文史和学习委员会1998年编印,第158—159页。

② 中央档案馆编:《伪满洲国的统治与内幕:伪满官员供述》,中华书局2000年版,第53—66页。

③ 丘树屏:《伪满洲国十四年史话:一部反映中国东北沦陷史的专著》,长春市政协文史和学习委员会1998年编印,第299页。

④ 郭贵儒:《河北沦陷区伪政权研究》,人民出版社2013年版,第75页。

⑤ 费正、李作民、张家骧:《抗战时期的伪政权》,河南人民出版社1993年版,第163页。

⑥ 郭贵儒、张同乐、封汉章:《华北伪政权史稿:从"临时政府"到"华北政务委员"》,社会科学文献出版社2007年版,第287页。

⑦ 费正、李作民、张家骧:《抗战时期的伪政权》,河南人民出版社1993年版,第127页。

"中央储备银行"，① 其中，汪伪政府的"中央储备银行"对金融的破坏尤为严重。兹举其金融统制概况如下。

汪伪政府成立"中央储备银行"并发行"中储券"，另在地方陆续成立分行及办事处，建立以中央储备银行为中心的金融网，通过控制其统治区内的大小银行，使其"中储行"成为华中华南地区唯一发行货币银行及"中储券"作为华中华南的统一货币，来达到金融统制目的，使"中储行"沦为日方军票及其他资金的调剂银行及日方顾问制度控制下遂行经济掠夺的金融工具。汪伪政府成立"中央储备银行"的目的，是与日寇携手从财政金融方面破坏抗战，而日本侵略者的目的则在于掠夺物资，套取外汇，破坏法币流通，打击法币，进而不择手段将法币逐出沦陷区。汪伪政府借助日军武力威胁及特务力量强行通过新法币（中储券）的实施，并且透过一些法令及公告，强迫民众不得拒绝使用，对于妨害新法币流通及破坏其信用者、拒绝使用新法币者，均处以刑罚，而银行、银号、钱庄有上述情节者，除治罪罚款外，还要吊销营业执照。为了打击有些银行拒收新法币，汪伪政府特务对租界的中央、中国、交通、中国农民等银行及其职员，采用爆炸、逮捕甚至杀害的残暴手段，迫使其就范而终使上述原属国民党的四大银行停止营业。汪伪政府在进行金融统制的过程中可谓手段卑劣至极。另外，汪伪政府借由"中储行"无止境地资助日本帝国对扩大战争所需军事费用，滥发纸币，造成了严重的通货膨胀，物价飞涨至万倍，② 使沦陷区的人民面临严重生活问题。

## （六）"清乡"运动的危害社会

汪伪政府统治下的"清乡"运动，源于 1940 年 11 月 13 日日本御前会议作出《处理中国事变纲要》的决定，强调要彻底整顿占领

---

① 复旦大学历史系中国现代史研究室编：《汪精卫汉奸政权的兴亡》，复旦大学出版社 1987 年版，第 190 页。

② 复旦大学历史系中国现代史研究室编：《汪精卫汉奸政权的兴亡》，复旦大学出版社 1987 年版，第 190—191 页；闻少华：《汪伪政权史话》，社会科学文献出版社 2011 年版，第 102—105 页。

地区的治安状况。纲要要求汪伪政府"专事协助帝国加强综合作战力量",要求在占领区"彻底开发并获取国防资源"。① 日本帝国借由汪伪政府直接掠夺其辖区的富饶的战略和经济物资来满足其扩大侵略战争的需要。至此开启了臭名昭著的"清乡"运动,前后延续四年之久,给沦陷区人民造成极为深重的灾难。

日寇和汪伪政府发动"清乡"运动,成立清乡委员会,确定三个实施步骤:第一步是"讨伐肃清",第二步是"确立治安",第三步是"整理建设"。② 上述三个步骤包含了"军事清乡""政治清乡""思想清乡"及"经济清乡"四个面向。

"军事清乡",即对预定清乡区四周建立封锁线,以兵力进行扫荡清剿,力图消灭抗日力量。除实施"封锁政策"外,另在各个据点设有检问所,并规定,"凡人民通过封锁线均须领有各种证明书",各种证件名目繁多,人民自由被剥夺殆尽不胜其扰,常遭毒打、关押,敲诈勒索,甚至当场被杀。③

"政治清乡",主要是组织以保甲制度为中心的反动行政统治,其中最为恶毒的是实行连坐保证。汪伪政权透过建立一整套结合政治的、警察的及特务的机构,对沦陷区人民进行野蛮的法西斯统治。④

"思想清乡",主要内容是对清乡区人民"施以教养卫兼顾之特种教育,授以生产及自卫之技能,宣传和平反共建国之理论,增强人民对于国民政府之信仰"。⑤ 汪伪政权试图施以殖民奴化教育从思想上对人民进行根本改造。

---

① 费正、李作民、张家骥:《抗战时期的伪政权》,河南人民出版社 1993 年版,第238 页。

② 《清乡委员会第一次筹备谈话会记录》,中国第二历史档案馆藏,转引自费正、李作民、张家骥:《抗战时期的伪政权》,河南人民出版社 1993 年版,第 241 页。

③ 复旦大学历史系中国现代史研究室编:《汪精卫汉奸政权的兴亡》,复旦大学出版社 1987 年版,第 330—333 页。

④ 复旦大学历史系中国现代史研究室编:《汪精卫汉奸政权的兴亡》,复旦大学出版社 1987 年版,第 333—334 页。

⑤ 转引自费正、李作民、张家骥《抗战时期的伪政权》,河南人民出版社 1993 年版,第 243 页。

"经济清乡"，实施严格的物资统制及运销管理，并"整顿田赋"，对物资的输出输入，设立许可证制度。"整顿田赋"部分，设立赋税管理处，强制人民补交八一三事变至"清乡"开始时未交的田赋，并大幅提高赋率，巧立名目，明征暗抢，让清乡区人民苦不堪言。① 实际上"经济清乡"所使用的手段仍然是野蛮残酷的抢劫搜刮和敲诈勒索。综观"经济清乡"的全过程，可以说是抢劫、封锁、统制和税捐四者的互相结合。②

### （七）产业统制的垄断经济

日寇成立伪满洲国后，在所谓"日满经济一体化"的口号下，对东北国民经济实行殖民掠夺，夺取东北的各个产业，包括有关交通、通信、财政、金融和关税等重要机构。③ 实行所谓的国家垄断，使伪满洲国经济为其侵略战争服务。1932 年 7 月关东军特务部拟定《满洲经济统制根本方案》，首次提出在伪满洲国实行经济统制，初步确定关东军和满铁（南满洲铁道株式会社）作为经济统制的领导机构。1933 年 3 月 1 日公布《满洲国经济建设纲要》，提出了伪满洲国经济建设的根本方针。实行经济统制的范围是："凡属国防或公共公益性质之重要事业，以公营或特殊会社经营为原则"，是以，满铁从此成为日本侵略满蒙的主要经济工具，成为日本侵华的大本营。④

对于华北地区，满铁与日军也相继制定了多项统制、掠夺华北经济资源的计划和方案，如自 1935 年 7 月至 1936 年 3 月所制定的《随着华北新政权产生的经济开发指导方案》《华北经济开发方针大纲案》等 10 多份文件中，即揭示以华北的煤、铁、石油、盐、棉等战

---

① 费正、李作民、张家骥：《抗战时期的伪政权》，河南人民出版社 1993 年版，第 244 页。
② 复旦大学历史系中国现代史研究室编：《汪精卫汉奸政权的兴亡》，复旦大学出版社 1987 年版，第 339 页。
③ 费正、李作民、张家骥：《抗战时期的伪政权》，河南人民出版社 1993 年版，第 38 页。
④ 齐福霖：《伪满洲国史话》，社会科学文献出版社 2011 年版，第 78—80 页。

略资源为掠夺重点，同时控制和"开发"为掠夺资源服务的铁路、公路、港湾、航空等交通动脉；并成立大投资会社，加快对关乎"国防"产业的投资；"开发"范围为整个华北，确立达成以日本为中心的"日满华经济一体化"的经济掠夺目标；其目的在透过经济统制、军事威胁及华北分离运动等手段，以使华北脱离中国置于日本殖民统治之下。①

1938 年秋，日本政府更订立了一个规约来划分对华经济侵略的范围。规约明定，日本政府和军部控制中国的矿冶工业、公用事业、交通和通信事业以及与日本有竞争的蚕丝、水产等行业的经营权，称作"统制"事业，而其他由一般日本工商业资本家经营的工业和商业，则称为"自由"事业。这就是汪伪时期产业统制的开端。②

在华中地区，由日本政府组织三井、三菱、住友等财阀成立的"华中振兴公司"及其各个子公司，控制着沦陷区的重要工矿和交通，它同华北开发公司一起实际操纵着中国沦陷区国民经济的命脉。这些实行统制的公司对产业的统制，包括以下三个方面。

其一，把中国沦陷区经济纳入侵略战争的轨道；其二，日本操纵了中国的国计民生；其三，日本运用这些公司的力量兼并中国民族工业。③ 事实上，这些实行统制的公司也只是傀儡角色，日本才是这些公司背后真正的产业操控者。

## 五　日本傀儡政权溃败之社会经济因素

就上述日本傀儡政权的社会经济统制措施，包括："经济一体化"的侵略方针、"总务长中心主义"的操控布局、集团部落与保

---

① 郭贵儒：《河北沦陷区伪政权研究》，人民出版社 2013 年版，第 54 页。
② 复旦大学历史系中国现代史研究室编：《汪精卫汉奸政权的兴亡》，复旦大学出版社 1987 年版，第 203 页。
③ 复旦大学历史系中国现代史研究室编：《汪精卫汉奸政权的兴亡》，复旦大学出版社 1987 年版，第 203—208 页。

甲制的法西斯统治、鸦片政策的毒害百姓、伪中央银行的金融洗劫、"清乡"运动的危害社会、产业统制的垄断经济等政策，对沦陷区人民所造成的影响，来检视日本傀儡政权溃败的社会经济因素，分析如下。

**（一）宁为附庸，甘为儿皇帝，助长侵略战争，掠夺中国土地与资源，是天地不容的帝国主义帮凶**

从"伪满""伪冀""伪蒙""伪察""伪晋""伪临""伪维"到汪伪等日本傀儡政权的汉奸们，在被日本帝国诱降充当该伪政权的傀儡为虎作伥时，就注定了和日本侵略者挂钩，成为人人唾弃的民族败类，沦为汉奸角色。自发动九一八事变始至战败投降止，日本帝国在长达十四年时间里，发动无数次大小战役，侵占我土地，破坏我家园，杀害我同胞，淫虐我妇女，掠夺我经济资源……烧杀淫掠无所不用其极，罪行罄竹难书，国土满目疮痍，人民苦难无边。这段悲惨的历史岁月记录了家国仇恨，凡我中华民族儿女都应当同仇敌忾永远铭记。日本傀儡政权汉奸们无视苦难中的同胞，和侵略者沆瀣一气，为强盗效命，成为伤害同胞的帮凶，自为天理所不容，傀儡政权最终随着日本帝国主义溃败而灰飞烟灭，是其必然结局。

**（二）任凭日寇掠尽中国境内经济资源，摧毁经济命脉，严重影响中国社会的经济与民生发展**

日寇指令其各地区的傀儡政权，打着所谓的"大东亚新秩序建设"及"日、满、华经济一体化"的旗号，进行其在华"地域开发、利用我（指日本帝国）国防上所必需的资源"，来达成其"期望帝国战争力量划时期的充实和扩大"的侵略野心，在我东北、华北、华中、华南等各地区，大肆地进行经济掠夺，包括我东北的生铁、钢、煤等主要工业原料，以及关税贸易、航空、交通、通信、气象、测量等领域，华北的煤、铁矿石、盐、棉花等原料，华东地区的水产、蚕丝、煤、铁、电力各业的生产和销售及各类战争与生活物质，以及华南地区的制糖、橡胶，等等，① 所有领域的经济资源几乎"开发利用"殆尽，美其名为"经济一体化"，实则绝大部分都被源源不断地运往日本，供给日本帝国作为其充实和扩大侵略战争之需要。汉奸政权任凭日寇在我领土对我国家经济资源洗劫一空，致使我经济命脉被摧毁，中国社会的经济发展受到严重影响，沦陷区人民生计陷入绝境，这样置国家人民于不顾的伪政权，毋庸置疑必然走向灭亡之途。

### （三）保甲连坐制结合封建专制与法西斯统治的残暴手段镇压人民，集团部落使农民失去土地家园囚禁于法西斯式的集中营

各日伪政权为钳制思想，掌控言行，遏止反抗，在辖区内普遍实施极无人道的保甲连坐制，并且不断扩大强化保甲连坐的监控组织，从各户、邻里，到各区、各县层层而上，形成一个"甲、保、区、县"多种保甲自卫团级级相属的保甲武装体系。在华北沦陷区更实行七级制的保甲系统。即"特别市长—警察局长—警察分局长—联保主任—保长—甲长—户长"；"县知事、市长—警察所长—警察分所长—联保主任—保长—甲长—户长"。② 由是，将保甲连坐范围及对象升级，一人"犯法"，不但株连全家，株连全甲，株连全保，还株连联保主任、警察单位主管、副主管及县市长。另外，还将严格的户口调查、发放居住证、旅行证等工作与实行保甲捆绑在一起，请领证件均需觅具保证人。③ 使沦陷区人民一举一动，一言一行都受到层层监控，不得越雷池一步，终日被禁锢在毫无人性的封建法西斯铁幕中，连基本的人身自由也丧失殆尽。

至于日寇在伪满洲国实行的集团部落政策，则较保甲连坐制的手段更为野蛮残暴，该政策将东北农民囚禁至日伪军集中管控的部落组

---

① 《中国抗日战争史》编写部：《中国抗日战争史》，人民出版社 2012 年版，第 387—389 页。

② 郭贵儒、张同乐、封汉章：《华北伪政权史稿：从"临时政府"到"华北政务委员会"》，社会科学文献出版社 2007 年版，第 466—467 页。

③ 郭贵儒：《河北沦陷区伪政权研究》，人民出版社 2013 年版，第 297 页。

织中，实质上即是日本帝国主义对东北人民实行殖民统治的法西斯集中营，四周筑有炮楼、高墙与铁丝网，设有监视单位，出入严加限制，俨然一座阴森恐怖的监狱。

内部环境条件恶劣，常有传染病四处蔓延，多有病死、冻死、饿死以及被日军杀害的情事发生，在1937年单抚顺县因前述情事死亡者即占了全县人口的30%以上。整个东北因集团部落而受害者达500万人之多，占了东北人口总数的14%以上。① 如此残酷的事实，揭露出日寇同伪满政府对我民族犯下的滔天罪行是难以掩盖的，其等造成的中国人民无边苦难，自当须付出政权溃败的代价。

### （四）迎合日寇肆行毒杀同胞，榨取民财，助长侵略，亡我民族，罪恶多端的鸦片政策，使毒潮泛滥，吸毒同胞倒毙街头

从日本军部在东京法庭上的证词及相关档案资料中，揭露了日本在各伪政权实行的鸦片政策背后隐藏着极为险恶的阴谋诡计。日寇垂涎我中国领土已久，时时谋图侵占之，鸦片政策是其企图亡华的前部曲，让中国人民沉溺毒瘾不能自拔，以形塑成日寇所期望的萎靡不振的"东亚病夫"，乃日寇最阴毒的主要目的。从鸦片的种植、设厂生产，运销贩卖到消费对象的各个环节，包括对种植证、吸毒证等的制发，均掌控在日寇手中。因此，日寇从中层层剥削，榨取了巨大财富，其中有用以资助军需及交换切断他国对国民党的军事援助者，更有用以充作买通黑道刺探军情的特务活动费者。以上所述日本档案中之毒化中国的政策目的和内容，从1933年"伪满"实行鸦片政策算起，约达12年半之久，这对沦陷区中国人民毒害极其深重，也给抗战进程造成不少阻力。所幸，持久抗战的正确策略运用成功，最终将日寇驱除华夏领土。然而，鸦片对身心健康的毒害却导致了无数人因吸毒而横尸街头，无数个家庭因吸毒而家破人亡。日寇对中华民族有计划有组织地进行约长达十数年的毒害工程，暴行累累，人神共愤，

---

① 齐福霖：《伪满洲国史话》，社会科学文献出版社2011年版，第55—56页。

在抗战最终溃败而投降，是侵略者应有结局。

### (五) 伪中央银行垄断金融，迫使金融机构停业，滥发纸币，导致通货膨胀，物价上涨万倍，① 使沦陷区的人民苦不堪言

日寇指令傀儡政权成立银行，大量发行没有准备金的伪钞，依靠刺刀来维持这些废纸的"信用"，来聚敛财富，② 并用各种手段封闭或接管其他银行，以垄断金融。汪伪时期的"中央储备银行"更以严刑峻法强制推行，手段更为狠毒，当时国民党政府所属的上海中国银行、中央银行、交通银行、农民银行，即是在汪伪政府采取软禁中国银行职员等卑劣手段下被迫停业。③

汪伪妄图以其伪币（"中储券"）取代当时最具信用的法币，成为全中国统一的货币，可谓是用尽了心机，但结果是罪有应得，其伪币因为信用度不佳等因素，其流通区最终只限于华中一隅。但悲惨的是生活在沦陷区的人民，在汪伪政权的严刑峻法和刺刀威胁的金融统制下，生命饱受威胁，财产被层层剥削，还得承受汪伪政策造成物价上涨万倍的苦难日子。汪伪以欺凌手段，压榨沦陷区的人民的血汗和财产为代价，来为日本帝国主义效命，以换取主子的信任和权位的维持，丧失了民族灵魂，无视同胞苦难，而剥削本位的金融统制，则更视民生于不顾，又傀儡政权本身全无民意基础，毫无民权可言，这样与民心所向背道而驰的政权，可预见其必然垮台。

### (六)"清乡"运动行使法西斯式的经济掠夺及治安的维持，给华中、华南沦陷区人民造成极为深重的灾难

日寇同汪伪政权从1941年起到1945年伪政权垮台止，进行了长

---

① 闻少华：《汪伪政权史话》，社会科学文献出版社2011年版，第105页。
② 费正、李作民、张家骧：《抗战时期的伪政权》，河南人民出版社1993年版，第245页。《中国抗日战争史》编写部：《中国抗日战争史》，人民出版社2012年版，第389—390页。
③ 费正、李作民、张家骧：《抗战时期的伪政权》，河南人民出版社1993年版，第247页。

达四年之久的"清乡"运动，其目的是巩固政权，确保掠夺更多的战略物资，而其本质就是"经济掠夺"，维持治安巩固政权，只是"经济掠夺"的辅助措施。"清乡"运动全过程都以武力做后盾，以法西斯手段进行殖民统制，给华中、华南沦陷区人民造成极为深重的灾难，日本帝国主义妄图透过汪伪政权的所谓"清乡"运动来肆行其对中国沦陷区的经济掠夺，进而达到灭亡中国的狂妄野心。然而，历史发展的经验早已启示我们，泯灭人性的帝国主义及法西斯主义必将淹没于历史潮流。

# 六　结论

日本成立傀儡政权的时代背景，是在日本关东军对华发动军事侵略又时逢日本军国主义兴起而主导政局之际，为遂行其经济掠夺，扩大侵略战争，进而灭亡中国之目的，日本侵略者利诱华人汉奸建立傀儡政权，来实现其"以华制华""以战养战"的侵华策略。

为贯彻日本侵华政策，所施行于民的种种统制措施，日本成立的各傀儡政权无一不在以经济掠夺为导向，且影响民生至钜，诸如：集团部落与保甲制的法西斯统治、鸦片政策的毒害百姓、伪中央银行的金融洗劫、"清乡"运动的危害社会、产业统制的垄断经济等政策措施，其对国家经济及对沦陷区人民的生命财产造成了无比巨大的伤害。

历史教训我们："暴政必亡"，孙中山先生也说过："建设之首要在民生"，而"民生问题就是社会经济问题"，日本傀儡政权多行不义，实行危害民生的暴政，其最终随着日本帝国的战败而走向灭亡，乃历史之必然。

（王颢颖，台北中国文化大学中山与中国大陆研究所博士）

# 从法德两国处理战争历史记忆谈
# 两岸抗战史的编纂

李锋澄

> 现今这世上最悲哀的，就是法国不了解德国，德国也不了解法国；而且这种误会，只会更加恶化下去。[①]

## 一　问题缘起

法国与德国是欧洲大陆除俄罗斯之外，最重要的两个强权国家，也是有极深历史恩怨纠葛的国家。尤其自法国大革命以降，因法国统一的民族国家意识兴起于先，对当时普鲁士与德意志诸松散邦国，刺激极深，从而引发出德意志民族意识，促成日后德意志国家统一的人民心理，也彻底改变了欧洲地缘政治格局。

然而在历经第二次世界大战、冷战结束、两德统一等重大国际事件后，伴随欧盟会员国增多的今日情势，法德两国深知必须修改对彼此的战争记忆，方能追求更大的共同利益。特别在两德统一前后，对

---

① Le jugement de Renan, dans sa Lettre à Monsieur Strauss, écrite au 18 août 1870 et destinée à paraître simultanément dans un journal allemand（Gazette d'Augusboug）et dans un quotidien françai（Journal des Débats）In：L'Allemagne paiera？ 2020/05/23， https：// www. lefigaro. fr/vox/medias/la-semaine-du-figarovox-l-allemagne-paiera-20200522，最后浏览：2020/06/20。这是法国人雷南（Renan），写给德国人施特劳斯（Strauss）的公开信，同时刊登在德国报纸《奥格斯堡公报》与法国报纸《辩论日报》上，发表于 1870 年 8 月 18 日，时值 1870 年 7 月 19 日普法战争爆发后一个月。

法国而言更为迫切，故而法国密特朗总统在世界大战的纪念仪式里，开始邀请战败国的科尔总理参加。其后两国更共同编纂高中历史教科书，自2006年9月的学年度起，可供教师选用。

本文首先介绍法德两国，主要是采法国角度观察，从密特朗总统开始，借由共同仪式与共同历史教科书，在不窜改战胜与战败的历史下，修改了对彼此的集体记忆，让法德更紧密合作，共创未来。其次，探讨法德这样的做法，能否作为两岸对于抗战史的记忆保存，甚至共同编纂抗战史的借镜？最后做结。

## 二 法德如何妥善处理集体记忆
### ——以共同出席纪念仪式，与共同编写历史教科书为例

法德对彼此的历史情感与集体记忆纠葛，由来已久。请先容许本文介绍拿破仑时期德国精英的故事，了解两国民族主义概念兴起之初的心理纠葛。以此作铺垫，次第陈述共同出席仪式与共同编写教科书，借以处理集体记忆的作法。

### （一）从拿破仑时代到第二次世界大战结束的法德情感与记忆纠葛

1806年10月14日，已称帝的拿破仑，在耶拿（德语Jena，法语写成Iéna）大破普鲁士军，获得耶拿会战的大胜，随即进军柏林。10月25日，拿破仑进入波茨坦（Potsdam）的普王宫殿"无忧宫"（Palais de Sans Souci）①，把玩他早年的崇拜偶像普王腓特烈二世（俗称

---

① 1945年7月17日至8月2日，就在波茨坦的这座无忧宫，苏美英举行波茨坦会议，决定对日作战、战后德国领土割让与归属、德国战后赔偿、外国占领德国等重大问题，所以自古至今，波茨坦是德国极重要历史记忆的承载城市之一。1945年7月26日，美、英、中国也共同发布波茨坦公告（或称波茨坦宣言），要求日本无条件投降，并重申开罗宣言的条件必将实施。苏联当时尚未对日本宣战，故未签署此一波茨坦公告。同年8月2日，苏美英发布"柏林（波茨坦）"会议议定书［Berlin (Potsdam) Conference, 1945：Protocol of proceedings approved at Berlin (Potsdam) August 2, 1945, with annexes］，处理德国领土割让、战争赔偿、占领德国等问题。

腓特烈大王）的宝剑；10 月 26 日，拿破仑在柏林举行盛大的胜利进城仪式。

有趣的是，当时德意志的文武知识精英虽被拿破仑打得大败，却对拿破仑崇拜到极点。例如哲学家黑格尔，当时住在耶拿，亲眼在窗边看到拿破仑率军走过，写信给朋友兴奋说道："我见到大皇帝了！他真是世界的灵魂，看到他威武骑在马上，彷佛走向世界的气势，感觉真是太美好了。"又如大文豪歌德，当时住在离耶拿不远的魏玛（Weimar，1919 年魏玛宪法制定于此城），也听到当天法军交战的炮声。两年后歌德终于见到拿破仑，歌德非常骄傲地佩戴拿破仑颁给他的勋章。又如克劳塞维兹，也觉得很荣幸地，在他认为最杰出的军事天才麾下效命，此段工作经历也促成了他写作《战争论》的养分①。但是与此同时，战败的羞辱感，也促成普鲁士对法国复仇的心理。惨败的普鲁士军撤退到柏林，许多柏林人都哭了，甚至不少人剪发表示哀悼与爱国心②。哲学家费希特（Fichte）也发表著名的"告德意志国民书"，凝聚出更清晰的德国国民情感与民族认同。无怪乎德国历史学家 Golo Mann（著名文学家 Thomas Mann 之子）说，耶拿会战以后长达一个半世纪，普鲁士德意志感到非常羞辱，却又万分崇拜法国拿破仑。

然而在政治家眼中，此段羞辱与崇拜，又有不同含义，可供政治上的利用。铁血宰相俾斯麦，1871 年 1 月 18 日在巴黎凡尔赛宫，宣告德意志帝国建立后，就说道："没有 1806 年耶拿的惨败，就不

---

① Adrien Jaulmes, Sur les traces de Napoléon: Iéna, tournant franco-allemand, 2015/08/07, https://www.lefigaro.fr/histoire/2015/08/07/26001-20150807ARTFIG00219-sur-les-traces-de-napoleon-iena-tournant-franco-allemand.php，最后浏览：2020/05/26。

② Baptiste-Honoré-Raymond Capefigue, L'Europe pendant le consulat et l'empire de Napoléon, tome VII, 1842, p. 198, https://books.google.com.tw/books?id=IkwVAAAAQAAJ&pg=RA1-PP28&lpg=RA1-PP28&dq=napoleon+entree+sans+souci&source=bl&ots=57Xtenm0lq&sig=ACfU3U3YQR2JBNJVLTtvJ2Vx755aScy74Q&hl=zh-TW&sa=X&ved=2ahUKEwj2wOKlic7pAh UBEq-YKHbtjDmMQ6AEwC3oECAkQAQ#v=onepage&q=napoleon%20entree%20sans%20souci&f=false，最后浏览：2020/05/25。

会有凡尔赛的胜利！"① 很显然，政治家俾斯麦思考的是，如何透过对历史的解释与渲染，制造德国国民的复仇感与自豪感。当然法国执政者在普法战争惨败后，也做一样的事，作家也写作激发爱国心的小说②，这反过来又刺激德国的防卫心与对法国的恶感。虽然有本文开头提及的两国有识之士，透过彼此见报的公开书信沟通，但仍然无法挽救对彼此的恶劣记忆。更糟的是热爱祖国、恨对方的意识，主要透过两国的公共教育体系，来教给下一代③。仇恨心理激烈碰撞，终至不可收拾，两国打了两次世界大战，两败俱伤，更严重的后果是欧洲领先世界的霸权，一去不再复返。欧洲必须接受美国的新霸主地位；进入21世纪后，也须面对亚洲的挑战，更确切说，是响应中国大陆崛起的新世界格局。

故而第二次世界大战后的法德（当时德国联邦）领导人，都有重新合作，打造新欧洲体制的体悟。1950年5月9日，法国外交部部长舒曼（Robert Schuman）发表声明称："法德这对历史敌人，要让他们从此在心理上不可想象，物质上也不可能存在"（not merely unthinkable，but materially impossible）④。在他倡议之下，遂在1952年创建，以法德为核心的六国"欧洲煤钢共同体"（Communauté européenne du charbon et de l'acier）。以此为开端，逐步扩展到今日27国的欧洲联盟。法德以经济为物质基础，扩展到今日的制度合作。然而合作所需的更深层心理基础，却没那么容易打造。下文就在讨论，

---

① Adrien Jaulmes, Sur les traces de Napoléon：Iéna, tournant franco-allemand.

② 由胡适翻译，都德（Alphonse Daudet）于1873年所著，在中文世界著名的《最后一课》（La Dernière Classe）一文，描写法国割让阿尔萨斯与洛林两省给德国故事。故事主人翁小男孩，上了最后一堂法文课，因为第二天德国政府派任的德国老师就要来教德文了。亡国与亡语言之痛，深深感动包括中文世界在内的读者。

③ 有关欧洲近代民族主义的形成与传播可参阅［日］福井宪彦《欧洲霸权的光和影——"近代"的形成与旧秩序的终结》，黄耀进译，台北：八旗文化2018年版，276页。

④ The Schuman Declaration – 9 May 1950，https：//europa. eu/european-union/about-eu/symbols/europe-day/schuman-declaration_ en，最后浏览：2020/06/29。值得注意的是，舒曼选择5月9日发表，这一天是苏联认定的德国投降日；唯西方国家认定的德国投降日是5月8日。舒曼选择5月9日，显然在求冷战两阵营最大共识，避免引发苏联的不满，可谓深谋远虑。然而2019年的欧盟议会，却没有前辈的外交智慧。

如何打造此一心理基础，也就是双方妥善处理对彼此的历史认识与集体记忆。

然在讨论法德共同出席仪式之前，有必要对"历史"与"记忆"这两个法国历史人士所使用的概念，做简单介绍。

### （二）"历史"与"记忆"的概念简述

法国法兰西学院院士，著名历史学家诺哈教授（Pierre Nora），如此描述历史与记忆，以及二者彼此的关系：

> "记忆"（la mémoire），是在生活中呈现的生命体（la vie），而由现在活着的人们所承载。既然是现在的人脑中所想的，因此记忆是一直在变动的，也一直在回忆与遗忘之中，不停对话。记忆在形成以后，此后还会不断地变形，也无法抵挡有心人的利用与操弄；记忆也可能长期潜伏，却一夕之间鲜明再生。"历史"（l'histoire）则是针对已不存在的事情，予以重建，但此重建却会不断发生问题，也注定不可能重建得完整。故而，记忆是当下一直存在的现象，与"现在"有着永远的联系；历史则不然，历史是"过去"的重新显示。①

学者吉湖（Geneviève Giroux），根据诺哈的定义，进一步说明：记忆既然是"迷思"（mythe）一样的东西，是对历史事件的事后建构，因此就无法避免重新检视，或者受到情绪的影响，而遗忘，甚至修改；科学研究成果对于记忆，反而无能为力，不一定能影响记忆的遗忘或遭修改。因此，研究记忆，就要看成一种工具，是了解现在承载那种记忆的人群的工具。从而在研究记忆的时候，不宜把历史混在里面，以免在研究过去事实的时候，不

---

① Pierre Nora, "Entre mémoire et histoire", in Pierre Nora（éditeur）, *Les Lieux de mémoire*, I. La République, Paris, Gallimard, 1984, p. XIX, https://perso. univ-lyon2. fr/-jkempf/LDM_intro. pdf，最后浏览：2020/05/25。

断地被活人的回忆给打断介入①。吉湖引用法国另一位年鉴学派历史大家 Jacques Le Goff 的看法："过于侧重记忆这东西，就会让我们淹没在不可驯服的波浪里。"② 吉湖进一步认为，国家的记忆，或者民族、人民的记忆，当然不止一种，而是多元的。这也给国家领导人解释或操作的空间，国家领导人自可基于需要，对历史遗产（l'héritage historique）重做编排，以便国家首脑去影响其选民。故而吉湖表示，也不必遮掩，所有国家政府都会对"过去"做不同的运用，以达到内政或外交的目的。国家领导人会选出他觉得有用的历史事件，做工具式的运用，来形成某些记忆，或遗忘他认为有害的记忆③。

吉湖更进一步指出，德国虽是战败国，但是法国在第一次世界大战时国土被毁，德国本土反而没有战事；第二次世界大战时法国更在六周内投降，被占领四年，维希政府官方更公开配合纳粹。这导致法国虽有第二次世界大战战胜国的身份，却受尽耻辱。30 年之内受到德国两次严厉打击，使得法国人对德国的佩服程度反而增加了。因此法国政治精英必须善用历史，打造新的集体记忆——否则历史本身只是过去不再变动的事实——一方面强调历史赋予的诫命与责任，这是要强调德国人的罪恶感，也等于给德国人贴上罪恶标签；另一方面，却也强调法德相互靠近和解的重要性，并且强调欧盟的共同价值观，把德国绑在自己身上，使得法德在许多政治方向都能趋于一致，向统一的欧盟迈进。这是法国透过官方声明、官方行动（例如共同出席仪式），所一再强调者④。而这样做，对法国外交当然也最有利。

以上说明似略微抽象，不过对于运用历史事件，从而形成集体记

---

① Geneviève Giroux, La mémoire officielle française et la réuinification allemande, in：French Politics, Culture & Society, Volume 31, Numéro 1, 03/2013, p. 70. https：//connexion-bibliothe-que. msh-paris. fr/cas/login? service＝https：//sargasses. biblio. msh-，最后浏览：2020/05/26。

② Geneviève Giroux, La mémoire officielle française et la réuinification allemande, p. 70.

③ Geneviève Giroux, La mémoire officielle française et la réuinification allemande, pp. 70－71.

④ Geneviève Giroux, La mémoire officielle française et la réuinification allemande, p. 80.

忆，正是法德领导人在 1984 年以后，所使用方法的基础理论。了解这段理论，有助于吾人了解"历史"与"记忆"这组概念，也可加深对法德领导人手法的认识。

### （三）法德共同出席纪念仪式

虽然法国总统戴高乐，与德国总理阿登纳，1963 年 1 月 22 日在法国总统官邸爱丽舍宫（l'Élysée），签订了法德和解条约（traité de coopération destiné à sceller la réconciliation entre la France et la République Fédérale d'Allemagne，简称"爱丽舍条约"），为法德和解打下制度化的奠基石。日后法德共同编纂教科书的发想，也与此条约有关（见下文）。不过德国因其战败国的地位，德国领导人从未能受邀，共同纪念两次世界大战的纪念日。每年 11 月 11 日的第一次世界大战停火纪念日（当时只签订停火协议），5 月 8 日纳粹德国向盟国投降纪念日、5 月 9 日德国向苏联投降纪念日（两者德国都签下投降书），都只有西方、苏联、今日俄罗斯盛大纪念，也是国定假日，德国则只有报道新闻的分儿，更没有放假。直到 1984 年，法国总统密特朗才开始邀请德国总理出席。

#### 1. 1984 年法德共同纪念第一次世界大战爆发 70 周年纪念

1984 年 9 月 22 日，法国总统密特朗（Mitterrand）与联邦德国总理科尔（Kohl），在靠近凡尔登（Verdun）战场的法国小镇杜欧蒙（Douaumont），共同出席第一次世界大战爆发七十周年纪念仪式，并且两人手牵手，留下历史镜头。这是历史上首次，德国总理受法国之邀，参加第一次世界大战的纪念仪式①。也可注意合影前方象征两军阵亡将士的棺木上，覆盖有法德两国的国旗，其想传达的共同和解，

---

① François Mitterrand and Helmut Kohl（Verdun, 22 September 1984），https://www.cvce.eu/en/obj/francois_mitterrand_and_helmut_kohl_verdun_22_september_1984-en-2f9050c7-d5cb-4899-9bb2-e1e05bb9cb26.html。照片亦取自此篇报道。凡尔登战役自 1916 年 2 月 21 日至 1916 年 12 月 18 日，近 300 天厮杀，双方伤亡都在 40 万以上，是第一次世界大战最血腥一役。杜欧蒙建有一座巨大的阵亡将士纪念馆（https://www.verdun-douaumont.com/en/），也有广大的法军墓园，附设德军墓园。法德首脑选在此地会面，自有重大象征意义。

共同拥有战争记忆的讯息，非常明确。在冷战虽趋缓，但尚不知何时将会结束的情形下，法国邀请联邦德国共同纪念，确属卓识远见。

其实当年 1984 年 6 月，密特朗就邀请科尔，一同参加诺曼底登陆纪念，但出乎法国意料，科尔拒绝了。1994 年 6 月诺曼底登陆 50 周年纪念，密特朗又邀请一次，科尔再度拒绝。科尔拒绝的原因有二：一为德国执政党（时为基督教民主联盟，与基督教社会联盟联合政府）党内有意见，认为那是胜利者的聚会，德国人到场，不过自取其辱而已。然而最主要的原因，还是第二项：科尔本身就是第二次世界大战德军士兵！1945 年，他年方 16 岁，动员应征德国"诸神黄昏"的最后战役；而且其一位兄长，就在盟军登陆诺曼底时阵亡。科尔认为，他是战争参与人，对战争有无比伤痛，不适合这项庆典。甚至亲自下手令，训斥建议参加的僚属："我们不想受邀！禁止再提此事！"①

其实，科尔拒绝了 1984 年 6 月与密特朗共同出席诺曼底登陆的邀请（见下述）。然而科尔愿意在同年的 9 月，到法国出席第一次世界大战纪念，毕竟第一次世界大战离他已远，他并非当事人。根据法国媒体报道，两人牵手此节，完全没有事先商议。当时仪式先演奏德国国歌，再演奏法国国歌。就在法国国歌马赛曲演奏当时，密特朗主动向科尔伸手要牵手，科尔当时显得有点惊喜，因为此举并没有写在事先商订的礼仪之中。但是科尔迅速反应过来，抓住机会，紧紧牵着密特朗的手，还晃了几下，可见科尔有多么高兴！两人就手牵着手，等着马赛曲演奏完成②。冷战时期此一法国与联邦

---

① 此节出自法国《费加罗报》（*Le Figaro*），2004 年 6 月 5 日。本文作者当时在法国求学，阅报印象极深。并可参阅李锝澄《诺曼底登陆六十周年纪念》，《天生射手》2004 年第 25 期。

② Helmut Kohl et François Mitterrand en 1984 : retour sur un geste historique, 2017/06/16, https: //www. leparisien. fr/international/helmut-kohl-et-francois-mitterrand-en-1984-retour-sur-un-geste-historique-16-06-2017-7058199. php，最后浏览：2020/06/26。此段两人手牵手影片，见 France Bleu,〈Il y a 35 ans, Mitterrand et Kohl, main dans la main à Verdun〉, 2019/09/22, https: //www. youtube. com/watch? v = YFFhqWdetPU，最后浏览：2021/07/14。另一段更完整影片：INA Politique,〈François Mitterrand et Helmut Kohl main dans la main à Verdun | Archive INA〉, https: //www. youtube. com/watch? v = QX1kzMwO3EE，最后浏览：2021/07/14。

德国共同纪念，珍惜共同战争记忆的手势，引发的震撼与回响，不可言喻。

### 2. 2004 年法德共同纪念诺曼底登陆 60 周年

时光荏苒，在科尔拒绝到诺曼底的 20 年后，2004 年 6 月 6 日诺曼底登陆 60 周年纪念日，法国总统希拉克（Chirac），邀请德国总理施罗德（Schröder），在诺曼底康城（Caen，或译卡恩）的和平纪念馆（Mémoriale de la Paix），分别发表演说，共同纪念登陆作战。而且演说之后，双方还彼此拥抱①。相较于前任总理科尔，施罗德更年轻，他在诺曼底登陆前的二个月出生，没有第二次世界大战历史包袱。因此希拉克一邀请，施罗德即欣然就道，还在总理府接受德、法电视台专访，说明此行的意义与表达感谢。这是首次德国首脑获得法国邀请，共同参与第二次世界大战的纪念活动，也是以统一德国的身份受邀，与 1984 年的联邦德国全然不同，这也显示法国对统一德国国际地位的尊重。

当日并非战争的结束日，而是德国在西线的重大失败日。法国愿意邀请德国参加此一本属于胜利者的纪念日，比起 1984 年与战争结束日无关的时间来共同纪念第一次世界大战，意义完全不同。这表示随着时代变迁，尤其德国统一之后，法国愿采取更开放态度来接纳德国；当然，德国也愿意呼应（遵循？）法国倡议的欧盟共同价值而行事，确保双方各自利益。

本文作者有幸亲临现场观礼，过程至今难忘。6 月 6 日当天有一系列各国纪念仪式，而最后压轴的法德纪念仪式，于傍晚 7 点 40 分开始。仪式由法德联合军团入场，揭开序幕，部队高举两国旗帜。接着希拉克抵达，欢迎随后到来的施罗德。值得注意的礼仪细节是，法

---

① Mort de Jacques Chirac：l'ancien président avait accueilli les grands de ce monde en Normandie，2019/09/26，https：//www. francebleu. fr/infos/faits-divers-justice/jacques-chirac-et-la-basse-normandie-1474455565，最后浏览：2020/06/30。此段影片见：France 3 Basse-Normandie，〈2004：G. Schroeder et J. Chirac scellent la réconciliation franco-allemande〉，https：//www. youtube. com/watch? v = WqGhgu5jqzU，最后浏览：2021/07/14。

国共和卫队（Garde républicaine，是为拱卫法国中枢的特别部队），乃先奏德国国歌，再奏法国国歌；这也可见法国东道主礼遇德国诚意。两国首脑随即联袂检阅法德联合军团。

希拉克发表演说，强调"法国人绝不会遗忘战争痛苦。但和解与友谊，是走向未来的基石"。施罗德用德语致答词，表示"德国人不会回避责任，德国不会忘记是谁挑起战争，德国更不会忽视战争受难者的痛苦。捐躯的士兵没有白死，他们的牺牲，换来了欧洲与德国的解放"。语毕，希拉克率先向前拥抱施罗德，现场观众报以如雷掌声！一旁的法德联合合唱团，唱起了贝多芬的欢乐颂；夕阳西下，照着希拉克与施罗德，照着法德观礼老战士的风霜，也照着法德两国观礼青少年的蓬勃。感慨与欢乐，写在每一人脸上[1]。当时民调也显示，82%的法国人，认为德国是法国最重要盟国，比 1994 年增加 17%，遥遥领先第二位的英国（63%）。可见数十年来的法德和解，2004 年时已卓有成效。[2]

### 3. 2009 年法德共同纪念第一次世界大战结束 100 周年

2009 年 11 月 9 日，法国总统萨科齐与德国总理默克尔在柏林共同纪念柏林墙倒塌 20 周年。两日后的 11 月 11 日，两人在巴黎共同纪念第一次世界大战结束 100 周年。德国邀请法国参与柏林墙倒塌纪念，自然也有德国视角的官方记忆打造。

这次典礼更讲究，虽然没有两人手牵手，但是两位领导人各由对方国的儿童，以及法德联合军团中对方国的士兵陪同，共同向巴黎凯旋门的无名士兵墓献花。凯旋门原本乃专为纪念法国胜利之地，现在让战败的德国也一同参与纪念，表示法国愿意接纳德国来共同纪念历史，也更换上新的官方记忆。当然，此种共同纪念，并不表示德国战败国的地位不再存在。历史仍是历史，法国战胜的历

---

① 李锺澄：《诺曼底登陆六十周年纪念》，第 75 页。
② 《费加洛报》报道的民调，2004 年 6 月 5 日。李锺澄：《诺曼底登陆六十周年纪念》，第 75 页。

史不容改变；改变的是让德国一同纪念，从而产生新的官方记忆与集体记忆。

### 4. 2016 年法德共同纪念一次世界大战

2016 年 5 月 29 日，法国总统奥朗德、德国总理默克尔，在法国的杜欧蒙（Douaumont），踵继前贤密特朗与科尔，共同出席凡尔登战役 100 年纪念。① 当日奥朗德致辞时强调："热爱我们的祖国，同时也保护我们共同的家园。"② 祖国当然是法德两国，但是共同家园（notre maison commune）指的是欧洲；更确切说，是法德共同艰辛打造的欧盟。

在此可再度看出，法兰西祖国的身份没有消失，也不可消失；换言之，法国仍坚守民族国家与战胜国的立场。但是家园成为共同的家园，法德两国都有相同的保卫责任。塑造凝聚共同欧盟核心的理念，非常清晰。

### 5. 法国法院对于拒绝参加官方纪念仪式的公务员，判决应受处罚

法国政府在塑造对于历史的记忆时强调公务员有服从的义务，方能有效贯彻政府理念。

1952 年，法国一名身为中学校长的公务员，因为拒绝参加官方主办的 11 月 11 日第一次世界大战停火纪念日的纪念仪式而遭惩戒。虽然这名被惩戒人主张拒绝参加官方纪念仪式乃是其言论自由；但是法国最高行政法院并不接受，仍认定此一惩戒合法③。本件虽然不是公务员拒绝出席法德共同纪念仪式的案子，但也应有参考价值。换言

---

① Merkel, Hollande Together Mark 100 Years Since Verdun Battle, 2019/05/29, https：//jakartaglobe. id/news/merkel-hollande-together-mark-100-years-since-verdun-battle/，最后浏览：2020/06/27。

② Hollande à Verdun："Aimons notre patrie mais protégeons notre maison commune"，2016/05/29，https：//www. liberation. fr/france/2016/05/29/hollande-a-verdun-aimons-notre-patrie-mais-protegeons-notre-maison-commune_ 1455955，最后浏览：2020/06/27。

③ Conseil d'État, 5 novembre 1952, Vrecord. Cité par：Elsa Deleage, "La loyauté de l'administration", Revue générale du droit, Etudes et réflexions 2015, nunuméro 1, https：//www. revuegeneraledudroit. eu/wp-content/uploads/ER2015_ 1. pdf，最后浏览：2020/05/25。

之，在法国主办，邀请德国总理出席的纪念场合，如果公务员拒绝出席，亦可处罚之。

### 6. 小结

法国邀请德国共同出席战争纪念，当非一蹴可就，乃需要时间，更需要整个地缘政治环境、政治利益、国民情感都允许的情形下，才不会遇到阻力。况且，也并不是每一任法国总统都会做同样的邀请，一切仍视法国总统的政治判断而定。

而且吾人也需注意，第一次世界大战因为距今结束已超过一百年，那一代人物几已悉数过世，因此"一战 11 月 11 日停火纪念日"，情感上容许法德双方共同纪念。然而第二次世界大战离今天还是太近，6 月 6 日诺曼底登陆日虽然可以邀请德国参加，但是"二战 5 月 8 日德国投降日"乃纯属胜利者的仪式，就无任何一位法国总统邀请德国总理参加。法国是否愿意邀请德国一同纪念第二次世界大战德国投降日，端视法国未来的判断而定。

### （四）法德编纂历史共同教科书

如前所述，戴高乐时期 1963 年 1 月 22 日签订的法德和解条约，其中设有"教育与青年"一节，对推广共同语言（法德语）、互相承认学程学分、推广共同研究等，都设有规定，但是还没有共同编纂教科书的想法。因时间与篇幅所限，仅简述此一共同教科书的简要内容。

### 1. 法德历史共同教科书的发想与完成

2003 年 1 月 21 日，在 500 名法德高中生纪念法德和解条约签订 40 周年的集会上，提出了编纂共同教科书的倡议。该倡议主张，编纂内容完全相同的历史教科书，同时可供两国高中生使用，以避免因为彼此认识不足所造成的偏见。最终共编成三本历史教科书，分别于 2006 年、2008 年、2013 年出版。[1]

---

[1] Le manuel d'histoire franco-allemand, pour une histoire croisée（Histoire/Geschichte），2017/04/07， https: //eduscol. education. fr/cid45744/le-manuel-d-histoire-franco-allemand-pour-une-histoire-croisee-histoire-geschichte. html，最后浏览：2020/06/25。

### 2. 共同教科书的编纂过程

由法德双方共 20 人，组成双方人数相等的编纂指导委员会（comité de pilotage），负责制定编写方针，以及监督编写进度。此一指导委员会，由双方各四组人马组成：其一，精通对方历史的专家；其二，熟悉对方教育制度与方法的专家；其三，双方各自教育系统的代表，在德国，教育属于各邦事项，与法国中央主管教育不同，所以德国是邦教育系统的代表，法国则是中央教育系统的代表；其四，双方外交部的代表。渠等于 2004 年 1 月召开第一次会议，任务就在写出内容完全相同，只是所用语言不同的历史教科书。①

指导委员会有外交部的成员可看出法德非常谨慎，不让史实失真，但也不能让编纂历史所塑造的记忆，而影响了彼此外交利益。也可推知，应也顾及邻国，甚至世界的反应，因此必须有双方外交代表，参与审酌编辑方针与内容。

### 3. 共同教科书三册的内容与适用对象②

依其出版先后，分别为：

第一册：2006 年出版，主题为"1945 年迄今"，适用对象为高中三年级学生。

第二册：2008 年出版，主题为"1815—1945 年"，适用对象为高中二年级学生。

第三册：2013 年出版，主题为"上古时期至 19 世纪初"，适用对象为高中一年级学生。

必须说明的是，这一法德共同历史教科书，并不是强制使用，而是由任教老师选用。因此，老师们当然有其他的历史教科书可供选择。

---

① Étienne François, Le manuel franco-allemand d'histoire, in Vingtième Siècle, Revue d'histoire, n° 94, 2007/02, p. 74. https：//www. cairn. info/revue-vingtieme-siecle-revue-d-histoire-2007-2-page-73. htm#，最后浏览：2020/06/28。

② Le manuel d'histoire franco-allemand, pour une histoire croisée（Histoire/Geschichte）.

**4. 共同历史教科书出现之前，双方已力求对历史的诠释，尽量保持一致**

兹以诺曼底登陆史实为例。2004年登陆60周年时，第一册的共同历史教科书尚未出版（该书出版于2006），然而双方已开始用共同方针来撰拟，因此德国许多教科书对于诺曼底登陆的诠释已经先行修改。2004年教书的德国历史教师，渠等小时候受教"登陆日"时，尚使用"盟军入侵"（invasion）一词。虽属军事术语描述的事实，却不符合和解趋势。因此2004年的德国历史教科书，即已一律改称"诺曼底登陆，是德国从纳粹解放的开始"，法国则更早就已如斯表述①。

吾人虽然没有看到共同历史教科书对于此节的内容，但推测应该会更进一步趋同表述，而不会倒退。

**5. 小结**

两国编纂内容相同的历史教科书，确实是创举，也说明了两国坚定的决心。而共同编纂的成果，也不是2003年提倡，2006年就可出版第一册的短短三年内，就可达成。若非两国官方先前数十年塑造相关环境，绝无可能这几年内就可编出成果。可以想见，法德对于不易达成共识的历史议题，仍克服万难取得共识。

该版本教科书，虽然不是强制使用，影响力并不全面。但其编纂方针、工作方法，对于意见不同时双方如何处理的做法，确实值得吾人进一步研究，并借镜之。

## 三　对于打造共同记忆的杂音：欧洲议会关于第二次世界大战原因爆发的决议，引发激烈争议

虽然法德两国致力打造共同记忆，然而放大到欧盟来观察，却未

---

① 《费加洛报》报道，2004年6月4日。再参见李锺澄《诺曼底登陆六十周年纪念》，第75页。

必如此。欧盟想打造的关于第二次世界大战的欧盟记忆，恐怕不是邻国，特别是俄罗斯所能赞同的记忆。

2019 年 9 月 19 日，欧洲议会通过一项"对于欧洲未来极为重要的欧洲记忆决议"（Importance de la mémoire européenne pour l'avenir de l'Europe）①，而且通过比数悬殊：535 票赞成，66 票反对，52 票弃权。左派的绿党、社会民主党，以及中间派、右派的欧盟议员，跨党派支持了此一决议。此项欧洲议会决议（résolution du Parlement européen），并不属于欧盟法规之一环，没有法律上的强制力，只有政治表态作用。虽然如此，仍有一定的政治作用力道，不可全然无视。

该决议是以纪念第二次世界大战爆发 80 周年（欧洲人以 1939 年为战争爆发年）为名义而表决通过。除若干历史学者批评外，法国、意大利共产党，以及俄罗斯，抗议最为激烈。

该议会决议有两点引发争议：第一，把第二次世界大战的受害者定义成：受到"极权政府"（régimes totalitaires）、"共产主义、纳粹，以及其他的独裁者"迫害的受难者。第二，把 1939 年 8 月 23 日签订的"苏德互不侵犯条约"，暗示成第二次世界大战欧洲战场的爆发原因。因为决议文写道，"苏德互不侵犯条约签订后，第二次世界大战即刻爆发"。

法国共产党机关报《人道报》批评，该决议把纳粹法西斯与共产主义者画为等号，等同观之，是侮辱了共产主义者；该决议却不提，共产主义者也是希特勒侵略战争的受难者。况且共产主义者牺牲 2200 万人，击败了纳粹德国，如此惨重牺牲，决议也没提及。②其余批评则说，苏德互不侵犯条约 8 月 23 日甫签订，战争立刻爆发

① Résolution du Parlement européen du 19 septembre 2019 sur l'importance de la mémoire européenne pour l'avenir de l'Europe, 2019/09/19, https：//www. europarl. europa. eu/doceo/document/TA-9-2019-0021_ FR. html，最后浏览：2020/05/30。

② L'Humanité, Déclaration commune à propos de la resolution du Parlement Européen du 19 septembre 2019 "Sur l'importance de la mémoire européenne pour l'avenir de l'Éurope", 2019/10/10, https：//www. humanite. fr/declaration-commune-propos-de-la-resolution-du-parlement-europeen-du-19-septembre-2019-sur-678468，最后浏览：2020/6/21。

（9 月 1 日德国入侵波兰）云云，乃是过度简化历史，极易令人产生误解。因为批评者认为，1938 年英法为绥靖希特勒，引祸水流向东欧，遂与德国签订了慕尼黑协定。英法在该协议里，放弃他们对捷克斯洛伐克的国际法保护义务，牺牲了捷克斯洛伐克，并同意德国、匈牙利、波兰，都参与了瓜分捷克斯洛伐克，方是诱发希特勒发动战争的真正主因①。俄罗斯总统普京对该决议非常愤怒，在美国刊物《国家利益》投书，引用许多档案资料，以大篇幅文章痛驳该决议②。

本文看法是，该欧洲议会决议确实奇特。首先，决议把战争受难者说成"包括纳粹与共产政权所造成者"，因而混淆了侵略战争发动者与受侵略者的身份，造成根本误解。若说苏联政权有造成受难者，这是当时苏联国内问题，与世界大战并没有关系。如果把各国因为政治原因造成的受害者，也扩张解释为战争受难者，则战争受难者此一概念，也就失去了作为定义的功用；人人都是战争受难者，那么战争责任如何追究？侵略者与被侵略者的界限何在？

其次，最严重的是，该决议故意把历史窄化、简化，会导致对历史认识的错误！表面上看，该决议似乎没有违背史实，因为就时间点来看确实如此，苏德条约签订后仅过 8 日，德国就进攻波兰。但谁都知道，越大规模的战争，成因越复杂，准备时间也越久。光准备 8 天，德国能有这么大能量，用当时最先进的战争技术，进攻波兰吗？如果没有 1933 年希特勒上台起，英法就纵容他一个越来越改善的国际环境，期待希特勒东侵就好，让希特勒无

---

① 相关批评整理见：Le Parlement européen a-t-il 《réécrit l' Histoire》 de la seconde guerre mondiale？2019/10/19，https：//www. lemonde. fr/les-decodeurs/article/2019/10/19/le-parlement-europeen-a-t-il-reecrit-l-histoire-de-la-seconde-guerre-mondiale _ 6016173 _ 4355770. html，最后浏览：2020/6/22。

② Vladimir Putin, The Real Lessons of the 75th Anniversary of World War II, 2020/06/18，The National Interest, https：//nationalinterest. org/feature/vladimir-putin-real-lessons-75th-anniversary-world-war-ii-162982。中文翻译见：普京：《我不得不写一篇关于第二次世界大战和卫国战争的文章》，2020 年 6 月 24 日，观察者网，https：//www. guancha. cn/f-putin/2020_ 06_ 24_ 555267_ s. shtml。最后浏览：2020/06/25。

国际压力之忧，德国岂能大举重整军备，准备大规模战争？无怪乎有人指责欧洲议会篡改历史，用看似符合史实的描述，却颠倒了真实的战争成因。

最后，对战争成因不诚实（甚至可说错误）的描述，所凝聚的欧洲记忆，又怎会正确健全？又怎能敦亲睦邻，打造友善合作的地缘政治环境？法德凝聚共同记忆，是为和解合作，然而此一欧洲议会决议，却激怒欧盟最大邻国俄罗斯。就算退一万步来说，认定俄罗斯是欧盟的敌人，但关于此点，法德与若干东欧国家如波兰的观点，显然不同。外交上也还有许多腾挪折冲的巧妙空间，并不需要一直升高欧盟与俄罗斯的对抗情绪，那是把外交当外战来办。法德精英有此认识，故于共同编纂教科书时，有外交部代表参与，不会发生此种刺激最大邻国愤怒的错误。欧洲议会精英更不乏外交知识，欧盟机关内就有外交专家，欧洲议会却反其道而行，理由殊难揣测。其中或遇域外力量介入等原因，有不可告人之者。

由此我们可看到，对于历史，以及对于记忆的研究，多么重要，不容扭曲。而最根本之处，还是在于忠实而正确地还原历史、诠释历史；只有这样做而凝聚的记忆，才不会留给野心家借口，用作煽动不同国族、不同族群的对抗毒药。前述法国历史与记忆研究大家诺哈教授说得好："历史是凝聚团结的，但是记忆却是制造分裂与分离的"（Car si l'histoire rassemble, la mémoire divise et sépare.）①。诚哉斯言！

## 四　对于两岸共同编纂抗战史的借镜

法德努力求得对历史解释的趋同，以及 2006 年后，出版了共同编纂的历史教科书，实给吾人莫大启示。如果原本视如寇雠的法

---

① Pierre Nora: "L'histoire rassemble, la mémoire divise", propos recuéillis par Pascale-Marie Dechamps, 2007/07/01, http://archives.lesechos.fr/archives/2007/Enjeux/00237-065-ENJ.htm #, 最后浏览：2020/06/29。

德敌人，都可化剑为犁，共同写就共享的历史课本，则同文同种同为一家人的两岸，若没有雄心壮志，来共同书写自己的历史，在世界上抢夺中国人对第二次世界大战的诠释权，也留给后代子孙看，实在说不过去。法德已将路径图开辟出来，吾人以我为主，参酌借镜，并不困难。

然而理想可贵，仍须脚踏实地。鉴于两岸目前的状况，从而，由两岸民间先行尝试，集合两岸，甚至交战对方的学者共同参加编写抗战史书籍，似较可行。

### （一）目前的两岸共同成果

两岸学者共同探讨抗战史已有多年，研讨会与论文成果也相当丰硕，具体篇目与书目恕不赘述。

另就本文作者目前所知，两岸学者有组织与有系统地合作，按计划分配研究工作，以专著形式，公开出版的最新成果者，似推郭岱君领导而写就的《重探抗战史》，目前出版至第一册。

郭岱君小组总共邀集 12 名来自两岸，以及日本、美国的学者，按计划专题，逐次合写抗战史。例如七七事变由美、日学者撰写；南京保卫战由中国大陆学者，以及美、日学者撰写；徐州会战由两岸学者撰写。[1] 值得注意的是，其中有四位日本学者因为工作关系，要求不公布姓名[2]，可见愿意真诚探索真相的日方学者，仍遭受强大的日本社会压力。至于大陆方面的著名民国史家，杨天石、杨奎松两位教授，都提供许多学术协助。值得注意的是，该书的抗战史研究计划，并没有向任何机构与企业募款，而是靠许多小

---

[1] 郭岱君主编：《重探抗战史（一），从抗日大战略的形成到武汉会战（1931—1938）》，台北：联经出版事业公司 2018 年版，第 11 页。此一严肃枯燥的学术书籍，在网络大行其道，纸本书籍市场萎缩的今日，竟然可卖到重印 6 次，可见民间对严谨的各方合作抗战史书籍，期待甚殷。

[2] 郭岱君主编：《重探抗战史（一），从抗日大战略的形成到武汉会战（1931—1938）》，台北：联经出版事业公司 2018 年版，第 12 页。

额赞助。<sup>①</sup>更令人惊喜的是，绝大部分的赞助来自中国大陆的一群年轻朋友！<sup>②</sup>可见大陆年轻人对于抗战真相，求知若渴。此书在台湾地区销量亮眼，似可推知台湾民间对抗战真相，亦未失去热情。换言之，严谨探讨真相的抗战史，仍为大众所需。郭岱君此书建立的研究模式，吾人认为值得推广。

### （二）本文初步建议

本文认为，现阶段仍以先易后难，以民间推动，共同探索、编纂抗战史，较为可行，几点初步建议如下。

第一，就心理层面而言，摒弃短期政治利益成见，探索抗战历史真相，才能维护两岸共同的长久利益。

坦白说，两岸过去都有政治利益干预历史研究的情事，此节可以理解。然在大陆已有强大的道路自信、理论自信、制度自信，以及台湾的集体记忆已遭到严重改写的今日，允宜摒弃短期政治利益成见，而以考虑两岸全体人民长期利益的角度出发，探索抗战历史真相。尽可能地重建历史，应是民间抗战史编纂的最大要务。一味争辩谁比谁贡献更大，其实意义不大。两岸并非外国关系，抗战是两岸的共同历史遗产，都同样是抗战的胜利者，与法德在两次世界大战的对立角色完全不同。就法德而言，战胜国邀请战败国共同分享、培养战争的记忆，两国方能长治久安。两岸同属一个国家内的战胜方，若皆为民间人员、退休人士、历史爱好者来参与，更可降低官方顾虑。

应先求探索历史，以真实的态度还原历史，是首要任务。至于要如何凝聚打造共同记忆，是另一个层次的问题，极其复杂，现阶段不具备相对应的主客观条件，看待来日。

---

① 郭岱君主编：《重探抗战史（一），从抗日大战略的形成到武汉会战（1931—1938）》，台北：联经出版事业公司2018年版，第13页。

② 郭岱君主编：《重探抗战史（一），从抗日大战略的形成到武汉会战（1931—1938）》，台北：联经出版事业公司2018年版，第13页。

第二，就比较观点而言，可邀请法德共同编纂人员，来华提供心得；吾人亦可前往法德，参考两国对史料保存，以及历史争议的处理做法。最重要的是，对于如何处理争议历史的方法，值得学习厘清。两方面均须配备适当的翻译人员，自不待言。

第三，就物质层面而言，民间寻求募款资助，似为可行途径。官方机构愿意捐助，亦无不可，然财务管理必须健全与透明。唯本文学植未深，对此节不敢妄言。

第四，就研讨会的活动形式而言，尽可能降低官方色彩。

此节是因应台湾最近通过的有关规定而提出，意在保护研讨会的参与人吸引更多的人才，投入此一共同编纂工作。概 2019 年 7 月新修正的"台湾地区与大陆地区人民关系条例"禁止部分领域公职人员参加大陆地区的党务、军事、行政、具政治性机关、团体，所举办的庆典或活动，而做出向大陆地区政权之旗、徽、歌等行礼、唱颂或其他类似之行为。违反者，会遭扣减退休金，情节严重者甚至要追缴退休金。为避免台湾方面的与会人员，回台后遭受严厉处罚，因而降低交流意愿，若大陆尽可能降低官方色彩，省略旗歌等仪式，则可团结更多人员投入抗战史研究，最所盼望。

# 五　结论

本文简短介绍了法国透过邀请德国，共同参加战争纪念仪式，以及法德编纂共同历史教科书等做法，探求历史，并打造与保存集体记忆，作为两岸民间共同编纂抗战史的借镜。容本文再次引用诺哈教授所说："历史是凝聚团结的，但是记忆却是制造分裂与分离的。"吾人应真诚探索历史，团结两岸，而不是让人为制造的记忆，反倒去分裂两岸。

法德两国妥善处理历史与战争记忆，花了数十年的工夫，绝非一蹴可就。而他们领导人一本初心，坚定走下去的毅力，以及双方都有妥善处理的善意，非常重要，也很值得吾人参考。

现阶段而言，应以忠实还原抗战史实为优先。至于如何打造两岸对于抗战的共同历史或集体记忆，此点非常复杂，不宜目前进行，看待来日。

两岸民间探索抗战史，已有相当辉煌的成就。本文作者并非历史专业人员，本着愚者千虑，或有一得的勇气，大胆提出几点建议，期能为两岸共同探索编纂抗战史，添砖加瓦，略尽绵薄之力，还望不吝批评指教。

（李锋澄，法国巴黎一大法学博士候选人，台湾东吴大学法律系讲师。本文除第四节外，主要内容已发表于《教育、抢才与法治——董保城教授七秩诞辰祝寿论文集》，台北：元照出版公司出版2022年版，第151—176页）

# 后　记

　　中国抗日战争史学会和台湾中华民族抗日战争纪念协会，于2017年在南京、2018年在武汉、2019年在南宁、2022年同时在北京和台北以视频连线方式，相继共同举办了四届"中华民族抗日战争史与抗战精神传承研讨会"，本论文集就是这四次研讨会的论文选集。研讨会本着"共享史料，共写史书，共同弘扬抗战精神"的宗旨，两岸退役将领、专家学者、教师学生聚集一堂，共研抗战历史，围绕日本侵华战略和战争进程、国共抗日、抗战历史记忆和传承等问题展开了深入研讨、坦诚交流。

　　当年处在日本殖民统治下的台湾同胞，在那场全民族的伟大抗战中没有缺席，台湾同胞的抗战行动是中华民族抗战史的重要组成部分，两岸儿女为保卫祖国领土、主权、尊严一起浴血奋战，创造了中华民族反侵略战争的奇迹，是海峡两岸同胞共同的记忆和荣耀，今天两岸同胞正在弘扬伟大抗战精神，为捍卫领土主权完整、推动祖国和平统一而战，相信本书中海峡两岸研究者有关抗日战争的一些思考和研究成果，会开卷有益，加深对两岸共同历史记忆的认知。

　　本论文集由中国抗日战争史学会会长王建朗、台湾中华民族抗日战争纪念协会理事长黄炳麟担任主编，负责论文集编辑的全面工作，台湾中华民族抗日战争纪念协会秘书长林荣趁、中国抗日战争史学会副会长兼秘书长高士华担任副主编，负责具体事务。

## 后　记 ◈

在编辑过程中，得到了中国抗日战争史学会、台湾中华民族抗日战争纪念协会的大力支持，两岸作者也在百忙中积极配合编辑、修改工作，《抗日战争研究》副主编高莹莹参加了校样的校对，中国社会科学出版社魏长宝总编辑对本项目的大力推进，出版社参与本项目的全体编辑以认真负责的工作态度完成繁重复杂的编校工作，在此一并致谢。